KB187284

철학적 탐구

대우고전총서
Daewoo Classical Library

041

철학적 탐구

Philosophische Untersuchungen

루트비히 비트겐슈타인 | 이승종 옮김

아카넷

일러두기

*, **로 표시한 엮은이의 각주를 제외하고, 이 책의 각주는 모두 옮긴이의 것이다.

차례

■ 『철학적 탐구』 갈라 읽기

『철학적 탐구』에는 따로 세부 목차가 없기 때문에 독자가 읽기에 불편하다. 따라서 독자와 연구자의 편의를 돕기 위해 지금까지 제안된 세 종류의 세부 목차를 소개한다.

가. 베이커와 해커의 목차

이 목차는 『철학적 탐구』에 관한 네 권의 방대한 주석서를 낸 베이커(Gordon Park Baker)와 해커(Peter Michael Stephan Hacker)가 자신들의 주석서에서 제안한 것이다. 주석서의 3, 4권은 해커 단독으로 출간하였다. 이 목차의 출처는 다음과 같다.

G. P. Baker and P. M. S. Hacker, *Wittgenstein: Understanding and Meaning. An Analytical Commentary on the*

Philosophical Investigations. Vol. 1. Second, extensively revised edition. Oxford : Blackwell, 2005. (『철학적 탐구』, §1에서 §184까지) 초판은 1980년에 출간.

G. P. Baker and P. M. S. Hacker, *Wittgenstein : Rules, Grammar and Necessity. An Analytical Commentary on the Philosophical Investigations.* Vol. 2. Second, extensively revised edition. Oxford : Wiley-Blackwell, 2009. (『철학적 탐구』, §185에서 §242까지) 초판은 1985년에 출간.

P. M. S. Hacker, *Wittgenstein : Meaning and Mind. An Analytical Commentary on the Philosophical Investigations.* Vol. 3. Second, extensively revised edition. Oxford : Wiley Blackwell, 2019. (『철학적 탐구』, §243에서 §427까지) 초판은 1990년에 출간.

P. M. S. Hacker, *Wittgenstein : Mind and Will. An Analytical Commentary on the Philosophical Investigations.* Vol. 4. Oxford : Basil Blackwell, 1996. (『철학적 탐구』, §428에서 §693까지)

나. 제노바의 목차

제노바(Judith Genova)의 목차는 『철학적 탐구』를 6개의 '탐구'로 나누어 구성하는데, 이러한 형식을 취하고 있는 후설의 『논리연구』 목차와 여러모로 비슷하다. 이 목차의 출처는 다음과 같다.

J. Genova, "A Map of the *Philosophical Investigations*," *Philosophical Investigations*, vol. 1. 1978.

다. 할렛의 목차

이 목차는 『철학적 탐구』에 관한 최초의 주석서를 낸 할렛(Garth Hallett)이 자신의 주석서에서 제안했는데, 다른 목차들에 비해 가장 세밀하다는 점에서 주목할 만하다. 특히 보통 '2부'로 불리는

---

1) 『철학적 탐구』(이하 PI로 약칭) 4판 이전의 2부를 가리키며 4판의 『심리철학』에 해당한다.

『심리철학』의 길라잡이로 유용하다. 이 목차의 출처는 다음과 같다.

G. Hallett, *A Companion to Wittgenstein's "Philosophical Investigations."* Ithaca : Cornell University Press, 1977.

2) 원문은 "Aspect Seeing and the Second Sense of Meaning"이다.

■ **엮은이의 말**[1]

이 책의 1부는 1945년에 완성되었고, 2부는 1947년과 1949년 사이에 집필되었다. 만일 비트겐슈타인 자신이 이 책을 출판했다면, 1부 마지막 30여 쪽[2]의 많은 부분을 삭제하고 2부에 다른 자료를 덧붙여 넣었을 것이다.[3]

원고 전반에 걸쳐 우리는 여러 수정 표현들[4] 가운데 어떤 낱말과 어구를 사용할지 결정해야 했다. 하지만 그런 선택이 결코 의미에 영향을 주지는 않았다.

몇몇 쪽의 하단에 그어진 선 밑에 놓인 구절은 비트겐슈타인이

---

1) PI 4판에서는 이 엮은이의 말이 4판의 엮은이의 말로 대체되었지만 본 연구번역에서는 역사적 가치를 고려하여 초판본 엮은이의 말을 전재하였다. 본문에 달려 있던 두 개의 엮은이 주 역시 PI 4판에서는 일괄 삭제되었지만 역사적 가치를 고려하여 이 역시 그대로 보존하였다.
2) 이 책의 대략 §500 이후를 말한다.
3) 그러나 이러한 추정은 근거 없는 것이라는 반론이 있다. PI 4판, xxii 참조.
4) 원어는 "readings"인데 이렇게 의역하였다.

다른 원고에서 따와 해당 쪽에 끼워 넣은 메모지에 적혀 있었는데, 그것이 어디에 놓여야 하는지에 대해 별다른 언급은 없었다.[5]

이중괄호 안에 적힌 말은 이 책 또는 아직 출간되지 않은 그의 다른 원고에 담긴 견해들에 대해 비트겐슈타인이 언급한 내용이다.

우리는 2부의 마지막 단편[6]을 현 위치에 두었으며, 이에 대한 책임은 우리에게 있다.

G. E. M. 앤스컴[7]

R. 리즈[8]

---

5) PI 4판에서는 유고를 참조해 이 구절들의 위치를 확정하였다.

6) 여기서 2부란 PI 4판 이전의 2부를 가리키며 4판의 『심리철학』에 해당한다. 따라서 2부의 마지막 단편은 4판의 『심리철학』, xiv를 가리킨다.

7) Gertrude Elizabeth Margaret Anscombe(1919-2001). 비트겐슈타인에게 수학한 영국의 철학자로서 『철학적 탐구』를 비롯한 비트겐슈타인의 많은 작품을 엮고 옮겼다. 리즈(Rush Rhees), 폰 브릭트(Georg Henrik von Wright)와 함께 비트겐슈타인의 유고를 관리하고 정리했으며 An Introduction to Wittgenstein's Tractatus 등의 저서가 있다.

8) Rush Rhees(1905-1989). 비트겐슈타인에게 수학한 미국 출신의 영국 철학자로서 『철학적 탐구』를 비롯한 비트겐슈타인의 많은 작품을 엮어냈다. 앤스컴, 폰 브릭트와 함께 비트겐슈타인의 유고를 관리하고 정리했으며 Discussions of Wittgenstein 등의 저서가 있다.

『철학적 탐구』

"진보란 대체로 그 실제보다 훨씬 위대해 보이는 법이다."[1]

– 네스트로이[2]

---

1) 진보에 대한 비트겐슈타인의 태도를 엿볼 수 있는 글로는 다음을 참조. PR, 서문; CV, 9, 98쪽; BT, 312쪽. 이 표어와 본문의 §1에 대해서는 다음을 참조. D. Stern, "Nestroy, Augustine and the Opening of the *Philosophical Investigations*," Haller and Puhl 2002에 수록.

2) Johann Nestroy, *Der Schützling*, 4막 10장. 네스트로이(1801–1862)는 오스트리아의 배우이자 희극 작가로서 19세기 중엽 오스트리아 대중연극의 대표자였다.

머리말

여기에 공개하는 생각들은 내가 지난 16년간[3] 몰두해온 철학적 탐구를 기록한 것이다. 여기에는 의미, 이해, 명제, 논리의 개념들, 그리고 수학의 기초들,[4] 의식의 상태들 같은 많은 주제들이 관련되어 있다. 나는 이 모든 생각들을 **단상(斷想)들**, 짧은 단락들로 적어 내려갔다. 때로는 똑같은 주제에 대해 꽤 긴 사슬을 이루기도 하고, 때로는 한 영역에서 다른 영역으로 건너뛰어 갑자기 바뀌기도 했다. — 원래 나는 이 모든 것들을 한 권의 책으로 통합하려 했는데, 그 형태에 관해서는 여러 시기마다 다양한 생각을 해보았다.

---

3) 1929년부터 1945년까지를 말한다.

4) 수학의 기초에 대한 고찰은 이 책에서 다루어지지 않고 있으며 비트겐슈타인 사후에 별도의 책으로 엮어져 출간되었다. RFM 참조. 그럼에도 불구하고 머리말에서 수학의 기초가 주제의 하나로 언급되고 있다는 사실은 머리말을 쓴 1945년 당시만 해도 비트겐슈타인이 구상하고 있던 『철학적 탐구』의 체제가 사후에 같은 제명으로 출간된 이 책과 달랐음을 시사한다.

하지만 그 책에서 생각들은 한 주제에서 다른 주제로 자연스럽고 매끄러운 순서로 전개되어야 한다는 점이 내게는 중요하게 여겨졌다.

내 결과물들을 그처럼 하나의 전체 속에 결집하려 한 여러 시도가 실패로 끝난 뒤, 나는 내가 이를 결코 해내지 못하리라는 사실을 깨달았다. 내가 적을 수 있었던 최상의 것들은 언제나 단지 철학적 단상들로 남아 있으리라는 것, 그 자연스러운 성향에 어긋나게 **하나**의 방향으로 생각들을 계속 몰고 가려 하면 생각들은 이내 힘을 잃어버린다는 것을 말이다. —— 그리고 물론 이것은 탐구 자체의 본성과 관련되어 있었다. 왜냐하면 탐구 자체의 본성상, 우리는 생각의 광대한 영역에서 모든 방향으로 이리저리 여행해야 하기 때문이다. —— 이 책의 철학적 단상들은 말하자면 이 길고도 뒤얽힌 여행들에서 생겨난 다수의 풍경 스케치들이다.

똑같은 논점들, 또는 거의 똑같은 논점들이 항상 다른 방향에서 새롭게 다루어졌고, 그때마다 새로운 그림들이 그려졌다. 이 중 부지기수가 소질 없는 화가의 결점을 드러내면서 잘못 그려지거나 특색이 없는 것들이었다. 그리고 이들을 제거하고 나니 다수의 제법 괜찮은 것들[5]이 남았고, 이후 관람자에게 풍경의 그림을 제공할 수 있도록 정리하고 여러 번 오려내야 했다. 따라서 이 책은 실

---

5) 원어는 "eine Anzahl halbwegser"인데 문맥을 고려하여 이렇게 의역하였다.

제로 하나의 앨범일 뿐이다.[6]

얼마 전까지 나는 살아 있는 동안 내 연구를 출간하겠다는 생각을 사실상 포기하고 있었다. 그렇지만 때때로 출간에 대한 생각이 되살아나곤 했다. 그 주된 이유는, 내가 강의, 원고, 토론 들을 통해 전달한 결과물들이 자주 오해되기도 하고, 다소 희석되거나 훼손된 채로 유포되고 있다는 사실을 어쩔 수 없이 알게 되었기 때문이다. 이로 인해 헛된 욕심[7]이 생긴 나는 이를 가라앉히느라 애를 먹었다.

그런데 4년* 전에 내 첫 번째 책(『논리-철학논고』[8])을 다시 읽고 그 사상들을 설명할 기회가 있었다. 그때 갑자기 내 예전 사상들과 새로운 사상들을 함께 출간해야겠다는 생각이 들었다. 즉 내 새로운 사상들은 내 예전 사고방식의 배경 위에서, 그것과의 대조를 통

---

6) 풍경에 대한 스케치를 모아놓은 책이라는 뜻에서 이 책을 앨범에 비유하고 있다.
7) 원어는 "Eitelkeit"이다. 자신의 생각을 희석하거나 훼손하지 않은 채로 공개하겠다는 욕심을 뜻하는 것 같다.
* 그러나 다음을 참조할 것. G. H. von Wright, "The Wittgenstein Papers," *Philosophical Review*, vol. 78, 1969. 비트겐슈타인은 '2년'이라 말해야 했을 것으로 보인다.
8) *Tractatus Logico-Philosophicus*. 비트겐슈타인의 처녀작이자 그가 생전에 간행한 유일한 저서로서 자신의 1차 세계 대전 종군 노트에 바탕을 두고 있다. 1921년 독일에서 *Logisch-Philosophische Abhandlung*이라는 이름으로 처음 출간되었지만 다음 해 현재의 이름으로 영어로 번역되면서 비로소 세계적으로 주목을 끌게 되었다.

해서만 올바르게 조명을 받을 수 있다는 생각이었다.

그 이유는 내가 16년 전 다시 철학에 몰두하기 시작한 이후, 그 첫 번째 책에 담았던 내용에 중대한 오류들[9]이 있음을 인정할 수밖에 없었기 때문이다. 내가 이 오류들을 깨달은 데는 프랭크 램지[10]가 내 사상들에 내려준 비판이 — 나 자신도 헤아리기 힘들만큼 — 도움이 되었다. 램지가 살아 있던 마지막 2년 동안 나는 그와 나눈 무수한 대화에서 내 사상들에 관해 토론을 했다. — 내가 이런 램지의 — 언제나 강력하고 설득력 있는 — 비판보다도 훨씬 더 고맙게 생각하는 것은 이 대학[11] 교수인 P. 스라파 씨[12]가 여러 해에 걸쳐 끊임없이 내 생각들에 대해 제기해준 비판이다. 이 책의 가장 유익한 사상들[13]은 **이런** 자극에 힘입은 바 크다.

---

9) 이에 대해서는 다음의 논문을 참조. 강진호. 「『논리-철학논고』의 '중대한 오류들'」, 『철학적 분석』, 15호, 2007.

10) Frank Ramsey(1903-1930). 영국의 수학자, 철학자로서 비트겐슈타인의 『논리-철학논고』를 번역하고 그와 함께 연구하였다. 저서로 *Foundations of Mathematics and Other Logical Essays*가 있다.

11) 케임브리지 대학을 말한다.

12) Pierro Sraffa(1898-1983). 이탈리아 출신의 경제학자로 영국 케임브리지 대학에서 가르쳤다. 저서로 *Production of Commodities by Means of Commodities*가 있다. 명제와 그것이 기술하는 것이 같은 논리적 형식을 갖는다고 주장한 비트겐슈타인에 대해, 나폴리 사람들에게는 경멸이나 혐오를 뜻하는 턱을 쓰다듬는 몸동작을 해 보이며 이것의 논리적 형식은 무엇이냐고 반문했다고 전한다.

13) 이에 대해서는 다음의 글을 참조. M. Engelmann, "Wittgenstein's 'Most Fruitful Ideas' and Sraffa," *Philosophical Investigations*, vol. 36, 2013.

하나 이상의 이유에서, 내가 여기에 공개하는 것은 오늘날 다른 사람들이 쓰고 있는 글과 일맥상통하는 점들이 있을 것이다. — 만일 내 단상들에 내 것임을 표시하는 도장이 찍혀 있지 않다면, 나는 더 이상 그것들을 내 소유물이라고 주장하고 싶지도 않다.

나는 불확실한 느낌으로 내 단상들을 세상에 내놓는다. 이 연구의 빈약함과 이 시대의 암울함 속에서,[14] 이 연구가 몇몇 사람들의 머리에 빛을 던져주는 일이 불가능하지는 않다. — 하지만 물론 그럴 것 같지는 않다.

나는 내 글로 인해 다른 사람들이 스스로 생각하는 수고를 덜게 되는 일은 없었으면 한다. 오히려 가능하다면 내 글이 누군가의 생각을 자극하는 촉매제가 되기를 바란다.

나는 좋은 책을 만들어내고 싶었으나 결국 그렇게 되지는 않았다. 하지만 이를 개선할 수 있는 시간은 지나가 버렸다.

1945년 1월, 케임브리지에서.

---

14) 이에 대해서는 다음의 글들을 참조. M. Drury, "Conversations with Wittgenstein," 201쪽, Flowers III 1999에 재수록; J. Bouveresse, ""The Darkness of This Time": Wittgenstein and the Modern World," Griffiths 1992에 수록.

1. 아우구스티누스,[15] 『고백록』,[16] I/8: "어른들이 어떤 대상의 이름을 말하고 동시에 그것을 향해 몸을 돌렸을 때, 나는 이를 보고서 그들이 **그것**을 지칭하려 했을 때 낸 소리가 그 대상을 지시한다는 사실을 알았습니다. 하지만 나는 이것을 그들의 몸짓들, 즉 모든 사람의 자연 언어를 통해 추측하였습니다. 이 자연 언어는 얼굴 표정, 눈짓, 손발의 움직임, 어조 등을 통해서, 무언가를 갈망하거나, 고집하거나, 거절하거나, 기피할 때 일어나는 마음의 느낌들을 나타내는 언어입니다. 이에 따라 나는 사람들이 다양한 문장의 특정한 자리에서 낱말들을 반복해 말하는 것을 들으며, 점차 그 낱말들이 어떤 사물들을 지시하는지 이해하게 되었습니다. 그리고 내 입이 이 기호들에 익숙해지자 나는 그것들을 사용해 내가 바라는 것들을 표현하게 되었습니다."[17]

---

15) Aurelius Augustinus(354-430). 초기 그리스도 교회가 낳은 중세의 위대한 성현이자 사상가로서 대표작으로 『고백록』, 『신국론』 등이 있다.

16) 총 13권으로 이루어진 아우구스티누스의 자전적 작품으로 397년에서 398년 사이에 집필되었다. 비트겐슈타인은 이 작품에 대해 "아마도 '지금까지 씌어진 책 중에서 가장 진지한 책'일 것"이라는 찬사를 했다. 다음을 참조. M. Drury, "Some Notes on Conversations with Wittgenstein," 182쪽, Flowers III 1999에 재수록.

17) 인용문과 유사한 언어관을 전개한 프레게(Gottlob Frege)나 러셀(Bertrand Russell), 혹은 청년 비트겐슈타인이 아닌 4세기의 사상가 아우구스티누스를 인용하는 까닭은 인용문에 개진된 사유가 얼마나 보편적이고 뿌리 깊은 것인지를 보여주기 위함이다. 비트겐슈타인이 인용한 구절을 그 바로 앞 구절과 함께 읽는 것이 유익하다. Augustine, 25쪽 참조.

28

위의 말은 우리에게 인간 언어의 본질에 관한 특정한 그림[18]을 제시하는 듯하다. 그것은 다음과 같다 : 언어에서 낱말은 대상에 이름을 부여한다. ― 문장은 그런 이름들의 조합이다. ―― 언어에 관한 이 그림에서 우리는 다음과 같은 생각의 근원을 발견한다 : 모든 낱말은 각각 하나의 의미를 지닌다. 이 의미는 낱말과 서로 연관되어 있다. 그것[19]은 낱말이 나타내는 대상이다.

아우구스티누스는 낱말의 종류 간 차이에 대해서는 언급하지 않는다. 내가 볼 때, 언어 학습을 이런 식으로 기술하는 사람은 우선 "탁자", "의자", "빵" 같은 명사 및 사람 이름을 염두에 두고, 단지 부차적으로만 어떤 활동이나 속성의 이름을 떠올리며, 나머지 종류의 낱말은 신경 쓸 필요가 없다고 생각하고 있다.[20]

이제 다음과 같이 언어가 사용되는 경우를 생각해보자 : 나는 물건을 사오라고 사람을 보낸다. 그러면서 그에게 "빨간 사과 다섯 개"라고 적은 쪽지를 준다. 그가 상인에게 가서 그 쪽지를 건네면 상인은 "사과"라고 적힌 서랍을 연다. 그리고 상인은 일람표에서 "빨강"이라는 낱말을 찾은 뒤 그 옆에 있는 색(色) 견본을 발견한다. 그리고 나서 일련의 자연수(自然數)-낱말들[21]을 ― 나는 그가

---

18) 원어는 "Bild"이다.
19) 의미를 가리킨다.
20) 언어 학습을 아우구스티누스식으로 기술하는 사람은 낱말의 종류가 다양함을 경시하고 낱말을 명사나 이름을 위주로 이해하려 한다는 뜻이다.

이것들을 외우고 있다고 가정한다 — 차례대로 "다섯"까지 말한다. 그는 이 수(數)-낱말들을 하나씩 말할 때마다 견본과 똑같은 색의 사과를 서랍에서 꺼낸다. — 사람들은 이런 식으로 또는 이와 유사한 방식으로 낱말들을 사용한다. —— "그러나 어디서, 어떻게 '빨강'이라는 낱말을 찾아야 할지, '다섯'이라는 낱말로 무엇을 해야 할지 그는 어떻게 아는가?" —— 나는 그가 내가 기술한대로 **행위한다고** 가정한다.[22] 설명은 어디에선가 끝난다.[23] — 하지만 "다섯"이라는 낱말의 의미는 무엇인가? — 여기서는 "다섯"이라는 낱말이 어떻게 사용되는지에 대해서만 이야기했을 뿐, 그 낱말의 의미에 대해서는 논하지 않았다.[24]

---

21) 원어는 "Grundzahlwörter"인데 여기서는 사물의 개수를 세는 데 사용되는 하나, 둘, 셋, 넷, 다섯 같은 낱말들을 뜻한다.

22) 즉 상인이 "사과"라고 적힌 서랍을 열고 일람표에서 "빨강"이라는 낱말을 찾은 뒤 … 다섯"까지 말한다고 가정한다.

23) 설명이 끝나는 곳은 바로 앞서 언급한 인간 행위이다. 즉 우리는 이것을 "빨강"이라 부르고 저것을 "다섯"이라 부른다. 이 책 §217과 CV, 36쪽 참조.

24) 이 절에 대해서는 다음의 논문들을 참조. M. Ring, "Baker and Hacker on Section One of the *Philosophical Investigations*," *Philosophical Investigations*, vol. 6, 1983 ; R. Siemens, "Merrill Ring on Baker and Hacker on Section One of the *Philosophical Investigations*," *Philosophical Investigations*, vol. 9, 1986 ; M. Ring, "Reply to Siemens' "Merrill Ring on Baker and Hacker on Section One of the *Philosophical Investigations*"," *Philosophical Investigations*, vol. 9, 1986 ; M. Walker, "Augustine's Pretence : Another Reading of Wittgenstein's *Philosophical Investigations* 1," *Philosophical*

2. 의미라는 저 철학적 개념은 언어가 기능하는 방식에 대한 원초적 관념 속에 자리 잡고 있다. 그러나 그것[25]은 우리의 언어보다 더 원초적인 언어의 관념이라고 말할 수도 있다.

아우구스티누스가 제시한 기술(記述)에 들어맞는 하나의 언어를 상상해보자: 이 언어는 건축 기사 A와 조수 B 사이의 의사소통에 사용된다. A는 벽돌, 기둥, 석판, 들보 등 건축 석재들로 집을 짓고 있다. B는 A에게 필요한 순서대로 건축 석재들을 건네야 한다. 그들은 이 목적을 위해 "벽돌", "기둥", "석판", "들보"라는 낱말로 구성된 언어를 사용한다. A가 낱말들을 외치면, B는 이러이러한 외침을 들을 때 가져오라고 지시받은 석재를 날라온다. —— 이것을 하나의 완전한 원초적 언어라고 이해하라.[26]

Investigations, vol. 13, 1990; R. Raatzsch, "_Philosophical Investigations_, Section 1—Setting the Stage," _Grazer Philosophische Studien_, vol. 51, 1996; S. Cavell, "Notes and Afterthoughts on the Opening of Wittgenstein's _Investigations_," Sluga and Stern 1996에 재수록. 이 절부터 §7까지는 다음의 논문을 참조. A. Lugg, "A Sort of Prologue: _Philosophical Investigations_ §§1-7," _Philosophical Investigations_, vol. 36, 2013.

25) 앞서의 원초적 관념을 가리킨다.

26) 이 절에 대해서는 다음의 논문을 참조. R. Zucker, "Wittgenstein's Builder-Tribe," _Philosophical Investigations_, vol. 11, 1988; J. Schulte, "The Builder's Language," Ammereller and Fischer 2004에 수록.

3. 우리는 아우구스티누스가 하나의 의사소통 체계를 기술하고 있다고 말할 수 있을 것이다. 다만 우리가 언어라고 부르는 것이 모두 이런 체계[27]는 아니다. 그리고 우리는 "이런 묘사[28]는 적합한가, 적합하지 않은가?"라는 질문이 제기되는 많은 경우에 이처럼 말해야 한다.[29] 이 질문에 대한 대답은 다음과 같다: "그렇다. 이런 묘사는 적합하다. 하지만 당신이 묘사한다고 주장하는 모든 영역에서가 아니라, 아주 제한된 이 영역에서만 그렇다."

그것은 마치 누군가가 "게임을 한다는 것은 어떤 규칙들에 따라 판위에서 물체들을 움직이는 데 있다. . ."라고 설명하고 — 우리가 이렇게 응답하는 것과 같다: 당신은 보드 게임(board game)을 생각하는 듯하다. 하지만 보드 게임이 게임의 전부는 아니다. 당신의 설명을 바로잡으려면 당신이 말하는 게임을 명확히 보드 게임에 한정해야 한다.

4. 그 안의 문자들이 소리를 나타내는 데 사용되면서, 강세와 구두점의 기호로도 사용되는 하나의 문서를 상상해보라. (여기서 하나의 문서란 소리의 형태를 기술하기 위한 언어라고 이해할 수 있다.) 그런

---

27) 아우구스티누스가 기술하고 있는 의사소통 체계를 말한다.
28) 앞서 본 아우구스티누스의 묘사를 말한다.
29) 우리가 언어라고 부르는 것이 모두 아우구스티누스가 기술하고 있는 것과 같은 의사소통 체계는 아니라고 말해야 한다는 뜻이다.

데 누군가 각각의 문자가 단지 소리에 대응하는 것일 뿐이며, 문자 자체에는 다른 기능이 전혀 없는 듯이 이 문서를 이해한다고 생각해보라. 아우구스티누스의 언어관은 그처럼 이 문서를 너무 단순한 것으로 파악하는 것과 마찬가지다.[30]

5. §1에서의 예를 살펴보면, 아마도 우리는 낱말의 의미에 대한 일반적 개념이 얼마나 안개처럼 언어의 기능을 둘러싸고, 우리의 명확한 시야를 방해하는지 알게 될 것이다. ── 언어가 원초적으로 사용될 때의 현상을 연구하면 이런 안개는 걷힌다.[31] 언어가 원초적으로 사용될 때 우리는 낱말들의 목적과 기능을 통찰(通察)할[32] 수 있다.

아이는 말을 배울 때 그런 원초적 형태의 언어를 사용한다. 여기서 언어를 가르치는 방법은 설명을 하는 것이 아니라, 훈련을 시키는 것이다.

---

30) 그러나 이를 아우구스티누스의 사유에 대한 전면 부정으로 읽어서는 안 된다. 이 구절은 그의 언어관의 한계를 지적하고 있는 것으로 새겨야 한다. 아우구스티누스의 사유는 때로 비트겐슈타인의 철학적 탐구에 긍정적인 영감의 원천이 되곤 한다. 이 책 §§89~90 참조.

31) 비트겐슈타인 철학의 목적과 방법을 처음으로 명확히 정식화하고 있는 구절이다. 이는 후에 §§122, 125에서 보다 구체화된다.

32) 원어는 "übersehen"이다. 처음부터 끝까지 모두 훑어본다는 뜻을 지닌 통람(通覽)과 동의어로 머리말의 "풍경 스케치"와 "앨범"에 조응한다.

6. 우리는 §2에 나타난 언어가 A와 B가 가진 언어의 **전부**라고 상상할 수 있고, 심지어 한 종족이 가진 언어의 전부라고 상상할 수도 있다. 아이들은 **이런** 활동들을 하고, 더불어 **이런** 낱말들을 사용하며, 다른 사람들이 사용하는 낱말들에 대해 **이런** 식으로 반응하도록 양육된다.

이와 같은 훈련에서 중요한 부분은 선생님이 대상들을 가리키고,[33] 아이의 주의를 그 대상들로 돌리게 하는 동시에 하나의 낱말을 말하는 것이다. 가령 석판의 형태를 보여주면서 "석판"이라고 말하는 것이다. (나는 이를 "지칭적 설명" 또는 "정의(定義)"라고 부르고 싶지 않다. 왜냐하면 아이는 아직 이름이 무엇인지 **질문할** 수 없기 때문이다. 나는 이것을 "낱말에 대한 지칭적 가르침"[34]이라고 부르겠다. —— 내가 이것이 훈련의 중요한 부분을 이룬다고 말하는 이유는 사람들에게 실제로 그렇기[35] 때문이지 다른 방식을 상상할 수 없기 때문이 아니다.[36]) 낱말에 대한 이런 지칭적 가르침은 낱말과 사물 사이에 하나의 연상적

---

33) 원어는 "weisen"이다.
34) 낱말의 의미가 그 낱말에 대응하는 지시체를 가리킴에 의해서 얻어진다는 가르침을 뜻한다. 'hiweisen'은 '지칭하다'로, 'bezeichnen'은 '지시하다'로, 'weisen'과 'zeigen'은 '가리키다'로 옮겼다.
35) "낱말에 대한 지칭적 가르침"이 사람들에게 실제로 훈련의 중요한 일부를 형성함을 뜻한다.
36) BB, 2쪽 참조. 우리는 "낱말에 대한 지칭적 가르침"이 사람들에게 훈련의 중요한 일부를 형성하지 않는 경우를 상상할 수 있다.

결합을 확립한다고 할 수 있다. 하지만 이게 무슨 뜻인가? 여러 가지를 의미할 수 있다. 그러나 무엇보다 우리는 아이가 낱말을 들으면 아이의 마음속에 대상의 그림이 떠오른다고 생각하기 쉽다. 하지만 이런 일이 정말로 일어난다면 — 그것이 낱말의 목적인가? — 그렇다, 그것은 목적**일지도 모른다.** — 나는 낱말(소리의 연속)[37]이 그런 식으로 사용된다는 것을 상상할 수 있다. (낱말을 말한다는 것은 상상 속의 피아노 건반을 치는 일과 같다.) 그러나 §2의 언어에서 낱말들의 목적은 이미지들[38]을 떠올리는 것이 **아니다.** (물론 이미지들을 떠올리는 일이 본래 목적을 달성하는 데 도움이 된다는 사실은 알 수 있다.)[39]

그러나 만일 지칭적 가르침이 이런 일을 발생시킨다면, 나는 지칭적 가르침으로 인해 낱말을 이해하게 된다고 말해야 할까?[40] 누군가 "석판!"이라는 외침을 듣고 이러이러한 식으로 행위한다면 그는 그 외침을 이해한 것이 아닐까? — 지칭적 가르침이 이해에 도움

---

37) 예컨대 '석판'이라는 낱말은 '석'이라는 소리와 '판'이라는 소리의 연속으로 이루어져 있다는 뜻에서 낱말은 소리의 연속이다.
38) 원어는 "Vorstellungen"이다.
39) 의미를 내적 이미지로 간주하는 표상적 의미론에 대한 간접적 거부이다. 이 의미론에 대한 본격적인 비판은 이 책의 §265에서 전개된다.
40) 비트겐슈타인의 대화 상대자의 목소리이다. 『철학적 탐구』는 종종 비트겐슈타인과 그의 대화 상대자 사이의 익명의 토론으로 전개된다. 따라서 어느 부분이 누구의 목소리인지를 잘 구별해야 한다.

을 주었다는 사실에는 의심의 여지가 없다. 하지만 특정한 교육[41]이 함께 주어질 때만 도움이 되었다. 만약 다른 교육이 주어졌다면 이 낱말들에 대한 똑같은 지칭적 가르침은 매우 다른 이해를 낳았을 것이다.

"나는 막대와 레버를 연결하여 브레이크를 설치했다." ― 그렇다. 기계장치의 나머지 부분들이 모두 주어진다면 말이다. 오직 이런 연관하에서만 그것은 브레이크 레버이며, 그것을 떠받쳐주는 것과 분리되면 심지어 레버라고도 할 수 없다. 그것은 무엇이든 될 수 있지만 아무것도 아닐 수도 있다.

7. 언어 (2)[42]를 실제로 사용할 때 한쪽은 낱말을 외치고 다른 쪽은 그에 따라 행위한다. 하지만 이 언어를 가르칠 때는 **다음과 같은 과정**이 일어날 것이다: 학습자는 대상의 **이름을 말한다**. 즉 선생님이 석재를 가리킬 때 학습자는 그에 해당하는 낱말을 말한다. ― 여기에는 보다 단순한 훈련도 있다: 선생님이 낱말들을 말하면 학생이 이를 따라서 말한다. ―― 이 두 가지는 모두 말하기와 같은 과정이다.

우리는 또한 (2)에서의 언어 사용 과정 전체를 아이가 이를 통해

---

41) 원어는 "Unterricht"이다.
42) 이 책 §2에서의 언어를 가리킨다. 마찬가지로 다음 단락의 (2)는 §2를 가리킨다.

모국어를 배우는 게임 가운데 하나로 간주할 수 있다. 나는 이런 게임들을 **"언어게임"**[43]이라고 부를 것이며, 때로는 원초적 언어를 언어게임이라고 말할 것이다.

그리고 석재의 이름을 말하는 과정과, 누군가의 말을 따라서 낱말을 말하는 과정 역시 언어게임이라고 부를 수 있다. 윤무(輪舞)게임[44]에서 낱말들이 지니는 다양한 쓰임을 생각해보라.

나는 또한 언어와 그 언어가 얽혀 있는 활동들로 구성된 전체도 **"언어게임"**이라고 부를 것이다.[45]

8. 언어 (2)를 확장하는 경우를 살펴보자. "벽돌", "기둥" 등 네 개의 낱말 이외에, (1)[46]에서 상인이 수(數)–낱말들(이것은 일련의 알파벳 문자들일 수도 있다)을 사용하듯이 사용되는 일련의 낱말들을 포함시켜보자. 나아가 두 개의 낱말을 포함시키자. "거기", "이것" 정도가 좋겠다. (이 낱말들은 대체로 그 목적을 암시하고 있기 때문이다.) 이 두 낱말들은 뭔가를 가리키는 손짓과 연관되어 사용된다. 그리고 마지막으로 몇 가지 색 견본을 포함시켜보자. A는 "d–석판–거기"와 같은 명령을 내린다. 동시에 그는 조수에게 하나의 색

---

43) 원어는 "*Sprachspiele*"이다.
44) 손을 잡고 노래를 부르며 둥글게 돌다가 노래 끝에 재빨리 앉는 놀이를 말한다.
45) 이 책 §23 둘째 단락 참조.
46) 이 책 §1을 가리킨다.

견본을 보여준다. 그리고 "거기"라는 낱말을 말할 때 건축 현장의 한 장소를 가리킨다. B는 석판 더미에서 견본과 같은 색깔을 지닌 석판을 "d"까지 알파벳의 매 글자마다 하나씩 꺼내 A가 지시하는 장소로 가져간다.[47] — 다른 경우에 A는 "이것-거기"라는 명령을 내린다. "이것"이라고 말할 때 건축 석재를 가리킨다. 등등.

9. 아이가 이 언어를 배울 때는 a, b, c, . . . 라는 일련의 수-낱말들을 외워야 한다. 그리고 이 수-낱말들의 쓰임을 배워야 한다. — 이 교육에 낱말에 대한 지칭적 가르침이 포함될까? — 글쎄, 가령 사람들은 석판을 가리키면서 "석판 a, b, c"라고 셀 것이다. — "벽돌", "기둥" 같은 낱말들에 대한 지칭적 가르침에 보다 가까운 것은, 수를 세는 데 사용되는 수-낱말들의 지칭적 가르침이 아니라, 한눈에 파악할 수 있는 사물들의 집단을 지시하는 데 사용되는 수-낱말들[48]의 지칭적 가르침일 것이다. 아이는 처음 다섯 개 또는 여섯 개 자연수-낱말들의 쓰임을 이런 식으로 배운다.

"거기"나 "이것" 역시 지칭적으로 학습되는가? — 우리가 이 낱말들의 쓰임을 어떻게 가르칠 수 있을지 생각해보라! 우리는 장소

---

47) 요컨대 여기서 d는 4의 대용어이다. 즉 "d-석판"이라는 A의 명령에 B는 4개의 석판을 꺼낸다.
48) 예컨대 3원색, 4인조와 같은 낱말이 이에 해당한다.

와 사물들을 가리킬 것이다. 하지만 이 경우에 가리킴이라는 현상은 낱말들의 쓰임을 배울 때뿐만 아니라, 낱말들을 실제로 **사용**할 때도 일어난다. ─

10. 그러면 이 언어의 낱말들은 무엇을 **지시하는가**? ─ 이 낱말들이 사용되는 방식이 아니라면 무엇이 이 낱말들이 지시하는 바를 보여준단 말인가? 그리고 우리는 이미 이들이 사용되는 방식을 기술했다. 따라서 "이 낱말은 **저것**을 지시한다"는 표현은 우리가 했던 기술(記述)의 일부가 되어야 할 것이다. 다시 말해, 그 기술은 ". . . 라는 낱말은 . . . 를 지시한다"라는 형식을 취해야 한다.[49]

자, 우리는 "석판"이라는 낱말의 쓰임에 대한 기술을, 이 낱말이 이 대상을 지시한다는 말로 줄일 수 있다. 우리가 그렇게 하는 경우는 가령 "석판"이라는 낱말이 우리가 사실 "벽돌"이라고 부르는 형태의 건축 석재와 연관되어 있다는 오해를 없애는 것만이 문제시될 때 ─ 그러나 이 '**연관**'의 양식, 즉 나머지 경우에서의 이 낱말의 쓰임은 알려져 있을 때 ─ 정도일 것이다.[50]

마찬가지로 우리는 "a", "b" 등의 기호가 수(數)를 지시한다고 말

---

49) 지시와 쓰임을 구별하고 전자가 후자에 포섭됨을 명시하고 있다.
50) 우리말을 거의 완벽하게 구사하는 외국인 친구가 벽돌을 석판이라고 부를 때 우리가 석판을 가리키며 "아냐, 석판이라는 낱말은 저것을 지시해"라고 교정해 주는 경우가 이에 해당한다.

할 수 있다: 예컨대 이렇게 말함으로써 "벽돌", "석판", "기둥"이 언어에서 실제로 하는 역할을 "a", "b", "c"가 맡고 있다는 오해가 사라지는 경우에 그렇다. 또한 우리는 "c"가 저 수가 아닌 이 수를 지시한다고 말할 수 있다. 가령 문자들이 a, b, d, c의 순서가 아니라 a, b, c, d 등의 순서로 사용돼야 한다고 설명하려는 경우에 그렇다.[51]

하지만 이 낱말들의 쓰임에 대한 기술들을 이런 식으로 서로 비슷하게 만든다고 해서 쓰임들 자체가 서로 비슷해질 수는 없다! 보다시피 낱말의 쓰임들은 서로 완전히 다르기 때문이다.

11. 도구 상자에 있는 도구들을 생각해보라. 거기에는 망치, 집게, 톱, 나사돌리개, 줄자, 아교 단지, 아교, 못, 나사가 있다. ― 낱말들의 기능은 이런 대상들의 기능만큼이나 다양하다. (그리고 두 경우 모두 비슷한 점들이 있다.)[52]

물론 우리를 혼란스럽게 하는 것은, 낱말들을 귀로 듣거나 또는 원고나 인쇄물에서 눈으로 볼 때 이들이 획일적으로 나타난다는 점이다.[53] 왜냐하면 이 낱말들의 **쓰임**이 우리에게 그렇게 분명하지

---

51) 지시가 쓰임의 특수한 한 경우임을 명시하고 있다.
52) BB, 67쪽, 이 책 §§421, 563 참조.
53) 특히 해당 언어를 모르는 사람에게 그렇다. 예컨대 아랍어를 모르는 사람에게 아랍어 낱말들은 다 같아 보인다. 이 책 §167 참조. 홍승현 씨는 여기서 "이들

않기 때문이다. 특히 우리가 철학을 할 때는 더욱 그렇다!

12. 그것은 마치 기관차의 운전석을 들여다보는 일과 같다. 거기에 있는 손잡이들은 모두 어느 정도 비슷해 보인다. (이들은 모두 손으로 다루는 도구이므로 당연하다.) 그러나 하나는 연속해서 움직일 수 있는 크랭크의 손잡이다. (이것은 밸브의 개폐를 조절한다.) 다른 하나는 끄거나 켜는 두 가지 동작만 하는 스위치의 손잡이다. 세 번째는 세게 당길수록 더 강하게 제동되는 브레이크 레버의 손잡이다. 네 번째는 앞뒤로 움직일 때만 작동하는 펌프의 손잡이다.

13. 우리가 "언어에서 모든 낱말은 각각 어떤 것을 지시한다."라고 말할 때, **어떤** 구별을 하려는지 정확하게 설명하지 않는다면 아직까지는 **아무것도** 말한 것이 아니다.[54] (물론 우리는 언어 (8)의 말과, 루이스 캐럴[55]의 시에 나오는 '무의미한' 말,[56] 혹은 노래 속의 "룰루랄라"[57] 따위의 말을 구별하려고 했을지 모른다.)

이 획일적으로 나타난다"고 번역한 "Gleichförmigkeit ihrer Erscheinung"을 "이들이 똑같은 형태로 나타난다"고 번역하는 대안을 제시하였다. 예컨대 '눈 (eye)'이라는 낱말과 '눈(snow)'이라는 낱말은 똑같은 형태로 나타나기 때문에 우리를 혼란스럽게 하지만 그 쓰임은 다르다는 것이다.

54) 다양하게 구별되는 낱말들과 그 기능들을 무시한 채 그렇게 단일하고도 일률적으로 정의하는 것은 아무런 도움이 되지 않는다.

14. 누군가 이렇게 말한다고 가정해보라: "**모든** 도구는 어떤 것을 변경하는 데 쓰인다. 가령 망치는 못의 위치를 변경하고, 톱은 널빤지의 형태를 변경하는 식이다." ─ 그런데 줄자, 아교 냄비, 못은 무엇을 변경하는가? ─ "사물의 길이, 아교의 온도, 상자의 견고성에 대한 우리의 앎을 변경한다." ── 표현들을 이처럼 서로 유사하게 만든다고 해서[58] 과연 무엇을 얻을 수 있을까? ─ [59]

15. "지시한다"는 말은 아마도 지시되는 대상에 그 대상의 이름이 하나의 표시로 붙어 있을 때 가장 직접적으로 사용될 수 있을 것이다. A가 건축에 사용하는 도구들에 어떤 표시들이 있다고 가정해보라. A가 조수에게 그런 표시를 보여주면, 조수는 그 표시가 있는 도구를 가져온다.

이런 식으로, 또는 이와 다소 유사한 방식으로 하나의 이름이 하나의 사물을 지시하고, 그 사물의 이름이 된다. 우리가 철학을 할

55) Lewis Carroll(1832-1898). 영국의 수학자이자 동화작가로 『이상한 나라의 앨리스』 등의 작품을 남겼다. 그의 작품은 최근 들뢰즈(Gilles Deleuze)의 『의미의 논리』를 통해 다시 주목을 받게 되었다.
56) 이 책 §282 참조.
57) 원어는 "juwiwallera"였는데 우리 정서에 맞게 다른 말로 바꾸었다.
58) 다양한 쓰임을 지니는 다양한 도구들에 대한 다양한 표현들을 변경이라는 하나의 관념에 맞춰 서로 유사한 것으로 전환한다고 해서.
59) 이 책 §194의 마지막 문장 참조.

때 다음과 같이 생각하면 자주 유용할 것이다: 어떤 것에 이름을 부여하는 일은 하나의 사물에 이름표를 붙이는 일과 비슷하다.[60]

16. A가 B에게 보여주는 색 견본들은 어떤가? — 이것들은 **언어**의 일부인가? 좋을 대로 생각하라.[61] 이 색 견본들은 구어(口語)에 속하지 않는다. 하지만 내가 누군가에게 "'그'[62]라는 그 낱말을 발음해보라"라고 말할 때, 그는 첫 번째 나오는 '그' 역시 문장의 일부로 간주할 것이다. 그렇지만 이 첫 번째 '그'는 언어게임 (8)에서 색 견본이 하는 일과 매우 유사한 역할을 한다. 즉 그것은 다른 사람이 말하려고 하는 것의 견본이다.

견본을 언어의 도구로 간주하면 가장 자연스러우면서도 혼란을 최소화할 수 있다.[63]

((재귀대명사 "**이** 문장"에 대한 고찰.[64]))[65]

---

60) 콰인(Willard van Orman Quine)은 이러한 견해에 대해 의미와 이름 사이의 관계를 박물관의 전시물과 그 이름표 사이의 관계에 견주고 있다. Quine 1969, 27쪽 참조.
61) 색 견본을 언어의 일부로 볼 수도 있고 아닐 수도 있다는 뜻이다.
62) 원어는 "das"이다.
63) 견본을 언어와 마주하는 지시체가 아닌 언어의 도구로 보는 발상 전환을 언급하고 있다.

17. 우리는 이렇게 말할 수 있다: 언어 (8)에는 서로 다른 **종류의 낱말들**이 있다. 왜냐하면 "석판"이라는 낱말과 "벽돌"이라는 낱말의 기능은 "석판"과 "d"의 기능에 비해 서로 더 비슷하기 때문이다. 그러나 우리가 낱말들을 종류별로 어떻게 묶는가 하는 것은 분류의 목적에 — 그리고 우리 자신의 성향에 — 달려 있을 것이다.

우리가 도구들을 그에 따라 종류별로 분류할 수 있는 서로 다른 관점들을 생각해보라. 또는 체스(Chess) 말들에 대해서 이런 식으로 생각해보라.[66]

18. (2)와 (8)의 언어가 명령으로만 이루어진다는 점에 신경 쓰지 말라. 이 때문에 그 언어들이 불완전하다고 말하고 싶다면, 우리의 언어는 완전한지 — 화학기호와 미적분 표기법이 포함되기 전에는 완전했는지 — 스스로에게 물어보라. 왜냐하면 이것들[67]은 말하자면 우리 언어의 변두리이기 때문이다. (그리고 도시가 도시이기 위해

---

64) 앞서의 색 견본이나 '그'라는 낱말의 경우처럼 "이 문장"에서의 '이'는 다른 문장을 뜻할 수도 있고 "이 문장"이라는 표현의 일부일 수도 있다. 후자의 경우에 '이'는 자기 자신을 지시하는 재귀대명사이다. PR, 207-208쪽, Z, §691, 이승종 2002, 10장 참조.

65) 이중괄호는 저자가 자신의 노트나 관찰에서 어떤 구체적인 견해를 끼워 넣으려는 의도에서 사용되었다. 여기서는 MS 124, 60쪽이 그 대상인 것으로 추정된다.

66) 이 책 §48 참조.

67) 화학기호와 미적분 표기법을 가리킨다.

서는 얼마나 많은 집이나 거리(街)가 있어야 하는가?) 우리의 언어는 아주 오래된 도시로 간주될 수 있다: 이 도시는 골목길, 광장, 오래된 집과 새로 지은 집, 여러 시기에 걸쳐 증축된 집들이 미로처럼 얽혀 있으며, 곧고 규칙적인 거리와 균일한 형태의 집으로 이루어진 다수의 새로운 변두리들이 이를 둘러싸고 있다.[68]

19. 전쟁터에서 명령과 보고로만 이루어진 언어를 — 또는 질문들 그리고 예/아니오로 답하는 표현들로만 이루어진 언어를 — 상상하기는 어렵지 않다. — 이밖에도 무수히 많은 다른 언어를 상상할 수 있다. —— 그리고 하나의 언어를 상상한다는 것은 하나의 삶의 형식을 상상한다는 것을 의미한다.[69]

하지만 다음은 어떤가?: (2)의 예에서 "석판!"이라는 외침은 문장인가 아니면 낱말인가? — 만약 낱말이라면 확실히 우리의 일상 언어에서 그와 같은 소리를 내는 낱말과 똑같은 의미는 아니다. §2에서는 그것이 하나의 요청이기 때문이다.[70] 그러나 만약 문장

---

68) 이 책 §203 참조. 이 고찰을 부연한 다음의 책과 논문을 참조. Ackermann 1988; D. Jacquette, "Metaphilosophy in Wittgenstein's City," *International Studies in Philosophy*, vol. 25, 1993.

69) 삶의 형식은 이 책과 『심리철학』에서 이 절을 포함 다섯 번밖에 등장하지 않지만 눈여겨보아야 할 개념이다. 삶의 형식이 등장하는 곳은 다음과 같다. 이 책 §§23, 241, 『심리철학』, §§1, 345, 그 외 OC, §§358-359, CE, 397쪽, LC, 58쪽, MS 119, 148쪽, RFM, 414쪽, RPP I, §630 참조.

이라면 분명 우리 언어의 "석판!"이라는 생략된 문장은 아니다. ──
── 첫 번째 물음에 대해, 당신은 "석판!"을 낱말이라고 할 수도 있
고 문장이라고 할 수도 있다. 어쩌면 (우리가 퇴화 쌍곡선이라고 말하
듯이) '퇴화된 문장'이라고 부르는 편이 합당할지 모른다. 사실 그
것은 우리의 '생략된' 문장이다. ── 하지만 이는 분명 "내게 석판 하
나를 가져와라!"라는 문장을 축약한 형태일 뿐, (2)의 예에서 그런
문장은 없다. ── 그러나 나는 왜 반대로 "내게 석판 하나를 가져와
라!"라는 문장이 "석판!"이라는 문장을 **늘린 것**이라고 불러서는 안
되는가? ── 왜냐하면 "석판!"이라고 외치는 사람은 누구라도 실제
로는 "내게 석판 하나를 가져와라"를 의미하기 때문이다. ── 하지
만 당신은 "석판!"이라고 **말하면서** 어떻게 **"내게 석판 하나를 가져
와라"를 의미하는가**? 당신은 마음속으로 축약되지 않은 문장을 말
하는가? 그리고 나는 왜 누군가 "석판!"으로 의미하는 바를 말하기
위해 "석판!"이라는 외침을 다른 표현으로 바꿔야 하는가? 또 그것
들이 똑같은 것을 의미한다면, 나는 왜 "그가 '석판!'이라고 말할 때
그는 '석판!'을 의미한다."라고 말해서는 안 되는가? ──── 그러나

---

70) 앞 문장에서 '외침'으로 옮긴 'rufen'을 여기서는 '요청'으로 옮겼다. "석판!"이
외침인 것은 바로 앞 문장에서 당연하게 얘기했는데 다음에 또 외침이기 때문
이라고 하는 것은 문맥상 어색하고, "석판!"이 문장이냐 낱말이냐 하는 것이 쟁
점인데 그것을 기능으로서 판단하고자 한다면, 외침보다는 요청이 적합하다는
생각에서이다.

내가 "석판!"이라고 외칠 때 원하는 바는 **그가 석판 하나를 내게 가져와야 한다**는 것이다! —— 확실히 그렇다. 하지만 '이것을 원한다'는 것은 당신이 입으로 말하는 문장과는 다른 문장을 어떤 형태로든 생각한다는 뜻인가? —[71]

20. 그러나 이제 누군가 "내게 석판 하나를 가져와라!"라고 말한다면, 그는 이 표현으로 "석판!"이라는 낱말에 대응하는 **하나의** 긴 낱말을 의미할 수 있는 것처럼 보인다. —— 그렇다면 우리는 이 낱말로 때로는 **하나의** 낱말을, 때로는 네 개의 낱말을 의미할 수 있는가? 그리고 우리는 보통 그것을 어떤 의미로 사용하는가?[72] —— 나는 우리가 다음과 같이 말하는 경향이 있다고 생각한다: 그 문장을 "내게 석판 하나를 **건네라.**", "**그에게** 석판 하나를 가져가라.", "석판 **두 개를** 가져와라." 등의 다른 문장들과 대조해서 사용할 때, 즉 우리의 명령에 사용된 낱말들을 다르게 결합하고 있는

---

71) 이 절부터 §20까지는 다음의 논문들을 참조. W. Goldfarb, "I Want You to Bring Me a Slab: Remarks on the Opening Sections of the *Philosophical Investigations*," *Synthese*, vol. 56, 1983; M. Ring, "Bring Me a Slab!: Meaning, Speakers, and Practices," Arrington and Glock 1991에 수록; A. Lugg, "'But What about This?': *Philosophical Investigations* Sections 19-20," *Journal of Philosophical Research*, vol. 35, 2010.

72) 원문은 "Und wie meint man ihn gewöhnlich?"로 직역하자면 "그리고 우리는 보통 그것을 어떻게 의미하는가?"인데 문맥을 고려하여 이렇게 의역하였다.

문장들과 대조해서 사용할 때, 우리는 그 문장이 **네 개의** 낱말들로 이루어진 하나의 문장이라고 의미한다. —— 하지만 한 문장을 다른 문장과 대조해서 사용하는 일은 무엇에 있는가? 동시에 다른 문장들이 마음속에 떠오른다는 말인가? 다른 **모든** 문장들이? 우리가 그 하나의 문장을 말하는 **동안에**? 아니면 이전이나 이후에? — 아니다! 설령 이런 설명이 그럴듯해 보인다 해도, 실제로 어떤 일이 일어나는지를 조금만 생각해보면 우리가 잘못된 길에 들어섰다는 사실을 알 수 있다. 우리는 **우리의 언어**가 그런 다른 문장들의 가능성을 내포하고 있기 때문에, 다른 문장들과 대조해서 명령을 사용한다고 말한다. 만일 우리의 언어를 이해하지 못하는 어떤 외국인이 "내게 석판 하나를 가져와라!"라고 누군가 명령하는 것을 자주 들었다면, 그는 이 일련의 소리들이 아마도 그의 언어에서 "건축 석재"라는 낱말에 대응하는 낱말이라고 생각할지 모른다. 그리고 만약 그 외국인 자신이 이 명령을 내렸다면 아마도 그것을 다르게 발음했을 것이고, 이 경우 우리는 다음과 같이 말할 것이다: 그가 매우 이상하게 발음하는 이유는 그것을 **하나의** 낱말이라고 생각하기 때문이다. —— 하지만 그렇다면 그가 그것을 발음할 때는 마음속에서 뭔가 다른 일이 일어나지 않겠는가? — 그가 그 문장을 **하나의** 낱말이라고 생각한다는 사실에 대응하는 어떤 일 말이다. —— 그의 마음속에서는 같은 것이 일어날 수도 있고 다른 것이 일어날 수도 있다.[73)] 당신이 그런 명령을 내릴 때는 마음속에서 어떤 일이 일어나는가? 그것을 말하는 **동안** 그것이 네 개의 낱말로 이루어져 있다는 사실을 의식하는가? 물론 당신은 — 다른 문장들도 포함하는 — 이 언어를 **알고 있다.** 그러나 이 앎은 당신이 그 문장을 말하는 동안 '**일어나는**' 어떤 것인가? — 그리고 나는 그 문장을 다르게 이해하는 외국인이라면 아마 발음도 다르게 할 것이라는 사실을 인정했다. 그러나 우리가 잘못된 이해라고 부르는 것이 명령을 말할 때 함께 나타나는 어떤 것에 있**어야 하는** 것은 아니다.[74]

그 문장이 '생략된' 문장인 이유는, 우리가 그것을 말할 때 의미하는 무언가를 빠뜨리고 있기 때문이 아니라, 그것이 — 우리 문법의 특정한 범례(範例)[75]와 비교해서 — 축약된 형태이기 때문이다. — 물론 누군가 다음과 같은 반론을 제기할지도 모른다: "당신은 축약된 문장과 그렇지 않은 문장이 똑같은 의미를 지닌다는 사실을 인정한다. — 그렇다면 이 의미란 무엇인가? 이 의미를 나타내는 언어적 표현은 없는가?" —— 하지만 문장들의 의미가 똑같다는 말은 이들의 쓰임이 똑같다는 말이 아닐까? — (러시아어에서는 "돌이 빨갛다"라고 말하는 대신 "돌 빨갛다"라고 말한다. 러시아인들이 이

---

73) 석판을 말하면서 마음속으로 석판을 떠올릴 수도 있고 다른 어떤 것을 떠올릴 수도 있으며 혹은 아무것도 떠올리지 않을 수도 있다.

74) 명령을 제대로 파악했는지 아닌지는 명령의 발언에 수반되는 어떤 것에 의해서가 아니라 그 명령의 쓰임에 의해서 판가름 난다.

75) 원어는 "Vorbild"이다.

해하는 의미에는 계사(繫辭)가 빠져 있는가? 아니면 이들은 **생각할 때** 계사를 덧붙이는가?)

21. A는 질문을 하고, B는 무더기로 놓인 석판이나 벽돌의 개수, 또는 여기저기 쌓여 있는 건축 석재의 색깔과 형태에 관해 보고하는 언어게임을 상상해보라. — 그런 보고 중에는 가령 "석판 다섯 개"가 있을 수 있다. 그런데 "석판 다섯 개"라는 보고나 진술,[76] 그리고 "석판 다섯 개!"라는 명령 사이의 차이는 무엇인가? — 그 차이는 이 낱말들을 말하는 일이 언어게임에서 하는 역할이다. 물론 이 낱말들을 말할 때의 어조나 얼굴 표정 등은 다를 수 있다. 하지만 우리는 쓰임의 차이만 있을 뿐, 말하는 어조가 똑같은 경우도 상상해볼 수 있다. — 명령과 보고를 말할 때는 **다양한** 어조와 다양한 얼굴 표정이 나타날 수 있기 때문이다. (물론 우리는 "진술"과 "명령"이라는 낱말들을 한 문장의 문법적 형식 및 어떤 특정한 억양을 지시하는 것으로 사용할 수도 있다. 가령 "오늘 날씨가 정말 좋지?"라는 문장은 하나의 진술로 사용되지만, 우리는 이 문장을 하나의 질문이라고 부르는 것처럼 말이다.) 우리는 **모든** 진술이 수사의문문(修辭疑問文)[77]의

---

76) 원어는 "Behauptung"이다.
77) 문장의 형식은 물음을 나타내나 답변을 요구하지 않고 강한 긍정 진술을 내포하고 있는 의문문을 뜻한다. (예) 그걸 누가 몰라?

형식과 어조를 지니는 언어를 상상할 수 있다. 또는 모든 명령이 ". . . 해 주시겠습니까?"라는 질문 형식으로 이루어지는 언어를 상상할 수도 있다. 그렇다면 우리는 아마도 다음과 같이 말할 것이다: "그가 하는 말은 질문의 형식을 띠지만 사실은 명령이다." — 즉 언어가 실행될 때 명령의 기능을 한다. (마찬가지로 우리는 "사병은 뒷문을 이용한다."를 진술이 아니라 명령으로 말한다.[78] 무엇이 이런 기능상의 차이를 야기하는 것일까?)

22. 하나의 진술 속에는 진술되는 내용이 하나의 가정으로서 숨어 있다는 프레게[79]의 견해[80]는, "이러이러한 것이 사실이라고 진술된다"[81]라는 형식으로 모든 진술문을 적을 수 있는 가능성이 우

---

78) 원문은 "Du wirst das tun"를 예언이 아니라 명령으로 말하는 것이었는데, 우리말의 문맥과 결에 맞게 다른 예문으로 바꾸었다.

79) Gottlob Frege(1848~1925). 독일의 수학자, 논리학자, 철학자로서 수리논리학과 분석철학의 창시자로 꼽힌다. 비트겐슈타인에게 큰 영향을 미쳤으며 그에게 러셀과 수학할 것을 추천하였다. *Begriffsschrift, Die Grundlagen der Arithmetik, Grundgesetze der Arithmetik* 등의 저서와 "Über Sinn und Bedeutung" 등의 논문이 있다.

80) 프레게에 의하면 어떤 진술 'p'는 '다음이 진술된다: p는 사실이다'의 줄임말로서 이는 다시 'ㅏ'라는 진술 기호로 표기되는 '다음이 진술된다'와 그가 가정이라고 칭한 'p는 사실이다'로 나뉜다. 다음을 참조. Frege 1879, §2; 1893, §5; "Function and Concept," 34쪽, Frege 1970에 재수록.

81) 원문은 "Es wird behauptet, daß das und das der Fall ist"이다.

리의 언어에 존재한다는 사실에 기초한다. — 하지만 "이러이러한 것이 사실이다"는 우리의 언어에서 하나의 문장이 **아니다**. — 그것은 언어게임에서 아직 하나의 **동작**이 아니다. 그리고 내가 ". . . 라고 진술된다"가 아니라 "다음이 진술된다: 이러이러한 것이 사실이다"라고 적는다면, "다음이 진술된다"라는 말은 전혀 불필요해진다.

우리는 또한 질문 다음에 긍정을 덧붙이는 형식으로 모든 진술을 적을 수도 있다. 예를 들어 "비가 오니? 예!"처럼 말이다. 이런 방식은 모든 진술에 질문이 내포되어 있다는 사실을 보여주는 것일까?[82]

물론 우리에게는 진술 기호[83]를 가령 물음표와 대조해서 사용할 권리가 있다.[84] 혹은 하나의 진술을 허구나 가정(假定)과 구별하고자 할 때 그렇다. 다만 만일 진술이 헤아림과 진술함[85](진리치를 부여하는 것 또는 그와 같은 어떤 것)의 두 행위로 이루어져 있으며, 우리가 악보에 따라 노래하는 일과 대략 유사하게 문장에 따라 이 두 행위를 한다는 식으로 생각한다면 잘못이다. 물론 적힌 문장을 큰

---

82) 다양한 문장들을 한 종류로 환원해 형식화하려는 논리학자들의 시도가 초래하는 왜곡에 대한 일침이다. 청년 비트겐슈타인도 이러한 환원주의적 견해에 동조했었다. NB, 96쪽 참조.

83) 'ㅏ'를 말한다.

84) 물음표가 붙은 문장을 의문문으로 간주한다면 진술 기호가 붙은 문장은 진술문으로 간주할 것이다.

85) 어떤 진술 'p'를 '다음이 진술된다: p는 사실이다'로 풀고 이렇게 고쳐 이해한 진술문의 앞부분을 진술함에, 뒷부분을 헤아림에 각각 배치시키는 것을 뜻한다.

소리로 읽거나 조용히 읽는 일은 악보에 따라 노래하는 일과 유사하지만, 읽은 문장을 '**의미함**'(생각함)은 그렇지 않다.

프레게의 진술 기호[86]는 **문장의 시작**을 강조해준다. 따라서 그것은 마침표와 유사한 기능을 한다. 그것은 온전한 복합문을 그 **안에** 있는 절과 구분해준다. 내가 누군가 "비가 온다"고 말하는 것을 들으면서도 복합문[87]의 시작과 끝을 들었는지 아닌지를 모른다면, 이 문장은 내게 아직 의사소통의 수단이 아니다.[88]

> 어떤 권투 선수가 특정한 대결 자세를 취한 모습을 묘사하는 그림을 상상해보자. 이 그림은 누군가에게 어떻게 서야 하는지, 어떤 자세를 취해야 하는지, 어떤 자세를 취하면 안 되는지, 특정한 사람이 이런저런 장소에서 어떻게 서 있었는지 등을 알려주는 데 사용될 수 있다. 우리는 이 그림을 (화학의 언어를 사용해) 문장-원소[89]라고 부를 수 있다. 아마도 프레게가 생각한 "가정(假定)"은 이와 유사할 것이다.[90]

---

86) 'ㅏ'를 말한다.
87) "비가 온다"라는 말도 "다음이 진술된다 : '비가 온다'는 사실이다"로 풀면 복합문이 된다.
88) 프레게의 관점에서는 "비가 온다"라는 말도 "다음이 진술된다 : '비가 온다'는 사실이다"로 풀리기 전에는 그 자체만으로는 아직 의사소통의 수단이 아니다.

23. 그러나 얼마나 많은 종류의 문장이 있는가? 이를테면 진술, 물음, 명령을 나타내는 문장들? — **무수한** 종류의 문장이 있다. 우리가 "기호", "낱말", "문장"이라고 부르는 모든 것에는 서로 다른 무수한 종류의 쓰임이 있다. 그리고 이런 쓰임의 다양성은 단 한번 정해진 채로 고정되는 것이 아니다. 새로운 형태의 언어와 새로운 언어게임이라고 할 만한 것들이 생겨나고, 다른 것들은 쓸모없어져 잊힌다. (우리는 이에 대한 **대략적인 그림**을 수학의 변천 과정에서 찾을 수 있다.)[91]

여기서 "언어**게임**"이라는 낱말은 언어를 **말하는 일**이 어떤 활동의 일부, 또는 삶의 형식의 일부라는 사실을 강조하기 위해 사용된다.[92]

다음을 포함해 여러 예들에서 언어게임의 다양성을 눈여겨보라.

---

89) 원어는 "Satzradikal"이다.
90) 예컨대 화학에서 CO_2, SO_2, BaO_2 등에 공통된 O_2를 프레게의 가정에 견줄 수 있을 것이다. Lugg 2000, 51쪽 참조.
91) 수학의 변천 과정을 충분히 감안하지 않고 수학을 논리학으로 환원해 정당화하려는 프레게, 러셀의 논리주의에 대한 간접적 비판으로 해석할 수 있다.
92) 언어게임, 활동, 삶의 형식 사이의 관계를 엿볼 수 있는 구절이다. 활동이나 삶의 형식이 언어를 말하는 것을 일부로 하는 집합 개념임을 추론할 수 있다. 이는 이 책의 §25와도 자연스레 연관된다.

명령하기, 그리고 명령대로 행하기 —

대상을 본 대로, 혹은 측정한 대로 기술하기 —

묘사(스케치)에 따라 대상을 만들기 —

사건을 보고하기 —

사건에 관해서 추측하기 —

가설을 세우고 시험하기 —

실험의 결과를 도표와 다이어그램으로 묘사하기 —

이야기 지어내기, 그리고 읽기 —

연극하기 —

윤무(輪舞) 게임 하기 —

수수께끼를 알아맞히기 —

농담하기, 이야기하기 —

응용계산문제를 풀기 —

한 언어를 다른 언어로 번역하기 —

부탁하기, 감사하기, 저주하기, 인사하기, 기도하기.

― 언어의 도구들과 이 도구들이 사용되는 방식의 다양성, 그리고 낱말과 문장의 종류가 지닌 다양성을, 논리학자들이 언어의 구조에 대해 말했던 것과 비교해보면 흥미롭다. (여기에는 『논리−철학논고』의 저자도 포함된다.)[93]

24. 언어게임의 다양성을 눈여겨보지 못하는 사람은 아마도 "질문이란 무엇인가?"와 같은 물음들을 하기 쉬울 것이다. — 그것[94]은 내가 이러이러한 것을 모른다는 진술인가? 아니면 내가 다른 사람이 . . . 라고 말해주기를 바란다는 진술인가? 아니면 불확실한 내 마음의 상태에 관한 기술(記述)인가? — 그리고 "도와줘!"라는 외침은 그런 기술인가?

얼마나 다양한 종류의 것들이 "기술"이라고 불리는지 생각해보라: 좌표를 통한 물체의 위치에 대한 기술, 얼굴 표정에 대한 기술, 촉감에 대한 기술, 기분에 대한 기술.

물론 질문의 일반적인 형식을 "나는 . . . 인지 알고 싶다" 또는 "나는 . . . 인지 의심스럽다"라는 진술이나 기술의 형식으로 대신할 수는 있다. — 하지만 이로 인해 서로 다른 언어게임들이 더 유사해지는 것은 아니다.

그런 변환의 가능성이 지니는 중요성, 가령 모든 진술문을 "나는 생각한다" 또는 "나는 믿는다"라는 문구로 시작하는 문장으로 (이를테면 **나의** 내면적 삶에 대한 기술로) 변환할 수 있다는 사실이 지니는 중요성은 다른 곳에서 더 분명하게 나타날 것이다. (유아론(唯我論).[95])

---

93) 언어의 기능을 세계를 그리는 것으로 일의적으로 규정하고 모든 명제가 하나의 일반 형식에 포섭된다고 보았던 청년 시절의 비트겐슈타인 자신의 생각을 반성하고 있다.
94) '질문이란 무엇인가?'와 같은 물음을 던진다는 사실을 가리킨다.

25. 우리는 때로 이렇게 말한다: 동물들은 정신 능력이 없기 때문에 말을 하지 않는다. 그리고 이것은 다음을 의미한다: "동물들은 생각하지 않는다. 말을 하지 않는 이유도 이 때문이다." 그러나: 동물들은 그저 말을 하지 않을 뿐이다. 또는: 우리가 언어의 가장 원초적인 형식을 제외한다면 ─ 동물들은 언어를 사용하지 않는다는 표현이 더 낫겠다. ─ 명령하고, 질문하고, 이야기하고, 잡담하는 일은 걷고, 먹고, 마시고, 노는 일과 마찬가지로 우리 자연사(自然史)의 일부이다.[96]

26. 우리는 언어를 배운다는 것은 대상들에 이름을 부여하는 데 있다고 생각한다. 가령 사람, 형태, 색깔, 아픔, 기분, 수(數) 등에 이름을 부여하는 데 있다고 생각한다. 다시 말해 ─ 이름을 부여한다는 것은 하나의 사물에 이름표를 붙이는 것과 같다. 우리는 이를 한 낱말을 사용하기 위한 준비라고 부를 수 있다.[97] 하지만 그것은 **무엇에 대한** 준비인가?[98]

---

95) 오직 나만이 존재한다는 믿음을 뜻한다. BB, 58-70쪽 참조.

96) 언어게임, 활동, 자연사 사이의 관계를 엿볼 수 있는 구절이다. 사람의 자연사는 명령하고, 질문하고, 이야기하고, 잡담하는 등의 언어게임뿐 아니라 걷고, 먹고, 마시고, 노는 등의 비언어적 활동을 함께 포섭하는 개념임을 추론할 수 있다.

97) 이 책 §§49, 257 참조.

27. "우리는 사물들에 이름을 부여하고 난 뒤 그것들에 대해 말할 수 있고, 말하면서 그것들을 언급할 수 있다." — 마치 우리가 이름을 부여한다는 단순한 행위를 하고 난 뒤에야 그 대상에 대해 말할 수 있다는 듯이, 마치 "사물들에 대해 말하기"라고 부르는 단 하나의 일만 있다는 듯이 말이다. 그러나 사실 우리는 문장을 가지고 매우 다양한 일들을 한다. 외침들만 놓고 봐도 그렇다. 여러 다른 기능을 지닌 외침들을 생각해보라.

물!
저리 가!
아야!
도와줘!
멋진데!
안 돼!

당신은 아직도 이 낱말들을 "대상의 이름"이라고 부르고 싶은가?
(2)와 (8)의 언어에는 어떤 것의 이름을 묻는 그런 일은 없었다.

---

98) 이 절부터 §48까지는 다음의 논문을 참조. D. Stern, "Wittgenstein's Critique of Referential Theories of Meaning and the Paradox of Ostension : *Philosophical Investigations* §§26–48," Levy and Zamuner 2009에 수록.

이것[99]은 그것과 연관된 지칭적 설명과 함께 그 자체로 하나의 언어게임이라고 우리는 말할 수 있을 것이다. 그것은 실제로 다음을 뜻한다: 우리는 "그건 뭐라고 부르나요?"라고 묻도록 양육되고 훈련받는다. — 그러면 이 질문에 대한 대답으로는 그 이름이 주어진다. — 그리고 어떤 것에 대한 이름을 만들어낸 뒤, 즉 "이것은 . . . 라고 부른다"라고 말한 뒤 그 새로운 이름을 사용하는 언어게임도 있다. (가령 아이들은 자기 인형에 이름을 부여하고 나서 그 인형에 대해 이야기하기도 하고 인형에게 말을 걸기도 한다. 이와 관련하여, 우리가 누군가를 **부르기** 위해 그 사람의 이름을 사용하는 일이 얼마나 특이한지 생각해보라![100])

28. 이제 우리는 사람 이름, 색 이름, 물질 명사, 수사(數詞), 방위(方位) 명사 등을 지칭적으로 정의할 수 있다. 호두 두 개를 가리키면서 "저것을 '둘'이라고 부른다"라고 둘이라는 수(數)를 정의한다면 아주 정확하다. — 하지만 둘이라는 숫자가 어떻게 그런 식으로 정의될 수 있는가? 이 정의를 듣는 사람은 우리가 **무엇**을 "둘"이라고 부르려 하는지 모른다. 그는 우리가 **이** 두 개의 호두 전체

---

99) 어떤 것의 이름을 묻는 일을 가리킨다.
100) 사실 그것은 별 특이한 일이 아니다. 그것에 과다한 중요성을 부여하는 언어 철학자들이 볼 때에만 그것은 특이하게 여겨진다.

를 "둘"이라고 부른다고 생각할 것이다! —— 그는 이렇게 생각**할 지도 모른다**. 하지만 아마 그렇게 생각하지 않을 것이다. 그는 오히려 정반대의 잘못을 저지를 수도 있다. 내가 이 두 개의 호두 전체에 하나의 이름을 부여하려 할 때, 그는 그것을 숫자의 이름으로 오해할지도 모른다. 마찬가지로 내가 지칭적으로 설명하는 사람의 이름을 색깔이나 인종, 심지어 방위 명사의 이름으로 오해할 수도 있다. 말하자면, 지칭적 정의는 **어떤** 경우든 다양한 방식으로 해석될 수 있다.

우리는 **빨갛지 않은** 어떤 것을 가리킴으로써 "빨강"이라는 낱말을 설명할 수 있을까? 그것은 마치 우리말이 서툰 사람에게 "겸손"이라는 낱말을 설명해야 할 때, 어떤 거만한 사람을 가리키면서 "저 사람은 겸손하지 **않다**"고 말하는 것과 같다. 이 설명이 여러 가지 의미로 해석될 수 있다는 사실은 그런 설명 방식에 대한 반론이 되지 못한다. 어떤 설명도 오해될 가능성이 있다.[101]

그러나 우리는 다음과 같이 물을 수 있을 것이다: 우리는 여전

---

101) 어차피 오해 가능성에서 면제된 자기 완결적인 설명은 없는 것이기에 어떤 설명이 여러 가지 의미로 해석될 수 있으므로 오해될 수 있다는 이유만으로는 그 설명에 대한 반론이 되지 못한다.

히 그것을 "설명"이라고 불러야 하는가? — 왜냐하면 당연히 그것은 계산에서[102] 우리가 보통 "빨강"이라는 낱말에 대한 "지칭적 설명"이라고 부르는 것과는 다른 역할을 하기 때문이다. 설령 그것이 학습자에게 실제로 똑같은 결과, 똑같은 **효과**를 가져온다고 해도 말이다.

29. 어쩌면 누군가는 "둘"이 **다음과 같은** 방식으로만 지칭적으로 정의될 수 있다고 말할 것이다: "이 **수(數)**는 '둘'이라고 불린다." 왜냐하면 여기서 "수"라는 낱말은 우리가 언어에서, 문법에서 어떤 **자리**를 그 낱말에 부여하는지 보여주기 때문이다. 하지만 이는 우리가 지칭적 정의를 이해하기 전에 먼저 "수"라는 낱말이 설명되어야 한다는 것을 의미한다. — 그 정의[103]에서 "수"라는 낱말은 실제로 이 자리 — 우리가 그 낱말을 두는 위치 — 를 나타낸다.[104] 그리

---

102) 문법적 규칙의 체계에서.

103) 지칭적 정의를 가리킨다.

104) 2의 의미는 이해하면서 1이나 3의 의미를 모르는 경우, 혹은 노랑의 의미는 이해하면서 빨강이나 파랑의 의미를 모르는 경우가 성립하기 어렵다는 사실은 수나 색이 저마다 상호 연관의 계열을 이룬다는 점과 무관하지 않다. 각각의 수나 색이 그 계열 내에 위치하므로 우리는 이를 나타내는 수나 색에 대한 언어의 문법을 이해한 연후에 비로소 낱낱의 수나 색을 나타내는 낱말의 의미를 이해할 수 있다.

고 우리는 "이 **색깔**은 이러이러하게 불린다", "이 **길이**는 이러이러하게 불린다" 등으로 말함으로써 오해를 막을 수 있다. 다시 말해, 종종 이런 식으로 오해를 피할 수 있다. 하지만 우리는 "색깔"과 "길이"라는 낱말을 꼭 **이런** 식으로만 파악해야 하는가? — 자, 우리는 바로 이 낱말들을 설명해야 한다. — 그렇다면 다른 낱말들을 통해서 설명하라! 그리고 이 사슬[105]에서 마지막 설명은 어떤가? ("'마지막' 설명은 없다."라고 말하지 말라. 그것은 마치 "이 거리에 마지막 집은 없다. 우리는 언제나 추가로 집을 지을 수 있다."라고 말하려는 것과 같다.)[106]

"둘"의 지칭적 정의에서 "수"라는 낱말이 필요한지의 여부는, 만일 이 낱말이 없다면 다른 사람이 그 정의를 내가 원하는 것과 다르게 이해하는지에 달려 있다. 그리고 그것은 그 정의가 주어지는 상황이 어떤지와 내가 그 정의를 제공하는 사람이 누구인지에 달려 있을 것이다.

그리고 그가 그 설명을 어떻게 '이해하는지'는 그가 설명된 낱말을 어떻게 사용하는지를 통해 드러난다.

---

105) A를 B로 설명하고 그 B를 다시 C로 설명하는 설명의 사슬을 뜻한다.
106) 이것이 잘못된 비유라는 말이다. 거리에 마지막 집은 없겠지만 현실적으로 설명은 어디에서인가 끝이 나야 한다. 그렇지 않으면 그것은 설명이라고 할 수조차 없다.

30. 따라서 우리는 이렇게 말할 수 있다: 언어에서 어떤 낱말이 하도록 되어 있는 역할이 이미 분명하다면, 지칭적 정의는 그 낱말의 쓰임 — 의미 — 을 설명한다. 그러므로 누군가 내게 색깔의 낱말을 설명하려 한다는 사실을 내가 알고 있다면, 나는 "저것은 '세피아 색'이라고 불린다"라는 지칭적 설명을 듣고 그 낱말을 이해할 수 있을 것이다. — 그리고 이제 모든 종류의 질문들이 "안다", 또는 "분명하다"라는 낱말과 연계되어 있다는 사실을 잊지 않는다면, 우리는 위와 같이 말할 수 있다.

어떤 것이 뭐라고 불리는지 질문할 수 있으려면 이미 그 어떤 것을 알고 있어야 (또는 할 수 있어야) 한다. 하지만 우리는 무엇을 알아야 하는가?

31. 우리가 누군가에게 체스의 왕(王) 말을 보여주면서 "이것이 왕이다"라고 말할 때, 우리는 그에게 이 체스 말의 쓰임을 설명한 것이 아니다. — 그가 왕 말의 형태만 제외한 채 게임의 모든 규칙을 이미 알고 있지 않다면 말이다. 우리는 그가 이제까지 실제의 체스 말을 한 번도 보지 않은 상태에서 그 게임의 규칙을 배웠다고 상상해볼 수 있다. 여기서 체스 말의 형태는 어떤 낱말의 소리나 형태에 해당한다.

그러나 우리는 또한 누군가 한 번도 규칙을 배우거나 만들어내지 않고 게임을 배운 경우를 상상해볼 수 있다. 그는 처음에 아주 간단한 보드 게임을 구경하면서 배웠고, 이후 점점 더 복잡한 게임들을 배워나갔을지 모른다. 또 누군가 그에게 "이것이 왕이다"라고 설명할지도 모른다. — 가령 그가 본 적이 없는 형태의 체스 말을 보여주면서 말이다. 우리는 오직 체스 말의 자리가 이미 정해졌기 때문에, 이런 설명이 그에게 체스 말의 쓰임을 알려주는 것이라고 말할 수 있다. 다시 말해, 우리는 체스 말의 자리가 이미 정해졌을 경우에만 그 설명은 그에게 그 쓰임을 알려주는 셈이라고 말할 것이다. 그리고 이 경우에 그렇게 볼 수 있는 이유는, 우리의 설명을 듣는 사람이 이미 규칙을 알고 있어서가 아니라, 다른 의미에서이미 하나의 게임을 완전히 익혔기 때문이다.

다음의 경우를 더 살펴보자: 나는 누군가에게 체스 게임을 설명하고 있다. 그리고 체스 말 하나를 가리키면서 "이것은 왕이다. 이런저런 방식으로 움직일 수 있다." 등으로 말하기 시작한다. — 이 경우 우리는 다음과 같이 말할 것이다: 학습자가 이미 '게임에서 체스 말이 무엇인지를 알고 있을' 경우에만 "이것은 왕이다"(또는 "이것은 '왕'이라고 불린다")라는 말이 한 낱말[107]에 대한 설명이 된다. 다시 말해, 가령 그가 다른 게임들을 이미 해보았거나, 남들이 어떻게 게임하는지를 '이해하면서' 지켜보았거나 — **그리고 이와 유사한 일들을** — 하는 경우에 한해서 말이다. 오직 그럴 때에만 그

---

107) 왕이라는 낱말을 말한다.

는 게임을 배우는 과정에서 — 이 체스 말을 가리켜 — "이것은 뭐라고 불리는가"라고 적절한 질문을 할 수 있을 것이다.

우리는 다음과 같이 말할 수 있다: 이름을 가지고 이미 무엇인가를 할 줄 아는 사람만이 이름에 대해서 의미 있게 질문할 수 있다.

결국 우리는 질문 받은 사람이 다음과 같이 대답하는 것을 상상해볼 수 있다: "그것을 뭐라고 부를지 스스로 정하세요." — 그러면 이제는 질문자 자신이 모든 것을 떠맡아야 할 것이다.

32. 외국에 온 사람은 때로 원주민들이 그에게 하는 지칭적 설명을 통해서 그들의 언어를 배울 것이다. 그리고 이 설명들을 어떻게 해석할지 **추측**해야 할 경우가 많을 것이다. 이런 추측은 맞을 때도 있고 틀릴 때도 있을 것이다.[108]

그리고 이제 우리는 이렇게 말할 수 있을 것 같다: 아우구스티누스는 인간 언어를 배우는 과정을 마치 아이가 외국에 와서 그 나라의 언어를 이해하지 못하는 듯이 기술한다. 즉 아이에게는 이미 어떤 언어가 있지만 단지 그 외국의 언어만 아니라는 듯이, 또는

---

108) 콰인과 데이빗슨(Donald Davidson)은 후에 이를 각각 원초적 번역, 원초적 해석의 상황으로 발전시켰다. 다음을 참조. Quine 1960, 2장; D. Davidson, "Radical Interpretation," Davidson 1984에 재수록; 이승종, 「의미와 해석에 관한 콰인/데이빗슨 논쟁」, 『철학』, 39집. 1993.

다시 말해 아이는 이미 **생각할** 수 있지만 단지 아직 말을 할 수만 없는 듯이 기술한다.[109] 그리고 여기서 "생각한다"는 말은 "혼잣말한다"와 같은 것을 의미할 것이다.

33. 하지만 누군가 이렇게 반론을 제기했다면 어떨까?: "지칭적 정의를 이해하려면 이미 하나의 언어게임을 완전히 익힌 상태여야 한다는 말은 사실이 아니다. 설명하는 사람이 가리키는 것을 — 분명하게 — 알기만 (또는 추측하기만) 하면 된다. 즉 가리키는 것이 가령 대상의 형태인지, 색깔인지, 또는 개수(個數)인지 등을 말이다." —— 그런데 '형태를 가리킴', '색깔을 가리킴'은 무엇에 있는가? 한 장의 종이를 가리켜보라! — 그리고 이제 그 종이의 형태를 — 이제 그 종이의 색깔을 — 이제 그 종이의 개수를 가리켜보라! (이 말은 이상하게 들린다)[110] — 자, 당신은 어떻게 그렇게 했는가? — 당신은 가리킬 때마다 다른 것들을 '**의미했다**'고 말할 것이다.[111]

---

109) 아우구스티누스는 마치 아이가 어른들에게서 모국어를 배우기 위해서는 이미 내면의 언어를 소유하고 있어야 하는 것처럼 기술하고 있다. 촘스키(Noam Chomsky)의 언어학, 포더(Jerry Fodor)의 사고 언어 가설(Language of Thought Hypothesis) 등이 이러한 믿음에 직간접으로 연결되어 있다고 볼 수 있다. 다음을 참조. Chomsky 1966; Fodor 1975.

110) 종이의 형태나 색깔을 가리키는 것은 문제가 없지만 종이의 개수를 가리켜보라는 명령은 이상하게 들린다.

111) 이 구절은 간접적으로는 지향성이 곧 의미의 원천이라는 브렌타노(Franz

그리고 그런 일[112]이 어떻게 일어나느냐고 내가 물으면, 당신은 색깔, 형태 등에 주의를 집중했다고 말할 것이다. 하지만 이제 나는 다시 묻는다: **그런 일**은 어떻게 일어나는가?

누군가 꽃병을 가리키면서 다음과 같이 말한다고 하자: "저 예쁜 파란색을 봐! — 형태는 신경 쓰지 마." 또는 "저 예쁜 형태를 봐! — 색깔은 중요하지 않아." 그가 요청한 일을 할 때, 틀림없이 당신은 각각의 경우에서 **다른** 행동을 할 것이다. 그러나 당신이 색깔에 주의를 돌릴 때 항상 **똑같은** 행동을 하는가? 서로 다른 여러 경우를 상상해보라! 몇 가지를 제시하면 다음과 같다:

"이 파란색은 저기 저 파란색과 똑같은가? 뭔가 차이가 보이는가?" — 당신은 물감을 섞으면서 "이 파란 하늘색을 만들기 어렵군."이라고 말한다.

"날씨가 개고 있다. 벌써 파란 하늘이 보인다."

"이 두 파란색이 얼마나 다르게 보이는지 주목하라."

Brentano), 후설(Edmund Husserl) 등의 현상학에 대한 비판으로도 읽을 수 있다. 분석철학계는 의미론적 지향성이 의식 내재적인 고유한 속성인지의 문제를 둘러싸고 양분되어 있다. 설(John Searle), 크립키(Saul Kripke), 포더, 치솜(Roderick Chisholm), 네이글(Thomas Nagel) 등이 내재적 지향성의 옹호자들이고, 콰인, 데이빗슨, 퍼트남(Hilary Putnam), 데닛(Daniel Dennett), 처치랜드(Paul Churchland) 등이 그 반대자들이다. 이승종 2010, 1장 참조.

112) 가리킬 때마다 다른 것들을 의미하는 일을 말한다.

"저기 파란 책이 보이지? 여기로 가져오렴."

"이 파란 신호등은 . . . 을 의미한다."

"이 파란색은 이름이 뭐야? — '쪽빛'인가?"

우리가 때로 색깔에 주의를 기울일 때는 손으로 가려 윤곽이 보이지 않게 하거나, 사물의 윤곽에 집중하지 않거나, 또는 대상을 응시하며 그 색깔을 전에 어디서 보았는지 기억해내려 한다.

우리가 형태에 주의를 기울일 때는 때로 형태를 본떠 그리기도 하고, 때로 색깔을 분명히 보지 않으려고 눈을 찡그리기도 한다. 나는 다음과 같이 말하고 싶다: 우리는 이런 일, 그리고 이와 유사한 일들을 '이런저런 것에 주의를 돌리는' **동안에** 한다. 그러나 누군가 형태나 색깔 등에 주의를 기울이고 있다는 사실을 아는 방법에 이런 것들만 있지는 않다. 이것은 마치 체스에서 한 수(手)를 두는 방법이 체스 말을 판 위의 이곳에서 저곳으로 밀어내는 일에만 있는 것이 아니고 — 또한 그 수(手)와 함께 떠오르는 생각과 느낌에 있는 것도 아니며, 우리가 "체스 게임을 한다", "체스 문제를 해결한다" 등으로 부르는 상황들에 있는 것과 같다.[113]

---

113) 어떤 행동도 그 전후 문맥을 배경으로 하고 보아야, 즉 그 행동이 놓여 있는 언어게임을 고려했을 때에야 비로소 형태나 색깔 등에 주의를 기울이는 일이 된다.

34. 하지만 누군가 이렇게 말했다고 하자: "나는 형태에 주의를 기울일 때 항상 똑같이 행동한다: 눈으로 윤곽을 따라가고, 그러면서 . . . 라고 느낀다." 그리고 이 사람이 어떤 둥근 대상을 가리키고 이 모든 체험을 하면서, 다른 누군가에게 "저것은 '원'이라고 부른다"라는 지칭적 설명을 한다고 가정해보자. —— 설명자가 눈으로 윤곽을 따라가는 것을 듣는 자가 본다 해도, 그리고 설명자가 느끼는 대로 듣는 자가 느낀다 해도, 듣는 자는 여전히 그 설명을 다르게 해석할 수 있지 않을까?[114] 다시 말해, 이 '해석'은 또한 듣는 자가 이제 설명된 낱말을 어떻게 사용하는지에, 가령 "원을 가리켜라!"라고 들었을 때 듣는 자가 무엇을 가리키는지에 있을 수 있다. — 왜냐하면 "그 설명을 이러이러한 식으로 의미한다"라는 표현도, "그 설명을 이러이러한 식으로 해석한다"라는 표현도 어떤 설명을 주고받을 때 일어나는 하나의 과정을 지시하지는 않기 때문이다.

35. 가령 형태를 가리키기 같은 "특징적 체험"이라고 부를 수 있는 것들이 있다. 예를 들어, 어떤 대상을 가리키면서 손가락이나 눈으로 그 윤곽을 따라가는 일이 그것이다. — 그러나 **이런 일**이 내가 '형태를 의미하는' 모든 경우에 일어나지는 않는다. 또한 어떤

---

114) 설명을 듣는 자는 그럼에도 불구하고 예컨대 원을 "사각형이 아닌 것"으로 해석하고는 타원에 대해서도 원이라고 부를 수 있다.

다른 하나의 특징적 과정이 이 모든 경우에 일어나는 것도 아니다. — 하지만 설령 그런 식의 특징적 과정이 모든 경우에 반복해서 일어나더라도, 우리가 "그는 색깔이 아니라 형태를 가리켰다."라고 말할 것인지의 여부는 여전히 그 상황들 — 즉 가리키기 전후에 일어난 일들 — 에 달려 있을 것이다.

왜냐하면 "형태를 가리킨다", "형태를 의미한다" 등의 말들은 (저 책이 아니라) "이 책을 가리킨다", "탁자가 아니라 의자를 가리킨다" **등의 말들**과 똑같은 방식으로 사용되지 않기 때문이다. — 우리가 "이 사물을 가리킨다", "저 사물을 가리킨다", 또 한편으로 "형태가 아니라 색깔을 가리킨다", "**색깔**을 의미한다" 같은 말들의 쓰임을 얼마나 다르게 **배우는지** 한번 생각해보라.

앞서 말했듯이 어떤 경우들에서는, 특히 '형태'나 '수'를 가리킬 때는 가리킴의 특징적 체험들과 방식들이 있다. — 이것들이 '특징적'인 이유는, 우리가 형태나 개수를 '의미할' 때 이런 체험과 방식이 (항상은 아니지만) 자주 반복해서 일어나기 때문이다. 하지만 당신은 또한 **체스 말**(馬)로 체스 말을 가리키는 일의 특징적 체험을 아는가?[115] 그래도 여전히 이렇게 말할 수 있다: "나는 내가 가리키고 있는 이 특정한 나뭇조각이 아니라, 이 **체스 말**이 '왕'이라고

---

115) 나뭇조각으로서의 체스 말로 기능으로서의 체스 말을 가리키는 것의 특징적 체험을 아는지를 묻고 있다.

불린다는 것을 의미한다." (알아봄, 소망함, 기억함 등.)[116]

"**저것은** 파랗다"라는 말을 한 번은 우리가 가리키고 있는 대상에 대한 진술로 — 또 한 번은 "파랗다"라는 낱말의 설명으로 **의미하는** 일은 어떻게 일어나는가?[117] 두 번째 경우에 우리는 실제로 "저것은 '파랗다'라고 불린다"를 의미한다. — 그렇다면 우리는 한 번은 ". . . 다"라는 낱말로 "불린다"를,[118] 그리고 "파랗다"는 낱말로 "파랗다"를 의미할 수 있으며, 또 한 번은 ". . . 다"로 실제로 ". . . 다"를 의미할 수 있는가?

하나의 정보를 전달하도록 의도된 것으로부터 누군가 하나의 낱말에 대한 설명을 이끌어내는 경우도 일어날 수 있다. [여기에는 아주 중요한 미신이 숨어 있다.][119]

---

116) 의미함이 그것에 수반되는 어떤 특징적 체험에 놓여 있는 것이 아니듯이 알아봄, 소망함, 기억함 등도 그것에 수반되는 어떤 특징적 체험에 놓여 있는 것이 아니다.

117) 이 경우 우리의 마음속에서 일어나고 있는 일이 아니라 같은 말이 한번은 대상에 대한 진술로, 한번은 낱말의 설명으로 달리 사용되고 있는 바로 그 일이 관건이다.

118) 'Das ist blau'에서 'ist'라는 낱말로 'heißt'를 의미하면 'Das heißt blau'가 되지만 한국어에서는 이런 식으로 적용되지 않는다.

나는 "부부부"라고 말하면서 "비가 오지 않으면 나는 산책하러 갈 것이다."를 의미할 수 있는가? — 내가 어떤 것으로 어떤 것을 의미하는 일은 오직 하나의 언어 속에서만 가능하다.[120] 이는 "의미한다"의 문법이 "상상한다" 같은 표현들의 문법과 유사하지 않다는 사실을 분명하게 보여준다.[121]

36. 그리고 여기서 우리는 우리가 다수의 유사한 경우들에서 하는 방식대로 한다: 우리는 (가령 색깔이 아니라) 형태를 가리키는 행위라고 부를 만한 어떤 **하나의** 신체적 행위를 구체적으로 제시할 수 없기 때문에, **정신적** 활동이 이 말[122]에 대응한다고 말한다.

우리의 언어가 몸을 예상하는 곳에 몸이 없으면, 우리는 거기에

---

119) 낱말에 대한 설명을 사물에 대한 본질로 간주하는 미신을 말한다. 이 책 §373 참조. 신(神)이 전지전능하다는 말은 신이라는 낱말에 대한 문법의 일부인데 이를 신의 본질로 간주하는 경우가 이에 해당한다.

120) '부부부'라는 말은 우리 언어 안에서 그 어떠한 자리에도 위치하지 않는다. 이 책 §§29, 31 참조.

121) 상상함의 경우에는 상상의 경험이 중요하고 그 경험은 다른 상상의 경험에서 독립해 있을 수 있지만, 의미함의 경우에는 의미함에 수반되는 경험이 아니라 의미함을 가능케 하는 언어 안의 자리가 중요하고 그 자리는 다른 자리들과 상호 연관되어 있기 때문이다.

122) 신체적 행위라는 말을 가리킨다.

정신이 있다고 말하고 싶어 한다.[123]

37. 이름과 그 이름이 부여된 것 사이의 관계는 무엇인가? — 글쎄, 그것은 무엇**인가**? 언어게임 (2), 또는 다른 언어게임에 대해 말한 곳을 살펴보라. 거기에서 우리는 이 관계가 무엇에 있는지 알 수 있다. 무엇보다도 이 관계는 어떤 이름을 들으면 그 이름이 부여된 것의 그림이 우리 마음속에 떠오른다는 사실에, 그리고 때로는 그 이름이 부여된 것에 이름이 적혀 있다는 사실에, 또는 이름이 부여된 것이 가리켜지면 누군가 그 이름을 말한다는 사실에 있다.

38. 그러나 가령 언어게임 (8)에서 "이것"이라는 낱말, 또는 "저것은 . . . 라고 불린다"라는 지칭적 설명에서 "저것"이라는 낱말은 무엇의 이름인가? — 당신이 혼란스럽지 않으려면 이 낱말들이 어떤 것에 대한 이름이라고는 말하지 않는 게 가장 좋다. — 그런데 이상하게도 "이것"이라는 낱말은 한때 **본래적** 이름이라고 불렸다. 우리가 이름이라고 부르는 다른 모든 것들은 단지 부정확하거

---

123) 몸과 마음에 대한 이러한 이원적 구도는 형이하(形而下; 몸)와 형이상(形而上; 마음, 영혼)의 이원적 구도에 의거하는 형이상학의 연원이 될 수 있다. 비트겐슈타인의 『심리철학』, §25의 "사람의 몸은 사람의 영혼에 대한 가장 좋은 그림이다"라는 말은 이 구절에 대한 비판적 응답으로 여겨진다. 이 책 §283 참조. 형이상학에 대한 비트겐슈타인의 태도에 대해서는 이 책 §116 참조.

나 대략 비슷하다는 의미에서만 이름이라는 것이다.[124]

이런 이상한 생각은 우리 언어가 지닌 논리를 고상(高尙)한 것으로 여기려는 경향 — 우리는 이렇게 표현할 수 있다 — 에서 나온다. 이[125]에 대한 적절한 대답은 다음과 같다: 우리는 **아주 다양한 것들**을 "이름들"이라고 부른다. "이름"이라는 낱말은 한 낱말의 매우 다양한 사용 방식, 매우 다양한 방식으로 서로 연관되어 있는 사용 방식을 특징짓는다. — 하지만 "이것"이라는 낱말의 쓰임은 그런 종류의 쓰임에 속하지 않는다.

우리가 가령 어떤 지칭적 정의를 내릴 때, 자주 이름이 부여된 대상을 가리키면서 그 이름을 말한다는 것은 분명 사실이다. 마찬가지로 어떤 지칭적 정의를 내릴 때, 우리는 하나의 사물을 가리키면서 "이것"이라는 낱말을 말한다. 또한 "이것"이라는 낱말과 하나의 이름은 한 문장의 문맥에서 똑같은 위치를 차지하는 경우가 많다. 그러나 "그것은 N이다"(또는 "그것은 N이라고 불린다")라는 지칭적 표현을 통해 설명된다는 점이 바로 이름의 특징이다. 하지만 우리는 "그것은 '이것'이라고 불린다" 또는 "이것은 '이것'이라고 불린

---

124) 이는 러셀의 논리적 고유명사 이론을 염두에 두고 있다. 이 이론에 의하면 보통의 이름들은 엄밀히 말해 이름이라고 할 수 없고 논리적 고유명사라고 불리는 '이것'만이 본래적 이름이라는 것이다. 다음을 참조. B. Russell, "The Philosophy of Logical Atomism," 201쪽, Russell 1956에 재수록.
125) 앞서의 이상한 생각을 가리킨다.

다"라고 설명하기도 하는가?

이것은 이름을 부여하는 일을 말하자면 일종의 신비스러운 과정으로 여기려는 생각과 관련되어 있다. 이름을 부여하는 일은 하나의 낱말을 하나의 대상과 결합하는 **이상한** 일처럼 보인다. — 특히 한 철학자가 그의 앞에 놓인 대상을 바라보고, 하나의 이름, 심지어 "이것"이라는 낱말을 수없이 되풀이함으로써 이름과 이름이 부여된 것 사이의 **그** 관계를 헤아리려고 시도할 때 이런 이상한 결합이 실제로 일어난다. 왜냐하면 철학의 문제들은 언어가 **쉬고 있을** 때 생겨나기 때문이다. **그래서** 우리는 이름을 부여하는 일이 어떤 놀라운 정신적 행위라고, 이를테면 대상에게 세례를 주는 일과 같다고 상상할 수 있다. 또 우리는 그 대상**에 대해** "이것"이라는 낱말을 말할 수도 있으며, 그 대상을 "이것"이라고 **호칭할** 수 있다. — 아마도 철학을 할 때만 발생하는, 이 낱말의 이상한 쓰임.[126]

39. 하지만 이 낱말[127]은 분명 하나의 이름이 아닌데도 우리는

---

126) 프레게, 러셀에서 크립키, 카플란(David Kaplan)에 이르기까지 분석철학자들이 유독 이름, 지시사, 지칭, 지시체 등의 문제에 매달려왔음을 상기할 필요가 있다. 의식의 대상 지향성에 천착한 브렌타노와 후설, 이름을 부름의 신학적 기원에 천착한 벤야민(Walter Benjamin) 등 다른 철학 사조에 속하는 이들도 예외는 아니다. 이 절부터 §64까지는 다음의 논문을 참조. E. von Savigny, "Diagnosis and Therapy—PI 38–64," Ammereller and Fischer 2004에 수록.

127) '이것'을 말한다.

왜 그것을 하나의 이름으로 만들고 싶다는 생각이 드는가? — 바로 그 이유[128] 때문이다. 왜냐하면 우리[129]는 이름이라고 보통 불리는 것에 반대하고 싶은 유혹을 받기 때문이다. 그것은 이렇게 표현될 수 있다: **이름은 실제로 단순한 것을 지시해야 한다.**[130] 그리고 아마도 우리는 이에 대해 다음과 같은 이유를 댈 수 있을 것이다: 가령 "노퉁(Nothung)"[131]이라는 낱말은 일반적인 의미에서 고유명사다. 노퉁 검(劍)은 특정한 방식으로 결합된 부품들로 이루어져 있다. 이 부품들이 다른 식으로 결합되어 있다면, 노퉁은 존재하지 않는다. 그러나 노퉁이 아직 온전하든 이미 부서졌든 상관없이 "노퉁의 날은 날카롭다"라는 문장은 어떤 **의미**가 있다. 하지만 "노퉁"이 어떤 대상의 이름이라면, 노퉁이 부서졌을 때 이 대상은 더 이상 존재하지 않는다. 그리고 이때 그 이름에 대응하는 대상이 없기 때문에, "노퉁"이라는 이름은 아무런 의미도 없을 것이다. 하지만 그렇다면 "노퉁의 날은 날카롭다"라는 문장은 의미 없는 낱말을 포함하는 셈이며, 따라서 이 문장은 무의미한 문장이 될 것이다. 그러나 이 문장은 의미가 있다. 따라서 여전히 이 문장을 구성하는

---

128) 이 낱말은 분명 하나의 이름이 아니라는 것을 가리킨다.

129) 철학자들을 가리킨다.

130) 이 논제는 이 책 §46에서 더 상세히 다루어진다.

131) 바그너(Richard Wagner)의 『니벨룽겐의 반지』에 나오는 지크프리트(Siegfried)의 마술의 검(劍) 이름.

낱말들에 대응하는 어떤 것이 있어야 한다. 그러므로 그 의미가 분석될 때 "노틍"이라는 낱말은 사라져야 하고, 대신 그 자리에는 단순한 것에 이름을 부여하는 낱말들이 들어서야 한다. 우리는 이 낱말들을 본래적 이름들이라고 부르는 편이 합당할 것이다.[132]

40. 다음과 같은 생각의 과정에 담긴 논점에 대해 이야기해보자: 하나의 낱말은 그것에 아무것도 대응하지 않는다면 어떤 의미도 없다. — 한 낱말에 '대응하는' 사물을 지시하는 데 "의미"라는 낱말을 사용한다면, 어법에 어긋난다는 사실을 알아차리는 것이 중요하다. 이는 어떤 이름의 의미를 그 이름의 **소지자**(所持者)와 혼동하는 것이다. 아무개 씨가 죽으면 우리는 그 이름의 소지자가 죽는다고 말하지 그 의미가 죽는다고 말하지 않는다. 그리고 그렇게 말하는 일은 무의미할 것이다. 왜냐하면 그 이름에 더 이상 의미가 없다면 "아무개 씨가 죽었다"라고 말하는 것은 전혀 무의미할 것이기 때문이다.

41. §15에서 우리는 언어 (8)에 고유명사를 도입했다. 이제 "N"

---

132) 러셀의 논리적 원자론과 논리적 고유명사 이론을 염두에 두고 있지만 청년 비트겐슈타인이 『논리-철학논고』에서 전개한 이름에 대한 생각을 요약한 것으로도 읽을 수 있다. TLP, 2.02~2.0212 참조.

이라는 이름의 도구가 부서졌다고 가정해보자. A는 이런 사실을 모른 채 B에게 "N"이라는 기호를 준다. 이제 이 기호에는 의미가 있는가, 없는가? — B가 이 기호를 받으면 무엇을 해야 하는가? — 우리는 이에 대해 아무것도 합의한 바가 없다.[133] 우리는 이렇게 물을 수 있을 것이다: B는 무엇을 **할 것인가**?[134] 글쎄, 아마도 그는 어쩔 줄 모르고 서 있거나, A에게 그 부서진 조각들을 보여주지 않을까? 여기서 우리는 "N"이 무의미해졌다고 말할 **수 있을 것이다**. 그리고 이 표현은 (우리가 기호 "N"에 새로운 쓰임을 부여하지 않는다면) 기호 "N"이 우리의 언어게임에서 더 이상 쓰임이 없다는 사실을 의미할 것이다. 이유야 어쨌든 그 도구에 다른 이름이 주어졌고 "N"이라는 기호는 그 언어게임에서 더 이상 사용되지 않기 때문에, "N" 역시 무의미해질 수 있을 것이다. — 하지만 우리는 또한 A가 부서진 도구에 대응하는 기호를 B에게 주면, B는 고개를 가로저어야 한다는 하나의 규약을 상상해볼 수도 있다. — 이런 식으로, "N"이라는 명령은 그 도구가 더 이상 존재하지 않을 때에도 언어게임에 포함되고, 기호 "N"은 그 소지자가 사라져도 의미를 지닌다고 말할 수 있다.[135]

---

133) 언어 (8)에 고유명사를 도입했던 §15에서 우리는 'N'이라는 이름의 도구가 부서져 'N'이라는 기호는 의미가 있는지 없는지의 문제를 미처 예상하지 못했고 따라서 그 문제에 대한 답이 어때야 하는지에 대한 규약을 만들지 못했다.

134) 원문은 "was *wird* er tun?"인데 강조의 위치를 우리말에 이렇게 표기하였다.

42. 하지만 가령 어떤 도구에 대해서도 **전혀** 사용된 적이 없는 이름조차 그 게임에서 의미를 지니는가? ―― "X"가 그런 기호이며, A가 B에게 이 기호를 준다고 가정해보자. ― 자, 그런 기호들조차도 그 언어게임에 포함될 수 있으며, B는 이를테면 고개를 가로젓는 동작으로 이 기호들에 대답해야 할 것이다. (우리는 이것이 두 사람에게 일종의 놀이라고 상상해볼 수 있다.)[136]

43. "의미"라는 낱말을 사용하는 **많은** 경우에 ― 비록 **모든** 경우는 아니라 해도 ― 우리는 이 낱말을 다음과 같이 설명할 수 있다: 어떤 낱말의 의미는 그 언어에서 그 낱말의 쓰임이다.

그리고 우리는 때로 어떤 이름의 **의미**를 그 이름의 **소지자**를 가리킴으로써 설명한다.[137]

---

135) 고개를 가로젓는 동작을 "N이 없다", "N이 더 이상 존재하지 않는다" 등의 의미로 해석할 때 N이 없거나 더 이상 존재하지 않는 상태에서도 N은 위 문장의 주어로서 의미를 가질 수 있다.

136) 미래나 가능태에 속하는, 그래서 현재 존재하지 않는 대상을 가리키는 이름도 우리의 언어게임에서 적절하게 사용만 된다면 의미를 가질 수 있다. 요컨대 지시체의 현존 여부는 이름의 의미에 필요조건이 아니다.

137) 이 절에 대해서는 다음의 글들을 참조. C. Gustafson, "On Pitcher's Account of *Investigations* §43," *Philosophy and Phenomenological Research*, vol. 28, 1967; C. Black, "*Philosophical Investigations*: Remark 43 Revisited," *Mind*, vol. 81, 1974; E. Savigny, "The Last Word on *Philosophical Investigations* 43a," *Australasian Journal of Philosophy*, vol. 68, 1990; D.

44. 우리는 노퉁이 이미 부서졌어도 "노퉁의 날은 날카롭다"라는 문장은 의미를 가진다고 말했다. 이 언어게임에서는 그 소지자 없이도 어떤 이름이 사용되기 때문이다. 하지만 우리는 그 소지자가 있을 때에만 사용되고, 따라서 **언제든** 지칭하는 동작과 함께 사용되는 지시대명사로 대체될 수 있는, 그런 이름들을 포함한 (즉 우리가 확실하게 "이름"이라고 부르게 될 기호들을 포함한) 언어게임을 상상해볼 수 있다.

45. "이것"이라는 지시어에는 반드시 어떤 소지자가 있다. 우리는 다음과 같이 말할 수 있을 것이다: "하나의 **이것**이 있는 한, **이것**이 단순하든 복잡하든 '이것'이라는 낱말도 하나의 의미를 지닌다." — 하지만 이로 인해 그 낱말이 하나의 이름이 되는 것은 아니다. 오히려 그 반대다: 이름은 지칭하는 동작과 함께 사용되는 것이 아니라, 단지 지칭하는 동작을 통해 설명될 뿐이기 때문이다.[138]

Nesher, "Wittgenstein on Language, Meaning, and Use," *International Philosophical Quarterly*, vol. 32, 1992; N. Garver, "Meaning That Is Not Use," Garver 2004에 재수록.

138) 내가 첨성대를 가리키며 "이것이 첨성대야"라고 말할 때 '이것'은 이름이 아니다. 그리고 내가 취한 동작은 첨성대가 무엇인지를 설명하는 방식이다. 이름은 지칭하는 동작 없이도 얼마든지 사용될 수 있다. 그 동작은 다만 이름에 대한 설명에 필요할 뿐이다.

46. 이름이 실제로 단순한 것을 지시한다는 생각에는 어떤 내막이 숨어 있는가? —

소크라테스[139]는 『테아이테토스』[140]에서 다음과 같이 말하고 있다: "내가 잘못 알고 있지 않다면, 나는 어떤 사람들이 다음과 같이 말하는 것을 들은 적이 있다: 우리를 비롯한 모든 것을 구성하는 — 이른바 — **원소들**은 설명될 수 없다. 왜냐하면 그 자체로 존재하는 모든 것에 대해서 우리는 다만 이름으로써 **지시할** 수 있을 뿐[141], 그것이 **있다**거나 **없다**는 등 다른 규정은 가능하지 않기 때문이다[142] . . . 하지만 그 자체로 있는 것은 . . . 다른 어떤 규정 없이도 이름이 부여되어야 할 것이다. 따라서 그 어떤 원소에 대해서도 설명하는 식으로 기술하는 것은 불가능하다. 그것에 대해서는 단지 이름만 부여할 수 있기 때문이다. 그것은 확실히 이름만 지니고 있다. 그러나 이런 원소들로부터 복합된 것이 그 자체로 하나의 결합된 구성물인 것처럼, 그 원소들의 이름 역시 서로 결합됨으로써 설명하는 말이 된다. 왜냐하면 그 말의 본질은 이름들의 결합이기 때문이다."[143]

---

139) Socrates(BC 470년경-BC 399). 고대 그리스 철학자. 어떠한 저작도 남기지 않았지만 그의 사상과 행적을 묘사한 플라톤(Platon)의 많은 대화록을 통해 서양 지성사에 엄청난 영향을 미쳤다.
140) 지식의 본성을 주제로 한 플라톤의 대화록. 여기서 비트겐슈타인은 프라이젠단츠(Karl Preisendanz)의 독역본을 인용하고 있다.
141) 이 논제는 이 책 §49에서 더 상세히 다루어진다.
142) 이 논제는 이 책 §50에서 더 상세히 다루어진다.

러셀[144)의 '개별자들'[145)과 나의 '대상들'(『논리-철학논고』)[146)도 그런 원소들이었다.

47. 그러나 실재를 구성하는 단순한 구성 부분들은 무엇인가? ─ 의자의 단순한 구성 부분들은 무엇인가? ─ 의자를 이루는 목재들인가? 아니면 분자나 원자들인가? ─ "단순하다"란 말은 복합적이지 않다는 뜻이다. 그리고 여기서의 핵심은, 어떤 의미에서 '복합적'인가 하는 점이다. '의자의 단순한 구성 부분들'이 무엇이라고 단정적으로 말하는 것은 전혀 무의미하다.

또는: 이 나무, 이 의자에 대한 내 시각적 이미지는 부분들로 이루어져 있는가? 그리고 그 시각적 이미지의 단순한 구성 부분들은 무엇인가? 색깔이 다양하다는 것은 복합성의 **한** 종류이다. 복합성의 다른 종류에는, 가령 반듯한 조각으로 구성된 굽은 윤곽이 있다.

143) 플라톤, 『테아이테토스』, 201e-202b.
144) Bertrand Russell(1872-1970). 영국의 철학자, 수학자, 논리학자. 프레게와 더불어 분석철학의 창시자로서 꼽히고 있으며 논리적 원자론, 중성적 일원론, 기술 이론, 유형 이론 등의 이론을 주창했다. 프레게의 논리주의를 구현한 *Pricipia Mathematica*를 화이트헤드(Alfred North Whitehead)와 함께 집필했으며, 대표 논문으로는 분석철학의 시대를 활짝 연 "On Denoting"이 있다. 비트겐슈타인의 스승으로서 그의 『논리-철학논고』의 서문을 쓰기도 했다.
145) Whitehead and Russell 1910, xix 참조.
146) TLP, 2.02, 2.021, 3.221 참조.

그리고 연속 곡선은 올라가는 곡선과 내려가는 곡선으로 이루어진 다고 할 수 있다.[147]

내가 누군가에게 추가 설명도 없이 "지금 내가 보는 것은 복합적 이다"라고 말한다면, 그는 당연히 이렇게 물을 것이다: "'복합적'이 라는 말이 무슨 뜻인가? 이 말은 온갖 종류의 것들을 의미할 수 있 지 않은가?" — "당신이 보는 것은 복합적인가?"라는 질문은, 어떤 종류의 복합성을 말하는지가 — 즉 이 낱말의 특정한 쓰임이 — 이 미 정해져 있다면 확실히 의미 있는 질문이다. 만약 우리가 나무의 줄기도 보고 가지들도 보았을 때 나타나는 나무의 시각적 이미지 를 "복합적"이라고 부르기로 정했다면, "이 나무의 시각적 이미지 는 단순한가, 복합적인가?"라는 질문과 "그것[148]의 단순한 구성 부 분들은 무엇인가?"라는 질문에는 분명한 의미가 — 분명한 쓰임이 — 있을 것이다. 그리고 물론 두 번째 질문에 대한 대답은 "가지들" (이 대답은 "여기서 우리는 '단순한 구성 부분들'을 무엇이라고 **부르는가?**" 라는 **문법적** 질문에 대한 대답일 것이다)이 아니라, 가령 개별 가지들 에 대한 기술(記述)이다.

그러나 가령 하나의 체스 판은 분명하게, 그리고 완벽하게 복합 적이지 않은가? — 당신은 아마도 체스 판이 32개의 흰 정사각형

147) ⌒을 ╱와 ╲가 복합된 것이라고 부를 수 있음을 말한다.
148) 그 나무의 시각적 이미지를 가리킨다.

과 32개의 검은 정사각형으로 구성되었다고 생각할 것이다. 그러나 우리는 또 그것이 가령 검은색과 흰색, 그리고 그물 도식으로 구성되었다고 할 수 있지 않을까? 그리고 체스 판을 보는 아주 다른 방식들이 있는 경우에도 당신은 여전히 체스 판이 완벽하게 '복합적'이라고 말하고 싶은가? — 어떤 특정한 게임 **밖에서** "이 대상은 복합적인가?"라고 묻는 것은, 어떤 문장의 예들에서 동사가 능동태로 사용되는지 수동태로 사용되는지를 대답해야 했던 소년이 가령 "잔다"라는 동사가 능동을 의미하는지 수동을 의미하는지의 문제로 골치 아파했던 일과 비슷하다.[149]

우리는 "복합적"이라는 낱말을 (그리고 "단순한"이라는 낱말을) 무수히 다양한 방식으로, 그리고 여러 의미에서 서로 연관된 방식으로 사용한다. (체스 판 위 정사각형의 색깔은 단순한가, 또는 순수한 흰색과 순수한 노란색으로 이루어져 있는가? 그리고 흰색은 단순한가, 또는 무지개 색들로 이루어져 있는가? — 이 2cm의 길이는 단순한가, 또는 각각 1cm인 두 부분으로 이루어져 있는가? 그러나 왜 3cm의 토막, 그리고 반대 방향으로 측정한 1cm의 토막으로 이루어져 있지는 않은가?[150])

"이 나무의 시각적 이미지는 복합적인가? 그리고 그 구성 부분들

---

149) '그는 지금 잔다'는 분명 능동태이지만 그렇다고 해서 그가 지금 어떤 능동적 행위를 하고 있는 것은 아니다.
150) 2cm는 1cm+1cm로도 혹은 3cm-1cm로도 볼 수 있다.

은 무엇인가?"라는 **철학적** 질문에 대한 올바른 대답은 다음과 같다 :
"그것은 당신이 '복합적'이라는 말을 어떤 것으로 이해하는지에 달려
있다." (물론 이 말은 질문에 대한 대답이 아니라, 질문을 거부하는 것이다.)

48. §2의 방법을 『테아이테토스』에 나온 묘사에 적용해보자. 이
묘사에 실제로 부합하는 언어게임을 고찰해보자. 이 언어는 평면
위에 그려진 채색된 정사각형의 조합을 묘사하는 데 사용된다. 이
정사각형들은 체스 판 형태의 복합체를 형성한다. 빨간색, 초록색,
흰색, 검정색의 정사각형들이 있다. 이 언어의 낱말들은 (각각의 색
깔에 대응해서[151]) "R", "G", "W", "S"[152]이며, 문장은 이 낱말들이
연속된 것이다. 그런 낱말의 연속들은 아래에 표시된 순서로 이루
어진 정사각형들의 배열을 기술한다.

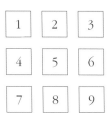

---

151) 이 표현의 의미에 대해서는 이 책 §51 참조.
152) 'R', 'G', 'W', 'S'는 각각 빨간색, 초록색, 흰색, 검정색을 의미하는 독일어 낱말
'rot', 'grün', 'weiß', 'schwarz'의 머리글자이다.

따라서 예를 들면, 문장 "RRSGGGRWW"는 아래와 같은 종류의
배열을 기술한다.

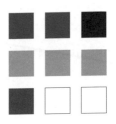

여기서 문장은 이름들의 복합체이며, 이름들의 복합체에는 요소들
의 복합체가 대응한다. 원소들은 채색된 정사각형들이다. "그러나
이것들은 단순한가?" — 나는 이 언어게임에서 무엇을 '단순한 것'
이라고 부르는 게 더 자연스러울지 모르겠다. 하지만 다른 상황들
하에서, 나는 가령 2개의 직사각형으로 이루어진, 또는 색깔과 형
태라는 요소로 이루어진 하나의 단색 정사각형을 "복합적"이라고
부를 것이다. 그러나 우리는 복합의 개념을 더 확장해서, 보다 작
은 평면은 보다 큰 평면 및 그것으로부터 빼내어진 또 하나의 평면
으로 '복합되어 있다'고 말할 수도 있다.[153] 힘들의 '합성', 바깥의 어
느 한 점에 의한 직선의 '분할'을 비교해보라. 이 표현들은 우리가
경우에 따라서는 더 작은 것을 더 큰 것들이 복합된 결과로,[154] 그리

153) 전자는 ■를 ▌+▌로 보는 경우이고, 후자는 ▌를 ■+(−▌)로 보는 경우이다.

고 더 큰 것을 더 작은 것이 분할된 결과로 파악하는 경향도 있다는 사실을 보여준다.

그러나 나는 이제 우리의 문장이 기술하는 도형이 4개의 요소로 이루어진다고 해야 할지, 아니면 9개의 요소로 이루어진다고 해야 할지 모르겠다! 그 문장은 4개의 문자로 이루어지는가, 아니면 9개의 문자로 이루어지는가? ― 그리고 어느 쪽이 **그것**의 요소들인가? 문자의 유형들인가, 아니면 문자들인가? 우리가 어떤 특정한 경우에서 오해를 피하기만 한다면, 어느 쪽이라고 말하든 상관없지 않은가?

49. 그러나 우리가 이 요소들을 설명할(즉 기술할) 수 없고, 오직 그것들에 이름을 부여할 수만 있다는 말은 무슨 뜻인가? 이것은 가령 극단적인 경우, 어떤 복합체가 단 **하나의** 정사각형으로 이루어져 있다면 그 복합체에 대한 기술은 단지 그 채색된 정사각형의 이름이라는 의미일 수 있을 것이다.[155]

여기서 우리는 ― 이 말은 온갖 철학적 미신[156]을 낳기 쉽지만 ―

---

154) 예컨대 줄다리기에서 청군이 자기들 쪽으로 줄을 1cm 더 당긴 것은 사실은 청군과 백군이 서로 다른 방향으로 당긴 엄청난 힘들 사이의 근소한 차이가 낳은 결과이다.

155) 반드시 그렇지는 않다. 방금 §48에서 보았듯이 그 정사각형도 복합된 것으로 볼 수 있기 때문이다.

기호 "R", 또는 "S" 등이 때로는 낱말일 수도 있고, 때로는 문장일 수도 있다고 말할지 모른다. 하지만 이런 기호가 '낱말인지 문장인지'는 우리가 그것을 말하거나 적는 상황에 달려 있다. 예를 들어 A가 B에게 채색된 정사각형의 복합체를 기술해야 하고, 여기서 "R"이라는 낱말**만을** 사용한다면, 우리는 그 낱말이 하나의 기술(記述) — 하나의 문장 — 이라고 말할 수 있을 것이다. 하지만 그가 가령 낱말과 그 의미를 기억하고 있거나, 다른 사람에게 그 낱말의 쓰임을 가르치고 있고 지칭적 가르침의 과정에서 그 낱말을 말하고 있다면, 우리는 그것이 문장이라고 말하지 않을 것이다. 이런 상황에서 "R"이라는 낱말은 기술이 아니다. 우리는 "R"이라는 낱말로 하나의 요소에 **이름을 부여한다.** ── 하지만 이런 이유 때문에, 여기서 우리가 하나의 요소에는 **오직** 이름이 부여될 수만 있다고 말한다면 이상하게 들릴 것이다! 왜냐하면 어떤 것에 이름을 부여하는 일과 어떤 것을 기술하는 일은 **똑같은** 수준에 놓여 있지 않기 때문이다: 어떤 것에 이름을 부여한다는 것은 어떤 것을 기술하기 위한 준비 과정이다.[157] 어떤 것에 이름을 부여하는 일은 언어게임에서 아직 하나의 동작이 아니다. — 하나의 체스 말을 체스 판 위

---

156) 예컨대 문장이 이름이며 그 이름의 소지자가 심적 표상이나 객관적 사유의 영역에 놓여 있다는 따위의 미신. 혹은 이 책 §§19, 20 참조.
157) 이 책 §§26, 257 참조.

의 제자리에 놓는 일이 체스에서 아직 하나의 동작이 아닌 것과 마찬가지다. 우리는 다음과 같이 말할 수 있다: 어떤 사물에 이름을 부여하는 일만으로는 아직 **아무것도** 한 일이 **없다**. 사물은 게임 속에서가 아니라면 이름을 **갖지도** 못한다.[158] 프레게[159]가 하나의 낱말은 오직 한 문장의 문맥 속에서만 어떤 의미를 지닌다고 말했을 때 의미했던 바도 이것이었다.

50. 우리는 요소들에 존재라는 속성도, 비(非)존재라는 속성도 부여할 수 없다는 말은 무슨 뜻인가? — 우리는 다음과 같이 말할 수 있다: 만약 우리가 "존재"와 "비존재"라고 부르는 모든 것이 요소들 간의 결합이 생기느냐 생기지 않느냐에 있다면, 한 요소의 존재(비존재)에 대해 말하는 것은 전혀 무의미하다. 만약 우리가 "파괴"라고 부르는 모든 것이 요소들의 분리에 있다면, 한 요소의 파괴에 대해 말하는 것은 전혀 무의미한 것과 마찬가지다.

하지만 우리는 이렇게 말하고 싶다: 우리는 한 요소에 존재라는 속성을 부여할 수 없다.[160] 만약 그 요소가 **존재하지** 않는다면, 우

---

158) 이 책 §6의 마지막 단락과 §31의 네 번째 단락 참조.

159) Frege 1884, x쪽, §§60, 62, 106 참조.

160) 이 말은 "요소가 존재하지 않는다"가 아니라 "요소에 대해 존재한다거나 존재하지 않는다고 말할 수 없다"로 새겨야 한다. 만일 전자로 새길 경우 다음에 이어지는 말과 모순을 일으키게 된다.

리는 그것에 이름을 부여할 수도 없고, 따라서 그것에 대해 아무것도 말할 수 없기 때문이다.[161] — 그러나 이와 유사한 경우를 생각해보자! 우리가 1미터라고도 말할 수 없고, 1미터가 아니라고도 말할 수 없는 **하나의** 사물이 있는데, 그것은 파리에 있는 미터원기(原器)이다. — 그러나 물론 이는 그 미터원기에 뭔가 대단한 속성이 있다고 말하려는 것이 아니라, 단지 미터자로 측정한다고 하는 게임에서 그 미터원기가 하는 독특한 역할을 보여주려는 것이다. — 또 색깔의 견본들이 미터원기처럼 파리에 보관되어 있다고 가정해보자. 이에 따라 우리는 "세피아 색"이 그곳에 밀봉 상태로 보

---

161) 이 논증으로부터 "요소는 존재한다"는 결론을 이끌어내서는 안 된다. 그 이유로 베이커와 해커는 다음과 같은 논증을 보충한다.

요소가 존재한다는 말은 공허하다. 왜냐하면 'X'가 요소의 이름이라면 X는 존재해야 하는 것처럼 보이기 때문이다. (Baker and Hacker 2005b, 128쪽)

요소가 존재하지 않는다는 말의 자기모순과 요소가 존재한다는 말의 공허함이 우리가 요소에 대해 존재한다거나 존재하지 않는다고 말할 수 없는 이유라는 것이다. 그러나 베이커와 해커의 논증은 타당하지 않다. 그들의 논증의 바른 결론은 요소가 존재한다는 말이 공허하다는 것이 아니라 요소가 필연적으로 존재해야 한다는 것이기 때문이다. 본문에서의 비트겐슈타인의 논증으로부터 "요소는 존재한다"는 결론을 이끌어내서는 안 되는 이유는 다른 방식으로 정당화될 수 있다. 비트겐슈타인이 논증했듯이 "요소는 존재하지 않는다"가 무의미하다면 그것의 부정인 "요소가 존재한다" 역시 무의미할 것이다. 무의미의 긍정과 부정은 모두 무의미하기 때문이다. 따라서 우리는 요소가 존재한다거나 존재하지 않는다고 말해서는 안 된다. TLP, 5.5151, WVC, 67쪽 참조.

관된 표준 세피아 색을 의미한다고 설명한다. 그렇다면 이 견본에 대해서 그것이 이 색깔이라거나 이 색깔이 아니라고 말하는 것은 무의미할 것이다.

우리는 그것을 이렇게 표현할 수 있다: 이 견본은 그 언어에서 하나의 도구이며,[162] 우리는 이 도구를 사용해 색깔에 대한 진술을 한다.[163] 이 게임에서 그 견본은 묘사되는 어떤 것이 아니라, 묘사의 한 수단이다. ― 그리고 이것은 우리가 언어게임 (48)에서 "R"이라는 낱말을 말함으로써 한 요소에 이름을 부여할 때, 그 요소에도 똑같이 적용되는 사항이다. ― 이를 통해 우리는 우리의 언어게임 내 어떤 역할을 그 대상에 부여한 것이고, 그 대상은 이제 묘사의 한 **수단**이 되는 것이다. 그리고 "만일 그것이 **존재하지** 않는다면 그것은 어떤 이름도 가질 수 없을 것이다"라고 말하는 것은 다음과 같이 말하는 것과 마찬가지다: 이 사물이 존재하지 않는다면 우리는 우리의 언어게임에서 그것을 사용할 수 없을 것이다. ― 존재**해야만** 하는 듯이 보이는 것은 그 언어의 일부이다.[164] 그것은 우리의 게임에서 하나의 범례(範例), 즉 비교 대상이 되는 어떤 것이다.

---

162) 이 책 §16 참조.

163) 미터원기가 길이를 재는 데 사용되는 도구이지 측정의 대상이 아닌 것과 같은 맥락에서이다.

164) 그러나 그것이 존재해야만 하는 듯이 보이는 까닭이 그것이 세계의 일부여서인 것은 아니다.

그리고 이것은 중요한 알아차림이라고 할 수 있다. 하지만 그래도 여전히 우리의 언어게임 — 우리의 묘사 방식 — 에 관한 알아차림이다.[165]

51. 언어게임 (48)을 기술할 때, 나는 "R", "S" 등이 정사각형의 색깔에 대응한다고 말했다. 하지만 이 대응은 무엇에 있는가? 우리는 어떤 의미에서 정사각형의 특정 색깔이 이 기호에 대응한다고 말할 수 있는가?[166] 결국 (48)에서의 설명은 단지 그 기호, 그리고 우리 언어의 특정 낱말 사이에 연관 관계를 설정했을 뿐이다.

---

165) 비트겐슈타인 자신과 플라톤(『테아이테토스』)을 포함하는 많은 서양 철학자들을 사로잡았던 형이상학의 근본 원리를 해체하고 이를 언어게임의 문법에 대한 기술(記述)로 수축시키고 있는 명편이다. 이 절에 대해서는 다음의 책과 논문들을 참조. Kripke 1972, 54쪽 이하; N. Malcolm, "Kripke and the Standard Meter," Malcolm 1995에 재수록; M. Pelczar, "Kripke's Treatment of *Investigations* Chapter 50," *Philosophical Investigations*, vol. 19, 1996; C. Diamond, "How Long Is the Standard Meter in Paris?" McCarthy and Stidd 2001에 수록; H. Gert, "The Standard Meter by Any Name Is Still a Meter Long," *Philosophy and Phenomenological Research*, vol. 65, 2002; W. Pollock, "Wittgenstein on The Standard Metre," *Philosophical Investigations*, vol. 27, 2004; Y. Dolev, "Mission Impossible and Wittgenstein's Standard Metre," *Philosophical Investigations*, vol. 30, 2007; D. Avital, "The Standard Metre in Paris," *Philosophical Investigations*, vol. 31, 2008; D. Jacquette, "Measure for Measure," Ahmed 2010에 수록.

166) 이 책 §37 참조.

─ 그 게임에서 기호들의 쓰임은 다른 방식으로 ─ 범례들을 지칭함으로써 ─ 학습된다고 전제되었다.[167] 좋다. 그러나 **언어가 실행될** 때 어떤 요소가 기호에 대응한다는 말은 무슨 뜻인가? ─ 그것은 채색된 정사각형들의 복합체를 기술하는 사람이 빨간 정사각형이 있는 곳에서는 언제나 "R"이라고 말하고, 검은 정사각형이 있는 곳에서는 언제나 "S"라고 말하는 것 등을 의미하는가? 하지만 그가 그 기술에서 잘못을 저질러 검은 정사각형을 보고 "R"이라고 말한다면 ─ 여기서 이것이 **잘못**이라는 기준은 무엇인가? ─── 또는 "R"이 빨간 정사각형을 지시한다는 것은, 그 언어를 사용하는 사람들이 "R"이라는 기호를 사용할 때 항상 빨간 정사각형이 마음속에 떠오른다는 말인가?[168]

보다 분명하게 보기 위해서는, 무수히 많은 비슷한 경우에서처럼 여기서도 우리는 실제로 어떤 일이 일어나는지 마치 근접 촬영을 하듯 **자세히 살펴봐야** 한다.[169]

---

167) 이 책 §46 참조.
168) 이 책 §6의 두 번째 단락 참조.
169) 앞선 단락의 후반부에서 살펴본 두 답변이 불충분한 까닭은 그것들이 여기서 문제되는 대응 관계를 "어떤 특정한 게임 **밖에서**"(이 책 §47) 존재하는 객관적 관계로서 다루고 있기 때문이다. 이러한 맥락에서 지금의 이 단락은 대응 관계가 설정된 언어게임의 실상을 상세히 살펴볼 것을 촉구하고 있다.

52. 쥐가 낡은 넝마와 먼지에서 저절로 생겨난다는 생각이 자꾸 든다면, 쥐가 이 넝마 속에 어떻게 숨어 있을 수 있었는지, 거기에 어떻게 들어갈 수 있었는지 등을 알기 위해 그 넝마를 아주 자세히 조사하는 편이 좋다. 하지만 쥐가 넝마와 먼지에서 생겨날 수 없다는 확신이 든다면, 아마도 이런 조사는 필요 없을 것이다.

그러나 우리는 철학에서 무엇이 세세한 것들에 대한 그런 조사를 방해하는지 이해하는 법부터 배워야 한다.[170]

53. 우리의 언어게임 (48)에는 **다양한** 가능성들이 있다. 즉 우리가 그 게임에서 하나의 기호가 이러이러한 색깔을 가진 정사각형의 이름이라고 말할 다양한 경우들이 있다. 예를 들어 우리가 이 언어를 사용하는 사람들이 그 기호들을 이러이러한 방식으로 사용하도록 배웠다는 사실을 안다면, 우리는 그렇게 말할 것이다. 또는 이 요소가 이 기호에 대응한다는 사실이 가령 일람표의 형식으로 어딘가에 적혀 있어서, 이 일람표가 언어를 가르치는 데 사용되고 어떤 쟁점을 결정짓는 데 도입된다면, 우리는 그렇게 말할 것이다.[171]

그러나 우리는 그런 일람표가 언어의 쓰임에서 하나의 도구가

---

170) 이는 세세한 것들에 대한 조사의 결여 내지는 부재를 초래한다. 이 결여나 부재로부터 독단적 언명이 생겨난다. 그 한 예로 다음을 들 수 있다. TLP, 3.21. 세세한 것들에 대한 조사는 이 책 §5에서 선보인 "통찰(通察)"과도 양립 가능하다. 이 책 §122 참조.

되는 경우도 상상해볼 수 있다. 그때 어떤 복합체를 기술하는 일은 다음과 같이 진행된다: 복합체를 기술하는 사람은 일람표를 갖고 있고, 그 속에서 복합체를 구성하는 각각의 요소를 확인한 뒤에 기호로 넘어간다. (그리고 그 기술을 접하는 사람도 일람표를 사용해서 그 낱말들을 채색된 정사각형들의 그림[172]으로 바꿀 수 있다.) 다른 경우들에서 기억과 연상이 하는 역할을 여기서는 이 일람표가 맡고 있다고 할 수 있다. (우리는 보통 "내게 빨간 꽃을 가져와라!"라는 명령을 수행할 때, 색깔의 일람표에서 빨간색을 확인한 뒤 그 일람표에서 찾은 색깔을 지닌 꽃을 가져오는 식으로 하지는 않는다. 하지만 빨간색의 특정한 색조를 고르거나 혼합해야 하는 경우, 우리는 종종 견본이나 일람표를 활용한다.)

우리가 그런 일람표를 언어게임의 규칙에 대한 표현이라고 부른다면, 우리가 언어게임의 규칙이라고 부르는 것에는 그 게임에서 매우 다양한 역할이 주어질 수 있다고 말할 수 있다.

54. 하지만 우리가 어떤 경우에 게임이 특정한 규칙에 따라 행해진다고 말하는지 한번 생각해보라![173]

---

171) 원래는 §51 바로 다음에 놓여 있던 이 절에서 비트겐슈타인은 대응에 대한 §51 에서의 그릇된 일반적 해명을 대체하는 세세한 예들을 제시하고 있다.

172) 원어는 "Anschauung"이다.

173) 이 책 §82 참조.

규칙은 게임을 가르치는 하나의 보조 수단이 될 수 있다.[174) 학습자는 규칙을 듣고 그 규칙을 연습에 적용한다. — 또는 규칙은 게임 자체의 도구이다.[175) — 또 어떤 규칙은 가르칠 때도 게임 자체에서도 사용되지 않으며, 규칙의 목록에도 적혀 있지 않다. 우리는 남들이 어떻게 하는지 지켜보면서 게임을 배운다.[176) 그러나 우리는 게임이 이러이러한 규칙에 따라 행해진다고 말하는데, 관찰자는 게임이 행해지는 방식에서[177) 이런 규칙들을 — 게임 행위를 지배하는 자연법칙처럼 — 읽어낼 수 있기 때문이다.[178) —— 하지만 이 경우에 관찰자는 게임하는 사람들의 잘잘못을 어떻게 구별하는가? — 게임하는 사람들의 행동 속에 징후들이 있다. 말실수를 바로잡는 사람 특유의 행동을 생각해보라. 누군가 그렇게 하고 있다는 것[179)은 그의 언어를 이해하지 못해도 알아차릴 수 있을 것이다.

---

174) "이 카드 게임을 할 때는 각 사람에게 세 장의 카드를 나누어주어야 한다"와 같은 지시가 그 예이다.

175) 보물찾기놀이에 사용되는 설명서가 그 예이다.

176) 체스에서 비숍을 대각선으로 움직이는 동작을 보고 알게 되는 규칙이 그 예이다.

177) 원문은 "aus der Praxis des Spiels"이므로 '게임의 실행으로부터'라고 옮겨야겠지만 비트겐슈타인은 이를 인정하지 않았다. 그는 원문을 "from the practice of the game"으로 직역한 리즈의 영역을 삭제하고 "from the way the game is played"로 적어 넣었다. PI 4판, 247쪽 참조.

178) 그러나 자연법칙과는 달리 게임의 규칙은 위반될 수 있다. 이러한 차이가 다음에 이어지는 질문을 자연스레 야기한다.

179) 말실수를 바로잡고 있다는 것을 뜻한다.

55. "언어에서 이름들이 지시하는 것은 파괴될 수 없어야 한다. 왜냐하면 우리는 파괴될 수 있는 모든 것이 파괴된 상황을 기술할 수 있어야 하기 때문이다. 그리고 이런 기술(記述)에는 낱말들이 존재할 것이다. 그렇다면 낱말들에 대응하는 것은 파괴되지 말아야 한다. 그렇지 않으면 낱말들은 의미를 갖지 못할 것이기 때문이다." 나는 내가 앉아 있는 나뭇가지를 톱으로 썰어내서는 안 된다.

물론 이제 우리는 이 기술[180] 자체는 파괴에서 제외되어야 한다고 즉시 반박할지 모른다. — 그러나 그 기술의 낱말들에 대응하며, 따라서 그 기술이 참일 경우 파괴될 수 없는 것은 그 낱말들에 의미를 부여하는 어떤 것이다. — 그것 없이 낱말들은 의미를 갖지 못할 것이다. — 하지만 이 사람은 어떤 의미에서 그의 이름에 대응하는 어떤 것이다. 하지만 그는 파괴될 수 있다. 그리고 그의 이름은 그 소지자가 파괴될 때에도 그 의미를 잃지 않는다.[181] — 이름에 대응하면서 그것 없이는 이름이 의미를 갖지 못하는 것 중에는, 예컨대 언어게임에서 이름과 결합되어 사용되는 범례가 있다.[182]

56. 하지만 그런 견본들 중 그 무엇도 언어의 일부가 아니라면,

---

180) "파괴될 수 있는 모든 것이 파괴되었다는 기술"을 가리킨다.
181) 이 책 §40 참조.
182) 이 책 §50 참조.

그리고 우리가 가령 어떤 낱말이 지시하는 색깔을 **기억하고 있다면** 어떨까? —— "그리고 우리가 그것을 기억하고 있다면, 우리가 그 낱말을 말할 때 그것은 우리 마음의 눈앞에 나타난다. 따라서 우리가 원할 때마다 그것을 기억해낼 수 있다면, 색깔은 그 자체로 파괴될 수 없어야 한다." —— 그러나 우리는 그것을 올바로 기억해내는 기준이 무엇이라고 생각하는가? — 자신의 기억 대신 견본을 사용해 일을 할 때, 우리는 그 견본의 색깔이 변한 것 같다고 말하고 정말 변했는지 여부를 기억에 의해 판단하는 경우들이 있다. 하지만 때로는 (가령) 우리의 기억-이미지가 흐려지는 경우에 대해 말할 수 없는가? 우리는 견본에 좌우되는 것과 마찬가지로 기억에 좌우되지 않는가?[183] (누군가 "우리가 기억하지 못한다면, 우리는 견본에 좌우될 것이다."라고 말하고 싶을 수도 있기 때문이다.)[184] — 또는 가령 어떤 화학적 반응에 좌우될지도 모른다. 당신이 X와 Y라는 화학 물질이 서로 섞일 때 나타나는 어떤 특정한 색깔 "C"를 칠해야 한다고 상상해보라. — 어느 날 그 색이 다른 날보다 더 밝게 보였

---

183) 원문은 "Sind wir dem Gedächtnis nicht ebenso ausgeliefert, wie einem Muster?"이다. 문맥의 흐름이 견본에서 기억으로 바뀌고 있음을 주목할 필요가 있다.

184) 이를 바탕으로 앞의 옮긴이 주에서 인용한 원문을 "우리는 기억에 좌우되는 것과 마찬가지로 견본에 좌우되지 않는가?"로 견본과 기억의 순서를 바꾸어 옮기면 안 된다. 괄호 친 위의 문장의 주안점은 여전히 기억이고, 그 기억이 없는 경우에 한해 우리가 견본에 좌우됨을 말하고 있기 때문이다.

다고 가정해보자. 그때 당신은 경우에 따라서 "내가 틀린 게 확실해. 그 색은 분명 어제와 똑같아."라고 말하지 않을까? 이는 우리가 기억이 알려주는 것을 항상 최상의 돌이킬 수 없는 판결로 삼지만은 않는다는 사실을 보여준다.[185]

57. "빨간 어떤 것은 파괴될 수 있지만, 빨강은 파괴될 수 없다. '빨강'이라는 낱말의 의미가 빨간 사물의 존재에서 독립해 있는 이유는 그 때문이다." — 빨간색(빨간 물감이 아니라 빨강이라는 색깔)이 찢어지거나 산산이 부서진다는 말은 분명 성립하지 않는다. 그러나 우리는 "빨간색이 사라진다"고 말하지 않는가?[186] 그리고 더 이상 빨간 사물이 없다 해도 언제나 우리 마음의 눈앞에 빨간색을 불러낼 수 있다는 생각에 집착하지 마라! 이것은 마치 그때에도 빨간 불꽃을 만들어내는 화학 반응은 언제나 있을 거라고 말하는 것과 같다. — 왜냐하면, 당신이 더 이상 그 색깔을 기억해낼 수 없다면 어떨까? — 만약 우리가 이것이 어떤 색깔의 이름인지 잊어버린다면, 그 이름은 우리에게 그 의미를 잃은 것이다. 다시 말해 우리는 더 이상 그것을 갖고 특정한 언어게임을 할 수가 없다. 그런 상황

---

185) 이 절은 뒤에 사적 언어 논증의 형태로 발전된다. 이 책 §§243-314, 특히 §265 참조.
186) 예컨대 신호등이 빨간색에서 초록색으로 바뀔 때 우리는 이런 말을 할 수 있다.

은 우리 언어의 한 도구였던 범례[187]를 잃어버린 상황과 비슷하다.

58. "나는 'X가 존재한다'라는 조합에 나타날 수 없는 것만을 '이름'이라고 부르고 싶다.[188] ─ 따라서 우리는 '빨강이 존재한다'라고 말할 수 없다. 빨강이 없다면 빨강에 대해 전혀 말할 수 없기 때문이다."[189] ─ 보다 정확하게 말하면 다음과 같다: "X가 존재한다"라는 말이 "X"가 의미를 갖는다는 말과 다름없다면 ─ 그것은 X를 다루는 문장이 아니라 우리 언어의 쓰임, 즉 "X"라는 낱말의 쓰임에 관한 문장이다.

"빨강이 존재한다"는 말이 무의미하다고 말할 때, 우리는 빨강의 본성에 대해 무엇인가를 말하는 것처럼 보인다. 즉 빨강이 '그 자체로'[190] 존재한다고 말이다. 똑같은 생각 ─ 이것이 빨강에 관한 형이상학적 진술이라는 생각 ─ 을 우리는 가령 빨강이 시간을 초월해 있다고도 표현하며, 훨씬 강력하게는 아마도 "파괴될 수 없는"이라고 표현할 것이다.

---

187) 이 책 §50 참조.
188) 이름의 지시체에 대해 존재나 비존재의 속성을 부여할 수 없다는 논제를 이렇게 표현하고 있다.
189) 이 책 §§50, 55, 57의 연장선상에서 §46을 부연하고 있다. Russell 1919, 178쪽 참조.
190) 이 책 §46 참조.

그러나 우리가 정말로 **원하는** 바는 "빨강이 존재한다"를 단지 "빨강"이라는 낱말이 하나의 의미를 갖는다는 진술로 이해하는 것이다. 또는 아마도 보다 정확하게 말하자면 "빨강은 존재하지 않는다"를 "'빨강'은 아무런 의미도 갖지 않는다"라고 이해하는 것이다. 다만 우리가 말하고 싶은 바는, 저 표현[191]이 이것[192]을 말하고 **있다**는 것이 아니라, **만약** 저 표현이 의미가 있다면 그것은 바로 **이것**을 말해야 했다는 것이다. ― 하지만 그것을 말하려고 하면 저 표현은 자기모순에 빠진다는 것이다. 빨강은 '그 자체로' 존재하기 때문이다. 반면 유일한 모순은 다음과 같은 데에 있다: 그 문장[193]은 "빨강"이라는 낱말의 쓰임에 대해 뭔가를 말하도록 되어 있지만, 그 문장은 색깔에 관한 것처럼 보인다. ― 하지만 실제로 우리는 특정한 색깔이 존재한다고 아주 쉽게 말한다. 그리고 이 말은 그 색깔을 지니는 무엇인가가 존재한다는 말과 같다. 그리고 첫 번째 표현[194]은 두 번째 표현[195]만큼이나 정확하다. 특히 '그 색깔을 지니는 것'이 물리적 대상이 아닌 경우에[196] 그렇다.

---

191) "빨강이 존재한다"거나 "빨강은 존재하지 않는다"라는 표현을 가리킨다.
192) "빨강"이라는 낱말이 하나의 의미를 갖는다거나 아무런 의미도 갖지 않는다는 것을 가리킨다.
193) "빨강이 존재한다"거나 "빨강은 존재하지 않는다"라는 문장을 가리킨다.
194) 특정한 색깔이 존재한다는 표현을 가리킨다.
195) 특정한 색깔을 지니는 무엇인가가 존재한다는 표현을 가리킨다.
196) 예컨대 이미지의 경우에.

59. "**이름**은 오직 실재의 **요소**인 것만을 지시한다. 파괴될 수 없는 것, 모든 변화 속에서도 똑같이 남아 있는 것만을 말이다." — 하지만 그것은 무엇인가? — 우리가 그 문장을 말하는 동안에도 그것은 이미 우리의 마음속에 떠올랐다![197] 우리는 이미 아주 특정한 관념, 우리가 사용하고자 했던 특정한 그림을 표현했다.[198] 경험은 확실히 우리에게 이런 요소들을 보여주지 않기 때문이다. 우리는 복합적인 어떤 것의(가령, 의자) **구성 부분들**을 본다. 우리는 의자의 등받이가 의자의 부분이지만 등받이 자체는 다시 여러 목재들로 구성된다고 말하는 반면, 의자의 다리는 단순한 구성 부분이라고 말한다. 우리는 또한 그 구성 부분들은 변화되지 않은 채로 있으면서도 그 자신은 변화하는 (파괴되는) 하나의 전체를 보기도 한다. 이것들이 우리가 그것으로부터 실재의 그림을 만들어내는 재료들이다.

60. 내가 "내 빗자루가 구석에 있다"라고 말한다면 — 이것은 사실상 자루와 솔에 관한 진술인가? 어쨌든 우리는 그것을 자루의

---

197) 이름의 지시체인 실재의 파괴될 수 없는 불변의 요소가 그 이름을 포함하는 문장을 우리가 말하는 동안에 실로 이미 우리 마음속에 떠올랐다는 말인데 이는 비트겐슈타인이 비판하고자 하는 논제이다.

198) 우리의 경험이 보여주지 않는 불변의 요소로 이루어진 완벽한 세계에 대한 그림을 뜻한다.

위치와 솔의 위치에 대한 진술로 대체할 수 있다. 그리고 이 진술은 확실히 첫 번째 진술[199]보다 더 분석된 형태이다. — 그러나 나는 왜 그것을 "더 분석된"이라고 부르는가? — 빗자루가 거기에 있다면 그것은 자루와 솔이 서로 일정한 관계를 이루면서 분명히 거기에 있다는 사실을 의미한다. 그리고 이전에 이것[200]은 말하자면 첫 번째 문장[201]의 의미 속에 숨겨져 있었으며, 분석된 문장 속에 **나타나** 있다.[202] 그렇다면 빗자루가 구석에 있다고 말하는 사람은 사실상 자루와 솔이 거기에 있으며, 자루가 솔에 고정되어 있다는 것을 의미하는가?[203] — 만약 우리가 누군가에게 이것을 의미했는지 묻는다면, 아마도 그는 딱히 자루나 솔을 생각한 것은 아니었다고 말할 것이다. 그리고 그것이 **올바른** 대답일 것이다. 그는 특

199) "내 빗자루가 구석에 있다"라는 진술을 가리킨다.
200) 자루와 솔이 서로 일정한 관계를 이루면서 분명히 거기에 있다는 사실을 가리킨다.
201) "내 빗자루가 구석에 있다"라는 문장을 가리킨다.
202) TLP, 2.0201, Russell 1903, 466쪽 참조.
203) "현재 프랑스 왕은 대머리이다"라는 명제가 "현재 프랑스 왕이라는 속성을 지닌 어떤 사람이 존재하며", "그 사람은 오직 하나만 존재하며", "그 사람은 대머리이다"라는 명제(($\exists x$)(Kx & (y)(Ky $\supset$ y = x) & Bx))로 이루어져 있다는 러셀의 분석을 풍자한 것으로도 해석할 수 있다. 다음을 참조. B. Russell, "On Denoting," Russell 1973에 재수록. 만일 그렇다면 분석철학의 기원이 되는 러셀의 분석을 비판하고 있다는 점에서 비트겐슈타인은 분석철학의 이념에 정면으로 반기를 들고 있다고 할 수 있다.

별히 자루나 솔에 대해 말할 의도는 없었기 때문이다. 당신이 누군가에게 "내게 빗자루를 가져와라!"라고 말하는 대신, "내게 자루와 거기에 고정된 솔을 가져와라!"라고 말한다고 가정해보라. — 이에 대한 대답은 "당신은 빗자루를 원합니까? 그런데 왜 그것을 그렇게 이상하게 표현합니까?"가 아닐까? —— 그는 더 분석된 문장을 더 잘 이해할까? — 우리는 이 문장이 일상적인 문장과 결국 똑같은 이야기지만, 보다 에둘러서 표현하는 방식이라고 말할 수 있다. — 우리가 누군가에게 여러 부분으로 이루어진 어떤 사물을 가져오라거나, 그것을 움직여보라고 하는 등의 명령을 내리는 언어게임을 상상해보라. 그리고 그 게임을 하는 방식에는 두 가지가 있다: 하나의 방식 (a)에서는 복합적인 사물들(빗자루, 의자, 책상 등)이 (15)에서처럼 이름을 가진다. 다른 방식 (b)에서는 부분들만 이름을 가지며, 전체는 부분의 이름들에 의해서 기술된다. — 두 번째 게임의 명령은 어떤 의미에서 첫 번째 게임의 명령보다 더 분석된 형태인가? 전자[204]는 후자[205]에 숨어 있다가 이제 분석을 통해 밖으로 나오는 것인가? — 물론 우리가 자루와 솔을 분리한다면 빗자루는 해체된다. 하지만 그렇다고 해서 빗자루를 가져오라는 명령도 그에 대응하는 부분들로 이루어져 있다고 할 수 있는가?

204) 두 번째 게임의 명령을 가리킨다.
205) 첫 번째 게임의 명령을 가리킨다.

61. "하지만 당신은 분명 (a)의 특정한 명령이 (b)의 특정한 명령과 똑같은 것을 말한다는 사실을 부인하지 않을 것이다. 그리고 두 번째 것이 첫 번째 것의 분석된 형태가 아니라면 당신은 두 번째 것을 뭐라고 부르겠는가?" — 물론 나도 (a)의 명령이 (b)의 명령과 똑같은 의미를 지닌다고 말할 것이다. 또는 앞서 표현했듯이, 그것들은 결국 똑같은 이야기라고 말할 것이다. 그리고 이는 누가 내게 (a)의 명령을 보이면서 "(b)의 어느 명령이 이것과 똑같은 의미인가?" 또는 "이것은 (b)의 어느 명령과 모순되는가?"라고 묻는다면, 나는 그 질문에 이러이러하게 대답할 것이라는 사실을 말한다. 하지만 그것이 우리가 "똑같은 의미를 지닌다" 또는 "결국 똑같은 이야기다"라는 표현의 쓰임에 대해 **일반적인** 합의에 도달했다[206]고 말하는 것은 아니다. 왜냐하면 우리는 다음과 같이 물을 수 있기 때문이다: 우리는 어떤 경우에 "이것들은 똑같은 게임의 두 가지 다른 형태에 불과하다"라고 말하는가?

62. 예를 들어 (a)와 (b)에서 명령을 받은 사람이 그 요구된 것을 가져오기 전에 먼저 이름과 그림을 연결시켜놓은 일람표를 확인해야 한다고 가정해보라. 그가 (a)의 명령과 (b)에서 그에 대응하는

---

206) 원문은 "daß wir uns über die Verwendung des Ausdrucks ⋯ *im Allgemeinen* verständigt haben"이다.

명령을 수행할 때 그는 **똑같은 일**을 하는 것인가? — 그렇기도 하고 그렇지 않기도 하다. 당신은 "두 명령의 **핵심**은 똑같다"라고 말할 수 있다. 나도 여기서는 똑같이 말할 것이다. — 하지만 무엇을 명령의 '핵심'이라고 불러야 할지가 언제나 분명한 것은 아니다.[207] (마찬가지로, 우리는 어떤 사물에 대해서 그 목적이 이러저러한 것이라고 말할 수 있다. 본질적인 것은 이것이 **램프**이며, 불을 켜는 데 사용된다는 사실이다. —— 그것이 방을 장식하고 빈 공간을 채운다는 등의 사항은 본질적이지 않다. 하지만 본질적인 것과 비본질적인 것이 항상 분명하게 구분되지는 않는다.)

63. 그러나 (b)의 문장이 (a) 문장의 '분석된' 형태라고 말하면, 우리는 전자[208]가 보다 근본적인 형태이며 그것만이 후자[209]가 의미하는 바를 보여준다는 등의 잘못된 생각에 쉽게 빠질 수 있다. 가령 우리는 이렇게 생각할지 모른다: 분석되지 않은 형태만을 가진 사람에게는 분석이 빠져 있다. 그러나 분석된 형태를 아는 사람은

---

207) "내게 빗자루를 가져와라!"라는 명령의 핵심은 상대로 하여금 빗자루를 가져오게 하는 것일 수도 있고, 상대가 우리말을 이해하는지를 가늠해보는 것일 수도 있고, 상대가 빗자루를 들만큼 기력이 있는지를 헤아려보는 것일 수도 있다.
208) (b)의 문장을 가리킨다.
209) (a)의 문장을 가리킨다.

모든 것을 갖춘 것이다.[210] — 하지만 나는 전자[211]뿐 아니라 **후자**[212] 의 경우에도 사태의 어느 한 측면을 빠뜨리고 있다고 말할 수 없는가?[213]

64. 게임 (48)에서 이름들이 단색의 정사각형을 지시하는 것이 아니라, 각각 단색의 정사각형 두 개로 이루어진 직사각형을 지시하도록 바뀌었다고 상상해보자. 절반은 빨갛고 절반은 초록색인 직사각형을 "U"라고 부르고, 절반은 초록색이고 절반은 흰색인 직사각형을 "V"라고 부르는 등으로 말이다. 이런 색깔 조합에 대한 이름은 갖고 있지만, 개별 색깔에 대한 이름은 갖고 있지 않은 사람을 상상할 수 없을까?[214] 우리가 "이런 색깔 배열(이를테면 프랑스의 삼색기)에는 아주 특별한 성격이 있다."라고 말하는 경우를 생각해보라.[215]

---

210) 예컨대 분석된 형태를 분석되지 않은 형태＋분석으로 보면 분석되지 않은 형태는 분석된 형태－분석이라는 등식을 얻게 된다. 이로부터 우리는 분석된 형태를 아는 사람은 모든 것을 갖춘 데 반해 분석되지 않은 형태만을 가진 사람에게는 분석이 빠져 있다는 생각에 이르게 된다.

211) 분석되지 않은 형태만을 가진 사람을 가리킨다.

212) 분석된 형태를 아는 사람을 가리킨다.

213) 예컨대 분석되지 않은 명령은 빗자루의 부분들에 대한 언급을 빠뜨리고 있고, 분석된 명령은 부분들이 구성하는 전체에 대한 언급을 빠뜨리고 있다.

214) 예컨대 귀족은 빨간색 상의에 초록색 하의를 입고 평민은 초록색 상의와 흰색 하의를 입는 종족의 경우를 생각해볼 수 있다.

이 언어게임의 기호들은 어떤 의미에서 분석이 필요한가? 이 게임을 (48)로 대체하는 것이 어느 정도까지 **가능할까**? — 비록 (48)과 연관이 있다 해도 그것은 **다른** 언어게임일 뿐이다.

65. 여기서 우리는 이 모든 고찰의 배후에 있는 중대한 물음에 직면한다. — 누군가 내게 다음과 같은 이의를 제기할 수 있기 때문이다: "당신은 사태를 너무 쉽게 생각하고 있다! 당신은 가능한 모든 언어게임에 대해 말하지만, 언어게임의 본질이 무엇인지, 따라서 언어의 본질이 무엇인지에 대해서는, 즉 이런 모든 활동에 공통점이 무엇인지, 그 활동들을 언어나 언어의 일부로 만드는 것이 무엇인지에 대해서는 어디에서도 언급하지 않았다. 따라서 당신은 과거 자신에게 최대의 골칫거리였던 탐구의 바로 그 부분, 즉 **명제의 일반 형식**에 관한 부분, 그리고 명제에 해당하는 언어의 일반 형식[216]에 관한 부분을 포기한 것이다."[217]

---

215) 이 경우 U와 V의 색을 더 분석하는 것은 U와 V의 핵심을 빠뜨리는 조처이다. 굿만(Nelson Goodman)이 고안한 'grue', 'bleen' 등의 신조어와 그 철학적 함축은 이 단락에서의 비트겐슈타인의 공시적 성찰을 통시적으로 확대 적용함으로써 얻어진 것으로도 해석할 수 있다. Goodman 1955 참조. 이 단락에 대해서는 다음의 논문을 참조. G. Pitcher, "About the Same," Ambrose and Lazerowitz 1972에 수록.

216) 원문은 "die *allgemeine Form des Satzes* und der Sprache betreffend"이다.

217) TLP, 4.5 참조. 명제의 일반 형식은 이 책 §134 이하에서 상세히 다루어진다.

맞는 말이다. ― 우리가 언어라고 부르는 모든 것에 공통된 어떤 것을 제시하는 대신, 나는 이런 현상들[218] 모두에 대해서 우리가 똑같은 낱말을 사용하도록 만드는 공통된 한 가지가 있는 것이 아니라 ― 그 현상들 사이에 매우 다양한 종류의 **연관성**이 있다고 말한다. 그리고 이런 연관성 또는 연관성들 때문에 우리는 그 현상들을 모두 "언어"라고 부른다. 나는 이 점을 설명해보려 한다.[219]

66. 예를 들어 우리가 "게임"이라고 부르는 활동들을 생각해보라. 보드 게임, 카드 게임, 구기(球技) 게임, 격투 게임 등등. 이 모두에 공통된 것은 무엇인가? ― 다음과 같이 말하지 말라: "이것들에는 공통된 어떤 것이 있음에 **틀림없다**. 그렇지 않다면 '게임'이라고 불리지 않을 것이다." ― 대신 이 모두에 공통된 어떤 것이 있는지 보라.[220] ― 만약 당신이 그 게임들을 본다면, 그 **모두**에 공통된 어떤 것이 아니라 유사성들, 연관성들 그리고 이것들의 전체적인 연속을 보게 될 것이다. 다시 말하건대: 생각하지 말고, 보라!

---

218) 앞서 언급한 활동들을 가리킨다.
219) 이 절과 그에 이어지는 가족 유사성 개념에 대해서는 다음의 논문을 참조. M. Forster, "Wittgenstein on Family Resemblance Concepts," Ahmed 2010에 수록. 이 절부터 §80까지는 다음의 논문을 참조. R. Gupta, "Wittgenstein's Theory of Family Resemblances in his *Philosophical Investigations* (Secs. 65-80)," *Philosophia Naturalis*, vol. 12, 1970.
220) 이 권고의 의미는 이 책 §72에서 더 상세히 다루어진다.

— 가령 다양한 연관성을 지닌 보드 게임들을 보라. 이제 카드 게임으로 넘어가라. 여기서 당신은 첫 번째 부류에 해당하는 많은 것들을 발견하지만, 다수의 공통된 특징들은 사라지고 다른 특징들이 나타난다. 다음으로 구기 게임으로 넘어가면 많은 공통점은 그대로 있지만 또 많은 것이 사라진다. — 이 게임들은 모두 '**재미있는가**'? 체스와 오목을 비교해보라. 또는 게임하는 사람들 사이에는 항상 승패나 경쟁이 있는가? 패떼기[221]를 생각해보라. 구기 게임에는 승패가 있다. 하지만 한 아이가 벽에 공을 던지고 받을 때 이 특징은 사라진다. 기량(技倆)과 운(運)이 어떤 역할을 하는지 보라. 그리고 체스에서의 기량과 테니스에서의 기량 간 차이를 보라. 이제 윤무 게임을 생각해보라. 여기에는 재미의 요소는 있지만, 얼마나 많은 다른 특징들이 사라졌는가! 그리고 우리는 수많은 다른 게임 부류들을 똑같은 방식으로 살펴보고, 유사성들이 어떻게 나타났다가 사라지는지 볼 수 있다.

이런 고찰의 결과는 다음과 같다: 우리는 크고 작은 유사성들이 겹치고 엇갈린 복잡한 그물망을 보게 된다.[222]

---

221) 원어는 "Patience"로 혼자 하는 카드 게임의 일종을 뜻하는데 우리말의 문맥에 맞게 다른 예를 사용하였다.

222) 이 봄이 곧 통찰(通察)에 해당한다. 이 절에 대해서는 다음의 논문을 참조. M. Barbosa de Oliveira, "Wittgenstein, Games and Family Resemblances," *Manuscrito : Revista Internacional de Filosofia*, vol. 18, 1995.

67. 나는 "가족 유사성"[223]보다 이 유사성의 특징을 더 잘 표현하는 말을 생각해낼 수 없다. 가족 구성원 사이에는 다양한 유사성, 이를테면 체구, 용모, 눈의 색깔, 걸음걸이, 기질 등이 똑같은 방식으로 겹치고 엇갈려 있기 때문이다. — 그리고 나는 이렇게 말할 것이다: '게임들'은 하나의 가족을 형성한다.

그리고 마찬가지로 가령 수(數)의 종류들도 하나의 가족을 형성한다. 우리는 왜 어떤 것을 "수"라고 부르는가? 글쎄, 아마도 그것이 지금까지 수라고 불린 어떤 것들과 — 직접적인 — 유사성을 지니기 때문일 것이다. 그리고 이로 인해 그것은 우리가 **"수"라고** 부르는 다른 것들과 간접적인 연관성을 맺는다고 말할 수 있다. 그리고 우리는 실을 자을 때 섬유에 섬유를 꼬듯이 우리의 수 개념을 확장한다. 그리고 실의 강도는 어떤 하나의 섬유가 그 실 전체 길이에 관통하는 데 있지 않고, 많은 섬유들이 서로 겹치는 데 있다.

그러나 누군가 "이 모든 구성물에 공통적인 어떤 것이 있다 — 즉 이 모든 공통된 특성의 선접(選接)[224]이 그것이다."[225]라고 말하

---

223) 원어는 "Familienähnlichkeiten"이다.
224) 원어는 "Disjunktion"으로 여기서는 특성들을 접속사 '또한'이나 이와 동의(同義)의 접속사로 연결한 것을 가리킨다.
225) 게임 1이 a와 b의 속성을 지니고 있고, 게임 2가 b와 c의 속성을 지니고 있으며, 게임 3이 c와 d의 속성을 지니고 있다면 이 세 게임은 b 혹은 c의 속성을 공유한다.

려 한다면 — 나는 다음과 같이 대답하겠다: 당신은 지금 말장난을 하고 있을 뿐이다.[226] 우리는 "실 전체를 관통하는 어떤 것이 있다 — 즉 섬유들이 끊임없이 겹치는 현상이 그것이다."라고 말할 수 있을 것이다.[227]

68. "좋다. 그러니까 당신이 보기에는 수(數)의 개념이 기수, 유리수, 실수 등 서로 연관된 개별 개념들의 논리적 합으로 설명되고, 마찬가지로 게임의 개념은 그에 대응하는 하위 개념들의 논리적 합으로 설명된다, 이 말인가?"[228] —— 꼭 그런 것은 아니다. 왜

---

226) 속성의 선접은 확정적 속성과 달리 그 속성을 갖는 대상을 정의하지 못하기 때문이다. 물은 H_2O이고 고래는 바다에서 사는 포유동물이지만 바다에서 사는 포유동물이거나 H_2O라는 속성의 선접은 고래도 물도 정의하지 못한다. 만일 속성의 선접을 공통성으로 간주한다면 세상 그 어느 것들도 서로 간에 공통성을 갖게 된다. 앞서 옮긴이 주에서의 게임 1, 2, 3에서 b 혹은 c라는 속성이 세 게임에 겹쳐 있다고 해서 그 속성의 선접이 세 게임 전체를 관통한다고 말할 수는 없다.

227) 이 절에 대해서는 다음의 논문들을 참조. R. Bambrough, "Universals and Family Resemblances," Pitcher 1966에 재수록; N. Griffin, "Wittgenstein, Universals and Family Resemblances," *Canadian Journal of Philosophy*, vol. 3, 1974; R. Grandy, "Universals or Family Resemblances?" *Midwest Studies in Philosophy*, vol. 4, 1979.

228) 앞에서는 선접의 개념에 의거해 가족 유사성을 논박하려던 비트겐슈타인의 대화 상대자가 이번에는 접속사 '그리고'나 이와 동의(同義)의 접속사로 연결되는 연접(連接; conjuction)의 개념에 의거해 수와 게임을 설명하려 하고 있다.

냐하면 이런 방식으로 '수' 개념에 고정된 경계들을 부여**할 수 있지만**, 즉 "수"라는 낱말을 분명하게 경계 지어진 개념을 지시하는 데 **사용할 수 있지만**,[229] 다른 한편으로 그 개념의 범위가 어떤 경계에 의해 닫히지 **않도록** 사용할 수도 있기 때문이다.[230] 그리고 이것이 바로 우리가 "게임"이라는 낱말을 사용하는 방식이다. 게임의 개념은 어떻게 닫혀 있는가? 여전히 게임으로 간주되는 것은 무엇이며, 더 이상 게임으로 간주되지 않는 것은 무엇인가? 당신은 그 경계들이 어디에 있는지 말할 수 있는가? 그럴 수 없다. 당신은 어떤 경계들을 **그을** 수는 있다. 아직은 아무런 경계도 그어져 있지 않기 때문이다. (그러나 이것이 당신이 "게임"이라는 낱말을 사용했을 때 당신을 괴롭혔던 문제는 전혀 아니다.)

　"하지만 그렇다면 그 낱말의 쓰임은 규정되어 있지 않다. 우리가 그 낱말을 가지고 하는 '게임'은 규정되어 있지 않다." —— 그것이 어디에서나 규칙에 의해 경계 지어지는 것은 아니다. 가령 테니스에서 공을 얼마나 높이, 또는 얼마나 세게 쳐도 되는지에 관한 규칙은 존재하지 않는다. 그렇지만 테니스는 여전히 하나의

---

229) 예컨대 경우에 따라 우리는 수 개념을 기수, 유리수, 실수로 한정해 사용할 수 있다.

230) 실제로 수 개념이 기수, 유리수, 실수 등의 논리적 합으로 그 범위가 어떤 한계에 의해 닫혀 있는 것은 아니다. 나중에 다른 종류의 수가 덧붙여질 가능성이 열려 있기 때문이다.

게임이며, 규칙도 가지고 있다.

69. 우리는 누군가에게 게임이 무엇인지를 어떻게 설명할까? 나는 우리가 그에게 **게임**에 대해 기술하고서 이렇게 덧붙일 수 있다고 생각한다 : "이것, **그리고 이와 유사한 것**을 '게임'이라고 부른다." 그런데 우리 자신은 더 많이 알고 있는가? 우리는 다른 사람에게만 게임이 무엇인지를 정확히 말할 수 없는 것인가? — 하지만 이것은 무지(無知)가 아니다. 아무런 경계도 그어져 있지 않기 때문에 우리가 경계들을 알지 못하는 것이다. 앞에서도 말했듯이, 우리는 — 특별한 목적을 위해서 — 어떤 경계를 그을 수는 있다. 그렇다면 이로 인해 비로소 그 개념을 사용할 수 있게 되는가? 전혀 그렇지 않다! 아마도 그 특별한 목적을 위해 사용되는 경우는 제외하고 말이다. 이것은 다음과 마찬가지다 : 우리는 1보폭=75cm라고 정의를 내린 연후에야 비로소 '1보폭'이라는 길이의 척도를 사용할 수 있게 되지는 않는다. 그리고 당신이 "하지만 여하튼 그 정의가 있기 전에 1보폭은 길이의 정확한 척도가 아니었다."라고 말하고 싶다면, 나는 이렇게 대답하겠다 : 좋다, 그것은 부정확한 것이었다. — 그렇지만 당신은 여전히 내게 정확함의 정의가 무엇인지 제시해야 한다.

70. "그러나 '게임'이라는 개념이 이런 식으로 경계 지어져 있지

않다면, 당신은 '게임'이라고 할 때 자신이 무엇을 의미하는지 실제로는 모르는 것이다." —— 내가 "대지는 온통 식물로 뒤덮여 있었다"라고 기술한다면 — 당신은 내가 식물의 정의를 제시하기 전까지는 나 스스로도 무슨 말을 하고 있는지 모른다고 말하겠는가?[231]

이를테면 하나의 스케치와 "대지는 대략 이렇게 보였다"라는 말이 내가 의미한 바에 대한 설명일 것이다. 어쩌면 나는 심지어 "대지는 **정확히** 이렇게 보였다"라고도 말할 것이다. — 그렇다면 **이** 풀과 **이** 잎이 정확히 이런 상태로 거기에 있었는가? 아니다. 그런 말이 아니다. 그리고 나는 **이런** 의미로는 어떤 그림도 정확하다고 인정하지 않을 것이다.

누군가 내게 "아이들에게 게임을 보여줘!"라고 말한다. 나는 아이들에게 돈을 놓고 하는 주사위 놀이를 가르친다. 그러자 그 사람은 "나는 그런 종류의 게임을 의미하지 않았어."라고 말한다. 그가 내게 명령을 했을 때 그런 주사위 놀이는 배제한다는 생각이 그의 마음속에 분명히 떠올랐을까?[232]

---

231) 이 논제는 이 책 §75에서 더 상세히 다루어진다.
232) 이 단락의 취지는 1) 게임이 분명한 경계를 지니지 않고, 2) 게임의 의미가 그 말에 수반되는 이미지가 아니며, 3) 어떤 것을 뜻할 때 뜻하는 바가 집합의 원소 나열법처럼 낱낱이 열거되는 것이 아니라는 것이다.

71. 우리는 '게임'이라는 개념이 경계가 모호한 개념이라고 말할 수 있다. — "하지만 모호한 개념이 도대체 **개념**인가?" — 선명하지 않은 사진이 도대체 어떤 사람에 대한 그림이기나 한가? 선명하지 않은 그림을 선명한 그림으로 대체하는 것이 언제나 이득이 되는가? 선명하지 않은 것이야말로 바로 우리에게 자주 필요한 것이 아닌가?

프레게는 개념을 영역에 비유하면서 경계가 불분명한 영역을 영역이라고 부를 수 없다고 말한다.[233] 이것은 아마도 우리가 그것을 가지고 아무것도 할 수 없다는 뜻일 것이다. — 하지만 "대략 여기쯤 서 있어라!"라고 말하는 것은 무의미한가? 내가 어떤 곳에 누군가와 함께 서 있으면서 이 말을 했다고 상상해보라. 나는 이 말을 하면서 한 번도 어떤 경계를 긋지 않고 아마 — 어떤 특정한 **지점**을 가리키는 것처럼 — 손으로 가리키는 동작을 할 것이다. 그리고 우리는 바로 이런 식으로 가령 게임이 무엇인지 설명한다. 우리는 예들을 들고, 그 예들이 특정한 의미로 이해되기를 바란다. — 그러나 이로부터 내가 의미하는 바는, 그가 지금 이런 예들에서 내가 — 어떤 이유로 — 표현할 수 없었던 공통적인 것을 보아야 한다[234]는 것이 아니다. 오히려 그는 이제 이런 예들을 특정한 방식으로

---

233) Frege 1903, §56.
234) 이 표현의 의미가 다음 절의 주제가 된다.

사용해야 한다는 것이다. 여기서 예를 드는 것은 — 더 좋은 방식이 없어서 하는 — **간접적인** 설명 방식이 아니다. 왜냐하면 어떠한 일반적 설명도 오해의 소지가 있기 때문이다. 우리는 바로 **그렇게** 게임을 한다. (나는 "게임"이라는 낱말을 가진 언어게임을 의미한다.)

72. **공통적인 것을 보기.** 내가 누군가에게 천연색 그림들을 보여주면서 이렇게 말한다고 가정해보라: "당신이 이 그림들 모두에서 보는 색깔을 '황갈색'이라고 부른다." — 이것은 그 사람이 그림들에 공통적인 것을 찾고 봄으로써 이해하게 되는 설명이다. 그러면 그는 공통적인 것을 보고 그것을 가리킬 수 있다.

이것을 다음의 경우와 비교해보라: 나는 그에게 똑같은 색깔로 그려진 여러 형태의 모양들을 보여주면서, "이것들에 공통적인 것을 '황갈색'이라고 부른다."라고 말한다.[235]

또 다음의 경우와 비교해보라: 나는 그에게 여러 다른 명암의 파란색 견본을 보여주면서, "이 모두에 공통적인 색깔을 나는 '파란색'이라고 부른다."라고 말한다.[236]

---

235) 첫 번째 경우와는 달리 여기서는 상이한 여러 모양들을 가리킨다. 그러나 같은 색을 가리킨다는 점에서는 앞서의 경우와 같다.

236) 앞의 두 경우와는 달리 여기서는 같은 것을 가리키지 않는다. 그런 점에서 이 책 §71의 경우와 유사하다. 공통적인 것을 보는 경우에도 "복잡한 그물망"(이 책 §66)이 놓여 있다는 것이 이 절의 핵심이다. 이 책 §33 참조.

73. 누군가 내게 견본들을 가리키면서 "이 색깔은 '파란색'이라 부르고, 이 색깔은 '초록색'이라 부르며. . ."라고 말함으로써 색깔들의 이름을 설명할 때, 이 경우는 여러 가지 점에서 그가 색 견본 아래에 낱말이 붙어 있는 일람표를 내게 건네주는 일에 비유될 수 있다. ― 이런 비유는 다양한 방식으로 오해를 일으킬 수 있지만 말이다. ― 우리는 이제 이 비유를 다음과 같이 확장하는 경향이 있다: 설명을 이해했다는 것은 설명된 것의 개념을 정신 속에 갖는다는 것을 의미한다고, 따라서 누군가 내게 여러 잎을 보여주면서 "이것을 '잎'이라고 부른다"라고 말한다면, 나는 그 잎 형태에 대한 하나의 개념, 잎 형태의 그림을 내 정신 속에 갖게 된다고 말이다. ― 하지만 특정한 형태가 아니라 '모든 잎 형태에 공통된 것'을 우리에게 보여주는 잎의 그림은 어떻게 생겼을까? 초록색에 대한 '내 정신 속 견본' ― 초록의 모든 색조에 공통된 견본은 어떤 색조를 지니는가?

"하지만 그런 '일반적인' 견본들은 있지 않을까? 이를테면 잎의 도식(圖式)이나, **순수한** 초록색의 견본 말이다." ― 물론이다! 그러나 이런 도식이 특정한 잎의 형태로서가 아니라 도식으로 이해된다는 것, 그리고 순수한 초록색 조각이 순수한 초록색 견본으로서가 아니라 초록색을 띠는 모든 것의 견본으로 이해된다는 것 ― 이것은 다시금 이 견본이 적용되는 방식에 달려 있다.

스스로에게 물어보라: 초록색의 견본은 어떤 **형태**여야 하는가?

직사각형이어야 하는가? 또는 그렇다면 그것은 초록색 직사각형의 견본일까? — 따라서 그것은 '불규칙한' 형태여야 하는가? 그렇다면 우리가 그것을 단지 불규칙한 형태의 견본으로만 보지 못하도록, 즉 그것을 사용하지 못하도록 — 막는 것은 무엇인가?

74. 여기에는 당신이 이 잎을 '일반적인 잎 형태'의 견본으로 간주한다면, 그것을 가령 이 특정한 형태의 견본으로 간주하는 사람과는 다르게 **볼** 것이라는 생각도 포함된다. 물론 — 실제로는 아니지만 — 그럴지도 모른다. 경험에 비추어볼 때, 그것은 누군가 그 잎을 특정한 방식으로 **본다면** 그것을 이러이러한 방식으로, 또는 이러이러한 규칙에 따라 사용할 거라는 말에 불과하기 때문이다. 물론 **이렇게** 보는 수가 있고, **저렇게** 보는 수가 있다. 그리고 어떤 견본을 **이렇게** 보는 사람은 그것을 일반적으로 **이런** 방식으로 사용하고, 그것을 다르게 보는 사람은 다른 방식으로 사용하게 되는 경우도 있다. 예컨대 정육면체의 도식적 그림을 하나의 정사각형과 두 개의 마름모로 이루어진 평면 도형으로 보는 사람은[237] 아마도 "내게 이와 같은 것을 가져와라!"라는 명령을, 그 그림을 입체적으로 보는 사람과는 다르게 수행할 것이다.

---

237) 그는 □를 □ + ▬ + ▌ 로 본다.

75. 게임이 무엇인지 안다는 말은 무슨 뜻인가? 그것을 알면서도 말할 수 없다는 말은 무슨 뜻인가? 이런 앎은 말로 표현되지 않은 정의와 같은 어떤 것인가?[238] 따라서 그것이 말로 표현된다면, 나는 그것을 나의 앎에 대한 표현이라고 받아들일 수 있을까? 게임에 대한 나의 앎과 나의 개념은 내가 제공할 수 있는 설명에서 완벽하게 표현되지 않는가? 다시 말해, 다양한 종류의 게임에 대한 예들을 기술하고, 이로부터 유추하여 다른 모든 종류의 게임이 어떻게 구성될 수 있는지 보여주며, 이러저러한 것은 게임이라고 부르지 않겠다고 말하는 등에서 말이다.

76. 누군가 명확한 경계를 긋는다면, 나는 그것을 나도 항상 그으려고 했던 것, 또는 내 정신 속에서 그었던 것이라고 인정할 수 없을 것이다. 왜냐하면 나는 아무것도 그으려 하지 않았기 때문이다. 그렇다면 우리는 이렇게 말할 수 있다: 그의 개념은 나의 개념과 똑같지는 않지만 유사하다. 그 유사성은 두 그림 사이의 관계인데, 그중 하나는 경계들이 모호한 채색된 반점들로 이루어져 있으며, 다른 하나는 형태와 배열은 유사하지만 경계들은 명확한 반점들로 이루어져 있다. 그 유사성은 그 차이만큼이나 부정할 수 없는 것이다.[239]

---

238) 이 문제는 이 책 §70과 연관되어 있다.

77. 그리고 우리가 이런 비교를 좀 더 발전시켜본다면, 명확한 그림이 모호한 그림과 유사**할 수 있는** 정도는 모호한 그림이 지닌 불명확성의 정도에 달려 있다는 사실이 분명해진다. 왜냐하면, 모호한 그림에 '대응하는' 명확한 그림을 그려야 한다고 상상해보라. 그 모호한 그림에는 모호한 빨간 직사각형이 있으며, 당신은 그것을 명확한 빨간 직사각형으로 대체한다. 물론 — 모호한 것에 대응하는 그런 명확한 직사각형을 사실상 몇 개든 그릴 수 있다. — 그러나 원본의 색깔들이 어떤 경계의 자취도 없이 서로 섞여 있다면 — 모호한 그림에 대응하는 명확한 그림을 그리는 일은 가망 없는 일이 되지 않을까? 그렇다면 당신은 다음과 같이 말해야 하지 않을까?: "여기서 나는 직사각형뿐 아니라 원이나 하트 형태를 그려도 좋을 것이다. 모든 색깔들이 뒤섞여 있기 때문이다. 모든 것이 다 맞다. — 그리고 아무것도 맞지 않다." — 그리고 가령 누군가 미학이나 윤리학에서 우리의 개념에 대응하는 정의를 찾을 때 그가 처하게 되는 입장이 바로 이런 것이다.

이런 곤란한 처지에 놓이면 항상 스스로에게 이렇게 물어보라: 우리는 이 낱말(가령 "좋다")의 의미를 어떻게 **배웠는가**? 어떤 종류

---

239) 이 구절에 대한 러그(Andrew Lugg)의 다음과 같은 주석을 참조. "흐릿한 그림이 또렷한 그림과 본질적으로 다르면서도 완전히 다르지는 않은 것처럼, 우리가 일상생활에서 사용하는 대부분의 개념들은 명확히 정의된 개념들과 본질적으로 다르면서도 완전히 다르지는 않다"(Lugg 2000, 132쪽).

의 예들을 통해? 어떤 언어게임에서? 그러면 당신은 그 낱말이 분명 의미들의 한 가족을 거느리고 있음을 더 쉽게 보게 될 것이다.[240]

78. **아는 것**과 **말하는 것**을 비교해보라:

> 몽블랑 산의 높이는 몇 미터인가 —
> "게임"이라는 낱말은 어떻게 사용되는가 —
> 클라리넷은 어떤 소리를 내는가.

어떤 것을 알 수 있으면서 그것을 말할 수 없다는 사실에 놀라는 사람은 아마도 첫 번째와 같은 경우를 염두에 두고 있을 것이다. 확실히 세 번째와 같은 경우를 생각하지는 않을 것이다.[241]

79. 이런 예를 생각해보라: 우리가 "모세는 존재하지 않았다"라고 말한다면, 이것은 다양한 것들을 의미할 수 있다. 그것은 다음을 의미할 수 있다: 이스라엘 사람들은 이집트에서 탈출할 때 **단**

---

240) 좋은 사람, 좋은 음식, 좋은 학교, 좋은 그림 등의 공통점으로서의 좋음이란 무엇인지를 생각해보라.
241) 게임과 같은 낱말의 다양한 쓰임을 알면서도 그것에 대해 일의적으로 말할 수 없음을 이해하기 위해 아는 것과 말하는 것 사이의 상이한 연관들을 제시하고 있다. 이 절에 대해서는 다음을 참조. Garver and Lee 1994, 113쪽.

한 명의 지도자도 갖지 못했다 —— 또는: 그들의 지도자는 모세라고 불리지 않았다 —— 또는: 모세에 관해 성경이 전하는 모든 것을 성취한 사람은 아무도 없었다 —— 또는: 기타 등등 — 러셀에 따르면, 우리는 이렇게 말할 수 있다: "모세"라는 이름은 다양한 기술(記述)로 정의될 수 있다.[242] 예를 들어 "이스라엘 사람들을 이끌고 황무지를 건너간 사람", "이러이러한 시대와 장소에 살았고 당시 '모세'라고 불린 사람", "어린 시절 파라오의 딸이 나일 강에서 건진 사람" 등등. 그리고 우리가 어떤 하나의 정의나 다른 정의를 받아들이는 데 따라 "모세는 존재했다"라는 문장은 서로 다른 의미를 얻게 되며, 모세에 관한 다른 모든 문장도 마찬가지다. — 그리고 누군가 "N은 존재하지 않았다"라고 말한다면, 우리는 "당신은 무엇을 의미하는가? 당신은 . . . 라고, 또는 . . . 라고 (등등) 말하고 싶은가?"라고 묻는다.

　하지만 내가 모세에 관한 진술을 할 때 — 나는 항상 "모세"를 위와 같은 기술 중의 어떤 **하나**로 대체할 준비가 되어 있는가? 나는 아마도 다음과 같이 말할 것이다: 내가 "모세"라고 할 때는, 모세에 관해 성경이 전한 것을 행한 사람, 또는 여하튼 그중 많은 것을 행한 사람을 의미한다. 그러나 얼마나 많이? 내가 내 명제를 거짓인 것으로 포기하려면 얼마나 많은 것이 거짓으로 드러나야 하

---

242) Russell 1912, 29-31쪽.

는지에 대해 나는 결정했는가? "모세"라는 이름은 내게 있어서 모든 가능한 경우에 고정적이고 확정된 쓰임을 갖는가?[243] ― 말하자면 나는 일련의 발판을 전부 준비하고 있어서 하나가 빠져나가면 다른 하나에 의존하고, 또 그 반대로도 하려는 준비가 되어 있는 것이 아닌가? ―― 다른 경우를 살펴보자. 내가 "N은 죽었다"라고 말한다면, "N"이라는 이름의 의미에 대해 다음과 같은 경우가 가능할 것이다: 나는 (1) 내가 이러이러한 장소에서 보았으며, (2) 이러이러하게 생겼고(그림들),[244] (3) 이러이러한 일들을 했으며, (4) 사회에서 "N"이라는 이름으로 불리던 사람이 살았다고 믿는다. ― 누군가 내가 "N"이라고 할 때 무엇을 의미하느냐고 내게 묻는다면, 나는 이 모든 것을, 또는 그중 일부를 열거할 것이다. 따라서 "N"에 대한 나의 정의는 아마도 "이 모든 것에 부합하는 사람"일 것이다. ― 그러나 만일 지금 그중 어떤 것이 거짓으로 드러난다면! ― 거짓으로 드러난 것이 내가 보기에 겨우 사소한 것일지라도 ― 나는 "N이 죽었다"라는 명제가 거짓이라고 단언할 준비가 되어 있을까? 그러나 사소한 것의 경계는 어디인가? ― 그런 경우에 내가 N이라는 이름에 대한 하나의 설명[245]을 제시했다면, 나는 이제

---

243) 둘째 문단에서 시작해 여기까지는 『철학적 탐구』에 대한 리즈의 영어 번역을 비트겐슈타인이 교정한 내용을 참작해가며 번역하였다. PI 4판, 248쪽 참조.
244) 그에 대한 이미지, 초상화, 혹은 사진들을 뜻하는 것 같다.
245) N에 대한 여러 설명 중 거짓으로 드러난 하나의 설명을 말한다.

그 설명을 바꿀 준비가 되어 있는 셈이다.

그리고 우리는 이것을 다음과 같이 표현할 수 있다: 나는 "N"이라는 이름을 **고정된** 의미 없이 사용한다. (그러나 이로 인해 그 이름을 사용하는 데 문제가 생기지는 않는다. 그것은 마치 어떤 탁자가 3개의 다리 대신에 4개의 다리로 서 있기 때문에 경우에 따라서는 흔들린다는 점이 그 탁자를 사용하는 데 문제를 일으키지 않는 것과 같다.)

우리는 내가 의미를 모르는 말을 사용하고 있으며 따라서 무의미한 말을 하고 있다고 말해야 하는가? — 사태가 어떤지를 보는 데 방해가 되지 않는다면 마음대로 말하라. (그리고 당신이 사태가 어떤지를 본다면, 당신은 어떤 것들[246]은 말하지 않을 것이다.)

(과학적 정의(定義)의 변동: 오늘 A라는 현상의 경험적 부수 현상으로 여겨지는 것이 내일은 A를 정의하는 데 사용될 것이다.)[247]

80. 나는 "저기 의자가 있다"라고 말한다. 내가 그것을 가져오려고 다가가는데 그것이 갑자기 시야에서 사라진다면 어떻게 할 것인가? —— "그렇다면 그것은 의자가 아니라 일종의 착각이었다." —— 그러나 몇 초 뒤에 우리는 그것을 다시 보고 만질 수 있게 된다.

---

246) 예컨대 한 문장은 그 문장을 구성하는 이름들의 의미가 명확해져야 의미를 갖는다는 것.

247) 이 책 §354 참조. 이 절에 대해서는 다음의 논문을 참조. J. Schulte, "'Moses'," Glock and Hyman 2009에 수록.

―― "그렇다면 그 의자는 원래 거기에 있었으며, 그것이 사라진 것이 일종의 착각이었다." ―― 하지만 잠시 후 그것이 다시 사라진다고 ― 또는 사라진 듯이 보인다고 ― 가정해보라. 이제 우리는 뭐라고 말해야 할까? 당신은 그런 경우에 관한 규칙 ― 그런 어떤 것을 여전히 "의자"라고 불러도 되는지에 관한 규칙 ― 을 마련해 두었는가? 그러나 "의자"라는 낱말을 사용할 때 우리는 그런 규칙들을 빠뜨리고 있는가? 그리고 우리는 그 낱말과 관련해 가능한 모든 경우에 적용할 수 있는 규칙들을 갖추고 있지 않기 때문에, 실제로는 이 낱말에 어떤 의미도 결부시킨 것이 아니라고 말해야 하는가?[248]

81. F. P. 램지는 언젠가 나와 나눈 대화에서 논리학이 '규범 과학'이라고 강조했다.[249] 나는 그가 정확히 어떤 생각을 했는지 모르지만, 그것은 내게 나중에야 떠오른 다음의 생각과 분명 밀접하게 연관되어 있었다: 즉 철학에서 우리는 낱말의 쓰임을 고정된 규칙을 가진 게임 및 계산과 자주 **비교**하지만, 언어를 사용하는 사람이

---

248) 이 책 §142와 그에 이어지는 메모, §242 참조.

249) 리처즈(I. A. Richards)에 의하면 램지는 다음과 같은 퍼스(Charles Peirce)의 말을 즐겨 인용했다고 한다. "윤리학이 우리 욕망의 실현이라는 목적을 위해 자제력에 집중한다는 의미에서 논리학은 사유의 윤리학이다." PI 4판, 248-249쪽 참조.

확실히 그런 게임을 하고 있다고는 말할 수 없다는 생각이다. ――
하지만 만약 누군가 우리의 언어적 표현이 그런 계산에 단지 **근접해갈** 뿐이라고 말한다면, 그는 오해의 길로 접어드는 셈이다. 왜냐하면 그때 우리는 논리학에서 하나의 **이상**(理想) 언어에 대해 말하고 있는 듯이 보일 수 있기 때문이다. 마치 우리의 논리학이 말하자면 진공[250]을 위한 논리학인 듯이 말이다. ― 반면 논리학은 자연과학이 자연현상을 다루는 것과 같은 의미에서 언어를 ― 또는 생각을 ― 다루지는 않으며, 기껏해야 우리는 이상 언어를 **구성한다**고 말할 수 있다. 그러나 여기서 "이상"이라는 말은 오해의 여지가 있다. 왜냐하면 이런 언어가 마치 우리의 일상 언어보다 더 뛰어나고 더 완벽한 것처럼 들리며, 또한 올바른 문장이 어떤 것인지를 사람들에게 궁극적으로 보여주기 위해 논리학자가 필요한 것처럼 들리기 때문이다.

하지만 우리가 이해, 의미, 생각의 개념을 훨씬 더 명료하게 이해할 때에야 비로소 이 모든 것은 올바로 조명될 수 있다. 그렇게 되면 왜 우리가 문장을 말하고 그 문장을 **의미**하거나 **이해**하는 것이 일정한 규칙에 따르는 계산이라고 잘못 생각하게 되는지 (나 역시 그랬다)[251] 그 이유가 분명해지기 때문이다.[252]

---

250) 마찰이 없는 이상 언어의 세계를 뜻한다. 이 책 §107에서는 그 세계가 "미끄러운 얼음판"에 비유되고 있다.

82. 나는 무엇을 '그가 따라서 행하는 규칙'이라고 부르는가?[253] — 그가 낱말들을 사용하는 방식(우리가 관찰하는)을 만족스럽게 기술하는 가설인가? 또는 그가 기호를 사용할 때 참조하는 규칙인가? 또는 우리가 그의 규칙이 무엇인지 물을 때 그가 대답으로 제시하는 어떤 것인가? — 하지만 우리가 관찰을 통해 어떤 규칙도 분명하게 알아보지 못하고, 그 질문을 통해 아무것도 밝히지 못한다면 어떨까? — 왜냐하면 내가 그에게 "N"이라는 말로 무엇을 의미하느냐[254]고 물었을 때 그는 확실히 내게 설명을 하기는 했지만, 이 설명을 철회하고 변경할 준비가 되어 있었기 때문이다. — 그렇다면 나는 그가 따라서 행하는 규칙을 어떻게 결정해야 하는가? 그 자신은 그것을 모른다. — 또는 보다 정확히 말한다면, 여기서 "그가 따라서 행하는 규칙"이라는 표현은 또 무슨 말인가?

---

251) 비트겐슈타인이 청년 시절에 구상했던 진리 함수 논리에 의한 명제 계산을 함축한다.
252) 이 절과 연관하여 다음을 참조. J. van Heijenoort, "Logic as Calculus and Logic as Language," Cohen and Wartofski 1967에 수록; Hintikka and Hintikka 1986, 1장; Hintikka 1997.
253) 이 책 §54 참조.
254) 원어는 "was er unter "N" verstehe"이지만 이 구절 역시 이 책 §79의 옮긴이 주에서 언급한 리즈의 영어 번역을 비트겐슈타인이 교정한 것과의 정합성을 고려해 번역하였다. 거기서 비트겐슈타인은 리즈가 "verstehe"를 "understand"로 옮긴 것을 삭제하고 "mean"을 적어 넣었다. PI 4판, 249쪽 참조.

83. 여기서 언어를 게임에 비유하는 것이 이해에 도움이 되지 않을까? 우리는 사람들이 풀밭에서 다음과 같이 공놀이를 즐기는 경우를 쉽게 상상해볼 수 있다: 이들은 기존의 다양한 게임들을 시작하지만 몇몇 게임은 끝까지 하지 않으며, 그 중간에 공을 그냥 하늘 높이 던지기도 하고, 장난삼아 공을 들고 서로 쫓고 쫓기며, 상대에게 공을 던지는 등으로 놀이를 즐긴다. 그런데 이제 누군가[255] 다음과 같이 말한다: 이들은 줄곧 공놀이를 하고 있으며, 공을 던질 때마다 일정한 규칙을 따르고 있다.

그리고 우리가 게임을 하면서 — 그 '도중에 규칙을 만드는' 경우도 있지 않은가? 심지어 우리가 그 도중에 — 규칙을 변경하는 경우도 있지 않은가?

84. 나는 한 낱말의 적용이 언제 어디서나 규칙에 의해 제한되는 것은 아니라고 말했다. 그러나 철저히 규칙에 의해 제한되는 게임, 그 규칙이 어떤 의심도 허용하지 않으며 의심이 생겨날 여지를 완전히 봉쇄하는 게임은 어떤 모습일까? — 규칙의 적용을 지배하는 규칙, 그리고 **그 규칙**이 제거하는 의심 — 등등 — 을 상상해볼 수 없는가?[256]

---

255) 비트겐슈타인이 아니라 그와 반대 의견을 갖고 있는 대화 상대자.
256) 형식 체계의 완전성을 증명하려는 힐버트(David Hilbert)의 메타수학이 그 한 예라고 할 수 있다.

하지만 그것은 우리가 의심을 **상상할** 수 있기 때문에 의심하고 있다는 말은 아니다. 나는 누군가 항상 현관문을 열기 전 그 뒤쪽에 끝없이 깊은 구렁텅이가 벌어져 있지 않은지 의심하고, 문을 지나가기 전에 반드시 이를 확인하는 것을 쉽게 상상해볼 수 있다. (그리고 어떤 경우에는 그가 옳은 것으로 판명될 수도 있다.) — 하지만 그렇다고 해서 내가 그런 경우에 의심을 하지는 않는다.[257]

85. 규칙은 마치 도로 표지판처럼 거기에 서 있다. — 도로 표지판은 내가 어느 길로 가야 할지에 대해 아무런 의심의 여지도 열어두지 않는 것일까? 도로 표지판은 내가 그것을 지나갈 때 어느 방향으로 가야 하는지, 즉 도로를 따라가야 하는지, 들길을 따라가야 하는지, 들판을 가로질러 가야 하는지를 보여주는가? 그러나 내가 어느 길로 그것을 따라가야 하는지, 즉 표지판의 손가락이 가리키는 방향으로 가야 하는지, 아니면 (가령) 그 반대 방향으로 가야 하는지가 어디에 적혀 있는가?[258] — 그리고 하나의 도로 표지판만 있는 게 아니라, 도로 표지판들이 연이어 있거나 땅 위에 분필로 표시들이 되어 있다면, 이것들을 해석하는 방식은 오직 **하나**만 있는가? — 따라서 나는 도로 표지판이 결국 의심의 여지를 열어둔다

---

257) 이 책 §87 참조.
258) 이 책 §139 뒤에 놓인 메모 (b)와 §185 참조.

고 말할 수 있다.[259) 또는 어떤 때는 의심의 여지를 열어두고, 어떤 때는 그렇지 않다고 말할 수 있다. 그리고 이제 이것은 더 이상 철학적 명제가 아니라 경험적 명제이다.

86. (2)와 같은 언어게임이 일람표의 도움으로 진행된다고 하자. A가 B에게 주는 기호들은 이제 글자들이다. B는 일람표를 갖고 있는데, 세로로 첫째 칸에는 게임에서 사용되는 글자들이, 둘째 칸에는 건축 석재의 형태에 대한 그림들이 있다. A는 B에게 글자를 보여주고, B는 그것을 일람표에서 찾은 뒤 그 맞은편에 있는 그림을 보는 식으로 진행된다. 따라서 일람표는 그가 명령을 수행할 때 따르는 규칙이다. — 일람표에서 그림을 찾는 법을 우리는 훈련을 통

---

259) 『철학적 탐구』의 이전 버전들에는 원문이 "Also kann ich sagen, der Wegweiser läßt doch keinen Zweifel offen"였다. 이를 옮기면 다음과 같다. "따라서 나는 도로 표지판이 결국 어떠한 의심의 여지도 열어두지 않는다고 말할 수 있다." 그러나 TS227a로 불리는 『철학적 탐구』 카본 타자본에는 'keinen'의 'k'가 손글씨로 삭제 표기되어 있다. 이에 따라서 원문의 해당 부분을 'einen Zweifel'로 고쳐 전체 문장을 다시 읽으면 다음과 같다. "따라서 나는 도로 표지판이 결국 의심의 여지를 열어둔다고 말할 수 있다." 전후의 문맥상 이렇게 읽는 게 더 자연스러워 보인다. 도로 표지판 그 자체는 그것을 따르는 실행 없이는 의심의 여지를 열어둔다. 왜냐하면 그것이 어떻게 사용되어야 하고 무엇이 그것을 따르는 것으로 간주되는지에 대한 여러 규약이 가능하기 때문이다. 『철학적 탐구』 4판에서는 카본 타자본의 교정을 반영해 원문에 이러한 수정이 이루어졌다.

해 배운다. 그리고 이 훈련의 일부는 가령 학생이 손가락을 왼쪽에서 오른쪽으로 수평으로 움직이는 것, 말하자면 일람표에서 일련의 수평선을 긋는 법을 배우는 것이다.

이제 일람표를 읽는 여러 가지 방식들이 도입되었다고 가정해 보라. 어떤 때는 앞서처럼 다음과 같은 도식에 따라 읽는다:

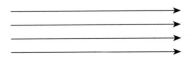

또 어떤 때는 다음의 도식에 따라 읽는다:

또는 어떤 다른 도식에 따라 읽는다. — 그런 도식은 일람표 사용에 관한 하나의 규칙으로서 일람표에 첨부된다.

우리는 이제 이 **규칙**을 설명하기 위한 추가적인 규칙을 상상해 볼 수 없는가? 그리고 다른 한편으로 저 처음의 일람표는 화살표의 도식 없이는 불완전했는가? 그리고 다른 일람표들[260]은 그 도식 없

---

260) 비트겐슈타인은 TS 226에서 "the other (abnormal) tables"라고 괄호 안의 내

이는 불완전한가?[261)

87. 내가 다음과 같이 설명한다고 가정해보라: "그 당시 사람들이 그를 뭐라고 불렀든 간에, 그리고 그가 그 밖에 어떤 일을 했든 안 했든 간에, 이스라엘 사람들을 이집트에서 탈출시킨 사람이 있다면 나는 '모세'라는 말이 그 사람을 의미한다고 이해한다."[262) — 그러나 이 설명에 사용된 다른 낱말들에 대해서도 "모세"라는 이름에 관한 의심과 비슷한 의심이 일어날 수 있다. (당신은 무엇을 "이집트"라고 부르며, 누구를 "이스라엘 사람들"이라고 부르는가? 등등) 더욱이 "빨간", "어두운", "달콤한"과 같은 낱말에 이르면 이런 질문은 끝이 나지도 않을 것이다. — "하지만 그것이 결국 최종 설명이 아니라면, 하나의 설명이 어떻게 나의 이해를 돕는다는 말인가? 그 경우에 설명은 절대 완결되지 않는다. 따라서 나는 여전히 그가 의미하는 바를 이해하지 못하며, 결코 이해하지 못할 것이다!" — 마치 그것을 뒷받침하는 다른 설명이 없다면 하나의 설명이 가령 허공에 붕 떠 있기라도 한 듯이 말이다. 실제로 하나의 설명은 주어

용을 추가하였다. 이로부터 우리는 여기서의 다른 일람표들이 두 번째와 같은 비정상적 도식을 따르는 일람표들임을 알 수 있다. PI 4판, 249쪽 참조.

261) 이 책 §201 참조.

262) 이 구절 역시 이 책 §79에서 언급한 리즈의 영어 번역을 비트겐슈타인이 교정한 것과의 정합성을 고려하여 번역하였다.

진 다른 설명에 의존할 수 있지만, 어떤 설명도 다른 설명을 필요로 하지 않는다. — **우리가** 오해를 피하기 위해 그것을 필요로 하는 경우가 아니라면 말이다.[263] 우리는 이렇게 말할 수 있다: 하나의 설명은 오해를 없애거나 피하는 데 도움을 준다. —— 즉 내가 상상할 수 있는 모든 오해가 아니라, 그 설명이 없다면 일어날 오해를 말이다.

모든 의심은 단지 토대에 존재하는 균열을 **드러내는** 듯이 보이기 쉽다. 따라서 우리가 먼저 의심**할 수 있는** 모든 것을 의심한 다음, 이 모든 의심을 제거할 때에만 확실한 이해가 가능해진다고 말이다.[264]

만약 정상적인 상황에서 그 목적을 달성한다면 — 그 도로 표지판은 제대로 되어 있는 것이다.

88. 만일 내가 누군가에게 "대략 여기쯤 서 있어라!"라고 말한다면 — 이것은 하나의 완전한 설명으로 기능할 수 없는가? 게다가 다른 모든 설명도 실패할 수 있지 않은가?[265]

"하지만 그것은 여전히 부정확한 설명이 아닌가?" — 그렇다. 왜

---

263) 이 책 §§198-199 참조.
264) 이 책 §84 참조. 데카르트(René Descartes)의 방법론적 회의를 염두에 둔 구절로 읽을 수 있다. 요컨대 이 구절은 비트겐슈타인이 반대하는 견해이다.
265) 이에 대한 예들이 다음 단락에서 거론된다.

우리는 그것을 "부정확하다"고 불러서는 안 되는가? 다만 "부정확하다"는 말이 무엇을 의미하는지 이해해보자! 이 말은 "사용할 수 없음"을 의미하지 않기 때문이다. 그리고 이[266]와 대조해서 우리가 무엇을 "정확한" 설명이라고 부르는지 생각해보자! 가령 분필로 어떤 구역의 경계선을 긋는 일이 이에 해당하는가? 여기서 우리는 그 선이 넓이를 갖는다는 생각이 즉시 떠오른다. 따라서 색의 경계[267]가 보다 정확할 것이다. 그러나 이런 정확성은 여기서 여전히 기능을 하고 있는가? 그것은 제대로 기능을 못하는 것은 아닌가? 더욱이 우리는 무엇을 이런 명확한 경계를 위반한 것으로 간주해야 할지, 어떤 도구들을 가지고 어떻게 그것을 확정해야 하는지 등도 아직 결정하지 못했다.

우리는 회중시계를 정확한 시간에 맞추거나, 정확하게 가도록 조정한다는 말이 어떤 의미인지 이해한다. 그러나 누군가 이런 정확성이 이상적(理想的)인 정확성인지, 또는 그것이 이상에 얼마나 가까운지를 묻는다면 어떨까? — 물론 우리는 회중시계를 통한 시간 측정과는 다른 시간 측정에 대해서, 그리고 그보다 더 정확하다고 할 만한 시간 측정에 대해서 말할 수 있다. 이런 시간 측정에서

---

266) 부정확한 설명을 가리킨다.
267) 예컨대 태극기의 태극이 빨강과 파랑으로 색의 경계를 이루는 경우가 이에 해당한다. 이 경계는 넓이를 갖는 경계선에 의해 그어진 것이 아니라는 점에서 보다 정확한 경계처럼 보인다.

는 "시계를 정확한 시간에 맞춘다"는 말이 서로 연관은 있더라도 다른 의미가 있으며, '시계를 본다'는 것도 다른 과정이라는 등으로 말이다. ─ 이제 내가 누군가에게 "당신은 식사하러 올 때 좀 더 시간을 엄수해야 한다. 알다시피 식사는 정확히 1시에 시작한다."라고 말한다면 ─ 여기에 실제로는 **정확성**의 문제가 없는 것인가? 결국 우리는 이렇게 말할 수 있다: "실험실이나 천문대에서 시간을 측정하는 방법을 생각해보라. 거기서 당신은 '정확성'이 무슨 뜻인지 알게 된다."

"부정확하다"는 것은 실제로 하나의 비난이고, "정확하다"는 것은 하나의 칭찬이다. 그리고 이는 부정확한 것은 정확한 것만큼 완전하게 목적을 달성하지 못한다는 말이다. 따라서 그것은 모두 우리가 "목적"이라고 부르는 것에 달려 있다. 내가 우리가 있는 곳에서 태양까지의 거리를 1m의 오차도 없이 말하지 못한다면, 그리고 가구 만드는 사람에게 탁자의 넓이를 0.001mm의 오차도 없이 말하지 못한다면 이는 부정확한 것인가?

정확성에 대한 **단 하나의** 이상(理想)이 정해져 있지는 않다. 당신 스스로가 무엇을 그렇게 불러야 할지 규정하지 않는다면 ─ 우리는 이런 생각을 어떻게 이해해야 할지 모른다. 하지만 당신이 만족할 만한 그런 규정을 하기는 어려울 것이다.

89. 이런 고찰을 통해서 우리는 다음과 같은 문제에 이르게 된다:

논리학은 어떤 의미에서 고상(高尚)한 것인가?[268]

왜냐하면 논리학에는 특별한 깊이 — 보편적 중요성 — 가 있는 것처럼 보였기 때문이다. 논리학은 모든 학문의 토대에 놓여 있는 듯이 보였다. — 논리적 고찰은 모든 사물의 본질을 연구하기 때문이다. 그것은 사물들을 그 토대에서 보려고 하며, 실제 이런저런 방식으로 일어나는 일에는 관심을 갖지 말아야 한다.[269] —— 그것은 자연현상의 사실에 대한 흥미에서 비롯되는 것도 아니고, 인과적 연관을 파악하기 위한 필요에서 비롯되는 것도 아니다. 그것은 경험적인 모든 것의 토대나 본질을 이해하려는 열망에서 비롯된다. 하지만 우리가 이 목적을 위해 새로운 사실을 찾아내야 한다는 말은 아니며, 오히려 우리가 그것으로 **새로운** 어떤 것도 배우려 하지 않는다는 것이 우리의 탐구에서 본질적인 사항이다.[270] 우리는 이미 눈앞에 있는 명백한 어떤 것을 **이해하고자** 한다. 우리는 어떤 의미에서는 **그것**을 이해하지 못하는 듯이 보이기 때문이다.

아우구스티누스(『고백록』, XI/14): "그렇다면 시간이란 무엇입니까? 아무도 내게 묻지 않는다면 나는 압니다. 하지만 누군가 시간이 무엇이냐고 묻고 내가 그것을 설명하려고 하면 나는 알지 못합

---

268) 이 책 §94 참조.
269) NB, 39쪽 참조.
270) TLP, 6.1251, 6.1261 참조.

니다." — 우리는 자연과학의 질문(가령 수소의 비중(比重)에 대한 질문)에 대해 위와 같이 말할 수 없을 것이다.[271] 아무도 우리에게 묻지 않을 때는 알지만, 그것을 설명해야 할 때는 더 이상 알지 못하는 어떤 것은 우리가 **기억해내야** 하는 어떤 것이다. (그런데 그것은 분명 어떤 이유로 인해 기억해내기 어려운 것이다.)[272]

90. 우리는 마치 현상들을 **꿰뚫어 보아야** 할 것처럼 느끼지만, 우리의 탐구는 **현상들**이 아니라 현상들의 '**가능성들**'이라고 부를 수 있는 것을 지향한다.[273] 요컨대 우리는 현상들에 관한 **진술의 종류들**을 기억해낸다. 따라서 아우구스티누스도 사건의 지속 및 사건의 과거, 현재, 미래에 관한 다양한 진술을 기억해낸다. (이는 물론 시간, 과거, 현재, 미래에 관한 **철학적** 진술이 아니다.)[274]

그러므로 우리의 고찰은 문법적인 것이다. 그리고 이 고찰은 오

---

271) 이것이 철학적 질문과 자연과학적 질문 사이의 본질적 차이이다.

272) 아우구스티누스가 예시한 '시간'이 그러한 것이다. 이 책 §196 참조. 이 절부터 §133까지는 다음의 논문을 참조. S. Mulhall, "Philosophy's Hidden Essence —PI 89-133," Ammereller and Fischer 2004에 수록.

273) 여기서 현상들은 사람의 삶의 현상들을, 현상들의 가능성들은 사람의 삶의 형식을 각각 의미하는 것으로 해석할 수 있다. 이 단락의 나머지는 현상들의 가능성들을 탐구한다는 것이 무엇을 의미하는지를 구체적으로 예시하고 있다.

274) 아우구스티누스의 진술들은 시간의 본질에 대한 진술이 아니라 시간에 관련된 이런저런 개념들의 쓰임에 대한 진술들이기 때문이다. 따라서 이러한 진술들은 그러한 개념들에 대한 문법적 진술들로 간주될 수 있다.

해들을 제거함으로써 우리의 문제를 해결하는 데 도움을 준다. 여기서 오해들이란 낱말들의 쓰임에 관한 오해들로서, 무엇보다 우리 언어의 서로 다른 영역들에 있는 표현 형식들 사이의 어떤 유사성들로 인해 생겨난 오해들을 말한다.[275] — 이런 오해들 가운데 일부는 표현의 한 형식을 다른 형식으로 대체함으로써 없앨 수 있다. 우리는 이를 우리의 표현 형식들을 '분석하는 일'이라고 부를 수 있다. 왜냐하면 이런 과정은 때로 어떤 것을 분해하는 일과 비슷하기 때문이다.

91. 그러나 이제 우리의 언어 형식에 대한 최종 분석과 같은 어떤 것, 그러니까 모든 표현에 대해 완벽하게 분석된 **단 하나의** 형식이 있는 듯이 보일지도 모른다. 다시 말해, 마치 우리의 일상적 표현 형식들은 기본적으로 아직 분석되지 않은 듯이, 이런 표현 형식들에는 밝혀져야 할 무엇인가가 숨겨져 있는 듯이 말이다. 마치 그것이 밝혀지면 그 표현은 완전히 명확해지고 우리의 과제는 해결되는 듯이 말이다.

우리는 이를 다음과 같이 말할 수도 있다: 우리는 우리의 표현을

---

275) 시간의 경과에 대한 표현 형식과 강물의 흐름에 대한 표현 형식 사이의 유사성에 현혹되어 시간을 강물처럼 한 장소에서 다른 장소로 흘러가는 어떤 것으로 생각하는 오해를 제거함이 그 한 예가 될 수 있을 것이다.

보다 정확하게 함으로써 오해를 없앤다. 하지만 이제 우리가 마치 어떤 특정한 상태, 완전한 정확성의 상태를 지향하며, 그것이 우리의 탐구가 지닌 진짜 목적인 듯이 보일지도 모른다.

92. 이것은 언어, 명제, 생각의 **본질**에 대한 물음 속에 표현되어 있다. ─ 왜냐하면 우리는 탐구를 통해 언어의 본성[276] ─ 언어의 기능 및 구조 ─ 을 이해하려고 노력하지만, **이것**[277]은 그 물음[278]이 제기하는 문제가 아니기 때문이다. 이 물음에서는 사물의 본질을 이미 명백하게 드러나 있는 것, 따라서 정리의 과정을 통해 **통찰(通察)하게 되는**[279] 어떤 것이 아니라, 표면 **아래에** 놓여 있는 어떤 것으로 보기 때문이다.[280] 즉 내부에 놓여 있고, 우리가 그 사물을 꿰뚫어 볼 때 인식하게 되며, 분석을 통해 캐내야 할 어떤 것 말이다.

---

276) 원어는 "Wesen"으로 다른 곳에서는 '본질'로 옮겼지만 여기서만은 해커와 슐테(Joachim Schulte)의 제안에 따라 '본성'으로 옮겼다. 언어를 가족 유사적 개념으로 보는 비트겐슈타인에게 본질이라는 개념은 낯설기 때문이다. 그렇다고 해서 그가 언어의 특징적인 본성마저 부인한 것은 아니다. 명제나 수(數)가 그러하듯이 언어도 본질은 없어도 본성은 지니고 있다. PI 4판, 250쪽 참조.
277) 언어의 기능 및 구조를 가리킨다.
278) 언어, 명제, 생각의 **본질**에 대한 물음을 가리킨다.
279) 이 책 §§5, 122, 124-125 참조.
280) 본질에 대한 서로 다른 두 견해를 대조시키고 있다. 전자가 비트겐슈타인의 견해이고 후자가 전통 형이상학의 견해이다.

'**본질은 우리에게서 숨겨져 있다**'[281] : 이것이 지금 우리의 문제가 취하고 있는 형식이다. 우리는 이렇게 묻는다: "언어란 **무엇인가?**", "명제란 **무엇인가?**" 그리고 이 질문들에 대한 답은 단번에, 그리고 미래의 어떤 경험으로부터도 독립적으로 주어져야 한다.[282]

93. 어떤 사람은 "명제는 세상에서 가장 평범한 것이다"라고 말하고, 또 어떤 사람은 "명제 — 그것은 매우 놀라운 것이다!"라고 말할지 모른다. —— 그리고 후자는 명제가 어떻게 기능하는지를 그저 바라만 볼 수는 없다. 우리가 명제와 생각에 관해 말할 때 사용하는 표현 형식들이 그에게 방해가 되기 때문이다.

우리는 왜 명제가 놀라운 것이라고 말하는가? 한편으로는 명제와 결부된 엄청난 중요성 때문이다. (이것은 맞는 말이다.) 또 한편으로는 명제의 이런 중요성, 그리고 언어의 논리에 대한 오해로 인해, 우리는 명제가 대단한 어떤 것, 심지어 독특한 어떤 것을 수행함에 틀림없다고 생각하기 쉽기 때문이다. — **오해**로 말미암아 명제는 마치 어떤 이상한 일을 **수행하는** 듯한 느낌을 우리에게 준다.

94. '명제, 놀라운 것이어라!' 여기서 이미 우리는 논리학을 온통

---

281) 이 책 §435 참조.
282) 이는 비트겐슈타인의 견해가 아니라 전통 형이상학의 견해이다.

고상한 것으로 묘사하고 있다.[283) 명제 **기호**와 사실들 사이에 순수한 매개[284)를 상정하려는 경향, 또는 심지어 기호 자체를 순수하고 고상한 것으로 여기려는 경향이 그것이다. — 우리의 표현 형식들이 온갖 종류의 방식으로 방해하는 탓에 우리는 실제 일어나는 일들이 일상적이라는 사실을 보지 못하고 허깨비를 쫓게 되기 때문이다.

95. "생각함은 분명 독특한 어떤 것이다." 사태가 이러이러하다고 말하고 **의미할** 때, 우리는 우리가 의미한 바와 아울러 사실 이전의 어딘가에 멈추는 것이 아니라, **이러이러한 것이 저러저러하다**고 의미하는 것이다.[285) — 그러나 (실로 자명(自明)한 형식을 지니는)

---

283) 원문은 "die Sublimierung der ganzen Darstellung"인데 이렇게 풀어서 의역했다. 이 책 §89 참조.
284) 예컨대 지향성과 같은 어떤 것.
285) 사실인 것에 관한 생각이 사실 이전의 어딘가에 멈추는 것은 아니다. 예컨대 한국의 수도가 서울이라는 생각이 한국의 수도가 서울이라는 사실 이전의 어딘가에 멈추는 것은 아니다. 마찬가지로 사실이 아닌 것에 관한 생각이 사실 이전의 어딘가에 멈추는 것도 아니다. 예컨대 영국의 수도가 뉴욕이라는 생각이 영국의 수도가 런던이라는 사실 이전의 어딘가에 멈추는 것은 아니다. 혹은 그 생각이 영국의 수도가 뉴욕이라는 사실 이전의 어딘가에 멈추는 것도 아니다. 사실이 아닌 것에 관한 생각은 그것이 사실이 아님에도 불구하고 그 생각한 바를 또렷이 의미한다. 예컨대 영국의 수도가 뉴욕이라는, 사실과 맞지 않은 생각도 그 생각한 바를, 즉 영국의 수도가 뉴욕이라는 점을 또렷이 의미한다.

이 역설은 다음과 같은 방식으로도 표현될 수 있다 : 우리는 사실이 아닌 것을 **생각할** 수 있다.[286]

96. 여기서 말한 특정한 착각에 다른 착각들이 다양한 측면에서 덧붙여진다. 이제 생각, 언어는 우리에게 세계와 독특하게 연관되어 있는 그림처럼 보인다. 명제, 언어, 생각, 세계라는 개념들은 일렬로 줄지어서, 서로 동등한 관계를 이루고 있다.[287] (하지만 이제 이 낱말들은 무엇을 위해 사용되는가? 이 낱말들이 적용되어야 할 언어게임이 빠져 있다.)

97. 생각함은 어떤 후광(後光)에 둘러싸여 있다. ─ 그것의 본질과 논리는 하나의 질서, 즉 세계의 선험적(先驗的) 질서, 다시 말해 세계와 생각함에 공통으로 존재해야 하는 **가능성들**의 질서를 보여 준다.[288] 그러나 이런 질서는 **완전히 단순해야** 하는 듯이 보인다. 그것은 모든 경험보다 **앞서며**, 모든 경험을 관통해 지나가야 하

---

286) 비트겐슈타인이 제시한 설명을 바탕으로 그가 여기서 말하는 역설을 예로써 재구성해보면 다음과 같다. 내가 어떤 것이 빨갛다고 생각하는데 그것이 빨갛지 않다면 빨갛지 않은 것은 내가 빨갛다고 생각하는 바로 그것이다. 이 책 §429 참조.

287) TLP, 4.014 참조. 앞서 이 책 §95의 마지막 문장이 묘사하는 경우가 바로 이러한 그림에 대한 반례가 된다.

288) NB, 53쪽 참조.

며, 어떤 경험적 불투명성이나 불확실성도 여기에 들러붙을 수 없다. —— 그것은 오히려 가장 순수한 결정체로 되어 있어야 한다. 하지만 이 결정체는 하나의 추상으로서가 아니라, 구체적인 어떤 것, 실로 가장 구체적인 것, 말하자면 **가장 견고한 것**으로서 나타난다.[289] (『논리-철학논고』, 5.5563.)

우리는 우리의 탐구에서 독특하고 심오하며 핵심적인 것은 언어의 가장 뛰어난 본질, 즉 명제, 낱말, 추론, 진리, 경험 등의 개념들 사이에 존재하는 질서를 파악하려는 노력에 있다는 착각 속에 빠져 있다. 이런 질서는 — 말하자면 — **초(超)-개념들 사이의 초(超)-질서**이다. 그러나 사실 "언어", "경험", "세계"라는 낱말들에 쓰임이 있다면, 그것은 "책상", "램프", "문"이라는 낱말들의 쓰임처럼 소박한 것이어야 한다.

98. 한편으로, 우리 언어의 모든 문장이 '있는 그대로 정돈되어 있다'는 사실은 분명하다.[290] 다시 말해, 우리는 — 마치 우리의 일상적인 애매한 문장들이 온전한 의미를 아직 지니고 있지 않으며, 우리가 여전히 완벽한 언어를 구성해야 한다는 듯이 — 어떤 이상

---

289) 예컨대 모든 사물이 그 자체와 동일하다는 동일률은 **가장 견고한 것**으로서 나타난다.

290) TLP, 5.5563 참조.

을 **실현하고자 애쓰지** 않는다. — 또 한편으로, 의미가 있는 곳에는 완벽한 질서가 있음에 틀림없다는 점도 분명해 보인다. —— 따라서 가장 애매한 문장에조차 완벽한 질서가 있음에 틀림없다.[291)]

99. 한 문장의 의미는 — 우리는 이렇게 말하고 싶다 — 물론 이런저런 방식으로 열어둘 수 있지만, 그래도 그 문장은 **하나의** 확정된 의미[292)]를 지녀야 한다. 확정되지 않은 의미, — 그것은 실제로 **전혀** 의미가 아닐 것이다 — 이것은 명확하지 않은 경계가 실제로는 전혀 경계가 아닌 것과 같다. 여기서 우리는 가령 다음과 같이 생각한다: 만일 내가 "나는 그 사람을 방 안에 가두었다 — 다만 문이 **하나** 열려 있기는 하다"라고 말한다면, — 나는 그 사람을 전혀 가둔 것이 아니다. 그저 가둔 듯이 보일 뿐이다. 여기서 우리는 이렇게 말하고 싶을 것이다: "그러니까 당신은 아무것도 이룬 게 없는 셈이군." 구멍 뚫린 울타리는 **없는 것이나** 마찬가지다.[293)] — 하지만 그것은 정말로 사실인가?

---

291) 이 구절의 전반부와 후반부에 대한 비트겐슈타인의 태도는 '분명하다'와 '분명해 보인다'로 구별된다. 그리고 후반부를 이루는 추론의 타당성은 다음 절로 이월되어 논의된다.

292) 의미의 확정성은 앞 절 후반부에서 언급된 질서의 완벽성과 대구를 이룬다.

293) 여기까지는 앞 절 후반부의 생각에 대한 부연 설명이다. 다음에 이어지는 질문은 이에 대한 비트겐슈타인의 강한 의구심을 표현하고 있다.

100. "**규칙에** 애매한 구석이 있다면 그것은 전혀 게임이 아니다."
― 하지만 그렇다면 그것은 정말로 게임이 아닌가? ― "그렇다. 아
마 당신은 그것을 게임이라고 부를 테지만, 여하튼 완벽한 게임은 아
니다." 이 말의 의미는 다음과 같다: 그렇다면 그것은 뭔가 더럽혀졌
고, 이제 나의 관심사는 그 더럽혀진 것이 무엇인가 하는 점이다.[294]
― 그러나 나는 이렇게 말하고 싶다: 우리는 우리의 언어[295]에서
이상(理想)이 하는 역할을 오해하고 있다. 즉 우리도 역시 그것을

---

294) 원문은 "dasjenige, was hier verunreinigt wurde"이다. 이것의 정확한 의미가
무엇인지에 대해 다음의 두 가지 해석을 생각해볼 수 있다.

(1) (내가 관심을 갖는 것은) 더럽혀지고 난 뒤의 바로 그것이다.
(2) (내가 관심을 갖는 것은) 더럽혀지기 이전의 바로 그것이다.

문제의 구절이 (1)을 의미한다면 그것은 비트겐슈타인 자신의 입장이 된다.
내용은 차치하고라도 『철학적 탐구』의 통상적 규약이 대부분의 경우 따옴표
안의 문장이 비트겐슈타인의 대화 상대자의 입장이고, 따옴표 없는 문장이 비
트겐슈타인의 입장이라는 점을 감안할 때 일리가 있는 해석이다. 반면 (2)를
의미한다면 그 구절은 비트겐슈타인의 입장이 아니라 그의 대화 상대자의 입
장이 된다. 독일어 원문에 더욱 뚜렷이 나타나 있듯이 이 문장은 따옴표 안의
대화 상대자의 입장을 부연하는 과정의 일부이므로 문맥상 근거가 있는 해석
이다. 논리적으로는 다음과 같은 이유에서 (2)가 더 합당한 해석인 것 같다.
'was'를 X로 기호화하면 "X wurde verunreinigt"의 X는 더럽혀지기 전의 상
태이다. 그리고 'dasjenige'는 바로 그 X를 가리키기 때문이다.
295) 원어는 "Ausdrucksweise"로 '표현 방식'으로 옮겨야 하나 리즈의 영어 번역을
교정하면서 비트겐슈타인이 이를 'language'로 고쳤음을 참작하여 '언어'로 번
역하였다. PI 4판, 251-252쪽 참조.

게임이라고 부를 테지만, 다만 이상에 현혹된 나머지 "게임"이라는 낱말이 실제로 적용되는 것을 분명하게 보지 못한다고 말이다.

101. 논리학에는 어떤 애매함도 — 우리는 이렇게 말하고 싶다 — 있을 수 없다. 우리는 이제 이상(理想)이 실재에서 발견**되어야 한다**'는 생각에 빠져 산다. 한편 우리는 아직 이상이 어떻게 실재에서 발견되는지 보지 못할 뿐 아니라, 이 "되어야 한다"의 본성도 이해하지 못한다. 우리는 이상이 분명 실재 속에 들어 있다고 생각한다.[296] 우리가 이미 실재 속에서 이상을 본다고 생각하기 때문이다.

102. 한 명제의 논리적 구조에 대한 엄밀하고 분명한 규칙들은 우리에게 배후에 있는 어떤 것 — 이해라는 매체에 숨겨진 어떤 것 — 처럼 보인다. 나는 이미 그것들을 (매체를 통해서이긴 하지만) 본다. 나는 기호를 이해하며, 그 기호로 무엇인가를 의미하기 때문이다.

103. 이상(理想)은 우리의 생각 속에 확고부동하게 자리하고 있다. 당신은 그것 밖으로 빠져나올 수 없다. 당신은 언제나 되돌아

---

296) 원문은 "Wir glauben : es muß in ihr stecken"이다. 앞에서 "되어야 한다"로 옮긴 'muß'를 여기서는 "분명 … 하다"로 옮겼다. 일관성을 살리고자 "(들어) 있어야 한다"로 옮길 경우 이미 (실재에서) 보고 있는 이상을 (당위로서) 한 번 더 설정해야 하는 논리적 부담을 지게 된다고 판단했기 때문이다.

와야만 한다. 바깥은 없다.[297] 바깥에서 당신은 숨을 쉴 수 없다. ─
이런 생각은 어디에서 비롯되는가? 그것은 마치 코에 걸쳐 있는 안
경과 같아서, 우리는 무엇을 보든 그것을 통해서 본다. 우리는 결
코 안경을 벗어버리겠다는 생각을 하지 못한다.

104. 우리는 묘사의 방식에 놓여 있는 것을 사물에다 서술한다.
우리는 우리에게 강한 인상을 주는 비교 가능성을 매우 일반적인
상황에 대한 인식으로 이해한다.[298]

> 패러데이,[299] 『양초의 화학사』: "물은 하나의 개별 사물이다 ─
> 그것은 불변한다."[300]

---

297) "텍스트 바깥에는 아무것도 없다"라는 데리다(Jacques Derrida)의 주장을 참
　조. Derrida 1967, 158쪽. CV, 13쪽의 "언어의 한계"에 대한 언급과 이 책
　§120 참조.
298) 예컨대 우리는 문장이 주어와 술어로 되어 있기 때문에 사물을 주어에 대응하
　는 실체와 술어에 대응하는 속성으로 이해한다. 세계를 언어에 비교하다 보니
　세계에 대해 이러한 아주 일반적이고도 추상적인 인식을 갖게 되는 것이다.
　여기서 형이상학이 생겨난다. 이 책 §50 참조.
299) Michael Faraday(1791-1867). 영국의 화학자이자 물리학자로서 특히 전자기학
　부문에서 많은 중요한 공헌을 하였다.

105. 우리가 그런 질서와 이상(理想)을 우리의 실제 언어에서 발견해야 한다고 믿을 때, 우리는 일상생활에서 "문장", "낱말", "기호"라고 불리는 것에 만족하지 못하게 된다.

논리학이 다루는 문장과 낱말은 순수하고 명확한 것이어야 한다. 그리고 우리는 **본래적** 기호의 본성에 대해 골치를 앓는다. — 그것은 가령 기호에 관한 **관념**인가? 아니면 현재 순간에서의 관념인가?[301]

106. 여기서 우리는 말하자면 냉정을 유지하기가 어렵다. — 즉 우리는 일상적인 생각의 주제를 떠나서는 안 되며, 길을 잃어서는

---

300) Faraday 1907, 44쪽. 이 구절의 맥락적 의미와 위치에 대해서는 다음과 같은 해석을 생각해볼 수 있다.

(1) 기체(수증기)나 고체(얼음)로 변화 가능한 물을 불변하는 하나의 사물로 보는 것은 물의 개념을 확립하고자 하는 패러데이의 결정을 표현하고 있다는 점에서 묘사의 양식(개념)에 놓여 있는 것을 사물에다 서술하는 예에 해당한다. 따라서 이 구절은 이 책 §104 뒤에 놓여야 한다. Baker and Hacker 2005b, 234-236쪽 참조.

(2) 기체(수증기)나 고체(얼음)로 변화 가능한 물을 불변하는 하나의 사물로 보는 것은 물리적 속성에 대한 기술(記述)이 아니라 물이라는 개념을 포함하는 과학적 탐구의 규칙에 대한 진술이다. 따라서 이 구절은 이 책 §108 뒤에 놓여야 한다. Baker and Hacker 1980, 518-520쪽; Lugg 2000, 175쪽 참조.

『철학적 탐구』 4판에서는 이 구절이 §104 뒤에 놓여 있다.

301) 기호로 어떤 것을 의미하는 바로 이 순간에 떠오르는 관념이 그 기호의 본성이라는 견해를 뜻한다.

안 된다는 사실을 알기가 어렵다. 길을 잃으면, 우리는 우리의 수단으로는 전혀 기술할 수 없을 아주 정교한 것을 기술해야 할 것처럼 느낀다. 우리는 마치 찢어진 거미줄을 손가락으로 기워야 할 것 같은 느낌을 갖게 된다.

107. 우리가 실제의 언어를 정밀하게 검토하면 할수록, 그것과 우리의 요구 사이의 갈등은 더욱 심해진다. (결정체와도 같은 논리학의 순수성은 물론 내게 **주어진** 것이 아니라 하나의 요구였다.) 갈등은 허용 범위를 넘게 되어 이제 그 요구가 공허한 것이 되고 말 위기에 처한다. — 우리는 마찰이 없는 미끄러운 얼음판[302]으로 들어선 것이다.[303] 그리고 마찰이 없는 상태는 어떤 의미에서는 이상적이지만, 바로 그 때문에 우리는 또한 걸을 수 없게 된다. 우리는 걷고 싶다. 따라서 우리에게는 **마찰**이 필요하다. 거친 땅으로 돌아가자![304]

108. 우리는 우리가 "명제", "언어"라고 부르는 것이 내가 상상했던 형식적 통일성을 지니는 것이 아니라, 서로 다소 유사한 구성

---

302) 이 책 §81에서는 이것이 진공에 비유되고 있다.

303) 이 책 §97 참조.

304) 이 절부터 §108까지는 다음의 논문을 참조. C. Burlingame, "Wittgenstein, His Logic and His Promethean Mission," *Philosophy Research Archives*, vol. 12, 1987.

물들의 가족이라는 사실을 안다.[305] —— 그러나 이제 논리학은 어떻게 될까? 논리학의 엄밀성은 여기서 무너지는 것처럼 보인다. — 하지만 그 경우에 논리학 자체가 완전히 사라져버리지는 않는가? — 왜냐하면, 어떻게 논리학이 그 엄밀성을 잃을 수 있단 말인가? 물론 우리가 논리학의 엄밀성을 얼마간 깎아 내리기 때문에 그런 것은 아니다. — 결정체와도 같은 순수성에 대한 **선입견**은 오직 우리의 모든 고찰을 180도 돌려놓음으로써만 없앨 수 있다. (우리는 이렇게 말할 수 있다: 우리의 고찰은 우리의 실제적인 필요성을 회전축으로 해서 방향 전환되어야 한다.)

논리철학에서 문장과 낱말에 대해 말할 때는, 우리가 일상의 삶에서 가령 "이것은 중국어 문장이다", 또는 "아니다, 그것은 글처럼 보이기는 하지만 실은 단지 장식일 뿐이다" 등과 같은 말을 할 때와 결코 다르지 않은 의미에서 문장과 낱말에 대해 말하고 있는 것이다.

우리는 비공간적, 비시간적 허깨비에 관해서가 아니라, 공간적, 시간적 언어 현상에 대해 말하고 있다. [다만 우리는 하나의 현상에 대해 다양한 방식으로 관심을 가질 수는 있다.] 그러나 우

---

305) 이 책 §65 참조.

리는 마치 우리가 체스 말에 대해서 말할 때 그것의 물리적 속성에 관해 기술하는 것이 아니라 체스 게임의 규칙에 대해 진술하듯이 그렇게 말하고 있는 것이다.

"낱말이란 실제로 무엇인가?"라는 질문은 "체스 말이란 무엇인가?"라는 질문과 비슷하다.[306]

109. 우리의 고찰이 과학적인 것이어서는 안 된다는 말은 맞는 말이었다.[307] '우리의 선입견과는 반대로 이러저러한 것을 생각할 수 있다'는 느낌[308]은 ─ 그것이 무엇을 뜻하든지 ─ 우리의 관심 밖이다. (생각함을 정령(精靈)으로 간주하는 견해.)[309] 그리고 우리는 어떤 종류의 이론도 내놓을 수 없다. 우리의 고찰에는 어떤 가설적인 것도 있어서는 안 된다. 모든 **설명**[310]은 사라져야 하고, 기술(記述)

---

306) 이전 버전에서는 이상의 세 단락이 이 책 §108에 속하는 것으로 배치되었다. 그러나 이들은 TSS 227(a)의 82쪽과 83쪽 사이에 끼워 넣어진 손 글씨 메모로서 그것이 어디에 놓여야 하는지가 명시되어 있지 않다. 『철학적 탐구』 4판에서는 이 단락이 §108에서 분리되어 별도로 배치되어 있다. PI 4판, 252쪽 참조.

307) TLP, 4.111-4.113 참조.

308) 원어는 "Erfahrung"으로 '경험'을 의미하지만 문맥을 고려하여 '느낌'으로 의역하였다.

309) 과학자들이 실험과 관찰로 물질적 세계를 다루는 데 비해 철학자들은 직관으로 영적인 세계를 다룬다는 견해를 뜻한다. 마음이 비물질적인 신비의 매체이고 생각함이 에테르와 같은 정령이라는 믿음 등이 이에 속한다. 다음 절 참조.

만이 그 자리에 들어서야 한다.[311] 그리고 이런 기술은 철학적 문제들로부터 그 빛, 즉 그 목적을 얻는다.[312] 이것은 물론 경험적인 문제들이 아니다. 하지만 그 문제들은 우리 언어의 작동 방식을 들여다봄으로써, 그리고 그런 작동 방식들을 오해하려는 충동에도 **불구하고** 그것들을 인식함으로써 해결된다. 문제들은 새로운 경험을 제시함으로써가 아니라, 우리가 오래 전부터 알고 있는 것을 정돈함으로써 해결된다. 철학은 우리의 언어라는 수단을 통해 우리의 이해력[313]에 걸린 마법에 대항하는 투쟁이다.[314]

---

310) 여기서의 설명은 사실에 대한 과학적 설명을 의미하는 것으로 좁혀 해석해야 한다. 그렇지 않으면 이 책 §120에서 "언어에 대한 나의 설명"이라는 표현을 제대로 읽어낼 수 없게 된다.

311) 이 책 §496 참조.

312) 그 목적은 철학적 문제들의 해결을 의미한다. 이 책 §90 참조.

313) 원어는 "Verstand"이다.

314) 마지막 문장은 다음과 같이 해석할 수 있다. (1) 우리의 언어라는 수단을 통해 우리의 이해력에 마법이 걸려 있는데 철학은 그 마법에 대항하는 투쟁이다. (2) 우리의 이해력에 마법이 걸려 있는데 철학은 우리의 언어라는 수단을 통해 그 마법에 대항하는 투쟁이다. (1)은 언어를 마법의 원천으로, (2)는 언어를 그 마법에 대항하는 투쟁의 수단으로 본다. 양자 모두 비트겐슈타인이 인정하는 바이므로 (1)과 (2) 모두 마지막 문장에 대한 정당한 해석으로 볼 수 있다. 그렇다면 언어의 오해로 말미암아 걸리게 된 마법을 바로 그 언어에 대한 바른 이해로 해소하는 셈이 된다. 이에 대해서는 다음을 참조. 이승종, 「인간의 얼굴을 한 자연주의」, 『철학연구』, 36집, 철학연구회, 1995; Lugg 2000, 176쪽; BB, 27쪽.

110. "언어(또는 생각함)는 독특한 것이다" — 이것은 문법적 착각이 낳은 하나의 미신(오류가 아니다!)임이 드러난다.

그리고 그 강한 느낌[315] 때문에 자꾸만 이런 착각에, 문제에 빠져드는 것이다.[316]

111. 우리의 언어 형식들을 오해한 데서 생겨나는 문제들에는 **깊이 있음**이라는 특징이 있다. 이런 문제들에는 깊은 불안이 있다. 그것들은 우리 언어의 형식들만큼이나 우리 속에 깊이 뿌리 박혀 있으며, 그것들의 의미는 우리 언어의 중요성만큼이나 크다. ── 스스로에게 다음과 같이 물어보자: 우리는 왜 문법적 농담을 **깊이 있다**고 느끼는가? (그리고 철학의 깊이 있음이란 바로 그런 것이다.)[317]

112. 우리 언어의 형식들 속으로 수용된 비유가 그릇된 겉모습을 낳고, 이 때문에 우리는 불안해한다. "아무래도 **이건** 아닌데!" ── 우리는 말한다. "하지만 그건 **이래야** 해!"

---

315) 언어가 독특한 것이라는 강한 느낌을 말한다.

316) 원문은 "Und auf diese Täuschungen, auf die Probleme, fällt nun das Pathos zurück"이다. "Pathos"를 '강한 느낌'으로 부연하여 의역하였다.

317) 파트리크 쥐스킨트(Patrick Süskind)의 단편 「깊이에의 강요」와 잘 어울리는 구절이다.

113. "하지만 그건 **이래** — — —." 나는 거듭해서 혼잣말한다. 시선을 이 사실에 **아주 명확하게** 고정하고 그것에 초점을 맞출 수만 있다면, 나는 사태의 본질을 파악할 것 같은 느낌이 든다.

114. 『논리-철학논고』(4.5): "명제의 일반 형식은 다음과 같다: 사태가 이러이러하다."[318] —— 그것은 우리가 스스로에게 무수히 반복해 말하는 그런 종류의 명제다.[319] 우리는 거듭해서 사태의 본성을 추구하고 있다고 생각하지만, 사실 우리는 사태를 바라보는 형식을 따라가고 있을 뿐이다.

115. 하나의 **그림**이 우리를 사로잡았다. 그리고 우리는 그것에서 벗어날 수 없었다. 그것은 우리의 언어 속에 놓여 있었고, 언어는 우리에게 그것을 다만 냉혹하게 반복하는 듯이 보였기 때문이다.

116. 철학자들이 어떤 낱말 — "지식", "존재", "대상", "자아", "명제", "이름" — 을 사용해서 사물의 **본질**을 파악하려 할 때, 우리는 항상 스스로에게 이렇게 물어야 한다: 이 낱말은 그것의 제자

---

318) "Es verhält sich so und so." 'verhält'의 'verhalten'이 'Sachverhalt'의 'Verhalt'를 공유하고 있고, 『논리-철학논고』의 중심 개념이기도 한 'Sachverhalt'가 통상 '사태'로 번역되므로 이에 맞추어 원문을 "사태가 이러이러하다"로 옮겼다.
319) 이 책 §134 이하 참조.

리인 일상 언어에서[320] 실제로 이런 식으로 사용되는가? —

우리가 하는 일은 낱말들을 그 형이상학적 쓰임에서 그 일상적 인 쓰임으로 되돌리는 것이다.

117. 나는 이런 말을 듣는다: "당신은 이 표현을 이해하지요? 그 러니까 — 나도 당신이 알고 있는 의미로 그것을 사용하고 있습니다." 마치 의미란 낱말이 가져오고 그 낱말의 갖가지 쓰임을 둘러싸고 있는 어떤 기운[321]인 것처럼 말이다.[322]

(예를 들어 누군가 (자기 앞에 놓인 하나의 대상을 가리키면서) "이것은 여기에 있다"라는 문장이 그에게 의미가 있다고 말한다면, 그는 이 문장이 어떤 특수한 상황에서 실제로 사용되는지 스스로에게 물어야 한다. 그래 야 그 문장은 정말로 의미가 있는 것이다.)

118. 우리의 고찰은 흥미로운 모든 것, 즉 위대하고 중요한 모든 것을 파괴하는 것처럼 보이는데, 그렇다면 우리의 고찰은 어디에 서 그 중요성을 찾을 수 있는가? (말하자면 모든 건물이 파괴되어 돌 덩이의 잔해들만 남은 듯한데 말이다.) 그러나 우리가 파괴하고 있는

---

320) 원문은 "in der Sprache, in der es seine Heimat hat"인데 문맥을 고려하여 이렇게 의역하였다. 그 자리를 일탈할 때 형이상학이 싹튼다.

321) 원어는 "Dunstkreis"이다.

322) 『심리철학』, vi 참조.

것은 다만 공중누각들일 뿐이며, 우리는 그것들이 서 있던 언어의 기반을 드러내고 있는 것이다.

119. 철학의 결과들이란 이해력이 언어의 한계에 부딪혀 생겨난 어떤 단순한 헛소리와 혹들을 발견한 것이다. 이런 혹들로 말미암아 우리는 그 발견의 가치를 알게 된다.[323]

120. 내가 언어(낱말, 문장 등)에 관해 이야기할 때, 나는 일상의 언어로 말해야 한다. 그런데 이 일상의 언어는 우리가 말하고자 하는 것을 나타내기에는 너무 거칠고 세속적[324]인가? **그렇다면 다른 언어는 어떻게 구성되는가?** — 어쨌든 우리가 가진 언어로 뭔가를 할 수 있다는 것은 얼마나 대단한 일인가!

언어에 대해 설명[325]할 때 나는 이미 (일종의 예비적이고 임시적인 언어가 아닌) 완전한 언어를 사용해야 한다. 이것은 내가 언어에 관해 오직 외적인 것만을 제시할 수 있다는 점을 보여준다.[326]

---

323) 이 책 §464 참조.
324) 원어는 "materiell"로 '물질적'을 의미하지만 문맥을 고려하여 이렇게 의역하였다.
325) 여기서의 설명은 언어의 구조나 작동에 대한 과학적 설명이 아니라 언어의 사용에 대한 문법적 설명을 의미한다. 이를 이 책 §109나 §126에서의 설명과 혼동해서는 안 된다. BB, 1쪽 참조.
326) 그 까닭은 언어 사용을 통해서도 표현되지 않는 언어에 관한 내적인 감추어진 사실은 존재하지 않기 때문이다. 이 책 §§97, 126, 129, 435 참조.

좋다. 하지만 그렇다면 이런 설명은 우리를 어떻게 만족시킬 수 있는가? — 자, 당신의 질문들 자체가 이 언어 속에서 작성되었다. 뭔가 질문할 것이 있었다면 그 질문들은 이 언어 속에서 표현되어야 했다!

그리고 당신의 의심은 오해다.

당신의 질문들은 낱말들과 관련되어 있다. 따라서 나는 낱말들에 관해 말해야 한다.

사람들은 이렇게 말한다 : 의미가 비록 낱말과 다르긴 하지만 그것을 낱말과 같은 종류의 것이라고 생각한다면, 중요한 것은 낱말이 아니라 그 의미이다. 여기에 낱말, 저기에 의미. 돈, 그리고 돈으로 살 수 있는 암소. (그러나 다른 한편으로 : 돈, 그리고 돈으로 할 수 있는 것.)[327]

121. 우리는 이렇게 생각할 수 있다 : 철학이 "철학"이라는 낱말의 쓰임에 대해 말한다면, 2차 철학이 있어야만 한다. 하지만 사실은 그렇지 않다. 오히려 그것은 철자법의 경우에 대응한다. 철자법은 "철자법"이라는 낱말도 다루지만 그렇다고 해서 2차 철자법이

---

327) 돈으로 할 수 있는 것은 우리가 지시하는 사물을 구입하는 데 국한되는 것이 아니다. 우리는 돈을 내고 여행을 하기도 하고, 자선을 베풀기도 하고, 학교에 다니기도 한다. AWL, 30쪽 참조.

있는 것은 아니다.[328]

122. 우리가 이해에 실패하는 주요 원인은 우리가 우리 낱말들의 쓰임을 **통찰(通察)하지** 못한다는 데 있다. ― 우리 문법에는 통찰 기능이 부족하다. ― 우리는 통찰적 묘사를 통해서, '연관성을 볼' 수 있는 정확히 그런 종류의 이해를 얻을 수 있다. 그러므로 **연결고리**를 발견하고 만들어내는 일이 중요하다.[329]

통찰적 묘사의 개념은 우리에게 근본적으로 중요한 것이다. 그것은 우리가 사물들을 묘사하는 형식, 우리가 문제들을 바라보는 방식을 지시한다. (이것은 하나의 '세계관'[330]인가?)[331]

---

328) 여기서의 2차는 "zweiter Ordnung"의 역어이다. '2계(二階)'라는 역어가 원뜻에 더 가깝겠지만 논리학에서의 통상적 번역을 따랐다.

329) 이 책 §§5, 52의 두 번째 단락 참조.

330) 철학적 문제와 그 해소에 대한 비트겐슈타인의 관점이 슈펭글러(Oswald Spengler)를 위시한 당대의 사상가들이 사용한 '세계관'이라는 용어로 표현될 수 있는지를 스스로 묻고 있다. 심오한 문제들이 과학적 가설에 의해서가 아니라 연관을 보고, 알려진 바를 정돈하고, 우리 눈앞에 있는 것을 직시함으로써 풀린다는 자신의 견해에 영향을 준 당대의 인물로 비트겐슈타인은 슈펭글러, 헤르츠(Heinrich Hertz), 볼츠만(Ludwig Boltzmann), 에른스트(Paul Ernst), 크라우스(Karl Kraus) 등을 꼽은 바 있다. Baker and Hacker 2005b, 260쪽 참조.

331) 이 절에 대해서는 다음의 논문을 참조. G. P. Baker, "*Philosophical Investigations,* Section 122: Neglected Aspects," Arrington and Glock 1991에 수록.

123. 철학의 문제는 다음의 형식을 지닌다: "나는 어떻게 해야 할지 모르겠다."[332]

124. 철학은 어떤 식으로든 언어의 실제 쓰임에 간섭해서는 안 된다. 철학은 결국 그것을 기술할 수 있을 뿐이다.[333]

왜냐하면 철학은 언어의 실제 쓰임을 정당화할 수 없기 때문이다.

철학은 모든 것을 있는 그대로 둔다.

철학은 또한 수학도 있는 그대로 둔다. 그리고 어떤 수학적 발견도 철학을 발전시킬 수 없다. "수리논리학의 핵심 문제"[334]는 다른 모든 것과 마찬가지로 우리에게 하나의 수학 문제이다.

125. 수학적 또는 논리-수학적 발견을 통해 모순을 해결하는 것은 철학의 일이 아니다. 오히려 우리를 괴롭히는 수학의 상태, 모순이 해결되기 **이전의** 상태를 우리가 통찰할 수 있게 하는 것이 철학의 일이다. (그리고 이는 어려움을 피해가는 것이 아니다.)[335]

---

332) 이 구절은 앞 절 첫 문장의 귀결로 볼 수 있으며 이 책 §153의 마지막 문장, §203과도 잘 어울린다.

333) 이 구절과 다음 절의 연관에 대해서는 RFM, 220쪽 참조.

334) 비트겐슈타인은 이 표현을 램지와 결부시키고 있다. PI 4판, 252쪽 참조.

335) 이 책 §65 첫 단락 참조.

여기서 근본적인 사실은 우리가 게임을 하기 위한 규칙들과 기술(技術)을 정한다는 것이며, 우리가 그 규칙들을 따를 때 일들이 우리가 가정했던 대로 되지는 않는다는 것이다. 말하자면 우리는 우리 자신의 규칙들에 얽매인다는 것이다.

이처럼 자신의 규칙들에 얽매이는 현상이 우리가 이해하고자 하는 것, 즉 통찰하려는 것이다.

그것은 **의미함**에 대한 우리의 개념을 파악하는 데 도움을 준다. 그런 경우에는 우리가 의미하고 예견했던 것과 사정이 다른 것으로 드러나기 때문이다. 그것이 가령 모순이 일어날 때 바로 우리가 하는 말이다: "그런 뜻이 아니었어."

모순의 시민적 지위, 또는 시민 세계에서 모순의 지위[336]: 이것이 철학의 문제이다.[337]

126. 철학은 모든 것을 우리 앞에 내놓을 뿐, 아무것도 설명하거나 추론하지 않는다. — 모든 것이 숨김없이 드러나 있으므로 설명할 것이 아무것도 없다. 숨겨져 있는 것은 무엇이든 우리의 관심사

---

336) RFM. 257쪽 참조.
337) 모순을 방지하기 위해 규칙을 제한하는 방식을 강구하는 것은 철학이 아닌 수학이나 수리논리학의 과제이다. 반면 일상적 삶의 문맥에서 "내 말은 거짓이다", 혹은 "나는 그녀를 사랑하면서 동시에 증오한다"와 같은 자기 모순적 문장을 어떻게 이해해야 하는지는 철학적 문제이다.

가 아니기 때문이다.

또한 우리는 "철학"을 모든 새로운 발견과 발명에 **앞서** 가능한 것이라고 부를 수 있을 것이다.

127. 철학자의 일은 특정한 목적을 위해 기억들을 모으는 것이다.[338]

128. 만일 누군가 철학에서 **논제(論題)들**[339]을 제기하려고 한다면, 그 논제들에 대한 논쟁[340]은 불가능할 것이다. 왜냐하면 모든 사람이 그 논제들에 동의할 테니까.[341]

129. 우리에게 가장 중요한 사물의 측면들은 그 단순함과 평범함 때문에 숨겨져 있다. (우리는 어떤 것을 그것이 항상 우리 눈앞에 있기 때문에 알아차릴 수 없다.) 사람들은 자신의 탐구가 기반하고 있는

---

338) 이 책 §89 마지막 두 문장 참조. 플라톤의 『파이돈』에 등장하는 상기설을 연상케 하는 명제이다.

339) 원어는 "Thesen"이다.

340) 원어는 통상 '토론'으로 번역되는 "Diskussion"이지만 여기서는 그렇게 번역하지 않았다. 모든 사람이 동의하는 논제들에 대해서도 토론은 가능하기 때문이다.

341) 그 까닭은 그 논제들이 우리가 익히 알고 있는 언어의 쓰임에 대한 평범한 문법적 고찰에 불과할 것이기 때문이다. 이 절에 대해서는 다음의 논문을 참조. H.-J. Glock, "*Philosophical Investigations*, Section 128: 'Theses in Philosophy' and Undogmatic Procedure," Arrington and Glock 1991에 수록.

실제 토대들에 전혀 주목하지 않는다. **이** 사실이 언젠가 그들의 주목을 받지 않는다면 말이다. — 그리고 이것은 다음을 뜻한다: 일단 눈에 띄기만 하면 가장 주목받을 만한 가장 강력한 것이 우리의 주목을 받지 못하고 있다.[342]

130. 우리의 명료하고 단순한 언어게임들은 미래에 언어를 규제하기 위한 예비 연구들 — 이를테면 마찰과 공기 저항을 무시한 최초의 근사치들 — 이 아니다. 오히려 언어게임은 유사성과 비유사성을 통해 우리 언어의 연관 관계들을 이해하는 데 도움을 줄 **비교의 대상**으로서 존재한다.

131. 요컨대 우리는 범례를 있는 그대로, 즉 비교의 대상으로 — 현실이 그에 대응**해야 하는** 선입견이 아니라, 일종의 척도로서 — 설정할 때만 우리 진술들의 부당함이나 공허함을 피할 수 있다.[343] (철학을 할 때 우리가 아주 쉽게 빠지는 독단론.)[344]

---

342) 이 책 §415 참조.
343) 이 책 §2의 언어게임이 하나의 좋은 예이다. 그 언어게임은 마치 척도가 어떤 주어진 대상의 길이를 알려주는 것과 같은 방식으로 주어진 언어의 이모저모를 알려준다. 그러나 이로 말미암아 주어진 대상이나 언어의 실재가 그 척도나 언어게임에 대응한다고 보아서는 안 된다.
344) 이 책 §112 참조.

132. 우리는 언어의 쓰임에 대한 우리의 앎에 하나의 질서를 확립하려 한다. 그것은 특정한 목적[345]을 위한 질서이며, **유일한** 질서가 아니라 여러 가능한 질서들 가운데 하나이다.[346] 이 목적을 위해 우리는 우리 언어의 일상적 형식 때문에 쉽게 간과되는 차이들을 반복해서 **강조할** 것이다. 이 때문에 마치 언어를 개혁하는 일이 우리의 과제인 것처럼 보일 수도 있다.

특정한 실제 목적을 위한 그런 개혁, 실제적 사용에서 오해를 피하기 위해 우리의 용어법을 개선하는 일은 전적으로 가능하다. 그러나 이런 일들은 우리가 관여하는 일이 아니다. 우리가 혼란에 빠지는 경우는 이를테면 언어가 제대로 작동하지 못하고 헛돌 때 생겨난다.

133. 우리는 우리의 말을 사용하기 위한 규칙 체계를 전혀 들어보지도 못한 방식으로 개선하거나 완전하게 만들려고 하지 않는다.

왜냐하면 우리가 추구하는 명료성은 실로 **완전한** 명료성이기 때문이다. 하지만 이것은 다만 철학적 문제들이 **완전히** 사라져야 한다는 것을 의미한다.

진정한 발견이란 내가 원할 때 철학하는 일을 그만둘 수 있게 해

---

345) 예컨대 이 책 §118에서 제시된 목적.

346) BB, 44-45쪽 참조.

주는 발견이다. ― 철학이 더 이상 **스스로**를 문제 삼는 질문들[347]
때문에 고통받지 않도록 철학에 편안한 휴식을 주는 그런 발견
이다.[348] ― 그 대신[349] 이제 예들 속에서 하나의 방법이 제시되고,
그러면 일련의 예들은 중단될 수 있다.[350] ―― **하나의** 문제가 아니
라, 문제들이 해결된다. (어려운 점들이 제거된다.)[351]

---

347) 예컨대 철학이란 무엇인가와 같은 질문을 말한다.

348) CV, 50쪽 참조.

349) '그 대신'의 의미를 다음의 두 방식으로 풀 수 있다.

(1) 철학적 문제가 완전히 사라져야 하는 상황이 실제로는 불가능하므로 그 대
신 하나하나 예를 듦으로써 점진적으로 명료성을 추구해나간다.

(2) 철학 스스로를 문제 삼는 이른바 근원적인 물음들을 해명하는 대신 각각의
철학적 문제들을 예들 속에서 제시된 방법에 의해 하나하나 해소해나간다.
비트겐슈타인이 "내가 원할 때 철학적 문제를 벗어날 수 있다고 책에서 내가
한 말은 거짓이다. 나는 그렇게 할 수 없다."라고 말했다는 전언에 따르자면
(1)은 설득력이 있는 해석이다. Hallett 1977, 230쪽 참조. 그러나 이 절의 앞
뒤 문맥을 두루 고려했을 때 (2)도 충분히 설득력이 있다. 이어지는 메모가 특
히 (2)와 잘 어우러진다.

350) 예들 속에서 제시된 방법에 의해 철학의 문제가 해결되거나 해소되면 더 이상
의 예를 제시할 필요는 없는 것이다.

351) 이 절에 대해서는 다음의 논문들을 참조. S. Hilmy, "'Tormenting Questions'
in *Philosophical Investigations*, Section 133," Arrington and Glock 1991에
수록; D. McManus, "Philosophy in Question: *Investigations* 133," *Philo-
sophical Investigations*, vol. 18, 1995; R. Read, "The Real Philosophical
Discovery," *Philosophical Investigations*, vol. 18, 1995.

> **단 하나의** 철학적 방법이 있는 것은 아니다. 물론 다양한 치
> 료법들이 있는 것처럼 여러 방법들[352]이 있기는 하지만.[353]

134. "사태가 이러이러하다"는 문장을 살펴보자. — 나는 어떻게 이것이 명제들의 일반 형식이라고 말할 수 있는가? — 그것은 무엇보다도 **그 자체가** 하나의 문장, 우리말의 한 문장이다. 주어와 술어를 갖추고 있기 때문이다. 하지만 이 문장은 어떻게 적용되는가? — 즉 우리의 일상 언어에서 어떻게 적용되는가? 왜냐하면 나는 다름 아닌 **우리의 일상 언어에서** 그것을 얻었기 때문이다.

가령 우리는 이렇게 말한다: "그는 내게 자신의 처지를 설명하고, 사태가 이러이러해서 가불(假拂)이 필요하다고 말했다." 그렇다면 우리는 그 점에서[354] 그 문장이 그 어떤 진술을 나타낸다고 말할 수 있다. 그것은 하나의 명제 도식으로 사용되고 있지만, 그 이유는 그것이 **단지** 우리말 문장의 구조를 갖기 때문이다. 우리는 대신

---

352) "기억들을 모으는"(이 책 §127) 방법, **"연결고리**를 발견하고 만들어내는"(이 책 §122) 방법, "차이를 반복해서 **강조하는**"(이 책 §132) 방법, "예들 속에서 하나의 방법이 제시되는"(이 책 §133) 방법 등등.

353) 이전 버전들에서는 이 단락이 이 책 §133에 속하는 것으로 배치되었다. 그러나 이 단락은 TS 228, §140으로부터 끼워 넣어진 것이다. PI 4판, 253쪽 참조.

354) 앞의 문장이 말해졌다는 점에서.

"사실은 이러이러하다", "상황은 이러저러하다" 등으로 쉽게 말할 수 있다. 또한 우리는 기호논리학에서처럼 단순히 문자, 변항(變項)을 사용할 수도 있다. 하지만 분명 누구도 "p"라는 문자를 명제의 일반 형식이라고 부르지는 않을 것이다. 앞에서 말했듯이: "사태가 이러이러하다"는 단지 그 자체가 우리가 우리말의 한 문장이라고 부르는 것이기 때문에 그런 역할을 갖게 된 것이다. 그러나 그것이 하나의 문장이기는 하지만, 여전히 하나의 명제 변항으로만 사용된다. 그것이 실재와 일치한다고 (또는 불일치한다고) 말하는 것은 분명히 아무 의미 없는 말일 것이다. 따라서 그것은 명제에 대한 우리의 개념이 지닌 특징 중 **하나가 명제 소리**[355]라는 점을 보여주고 있다.[356]

135. 그러나 우리는 명제가 무엇인지, 우리가 "명제"라는 말을 무엇이라고 이해하는지에 대한 개념을 갖고 있지 않은가? — 당연히 갖고 있다. 마치 우리가 "게임"이라는 말을 무엇이라고 이해하는지에 대한 개념을 갖고 있는 것과 마찬가지다.[357] 명제가 무엇이

---

355) 원어는 "Satzklang"이다. 명제로 들리는 소리라는 의미로 새길 수 있다.

356) "이러사태하다가 저러"와는 달리 "사태가 이러저러하다"가 명제로 불리는 까닭은 전자와는 달리 후자는 명제처럼 들리기 때문이다. 이 절부터 §137까지는 다음의 논문을 참조. G. Vision, "The Truth about *Philosophical Investigations* I §§134‒137," *Philosophical Investigations*, vol. 28, 2005.

냐고 묻는다면 — 우리가 대답해야 하는 사람이 다른 사람이든 우리 자신이든 간에 — 우리는 예들을 들 것이고, 여기에는 우리가 명제들의 귀납적 연속[358]이라고 부를 수 있는 것들이 포함될 것이다. 따라서 우리는 **이런** 방식으로 명제에 대한 개념을 갖는다. (명제의 개념을 수(數)의 개념과 비교해보라.)

136. "사태가 이러이러하다"를 명제들의 일반 형식으로 제시하는 것은 기본적으로 다음과 같이 설명하는 것과 같다: 명제는 참이거나 거짓일 수 있는 모든 것이다. 왜냐하면 "사태가 이러저러하다" 대신에 나는 "이러이러한 것이 참이다"(그러나 또한 "이러이러한 것이 거짓이다")라고 말할 수도 있었기 때문이다. 하지만

"p"는 참이다＝p

"p"는 거짓이다＝p가 아니다.

이다.[359] 그리고 명제가 참이거나 거짓일 수 있는 모든 것이라는 말

---

357) 이 책 §67 이하 참조. 명제나 게임이나 모두 가족 유사성의 관점에서 파악되어야 할 것이다.

358) 명제의 예들로 이루어진 연속의 다른 표현이다.

359) 이는 후에 램지 등에 의해 '진리 잉여론(redundancy theory of truth)'으로 정립된다.

은 다음과 같이 말하는 것과 마찬가지다: 우리는 **우리 언어에서** 진리 함수 계산[360]을 적용할 수 있는 것을 명제라고 부른다.

이제 마치 그 설명 — 명제는 참이거나 거짓일 수 있는 모든 것이다 — 은 '참'의 개념에 들어맞거나 '참'의 개념이 들어맞는 것이 명제라고 말함으로써 명제가 무엇인지를 규정하는 듯이 보인다. 따라서 마치 우리가 참과 거짓의 개념을 지니고 있었고, 이를 사용해 무엇이 명제이고 무엇이 명제가 아닌지를 규정할 수 있는 것 같다. 참의 개념과 (톱니바퀴처럼) **맞물리는** 것이 바로 명제이다.

그러나 이것은 좋지 않은 그림이다.[361] 그것은 "체스에서 왕은 우리가 **그것에 대해** 장군을 부를 수 있는 말(馬)이다."라고 말하는 것과 같다. 하지만 이는 우리의 체스 게임에서는 왕에 대해서만 장군을 부른다는 것을 의미할 수 있을 뿐이다.[362] 마치 **명제**만이 참일 수 있다는 명제는 우리가 명제라고 부르는 것에 대해서만 "참"과 "거짓"을 서술한다고 말할 수 있을 뿐인 것과 같다.[363] 그리고 명제가 무엇인가 하는 것은 **어떤** 의미에서 (가령 우리말에서) 문장 구성

---

360) 한 명제를 구성하는 요소명제들의 진리치를 토대로 그 명제의 진리치를 계산하는 것을 뜻하며 비트겐슈타인의 『논리-철학논고』가 그 효시이다.

361) 참의 개념과 (톱니바퀴처럼) 맞물리는 것이 바로 명제라는 관념이 명제에 대한 잘못된 생각이라는 뜻이다.

362) 장군을 부른다는 말의 의미를 이해하는 사람은 이미 왕의 의미를 알고 있다. 왜냐하면 장군을 부르는 대상이 왕이라는 사실이 왕의 개념에 속하기 때문이다. (속하는 것이지 그것에 들어맞는 것이 아님에 유의할 필요가 있다.)

의 규칙들에 의해, 그리고 또 다른 의미에서는 언어게임에서 기호의 쓰임에 의해 결정된다.[364] 그리고 "참"과 "거짓"이라는 낱말의 쓰임도 이 게임의 구성 부분일 수 있다. 그렇다면 그것은 우리의 '명제' 개념에 **속하는** 것이지 그 개념에 '**들어맞는**' 것은 아니다.[365] 마치 우리가 또한 장군을 부르는 것이 체스에서 왕의 개념에 (말하자면 체스의 구성 부분으로서) **속한다**고 말할 수 있는 것처럼 말이다. 장군을 부르는 일이 우리의 졸(卒) 개념에 **들어맞지** 않는다고 말하는 것은 졸에 대해 장군을 부르는 게임, 가령 졸을 잃으면 패하게 되는 게임은 재미없거나, 시시하거나, 너무 복잡하다는 등을 의미할 것이다.

137. 그렇다면 "누가 또는 무엇이 . . . ?"라는 질문을 통해 문장의 주어를 결정하는 일을 배우는 것은 어떤가? ― 여기에서 분명 주어가 이 질문에 '**들어맞는**' 그런 상황이 있다. 그렇지 않다면 우리는 주어가 무엇인지를 그 질문을 통해서 어떻게 알아냈는가? 우리는 'K'까지 알파벳을 암송함으로써 'K' 다음에 오는 알파벳 문

---

363) '참'과 '거짓'은 명제의 개념과 독립해 이해될 수 없다. 따라서 '참'과 '거짓'의 의미를 이해하는 사람은 이미 명제의 의미를 알고 있다.

364) 예컨대 우리는 'p'를 명제의 긍정으로, 'p가 아니다'를 명제의 부정으로 사용한다.

365) AWL, 144-146쪽 참조.

자를 알아내는 것과 유사한 방식으로 그것을 알아낸다. 그런데 어떤 의미에서 'L'은 이 일련의 문자들에 들어맞는가? ― **그런** 의미에서 우리는 "참"과 "거짓"이 명제들에 들어맞는다고 말할 수 있다.[366] 그리고 우리는 다음과 같이 말함으로써 아이가 명제를 다른 표현들과 구별하도록 가르칠 수 있을 것이다: "그것 뒤에 '참이다'라고 말할 수 있는지 스스로에게 물어봐. 만약 '참이다'라는 말이 들어맞으면 그것은 명제야." (마찬가지로 우리는 이렇게 말할 수 있었을 것이다: 그 명제 앞에 "사태가 이러이러하다:"라는 말을 놓을 수 있는지 스스로에게 물어봐.)

138. 하지만 내가 이해하는 낱말의 의미가 내가 이해하는 문장의 의미에 들어맞을 수는 없는가? 또는 한 낱말의 의미는 다른 낱말의 의미에 들어맞을 수 없는가? ―― 물론 의미가 그 낱말이 지니는 **쓰임**이라면, 그런 들어맞음에 대해 말하는 것은 무의미하다. 그러나 우리는 어떤 낱말을 듣거나 말할 때 그 의미를 **이해**

---

366) 그런 점에서 이 절은 앞 절에 대한 반론으로 해석할 수 있다. 하지만 앞 절에서와는 달리 이 절에서의 '들어맞음'은 우리가 이미 알고 있는 바를 상기하는 것이지 톱니바퀴가 서로 맞물리는 것을 발견하듯 새로운 사실을 발견하는 것이 아니다. "누가 또는 무엇이…?"라는 질문을 통해 문장의 주어를 결정하는 것도 마찬가지로 우리가 이미 알고 있는 바를 상기하는 방식으로 주어가 위의 물음에 들어맞는 상황을 아는 것이다.

한다.[367] 우리는 그것을 단숨에 파악하며, 우리가 이런 식으로 파악하는 것은 시간 속에 펼쳐지는 '쓰임'과는 분명히 다른 어떤 것이다!

나는 내가 한 낱말을 이해하는지 아닌지를 **알아야** 하는가? 또 나는 내가 한 낱말을 (어떤 계산법[368]을 이해한다고 생각하듯이) 이해한다고 생각했는데, 이제 그 낱말을 이해하지 못했다는 것을 깨닫는 경우도 종종 있지 않은가? ("나는 '상대적' 운동과 '절대적' 운동의 의미를 안다고 생각했지만, 이제 그것을 모른다는 것을 안다.")[369]

---

139. 예를 들어 누군가 내게 "정육면체"라는 낱말을 말할 때, 나는 그것이 무엇을 의미하는지 안다. 그러나 내가 그것을 이런 식으로 **이해할** 때, 그 낱말의 **쓰임** 전부가 내 마음속에 떠오를 수 있는가?

---

367) 이 책 §43에 대한 반론으로 해석할 수 있다. 이 반론에 대한 비트겐슈타인의 응수가 바로 이어서 전개된다. 이 절부터 §197까지는 다음의 논문을 참조. E. Fischer, "A Cognitive Self-Therapy — PI 138-97," Ammereller and Fischer 2004에 수록.

368) 수학적 계산법을 뜻한다.

369) 이러한 경우는 물론 가능하다. 더욱 중요한 점은 그러한 깨달음 역시 자신이 알았다고 생각하는 낱말을 사용하다가 일어난다는 사실이다.

그렇다. 하지만 다른 한편으로 그 낱말의 의미는 또한 이 쓰임에 의해 결정되지 않는가? 그리고 의미를 결정하는 이런 방식들은 서로 모순될 수 있는가? 우리가 **단번에** 파악하는 것이 쓰임과 일치할 수 있는가? 그것이 쓰임에 들어맞거나 들어맞지 않을 수 있는가? 그리고 한순간에 우리에게 나타나 있는 것, 한순간에 우리 마음속에 떠오르는 것이 어떻게 **쓰임**에 들어맞을 수 있는가?

우리가 한 낱말을 **이해할** 때 우리의 마음속에는 실제로 무엇이 떠오르는가? ― 그림과 같은 어떤 것이 아닌가? 그것은 그림**일** 수 없는가?

당신이 "정육면체"라는 낱말을 들을 때 당신의 마음속에 하나의 그림, 가령 정육면체의 그림이 떠오른다고 가정해보라. 이 그림은 어떤 의미에서 "정육면체"라는 낱말의 쓰임에 들어맞거나 들어맞지 않을 수 있는가? ― 당신은 아마도 이렇게 말할 수 있을 것이다: "그것은 매우 간단하다. ― 만약 그 그림이 내 마음속에 떠오르고, 내가 가령 삼각 프리즘을 가리키면서 그것이 정육면체라고 말한다면, 그 낱말의 이런 쓰임은 그 그림에 들어맞지 않는다." ― 하지만 그것이 들어맞지 않는다고? 나는 그 그림이 어쨌든 삼각 프리즘에 들어맞도록 하는 **투사의 방법**[370]을 아주 쉽게 상상할 수 있는 예를 의도적으로 선택했다.[371]

정육면체의 그림은 확실히 우리에게 어떤 쓰임을 **암시했지만**, 나는 그것을 다르게 사용할 수도 있었다.

(a) "나는 이 경우에 올바른 낱말이 . . . 라고 생각한다." 이 것은 한 낱말의 의미가 우리에게 떠오르는 어떤 것, 이를테면 우리가 여기서 사용하고 싶은 바로 그 그림이라는 점을 보여주 지 않는가? 내가 "늠름한", "기품 있는", "의기양양한", "위엄 있 는"이란 낱말들 가운데 하나를 고른다고 가정해보라. 이것은 마 치 내가 화집(畫集) 속의 그림들 중 하나를 고르는 일과 비슷하 지 않을까? — 그렇지 않다. 우리가 **적절한 낱말**에 대해 말한다 는 사실이 . . . 한 어떤 것이 존재한다는 점을 **보여주지는** 않 는다. 오히려 우리가 한 낱말이 적절하다고 느낄 수 있기 때문 에, 우리가 똑같지는 않지만 유사한 낱말들 가운데 하나를 자주 고르기 때문에 낱말 대신에 또는 낱말들을 설명하기 위해 그림 이 자주 사용되기 때문에 등등의 이유로 우리는 이런 그림 같은 어떤 것에 대해 말하는 경향이 있다.[372]

---

370) 예컨대 정육면체 ☐를 마름모꼴로 세워놓은 상태에서 위에서 내려다보면 ▱로 보인다. 삼각 프리즘 △을 위에서 내려다보면 위의 정육면체의 경우와 마찬가 지로 ▱로 보인다.

371) 이 예는 그림이 쓰임을 결정하는 것이 아님을 보여준다. 다음 단락의 표현을 빌리자면 그림은 쓰임을 암시할 뿐이다. 따라서 한 낱말의 의미에 대한 즉각 적인 이해가 마음의 그림을 동반할 수는 있지만 그 그림이 곧 이해인 것은 아 니다. 그 까닭은 그 그림이 낱말을 잘못 사용하는 경우와도 양립할 수 있기 때 문이다.

(b) 나는 그림 하나를 본다. 그것은 지팡이에 의지해 가파른 길을 오르는 노인을 묘사하고 있다. — 어떻게? 만일 노인이 그런 자세로 아래쪽으로 내려오고 있었다 해도, 그 그림은 똑같아 보이지 않았을까? 아마도 화성인이라면 그 그림을 그렇게 기술할지도 모른다. 나는 왜 **우리가** 그것을 그렇게 기술하지 않는지 이유를 설명할 필요가 없다.[373)]

140. 그렇다면 나는 어떤 종류의 실수를 저지른 것일까? 그것은 우리가 "나는 그 그림이 특정한 쓰임을 내게 강요한다고 생각했다"라는 말로 표현될 수 있는 실수인가? 나는 어떻게 그렇게 생각할 수 있었는가? 나는 그때 무엇을 생각**했는가**? 우리에게 특정한 적용을 강요하는 그림, 또는 그림과 같은 어떤 것이 있는가? 따라서 내 실수는 하나의 혼동이나 마찬가지였는가? — 왜냐하면 우리는 또한 우리 자신을 다음과 같이 표현하는 경향이 있을 수 있기 때문

---

372) 어떤 경우에 의미를 우리 마음속에 떠오르는 어떤 것으로 간주하는 오류에 빠지게 되는지를 지적하고 있다는 점에서 이 책 §139의 세 번째 단락에 대한 각주로 여겨진다.

373) 그림이 달리 해석(사용)될 수 있음을 지적하고 있다는 점에서 이 책 §139의 마지막 단락에 대한 각주로 여겨진다. 이 책 §§85, 185의 맥락에서도 읽을 수 있다.

이다: 우리는 논리적 강요가 아니라 기껏해야 심리적 강요를 받고 있다. 그리고 이때 우리는 마치 두 종류의 경우를 알고 있는 듯이 보인다.

내 논증은 어떤 결과를 가져왔는가? 그것은 우리가 애초에 생각했던 과정 이외에, 우리가 때로는 "정육면체의 그림을 적용한다"라고 부를 준비가 되어 있는 다른 과정들이 있다는 사실에 우리의 주의를 환기시켰다. (우리에게 상기시켰다.) 따라서 '그 그림이 우리에게 특정한 적용을 강요했다는 우리의 믿음'은 다른 경우가 아니라 오직 하나의 경우만이 우리 마음속에 떠올랐다는 데 있었다. "다른 해결책도 있다"라는 말은 다음을 의미한다: 또한 내가 "해결책"이라고 부를 준비가 되어 있는 다른 어떤 것이 있으며, 거기에 대해 나는 이러이러한 그림, 이러이러한 유추(類推) 등을 적용할 준비가 되어 있다.

그리고 이제 중요한 것은, 우리가 그 낱말을 들을 때 우리의 마음속에는 똑같은 것이 떠오를지도 모르지만 그 적용은 여전히 다를 수 있다는 사실을 아는 일이다. 그것은 두 경우에 **똑같은** 의미를 지니는가? 나는 우리가 아니라고 말할 것으로 생각한다.

141. 그러나 단지 정육면체의 그림뿐 아니라, 투사의 방법까지도 우리의 마음속에 떠오른다면 어떨까? — 나는 이것을 어떻게 상상해야 할까? — 아마도 나는 투사의 방법을 보여주는 도식을 내

앞에 보게 될 것이다. 가령 투사선으로 연결된 두 정육면체의 그림을 말이다. — 하지만 이것은 실제로 나를 더 나아가게 하는가? 나는 이제 이 도식을 다르게 적용하는 상황을 상상할 수 없을까? — — 상상할 수 있다.[374] 하지만 하나의 **적용이 내 마음속에 떠오를 수 없을까?** — 가능할 것이다. 다만 우리는 이 표현에 대한 우리의 적용을 보다 명확히 할 필요가 있다. 내가 누군가에게 다양한 투사의 방법을 설명하여 그가 그 방법들을 계속 적용할 수 있도록 한다고 가정해보라. 내가 의미하는 그 투사의 방법이 어떤 경우에 그의 마음속에 떠오른다고 우리가 말하게 될지 스스로에게 물어보자.

이제 우리는 이에 대해 분명히 두 종류의 기준을 인정한다. 한편으로는 어느 시점에서 그가 마음속에 떠올리는 그림, (어떤 종류의 그림이든) 다른 한편으로는 — 시간이 지나면서 — 그가 이 이미지에 대해 하는 적용이다. (그리고 여기서 이 그림이 그의 상상 속에서 떠오르는 것이지 스케치나 모형으로서 그의 앞에 놓여 있지 않다는 점, 또는 심지어 그 자신이 모형으로 제작하는 어떤 것도 아니라는 점은 전혀 중요하지 않다는 사실이 분명하지 않은가?)

그림과 적용은 서로 충돌할 수 있는가? 그림이 우리에게 다른 쓰임을 기대하게 하는 한 이들은 충돌할 수 있다. 왜냐하면 사람들은 일반적으로 이 그림을 이와 같이 적용하기 때문이다.[375]

---

374) 이 책 §86 참조.

나는 다음과 같이 말하고 싶다: 여기에는 하나의 **정상적인** 경우와 비정상적인 경우들이 있다.

142. 한 낱말의 쓰임이 우리에게 분명히 규정되어 있는 것은 오직 정상적인 경우에만 해당한다. 우리는 이러저러한 경우에 뭐라고 말해야 할지 알고 있으며 어떤 의심도 하지 않는다. 비정상적인 경우의 정도가 심해질수록 우리가 여기서 뭐라고 말해야 할지는 더욱 의심스러워진다. 그리고 사물이 실제와 매우 다르다면 ─ ─ 가령 고통, 두려움, 기쁨 등에 대한 특징적 표현이 없다면, 규칙이 예외가 되고 예외가 규칙이 된다면, 또는 규칙과 예외가 대체로 동등한 빈도로 발생한다면 ─ 그로 인해 우리의 정상적인 언어게임들은 그 핵심을 잃어버릴 것이다. ─ 치즈 덩어리를 저울 위에 놓고 바늘이 돌아가는 데 따라서[376] 가격을 정하는 절차는, 그 덩어리가 분명한 이유 없이 늘어나거나 줄어든다면 그 핵심을 잃어버릴 것이다. 이런 고찰은 우리가 느낌과 표현의 관계 같은 것들, 그

---

375) 이 책 §138에서 여기까지의 그림과 적용에 대한 논의는 뒤에 규칙과 그것을 따름에 대한 논의에서 보다 심도 있게 다루어진다. 마음속 그림이 그것의 적용을 규정하지 않는 것처럼 규칙이 그것의 올바른 따름을 규정하지 않는다는 점, 그럼에도 불구하고 그림이나 규칙의 어떤 적용이 자연스럽고 불가항력적으로 보인다는 점이 그림과 규칙에 대한 논의의 상호 연관성이다.

376) 원문은 "nach dem Ausschlag der Waage"로 천칭의 기울기로 무게를 재는 경우이지만 시대에 맞게 의역하였다.

리고 이와 유사한 주제들에 대해 논의할 때 더 분명해질 것이다.

> 어떤 개념의 의의(意義), 즉 중요성을 설명하기 위해 우리가
> 언급해야 하는 것은 극히 일반적인 자연의 사실들인 경우가 많
> 다. 다시 말해 너무나 일반적이어서 거의 언급된 적이 없는 그
> 런 사실들이다.[377)

143. 이제 다음과 같은 언어게임을 고찰해보자: A가 명령을 내
리면 B는 어떤 형성 규칙에 따라 기호의 열(列)들을 적어 내려간다.
이 열 가운데 첫 번째를 십진법 체계하에서의 자연수열(自然數列)
이라고 하자. ― 그는 이 체계를 어떻게 이해하게 되는가? 먼저 우
리는 수열(數列)을 적으면서 그에게 그것을 베껴 쓰라고 요구한다.
("수열"이라는 낱말에 구애받지 말라. 그것은 여기서 잘못 사용되고 있지
않다!) 그리고 여기서 이미 학습자의 정상적인 반응과 비정상적인
반응이 있다. ― 아마도 우리는 먼저 그가 0부터 9까지의 수열을

---

377) 이 책 §§80, 242, 471, 『심리철학』, xii 참조. §142와 한데 묶어 읽어보면 이 일
　　반적인 자연의 사실들이 안정적으로 고정될 때 비로소 언어게임이 정상적으
　　로 작동할 수 있다는 해석이 가능하다.

써 내려갈 때 손을 어떻게 움직여야 하는지 안내해줄 것이다. 그러나 그때 **의사소통의 가능성**은 그가 그것을 혼자서 계속 써 내려갈 수 있는지에 달려 있을 것이다. — 그리고 우리는 여기서 가령 그가 혼자서 숫자들을 베끼기는 하지만, 올바른 순서가 아니라 때로는 이것을 때로는 저것을 불규칙하게 적는 경우를 상상해볼 수 있다. 그러면 그 지점에서 의사소통은 멈춘다. — 혹은 그는 순서에서 '**잘못**'을 저지른다. — 이 경우와 첫 번째 경우의 차이는 물론 빈도의 차이다. — 혹은 그는 **규칙적으로** 잘못을 저지른다. 예를 들어 언제나 수를 하나씩 건너뛰어 받아 적거나, 수열 0, 1, 2, 3, 4, 5. . .를 1, 0, 3, 2, 5, 4. . .와 같이 베낀다. 여기서 우리는 그가 우리의 말을 **잘못** 이해했다고 말하고 싶어질 것이다.

그러나 불규칙적으로 저지르는 잘못과 규칙적으로 저지르는 잘못 사이에는 명확한 구분이 없다는 사실을 눈여겨보라. 즉 당신이 보통 "불규칙적으로 저지르는 잘못"이라고 부르는 것과 보통 "규칙적으로 저지르는 잘못"이라고 부르는 것 사이에는 명확한 구분이 없다는 말이다.

이제 우리는 아마도 그가 (나쁜 습관을 버리게 하듯) 규칙적으로 저지르는 잘못을 멈추게 할 수 있을 것이다. 또는 우리는 아마도 그가 베끼는 방식을 인정하고서, 정상적인 방식을 그의 방식에 대한 변종이나 변형으로서 가르치려 할 것이다. — 그런데 우리 학생의 학습 능력은 여기서 멈출 수도 있다.[578]

144. 내가 "학생의 학습 능력은 여기서 멈출 **수도 있다**"라고 말할 때 나는 무엇을 의미하는가? 나는 나 자신의 경험에 비추어 이런 말을 하는 것일까? 물론 그렇지 않다. (설령 내가 그런 경험을 한 적이 있다고 해도 말이다.) 그렇다면 나는 왜 그런 말을 하는 것일까? 결국 내가 하고 싶은 말은 다음과 같다: "그렇다. 그것은 사실이다. 우리는 그렇게 상상할 수 있고, 그런 일은 실제로 일어날지도 모른다!" ─ 하지만 나는 누군가에게 이를 상상할 수 있다는 사실에 주목하도록 노력을 기울였는가? ── 나는 그에게 이 그림을 보여주려 했고, 그가 이 그림을 **받아들이는가**의 여부는 그가 이제 주어진 경우를 다르게 보게 되는가에 있다. 즉 그것을 이 일련의 그림들과 비교하게 되는가에 있다.[379] 나는 그가 **사물을 보는 방식**을 바꾼 것이다.[380] (인도의 수학자들: "이것을 보라!")[381]

145. 이제 그 학생이 0부터 9까지의 수열을 우리가 만족할 정도

---

378) 이 절부터 §242까지는 다음의 논문을 참조. G. P. Baker, "Following Wittgenstein: Some Signposts for *Philosophical Investigations* §§143-242," Holtzman and Leich 1981에 수록. 이 절에서의 논의는 이어지는 절들에서뿐 아니라 이보다 좀 먼 곳에 있는 이 책 §185에서도 재개된다.

379) 베이커와 해커는 "이 그림"은 이해를 능력과 그 실행으로 보는 견해를, "이 일련의 그림들"은 이해를 상태와 그 인과적 귀결들로 보는 견해를 가리키는 것으로 추정한다. Baker and Hacker 2005b, §315쪽 참조.

380) 『심리철학』, §118에 나오는 토끼-오리 머리 그림 참조.

로 적는다고 가정해보라. — 그리고 이것은 그가 100번에 한 번 정도가 아니라 **자주** 성공할 경우에만 해당될 것이다. 이제 나는 그에게 수열을 계속 가르쳐나가고, 그가 처음의 수열이 한 자리 숫자에서 그리고 다시 두 자리 숫자에서 반복해 일어난다는 사실에 주목하도록 한다. (이것은 다만 내가 특정한 부분들을 강조하고, 기호들에 밑줄을 치며, 이러이러한 방식으로 아래에 맞춰서 적는 것[382] 등을 의미한다.) — 이제 어느 시점이 되면 그는 혼자서 수열을 계속 전개해나간다. — 또는 계속 전개하지 않는다. — 그러나 당신은 왜 그렇게 말하는가? **그것**은 자명한 일이 아닌가! — 물론 그렇다. 나는 다만 이렇게 말하고 싶었다: 어떤 추가적인 **설명**이 효과가 있을지의 여부는 학생이 어떤 **반응**을 보이는지에 달려 있다.[383]

---

381) 비트겐슈타인의 다음 구절을 참조할 것.

> 나는 인도의 어떤 수학자들에게는 기하학적 도형이 "이것을 보라!"라는 말과 함께 증명으로 기능한다는 것을 어딘가에서 읽은 적이 있다. 이러한 봄도 보는 방식에 변화를 초래한다. (Z, §461)

382) 예컨대 다음과 같이 적는 것을 뜻한다.

0 1 2 3 4 5 6 7 8 9
10 11 12 13 14 15 16 17 18 19
20 21 22 23 24 25 26 27 28 29
......

383) 여기서의 반응은 학생이 수열을 독자적으로 계속 전개해나가는 그 반응을 말한다. 이 점을 고려하지 않고 반응 자체에만 주목할 경우 비트겐슈타인의 입장은 행동주의와 구별되지 않게 된다.

하지만 이제 선생님이 얼마간 가르치려고 노력한 뒤에 학생이 수열을 제대로, 즉 우리가 하는 대로 계속 전개한다고 가정해보자. 그러면 이제 우리는 학생이 이 체계를 완전히 익혔다고 말할 수 있다. — 그러나 우리가 정당하게 그렇게 말할 수 있으려면 학생이 수열을 얼마까지 계속 전개해나가야 할까? 분명 당신은 여기서 그 한계를 명시할 수 없다.[384]

146. 이제 내가 이렇게 묻는다고 하자: "학생이 백(百)의 자리까지 수열을 전개한다면 그 체계를 이해한 것인가?" 또는 — 만약 내가 우리의 원초적 언어게임에서 '이해'에 관해 말해서는 안 된다면: 만일 학생이 **거기**까지 제대로 수열을 전개한다면 그 체계를 안 것인가? — 여기서 당신은 아마도 이렇게 말할 것이다: 그 체계를 알았다는 (또는 그것을 이해한다는) 것은 **이** 숫자나 **저** 숫자까지 수열을 전개하는지의 여부에 달려 있을 수 없다. **그것**은 단지 우리의 이해를 적용한 것일 뿐이다. 이해 자체는 **그로부터** 올바른 쓰임이 비롯되는 하나의 상태이다.

여기서 우리는 실제로 무엇을 생각하고 있는가? 대수(代數)의 공식으로부터 수열을 도출하는 일을 생각하고 있는 게 아닐까? 또는

---

384) 이는 수열에 대한 이해가 마음의 상태가 아니라는 사실에 대한 하나의 간접적 증거로 간주될 수 있다.

어쨌든 이와 유사한 뭔가를 생각하고 있는가? — 하지만 이는 우리가 전에도 해본 생각이다. 우리는 대수의 공식이 적용되는 방식을 **하나** 이상 생각할 수 있다. 그리고 각각의 적용 방식은 다시 대수적으로 공식화될 수 있다.[385] 물론 이것이 우리를 더 나아가게 하지는 못한다. — 적용은 여전히 이해의 한 기준이다.[386]

147. "하지만 어떻게 그럴 수 있는가? **내가** 수열의 규칙을 이해한다고 말할 때, 내가 이제까지 이러이러한 방식으로 대수의 공식을 적용해왔다는 **경험**에 근거해서 그렇게 말하는 것은 분명 아니다! 오히려 나는 나 자신의 경우에 내가 이러이러한 수열을 의미한다는 사실을 확실히 알고 있다. 내가 실제로 수열을 얼마나 전개시

---

385) 이 책 §201 첫 번째 단락 참조. 지금까지의 논의는 아마도 대수의 공식(예컨대 $n+1(n\geq1)$)이 적용되는 방식을 하나 이상 생각할 수 있다는 논제의 타당성과 연관되는 것으로 정리할 수 있을지 모른다. 이와 반대로 하나의 동일한 수열을 상이한 대수의 공식들의 적용으로 정식화할 수 있다. 예컨대 여기서 논의되고 있는 동일한 수열 0, 1, 2, 3, 4, 5, 6, 7, 8, 9 …는 $n+1$의 적용($n\geq-1$)일 수도 있지만 $n-1(n\geq1)$이나 $n(n\geq0)$의 적용으로 볼 수도 있다.

386) 설은 중국어 방 논증을 통해 적용이 이해의 기준이 될 수 없음을 역설한 바 있다. Searle 1980 참조. 그러나 그의 논증의 귀결에 대한 보다 올바른 표현은 구문론적(syntactic) 적용이 의미론적(semantic) 이해의 기준이 될 수 없다는 것이다. 수열에 대한 이해가 구문론적 이해라면 비트겐슈타인의 논제는 이 경우 구문론적 적용이 구문론적 이해의 한 기준이라는 것이다. 그리고 이는 설의 논증이 가하는 비판으로부터 비껴 서 있다.

켰는지는 상관이 없다." —

그렇다면 당신은 다음을 의미한다: 당신은 특정한 수들에 실제로 적용해본 기억과는 별도로 수열의 규칙을 적용할 줄 안다. 그리고 당신은 아마도 이렇게 말할 것이다: "물론이다! 수열은 실제로 무한하고, 내가 전개시킬 수 있었던 수열의 일부는 유한하기 때문이다."

148. 그러나 이 앎은 무엇에 있는가? 한번 물어보자: 당신은 **언제** 그 적용을 아는가? 항상? 밤낮으로? 아니면 당신이 그 수열의 규칙을 생각하고 있는 바로 그동안에만? 당신은 ABC, 구구단을 아는 것과 똑같은 방식으로 그것을 아는가?[387] 또는 당신이 "앎"이라고 부르는 것은 의식의 상태이거나 하나의 과정 — 가령 어떤 것을 생각하는 일, 또는 그와 비슷한 것 — 인가?[388]

149. 우리가 ABC를 아는 것이 마음의 상태라고 말한다면, 우리는 그 앎이 **나타나는 현상**을 설명하는 데 매개로 삼는 마음의 기관

---

387) 이 책 §184 참조.
388) 이 단락은 두 종류의 앎을 제시하고 있다. 첫째로 앎은 ABC, 구구단을 아는 경우처럼 어떤 기술을 익혀 그것으로 어떤 것을 할 줄 안다는 것을 가리키고, 둘째로 앎은 어떤 것을 생각하는 경우처럼 의식이나 마음의 상태를 가리킨다. 수열의 규칙을 적용할 줄 아는 것은 첫째에 해당한다.

(아마도 우리의 뇌)이 지니는 상태를 염두에 두고 있는 것이다. 우리는 그런 상태를 성향이라고 부른다. 그러나 마음의 상태에 대한 두 가지 다른 기준, 즉 기관의 작용에 관한 지식 및 그 작용과 구분되는 기관의 구성에 관한 지식이 있어야 한다면, 여기서 마음의 상태에 대해 언급하는 데에는 이론(異論)의 여지가 있다.[389] (여기서 의식 상태와 성향을 대비하기 위해 "의식적"이라는 낱말과 "무의식적"이라는 낱말을 사용한다면 많은 혼란을 일으킬 수 있다. 그 두 낱말은 문법적 차이를 감추고 있기 때문이다.

(a) "한 낱말을 이해함": 하나의 상태. 그러나 **마음의** 상태인가?[390] ─ 우리는 비탄, 흥분, 고통을 마음의 상태라고 부른다. 다음과 같은 문법적 고찰을 해보자: 우리는 이렇게 말한다.

"그는 하루 종일 비탄에 빠져 있었다."

"그는 하루 종일 아주 흥분되어 있었다."

"그는 어제부터 끊임없이 고통스러워했다." ─

또한 우리는 "나는 어제부터 이 낱말을 이해했다."라고 말할 수

---

389) 우리는 뇌의 상태를 기준으로 마음의 상태를 정의하지 않는다. 예컨대 우리는 수열의 규칙에 대한 이해에 동반되는 뇌의 상태를 그 이해의 기준으로 간주하지 않는다. 수열의 규칙에 대한 이해는 수열을 실제로 전개하는 데서 판가름 난다.

390) 이에 대한 대답은 이 책 §154의 후반부에서 찾을 수 있다.

있다. 하지만 "끊임없이"? — 물론 우리는 이해가 끊기는 것에 대해 말할 수 있다. 그러나 어떤 경우에? 다음을 비교해보라: "언제 당신의 고통이 줄어들었는가?" 그리고 "언제 그 낱말에 대한 당신의 이해가 멈추었는가?"

(b) 우리가 이런 질문을 받는다면 어떨까?: 당신은 언제 체스를 할 **수 있는가**? 항상? 아니면 한 수(手)를 두는 동안에만? 그리고 각각의 수를 둘 때마다 체스 전체를? — 그리고 체스를 둘 수 있다는 데는 그렇게 짧은 시간이 필요하고, 하나의 게임에는 그렇게 긴 시간이 필요하다는 것은 얼마나 이상한 일인가.

150. "안다"라는 낱말의 문법은 분명 "할 수 있다", "가능하다"라는 낱말의 문법과 밀접하게 연관되어 있다. 그러나 또한 "이해한다"라는 낱말의 문법과도 밀접하게 연관되어 있다. (하나의 기술(技術)을 '완전히 익힘'.)[391]

---

391) 유사하지만 꼭 같은 것은 아니다. 예컨대 왕년의 강속구 투수였던 박찬호는 아직도 강속구를 던지는 법을 알겠지만, 현역에서 은퇴한 지금으로서는 더 이상 강속구를 던질 수 없다.

151. 그러나 또한 "안다"라는 낱말은 **이렇게** 사용될 수도 있다: 우리는 "이제 나는 안다!"라고 말한다. ─ 그리고 마찬가지로 "이제 나는 할 수 있다!" 그리고 "이제 나는 이해한다!"라고 말한다.

다음의 예를 상상해보자: A는 수열을 적는다. B는 A를 보고 그 수열의 규칙을 찾으려 노력한다. B가 성공하면 이렇게 외친다: "이제 나는 계속할 수 있다!" ─ 따라서 이 능력, 이 이해는 순식간에 일어나는 어떤 것이다. 그러므로 살펴보자: 여기서는 어떤 일이 일어나는가? ─ A는 1, 5, 11, 19, 29라는 수들을 적는다. 이 시점에서 B는 어떻게 계속해나가는지 알겠다고 말한다. 여기서 어떤 일이 일어난 것인가? 여러 가지 일들이 일어났을 수 있다. 예를 들어 A가 수를 하나하나 천천히 적는 동안 B는 적힌 수들에 여러 가지 대수의 공식을 시험해보는 데 열중했다. A가 19라는 수를 적은 뒤에 B는 $a_n = n^2 + n - 1$이라는 공식을 시험해보았고, 그 다음의 수가 그의 추정이 옳다는 사실을 입증했다.

또는: B는 공식들을 생각하지 않는다. 그는 A가 수들을 어떻게 적는지 일정한 긴장감을 갖고 지켜보며, 그때 여러 가지 막연한 생각들이 그의 머릿속을 흘러간다. 마침내 그는 스스로에게 묻는다. "그 차이들의 수열"은 무엇인가? 그는 4, 6, 8, 10을 발견하고는 다음과 같이 말한다: "이제 나는 계속할 수 있다."

또는 B는 힐끗 보고 말한다: "아, 나 그 수열 알아." ─ 그리고 그 수열을 계속 적는다. A가 1, 3, 5, 7, 9의 수열을 적었을 때 B가

했을 반응처럼 말이다. ― 혹은 B는 아무 말도 하지 않고 단지 그 수열을 계속 적는다. 그는 아마도 "쉽잖아!" 하는 느낌이 들었을 것이다. (가령 그런 느낌은 우리가 약간 놀랐을 때처럼 숨을 가볍고 빠르게 들이쉴 때 드는 느낌이다.)[392]

152. 하지만 내가 여기에 기술한 과정들이 **이해**일까?

"B는 그 수열의 원리를 이해한다"라는 것은 단지 다음을 의미하지 않음에 틀림없다: B에게 "$a_n = . . .$"라는 공식이 떠오른다! 왜냐하면 그 공식이 B에게 떠오르지만 그가 이해하지 못하는 경우도 충분히 생각할 수 있기 때문이다. "그는 이해한다"라는 것에는 공식이 그에게 떠오르는 것 이상의 무엇인가가 있어야 한다. 그리고 마찬가지로 이해에 **수반하는** 저 다소 특징적인 **과정**, 또는 이해의 나타남 이상의 무엇인가가 있어야 한다.

153. 이제 우리는 보다 거칠고, 따라서 보다 쉽게 눈에 띄는 저 수반 현상 뒤에 숨겨진 듯한 이해라는 마음의 과정을 파악하려고 한다. 하지만 우리는 성공하지 못한다. 또는 더 정확히 말하자면 그것은 전혀 현실적인 시도가 되지 못한다. 왜냐하면 이해의 모든

---

392) 여기서의 논의는 이어지는 절들에서뿐 아니라 이보다 좀 먼 곳에 있는 이 책 §179에서도 재개되어 §184까지 계속된다.

사례에서 일어난 어떤 것을 내가 발견했다고 해도 — **그것**이 왜 이해여야 할까?[393] 게다가 내가 이해했기 **때문에** "이제 나는 이해한다"라고 내가 말했다는 것을 고려하면, 이해의 과정이 도대체 어떻게 숨겨져 있을 수 있었겠는가?![394] 그리고 내가 그것이 숨겨져 있다고 말한다면 — 나는 내가 무엇을 찾아야 할지 어떻게 아는가? 나는 혼란에 빠져 있다.[395]

154. 그러나 잠깐! — 만약 "이제 나는 그 체계를 이해한다"가 ". . . 라는 공식이 내게 떠오른다"(또는 "나는 그 공식을 말한다", "나는 그 공식을 적는다" 등등)와 똑같은 것을 의미하지 않는다면 — 이로부터 내가 "이제 나는 . . . 을 이해한다" 또는 "이제 나는 계속할 수 있다"라는 문장을 그 공식에 대한 발언의 주변이나 배후에서 일어나는 과정에 대한 기술(記述)로 사용한다는 결론이 나오는가?

'공식에 대한 발언의 배후에' 어떤 것이 있어야 한다면 그것은 **어떤 상황들**이며, 이 상황들은 그 공식이 내게 떠올랐을 때 — 내가 계속할 수 있다고 말하는 것을 정당화해 준다.

---

393) 그것은 이해의 징후(symptom)이지 기준(criterion)이 되지는 못한다. 이해의 한 기준은 여전히 적용이다. 이 책 §146 마지막 문장 참조.
394) 만일 이해의 과정이 숨겨져 있다면 우리는 바로 그 이유에서 그것을 이해할 수 없기 때문이다.
395) 이 책 §§123, 321-323 참조.

이해가 '마음의 과정'이라고는 절대 생각하지 말라! — **그런** 식으로 말하면 당신은 혼란스러워지기 때문이다. 오히려 스스로에게 이렇게 물어보라: 그렇다면 어떤 경우에, 어떤 상황에서, 우리는 "이제 나는 어떻게 계속해야 할지 안다"라고 말하는가? 즉 그 공식이 내게 떠올랐다면 말이다. —

이해의 특징적 과정들(마음의 과정들을 포함해)이 있다는 의미에서, 이해는 마음의 과정이 아니다.

(아픔의 느낌이 증가하거나 감소함, 어떤 곡조나 문장을 들음: 마음의 과정들.)

155. 따라서 내가 말하고 싶었던 것은 다음과 같다: 그가 어떻게 계속해야 할지 갑자기 알게 되었을 때, 그가 그 체계를 이해했을 때, 그는 아마도 특별한 체험을 했을지 모른다. — 그리고 우리가 그에게 "그것이 무엇이었는가? 당신이 갑자기 그 체계를 파악했을 때 어떤 일이 발생했는가?"라고 묻는다면, 그는 아마도 우리가 위에서 기술한 것과 유사하게 기술할 것이다. —— 그러나 우리가 볼 때, 그런 경우에 그가 이해한다고, 어떻게 계속해야 할지 안다고 말하도록 정당화해주는 것은 그가 그런 체험을 하게 된 **상황**이다.[396]

156. 이에 덧붙여 우리가 다른 낱말, 즉 "**읽기**"를 고찰해보면 이

점이 더욱 분명해질 것이다. 우선 이 고찰을 할 때 나는 읽은 것에 대한 이해를 '읽기'의 일부로 간주하고 있지 않다는 사실을 언급해야겠다.[397] 여기서 읽기란 적거나 인쇄한 것을 소리 내어 낭독하는 활동이며, 받아 적기, 인쇄된 것을 옮겨 적기, 악보를 보고 연주하기 등의 활동도 읽기에 포함된다.

우리의 일상생활에서 이 낱말이 어떻게 쓰이는지 물론 우리는 아주 잘 알고 있다. 그러나 이 낱말이 우리의 삶에서 하는 역할, 그리고 그 낱말을 사용하는 언어게임은 대략적으로라도 묘사하기 힘들 것이다. 어떤 사람, 가령 우리나라 사람이 우리가 보통 받는 그런 교육을 학교나 집에서 받아왔고, 그 과정에서 모국어를 읽는 법을 배웠다. 나중에 그는 책, 편지, 신문 등을 읽는다.

이제 가령 그 사람이 신문을 읽을 때는 어떤 일이 일어나는가? —— 이를테면 그의 눈은 인쇄된 낱말들을 따라 미끄러지고, 그는 그 낱말들을 소리 내어 읽거나 — 아니면 혼자만 알 수 있게 읽는다. 특히 그는 어떤 낱말들은 인쇄된 형태 전체를, 다른 낱말들은

---

396) 이해가 마음의 과정이 아니라는 §154가 이해라는 주제에 대한 부정적 결론이라면, 이해에 올바로 접근하기 위해서는 그 이해가 놓여 있는 상황에 주목해야 한다는 이 절의 요지는 같은 주제에 대한 긍정적 결론이다.

397) 그 이유는 읽기의 예를 통해 이해를 조명하기 위해서이다. 그리고 여기서의 이해는 앞서의 경우와 같은 수학 공식에 대한 구문론적 이해의 지평을 넘어서고 있다.

첫 음절만 파악해 읽고, 또 다른 낱말들은 음절 단위로 읽고, 때로는 문자 단위로 읽기도 한다. ― 또한 우리는 만일 그가 큰 소리로 읽지도, 자신에게만 들릴 정도로 읽지도 않았지만 나중에 문장을 문자 그대로, 또는 거의 비슷하게 반복할 수 있다면, 그가 그 문장을 읽었다고 말할 것이다. ― 그는 자신이 읽는 것에 주의를 기울일 수도 있고, 또는 ― 이를테면 ― 단지 읽는 기계로서 작동할 수도 있다. 어쩌면 그는 전혀 다른 데에 정신이 팔려 있을지도 모른다. (따라서 읽은 직후에 누군가 내용을 물으면 그는 무엇을 읽었는지 말할 수 없다.)[398]

이제 이 독자(讀者)와 초보자를 비교해보라. 초보자는 낱말 하나하나에 매우 신경을 쓰며 읽는다. ― 하지만 그는 어떤 낱말들의 경우 문맥을 통해서 그 의미를 추측하기도 하고, 어쩌면 어떤 구절은 이미 일부 암기하고 있을지도 모른다. 이때 그의 선생님은 그가 정말로 **읽고 있는** 것은 아니라고 말한다. (그리고 어떤 경우에는 그가 단지 읽는 척하고 있다고 말한다.)

우리가 **이런** 종류의 읽기, 즉 초보자의 읽기에 대해 생각하고, **읽기**가 무엇에 있는지 스스로에게 묻는다면, 우리는 보통 이렇게 말할 것이다: 그것은 특별하고 의식적인 정신적 활동이다.[399]

---

398) 읽기에 수반되는 여러 징후들을 거론하고 있다는 점에서 이 구절은 이 책 §151에서의 이해에 대한 논의와 잘 어우러진다.

또한 우리는 그 학생에 대해 이렇게 말한다: "물론 그가 정말 읽고 있는지, 아니면 단지 낱말들을 외워서 말하는지는 오직 그 자신만 안다." ("오직 **그 자신**만 . . . 을 안다"라는 명제들에 대해서는 더 논의가 필요하다.)[400]

하지만 나는 이렇게 말하고 싶다: 우리는 ── 인쇄된 낱말 중 **어느 한** 낱말을 말하는 경우에 한해 ── '읽고 있는' 숙달된 독자의 의식과 읽는 '척하고 있는' 학생의 의식에서 똑같은 일이 일어날 수 있음을 인정해야 한다. 우리가 초보자에 관해 말할 때와 숙달된 독자에 대해 말할 때 "읽기"라는 낱말은 서로 **다르게** 적용되고 있다. ── 물론 이제 우리는 다음과 같이 말하고 싶다: 숙달된 독자와 초보자가 낱말을 말할 때 이들 안에서 똑같은 일이 일어날 **수는** 없다. 그리고 만약 이들이 지금 의식하고 있는 것에 차이가 없다면, 그들 마음의 무의식적 작용 속에, 또는 심지어 뇌 속에 차이가 있음에 틀림없다. ── 따라서 우리는 다음과 같이 말하고 싶다: 여기에는 어쨌든 두 가지의 다른 기제(機制)가 작용하고 있다![401] 그리고 그 기제들 안에서 벌어지는 일이 읽기와 읽기가 아닌 것을 구별하

---

399) 이 구절은 이해를 마음의 과정으로 보는 견해를 소개하고 비판하는 이 책 §154와 잘 어우러진다.

400) 이 논의는 이 책 §243 이후에 전개되는 사적 언어 논증에서 이루어진다.

401) 여기서 두 가지의 다른 기제란 숙달된 독자의 무의식(혹은 뇌) 기제와 초심자의 무의식(혹은 뇌) 기제를 말한다.

고 있음에 틀림없다. — 그러나 이런 기제들은 단지 당신이 알아차리는 것을 설명하고 요약하기 위한 가설들, 모형들일 뿐이다.

157. 다음과 같은 경우를 생각해보자: 우리는 사람들 또는 다른 생물들을 읽는 기계로 사용한다. 그들은 읽는 목적을 위해 훈련을 받는다. 훈련시키는 사람은 그들 중 일부가 이미 읽을 수 있다고 말하고, 다른 일부는 아직 읽을 수 없다고 말한다. 이제까지 이 훈련에 참가하지 않은 한 학생의 경우를 예로 들어보자: 그에게 어떤 낱말을 적어서 보여주면, 그는 때때로 어떤 소리들을 내고 그 소리가 대충 맞는 경우가 가끔 '우연히' 생긴다. 이런 경우에 어떤 제 3자가 이 학생의 소리를 듣고서 "그는 읽고 있다"라고 말한다. 그러나 선생님은 이렇게 말한다: "아니다. 그는 읽고 있는 것이 아니다. 그것은 단지 우연일 뿐이었다." — 하지만 이 학생이 선생님이 제시하는 다른 낱말에 대해서도 계속 올바르게 반응한다고 가정해보자. 잠시 후 선생님은 이렇게 말한다: "이제 그는 읽을 수 있다!" — 그렇다면 저 첫 번째 낱말은 뭐란 말인가? 선생님은 이렇게 말해야 하는가?: "내가 틀렸다. 그는 **분명** 그것을 읽었다." — 아니면 이렇게 말해야 할까?: "그는 나중에서야 비로소 정말로 읽기 시작했다." — 그는 언제부터 읽기 시작한 것일까? 그가 **읽은** 첫 번째 낱말은 어느 것인가? 여기서 이런 질문은 무의미하다. 우리가 다음과 같이 (또는 이와 비슷하게) 설명하지 않는다면 말이다: "그

사람이 '읽는' 첫 번째 낱말은 그가 올바르게 읽는 50개 낱말 중 첫 번째 낱말이다."

반면에 "읽기"를 기호에서 말소리로 이행하는 어떤 체험을 나타 내는 것으로 사용한다면, 그가 정말로 읽은 **첫 번째** 낱말에 관해 말하는 것은 확실히 의미가 있다. 그렇다면 그는 가령 이렇게 말할 수 있다: "나는 이 낱말에서 처음으로 '이제 나는 읽고 있다'는 느 낌이 들었다."

또는 이와는 다른, 가령 자동 피아노 같은 방식으로 기호를 소리 로 바꾸는 '읽는 기계'가 있다면, 이 경우 우리는 다음과 같이 말할 수 있을 것이다: "그 기계는 이러이러한 일이 일어난 뒤에야 — 이 러이러한 부분들이 전선에 연결된 뒤에야 — 비로소 **읽었다.** 그 기 계가 읽은 첫 번째 기호는 . . . 였다."

하지만 살아 있는 '읽는 기계'의 경우에 "읽기"는 이러이러하게 글자에 반응하는 것을 의미했다. 따라서 이 개념은 마음의 기제 또 는 다른 기제의 개념과는 완전히 별개였다. — 여기서 선생님은 학 생에 대해 "아마 그는 이 낱말을 이미 읽었을 것이다."라고도 말할 수 없다. 왜냐하면 그가 무엇을 했는지에 대해서는 실로 의심의 여 지가 없기 때문이다. — 학생이 읽기 시작했을 때 일어난 변화는 그의 **행동**의 변화였다. 그리고 여기서 '그의 새로운 상태에서의 첫 번째 낱말'에 대해 말하는 것은 무의미하다.[402]

158. 그러나 이것은 우리가 뇌나 신경계 내의 과정을 너무 모르고 있기 때문이 아닐까? 이에 대해 좀 더 정확한 지식이 있다면 우리는 훈련을 통해 어떤 연결이 이루어지는지 알게 될 것이고, 그러면 그의 뇌를 들여다보면서 이렇게 말할 수 있을 것이다: "이제 그는 이 낱말을 **읽었다**. 이제 읽기 연결이 이루어졌다. —— 그리고 **틀림없이** 그럴 것이다 — 그렇지 않다면 우리는 그런 연결이 있었다는 것을 어떻게 그렇게 확신할 수 있겠는가? 그것은 선험적(先驗的)으로 그럴 것이다 — 아니면 그것은 단지 개연적인가? 그렇다면 얼마나 개연적인가? 이제 스스로에게 다음과 같이 물어보라: 당신은 도대체 이것들에 대해 무엇을 **알고 있는가**? —— 하지만 그것이 선험적이라면, 이는 그것이 우리에게 매우 분명한 묘사의 한 형식임을 의미한다.[403]

159. 하지만 그 문제를 곰곰이 생각해볼 때, 우리는 다음과 같이 말하고 싶어진다: 누군가 **읽고 있다**고 판단할 유일하고도 진정한 기준은 읽기의 의식적 행위, 문자를 보고 그 소리를 읽는 의식적

---

402) 이 절은 이 책의 §§145-146과 잘 어우러진다.

403) 뇌나 신경계 내의 과정이 읽기의 능력에 대한 물리적 토대라 해도 이 토대가 읽기와 연관된 낱말들의 의미와 쓰임을 해명해주는 것은 아니다. 뇌와 신경계 내의 과정에 대한 과학적 설명으로써 이러한 해명이 가능하다는 물리주의와 환원주의를 문법적 고찰로서의 철학과 대비시키고 있는 절이다.

행위이다. "사람은 어쨌든 자신이 읽고 있는지, 아니면 읽고 있는 척하는지 알고 있다!" — A가 자신이 키릴(Cyril) 문자[404]를 읽을 수 있다는 것을 B에게 믿게 하려 한다고 가정해보라. A는 러시아어 문장 하나를 암기한 뒤, 인쇄된 낱말들을 보면서 마치 그것을 읽고 있는 듯이 그 문장을 말한다. 여기서 우리는 확실히 다음과 같이 말할 것이다: A는 자신이 읽고 있지 않다는 사실을 알고 있으며, 읽고 있는 척하는 동안 바로 이런 느낌이 든다. 왜냐하면 인쇄된 문장을 읽을 때는 어느 정도 특징적인 다수의 느낌들이 일어나는 게 당연하기 때문이다. 그런 느낌들을 기억해내기는 어렵지 않다: 말이 막히거나, 더 상세히 보거나, 잘못 읽거나, 말이 다소 유창하게 이어지거나 할 때 일어나는 느낌을 생각해보라. 그리고 마찬가지로, 외운 것을 암송하는 데에도 특징적인 느낌들이 있다. 앞의 사례에서 A는 읽기의 특징에 해당하는 어떤 느낌도 들지 않는 대신, 아마도 뭔가를 속일 때 특징적으로 일어나는 일련의 느낌들이 들 것이다.[405]

160. 그러나 다음의 경우를 생각해보자: 유창하게 읽을 수 있는 사람에게 그가 전에 한 번도 본 적이 없는 글을 준다. 그는 그 글

---

404) 현재 러시아 문자의 기초가 되는 고대 슬라브 문자.

405) 앞 절이 물리주의자들에 대한 응수였다면 이 절은 이 책 §156의 후반부에 이어서 읽기의 기준이 읽음의 의식적 행위라고 주장하는 정신주의자들에 대한 논의를 재개하고 있다.

을 우리에게 읽는다. — 하지만 그는 자신이 암기한 것을 말할 때 드는 느낌으로 그것을 읽는다. (이것은 어떤 약의 효과일지도 모른다.) 이런 경우 우리는 그가 실제로는 그 구절을 읽고 있지 않다고 말하게 될까? 다시 말해, 여기서 우리는 그의 느낌들을 그가 읽고 있는지 아닌지에 대한 기준으로 삼게 될까?

또는 어떤 약에 취한 사람에게 일련의 기호들을 제시한다고 하자. 이 기호들이 반드시 기존의 어떤 알파벳에 속할 필요는 없다. 그는 마치 그 기호들이 문자인 것처럼 그것들의 개수에 따라 낱말을 발음하는데, 읽기에 수반하는 모든 외적인 특징과 느낌들을 가지고 그렇게 한다. (우리는 꿈속에서 이런 경험을 한다. 그리고 잠에서 깨어나 가령 이렇게 말한다: "그것들은 전혀 기호가 아니었는데도 마치 내가 기호들을 읽고 있는 것 같았다.") 그런 경우에 많은 사람들은 그가 그 기호들을 **읽고 있었다**고 말하는 쪽으로 기울어지고, 다른 사람들은 읽고 있지 않았다고 말하는 쪽으로 기울어질 것이다. — 그가 이런 식으로 어떤 두 개의 기호를 **위에**라고 읽었다고 (또는 해석했다고) 가정해보라. — 이제 그에게 똑같은 기호를 역순으로 보여주면 그는 그것을 **에위**라고 읽는다.[406] 그리고 계속되는 시험에서

---

406) 원문에서는 '위에'를 뜻하며 네 글자로 이루어진 'OBEN'을 예로서 사용하고 있는데 번역문에서는 우리말의 문맥에 맞게 두 글자로 이루어진 우리말로 바꾸어 사용하였다.

도 그는 언제나 기호들을 같은 식으로 해석한다: 여기서 우리는 확실히 그가 스스로 알파벳을 그때그때 만들어내고는 그에 따라 읽고 있다고 말하는 쪽으로 기울어질 것이다.[407]

161. 그런데 누군가 읽어야 할 것을 암기하여 반복하는 일과, 문맥을 통한 추측 또는 암기의 도움을 전혀 받지 않고 각 낱말을 한자 한 자 읽는 일 사이에는 일련의 연속적인 이행(移行)들[408]이 있다는 점도 고려하라.

이런 실험을 해보자: 1부터 12까지의 수열을 말해보라. 이제 당신이 가진 시계의 글자판을 보고 그 수열을 **읽어보라.** — 이 경우 당신이 "읽기"라고 부른 것은 무엇인가? 다시 말해, 그것을 **읽기**로 만들기 위해 당신은 무엇을 했는가?[409]

---

407) 읽기에 수반하는 경험은 읽기의 징후일 수는 있어도 읽기의 기준은 못 된다. 읽기의 한 기준은 읽는 사람이 내는 소리가 그가 읽는 텍스트와 적절히 그리고 일관되게 연관된다는 것이다. 이 절의 후반부는 설령 그 연관이 매우 특이한 경우에조차 규칙적이고 적합한 연관이기만 하다면 읽는 사람이 텍스트를 읽고 있는 것으로 간주해야 함을 보여주고 있다.

408) 원어는 "Übergänge"이다. 이 개념은 이 책 §§187-190, 219 등에서 자세히 다루어진다.

409) 그것이 읽기가 되게 하기 위해 요구되는 특별한 경험이나 감각, 과정 혹은 행위는 없다.

162. 다음과 같은 설명을 시도해보자: 누군가 원본으로부터 복사본을 **도출할** 경우 그는 읽고 있는 것이다. 그리고 '원본'이란 그가 읽거나 베끼는 글, 그가 받아 적는 구술(口述), 그가 연주하는 악보 등을 말한다.[410] — 이제 예를 들어 우리가 누군가에게 키릴 문자를 가르쳤고, 각각의 문자를 어떻게 발음하는지 가르쳤다고 가정해보라. 그 다음에 우리는 그에게 하나의 구절을 보여주고, 그는 그것을 우리가 가르친 대로 한 자 한 자 발음하면서 읽는다. 이 경우 우리는 분명 그가 우리에게 배운 규칙에 따라 활자체로부터 한 낱말의 소리를 도출한다고 말할 것이다. 그리고 이 또한 분명히 **읽기**의 경우에 해당한다. (우리는 그에게 '알파벳의 규칙'을 가르쳤다고 말할 수 있을지 모른다.)

그러나 왜 우리는 그가 인쇄된 낱말들로부터 말소리를 **도출했다**고 말하는가? 우리는 우리가 그에게 각 문자를 어떻게 발음해야 하는지 가르쳤다는 것, 그리고 나서 그가 낱말을 소리 내어 읽었다는 것 이상의 무엇을 알고 있는가? 아마도 우리의 답변은 다음과 같을 것이다: 그 학생은 우리가 그에게 준 규칙의 도움을 받아 인쇄된 글로부터 발음된 말로 이행했다는 사실을 보여주고 있다. — 우리가 어떻게 이것을 **보여줄** 수 있는지는, 우리가 우리의 예를 그 학

---

410) 읽기에 대한 새로운 설명으로서 이에 대한 비판적 논의가 이후 이 책 §164까지 진행된다.

생이 글을 읽는 대신 그것을 베껴 적어야 하는 경우로, 그리고 인쇄된 글을 손으로 적어야 하는 경우로 바꿔 보면 더 명확해진다. 왜냐하면 이 경우 우리는 그에게 한쪽 칸에는 인쇄체 문자가, 다른 쪽 칸에는 필기체 문자가 적힌 일람표의 형식으로 규칙을 줄 수 있기 때문이다. 그리고 그가 인쇄된 글로부터 손 글씨를 도출한다는 것은 그가 그 일람표를 참조한다는 사실을 보면 알 수 있다.

163. 하지만 그가 이렇게 하면서 언제나 A는 b로, B는 c로, C는 d로 . . . 그리고 Z는 a로 적는다면 어떨까? — 우리는 분명 이것도 일람표에 따른 도출이라고 부를 것이다. — 우리는 그가 지금 §86의 첫 번째 도식이 아니라 두 번째 도식에 따라 그것을 사용하고 있다고 말할 수 있을 것이다.

비록 단순한 규칙성이 전혀 없는 화살표의 도식을 통해 묘사된다고 해도, 분명 그것은 여전히 일람표에 따른 도출일 것이다.

하지만 그가 **하나의** 옮겨 쓰기 방법에 매달리지 않고, 단순한 규칙에 따라 그것을 변경한다고 가정해보라: 그가 한번 A를 n으로 적었다면 다음 번 A는 o로, 그 다음 A는 p로 적는 등으로 진행한다. — 그러나 이런 진행과 불규칙한 진행 사이의 경계는 어디에 있는가?

그러나 이는 우리가 그 낱말의 의미를 따라가다 보면 그 의미가 녹아 없어져버리는 듯 보이기 때문에, "도출하다"라는 낱말에는 실제로 아무런 의미도 없다는 말인가?

164. (162)의 경우에는 "도출하다"라는 낱말의 의미가 우리 앞에 명확히 드러났다.[411] 그러나 우리는 이것이 도출의 아주 특수한 경우일 뿐이라고 스스로에게 말했다: 즉 아주 특수한 옷차림을 한 도출로서, 우리가 도출의 본질을 보고 싶다면 그 옷차림을 벗겨내야 하는 그런 경우라고 말이다.[412] 따라서 우리는 그런 특수한 외피(外皮)들을 벗겨냈다. 하지만 그렇게 하자 도출 자체가 사라지고 말았다. ― 우리는 진짜 아티초크(artichoke)[413]를 찾는다는 구실로 본래 속이 빈 아티초크의 잎사귀를 모두 떼어버리고 만 것이다. 왜냐하면 (162)는 확실히 도출의 특수한 경우였지만, 도출의 본질은 이 경우의 표면 아래에 숨겨져 있지 않았고 오히려 이 '표면'이 도출에 해당하는 경우들로 이루어진 가족의 일환이었기 때문이다.[414]

그래서 우리는 또한 "읽기"라는 낱말을 한 가족을 이루는 경우들[415]에 대해서 사용한다. 그리고 누군가 읽는다는 것에 대해 우리는 다

---

411) 그 낱말이 이 책 §162의 첫째 단락이 아닌 둘째 단락에서 거론된 경우에 그러했다.

412) 이것이 이 책 §163의 결론이었다.

413) 국화과 식물. 엉겅퀴 꽃같이 생긴 꽃봉오리의 속대를 식용함.

414) 우리가 눈으로 보고 확인할 수 있는 도출의 현상이 곧 도출의 본질을 나타내고 있다.

415) 가족 유사성으로 묶일 수 있는 경우들을 뜻한다. 이 책 §§66-67, 236 참조.

양한 상황에서 다양한 기준을 적용한다.

165. 하지만 읽기는 확실히 — 우리는 이렇게 말하고 싶다 — 아주 특정한 과정이다![416] 인쇄물의 한 페이지를 읽으면서 당신은 거기에 어떤 특수한 일, 즉 매우 특징적인 어떤 일이 일어나고 있다는 사실을 알 수 있다. —— 내가 그 인쇄물을 읽을 때 도대체 어떤 일이 일어나고 있는 것일까? 나는 인쇄된 낱말들을 보고 그 낱말들을 소리 내어 말한다. 그러나 물론 그것이 전부는 아니다. 내가 인쇄된 낱말들을 보고 소리 내어 말하지만 그것은 여전히 읽기가 아닐 수 있기 때문이다. 설령 내가 말하는 낱말들이 기존의 알파벳에 따라 인쇄된 낱말들을 보고 읽어**야 하는** 것들이라고 해도 말이다. — 그리고 만일 당신이 읽기가 어떤 특정한 체험이라고 말한다면, 당신이 일반적으로 승인된 알파벳의 규칙에 따라서 읽느냐 아니냐[417]는 전혀 중요하지 않다.[418] — 그렇다면 읽기의 체험과 관련해 특징적인 것은 무엇에 있는가? 여기서 나는 다음과 같이 말하고 싶다: "내가 말하는 낱말들은 특수한 방식으로 **온다.**"[419] 즉 가

---

416) 읽기에 대한 또 하나의 논제로서 이에 대한 비판적 논의가 이후 §167까지 진행된다.
417) 사실 이것이 일상적 문맥에서 읽기의 중요한 한 기준일 것이다.
418) 이는 일상적 문맥에서 도저히 받아들이기 어려운 귀결이라는 점에서 "읽기가 아주 특정한 과정"이라는 논제에 대한 귀류법적 반론으로 볼 수 있다.

령 내가 그것들을 생각해낼 때와는 다른 방식으로 온다. — 그것들은 저절로 온다. — 그러나 그것조차도 충분하지 않다. — 내가 인쇄된 낱말들을 보고 있는 동안 그 낱말들의 소리가 내게 **떠오를** 수도 있지만, 나는 그것을 읽지 않았을 수도 있기 때문이다. — 여기서 나는 내가 말한 낱말들이 가령 어떤 것이 내게 그것들을 상기시키듯이 떠오르는 것은 아니라고 말할 수 있다. 예를 들어 나는 다음과 같이 말하고 싶지 않다: "무"[420]라는 인쇄된 낱말은 언제나 내게 "무"라는 소리를 상기시킨다. — 오히려 우리가 읽을 때는 낱말의 발음이, 이를테면, 순식간에 들어온다. 그리고 내가 인쇄된 우리말 낱말을 볼 때, 그 낱말의 소리를 내면에서 듣는 독특한 과정이 반드시 일어난다.

"아주 특정한" (분위기)이라는 표현의 문법.

우리는 "이 얼굴은 아주 **특정한** 표정을 짓고 있다"라고 말하고는, 가령 그 특징을 묘사할 낱말들을 찾는다.[421]

---

419) 이에 대한 비판적 논의가 다음 절(§166)에서 진행된다.

420) 원어는 "nichts"로 무(無)를 의미한다.

421) 이는 철학의 어려움이 말로 표현할 수 없는 것을 묘사하려는 데 있다는 널리 유포된 견해와도 연관된다.

166. 나는 우리가 읽을 때 우리가 말한 낱말이 '특수한 방식으로' 온다고 말했다.[422] 하지만 어떤 방식으로 오는가? 이것은 허구가 아닐까? 각각의 문자를 보고 그 문자의 소리가 오는 방식에 주의를 기울이자. A라는 문자를 읽어보라. ― 자, 그 소리는 어떻게 왔는가? ― 우리는 여기에 대해 뭐라고 말해야 할지 모른다. ―― 이제 소문자 a를 적어보라! ― 그것을 적을 때 손의 움직임은 어떻게 왔는가? 앞서의 시도에서 소리가 왔던 것과는 다른 방식으로 왔는가? ― 나는 인쇄체 문자를 보고 필기체 문자를 적었다. 그게 내가 아는 전부다. ―― 이제 ⟨기호⟩ 라는 기호를 보면서 어떤 소리를 떠올려라. 그리고 그 소리를 말해 보라. 내게는 '우'[423]라는 소리가 떠올랐다. 그러나 나는 그 소리가 **온** 방식에 어떤 본질적인 차이가 있다고는 말할 수 없을 것이다. 그 차이는 조금 다른 상황에 있었다. 나는 하나의 소리를 떠올려야 한다고 미리 스스로에게 말했다. 그리고 그 소리가 오기 전에 어떤 긴장이 있었다. 그리고 나는 "우"라는 문자를 볼 때 하듯이 자동적으로 '우'라고 말하지 않았다. 게다가 저 기호는 알파벳 문자들처럼 내게 **친숙하지도** 않았다. 나는 말하자면 긴장하면서 그 형태에 어떤 관심을 기울이며 보았다. 나

는 그 기호를 볼 때 뒤집힌 시그마가 생각났다. —— 이 기호를 하나의 문자로서 규칙적으로 사용해야 하는 경우를 상상해보라. 그래서 당신은 그 기호를 보면 특정한 소리, 가령 '쉬'라는 소리를 말하는 데 익숙해진다고 말이다. 우리는 잠시 후에 그 기호를 보면 이 소리가 자동적으로 온다는 것 이상을 말할 수 있을까? 다시 말해, 나는 그 기호를 볼 때 더 이상 "그것은 어떤 종류의 문자인가?"라고 스스로에게 묻지 않는다. — 물론 나는 "이 기호를 '쉬'라고 발음하겠다."라고 말하지 않으며, "이 기호를 보면 어쩐지 '쉬'라는 소리가 생각난다."라고도 말하지 않는다.

(이것을, 기억-이미지들은 어떤 특수한 특징에 의해 다른 이미지의 그림들과 구별된다는 생각과 비교해보라.)

167. 자, 그런데 "읽기는 확실히 '아주 특정한 과정'이다"라는 문장의 의미는 무엇인가?[424] 그것은 아마도 우리가 읽을 때는 우리가 알아보는 **하나의** 특정한 과정이 늘 일어난다는 사실을 의미할 것이다. — 그러나 내가 한번은 인쇄된 문장을 읽고 다음번에는 그것을 모스부호로 적는다면 — 이때 일어나는 마음의 과정은 정말로 똑같은 것일까?[425] —— 이에 반해 인쇄물을 읽는 체험에는 확실히 어떤 획일성이 있다. 그 과정이 획일적이기 때문이다.[426] 그리고 이

---

424) 이 절에서는 이 책 §165의 첫째 문장에 대한 고찰이 전개된다.

과정과, 가령 임의의 기호를 보고 낱말을 떠올리는 과정이 서로 다르다는 사실을 이해하기는 매우 쉽다. ― 그냥 인쇄된 행(行)을 보는 일 자체도 아주 특징적이기 때문이다. ― 즉 인쇄된 행은 매우 특수한 겉모양을 띤다. 문자들은 모두 대략 똑같은 크기이고, 형태도 비슷하며, 언제나 반복해 나타난다. 대부분의 낱말들은 계속 되풀이되며, 잘 알려진 얼굴처럼 우리에게 대단히 친숙하다. ― 한 낱말의 철자가 바뀌었을 때 우리가 느끼는 불편함을 생각해보라. (그리고 낱말들의 철자에 관한 의문이 들었을 때 생겨난 훨씬 더 강한 느낌들을 생각해보라.) 물론 각각의 기호 형태가 모두 우리에게 **강한** 인상을 주었던 것은 아니다. 예를 들어 논리 대수의 어떤 기호는 우리에게 강한 느낌을 불러일으키지 않으면서도 임의의 다른 기호로 대체될 수 있다. ―

낱말의 겉모양은 그 낱말의 소리만큼이나 우리에게 친숙하다는 사실을 고려해보라.[427]

168. 또한 우리의 눈이 인쇄된 행을 훑어 지나갈 때는 제멋대로

425) 이 경우 일어나는 마음의 과정은 상황마다 다르다고 할 수 있다. 이는 읽기에 공통된 하나의 특정한 과정이 없음을 시사한다.

426) 이 책 §11 참조.

427) 이로부터 우리는 읽기에 동반되는 친숙하고 획일적인 과정이 있으며 이것이 읽기의 필요충분조건이라는 (잘못된) 판단을 내리게 된다.

늘어선 갈고리 모양 또는 소용돌이 곡선을 훑어 지나갈 때와는 다르다. (그러나 여기서 나는 읽는 사람의 눈 움직임을 관찰하여 무엇을 알아낼 수 있는지에 대해 말하고 있지 않다.) 우리는 눈이 전혀 방해받지 않고 멈추지 않으면서 훑어 지나가지만, **미끄러져 나가지는** 않는다고 말하고 싶다. 그리고 동시에 의도하지 않은 말이 상상 속에서 계속된다. 그리고 그것이 내가 다양한 문자로 인쇄되거나 적혀진 우리말 또는 다른 언어를 읽을 때 일어나는 방식이다. ― 그러나 이 모두에서 읽기 자체에 본질적인 것은 무엇일까? 읽기의 모든 경우에 나타나는 어떤 하나의 특징은 아니다! (평범한 인쇄물을 읽는 과정과, 종종 수수께끼의 해답이 그렇듯 모두 대문자로 인쇄된 낱말들을 읽는 것을 비교해보라. 그것은 얼마나 다른 과정인가! ― 또는 우리의 글을 오른쪽에서 왼쪽으로 읽기.)

169. 그러나 우리가 읽을 때, 우리는 우리가 말하는 일과 낱말의 모습들 사이에 일종의 인과관계를 느끼지 않는가?[428] ―― 하나의 문장을 읽어보라 ― 그리고 이제 아래의 열을 보면서

---

428) 러셀의 인과적 의미론을 연상하게 하는 논제이다. Russell 1921, 10장 참조. 이에 대한 비판적 논의가 이후 §170까지 진행된다.

동시에 하나의 문장을 말해보라. 첫 번째 경우에는 말하는 일이 기호들을 보는 일과 **연결되었고**, 두 번째 경우에는 말하는 일이 아무런 연결도 없는 상태에서 기호들을 보는 일과 나란히 진행된다고 느낄 수 있지 않을까?

하지만 당신은 왜 우리가 인과관계를 느꼈다고 말하는가? 인과관계는 우리가 실험을 통해, 가령 어떤 일들이 규칙적으로 함께 일어나는 것을 관찰함으로써 확립된다. 따라서 나는 그처럼 실험을 통해 확립되는 것을 **느낀다고** 말할 수 있을까? (물론 규칙적으로 함께 일어나는 것을 관찰하는 방법이 우리가 인과관계를 확립하는 유일한 방법은 아니다.) 우리는 오히려 내가 이러이러하게 읽는 **이유**는 바로 문자 때문이라고 느낀다고 말할 수도 있을 것이다. 왜냐하면, 만일 누군가 내게 "당신은 왜 **그렇게** 읽는가?"라고 묻는다면 — 나는 거기에 있는 문자들을 그 근거로 댈 것이기 때문이다.

그러나 내가 말하거나 생각한 이 근거를 **느낀다**는 것은 도대체 무슨 뜻인가?[429] 나는 이렇게 말하고 싶다: 내가 읽을 때, 나는 문자들이 내게 미치는 어떤 **영향**을 느낀다. —— 하지만 나는 저 제멋대로 늘어선 소용돌이 곡선이 내 말에 미치는 영향은 느끼지 않

---

429) (어떤 주장이) 근거가 있음을 느낀다는 것은 말이 되지만 근거를 느낀다는 것은 말이 되지 않는다. 이후에 비트겐슈타인은 "근거를 **느낀다**"는 말이 성립가능하다는 주장을 조목조목 살펴나간다.

는다. ― 다시 한 번 하나의 개별 문자를 그런 소용돌이 곡선과 비교해보자! "이"[430]라는 문자를 읽을 때에도 나는 그것의 영향을 느낀다고 말할까? 물론 내가 "이"를 보고 '이'라고 말하는 것과 "𝄞"를 보고 '이'라고 말하는 것에는 차이가 있다. 그 차이란 가령 내가 그 문자를 보았을 때 나는 "이"라는 소리를 내면에서 자동적으로, 심지어 내 의지에 반해서 듣는다는 것이며, 또한 그것을 읽을 때 나는 "𝄞"를 볼 때보다 훨씬 적은 노력을 기울이고도 발음한다는 것이다. 즉 내가 **시험** 삼아 해보면 그렇다는 말이다. 그러나 물론 내가 우연히 "𝄞"라는 기호를 보면서 가령 "이"라는 소리가 나는 낱말을 발음한다면 그렇지 않을 것이다.

170. 우리가 문자들의 경우를 임의의 기호들의 경우와 비교하지 않았다면, 읽는 과정에서 문자가 우리에게 미치는 **영향을 느낀다**는 생각은 결코 일어나지 않았을 것이다. 그리고 여기서 우리는 확실히 어떤 **차이**를 알아차린다. 그리고 우리는 그것을 영향이 있고 없고의 차이라고 해석한다.

더욱이 우리가 ― 가령 읽을 때 대체 어떤 일이 일어나는지 보기 위해 ― 의도적으로 천천히 읽을 때 우리는 특히 이런 해석으로 기우는 경향이 있다. 말하자면, 우리가 아주 의도적으로 문자들의 **안**

---

430) 원문은 "i"인데 이렇게 바꾸었다.

내를 받을[431] 때 말이다.[432] 하지만 이 "안내를 받음"이란 결국 내가 단지 문자들을 주의 깊게 바라본다는 데에 — 그리고 아마도 어떤 다른 생각들을 배제한다는 데에 — 있을 뿐이다.

우리는 말하자면 어떤 느낌을 통해서 낱말의 모습과 우리가 말하는 소리 사이의 어떤 연결 기제(機制)를 인식한다고 착각한다. 왜냐하면 내가 영향받음의 체험, 인과관계의 체험, 안내받음의 체험에 대해 말할 때, 그것은 사실 내가 문자들을 보는 것과 말하는 것을 연결하는 지렛대의 움직임을 느낀다는 사실을 의미해야 하기 때문이다.[433]

171. 나는 한 낱말을 읽을 때 하는 경험을 다양한 방식의 적합한 말로 표현할 수 있었을 것이다. 따라서 나는 적힌 낱말이 내게 소리를 **암시한다**고 말할 수 있다. — 그러나 또한 우리가 읽을 때는 문자와 소리가 하나의 **통일성**을 — 마치 합금처럼 — 이룬다고도 말할 수 있다. (이와 비슷한 결합이 가령 유명한 사람들의 얼굴과 그들의 이름 사이에서 일어난다. 우리에게는 이 이름이 이 얼굴에 딱 맞는 단 하나의 표현인 듯이 보인다.) 이런 통일성을 느낄 때 나는 다음과 같이 말

---

431) 원어는 "führen lassen"이다. 문자들로부터 어떤 것을 읽어내는 과정에 대한 은유적 표현이다.

432) 이 안내를 받음이 이 책 §172부터 §178까지의 주제가 된다.

433) 이 절에서 읽기에 대한 정신주의적 해석은 기계론적 모델로까지 변모하고 있다.

할 수 있을 것이다: 나는 적힌 낱말에서 소리를 보거나 듣는다. ―

하지만 이제 평소 읽기의 개념에 대해 생각하지 않으면서 읽듯이, 인쇄된 몇몇 문장들을 그냥 읽어보라.[434] 그리고 읽으면서 그런 통일성이나 영향을 체험했는지 등을 스스로에게 물어보라. ― 그런 체험들을 무의식적으로 했다고는 말하지 말라! 또한 '더 자세히 주의를 기울일 때' 이런 현상들이 나타났다는 생각에 현혹되지도 말라! 내가 대상이 멀리서 어떻게 보이는지를 기술해야 할 때, 그 대상에 더 자세히 주의를 기울여야 알아차릴 수 있는 것들을 말한다고 해서 그 기술이 더 정확해지는 것은 아니다.

172. 안내를 받는다는 체험을 생각해보자! 그리고 스스로에게 이렇게 물어보자: 예를 들어 어떤 길을 안내받는 체험은 무엇에 있는가? ― 다음의 경우들을 상상해보라:

가령 당신은 두 눈을 가린 채로 놀이터에 있다. 그리고 누군가 당신의 손을 잡고 때로는 왼쪽으로, 때로는 오른쪽으로 이끈다. 당신은 언제나 그의 손이 잡아끌어 주기를 기다려야 하며, 그가 예기치 않게 잡아끌 때 비틀거리지 않도록 주의해야 한다.

---

434) 앞 단락의 다양한 표현들은 읽기 개념에 대한 다양한 생각들의 표현이었다. 비트겐슈타인은 이제 우리에게 이러한 생각을 멈추고 그냥 읽어보라고 권고하고 있다.

또는: 누군가 당신의 손을 잡고 당신이 가고 싶지 않은 곳으로 강제로 이끈다.

또는: 당신은 파트너의 안내를 받으면서 춤춘다. 당신은 그의 의도를 헤아려 그가 살짝만 건드려도 반응할 수 있도록 가능한 한 아주 예민해져야 한다.

또는: 누군가 당신에게 산책길을 안내한다. 당신은 대화를 하면서 그가 가는 대로 따라간다.

또는: 들길의 안내를 받으며 따라서 걷는다.

이 모든 상황은 서로 비슷하다. 그러나 이 모든 체험에 공통적인 것은 무엇인가?

173. "하지만 안내를 받는다는 것은 확실히 특정한 체험이다!"[435] — 이에 대한 대답은 다음과 같다: 당신은 지금 안내를 받는다는 특정한 체험에 대해 **생각하고 있다.**

내가 앞서의 예 중에서 인쇄된 글과 일람표의 안내를 받아 글을 적는 사람의 체험을 생생하게 떠올리고 싶다면, 나는 '양심적인' 지켜봄 등과 같은 것을 상상한다. 이렇게 하면서 나는 심지어 어떤 특정한 얼굴 표정(가령 양심적인 회계 장부 담당자의 표정)을 짓기도 한다. **조심스러움**은 이 그림에서 가장 중요하다. 다른 그림에서는

---

435) 이 책 §165의 첫 문장을 패러디한 것으로 볼 수 있다.

자신의 모든 의지를 배제하는 일이 다시금 중요하다. (그러나 보통의 사람들이 지극히 무심하게 행하는 일들을 아주 조심스러운 표정을 지으며 — 그리고 아주 조심스러운 느낌으로 — 하는 어떤 사람을 상상해보라. — 그렇다면 그는 조심스러운 것인가? 겉으로는 조심스러운 표정을 지으면서 차 쟁반과 그 위에 담긴 모든 것을 떨어뜨리는 하인을 상상해보라.) 그런 특정한 체험을 생생하게 떠올린다면, 내게는 **그것이야말로** 안내받음의 (또는 읽기의) 체험인 듯이 보인다. 하지만 이제 나는 스스로에게 이렇게 묻는다: 너는 무엇을 하고 있는가? — 너는 각각의 기호를 보고, 이런 표정을 짓고, 신중하게 글을 쓰고 있다. (등등) — 따라서 그것이 안내받음의 체험이란 말인가? —— 여기서 나는 이렇게 말하고 싶다: "아니다. 안내받음의 체험은 그런 것이 아니다. 그것은 보다 내적이고 보다 본질적인 어떤 것이다." — 마치 다소 비본질적인 이 모든 과정이 처음에는 어떤 특정한 분위기에 싸여 있었는데, 내가 자세히 들여다보자 그 분위기가 사라지기라도 한다는 것 같다.[436]

174. 당신이 주어진 선에 평행한 선을 — 그리고 그 다음에는 그 선에 각을 이루는 선을 — 어떻게 '**신중하게**' 긋는지 스스로에게 물어보라. 신중함을 체험한다는 것은 무엇인가? 여기서 당신의 마음

---

436) 이 절은 '도출하다'라는 용어에 대한 이 책 §164에서의 분석과 대구를 이룬다.

속에는 어떤 특정한 표정, 몸짓이 떠오른다. ─ 그러면 당신은 이렇게 말하고 싶을 것이다: "그것[437]은 바로 **특정한** 내적 체험이다."[438] (물론 이것은 아무 말도 안 한 것이나 다름없다.)

(이것은 의도 및 의지의 본성에 대한 문제와 관련이 있다.)

175. 종이에 아무렇게나 낙서를 해보라. ──── 그리고 이제 그 옆에다 그것을 베끼고 그 베낀 것의 안내를 받아라. ──── 나는 이렇게 말하고 싶다: "분명히 나는 여기서 안내를 받았다! 하지만 그때 어떤 특징적인 일이 일어났는가? ─ 내가 무슨 일이 일어났는지 말해도, 그것은 내게 더 이상 특징적으로 보이지는 않는다."

하지만 이제 다음에 유의하라: 내가 안내를 받는 **동안**, 모든 것은 지극히 단순하며, 나는 어떤 **특이한** 점도 발견하지 못한다. 그러나 나중에 내가 어떤 일이 일어났는지 스스로에게 묻는다면, 그것은 뭔가 기술할 수 없는 것이었던 듯하다. **그 후에는** 어떤 기술도 만족스럽지 않다. 말하자면 나는 내가 그저 바라보았고, 이러이러한 표정을 지었으며, 선을 그었다고 믿을 수 없다. ─ 그렇다면 나는 다른 어떤 것을 **기억해내는가?** 아니다. 그러나 나는 다른

---

437) 신중함을 가리킨다.
438) 신중함을 생각할 때 당신에게 떠오른 특정한 어떤 표정이나 몸짓이 내적 체험이 아니라는 사실로부터 당신은 이러한 추론을 이끌어낸다.

무엇인가가 틀림없이 있었던 듯한 느낌이 든다. 특히 내가 **"안내"**, **"영향"** 같은 낱말들을 스스로에게 말할 경우에 그렇다. "왜냐하면 나는 확실히 **안내**를 받았기 때문이다."라고 나는 스스로에게 말한다. ─ 그럴 때에야 비로소 저 실체도 막연한 영향이라는 관념이 나타난다.[439]

176. 나중에 그 체험을 생각할 때, 나는 여기서 본질적인 것이 ─ 현상들의 어떤 단순한 동시성이 아니라 ─ '영향의 체험', 결합의 체험이라는 느낌이 든다. 그러나 동시에 나는 체험한 어떤 현상도 "영향의 체험"이라고 부르고 싶지 않다. (여기에는 의지가 **현상**이 아니라는 관념이 놓여 있다.) 나는 내가 '**왜냐하면**'을 체험했다고 말하고 싶지만, 어떤 현상도 "왜냐하면의 체험"이라고 부르고 싶지 않다.

177. 나는 이렇게 말하고 싶다: "나는 왜냐하면을 체험한다." 내가 그런 체험을 기억하기 때문이 아니라, 그런 경우에 내가 체험하는 것을 곰곰이 생각해볼 때 '왜냐하면'(또는 '영향', '원인', '결합')이라는 개념을 매개로 그것을 보기 때문이다. ─ 물론 내가 원본의

---

439) 안내, 영향 등에 대응하는 어떤 대상이나 상태가 있다는 생각으로부터 이러한 관념이 나타난다.

영향 아래 선을 긋는다는 말은 맞지만, 이것은 단순히 내가 선을 그을 때 무엇을 느꼈는가에 있는 것이 아니라 — 어떤 상황에서는 그 선을 다른 선에 평행하게 긋는다는 데 있기 때문이다. 비록 이것 역시 일반적으로 안내받음에 본질적이지는 않다고 해도 말이다. —

178. 우리는 또 이렇게 말한다: "당신은 내가 그것의 안내를 받는다는 것을 **본다.**" — 그것을 보는 사람은 무엇을 보는가?

내가 "나는 분명 안내를 **받는다**"라고 스스로에게 말할 때 — 나는 가령 내 손을 움직여 안내를 표현한다 — 마치 누군가를 안내하는 것처럼 손을 움직인 다음 이 움직임에서 **안내하는 성질**이 무엇에 있는지 스스로에게 물어보라. 왜냐하면 당신은 여기서 아무도 안내하지 않았기 때문이다. 그러나 당신은 아직도 그 움직임을 '안내하는'이라고 부르고 싶어 한다. 따라서 이 움직임과 느낌에 안내의 본질이 포함되지는 않았지만, 그래도 당신은 이 낱말을 사용하도록 압박을 받았던 것이다. 우리에게 이 표현을 강요하는 것은 바로 안내의 **한 현상 형식**[440]이다.[441]

---

440) 원어는 "*eine Erschenungsform des Führens*"로 안내가 나타나는(현상하는) 하나의 형식을 뜻한다.

441) 결국 안내의 동작도 안내의 본질은 되지 못한다. 그 까닭은 안내를 특징짓는 단 하나의 결정적 본질이 없기 때문이다. 오직 안내를 받음과 안내의 다양한

179. 앞서 살펴본 (151)의 예로 돌아가 보자. 다음은 분명하다 : 우리는 B에게 공식이 떠올랐다는 이유만으로 "이제 나는 어떻게 계속해야 할지 안다"라고 말할 권리가 있다고 하지는 않을 것이다. ― 공식이 마음속에 떠오르는 것 ― 그것을 말하고 적는 것 ― 과 실제로 그 수열을 계속하는 것 사이에 경험적으로 어떤 연관이 있지 않다면 말이다. 그리고 그런 연관은 분명 존재한다.[442] ― 이제 우리는 "나는 계속할 수 있다"라는 문장이 "나는 그 수열을 계속하도록 경험상 이끌어주는 어떤 체험을 한다"라는 것을 말한다고 생각할 수도 있을 것이다. 그러나 B가 계속할 수 있다고 말할 때, 그는 과연 그것[443]을 의미하는 것일까? 그 문장이 그의 마음속에 떠오르는가? 또는 그 문장을 자신이 의미한 바에 대한 설명으로서 제시할 준비가 되어 있는 것일까?

그렇지 않다. "이제 나는 어떻게 계속해야 할지 안다."라는 말은 공식이 그에게 떠올랐을 때 올바로 적용되었다. 즉 어떤 상황들 아래에서, 가령 그가 대수(代數)를 배웠고 그런 공식들을 이미 전부터

경우들 및 그에 합당한 각각의 기준들이 있을 뿐이다.

442) 다음 단락에서 보듯이 예컨대 그가 대수를 배웠고 그런 공식들을 이미 전부터 이용해왔다면 그런 연관은 분명 존재한다. 그러나 수열에 대한 공식을 벽장식으로 사용하는 인테리어 업자의 경우 그 수열에 대한 공식이 그의 마음에 떠올랐다고 해서 그가 그 수열을 이어나갈 수 있게 되는 것은 아니다.

443) "나는 그 수열을 계속하도록 경험상 이끌어주는 어떤 체험을 한다"는 것을 가리킨다.

이용해왔다면 말이다. — 그러나 이는 저 진술이 우리 언어게임의 무대를 구성하는 모든 상황에 대한 기술(記述)의 요약에 불과하다는 뜻은 아니다.[444] — "이제 나는 어떻게 계속해야 할지 안다", "이제 나는 계속할 수 있다" 같은 표현의 쓰임을 우리가 어떻게 배우는지 생각해보라. 어떤 언어게임의 가족에서 우리가 그 표현들의 쓰임을 배우는지를 말이다.[445]

우리는 또한 B의 마음에 — 아마도 안도감과 함께 — 갑자기 "이제 나는 어떻게 계속해야 할지 안다"라고 말하는 것 말고는 아무것도 떠오르지 않는 경우, 그리고 그가 사실상 공식을 사용하지 않고 그 수열을 계산해나가는 경우도 상상할 수 있다. 그리고 이 경우에도 우리는 — 어떤 상황들하에서는 — 그가 어떻게 계속해나갈지를 알았다고 말할 것이다.

180. **이 말**[446]**은 그렇게 사용된다.** 예를 들어, 이 마지막 경우에 그 말을 "마음의 상태에 관한 기술(記述)"이라 부르는 것은 오해의 소지가 클 것이다. — 오히려 여기서 우리는 그것을 '신호'라고 부

---

444) 즉 "이제 나는 어떻게 계속해야 할지 안다"는 무엇에 대한 기술(記述)이 아니다. 이 책 §323 참조.

445) 우리는 어떤 기술(技術)이나 공식을 배우는 아주 광범위한 언어게임의 가족에서 저 표현들의 쓰임을 배운다(Baker and Hacker 2005b, 350쪽).

446) "이제 나는 어떻게 계속해야 할지 안다"라는 말을 가리킨다.

를 수 있을 것이다. 그리고 우리는 그 신호가 올바로 적용되었는지의 여부를 그가 계속해서 무엇을 하는가에 따라 판단한다.

181. 이것을 이해하려면 우리는 또한 다음의 경우를 고려해야 한다: B는 어떻게 계속해야 할지 안다고 말하지만 — 정작 그가 계속하고 싶을 때는 막혀서 할 수 없다고 가정해보자. 이런 경우에 우리는 그가 계속할 수 있다고 말하는 것이 틀렸다고 해야 할까? 아니면 그가 그때는 계속할 수 있었지만, 단지 지금만 계속할 수 없는 거라고 말해야 할까? — 분명 우리는 경우에 따라 다르게 말할 것이다. (그 두 가지 경우를 고려해보라.)[447]

182. "들어맞다", "할 수 있다", "이해한다"의 문법. 과제들: (1) 우리는 언제 빈 원통 H에 원통 Z가 들어맞는다고 말하는가? Z가 H 안에 박혀 있을 때에만? (2) 우리는 때로 이렇게 말한다: 이러이러한 시점에서 Z는 더 이상 H에 들어맞지 않는다. 그 시점에 그런 일이 일어났다는 것에 대해 우리는 어떤 기준을 사용하는가? (3) 하나의 물체가 어떤 특정한 시점에 실제로 저울 위에 놓여 있지 않았

---

447) 이는 "이제 나는 어떻게 계속해야 할지 안다"가 신호와 같은 것이어서 그 바른 적용 여부가 이후의 그의 행위에 의해 판정됨을 함축한다. 그러나 이에 대해서도 가능한 여러 경우의 수를 두루 고려해야 한다.

다면, 우리는 그 시점에서 무엇을 그 물체의 무게가 변했다는 기준으로 삼아야 하는가? (4) 어제 나는 그 시를 외워서 알고 있었다. 오늘은 더 이상 그 시를 알지 못한다. 어떤 경우에 "나는 언제부터 그것을 알지 못하게 되었는가?"라는 질문이 성립할 수 있는가?[448] (5) 누군가 내게 "당신은 이 무게를 들어 올릴 수 있나요?"라고 물으면, 나는 "그렇다"라고 대답한다. 그러자 그가 "해보세요!"라고 말한다. — 그리고 나는 들어 올리지 못한다. 어떤 상황하에서 우리는 다음과 같은 해명을 받아들일까?: "내가 '그렇다'라고 대답했을 때는 그것을 **할 수 있었다.** 다만 지금 할 수 없을 뿐이다."[449]

'들어맞음', '할 수 있음', '이해함'에 대해 우리가 받아들이는 기준은 언뜻 보기보다 훨씬 복잡하다. 다시 말해, 이 낱말들을 갖고 하는 게임, 이 낱말들을 수단으로 이루어지는 언어적 교류에서 이 낱말들의 쓰임은 더 복잡하게 얽혀 있다. — 우리 언어에서 이 낱말들이 하는 역할은 우리가 그렇다고 믿고 싶은 것과는 다르다.

(이 역할은 우리가 철학적 역설들을 해소하기 위해 이해해야 하는 것이다. 정의(定義)가 철학적 역설들을 해소하는 데 충분하지 않은 이유도 그 때문이다. 그리고 한 낱말이 '정의될 수 없다'는 진술은 더더욱 그렇다.)[450]

---

448) 이 책 §148, §149 뒤에 놓인 메모 (a), (b) 참조.
449) 다섯 가지 과제 각각에 대해 다양한 답변들을 예상해볼 수 있다. (5)에 대한 부연은 이 책 §184에서 재개된다.
450) 필요한 것은 그런 것들이라기보다 낱말이 주어진 문맥에서 어떻게 이용되는

183. 하지만 (151)의 경우에서 "이제 나는 계속할 수 있다"라는 문장은 "지금 내게 공식이 떠올랐다"와 똑같은 것을 의미했는가, 아니면 그와 다른 어떤 것을 의미했는가? 이런 상황에서는 뒤의 문장이 앞의 문장과 똑같은 의미를 지닌다고 (결국 같은 이야기라고) 우리는 말할 수 있다.[451] 그러나 또한 **일반적으로** 이 두 문장은 똑같은 의미를 지니지 않는다고 우리는 말할 수 있다. 또 우리는 "이제 나는 계속할 수 있다. 그러니까, 나는 공식을 알고 있다."라고 말한다. 우리가 "나 걸을 수 있어. 그러니까, 시간이 있다고."라고 말하는 것처럼 말이다. 그러나 또 우리는 "나 걸을 수 있어. 그러니까, 이제 제법 튼튼하거든." 또는 "나 걸을 수 있어. 내 다리 상태를 감안하면 말이야."라고 말하기도 한다. 우리가 걷기 위한 이 조건을 다른 조건들과 대비시킬 때 말이다. 하지만 여기서 우리는 (가령 누군가 걷는다는 것에 대해) 매 경우의 본성에 대응하는 모든 조건들의 어떤 **전체**가 있어서, 말하자면 그 조건들이 모두 충족되면 그가 **걸을 수밖에 없을 것이라고** 생각하지 않도록 경계해야 한다.[452]

가를 보는 것이다. 이에 대한 구체적인 사례 분석이 다음 절에서 제시된다.

451) 여기서 비트겐슈타인이 내리는 판단은 일견했을 때 그가 이 책 §152에서 내린 판단과 상충된다. 표면적 상충을 해소하기 위해서는 이 책 §152의 상황을 이 책 §179에서 그가 말한 상황, 즉 위의 문장을 말한 사람이 대수를 배웠고 수열에 대한 공식들을 이미 전부터 이용해왔던 상황으로 보아야 할 것이다.

184. 내가 어떤 노랫가락을 기억해내려 하는데 잘 떠오르지 않는다. 그런데 갑자기 나는 "이제 알았다!"라고 말하고 그 노래를 부른다. 내가 그것을 갑자기 알았다는 것은 어떤 것이었는가? 분명 그 순간 내게 그 노래가 **전부** 떠오를 수는 없었다! — 당신은 아마도 이렇게 말할 것이다: "그것은 특별한 느낌이다. 마치 그 노래가 지금 **여기에** 있는 것 같다." — 하지만 그것이 지금 여기에 **있는가**? 지금 내가 그것을 부르기 시작했는데 중간에 막혀 버린다면? —— 그 순간에는 내가 알았다고 **확신하지** 않았는가? 따라서 어떤 의미에서든 그것은 결국 **여기에** 있었다! —— 그러나 어떤 의미에서? 당신은 누군가 그것을 끝까지 불렀거나, 마음속에서 처음부터 끝까지 들었다면 그 노랫가락은 여기에 있었다고 말할 것이다. 물론 나는 노랫가락이 여기에 있다는 진술이 전혀 다른 의미를 지닐 수 있다는 — 가령 내가 그 노랫가락이 적힌 쪽지를 갖고 있다거나 — 사실을 부정하지 않는다. — 그리고 그가 그것을 안다고 '확신하는' 일은 무엇에 있는가? — 물론 우리는 이렇게 말할 수 있다: 누군가 이제 그 노랫가락을 안다고 자신 있게 말한다면, 그 노랫가락은 그 순간 그의 마음속에 (어떻게든) 전부 나타나 있다. —— 그

---

452) "나 걸을 수 있어"라는 문장의 의미가 그 문장의 주장조건들 a, b, c, …, n의 총체와 같다는 주장조건적 의미론에 대한 논박이다. 설령 주장조건들이 모두 충족되는 경우에도 그로부터 따라 나올 수 있는 올바른 결론은 그가 걸을 수밖에 없다는 것이 아니라 그가 걸을 수 있다는 것으로 보아야 한다.

리고 이것이 "그 노랫가락이 그의 마음속에 전부 나타나 있다"라는 말에 대한 설명이다.[453]

185. 우리의 예 (143)으로 돌아가 보자. 이제 — 일반적인 기준에서 판단하면 — 그 학생은 자연수열을 완전히 익힌 것이다. 다음으로 우리는 그에게 다른 기수(基數)[454]의 수열을 적도록 가르쳐 "+n"이라는 형식의 명령을 받으면 아래 형식의 수열을 적어 가도록 한다.

　0, n, 2n, 3n 등.

따라서 그는 "+1"이라는 명령을 받으면 자연수열을 적는다. — 우리가 1000까지 연습을 하면서 학생의 이해력을 테스트했다고 가정해보자.

그런 뒤 우리는 그 학생에게 1000을 넘어서 하나의 수열, 가령 "+2"를 계속하게 한다. — 이때 학생은 1000, 1004, 1008, 1012라고 적는다.

---

453) 이 책 §148, §149 뒤에 놓인 메모 (a), (b), §181, §182의 (5)와 대구를 이루는 절이다.
454) 0에서 9까지의 정수를 뜻한다.

우리는 그에게 이렇게 말한다: "보세요, 뭘 하는 거예요!" — 그는 우리의 말을 이해하지 못한다. 우리는 또 이렇게 말한다: "당신은 **둘**을 더했어야죠. 그 수열을 어떻게 시작했는지 보세요!" — 그는 다음과 같이 대답한다: "네, 제가 한 게 맞지 않나요? 저는 그렇게 **해야 한다고** 생각했는데요." —— 또는 학생이 그 수열을 가리키며 이렇게 말했다고 하자: "하지만 저는 똑같은 방식으로 계속 했어요!" — 이제 그에게 "그렇지만 . . . 이라는 걸 알 수 없나요?"라고 말하면서 — 이전의 설명과 예들을 반복해 봐야 소용없는 일이다. — 이런 경우 우리는 아마도 다음과 같이 말할 수 있을 것이다: 이 사람은 우리의 설명을 듣고서, **우리가** "1000까지는 2를 더하고, 2000까지는 4를 더하고, 3000까지는 6을 더하라 등등"의 명령을 이해하듯이 그런 식으로 우리의 명령을 자연스럽게 이해한 것이다.

이 경우는 손으로 방향을 가리키는 동작에 반응할 때, 자연스럽게 손목에서 손가락 쪽이 아니라 손가락에서 손목 쪽의 방향을 바라보는 경우와 유사할 것이다.[455]

---

455) 이 책 §85와 §139 뒤에 놓인 메모 (b) 참조. 이 절부터 §242까지는 다음을 참조. Minar 1990; E. Ammereller, "Puzzles about Rule-Following—PI 185-242," Ammereller and Fischer 2004에 수록.

186. "그렇다면 당신의 말[456]은 '+n'이라는 명령을 올바로 따르기 위해서는 매 단계마다 새로이 들여다보는 일 — 직관 — 이 필요하다고 하는 셈이다." — 올바로 따르기 위해서라고! 어느 특정한 지점에서 취해야 할 올바른 조치가 무엇인지는 대체 어떻게 결정되는가? "올바른 조치란 명령이 **의미한** 것과 일치하는 조치이다" — 따라서 당신이 "+2"라는 명령을 내렸을 때, 당신은 그가 1000 다음에 1002를 적어야 한다는 의미였다. — 그렇다면 당신은 그가 1866 다음에는 1868을, 10034 다음에는 10036을 적어야 한다 등등 — 그런 무수히 많은 문장들 — 을 의미했는가? — "아니다. 나는 그가 적은 **각각의** 수 뒤에 그 다음 다음 수를 적어야 한다는 뜻이었다. 그리고 이로부터 그 모든 문장이 차례대로 따라 나온다." — 그러나 바로 그 점이 문제가 된다. 어떤 하나의 지점에서 그 문장으로부터 무엇이 따라 나오는지, 또는 어떤 하나의 지점에서 그 문장과의 (그리고 당신이 그때 그 문장에 부여한 **생각** — 그것이 무엇에 있든 간에 — 과의) "일치"를 뭐라고 불러야 하는지 말이다.[457] 매 지점에서 직관이 필요하다고 말하기보다는 매 지점에서 새로운 결정이 필요하다고 말하는 편이 대체로 보다 정확할 것이다.[458]

---

456) 여기서의 '당신'은 비트겐슈타인을 지칭하지만 '당신의 말'이 비트겐슈타인의 입장을 대변하고 있는 것으로 보아서는 안 된다.
457) 이 책 §241 참조.

187. "하지만 내가 그 명령을 내렸을 때 나는 이미 그가 1000 다음에 1002를 적어야 한다는 사실을 알고 있었다!" — 물론 그럴 것이다. 그리고 당신은 심지어 그때 그것을 **의미했다**고도 말할 수 있다. 다만 당신은 "안다"와 "의미한다"라는 낱말의 문법에 현혹되지 말아야 한다. 왜냐하면 당신은 그때 당신이 1000에서 1002로의 이행(移行)을 생각했다는 것을 의미하지는 않기 때문이다. — 그리고 설령 당신이 이 이행을 생각했다 해도, 여하튼 다른 이행들을 생각하지는 않았기 때문이다. "나는 그때 이미 . . . 을 알고 있었다."라는 당신의 말은 "누군가 내게 그가 1000 다음에 어떤 수를 적어야 하느냐고 묻는다면, 나는 '1002'라고 대답했을 것이다."와 같은 것을 의미한다. 그리고 나는 이 점을 의심하지 않는다. 이 가정은 아마도 "그때 그가 물에 빠졌다면 나는 그를 따라 뛰어들었을 것이다."와 같은 종류의 가정일 것이다. — 그렇다면 당신의 생각은 무엇이 잘못되었는가?[459]

---

458) 명령을 올바로 따르기 위해 매 단계마다 밟아야 할 올바른 모든 조치가 독립적으로 이미 존재한다는 생각(플라톤주의), 명령의 바른 수행을 위해 그 조치에 대한 직관이 필요하다는 생각(직관주의), 그 조치가 매 단계마다 새로이 결정된다는 생각(규약주의) 등이 규칙 따르기(명령의 바른 수행) 문제에서 비트겐슈타인의 표적이 되는 입장들이다.

459) 명령을 올바로 따르기 위해 취해야 할 올바른 조치에 대한 앎이 성향(disposition)을 의미한다는 생각(성향론) 역시 비트겐슈타인의 표적이 되는 입장이다.

188. 여기서 나는 무엇보다 이렇게 말하고 싶다: 당신의 생각은 저 명령을 의미함[460]이 그 나름의 방식으로 이미 모든 이행을 해나 갔다는 것이었고, 또 당신이 명령을 의미했을 때 당신의 마음은 말하자면 미리 날아가서 당신의 몸이 이 이행이나 저 이행에 도달하기 전에 모든 이행을 해나간다는 것이었다.

따라서 당신은 다음과 같은 표현을 사용하는 경향이 있었다: "내가 글이나 말, 또는 생각으로 그 이행들을 해나가기 전에도 그 이행들은 **실제로** 이미 이루어진 상태였다." 그리고 그 이행들은 어떤 **독특한** 방식으로 미리 결정되고 예측된 것처럼 보였다. ─ 마치 의미하는 일만으로 현실을 예측할 수 있다는 듯이 말이다.[461]

189. "그렇다면 그 이행들은 대수(代數) 공식에 의해 결정되어 있지 **않은가**? ─ 이 질문에는 하나의 잘못이 들어 있다.[462]

우리는 다음과 같은 표현을 사용한다: "그 이행들은 . . . 라는

---

460) 예를 들면 "+2"라는 명령으로 1000 다음에 1002를 적어야 한다고 의미하는 것을 말한다.
461) 이 책 §187 말미의 질문에 대한 답변이다.
462) 비트겐슈타인의 대화 상대자는 "그 이행들이 대수 공식에 의해 결정되어 있다"라는 주장을 굽히려 하지 않는다. 그러나 그는 자신이 주장하는 바의 의미가 상황에 따라 다양할 수 있다는 사실을 간과하고 있다. 비트겐슈타인이 언급한 잘못은 바로 이를 말한다. 그는 이어지는 단락들에서 대화 상대자의 주장이 사용되는 상이한 경우를 구체적으로 살펴보고 있다.

공식에 의해 결정되어 있다." 이 표현은 **어떻게** 사용되는가? — 우리는 가령 사람들은 x에 똑같은 수를 대입할 때 y에 대해 모두 똑같은 값을 산출해내는 방식으로 $y=x^2$이라는 공식을 사용하도록 교육(훈련)받는다는 사실을 언급할 수 있다. 혹은 우리는 다음과 같이 말할 수 있다: "이 사람들은 '+3'이라는 명령을 받으면 똑같은 단계에서는 똑같은 이행을 해나가도록 훈련받는다." 우리는 이를 다음과 같이 표현할 수 있을 것이다: "이 사람들에게 '+3'이라는 명령은 하나의 수에서 다음 수로의 모든 이행을 전적으로 결정한다."(이 명령을 받고서 어떻게 해야 할지 모르는 사람들, 또는 완전한 확신을 갖고 그 명령에 반응하기는 하지만 각자 다른 방식으로 반응하는 사람들과는 대조적으로 말이다.)

한편 우리는 서로 다른 종류의 공식들, 그리고 그에 상응하는 서로 다른 종류의 쓰임들(서로 다른 종류의 훈련들)을 서로 대비시킬 수 있다. 그렇다면 우리는 어떤 특정한 종류의 공식을 (그리고 그에 상응하는 사용 방식과 함께) "주어진 값 x에 대해 수(數) y를 결정하는 공식"이라고 부르고, 다른 종류의 공식은 "주어진 값 x에 대해 수 y를 결정하지 않는 공식"이라고 **부른다**. ($y=x^2$은 첫 번째 종류에, $y \neq x^2$은 두 번째 종류에 해당할 것이다.) 그렇다면 "공식 . . . 는 수 y를 결정한다"라는 문장은 공식의 형식에 관한 진술이다. — 그리고 이제 "내가 적은 공식은 y를 결정한다" 또는 "여기에 y를 결정하는 공식이 있다"와 같은 문장은 "공식 $y=x^2$은 주어진 값 x에 대해 수

y를 결정한다"와 같은 문장과 구별되어야 한다. 그 경우 "거기에 적힌 공식은 y를 결정하는 것인가?"라는 질문은 "거기에 있는 공식은 이런 종류의 공식인가 아니면 저런 종류의 공식인가?"와 같은 것을 의미할 것이다. ─ 그러나 "$y = x^2$은 주어진 값 x에 대해 수 y를 결정하는 공식인가?"라는 질문을 가지고 우리가 무엇을 해야 하는지가 당장 분명하지는 않다. 우리는 학생이 '결정한다'는 낱말의 쓰임을 이해하고 있는지 테스트하기 위해 이 질문을 던질 수 있을 것이다. 또는 그것은 어떤 특정 체계 안에서 x가 단 하나의 제곱만 가진다는 것을 증명하는 수학 문제일 수도 있을 것이다.

190. 우리는 이제 이렇게 말할 수 있다: "어떤 이행들이 이루어져야 하는지는 공식이 어떤 의미를 지니는지에 따라 결정된다."[463] 공식이 어떤 의미를 지니는지에 대한 기준은 무엇인가? 그것은 가령 우리가 그것을 늘 사용하는 방식, 우리가 그렇게 사용하도록 배운 방식이다.

예를 들어 우리는 우리가 모르는 어떤 기호를 사용하는 사람에게 다음과 같이 말한다: "당신이 $x!2$로 x^2을 의미한다면, 당신은 y에 대해 **이** 값을 얻을 것이고, 2x를 의미한다면 **저** 값을 얻는다."

---

463) 이는 비트겐슈타인의 주장이라기보다 지금까지 논의한 그의 대화 상대자의 주장에 대한 정리로 보아야 한다.

— 이제 스스로에게 이렇게 물어보라: 어떻게 "x!2로 이것 또는 저 것을 **의미하는가?**"[464)]

따라서 의미함은 **이런 식으로**[465)] 이행들을 미리 결정할 수 있다.

191. "마치 우리가 낱말의 모든 쓰임을 단숨에 파악할 수 있는 것 같다." 예컨대 **어떤** 식으로? — 쓰임이란 — 어떤 의미에서는 — 단숨에 파악될 **수** 없는 것인가? 그리고 **어떤** 의미에서 그럴 수 없는가? — 마치 우리가 훨씬 직접적인 의미에서 그것을 '단숨에 파악할' 수 있는 것 같다. — 그러나 당신은 이에 대한 하나의 모형 을 갖고 있는가? 아니다. 단지 이런 표현 방식이 우리에게 제공될 뿐이다. 서로 교차하는 그림들의 결과로서 말이다.[466)]

192. 당신은 이 과도한[467)] 사실에 대한 모형을 갖고 있지 않다.

---

464) 우리가 어떤 특별한 무엇을 함으로써 어떤 것을 의미하는 것은 아니다. 오히 려 "우리가 그것을 늘 사용하는" 대로 사용하는 데서 그 의미가 드러날 뿐이 다. 예컨대 우리가 x!2로 x²을 의미한다면, 그 의미는 우리가 x²을 늘 사용하 는 대로 — 즉 x가 1일 경우 x²은 1, x가 2일 경우 x²은 4 등등 — 사용하는 데 서 드러난다.

465) 여기서의 "이런 식으로"는 앞의 옮긴이 주에서 제시한 방식을 참조하여 이해 할 수 있을 것이다.

466) 이 "서로 교차하는 그림들"에 대한 묘사가 이 책 §193 이하에서 전개된다.

467) 낱말의 모든 쓰임을 단숨에 파악한다는 사실을 가리킨다.

그러나 당신은 초(超)-표현[468]을 사용하는 잘못된 길로 빠진다. (우리는 초-표현을 철학적 최상급(最上級)이라고 부를 수 있을 것이다.)[469]

193. 그 자체의 작동 방식에 대한 상징으로서의 기계. 기계는 ─ 나는 우선 이렇게 말할 수 있을 것이다 ─ 그 작동 방식을 이미 그 안에 담고 있는 듯이 보인다. 이 말은 무슨 뜻인가? ─ 우리가 기계를 안다면 나머지 모든 것 ─ 즉 기계가 하게 될 움직임 ─ 은 이미 완전하게 결정되어 있는 것처럼 보인다.

우리는 마치 기계의 이 부분들은 이런 식으로만 움직일 수 있다는 듯이, 그 외의 다른 일은 할 수 없다는 듯이 이야기한다. 어떻게 그런가? ─ 우리는 그것들이 구부러지고, 망가지고, 녹을 수 있다는 등의 가능성을 잊고 있는가? 그렇다. 많은 경우에 우리는 그런 가능성을 전혀 생각하지 않는다. 우리는 기계나 기계의 그림을 기계의 특정한 작동 방식에 대한 상징으로서 사용한다. 예를 들어 우리는 누군가에게 그런 그림을 주고서는, 그가 그것으로부터 그 부분들의 연속적인 움직임들[470]을 도출할 거라고 가정한다. (우리가 1,

---

468) 앞 절에 나온 "마치 우리가 낱말의 모든 쓰임을 단숨에 파악할 수 있는 것 같다"라는 문장을 가리킨다.

469) 비트겐슈타인이 『논리-철학논고』에서 정립한 명제의 일반 형식(TLP, 4.5), 진리 함수의 일반 형식(TLP, 6), 정수의 일반 형식(TLP, 6.03) 등이 초-표현, 철학적 최상급의 예라고 할 수 있다.

4, 9, 16, . . . 이라는 수열의 25번째 수라고 말하면서 누군가에게 하나의 수를 제시할 수 있듯이.)[471]

"기계는 그 작동 방식을 이미 그 안에 담고 있는 듯이 보인다."라는 말은 다음을 의미한다: 우리는 미리 정해져 있는 기계의 향후 움직임들을, 서랍 안에 이미 놓여 있었고 이제 우리가 끄집어내는 대상들에 비유하는 경향이 있다.[472] —— 그러나 우리는 기계의 실제 행동을 예측하는 일이 문제일 경우에는 그렇게[473] 말하지 않는다. 그때 우리는 대개 기계의 부분들이 손상될 가능성 등을 잊지 않는다. —— 하지만 대체 어떻게 우리가 움직임의 어떤 방식에 대한 상징으로서 기계를 사용할 수 있는지 — 결국 기계는 아주 **다르게도** 움직일 수 있으니까 — 놀라워할 때 우리는 그렇게[474] 말한다.

우리는 기계나 기계에 대한 그림이, 우리가 이 그림으로부터 도출

---

470) 원문은 "die Erscheinungen der Bewegung"으로 '움직임의 현상들'이지만 영어본을 참조해 이렇게 의역하였다.

471) 결국 이 절에서의 기계는 어떤 결과를 인과적으로 야기하는 실제 기계와 어떤 것을 의미하고 상징하는 개념적 원리로서의 기계로 나뉘어 논의되어야 한다. 그리고 이 단락에서의 기계는 후자의 의미로 사용되고 있음을 알 수 있다.

472) 개념적 원리로서의 기계의 작동 방식에 대한 해석이 플라톤주의를 함축하는 경향이 있음을 지적하고 있다.

473) "기계는 그 작동 방식을 이미 그 안에 담고 있는 듯이 보인다"라는 문장을 가리킨다.

474) "기계는 그 작동 방식을 이미 그 안에 담고 있는 듯이 보인다"라는 문장을 가리킨다.

하는 법을 배운 일련의 그림들의 시초라고 말할 수 있을 것이다.[475]

그러나 기계가 다르게도 움직일 수 있었다는 점을 고려할 때, 기계가 움직이는 방식은 마치 실제의 기계보다 상징으로서의 기계 속에 훨씬 확실하게 담겨 있어야 할 것처럼 보일 수 있다. 이 움직임이 경험적으로 미리 결정되어 있다는 것으로는 충분하지 않고, 그것이 원래 — 어떤 신비스러운 의미에서 — 이미 **나타나 있어야** 한다고 말이다.[476] 그리고 다음은 분명 사실이다: 상징으로서의 기계의 움직임은 주어진 어떤 실제 기계의 움직임과는 다른 방식으로 미리 결정되어 있다.[477]

194. 그렇다면 언제 우리는 기계가 그 가능한 움직임들을 어떤 신비스러운 방식으로 이미 그 안에 담고 있다고 생각하는 것일까? — 우리가 철학을 할 때 그렇다. 그리고 무엇이 우리를 그렇게 생각하도록 유혹하는가? 우리가 기계에 대해 말하는 방식 때문이다. 이를테면 우리는 기계가 이러이러한 움직임의 가능성을 **지니고**

---

475) 그런 점에서 상징으로서의 기계도 언어의 일부이다.

476) 이 신비스러운 의미는 다음 절에서 그림자로 실체화된다.

477) 여기서의 결정도 문제되는 기계가 실제 기계인지 상징으로서의 기계인지에 따라 각각 어떤 작동의 인과적 결정과 어떤 표현의 쓰임의 문법적 결정으로 구분해서 이해되어야 한다. 이 절부터 §194까지는 다음의 논문을 참조. D. Pears, "Rule-Following in *Philosophical Investigations*," McGuinness and Haller 1989에 수록.

(소유하고) 있다고 말한다. 우리는 오직 이러저러하게만 움직**일 수 있는**, 이상적으로 고정된 기계에 대해 말한다. —— 움직임의 **가능성**, 그것은 무엇인가? 그것은 **움직임**이 아니다. 하지만 그것은 단순히 움직임을 위한 물리적 조건 — 가령 술통과 마개에 틈새가 있다는 것, 술통에 마개가 너무 꽉 끼워져 있지 않다는 것 — 으로만 보이지도 않는다. 왜냐하면 이것은 과연 움직임을 위한 경험적 조건이기는 하지만, 우리는 그것을 다른 방식으로 상상할 수도 있을 것이기 때문이다. 움직임의 가능성은 오히려 움직임 자체의 그림자 같은 것이리라. 하지만 당신은 그런 어떤 그림자를 알고 있는가? 그리고 그림자라고 할 때 나는 움직임의 어떤 그림을 의미하지 않는다. — 왜냐하면 그런 그림이 바로 이 움직임의 그림이어야 할 필요는 없을 것이기 때문이다. 그러나 이 움직임의 가능성은 바로 이 움직임의 가능성임에 틀림없다. (보라, 여기서 언어의 파도가 얼마나 높게 이는지를!)

우리가 스스로에게 다음과 같이 묻자마자 파도는 잠잠해진다: 어떤 기계에 관해 이야기할 때 우리는 "움직임의 가능성"이라는 구절을 어떻게 사용하는가? —— 하지만 그렇다면 그 이상한 생각들은 어디에서 왔는가? 나는 당신에게 가령 움직임의 **그림**을 통해 움직임의 가능성을 보여준다. — '따라서 가능성이란 현실과 비슷한 어떤 것이다.' 우리는 다음과 같이 말한다: "그것은 아직 움직이지 않지만 움직일 가능성을 이미 지니고 있다." —— '따라서 가능성은 현실에 매우 근접한 어떤 것이다.' 우리는 이러이러한 물리적 조건이 이 움직임을 가능하게 하는지에 대해서는 의심할지 모르지만, **이것**이 이 움직임의 가능성인지 저 움직임의 가능성인지에 대해서는 결코 논의하지 않는다. '따라서 움직임의 가능성은 움직임 자체와 독특한 관계에 놓여 있다. 그 관계는 하나의 그림과 그 그림의 대상 간의 관계보다 훨씬 밀접하다.' 왜냐하면 하나의 그림이 이 대상의 그림인지 아니면 저 대상의 그림인지에 대해 의심할 수 있기 때문이다. 우리는 "이것으로 인해 마개가 이렇게 움직일 가능성이 생기는 것인지의 여부는 경험을 통해 알 수 있다."라고 말한다. 하지만 "이것이 이렇게 움직일 가능성인지의 여부는 경험을 통해 알 수 있다."라고 말하지는 않는다. '따라서 이 가능성이 바로 이렇게 움직일 가능성이라는 것은 경험적 사실이 아니다.'[478]

우리는 이런 것들에 관한 우리 자신의 표현 방식에 주의하지만, 우리는 그것을 이해하는 것이 아니라 잘못 해석한다. 철학을 할 때, 우리는 문명인들[479]의 표현 방식을 듣고 그것을 잘못 해석하여 아주 이상한 결론을 이끌어내는 미개인들, 원시인들과 같다.[480]

---

478) 비트겐슈타인의 대화 상대자는 이로부터 그것이 형이상학적 사실이라고 결론 지을 것이다. 그러나 비트겐슈타인이 보기에 그것은 사소한 문법적 사실에 불과하다(Baker and Hacker 2009, 110쪽).
479) 일상 언어를 일상적인 방식으로 사용하는 사람들을 뜻한다.

195. "하지만 내 말은 지금 내가 (낱말의 모든 쓰임을 파악할 때) 하는 일이 미래의 쓰임을 **인과적으로**, 그리고 경험적으로 결정한다는 것이 아니라, 어떤 의미에서는 쓰임 자체가 **이상한** 방식으로 나타나 있다는 것이다." — 그러나 물론 그것은 '**어떤** 의미에서는' 그렇다! 실제로 당신의 말 중에서 "이상한 방식으로"라는 표현만 잘못되었을 뿐, 나머지는 맞다. 그리고 우리가 그 문장이 그것을 실제로 사용하는 언어게임과는 다른 언어게임에 속한다고 상상할 때만 그 문장은 이상해 보인다. (한번은 누군가 자신이 어렸을 때 재단사가 '옷을 바느질 할' 수 있었다는 것에 놀란 적이 있다고 내게 말했다 — 그는 이 말을 옷은 바느질로만, 즉 한 올 한 올 바느질해서만 만들어진다는 의미로 생각했던 것이다.)

196. 우리는 낱말의 쓰임을 이해하지 못하기 때문에 그것이 이상한 **과정**을 표현한 것이라고 해석한다. (우리가 시간을 이상한 매체로, 마음을 이상한 존재로 생각하는 것처럼 말이다.)[481]

197. "마치 우리가 낱말의 모든 쓰임을 단숨에 파악할 수 있는

---

480) 앞의 단락에서와 같이 문법적 사실을 신비스러운 형이상학적 논제의 형태로 현실에 투사하는 경우를 빗대고 있다.
481) 이 책 §308 참조.

것 같다." — 우리는 그것이 바로 우리가 하는 일이라고 말한다. 다시 말해, 우리는 때로 우리가 하는 일을 이런 말로 기술한다. 그러나 일어나는 일에는 전혀 놀라운 것도, 이상한 것도 없다. 우리가 미래의 전개 과정이 어떤 방식으로든 쓰임을 파악하는 행위에 나타나 있어야 하지만 아직 그렇지 못하다고 생각하게 될 때 그것은 이상해지는 것이다. — 왜냐하면 우리는 우리가 이 낱말을 이해하고 있다는 사실에는 어떤 의심의 여지가 없다고 말하지만, 또 한편으로 낱말의 의미는 낱말의 쓰임에 있기 때문이다.[482] 내가 지금 체스를 두고 싶다는 데는 전혀 의심의 여지가 없다. 하지만 체스가 게임인 이유는 그것의 모든 규칙 (등등) 때문이다. 그렇다면 나는 그 게임을 **하기** 전까지는 내가 어떤 게임을 하고 싶은지 모르는 것인가? 아니면 의도함이라는 나의 행위 속에 모든 규칙들이 담겨 있는가? 나는 이런 종류의 게임이 대개 그런 의도함이라는 행위의 결과라는 사실을 경험을 통해서 아는가? 따라서 나는 내가 무엇을 하려고 했는지 실제로는 확신할 수 없는 것인가? 그리고 만약 그것이

---

482) 원문은 "Denn wir sagen, es sei kein Zweifel, daß wir dies Wort verstehen, und anderseits liegt seine Bedeutung in seiner Verwendung"이다. daß 이하의 두 문장이 모두 daß에 걸리는 것으로 파악하면 다음과 같은 번역이 가능하다. "왜냐하면 우리는 우리가 이 낱말을 이해하고 있다는 사실, 또 한편으로 낱말의 의미는 낱말의 쓰임에 있다는 사실에는 어떤 의심의 여지도 없다고 말하기 때문이다." 실제로 영어 번역자는 이 번역을 택하고 있다.

터무니없는 일이라면 ― 의도함의 행위와 의도되는 것 사이에는 어떤 종류의 초강력 결합이 이루어져 있는가? ―― "체스 한판 두 자!"라는 말의 의미와 체스 게임의 모든 규칙 사이의 결합은 어디 에서 만들어지는가? ― 그것은 체스 규칙의 목록, 체스 교습, 그리 고 평상시의 체스 연습에서 만들어진다.

198. "하지만 하나의 규칙은 이 지점에서 내가 무엇을 해야 하는 지를 내게 어떻게 가르칠 수 있는가? 결국 내가 무엇을 하든 그것 은 어떤 해석에서는 규칙에 부합될 수 있다." ― 아니, 그렇게 말해 서는 안 된다. 차라리 이렇게 말해야 한다: 모든 해석은 그것이 해 석하는 대상과 함께 해결되지 않은 상태에 있으며, 그것이 해석하 는 대상에 어떤 도움도 되지 못한다. 해석들만으로는 의미를 결정 하지 못한다.

"그렇다면 내가 무엇을 하든 그것은 규칙에 부합한다는 말인가?" ― 다음과 같이 물어보자: 한 규칙의 표현 ― 가령 도로 표지판 ― 은 내 행위들과 어떤 관계가 있는가? 거기에는 어떤 결합이 이루 어져 있는가? ― 가령 다음과 같은 결합일 것이다: 나는 이 기호에 특정한 방식으로 반응하도록 훈련을 받았고, 지금 그렇게 반응하 고 있다.

그러나 이 말을 통해 당신은 인과적 연관만을 지적했을 뿐이다. 즉 이제 우리가 어떻게 도로 표지판을 따르게 되었는지를 설명했을 뿐, 이처럼 기호를 따르는 일이 실제로 무엇에 있는지는 설명하지 않았다.[483] 아니다.[484] 또한 나는 확립된 용법, 관습이 있는 한에서만 누군가 도로 표지판을 따라서 간다는 점도 암시했다.[485]

199. 우리가 "규칙 따르기"라고 부르는 것은 오직 **한** 사람이 일생에 오직 **한 번**만 할 수 있을 어떤 것인가? — 그리고 이 말[486]은 물론 "규칙 따르기"라는 표현의 **문법**에 대한 하나의 해설이다.

---

483) 이는 비트겐슈타인의 견해가 아니라 그의 대화 상대자의 견해이다.

484) 이 말을 통해 당신은 인과적 연관만을 지적했을 뿐이라는 것을 부정하고 있다.

485) 베이커와 해커는 이 절에서 비트겐슈타인의 과제가 "한 표현이 지니는 의미의 설명이 그 표현의 올바른 쓰임과 내적으로 연관되어 있음을 보이는 것"(Baker and Hacker 1985, 132쪽)이라고 말한다. 그러나 이는 여러모로 잘못된 해석이다. 첫째, 비트겐슈타인은 여기서 의미를 (자연과학적으로) 설명하려는 것이 아니라 의미가 쓰임에 의해 보여짐을 서술하고 있을 뿐이다. 둘째, 의미의 설명과 쓰임 간의 내적 연관은 비트겐슈타인의 관심사가 아니다. 그는 오히려 그러한 연관의 설정 자체를 형이상학이라고 비판할 것이다. 그 연관이 내적이라는 표현은 비트겐슈타인이 척결하고자 하는 형이상학의 혐의를 더욱 짙게 드리우고 있다. 비트겐슈타인의 관심사는 규칙의 의미가 쓰임이고, 그 쓰임이 훈련과 숙련을 전제로 하는 관습과 제도임을 역설하는 데 있다.

이 절부터 §202까지는 다음의 논문을 참조. J. Susse, "Obeying a Rule: Wittgenstein's Stress on Obedience in Sections 198-202 of the *Philosophical Investigations*," *Conference: A Journal of Philosophy and Theory*, vol. 5, 1995; S. Grève, "Beyond Relativism: Wittgenstein's Method of Grammatical Inquiry in *Philosophical Investigations* §§198-202," Gálvez and Gaffal 2012에 수록.

486) 앞에 나온 말 전체를 가리킨다.

오직 한 사람이 하나의 규칙을 따른 경우가 오직 한 번만 있었다는 것은 가능하지 않다. 보고가 이루어진 경우, 명령이 부여되거나 이해된 경우 등이 오직 한 번만 있었다는 것은 가능하지 않다. ― 규칙을 따른다, 보고를 한다, 명령을 내린다, 체스 게임을 한다는 것은 **관습들**(용법들, 제도들)이다.[487]

하나의 문장을 이해한다는 것은 하나의 언어를 이해한다는 것을 의미한다. 하나의 언어를 이해한다는 것은 하나의 기술(技術)을 완전히 익힌다는 것을 의미한다.[488]

200. 물론 게임이라고는 모르는 어떤 부족에 속한 두 사람이 체스 판 앞에 앉아 ― 심지어 그에 따른 모든 마음의 현상을 동반하면서 ― 체스 게임의 수(手)들을 두는 경우를 상상해볼 수 있다. 그리고 **우리가** 그것을 본다면 그들이 체스를 두고 있다고 말할 것이다. 하지만 이제 어떤 규칙들에 따라, 우리가 보통은 **게임**과 연관 짓지 않는 일련의 행위들 ― 가령 소리를 지르거나 발을 구르는 행

---

487) 규칙 따르기는 일정한 관습이나 제도를 배경으로 해서만 가능하다. 이러한 배경이 전제되어 있지 않은 일회성에 그치는 규칙 따르기는 따라서 성립조차 할 수 없다.

488) 규칙 따르기가 관습의 숙련을 전제로 하고 있듯이 문장의 이해도 언어라는 기술의 숙련을 전제로 하고 있음을 보임으로써 규칙 따르기와 언어의 이해를 하나로 묶고 있다. 이 책 §204 참조.

위들 — 로 바뀐 체스 게임을 상상해보라. 그리고 이제 그 두 사람은 우리에게 익숙한 형태의 체스를 두는 대신 소리를 지르고 발을 구른다고 하자. 더구나 이 과정들이 적당한 규칙들에 따라 체스 게임으로 바뀌는 그런 방식으로 진행된다고 하자. 그래도 우리는 그들이 게임을 하고 있다고 말하게 될까? 우리는 어떤 권리로 그렇게 말할 수 있을까?[489]

201. 우리의 역설은 이것이었다: 어떤 행위 방식도 하나의 규칙에 의해 결정될 수 없을 것이다. 왜냐하면 모든 행위 방식은 그 규칙과 일치하도록 맞춰질 수 있기 때문이다. 이에 대한 대답은 다음과 같았다: 만일 모든 행위 방식이 그 규칙과 일치하도록 맞춰질 수 있다면, 또한 그 규칙과 모순되도록 맞춰질 수도 있다. 따라서 여기에는 일치도 모순도 없을 것이다.

여기에 하나의 오해가 있다는 것은, 단지 우리가 이런 사유 과정에서 해석을 연이어 한다는 — 마치 각각의 해석이 적어도 잠시 동안 우리를 만족시킬 뿐, 이내 또 다른 해석이 뒤를 잇는 듯이 — 사실을 보면 알 수 있다. 이를 통해 우리가 보여주는 것은 말하자면

---

489) 이러한 행위들이 관습들, 용법들, 제도들로 간주될 수 있는 문맥을 배경으로 해서만 우리는 그렇게 말할 수 있을 것이다. 이러한 배경적 문맥에 대해 알지 못하는 현 상황에서 우리는 그들이 체스를 두고 있다고 말하지 않을 것이다.

규칙을 파악하는 방법이 있다는 점이다. 그런데 그것은 **해석이 아니라,** 그때그때 적용의 경우들에서 우리가 "규칙 따르기"와 "규칙 위반하기"라고 부르는 것에서 드러난다.[490]

이 때문에 다음과 같이 말하는 경향이 있다: 규칙에 따르는 모든 행위는 각각 하나의 해석이다. 그러나 우리는 규칙에 대한 하나의 표현을 다른 표현으로 대체하는 경우에만 "해석"[491]이라고 불러야 할 것이다.[492]

202. 그러므로 '규칙 따르기'는 하나의 실행이다. 그리고 규칙을 따른다고 **생각하는** 것은 규칙을 따르는 것이 아니다.[493] 그렇기 때문에 우리가 '사적(私的)으로' 규칙을 따르는 것은 불가능하다. 그렇

---

490) 이 책 §86 참조.

491) 직선의 규칙에 대한 표현을 빛에 대한 표현으로 대체할 때 직선에 대한 기하학적 표현은 빛에 대한 물리학적 표현으로 해석된다. Barker 1964, 48-50쪽 참조.

492) 이 절에 대해서는 다음의 책과 논문들을 참조. Kripke 1982; D. Summerfield, "*Philosophical Investigations* 201: A Wittgensteinian Reply to Kripke," *Journal of the History of Philosophy*, vol. 28, 1990; S. Weir, "Kripke's Second Paragraph of *Philosophical Investigations* 201," *Philosophical Investigations*, vol. 30, 2007. 이 절부터 §202까지는 다음의 논문을 참조. E. Minar, "Paradox and Privacy: On Chapter 201-202 of Wittgenstein's *Philosophical Investigations*," *Philosophy and Phenomenological Research*, vol. 54, 1994.

지 않다면 규칙을 따르고 있다고 생각하는 것은 규칙을 따르는 것과 같을 것이기 때문이다.[494]

203. 언어는 미로(迷路)다. **어느 한**쪽에서 접근하면 어디로 가야 할지 안다. 다른 쪽에서 같은 곳에 접근하면 더 이상 어디로 가야 할지 모른다.[495]

---

493) 심리주의에 대한 후설의 비판을 연상하게 하는 구절이다. 후설의『논리연구』에서 심리주의는 논리학이나 수학과 같은 형식과학을 심리적 과정으로 환원하여 설명하려는 입장을 말한다. 심리주의가 참이라면 다음과 같은 추론이 타당해지는 결과가 초래될 수 있다.

나는 2+2=5라고 생각한다.

∴ 2+2=5

내가 2+2=5라고 생각할 수는 있지만, 그래서 위의 논증에서 전제는 참일 수 있지만, 그로부터 2+2=5라는 거짓된 결론이 따라 나올 수는 없다는 것이 심리주의에 대한 후설의 비판의 요지이다. 심리적 진리와 논리적/수학적 진리는 구별되어야 한다. 이를 비트겐슈타인의 주제인 규칙 따르기 문제에 적용했을 때 우리는 규칙을 따른다고 생각하는 심리적 과정과 규칙 따르기를 구별하는 논거를 얻게 된다.

494) 사적 언어에 대한 논의는 이 책 §243 이후에 재개된다. 특히 §258 참조. 이 절에 대해서는 다음의 논문들을 참조. C. Ginet, "Wittgenstein's Argument that One Cannot Obey a Rule Privately," *Noûs*, vol. 4, 1970 ; C. Marks, "Ginet on Wittgenstein's Argument against Private Rules," *Philosophical Studies*, vol. 25, 1974.

495) 이 책 §18 후반부, §123 참조.

204. 현 상황에서 나는 가령 어느 누구도 해본 적이 없는 게임을 만들어낼 수 있다. ― 하지만 다음과 같은 경우도 가능할까?: 인류는 어떤 게임도 해본 적이 없다. 그러나 언젠가 어떤 사람이 게임을 하나 만들어냈다. ― 그리고 나서 아무도 그 게임을 하지 않았다.[496]

205. "**의도**에서, 마음의 과정에서 실로 놀라운 것은 관습의, 기술(技術)의 존재가 그것에 필요 없다는 점이다. 예를 들어 다른 어떤 게임도 존재하지 않는 세계에서 두 사람이 체스 게임을 하거나, 또는 심지어 체스 게임을 시작만 하고 ― 그런 뒤 게임이 중단되는 것을 상상해볼 수 있다."[497]

그러나 체스는 그 규칙들에 의해서 정의되는 것이 아닌가? 이 규칙들은 체스를 두려는 사람의 정신 속에 어떻게 나타나 있는가?[498]

---

496) 이러한 경우가 불가능한 까닭은 이야기 속의 인류에 게임이라는 관습이나 제도가 성립되어 있지 않기 때문이다. 이 말의 의미는 게임의 실행에 인류나 그 밖의 어떤 공동체가 요구된다기보다는, 그것을 게임이라 부를 만큼의 충분한 규칙성이 요구된다는 것이다. 규칙성과 공동체는 동(同)근원적이다. 규칙성은 공동체에 논리적으로 우선하고 공동체는 규칙성에 사실적으로 우선한다. 비트겐슈타인은 후자보다 전자를 강조하려는 것이다. 이 책 §§199, 202, 207 참조.

497) 데카르트주의자나 방법론적 유아론(唯我論)자들의 견해를 요약하고 있다.

498) 여기서 비트겐슈타인은 한편으로는 게임이 실행으로서의 규칙 따르기임을 강조하면서, 다른 한편으로는 이 실행의 영역을 심리적, 인식적 지평으로 환원해 이해하려는 잘못된 시도를 차단하고 있다.

206. 규칙 따르기는 명령을 따르는 일과 유사하다. 우리는 그렇게 하도록 훈련되어 있고, 명령에 특정한 방식으로 반응한다. 그러나 명령과 훈련에 대해 어떤 사람은 **이렇게**, 또 어떤 사람은 **저렇게** 반응한다면 어떨까? 그 경우에는 누가 맞는가?

당신이 전혀 모르는 언어를 사용하는 미지의 나라에 연구자로 왔다고 가정해보라. 어떤 상황에서 당신은 그곳 사람들이 명령을 내리고, 명령을 이해하고, 명령을 따르고, 명령을 거역했다는 등으로 말할 것인가?

인류 공통의 행위 방식은 우리가 그것을 통해 생소한 언어를 해석하는 준거(準據)의 틀이다.[499]

207. 그 나라[500] 사람들은 평범한 인간 활동들을 영위하며, 그 과정에서 겉보기에 딱딱 끊어지는 말을 사용한다고 상상해보자. 그들의 행동을 지켜보면 우리는 그 행동을 이해할 수 있게 되며, 그것들은 우리에게 '논리적'인 듯이 보인다. 그러나 그들의 언어를 배

---

499) 콰인의 번역 불확정성 논제는 이 절 후반부와 이어지는 다음 절에서의 논의에 착안한 것 같다. Quine 1960, 2장 참조. 이 절에 대해서는 다음의 글들을 참조. R. Haller, "The Common Behaviour of Mankind," Haller 1988에 수록; E. Savigny, "Common Behaviour of Many a Kind: *Philosophical Investigations*, Section 206," Arrington and Glock 1991에 수록.

500) 앞서 §206에서 말한 미지의 나라를 말한다.

우려고 하면 우리는 그것이 불가능함을 알게 된다. 왜냐하면 그들이 말하는 내용, 그들이 내는 소리, 그들의 행위 사이에는 어떠한 규칙적 연관성도 없기 때문이다.[501] 하지만 그럼에도 이 소리들이 불필요하지는 않다. 우리가 가령 이 사람들 중 한 명의 입에 재갈을 물린다면, 우리에게 재갈을 물리는 경우와 똑같은 결과를 가져오기 때문이다: 그 소리들이 없다면 — 나는 이렇게 표현하고 싶다 — 그들의 행위는 혼란에 빠진다.

우리는 이 사람들에게 언어, 즉 명령, 보고 등이 있다고 말해야 하는가?

우리가 그것을 "언어"라고 부르기에는 규칙성이 결여되어 있다.

208. 그렇다면 나는 무엇이 "명령"이라 불리고 무엇이 "규칙"이라 불리는지를 "규칙성"을 통해 설명하고 있는 것인가? — 나는 "규칙적인", "획일적인", "똑같은"의 의미를 누군가에게 어떻게 설명하는가? — 나는 가령 프랑스어만 할 줄 아는 사람에게는 이 낱말들에 대응하는 프랑스어 낱말들을 가지고 설명할 것이다. 그러나 아직 이 **개념들**을 갖고 있지 못한 사람에게는 **예들**과 **연습들**을 통해서 그 낱말들의 사용법을 가르칠 것이다. — 그리고 이렇게 가르칠 때, 나는 나 자신이 알고 있는 것만큼 그에게 전달하는 셈이다.

이런 교육의 과정에서 나는 그에게 똑같은 색깔들, 똑같은 길이

---

501) 이 책 §222 참조.

들, 똑같은 모양들을 보여줄 것이다. 또 나는 그가 그것들을 찾아내고 만들어내는 등의 일을 하도록 시킬 것이다. 예를 들어 나는 그가 장식무늬의 열을 계속하라는 지시를 받으면 '획일적으로' 그렇게 하도록 지도할 것이다. — 그리고 또한 계속해서 그런 식으로 해나가라고 지도할 것이다. 다시 말해, 가령 . . . . 라는 지시를 받으면 . . . . 로 계속 해나가는 식으로 말이다.

내가 먼저 하고, 그는 나를 따라서 한다. 그리고 나는 동의, 반대, 기대, 격려를 표현하면서 그에게 영향을 미친다. 나는 그가 자기식대로 하게 놔두거나 멈추게 하는 등으로 지도한다.

당신이 이런 교육을 목격하는 사람이라고 상상해보라. 어떤 낱말도 그 자체로 설명되지 않으며, 어떤 논리적 순환도 생기지 않을 것이다.

이 교육에서는 "등등", "등등 무한히"라는 표현들도 설명될 것이다. 여기에는 무엇보다 몸짓이 도움이 될 수 있다. "이렇게 계속해라!" 또는 "등등"을 의미하는 몸짓은 어떤 대상이나 장소를 가리키는 일과 유사한 기능을 지니고 있다.

축약된 표기인 "등등"과 축약된 표기가 **아닌** "등등"은 서로 구별되어야 한다. "등등 무한히"는 그런 축약된 표기가 **아니다.** 우리가 π의 모든 자릿수를 적을 수 없다는 사실은, 수학자들이 종종 생각하듯이 인간적인 결함이 아니다.[502]

제시된 예들에만 머물러 있으려는 교육은 그것들을 '**넘어서도록 가르치는**' 교육과 구별된다.

209. "하지만 그렇다면 이해는 모든 예를 넘어서 있지 않은가?"
— 아주 이상한 표현이자 매우 자연스러운 표현! —

그러나 그것이 **전부**인가? 보다 깊은 설명이 있지 않을까? 또는 어쨌든 설명에 대한 **이해**는 보다 깊어야 하는 게 아닐까?[503] — 그런데 나 자신은 보다 깊은 이해를 지니고 있는가? 나는 내가 설명에서 제시하는 것보다 더 많은 것을 **가지고 있는가**?[504] — 하지만 그렇다면 내가 더 많은 것을 가지고 있다는 느낌은 어디에서 오는가?

그것은 내가 하나의 길로 한정되지 않는 것을, 모든 길을 넘어서 있는 것으로 해석하는 경우와 같은가?

210. "그러나 당신은 자신이 이해하는 바를 그에게 실제로 설명하는가? 당신은 그가 본질적인 것을 **추측하도록** 맡겨 두지 않는

---

502) 짝수의 집합의 원소들을 "2, 4, 6 등등"으로 표현할 때의 "등등"은 축약된 표기가 아니라 그 집합의 나머지 원소들을 전개하는 기술(技術)을 뜻한다. Baker and Hacker 2009, 179쪽 참조.

503) 이는 비트겐슈타인이 아니라 그의 대화 상대자의 견해이다.

504) 나 자신만이 알고 있고 다른 사람에게는 설명할 수 없는 어떤 사적인 이해가 은닉되어 있는 것이 아니다. 내가 할 수 있는 일은 더 많은 예를 제시하는 것뿐이다. 나의 이해는 오로지 예를 통해서 표현될 수 있기 때문이다.

가? 당신은 그에게 예들을 제시한다. — 하지만 그는 그 예들의 목적, 즉 당신의 의도를 추측해야 한다." — 나는 나 자신에게 할 수 있는 모든 설명을 그에게도 한다. — "그는 내가 의미하는 바를 추측한다"라는 말은 다음을 뜻할 것이다: "내 설명에 대한 다양한 해석이 그의 마음속에 떠오르며, 그는 그중 하나를 고른다." 따라서 이 경우에 그는 질문을 할 수 있다. 그러면 나는 그의 질문에 대답할 수 있을 것이며, 그렇게 할 것이다.[505]

211. "당신이 그에게 장식 무늬의 열을 계속하는 것을 어떻게 가르치든 — 그는 자기 스스로 계속해야 하는 방법을 어떻게 **알** 수 있는가?" — 글쎄, **나는** 어떻게 아는가? —— 만일 그것[506]이 "나는 이유들을 가지고 있는가?"를 의미한다면, 대답은 다음과 같다: 내 이유들은 곧 바닥이 날 것이다. 그러면 나는 이유들 없이 행위할 것이다.[507]

---

505) 이 책 §71 참조. 이 구절의 요지는 다음과 같다. (1) 예를 제시하는 것보다 더 나은 설명은 없다. (2) 설명의 의미는 말해질 수 있다. 상대는 그가 내 설명의 의도를 정말 알아맞혔는지 물을 수 있고 나는 그에 대답할 수 있다. 요컨대 나의 이해에는 말로 표현될 수 없는 어떠한 비밀스러운 구석도 숨겨져 있지 않다. Baker and Hacker 2009, 183쪽 참조.
506) "나는 계속해야 하는 방법을 어떻게 아는가?"라는 앞서의 질문을 가리킨다.
507) 이는 나의 행위가 자유분방한 돌출행위라는 뜻이 아니라, 내가 언제나 이유를 반성적으로 의식하면서 행위하는 것은 아니라는 뜻으로 새겨야 한다.

212. 내가 두려워하는 누군가가 내게 어떤 수열을 계속하라고 명령한다면, 나는 재빠르게 조금도 틀림없이 행위할 것이며, 그렇게 해야 할 이유가 없다는 것은 내게 문제가 되지 않는다.

213. "그러나 이 수열의 첫 부분은 분명 다양한 방식으로 (가령 대수적 표현을 통해서) 해석될 수 있었으며, 따라서 당신은 먼저 그런 해석 가운데 **하나**를 선택했음에 틀림없다." — 전혀 그렇지 않다! 어떤 상황에서는 의심이 가능했다. 하지만 이 말은 내가 실제로 의심했다거나, 심지어 의심할 수 있었다는 뜻이 아니다. (이와 관련해서 어떤 과정의 심리적 '분위기'에 대해 말할 수 있다.)

오직 직관만이 이런 의심을 없앨 수 있었을 거라고? — 직관이 어떤 내면의 소리라면[508] — 나는 그것을 따라야 하는 **방법을** 어떻게 아는가? 그리고 나는 그것이 나를 잘못 이끌지 않는다는 것을 어떻게 아는가? 그것이 나를 올바로 안내할 수 있다면, 그것은 또한 나를 잘못 안내할 수도 있기 때문이다.

((직관은 불필요한 핑계.))

214. 수열 1 2 3 4. . . 를 전개하는 데 직관이 필요하다면, 그것은 또한 수열 2 2 2 2. . . 를 전개하는 데에도 필요하다.[509]

---

508) 이 표현은 이 책 §233에서 다시 한 번 사용되고 논의된다.

215. 그러나 적어도 **똑같은 것**은 똑같은 것이 아닌가?

똑같음에 대해 우리는 절대적으로 확실한 범례를 갖고 있는 것 같다. 즉 하나의 사물이 지니는 그 자체와의 똑같음에서 말이다. 나는 이렇게 말하고 싶다: "어쨌든 여기에는 서로 다른 해석이 있을 수 없다. 누군가 하나의 사물을 볼 때, 그는 또한 똑같음을 본다."

그럼 두 사물이 **하나**의 사물인 것처럼 있다면,[510] 그것들은 똑같은 것인가? 그리고 나는 그 **하나**의 사물이 내게 보여주는 것을 어떻게 두 사물의 경우에 적용해야 하는가?[511]

216. "하나의 사물은 그 자체와 동일하다." ― 쓸모없는, 그러면서도 어떤 상상의 유희와 결부되어 있는 문장의 예로 이보다 더 좋은 것은 없다. 그것은 마치 우리가 상상 속에서 하나의 사물을 그 자체의 형태에 끼워 맞추고는 그것이 들어맞은 모습을 보는 것과 같다.

또한 우리는 이렇게 말할 수 있을 것이다: "모든 사물은 각각 그

---

509) 직관에 대한 논의는 이 책 §232에서 암시에 대한 논의로 변형되어 재개된다.

510) 한 사물 A가 그 자체, 즉 A와 똑같다는 표현을 우리는 두 사물 A가 똑같음이라는 관계로 서로 하나로 포개진다고 생각하기 쉽다.

511) 비트겐슈타인은 "저 두 사물은 서로 똑같다"라는 명제가 의미를 갖는다는 사실과 "하나의 사물은 그 자신과 똑같다"라는 명제가 의미를 갖는다는 사실 사이의 추론 관계가 타당한지를 의심하고 있다.

자체에 들어맞는다." 또는 "모든 사물은 각각 그 자체의 형태에 들어맞는다." 더욱이 우리는 하나의 사물을 보면서, 그 사물을 위해 남겨진 빈 공간이 있었고 이제 그 사물이 그 빈 공간에 정확히 들어맞는다고 상상한다.[512]

이 반점 ♣은 그것의 흰색 주변에 '들어맞는'가? — 그러나 먼저 그 자리에 구멍이 하나 있었고 다음에 그 반점이 그 구멍에 들어맞았다고 하면, **그런 모습이 바로 그것이 보이는 방식일 것이다.** 따라서 "그것이 들어맞는다"라는 표현으로 우리가 단지 이 그림만을, 단지 이 상황만을 기술하고 있지는 않다.

"각각의 색깔 있는 반점은 그것의 주변에 정확히 들어맞는다"라는 문장은 동일률을 나타내는 다소 특수한 문장이다.

217. "나는 어떻게 규칙을 따를 수 있는가?" — 이것이 원인에 관한 질문이 아니라면, 내가 그 규칙에 따라 **그렇게** 행위하는 일에 대한 정당화와 관련한 질문이다.

내 근거들이 바닥났을 때 나는 암반에 도달한 것이고, 내 삽은 휘어져 있다. 그때 나는 다음과 같이 말하는 경향이 있다: "나는 다

---

512) "하나의 사물은 그 자체와 동일하다"라는 명제나 "모든 사물은 각각 그 자체의 형태에 들어맞는다"라는 명제는 각각 '동일함', '들어맞음'이라는 용어를 자기지시적으로 사용하는 경우에 해당한다.

만 이렇게 하고 있을 뿐이다."[513)

(우리는 때로 설명의 내용이 아니라 그 형식을 위해서 설명을 요구한다는 점을 명심하라. 우리의 요구는 건축상의 요구와 같은 것이다. 건축물에서 아무것도 떠받치지 않는 일종의 장식 돌출부가 바로 그 설명이다.[514))

218. 한 수열의 시작 부분은 눈에 보이지 않게 무한히 놓인 철길에서 눈에 보이는 부분에 해당한다는 생각은 어디에서 오는가? 자, 우리는 규칙 대신에 철길을 상상해볼 수 있을 것이다. 그리고 규칙의 무제한 적용은 무한히 긴 철길에 대응한다.[515)

219. "이행(移行)은 실제로 이미 이루어져 있다"라는 말은 다음을 의미한다: 나는 더 이상 선택의 여지가 없다.[516) 일단 특정한 의미

---

513) 이는 나의 행위에 아무런 근거가 없다는 뜻이 아니라, 나의 행위가 더 이상 정당화되지 않는다는 뜻이다. 왜냐하면 나의 행위는 내가 의식했든 못 했든 사전에 이미 충분히 정당화되었기 때문이다. 내가 받은 교육(§§198, 208), 관습, 용법, 제도(§199), 인류 공통의 행위 방식(§206) 등이 나의 행위에 대한 정당화의 근거들이다.

514) 원문은 "Unsere Forderung ist eine architektonische; die Erklärung eine Art Scheingesims, das nichts trägt"인데 문맥을 고려하여 도치문으로 바꾸어 번역하였다.

515) 무한은 큰 수와 같은 것이 아니다. 무한은 언제나 실재성이 아니라 가능성과 연관되어야 한다. WVC, 228쪽 참조. 따라서 "무한히 긴 철길"은 규칙의 무한 적용, 규칙을 무한히 적용하는 가능성과 대응한다.

로 한번 새겨진 규칙은 그 규칙을 따르는 선(線)을 전체 공간을 통해 긋는다.[517] ── 하지만 만약 그런 어떤 것이 정말 사실이라면, 그것이 내게 무슨 도움이 되겠는가?

아니다. 내 기술(記述)은 상징적으로 이해될 수 있을 때에만 의미가 있었다.[518] ── **그것이 내게는 그렇게 여겨진다** ── 라고 나는 말해야 했다.

규칙을 따를 때 나는 선택하지 않는다.[519]

나는 규칙을 **맹목적으로** 따른다.[520]

---

516) 이 책 §§188, 193 참조.

517) 규칙이 무한히 자동 적용된다는 뜻으로 앞선 §218에서의 무한히 긴 철길과 대응하는 은유이다. 여기까지는 비트겐슈타인의 대화 상대자의 목소리이고 그 이후에 이에 대한 비트겐슈타인의 반문과 고찰이 전개된다.

518) 이 책 §193에서 비트겐슈타인이 구분짓고 있는 두 종류의 기계, 즉 어떤 결과를 인과적으로 야기하는 실제 기계와, 어떤 것을 의미하고 상징하는 개념적 원리로서의 기계 사이의 차이를 상기시키는 구절이다.

519) 다양한 해석 중 어느 하나를 선택하지 않는다는 의미이다. 이 책 §202 참조.

520) 베이커와 해커는 규칙을 그저 기계적으로 따른다는 뜻이 아니라 확신을 갖고서 따른다는 뜻으로 이 언명을 해석한다. Baker and Hacker 2009, 198쪽. 만일 우리가 이 해석을 수용한다면 그때의 확신은 의식적인 확신이나 구체적인 무엇에 대한 확신으로 여기기보다는, 그냥 우리가 손에 익은 일을 자연스럽게 할 때 우리의 모습이나 태도에 결부 지어야 할 것이다. 요컨대 확신은 확실성과 연결된다. 비트겐슈타인은 지식과 확실성을 별개의 범주로 놓은 바 있다. OC, §308 참조.

220. 그러나 저 상징적 문장의 목적은 무엇인가? 그것은 인과적 제약과 논리적 제약의 차이를 강조하는 것이었다.[521]

221. 내 상징적 표현은 실제로는 규칙의 쓰임에 대한 신화적 기술(記述)이었다.[522]

222. "그 선(線)은 내가 가야 할 길을 내게 암시한다." ― 그러나 그것은 물론 하나의 그림일 뿐이다. 그리고 만일 내가 그것이, 말하자면, 무책임하게 이것 또는 저것을 내게 암시한다고 판단한다면, 나는 내가 그것을 하나의 규칙으로서 따르고 있었다고 말하지 않을 것이다.[523]

223. 우리는 규칙의 눈짓(속삭임)을 항상 기다려야 한다고 느끼

---

521) "어떤 한 규칙을 따를 때 당신은 이러저러한 이행들을 해나가게 된다"라는 명제는 원인과 결과에 대한 예측이다. 이 명제는 "어떤 한 규칙 따르기의 귀결은 이러저러하다"라는 명제를 잘못 표현하고 있다. 왜냐하면 후자의 명제는 어떤 한 규칙 따르기의 귀결이 이러저러하다는 것이 그 규칙을 올바로 따랐음에 대한 기준이 됨을 말하고 있는 논리적, 혹은 문법적 명제이기 때문이다.

522) 여기서의 상징적 표현이나 앞 절에서의 상징적 문장은 모두 "이행은 실제로 이미 이루어져 있다"를 가리킨다.

523) 왜냐하면 그 선과 그 선이 암시하는 바 사이에 규칙적 연관이 없기 때문이다. 이 책 §§207, 230 참조.

지는 않는다. 그 반대다. 우리는 규칙이 이제 우리에게 무슨 말을 할지 신경 쓰지 않는다.[524] 오히려 규칙은 우리에게 항상 똑같은 것을 말하며, 우리는 규칙이 우리에게 말하는 것을 행한다.

우리는 우리가 훈련시키는 사람에게 "봐라, 나는 항상 똑같은 것을 하고 있다: 나는 . . . "라고 말할 수 있을 것이다.

224. "일치"라는 낱말과 "규칙"이라는 낱말은 서로 **친척(親戚) 사이**다. 이 낱말들은 사촌(四寸) 간이다. 만일 내가 누군가에게 한 낱말의 쓰임을 가르치면, 그는 그것을 가지고 다른 낱말의 쓰임도 배운다.[525]

225. "규칙"이라는 낱말의 쓰임과 "똑같은"이라는 낱말의 쓰임은 밀접하게 연관되어 있다. ("명제"의 쓰임과 "참"의 쓰임이 그렇듯이.)

226. 어떤 사람이 $2x-1$**[526]의 수열을 적어 가면서 1, 3, 5, 7,

---

524) 이 책 §232 참조.

525) 그러나 일치의 개념이 규칙의 개념과 서로 연관되어 있다는 문법적 고찰과, 많은 사람들이 규칙을 같은 방식으로 따른다는 사실이 규칙 따르기의 본질적 특징이라는 그릇된 견해를 혼동해서는 안 된다. 일치는 규칙 따르기라는 언어 게임의 틀에 속하는 것이지 그러한 게임의 일부인 것은 아니다. 이 책 §241, Z, §430, RFM, 344쪽 참조.

** MSS에는 "어떤 사람이 수열 x^2+1을 기입하면서 x=1, 3, 5, 7, . . . 의 수열을 따른다"라고 되어 있다.

. . . 의 수열을 따른다고 가정해보라. 그리고 이제 그는 스스로에게 묻는다: "하지만 나는 항상 똑같은 것을 하고 있는가, 아니면 매번 다른 어떤 것을 하고 있는가?"

날마다 "내일 나는 당신을 방문할 것이다."라고 말하는 사람 — 그는 매일 똑같은 것을 말하고 있는가, 아니면 매일 다른 어떤 것을 말하고 있는가?[527]

227. 다음과 같이 말하는 것은 의미가 있을까?: "만일 그가 매번 **다른** 어떤 것을 한다면, 우리는 그가 규칙을 따르고 있다고 말하지 않을 것이다." 이것은 **전혀 무**의미하다.[528]

---

526) 이전 버전에는 앤스컴의 교정을 따라 $2x+1$로 되어 있었지만 4판에서는 다시 이렇게 바뀌었다.

527) 똑같음을 어떻게 정의하느냐에 따라 이 질문에 대한 대답은 다를 수 있다. 발언된 말에 초점을 두고 보자면 그는 똑같은 말을 한 셈이고, 발언된 말의 실제 내용에 초점을 두고 보자면 그는 다른 말을 한 셈이 된다. 그가 한 말의 일부인 '내일'이 그가 그 말을 언제 하느냐에 따라 월요일이 될 수도 있고 화요일이 될 수도 있기 때문이다.

528) 앞서와 마찬가지로 다름을 어떻게 정의하느냐에 따라 그가 규칙을 따랐는지에 대한 우리의 판단도 다를 수 있다. 그가 날마다 다른 어떤 것을 한다 해도 그가 규칙을 따른다고 말할 수 있고, 그가 날마다 똑같은 어떤 것을 한다 해도 그가 규칙을 따르지 않는다고 말할 수도 있다. 따라서 그가 날마다 다른 어떤 것을 한다는 근거로 그가 규칙을 따르지 않는다고 말하는 것은 무의미하다.

228. "하나의 수열은 우리에게 **하나의** 얼굴을 지닌다!" — 좋다, 하지만 어떤 얼굴인가? 그야 물론 수열 전개의 일부분을 가진 대수 (代數)의 얼굴이다. 아니면 또 다른 얼굴이 있는가? — "하지만 분명 이 얼굴에는 이미 모든 것이 담겨 있다!" — 그러나 그것은 수열의 일부, 또는 우리가 거기에서 보는 어떤 것에 대한 알아차림이 아니다. 그것은 우리가 규칙의 입만 바라보고 **행동할** 뿐, 더 이상의 안내를 구하지 않는다는 사실을 표현한 것이다.[529]

229. 나는 수열의 일부분에서, 무한에 이르려면 "등등"만이 필요한 하나의 스케치, 하나의 특징[530]을 아주 어렴풋이 알아차린다고 믿는다.

230. "그 선(線)은 내가 가야 할 길을 내게 암시한다"라는 말은 단지 다음을 바꿔 표현한 것에 불과하다 : 그것은 내가 가야 할 길에 대한 **최종** 결정권을 갖고 있다.[531]

---

529) 얼굴이나 입과 같은 은유는 뒤에 모양새의 은유로 이어진다. 이 책 §§235, 568 참조.
530) 이 특징이 앞 절에서 말한 수열의 얼굴에 해당한다.
531) 이 책 §228에서의 수열의 얼굴, §229에서의 특징에 이어 여기서는 선이 우리가 규칙을 어떻게 따라야 하는지를 암시하는 어떤 것으로 등장한다. 그러나 이러한 것들은 우리가 규칙을 따를 때 규칙 이외의 다른 어떤 것에 호소하지 않는다는 점을 바꿔 말하는 것에 불과하다.

231. "하지만 당신은 분명히 . . . 을 본다!" 그것이 바로 규칙의 강요를 받는 사람 특유의 표현이다.

232. 하나의 규칙이 내가 그것을 어떻게 따라야 하는지를 내게 암시한다고 가정해보라. 다시 말해 내가 눈으로 그 선(線)을 따라갈 때, 어떤 내면의 소리가 **"이렇게 나아가라!"**라고 내게 말한다. ─ 일종의 영감(靈感)을 따르는 이런 과정과 어떤 규칙을 따르는 과정 사이의 차이는 무엇인가? 그것들은 분명 똑같지 않기 때문이다. 영감의 경우에, 나는 지시를 **기다린다.** 나는 그 선을 따르는 내 '기술(技術)'을 다른 사람에게 가르칠 수 없을 것이다. 만일 내가 그에게 일종의 귀 기울임, 수용성을 가르치지 않는다면 말이다. 하지만 그렇다면 물론 나는 그가 나와 똑같은 방식으로 그 선을 따르기를 기대할 수 없다.

이것은 영감을 따르는 행위와 규칙을 따르는 행위에 관한 나의 경험들이 아니다. 그것은 문법적 해설이다.[532]

233. 우리는 일종의 산수에서도 그런 교육을 상상해볼 수 있을 것이다. 이 경우 아이들은 ─ 내면의 소리를 듣고 그것을 따르는 한 ─ 각자 나름의 방식으로 계산할 수 있다. 이런 계산은 작곡과

---

532) 이 책 §§213-214 참조.

비슷할 것이다.[533]

234. 하지만 우리가 실제로 계산하듯이 (모두가 일치하면서 등등) 그렇게 계산하면서도, 여전히 매 단계마다 마치 마술의 안내를 받듯 규칙들의 안내를 받는다는 느낌이 들 수 있지 않을까? 우리가 일치한다는 사실에 놀라면서 말이다. (아마도 그런 일치에 대해 신에게 감사하면서.)

235. 이는 다만 우리가 일상적 삶에서 "규칙 따르기"라고 부르는 것의 모양새[534]를 보여준다!

236. 올바른 답에 이르지만 어떻게 이르는지는 말할 수 없는 계산의 천재들. 우리는 그들이 계산을 하지 않는다고 말해야 하는가? (하나의 가족[535]을 이루는 경우들.)[536]

---

533) 이 책 §213 참조.

534) 원어는 "Physiognomie"이다. 이 책 §228에 나오는 '얼굴'과 연관되는 은유이다. 비트겐슈타인에 의하면 우리는 사람의 얼굴에 대해서 그러하듯이 낱말이나 규칙 따르기에 대해서도 그것과 직접 결부된 어떤 인상을 갖게 되는데 그는 이를 그것의 모양새라고 부른다. 예컨대 계산에서의 일치에 놀라는 것은 일상적 계산이라는 규칙 따르기에서 우리가 보는 모양새가 아니다. 규칙 따르기의 모양새는 규칙의 사용에 대한 통찰(通察)을 통해 드러난다. 이 책 §568과 『심리철학』, §38 참조.

237. 누군가 다음과 같은 방식으로 선을 하나의 규칙으로 따른다고 상상해보라: 그는 컴퍼스 하나를 잡는다. 그리고 컴퍼스의 한쪽 끝을 '규칙'인 선을 따라 움직이면서, 다른 쪽 끝으로는 그 규칙을 따르는 선을 긋는다. 그리고 그가 규칙을 따라 움직이는 동안, 마치 그 규칙이 그의 행동을 결정하는 듯이 계속 그 선을 지켜보면서 외관상 매우 정확하게 컴퍼스의 간격을 변화시킨다. 그런데 그를 지켜보는 우리는 컴퍼스가 이렇게 열리고 닫히는 데서 어떤 종류의 규칙성도 보지 못한다. 우리는 그에게서 그가 그 선을 따르는 방식을 배울 수 없다. 여기서 우리는 아마 실제로 다음과 같이 말할 것이다: "위의 예는 그가 어떻게 해야 하는지를 그에게 **암시하는** 듯이 보인다. 그러나 그것은 규칙이 아니다."[537)

238. 내게 규칙이 그것의 모든 결과를 미리 낳은 것처럼 보일 수 있으려면, 그것은 내가 이 색깔을 "파랑"이라고 부르는 것만큼이나 내게 **자명**해야 한다. (그것이 내게 '자명하다'는 사실에 대한 기준들.)[538)

535) 이 책 §§67, 164 참조.
536) 앞서의 경우와 달리 우리는 계산의 천재가 한 암산의 결과가 정답과 일치한다는 사실에 놀란다. 따라서 이 경우와 앞선 경우는 그 모양새가 같지 않다. 두 경우는 각기 서로 다른 가족에 속하는 것이다.
537) 이 책 §§173, 207, 222 참조.
538) 이 구절에서 '자명성'에 대한 비트겐슈타인의 견해는『확실성에 관하여』에서 확실성에 대한 그의 견해와도 연관된다.

239. 그가 "빨강"이라는 낱말을 들을 때, 어떤 색깔을 골라야 하는지 그는 어떻게 아는가? — 아주 간단하다: 그 낱말을 들을 때 그에게 떠오르는 이미지에 해당하는 색깔을 선택하면 된다. — 하지만 '그에게 떠오르는 이미지'의 색깔이 어떤 색깔인지 그는 어떻게 알 수 있는가? 이에 대한 추가적인 기준이 필요한가? (물론 우리가 " . . . "라는 낱말을 들을 때 우리에게 떠오르는 색깔을 고르는 그런 과정은 있다.)

"'빨강'이란 '빨강'이라는 낱말을 들을 때 내게 떠오르는 색깔을 의미한다." — 이는 하나의 **정의**(定義)일 것이다.[539] 한 낱말로 어떤 것을 지시한다는 것의 **본질**에 대한 설명은 아니다.[540]

240. 어떤 규칙이 제대로 지켜졌는지 아닌지에 대해서는 (가령 수학자들 사이에) 전혀 논쟁이 일어나지 않는다. 사람들은 이 문제로 가령 치고받고 싸우지 않는다. 이것[541]이 우리의 언어가 작동하는 (예컨대, 기술(記述)을 하는) 토대 가운데 하나이다.

241. "그렇다면 당신은 사람들 사이의 일치가 무엇이 옳고 무엇

---

539) 즉 여기서 문제가 되는 것은 지각이나 인상이 아니라 언어이다.
540) 정의는 언어적 문제이므로 언어의 숙달 여부가 관건이다. 그것은 지시의 본질과 같은 언어철학적, 형이상학적 문제와는 무관하다.
541) 사람들 사이의 일치를 가리킨다.

이 틀리는지를 결정한다는 말인가?" — 무엇이 옳고 무엇이 틀리는가 하는 것은 사람들이 **말하는** 것이다.[542] 그리고 사람들이 일치하는 것은 그들의 **언어** 속에서이다. 이것은 의견에서의 일치가 아니라, 삶의 형식에서의 일치이다.[543]

242. 언어를 통한 의사소통을 위해서는 정의(定義)에서의 일치뿐 아니라 (아주 이상하게 들릴지 모르지만) 판단에서의 일치도 필요하다. 이것은 논리학을 폐기하는 듯이 보이지만[544] 그렇지 않다.[545] — 측정 방법을 기술(記述)하는 것과 측정 결과를 발견하고 진술하는 것은 서로 별개의 일이다. 그러나 우리가 "측정함"이라고 부르는 것은 측정 결과에서의 어떤 항상성(恒常性)에 의해서도 결정된다.[546]

---

542) 따라서 사람이 존재하지 않는다면, 사람의 언어가 없다면, 옳고 그름도 없다.

543) 일치를 사람들 사이의 합의나 동의로 오해해서는 안 된다. 비트겐슈타인은 진리 합의론자도, 규약론자도, 공동체주의자도, 문화상대주의자도 아니다. 그의 언어철학에 어떤 궁극적 토대가 있다면 그것은 합의나 규약이나 공동체가 아니라 사람의 삶의 형식(에서의 일치)일 것이다.

544) 언어 내재적인 영역에 머물러 있는 논리학과 달리 판단은 판단의 대상이 되는 사태 및 그 사태와의 관계가 지니는 항상성이 중요한 변수이기 때문이다.

545) 비트겐슈타인의 논리 개념이 문법 및 규칙 따르기 개념으로 확장되었기 때문이다. 이렇게 확장된 논리학은 전통 논리학이 배제했던 판단에 있어서의 일치를 의사소통의 필요조건으로 요구한다.

546) 판단에 있어서의 일치는 합의에 의해서가 아니라 규칙 따르기 결과의 항상성에

243. 사람은 자신을 격려하고, 자신에게 명령하고 복종하며, 자신을 비난하고 처벌할 수 있다. 또 그는 자기 자신에게 질문을 하고 그 질문에 답할 수 있다. 따라서 우리는 오직 혼잣말만 하는 사람들, 즉 자기 자신에게 말을 하면서 그에 수반되는 활동을 하는 사람들을 상상해볼 수 있다. — 이들을 관찰하고, 이들의 말에 귀 기울이는 연구자는 이런 사람들의 언어를 우리의 언어로 옮길 수 있을 것이다. (이로써 연구자는 이들의 행위를 올바로 예측할 수 있는 위치에 서게 될 것이다. 그는 이들이 결심하고 결정하는 것도 듣기 때문이다.)

그러나 어떤 사람이 자기 자신만 사용하기 위해 자신의 내적 체험들 — 느낌, 기분 등 — 을 적거나 말할 수 있는 그런 언어도 상상해볼 수 있을까? —— 우리의 일상적인 언어에서는 그렇게 할 수 없는가? — 하지만 내 말은 그런 뜻이 아니다. 이 언어의 낱말들은 오직 말하는 사람만 알 수 있는 것, 즉 그의 직접적이고 사적인 감각들과 연관되어야 한다. 따라서 다른 사람은 이 언어를 이해할 수 없다.[547]

의해서 확보된다. 이 책 §§80, 142와 그에 이어지는 메모, 그리고 『심리철학』, xii 참조. 이 절에 대해서는 다음의 논문을 참조. E. Deluty, "Wittgenstein's Paradox: *Philosophical Investigations*, Paragraph 242," *International Philosophical Quarterly*, vol. 45, 2005.

547) 비록 사적 언어라는 표현이 등장하고 있지는 않지만 실질적으로 사적 언어에 대한 정의를 내리고 있는 구절이다. 사적 언어라는 표현은 이 책 §§269, 275에서 등장한다. 이 절부터 §315까지는 다음의 논문과 책을 참조. S. Schroeder,

244. 낱말들은 어떻게 감각들과 **연관**되는가? ─ 여기에는 아무런 문제도 없는 것처럼 보인다. 우리는 날마다 감각들에 대해 이야기하고, 또 감각들에 이름을 부여하지 않는가? 하지만 이름과 이름이 부여된 것 사이의 결합은 어떻게 이루어지는가? 이 질문은 다음의 질문과 같다: 사람은 어떻게 감각들의 이름이 지닌 의미를, 예컨대 "아픔"이라는 낱말의 의미를 배우는가? 하나의 가능성은 다음과 같다: 낱말들은 감각에 대한 원초적이고 자연스러운 표현들과 결합되고, 그런 표현들을 대신해 사용된다. 한 아이가 다쳐서 울음을 터뜨린다. 그러면 어른들이 아이에게 말을 건네고 처음에는 외치는 소리들을, 나중에는 문장들을 가르친다. 어른들은 아이에게 아픔을 표현하는 새로운 행동[548]을 가르치는 것이다.

"그렇다면 당신은 '아픔'이라는 낱말이 실제로는 울음을 의미한다는 말인가? ─ 그 반대다: 아픔이라는 언어적 표현은 울음을 대체하는 것이지 울음을 기술하는 것이 아니다.

245. 나는 도대체 어떻게 언어를 가지고 아픔의 표현과 아픔 사이에 끼어들려 할 수 있는가?[549]

"The Demand for Synoptic Representations and the Private Language Discussion─PI 243-315," Ammereller and Fischer 2004에 수록; Mulhall 2007.

548) 원어는 "Schmerzbenehmen"이다.

246. 내 감각들은 어떤 점에서 **사적**(私的)인가? — 오직 나만이 내가 실제로 아픈지 아닌지 알 수 있으며, 다른 사람은 그것을 오직 추측할 수만 있다.[550] — 이 말은 어떤 면에서는 틀렸고, 또 어떤 면에서는 무의미하다. 우리가 평소 사용하듯이 "안다"라는 낱말을 사용한다면, (달리 어떤 식으로 그것을 사용할 수 있겠는가?) 다른 사람들은 내가 아픈지 아닌지를 매우 자주 알고 있다. — 그렇다. 하지만 어쨌든 나 자신이 아는 것만큼 확실하게 알지는 못한다![551] — 우리는 나 자신에 대해서 (아마도 농담이 아니라면) '나는 내가 아프다는 것을 **안다**'고는 결코 말할 수 없다.[552] 그것은 도대체 — 가령 내가 **아프다**는 것[553] 이외에 — 무엇을 의미한다는 말인가?[554]

---

549) 이 절에 대해서는 다음의 논문을 참조. J. Hintikka, "Wittgenstein on Private Language: Some Sources of Misunderstanding," *Mind*, vol. 78, 1969. 이 절부터 §252까지는 다음의 논문을 참조. H. Fischer, "Warheit, grammatischer Satz und Lebensform," *Conceptus: Zeitschrift für Philosophie*, vol. 16, 1982.

550) 이는 비트겐슈타인의 대화 상대자의 주장이다. 이에 대한 비트겐슈타인의 비판이 이어진다.

551) 이는 비트겐슈타인의 대화 상대자의 주장이다. 이에 대한 비트겐슈타인의 비판이 이어진다.

552) 앎은 정당화를 동반하는 개념인데 내가 아픈 경우 나는 이에 대한 정당화를 필요로 하지 않기 때문이다. 그러나 이 책 §303에서 비트겐슈타인은 이에 대해 달리 말하고 있다.

553) 원문은 "daß ich Schmerzen *habe*"인데 우리말의 어법에 맞게 강조의 위치를 변경하였다.

우리는 다른 사람들이 **오직** 내 행동을 통해서만 내 감각들을 알게 된다고 말할 수 없다. — 왜냐하면 우리는 나 자신에 대해서 '나는 내 감각들을 알게 되었다'고 말할 수 없기 때문이다. 나는 내 감각들을 **지니고 있다.**

이것만큼은 사실이다: 다른 사람들이 내가 아픈지 아닌지를 의심한다는 말은 의미가 있다. 하지만 내가 나 자신이 아픈지 아닌지를 의심한다는 말은 무의미하다.[555]

247. "오직 당신만이 자신에게 그런 의도가 있었는지 아닌지를 알 수 있다." 우리는 누군가에게 "의도"라는 낱말의 의미를 설명할 때 그렇게 말할 수 있을 것이다. 그때 그것은 다음을 의미한다: 우리는 "의도"라는 낱말을 **그런 식으로** 사용한다.

(그리고 여기서 "안다"라는 말은 불확실함을 표현하는 것이 아무런 의미가 없음[556]을 뜻한다.)[557]

---

554) 이 절에 대해서는 다음의 글을 참조. N. Garver, "Neither Knowing nor Not Knowing," Garver 2004에 재수록.

555) 이 책 §288 참조. 이 구절에서의 비트겐슈타인의 논의를 정리하면 다음과 같다. (1) 나는 상대가 아픈지를 알거나 의심할 수 있다. (2) 상대는 내가 아픈지를 알거나 의심할 수 있다. (3) 나는 나 자신이 아픈지를 알거나 의심할 수 없다. 그리고 여기서의 '있다', '없다'라는 표현은 경험적 가능성을 함축하는 것이 아니라 언어적, 문법적 유의미성 여부를 함축하고 있다.

248. "감각들은 사적이다"라는 명제는 "딸꾹질[558]은 혼자서 한다"라는 문장과 비슷하다.[559]

249. 갓난아기의 미소가 꾸밈이 아니라는 우리의 가정은 어쩌면 성급한 것인가? — 그리고 우리의 가정은 어떤 경험에 근거하는가?

(거짓말은 다른 모든 언어게임과 마찬가지로 학습되어야 하는 언어게임이다.)[560]

250. 개는 왜 아픈 척할 수 없는가? 너무 정직해서? 우리는 개에게 아픈 척하도록 가르칠 수 있을까? 아마도 특정한 경우에서는 개가 아프지 않더라도 아픈 것처럼 울부짖도록 가르칠 수 있을 것이다.

---

556) 원어는 "sinnlos"이다.

557) 앞에서의 구절이 1인칭과 3인칭의 경우에 있어서의 앎과 의심의 가능 여부에 대한 논의였다면, 이 구절은 2인칭의 경우에 있어서의 앎과 의심의 가능 여부에 대한 논의로 볼 수 있다. 즉 (4) 당신만이 당신이 그러한 의도를 가지고 있었는지 알 수 있다. (5) 당신은 당신이 그러한 의도를 가지고 있었는지 의심할 수 없다. 여기서의 '있다', '없다'라는 표현도 앞서와 마찬가지로 경험적 가능성이 아닌 문법적 유의미성 여부를 함축하고 있다.

558) 원어는 "Patience"로 혼자 하는 카드 게임의 일종을 뜻하는데 우리에게 더 친숙한 다른 예를 사용하였다.

559) 두 명제는 각각 '감각'과 '딸꾹질'의 쓰임을 기술하는 문법적 명제이다.

560) 이 절에 대해서는 다음의 글을 참조. E. von Savigny, "Why Can't a Baby Pretend to Smile?" Canfield and Shanker 1993에 수록.

하지만 이런 행동이 진짜 꾸며낸 것이기 위한 올바른 환경이 여전히 빠져 있다.[561]

251. "나는 이것의 반대를 상상할 수 없다" 또는 "그렇지 않다면 그것은 대체 어떤 것일까?"라고 말할 때 우리는 무엇을 의미하는가? — 예를 들어 누군가 내 이미지들[562]을 사적이라고 말하거나, 또는 오직 나 자신만이 내가 아픔을 느끼는지를 알 수 있다는 등으로 말했을 때 말이다.

물론 여기서 "나는 그 반대를 상상할 수 없다"라는 말은 내 상상력이 그렇게 하기에 부족하다는 뜻이 아니다. 우리는 그렇게 말함으로써, 그 형식 때문에 경험적 명제인 듯한 착각을 일으키지만 실제로는 문법적 명제인 어떤 것에 저항하고 있다.

그러나 나는 왜 "나는 그 반대를 상상할 수 없다"라고 말하는가? 왜 "나는 당신이 말하는 것을 상상할 수 없다"라고 말하지 않는가?

예(例): "모든 막대는 길이를 지닌다." 이것은 다음과 같은 것을 의미한다: 우리는 어떤 것(또는 이것)을 "막대의 길이"라고 부르지

---

561) 어떤 행동이 아픔의 표현이기 위해서는 특정한 맥락하에서 행해져야 한다. 어떤 행동이 아픔의 가장이기 위해서는 더욱 그러하다. 개가 놓여 있는 삶의 맥락은 그러기에는 너무 단순하다. 요컨대 위선이나 정직은 개에게는 적용될 수 없는 표현이다. 『심리철학』, §§362-364 참조. LW, §§859-870 참조.

562) 마음속의 이미지들을 의미한다.

만 — 어떤 것도 "공의 길이"라고 부르지는 않는다. 이제 나는 '모든 막대가 길이를 지니는 것'을 상상할 수 있을까? 글쎄, 나는 그저 하나의 막대를 상상할 뿐이다. 그리고 그게 전부다. 다만 그 명제와 연관된 이 그림[563]은 "이 탁자는 저기 저 탁자와 길이가 같다"라는 명제와 연관된 그림과는 매우 다른 역할을 한다. 왜냐하면 후자의 경우, 나는 그 그림과 반대되는 그림(그것은 마음속 그림일 필요도 없다)을 그린다는 게 무슨 의미인지 이해하기 때문이다.

그러나 문법론적 명제와 연관되는 그림은 가령 우리가 "막대의 길이"라고 부르는 것을 보여줄 수 있을 뿐이었다. 그리고 그것에 반대되는 그림은 무엇이어야 하는가?

((선험적 명제의 부정에 관한 고찰.))[564]

252. "이 물체는 연장(延長)을 지닌다."라는 명제에 대해 우리는 "말도 안 돼!"[565]라고 대답할 수 있을 것이다. 하지만 우리는 "물론이지!"라고 대답하는 경향이 있다. — 왜 그럴까?[566]

---

563) (길이를 지니는) 막대의 그림을 가리킨다.
564) 선험적 명제의 부정도 가능한 사태, 혹은 불가능한 사태를 기술하고 있는 것이 아니라 의미를 결여하고 있으며 따라서 엄밀한 의미에서 명제로서 성립할 수조차 없다.
565) 원어는 "Unsinn!"이다.
566) "이 물체는 연장을 지닌다"라는 명제는 물체에 대한 기술(記述)이 아니라 물체에 대한 묘사의 형식을 표현하고 있다. 따라서 그것은 물체에 대한 기술들과

253. "다른 사람은 내 아픔을 지닐 수 없다." — 어떤 것이 **내** 아픔인가? 여기서는 무엇이 동일성의 기준으로 간주되는가? 물리적 대상들의 경우에 "정확히 똑같은 두 개"에 대해 말할 수 있는 것은 무엇 때문인지, 예를 들어 "이 의자는 당신이 어제 여기서 보았던 그 의자가 아니지만, 그와 정확히 똑같은 의자다."라는 말을 가능하게 하는 것이 무엇인지 생각해보라.

내 아픔이 그의 아픔과 똑같다고 말하는 것이 **의미**가 있는 한, 우리 둘이 똑같은 아픔을 지니는 것도 가능하다. (또한 두 사람이 — 단지 비슷한 부위에서가 아니라 — 똑같은 부위에서 아픔을 느끼는 경우도 상상해볼 수 있을 것이다. 예를 들면 샴쌍둥이[567]가 이에 해당하는 경우일 수 있다.)

나는 이 주제에 관한 토론에서 어떤 사람이 자기 가슴을 치며, "하지만 다른 사람은 분명 이 아픔을 지닐 수 없다!"라고 말하는 것을 본 적이 있다. — 이에 대한 대답은, "이"라는 낱말을 힘주어 강조한다고 해서 동일성의 기준이 정의되지는 않는다는 것이다. 오히려 그렇게 강조함으로써 마치 이것이 그런 기준을 잘 알고 있는 우리가 그 기준을 기억해내야 하는 경우인 듯이 그럴싸하게 속

는 다른 범주에 속하는 명제이다. 그 명제는 『논리-철학논고』의 구별에 따르자면 무의미하기(unsinnig)보다 의미를 결여하고(sinnlos) 있다. 이승종 2002, 2장 참조.

567) 가슴 아래가 붙어 있는 일란성 쌍생아.

이고 있을 뿐이다.[568]

254. "똑같은"이라는 낱말을 (예컨대) "동일한"으로 대체하는 것
도 철학에서 하나의 전형적인 방편이다. 마치 우리가 의미의 미묘
한 차이들에 대해 이야기하는 중에, 문제가 되는 것은 정확한 뉘앙
스를 지니는 낱말들을 찾아내는 게 전부인 듯이 말이다. 그것은 철
학에서 우리가 다만 어떤 특별한 종류의 표현을 사용하려는 유혹
을 심리적으로 정확히 묘사해야 하는 그런 곳에서만 문제가 된다.
그런 경우에 우리가 '유혹에 빠져 하는 말'은 물론 철학이 아니라,
철학의 원료이다. 따라서 예컨대 수학자가 수학적 사실의 객관성
과 실재성에 관해서 일반적으로 하는 말들은 수학 철학이 아니다.
그것은 철학이 **다루어야** 할 어떤 것이다.

255. 철학자는 마치 질병을 다루듯이 문제를 다룬다.[569]

---

568) "아픔을 지닌다"라는 표현은 소유의 의미가 아니라 '아프다'라는 의미이다. 아
 픔은 의자와 같이 소유될 수 있는 성질의 것이 아니다. 내 의자는 다른 사람이
 지니거나 빌릴 수 있지만 나의 아픔은 그럴 수 없다. 그러나 그렇다고 해서 내
 아픔은 내 것이고 다른 사람의 아픔은 다른 사람의 것이기에 다른 사람은 내
 아픔을 지닐 수 없다고 추론해서는 안 된다(BB, 54쪽). 이 추론은 마치 아픔의
 소유자도 아픔의 속성인 것처럼 잘못 해석하고 있기 때문이다(PR, 91쪽).
569) 이 책 §133 마지막 단락 참조.

256. 그런데 나의 내적 체험들을 기술하고 오직 나 자신만 이해할 수 있는 언어는 어떤가? 나는 **어떻게** 낱말들이 내 감각들을 지시하도록 사용하는가? ─ 우리가 평소에 하듯이? 그렇다면 감각에 대한 내 낱말들은 감각에 대한 나의 자연스러운 표현들과 결합되어 있는가? ─ 이 경우에 내 언어는 '사적'이지 않다. 다른 사람도 나처럼 그것을 이해할 수 있을 것이다. ─ 하지만 내가 감각에 관해서 어떠한 자연스러운 표현도 갖고 있지 않으며, 오직 감각들만을 지니고 있다면 어떨까? 그리고 이제 나는 단지 이름들을 감각들과 **결부시키고**, 어떤 기술을 할 때 이 이름들을 사용한다. ─

257. "사람들이 자신의 아픔을 밖으로 표현하지 않는다면 (신음도 내지 않고 얼굴을 찡그리지도 않는다면 등등) 어떻게 될까? 그러면 아이에게 '치통'이라는 낱말의 쓰임을 가르칠 수 없을 것이다." ─ 자, 그 아이가 천재여서 그 감각에 대한 이름을 스스로 만들어낸다고 가정해보자! ─ 하지만 그렇다면 물론 그 아이는 그 낱말을 사용할 때 다른 사람을 이해시킬 수 없을 것이다. ─ 그러니까 아이 자신은 그 이름을 이해하지만, 다른 누구에게도 그 의미를 설명할 수 없다는 말인가? ─ 그러나 그가 '자신의 아픔에 이름을 부여했다'라는 말은 도대체 무슨 뜻인가? ─ 그가 어떻게 자신의 아픔에 이름을 부여했다는 말인가?! 그리고 그가 어떤 일을 했든, 그것의 목적은 무엇인가? ─ 우리가 "그는 자신의 감각에 이름을 부여

했다"라고 말할 때, 우리는 이름을 부여한다는 단순한 행위가 의미 있기 위해서는 이미 많은 것이 언어 속에 갖추어져 있어야 한다는 사실을 잊고 있다.[570] 그리고 누군가 아픔에 이름을 부여한다고 우리가 말할 때, 여기서 갖추어져 있는 것은 "아픔"이라는 낱말의 문법이다. 그것이 그 새로운 낱말이 놓이는 자리를 지시한다.

258. 다음의 경우를 상상해보자. 나는 반복해서 일어나는 어떤 감각을 일기에 기록하려고 한다. 이를 위해 나는 이 감각을 "E"[571]라는 기호와 결부시키고, 내가 그 감각을 지니는 날마다 달력에 이 기호를 적는다. —— 나는 우선 그 기호에 대한 정의가 말로 표현될 수 없다는 점을 말하고 싶다. — 하지만 그래도 나는 나 자신에게 그것[572]을 일종의 지칭적 정의로서 부여할 수 있다! — 어떻게? 나는 그 감각을 가리킬 수 있는가? — 일상적인 의미에서는 그럴 수 없다. 그러나 나는 그 기호를 말하거나 적으면서 동시에 그 감각에 내 주의를 집중한다. — 따라서 이를테면 그 감각을 내적으로

---

570) 이름을 부여하기는 문맥 독립적으로 성립할 수 없다. 어떤 것에 이름을 부여하는 행위는 그 이름을 포섭하는 배경적 언어의 문법과의 연관하에서 이해되어야 한다. 어떤 색깔에 대한 이름이 여타의 색깔들에 대한 문법과의 연관하에서 이해되어야 하는 것처럼 말이다. 이 책 §§26, 49, 133 참조.
571) '감각'을 나타내는 독일어 'Empfindung'의 머리글자이다.
572) 말로 표현될 수 없는 그 정의를 가리킨다.

가리킨다.[573] 그러나 이런 의식(儀式)은 무엇을 위한 것인가? 왜냐하면 그것은 그저 하나의 의식에 불과한 듯이 보이기 때문이다![574] 정의는 분명 기호의 의미를 확정하는 데 도움이 된다. — 그것은 바로 내 주의를 집중함으로써 일어난다. 왜냐하면 이런 식으로 나는 감각과 기호 사이의 결합을 내게 각인시키기 때문이다.[575] — 하지만 "나는 그것을 내게 각인시킨다"는 말은 오직 다음을 의미할 수 있을 뿐이다: 이 과정으로 인해 나는 미래에 그 결합을 **올바르게** 기억해낸다. 그러나 우리의 경우, 내게는 사실 올바름에 대한 기준이 전혀 없다. 여기서 우리는 다음과 같이 말하고 싶다: 내게 올바르게 보이는 것은 무엇이든 올바르다. 그리고 이것은 단지 여기서 우리가 '올바름'에 관해 말할 수 없음을 의미할 뿐이다.[576]

---

573) 이는 사적 언어의 가능성을 옹호하는 비트겐슈타인의 대화 상대자의 견해이다.

574) 이는 사적 언어론자에 대한 비트겐슈타인의 비판이다.

575) 이는 비트겐슈타인의 대화 상대자의 응수이다. 이어지는 구절은 이에 대한 비트겐슈타인의 결정적인 재반론이다. 비트겐슈타인이 보기에 우리에게 필요한 것은 사적 감각을 이름 부르는 의식이나 주의 집중이 아니라 그것에 대한 이름의 쓰임을 파악하는 것이다.

576) §1에서 인용된 아우구스티누스의 지시적 의미론에 대한 귀류법적 논박을 통해 사적 언어의 불가능성을 논증하는 절이다. 이 절에 대해서는 다음의 논문을 참조. J. Canfield, "Private Language: The Diary Case," *Australasian Journal of Philosophy*, vol. 79, 2001; G. Wrisley, "Wherefore the Failure of Private Ostension?", *Australasian Journal of Philosophy*, vol. 89, 2011; D. McDougall, "The Role of '*Philosophical Investigations* §258: What Is 'The Private Language Argument'?", *Analytic Philosophy*, vol. 54, 2013.

259. 사적 언어의 규칙은 규칙의 인상(印象)인가? — 인상을 재는 저울은 저울의 인상이 아니다.[577]

260. "자, 나는 이것이 다시 그 감각 E라고 **믿는다.**" — 아마도 당신은 자신이 그렇게 믿는다고 **믿을** 것이다!

그렇다면 달력에 그 기호를 기입한 사람은 **전혀 아무것도** 기록하지 않았다는 말인가? — 어떤 사람이 — 가령 달력에 — 기호를 기입할 때, 그가 어떤 것을 기록하고 있다는 것을 당연하게 여기지 말라. 왜냐하면 기록은 하나의 기능을 지니는데, 이 "E"는 아직까지 아무런 기능도 지니고 있지 않기 때문이다.[578]

(우리는 자기 자신에게 말할 수 있다. — 아무도 없을 때 말하는 사람은 모두 자기 자신에게 말을 하고 있는 것인가?)

261. 우리가 "E"를 어떤 **감각**에 대한 기호라고 부르는 데는 무슨 근거가 있는가? 왜냐하면 "감각"은 우리 모두에게 공통된 언어의

이 절부터 §260까지는 다음의 논문들을 참조. J. Canfield, "Private Language: *Philosophical Investigations*, Section 258 and Environs," Arrington and Glock 1991에 수록; C. Wright, "Does *Philosophical Investigations* §§258-60 Suggest a Cogent Argument against Private Language?", Wright 2001에 재수록.

577) 인상을 재는 저울마저 인상이라면 잰다는 행위는 성립하지 않기 때문이다.
578) 그 까닭은 "E"의 문법이 아직 준비되어 있지 않기 때문이다.

낱말이지 내게만 이해되는 언어의 낱말이 아니기 때문이다. 따라서 이 낱말의 쓰임은 모든 사람이 이해하는 정당화를 필요로 한다. — 그리고 그것이 감각일 필요가 없다거나, 또는 "E"를 적을 때 그는 **어떤 것**을 가지고 있으며 — 이것이 말할 수 있는 전부라고 이야기하는 것은 전혀 도움이 되지 않을 것이다.[579] "가지고 있다"와 "어떤 것"도 우리의 공통 언어에 속한다. — 따라서 철학을 할 때 우리는 결국 그저 말도 안 되는 소리를 내고 싶은 지점에 이른다.[580] — 하지만 그런 소리는 어떤 특정한 언어게임 안에서만 하나의 표현일 수 있는데, 그런 언어게임은 아직 기술된 적이 없다.

262. 우리는 이렇게 말할 수 있을 것이다: 한 낱말에 대해서 스스로에게 사적으로 설명한 사람은, 그 낱말을 내면에서 이러이러하게 사용하기로 마음먹고 **있음에** 틀림없다. 그리고 그는 그것을 어떻게 마음먹는가? 나는 그가 그 낱말을 적용하는 기술(技術)을 만들어낸다고 가정해야 하는가? 아니면 그가 이미 만들어진 기술을 발견했다고 가정해야 하는가?

263. "확실히 나는 (내면에서) 앞으로 **이것**을 '아픔'이라고 부르기

로 마음먹을 수 있다." — "하지만 당신은 분명히 그렇게 하기로 마음먹었는가? 당신의 느낌에 주의를 집중하는 일이 이를 위해 충분했다고 확신하는가?" — 이상한 질문. —[581]

264. "당신이 언젠가 그 낱말이 **무엇**을 지시하는지 안다면, 당신은 그것을 이해한 것이며, 그것의 모든 적용을 안 것이다."[582]

265. 우리의 상상 속에만 존재하는 어떤 일람표를, 가령 사전을 상상해보자.[583] 우리는 낱말 X를 낱말 Y로 번역하는 일을 정당화하는 데 사전을 사용할 수 있다. 하지만 우리가 그런 일람표를 오직 상상 속에서만 참조할 수 있다면, 그것을 또한 정당화라고 불러야 하는가? — "글쎄, 그런 경우에 그것은 주관적 정당화라고 할 수 있다." — 그러나 정당화란 우리가 어떤 별도의 곳에 근거를 두는 데에서 성립한다.[584] — "하지만 나는 분명 하나의 기억에 대해서

---

581) 이 책 §253의 경우에서와 마찬가지로 '이것'은 아픔에 대한 동일성의 기준을 제시하지 못한다. 자신의 느낌에 주목하는 것이 어떤 낱말을 어떤 기술(技術)의 적용에 맞게 사용하도록 의도하는 것의 기준인 것도 아니다(Hacker 1990, 129쪽).

582) 비트겐슈타인의 대화 상대자가 아우구스티누스의 언어관, 즉 지시적 의미론의 옹호자임을 보여주고 있는 구절이다.

583) 여기서의 사적 사전은 사적 언어의 낱말과 그에 대응하는 견본들에 대한 사적인 일람표에 비견된다.

다른 기억에 근거를 둘 수도 있다. (예를 들어) 나는 열차 출발 시간을 올바로 기억했는지 몰라서, 그것을 확인하려고 열차 시간표가 있는 페이지를 기억 속에 떠올린다. 이것은 앞서의 경우와 마찬가지가 아닌가?" — 아니다. 왜냐하면 이제 이 과정에서는 실제로 **올바른** 기억을 불러내야 하기 때문이다. 만약 우리가 열차 시간표의 이미지 자체가 올바른지를 **검사할** 수 없다면, 어떻게 그 이미지로 처음의 기억이 올바르다고 증명할 수 있겠는가? (이것은 마치 어떤 사람이 오늘 아침 신문 기사가 사실인지를 확인하기 위해 똑같은 신문을 여러 부 사는 것과 같다.)

상상 속에서 일람표를 참조하는 것은 일람표를 참조하는 것이 아니다. 마치 상상 속의 실험 결과에 대한 이미지가 실험 결과가 아닌 것과 마찬가지다.[585]

266. 나는 몇 시인지 알기 위해 시계를 볼 수 있다. 그러나 나는 또한 몇 시인지 **추측하기** 위해 시계의 글자판을 볼 수도 있다. 또는 같은 목적을 위해 시계 바늘을 내가 맞는다고 여기는 위치까지 돌릴 수 있다. 따라서 시계의 이미지는 시간을 결정하는 데 하나

---

584) 그렇지 않다면 "내게 올바르게 보이는 것은 무엇이든 올바르다"라고 말할 수 있다(이 책 §258).

585) 이 절에 대해서는 다음의 논문을 참조. J. Hintikka, "Wittgenstein on Private Language : Some Sources of Misunderstanding," *Mind*, vol. 78, 1969.

이상의 방식으로 이용될 수 있다.[586] (상상 속에서 시계를 보기.)[587]

267. 내가 내 상상 속에서 건축 중인 다리의 측량을 정당화하려고, 먼저 상상 속에서 다리의 재료에 대한 하중(荷重) 실험을 한다고 가정해보라. 이것은 물론 우리가 다리에 대한 측량의 정당화라고 부르는 것을 상상하는 일이 될 것이다. 하지만 우리는 또한 그것을 상상 속에서 측량을 정당화하는 일이라고 부를 것인가?[588]

268. 왜 내 오른손은 내 왼손에 돈을 증여할 수 없는가? — 내 오른손은 내 왼손에 돈을 건넬 수 있다. 내 오른손은 증여의 증서를 적고, 내 왼손은 영수증을 적을 수 있다. — 하지만 그 이상의 실제적인 결과는 증여를 하는 결과가 아닐 것이다. 오른손이 주는 돈을 왼손이 받는 등의 일을 했을 때, 우리는 이렇게 물을 것이다: "그

---

586) 여기서의 시계는 앞선 §265에서의 기억에 비견된다. 일반적인 경우 시계가 가리키는 시간이 올바른지, 나의 기억이 올바른지에 대한 객관적인 검증이 가능하지만 상상 속에서 일람표를 참조하거나 시계를 보는 경우에는 이러한 검증이 불가능하다.

587) 이 책 §607 참조.

588) 정당화에 대한 상상은 실제의 정당화와 달리 아무것도 정당화해주지 못한다. 왜냐하면 그것은 단지 상상일 뿐이기 때문이다. 반면 상상 속의 정당화는 실제의 정당화와 같이 역학의 법칙, 재료의 성질 등을 참조함으로써 수행된다. 사적 언어의 개념은 이 양자 사이의 차이, 즉 정당화에 대한 상상과 상상 속의 정당화 사이의 차이를 구별하지 못한다는 점에서 잘못된 것이다.

래, 다음은 뭐지?" 만약 누군가 자기 자신에게 한 낱말을 사적으로 설명했다면, 즉 그가 자기 자신에게 그 낱말을 말하면서 동시에 하나의 감각에 자신의 주의를 돌렸다면, 우리는 그에게 똑같은 질문을 할 수 있을 것이다.[589]

269. 누군가 한 낱말을 이해하지 못한다는 것을 보여주는 행동에는 어떤 기준이 있음을 기억하자: 즉 그 낱말은 그에게 아무런 의미도 지니지 않고, 그는 그 낱말로 아무것도 할 수 없다는 점을 말이다. 그리고 그가 그 낱말을 '이해한다고 생각하고' 그것에 어떤 의미를 결부시키지만, 올바른 의미가 아니라는 것에 대한 기준이 있음을 기억하자. 그리고 마지막으로, 그가 그 낱말을 올바로 이해한다는 것에 대한 기준이 있음을 기억하자. 두 번째 경우에 우리는 주관적 이해에 대해 말할 수 있을 것이다. 그리고 우리는 다른 누구도 이해하지 못하지만 나는 **'이해하는 듯이 보이는'** 소리들을 "사적 언어"라고 부를 수 있을 것이다.[590]

270. 이제 내 일기에 기호 "E"를 기입하는 것에 대한 쓰임을 상

---

589) 나의 오른손이 나의 왼손에게 돈을 주는 것이 증여일 수 없듯이, 어떤 낱말을 사적으로 정의하는 것도 정의일 수 없다. 양자의 경우 각각 증여와 정의의 문법에 어긋나기 때문이다.

590) 이 책 §243 말미의 사적 언어에 대한 정의 참조.

상해보자. 나는 다음과 같은 경험을 한다: 내가 어떤 특정한 감각을 지닐 때마다, 혈압계는 내 혈압이 올라간다는 것을 보여준다. 이로 인해서 나는 이후 어떤 계기(計器)의 도움 없이도 내 혈압이 올라간다고 말할 수 있게 된다. 이것은 유익한 결과이다. 그리고 이제 여기서 내가 감각을 **올바로** 알아보았는지의 여부는 전혀 무관한 듯이 보인다. 내가 그것을 계속 잘못 알아본다고 해도 전혀 상관이 없다. 그리고 이는 이미 내가 이런 잘못을 저지른다는 가정이 겉보기에 불과했음을 보여준다. (이를테면 우리는 기계의 어떤 부분을 조정할 수 있는 듯이 보였던 스위치를 눌렀지만, 그것은 기계 장치와 전혀 연결되지 않은 단순한 장식품이었던 것이다.)[591]

그리고 여기서 우리가 "E"를 어떤 감각의 이름이라고 부르는 근거는 무엇인가? 아마도 이 기호가 이 언어게임에서 사용되는 방식이 그 근거일 것이다. ― 그리고 왜 어떤 "특정한 감각", 즉 매번 똑같은 감각인가? 그야 우리가 매번 "E"라고 적는다고 가정하기 때문이다.[592]

271. "'아픔'이라는 낱말이 **무엇**을 의미하는지 기억할 수 없지만,

---

591) 다음에 이어지는 §271의 후반부 참조.
592) 이 절부터 §271까지는 다음의 논문을 참조. D. Jacquette, "Wittgenstein's Manometer and the Private Language Argument," *History of Philosophy Quarterly*, vol. 15, 1998.

— 그래서 항상 다른 것들을 '아픔'이라는 이름으로 부르지만 — 그래도 아픔의 흔한 증상들과 가정들에 맞도록 그 낱말을 사용한 사람을 상상해보라!" — 요컨대 그는 우리 모두와 마찬가지 방식으로 그 낱말을 사용한다. 여기서 나는 이렇게 말하고 싶다: 우리가 돌릴 수는 있지만 아무것도 그것과 함께 움직이지 않는 바퀴는 기계의 일부가 아니다.[593]

272. 사적인 체험에서 본질적인 것은 실제로 각자가 저마다의 표본을 소유한다는 사실이 아니라, 다른 사람들도 **이것**을 지니고 있는지 아니면 다른 어떤 것을 지니고 있는지 모른다는 사실이다. 그러므로 인류의 일부는 빨강에 대한 **하나의** 감각을, 다른 일부는 빨강에 대한 또 다른 감각을 지닌다는 가정이 — 증명할 수는 없지만 — 가능할 것이다.[594]

273. 그러면 "빨강"이라는 낱말은 어떤가? — 나는 그것이 '우리 모두가 마주하는'[595] 어떤 것[596]을 지시하며, 모든 사람은 실제로

---

593) 여기서 바퀴는 사적 감각을 상징하고 있다. 아픔이라는 낱말이 의미하는 바를 기억하는 사람은 아픔에 대한 사적 감각을 기억하는 것이 아니다.
594) 사적 언어의 논의 영역이 아픔에서 색깔로 바뀌는 대목이다. 이 책 §293 참조.
595) 원어는 "uns Allen Gegenüberstehendes"로 우리와 지각 대상 사이의 관계를 서로 마주하는 것으로 표현하고 있다.

이 낱말 이외에 빨강에 대한 그 **자신의** 감각을 지시하기 위한 낱말을 하나 더 가져야 한다고 말해야 하는가? 또는 다음과 같은가?: "빨강"이라는 낱말은 우리 모두가 아는 어떤 것을 지시한다. 게다가 각각의 사람에게 그것은 오직 그 자신만 아는 어떤 것을 지시한다. (또는 어쩌면 다음의 표현이 더 나을지도 모르겠다: 그것은 오직 그 사람만 아는 어떤 것과 **연관되어** 있다.)[597]

274. 물론 "빨강"이 사적인 어떤 것을 "지시한다"라고 하지 않고 **"연관되어** 있다"라고 말하는 것은 우리가 그 낱말의 기능을 이해하는 데 조금도 도움이 되지 않는다. 하지만 그것은 철학을 할 때의 특정한 체험을 심리적으로 보다 적절히 표현한 것이다. 그것은 마치 내가 그 낱말을 말할 때, 이를테면 내가 그 낱말로 무엇을 의미하는지 안다고 스스로에게 말하기 위해서 나 자신의 감각을 곁눈질하는 것과 마찬가지다.[598]

---

596) 빨간색을 띤 외부 사물을 가리킨다.
597) "빨강"이라는 낱말이 한편으로는 우리 모두에게 알려진 공적인 빨강을 가리키면서 다른 한편으로는 자신에게만 알려진 고유한 빨강의 사적 감각과 연관된다는 이중적 논제를 거론하고 있다.
598) 그러나 내가 "빨강"이라는 낱말을 사용할 때 나는 그 고유한 사적 감각이 아니라 공적인 빨강의 색 견본을 가리킨다.

275. 하늘의 푸른색을 보고 "하늘이 정말 푸르구나!"라고 말해보라. — 당신이 자연스럽게 — 철학적인 의도 없이 — 그 말을 할 때, 색깔에 대한 이런 인상이 **당신**에게만 속한다는 생각은 떠오르지 않는다. 그리고 당신은 아무런 주저 없이 다른 사람에게도 그렇게 외친다. 그리고 당신이 그 말을 하면서 뭔가를 가리킨다면 그것은 바로 하늘이다. 내 말은 다음과 같다: 당신은 우리가 '사적 언어'에 대해 생각할 때 '감각들에 이름 부여하기'와 자주 함께 일어나는 '자신의 내면을 가리키는 느낌'을 갖지 않는다. 또한 당신은 실제로 손을 써서가 아니라, 주의를 기울여 색깔을 가리켜야 한다고 생각하지도 않는다. ("주의를 기울여 어떤 것을 가리킨다"는 말이 무슨 뜻인지 잘 생각해보라.)

276. "그러나 하나의 색깔을 보고 우리의 색깔 인상에 이름을 부여할 때, 우리는 적어도 아주 확실한 어떤 것을 **의미하지** 않는가?" 마치 얇은 막을 벗겨내듯 우리가 본 대상으로부터 색깔 **인상**을 벗겨내는 것처럼 말이다. (이것은 우리의 의구심을 불러일으킬 것이다.)

277. 하지만 우리가 어떤 낱말을 한 번은 모두가 아는 색깔을 의미하고 — 또 한 번은 **지금 내가** 갖고 있는 '시각적 인상'을 **의미**하도록 사용한다고 생각한다면, 우리가 그렇게 생각하도록 유혹을 받는 일은 도대체 어떻게 가능한가? 그것이 단지 유혹일지라도 어

떻게 여기서 그런 일이 있을 수 있는가? —— 나는 이 두 경우에서 그 색깔에 똑같은 종류의 주의를 돌리지 않는다. 내가 (나는 이렇게 말하고 싶다) 나 자신에게만 속하는 색깔 인상을 의미할 때, 나는 그 색깔에 몰입한다. — 내가 '아무리 보아도 질리지 않을' 때처럼 말이다. 따라서 우리는 밝은 색 또는 우리에게 인상적인 색채 배합을 볼 때 더욱 쉽게 이런 체험을 한다.

278. "나는 초록색이 **내게** 어떻게 보이는지 안다." — 이 말은 분명 의미가 있다! — 확실히 그렇다. 당신은 그 문장의 어떠한 쓰임에 대해 생각하고 있는가?[599)]

279. 누군가 "그래도 나는 내 키가 얼마인지 안다!"라고 말하면서, 그 표시로 손을 머리 위에 올려놓는 경우를 상상해보라!

280. 어떤 사람이 가령 자신이 연극의 한 장면을 어떻게 상상하고 있는지를 보여주기 위해 그림을 그린다. 그리고 이제 나는 이렇게 말한다: "이 그림에는 이중의 기능이 있다. 우선 그것은 그림이

---

599) 이 문장이 의미가 있는 경우는 자신의 고유한 사적 감각을 가리킬 때가 아니라 예컨대 그 색에 대한 자신의 느낌이나 그 색이 연상시키는 기억이나 이미지 등을 가리킬 때이다.

나 말이 그렇듯 다른 사람들에게 무엇인가를 알린다. —— 하지만 알리는 사람에게 그것은 또 다른 종류의 묘사(또는 정보?)이다: 또한 그 그림은 다른 사람에 대해서와는 달리 그에게 있어서 자신의 이미지에 대한 그림이다. 그 그림에 대한 그의 사적인 인상을 통해 그는 자신이 무엇을 상상했는지 알 수 있다; 다른 사람들은 그 그림을 통해 그렇게 할 수 없다는 의미에서 말이다." — 그리고 이 말이 **첫 번째** 경우에 올바르게 적용되었다면 — 이 두 번째 경우에 나는 무슨 권리로 묘사나 정보에 대해 말하는가?

281. "그러나 당신의 말은 예컨대 **아픔을 표현하는 행동**이 없다면 어떤 아픔도 없다는 말이 아닌가?" — 내 말은 다음과 같다: 오직 살아 있는 사람, 그리고 살아 있는 사람과 비슷한 (비슷하게 행동하는) 것에 대해서만 우리는 그것이 감각들을 지닌다, 본다, 눈멀었다, 듣는다, 의식적이다, 또는 무의식적이다라고 말할 수 있다.[600]

282. "그러나 동화에서는 냄비 역시 볼 수 있고 들을 수 있다!" (확실히 그렇다. 하지만 냄비는 말도 **할 수 있다**.)

"그러나 동화는 사실이 아닌 것을 꾸며낼 뿐이지, **무의미한** 말을 하

---

600) 같은 이유에서 우리는 컴퓨터나 로봇에 대해서는 그와 같은 술어들을 적용할 수 없다. 비트겐슈타인은 강한 인공지능과 튜링 테스트에 반대한다.

는 것은 아니다." — 그것이 그렇게 단순하지는 않다. 냄비가 말을 한다는 이야기는 거짓인가 아니면 무의미한가? 우리는 어떤 상황에서 냄비가 말을 한다고 이야기할지 명확한 그림을 갖고 있는가? (무의미 시(詩)[601]조차도 아기의 옹알거림과 같은 식으로 무의미한 것은 아니다.)

그렇다. 우리는 어떤 무생물에 대해 그것이 아프다고 말한다: 예를 들어 인형과 놀 때 말이다. 그러나 아픔이라는 개념의 이런 쓰임은 부차적인 것이다. 사람들이 **오직** 무생물에 대해서만 그것들이 아프다고 말하고, **오직** 인형들만을 불쌍하게 여기는 경우를 상상해보라![602] (아이들이 기차놀이를 할 때, 그들의 놀이는 기차에 대한 그들의 앎과 연결되어 있다. 그렇지만 기차를 모르는 어떤 부족의 아이들이 다른 사람들에게서 기차놀이를 배우고, 그것이 어떤 것에 대한 모방임을 모른 채 그 놀이를 할 수 있을 것이다. 우리는 그 놀이가 그 아이들에게 **의미하는** 바는 우리에게 **의미하는** 바와 다르다고 말할 수 있을 것이다.)

283. **비록 생각일 뿐이기는 하지만**, 생물들, 사물들이 무엇인가

---

601) 무의미한 표현들로 지은 시를 말하며 루이스 캐럴의 *Jabberwockey*가 그 대표적인 예이다. 이 책 §13 참조.

602) 동화나 인형놀이의 문맥에서는 냄비나 인형 따위의 무생물에 대한 의인화를 인정하고 이것들을 사람 대하듯 한다. 그러나 이는 일상적 문맥에서 파생된 이차적 문맥이고 따라서 동원되는 표현의 쓰임도 이차적인 쓰임임을 잊어서는 안 된다. 이어지는 괄호 속의 내용도 어떤 표현의 의미와 쓰임의 파생성에 대한 예를 논의하고 있다. 이 책 §297 참조.

느낄 수 있다는 생각은 어디에서 오는 것일까?

내가 받은 교육 때문에 나는 내면의 느낌에 주의를 기울임으로써 그런 생각을 하게 되었고, 이제 나는 그 생각을 내 밖에 있는 대상들에게로 옮기는 것인가? 나는 다른 사람이 "아픔"이라는 낱말을 사용하는 방식과 모순을 일으키지 않고도 "아픔"이라고 부를 수 있는 어떤 것이 거기에 (나의 내면에) 있다는 사실을 아는 것인가? ─ 나는 돌과 식물 등에는 내 생각을 옮기지 않는다.

내가 엄청나게 아프며, 그 아픔이 지속되는 동안 돌로 변하는 경우를 상상해볼 수 없을까? 만일 내가 눈을 감는다면, 과연 내가 돌로 변했는지 아닌지를 나는 어떻게 아는가? ─ 그리고 만일 그런 일이 일어난다면, **그 돌**은 어떤 의미에서 아픈 것인가? 어떤 의미에서 우리는 돌에 대해 그렇게 말할 수 있는가? 여기서 아픔은 대체 왜 소지자가 있어야 하는가?!

그리고 우리는 돌에 대해서 그것이 마음을 지니고 있으며, **이 마음**이 아프다고 말할 수 있는가? 마음과 아픔은 돌과 무슨 관계가 있는가?

우리는 사람처럼 행동하는 것에 대해서만 그것이 아프다고 말할 수 있다.

왜냐하면 우리는 몸에 대해서, 또는 원한다면, 몸이 **지니는** 마음에 대해서 그렇게 말해야 하기 때문이다. 그런데 몸은 어떻게 마음을 **지닐** 수 있는가?[603]

284. 하나의 돌을 보고, 그것이 감각들을 지닌다고 상상해보라! — 우리는 스스로에게 다음과 같이 말한다: 우리는 어떻게 **사물**에 **감각**을 부여한다는 생각까지 하게 되었는가? 우리는 마찬가지로 수(數)에도 감각을 부여할 수 있을 것이다! — 그리고 이제 몸부림 치는 파리를 보라. 그러면 이런 어려움들[604]은 즉시 사라지고, 이전에는 모든 것이 말하자면 **매끄러웠던**[605] 이곳에서 아픔을 **손에 쥘** 수 있을 것처럼[606] 보인다.[607]

그리고 우리에게는 시체도 아픔을 전혀 느낄 수 없는 듯이 보인다. — 살아 있는 것에 대한 우리의 태도는 죽은 것에 대한 우리의 태도와 같지 않다. 우리의 모든 반응은 다르다.[608] — 누군가 "그 차이는 단순히 살아 있는 것은 이러이러하게 움직이고 죽은 것은 그렇지 않다는 사실에 있을 수 없다."라고 말한다면, 나는 그에게 이것이 '양(量)에서 질(質)로' 이행하는 경우라고 말해주고 싶다.[609]

---

603) 이 책 §36과 『심리철학』, §25 참조.
604) 사물에 감각을 부여하는 어려움을 말한다.
605) 생명이 없었기에 몸부림침도 없었음을 뜻한다.
606) 아픔을 생생하게 직접 본다는 뜻이다.
607) 우리가 물고기의 즐거움을 알 수 있는가에 대한 장자와 혜시의 논쟁을 연상하게 하는 구절이다.
608) 이것이 이 책 §217에서 말한 암반에 해당한다.
609) 큰따옴표 안의 기술(記述)이 양적인 표현인 데 반해 사람에 대해서 우리는 그가 화가 났다, 학교에 다닌다, 테니스를 한다 등등의 질적인 표현을 사용한다.

285. **얼굴 표정**을 알아보는 것에 대해 생각해보라. 또는 얼굴 표정을 기술(記述)하는 것에 대해 생각해보라. ── 이런 기술은 얼굴의 치수가 얼마인지를 말하는 것이 아니다! 또한 어떻게 우리가 거울을 통해 자신의 얼굴을 보지 않고도 남의 얼굴을 흉내 낼 수 있는지 생각해보라.[610]

286. 하지만 **몸**에 대해서 그것이 아프다고 말하는 것은 불합리하지 않은가? ── 그런데 왜 우리는 이 말이 불합리하다고 느끼는가? 어떤 의미에서 내 손이 아픔을 느끼는 것이 아니라, 내가 내 손에서 아픔을 느끼는 것인가?

"아픔을 느끼는 것은 **몸**인가?"라는 질문은 어떤 종류의 쟁점인가? ── 그것은 어떻게 결정되어야 하는가? '아픔을 느끼는 것은 몸이 **아니다**'라는 말은 어떻게 해서 설득력을 갖는가? ── 아마도 이런 식일 것이다: 만일 누군가 손이 아프다면 **손**은 (손이 이 말을 적는 경우 말고는) 아프다고 말하지 않으며, 우리는 손이 아니라 아파하는 사람을 위로한다. 우리는 그 사람의 눈을 쳐다본다.[611]

---

610) 얼굴의 치수에 대한 기술(記述)이 앞서 §284에서 말한 양적인 기술에 해당한다. 얼굴 표정에 대한 기술은 이와 달리 질적이다. 우리는 얼굴 표정을 거울을 통해 간접적으로 그리고 추론적으로 인식하는 것이 아니라 그러한 매개 없이 직접적으로 인식하고 심지어 이를 흉내 내기도 한다.

611) 이 책 §302 참조.

287. 어떻게 나는 **이 사람에게** 동정심으로 충만해 있는가? 내 동정심의 대상이 무엇인지는 어떻게 알 수 있는가? (우리는 동정심이란 다른 누군가가 아프다는 확신의 한 형식이라고 말할 수 있다.)[612]

288. 나는 돌로 변해 단단히 굳어버리고 내 아픔은 계속 이어진다.[613] ─ 그런데 이제 내가 틀렸고, 그것이 더 이상 **아픔**이 아니라면 어떨까! ── 하지만 분명 나는 여기서 틀릴 수 없다. 내가 아픈지 아닌지 의심하는 것은 아무런 의미가 없다![614] ─ 다시 말해 누군가 "내가 지닌 것이 아픔인지 아니면 다른 어떤 것인지 나는 모르겠다."라고 말한다면, 우리는 그가 "아픔"이라는 우리말 낱말이 무슨 의미인지 모른다고 생각해서, 그에게 그 의미를 설명해줄 것이다. ─ 어떻게? 아마도 몸짓을 통해서, 또는 그를 바늘로 찌르고는 "봐라, 그게 아픔이다!"라고 말함으로써 그렇게 할 것이다. 그는 이런 설명을 다른 설명과 마찬가지로 올바로 이해할 수도 있고, 잘못 이해할 수도 있으며, 혹은 전혀 이해하지 못할 수도 있다.

---

612) 아픈 손에 대해서가 아니라 손이 아픈 사람에 대해서 동정한다는 것이 이 절의 핵심이다. 그래서 우리는 아픈 손이 아니라 (손이 아픈 사람의) 눈을 쳐다본다.

613) 내가 돌로 굳어버리는 경우는 아픔을 표현하는 행동이 수반되지 않는 아픔, 그래서 다른 사람이 알아볼 수 없는 아픔의 경우를 뜻한다.

614) 그 까닭은 내가 아픈지를 자명하게 알아서가 아니다. 이 책 §246 참조. 의심은 자명성에 의해서가 아니라 아픔이라는 낱말의 문법에 의해서 제거된다.

그리고 다른 경우들과 마찬가지로, 이 경우도 그가 그 낱말을 어떻게 사용하는지를 보면, 앞의 세 가지 중 어느 쪽에 해당하는지를 알 수 있을 것이다.

이제 그가 예컨대 이렇게 말한다고 하자: "아, 나는 '아픔'이 무슨 뜻인지는 알지만, 내가 지금 여기 지니고 있는 **이것**이 아픔인지는 모르겠다." — 그러면 우리는 그의 말을 이상한 반응이라고 여기면서, 그저 머리를 가로저으며 어찌해야 할지 모를 것이다. (그것은 아마도 우리가 누군가 진지하게 다음처럼 말하는 것을 듣는 경우와 같을 것이다: "나는 태어나기 얼마 전에 . . . 라고 믿었던 것을 확실히 기억한다.")

저 의심의 표현[615]은 언어게임에 속하지 않는다. 그러나 이제 감각의 표현들 — 즉 인간 행동 — 이 제외된다면, 나는 다시 의심**해도 좋을** 것처럼 보인다. 여기서 나는 우리가 감각을 그 실제와 다른 어떤 것으로 착각할지 모른다고 말하고 싶은 유혹을 느끼는데, 이런 유혹은 다음과 같은 사실에서 생겨난다: 만약 내가 감각의 표현을 거느리는 정상적인 언어게임이 폐기되었다고 생각한다면, 나는 감각에 대한 동일성의 기준을 필요로 할 것이다. 그렇다면 오류의 가능성도 존재할 것이다.[616]

---

615) "나는 '아픔'이 무슨 뜻인지는 알지만, 내가 지금 여기 지니고 있는 **이것**이 아픔인지는 모르겠다"라는 의심의 표현을 가리킨다.

289. "내가 '나는 아프다'고 말할 때, 나는 어쨌든 **나 자신에게는** 정당화된 셈이다." — 이 말은 무슨 뜻인가? 이 말은 다음을 뜻하는가?: "만약 다른 누군가가 내가 무엇을 '아픔'이라고 부르는지 알 수 있다면, 그는 내가 그 낱말을 올바르게 사용하고 있다고 인정할 것이다."[617]

한 낱말을 정당화 없이 사용한다는 것이 그것을 잘못 사용한다는 의미는 아니다.

290. 물론 나는 내 감각이 어떤 감각인지를 기준에 의해 확인하지 않는다. 오히려 나는 똑같은 표현[618]을 사용한다. 하지만 언어게임은 이와 함께 끝나지 않는다. 오히려 언어게임은 이와 함께 시작된다.

---

616) 이는 결국 이 절에서 논의된 아픔에 대한 감각이 우리가 일상적으로 말하는 감각이 아님을 함축한다. 우리가 일상적으로 말하는 아픔에 대한 감각은 아픔을 표현하는 행동을 기준으로 해서만 성립하기 때문이다. 해커는 이러한 기준을 바탕으로 이 절에서 논의된 아픔에 대한 감각이 아예 감각이 아니라는 결론을 내리고 있는데 이는 지나친 해석으로 여겨진다(Hacker 1990, 181쪽).

617) 그러나 다른 어떤 사람은 내가 '아픔'이라고 부르는 것을 체험할 수 없다. 왜냐하면 그것은 사적이기 때문이다. 그러나 그는 그것을 알 수는 있다. 왜냐하면 그는 '아픔'이라는 낱말의 의미를 알기 때문이다. '아픔'은 사적 언어가 아니다. 예컨대 치과의사는 내가 앓고 있는 치통에 대한 나의 진술을 이해한다. 이 책 §261 참조.

618) 앞서의 "나는 아프다"라는 표현을 가리킨다.

하지만 언어게임은 ─ 내가 기술하는 ─ 감각과 함께 시작되지 않는가? ─ 아마도 "기술한다"는 이 낱말이 여기서 우리를 속이고 있는 것 같다. 나는 "나는 내 마음의 상태를 기술한다", "나는 내 방을 기술한다"라고 말한다. 우리는 언어게임들 간의 차이점들을 떠올려야 한다.

291. 우리가 "기술(記述)"이라고 부르는 것은 특별한 쓰임을 위한 도구이다. 한 기계공의 눈앞에 놓인 기계 도면, 단면도, 정면도를 생각해보라. 기술이 사실들에 대한 언어적 그림이라고 생각한다면 뭔가 오해의 소지가 있다: 즉 우리는 가령 벽에 걸려 있는 그림들만을 생각하는 경향이 있는데, 이런 그림들은 단지 한 사물이 어떻게 생겼고 어떤 상태에 있는지를 그리는 듯이 보이기 때문이다. (이런 그림들은 말하자면 쓸모가 없다.)[619]

292. 당신이 자신의 말을 사실들로부터 읽어낸다고, 사실들을 규칙들에 따라 말로 그려낸다고 항상 믿지는 말아라! 왜냐하면 그렇다고 해도 당신은 특수한 경우에는 안내 없이 규칙을 적용해야 하기 때문이다.

---

619) 앞선 §290의 결론이자 동시에 『논리─철학논고』의 그림이론에 대한 비판으로 새길 수 있는 절이다. 이 책 §455 참조.

293. 내가 스스로에 대해서, "아픔"이라는 낱말의 의미를 아는 것은 오직 나 자신의 경우를 통해서라고 말한다면 —— 나는 다른 사람들에 대해서도 **그렇게** 말해야 하지 않는가? 그리고 나는 대체 어떻게 **하나의** 경우를 그토록 무책임한 방식으로 일반화할 수 있는가?

자, 모든 사람이 내게 말하기를, 그가 아픔이 무엇인지 아는 것은 그 자신의 경우를 통해서라고 한다. — 모든 사람이 저마다 상자를 가지고 있는데, 그 안에는 우리가 "딱정벌레"라고 부르는 어떤 것이 들어 있다고 가정해보라. 누구도 다른 사람의 상자를 들여다 볼 수 없으며, 따라서 모든 사람은 각자 **자신의** 딱정벌레를 보아야만 딱정벌레가 무엇인지 알게 된다고 말한다. — 여기서 모든 사람이 각자 자신의 상자 안에 서로 다른 사물을 가질 수도 있을 것이다. 심지어 우리는 그런 사물이 계속 변화한다고 상상할 수도 있다. — 하지만 그래도 "딱정벌레"라는 낱말이 하나의 쓰임을 지닌다면? — 그렇다면 그것은 한 사물의 이름으로서의 쓰임은 아닐 것이다. 상자 안에 있는 것은 그 언어게임에 전혀 속하지 않는다. 심지어 **어떤 것**으로서도 말이다: 왜냐하면 그 상자는 비어 있을지도 모르기 때문이다.[620] — 아니, 상자는 그 안에 있는 딱정벌레에

---

620) 그러나 이는 자가당착으로 비쳐진다. 앞서 상자 안에 우리가 '딱정벌레'라고 부르는 '어떤 것'이 들어 있다고 가정했기 때문이다. 그래서 비트겐슈타인은

의해 '제거될' 수 있다.[621] 그러면 상자 안에 있는 것이 무엇이든 그것은 지워진다.

다시 말해: 우리가 감각을 표현하는 문법을 '대상과 이름'이라는 모형에 따라 구성한다면, 대상은 상관없는 것으로 간주되어 우리의 고찰에서 제외된다.[622]

294. 만일 당신이 그는 자기가 기술하고 있는 하나의 사적인 그림을 마음속에서 본다고 말한다면, 어쨌든 당신은 그의 마음속에 있는 것에 대해 어떤 가정을 한 셈이다. 그리고 이것은 당신이 그것을 보다 자세히 기술할 수 있거나 또는 실제로 기술한다는 것을 의미한다. 만일 당신이 그의 마음속에 있는 것이 어떤 종류의 사물인지 전혀 모른다는 사실을 인정한다면 ─ 그래도 그의 마음속에

이어지는 문장에서 수정안을 제시한다.

621) 이 비유에서 딱정벌레와 상자는 같은 기능을 하기 때문에 하나가 없다면 다른 하나도 없는 셈이다.

622) §1에서 인용된 아우구스티누스의 지시적 의미론에 대한 귀류법적 논박을 통해 타자의 마음에 대한 문제를 해명하는 절이다. 이 책 §§270-271 참조. 만일 상자 안에 들어 있는 것이 '딱정벌레'의 의미와 관련이 있다면, 다른 사람들은 내가 '딱정벌레'로 의미하는 바를 이해할 수 없다. 역으로 다른 사람들이 '딱정벌레'의 의미를 이해한다면, 그것은 각자의 사적인 상자 안에 들어 있는 것을 가리킬 수 없다. 이 책 §304 참조. 이 절에 대해서는 다음의 논문을 참조. D. Stern, "The Uses of Wittgenstein's Beetle: *Philosophical Investigations* §293 and its Interpreters," Kahane, Kanterian, and Kuusela 2007에 수록.

어떤 것이 있다고 말하도록 당신을 잘못 이끄는 것은 무엇인가? 이 것은 마치 내가 누군가에 대해 이렇게 말하는 것과 같지 않은가?: "그에게는 어떤 것이 **있다**. 하지만 나는 그것이 돈인지, 빚인지, 아 니면 텅 빈 금고인지는 모르겠다."[623)

295. 그리고 "나는 오직 **나 자신의** 경우를 통해서만 . . . 을 안 다" ─ 이것은 도대체 어떤 종류의 명제인가? 경험적 명제인가? 아 니다. ─ 그럼 문법적 명제인가?[624)

따라서 나는 다음과 같이 상상해본다: 모든 사람은 스스로에 대 해서, 오직 그 자신의 아픔을 통해서만 아픔이 무엇인지 안다고 말 한다. ─ 이것은 사람들이 정말로 그렇게 말한다거나, 또는 심지 어 그렇게 말할 준비가 되어 있다는 뜻은 아니다. 하지만 **만약** 모 든 사람이 그렇게 말한다면 ── 그것은 일종의 외침일 수 있을 것 이다.[625) 그리고 그것이 아무런 정보를 제공하지 못한다 해도 그것 은 어쨌든 하나의 그림이다. 그리고 우리는 왜 그런 그림을 마음속 에 떠올리려 해서는 안 되는가? 말 대신에 우화적인 그림을 생각해 보라.

---

623) 이 책 §261 참조.
624) 이에 대한 대답도 마찬가지로 '아니다'이다. 아파보지 않은 사람도 '아픔'이라
    는 낱말의 의미를 알 수 있다. 이 책 §315 참조.
625) 즉 저마다 외칠 뿐 서로를 이해하지는 못할 것이다.

그렇다. 철학을 하면서 우리 자신을 돌이켜보면, 우리는 바로 그런 그림을 자주 보게 된다. 우리의 문법에 대한 거의 그림 같은 묘사를 말이다. 사실들이 아니라, 이를테면 그림으로 설명된 표현 방식들을 말이다.[626]

296. "맞다. 그러나 거기에는 내가 아프다고 외칠 때 함께 일어나는 어떤 것이 있다! 그리고 나는 그것 때문에 아프다고 외치는 것이다. 그리고 이 어떤 것은 중요한 ─ 그리고 무시무시한 ─ 것이다." ─ 다만 우리는 누구에게 이렇게 말하고 있는가? 그리고 어떤 상황에서 그렇게 말하는가?[627]

297. 물론 냄비에서 물이 끓으면 수증기가 올라온다. 또한 냄비의 그림에서도 수증기의 그림이 올라온다. 하지만 우리가 냄비의 그림 안에도 끓고 있는 무엇인가가 분명히 있다고 주장하려 한다면 어떨까?

---

626) 시간의 경과를 내적 흐름으로 묘사하는 경우가 그 한 예일 것이다. 이 책 §§89, 196, 397 참조.
627) 비트겐슈타인은 아픔을 부정하는 것이 아니다. 아픔의 중요성이나 아픔이 얼마나 무시무시한 것인지를 부정하는 것도 아니다. 그가 부정하는 것은 다만 '아픔'이라는 낱말의 지시체가 있어 그것이 아픔이라는 낱말의 의미를 확정한다는 생각이다.

298. 우리가 ─ 자기 자신의 감각을 가리키면서 ─ **"이것**은 중요한 것이다"라고 곧잘 말하고 싶어 한다는 사실은, 우리가 아무런 정보도 전달하지 않는 어떤 것을 말하려는 경향이 얼마나 심한지를 이미 보여주고 있다.

299. 우리가 철학적 생각에 잠겨 있을 때 ─ 어떠어떠하다고 말할 수밖에 없다는 것은, 그리고 그렇게 말하게 되는 경향을 뿌리칠수 없다는 것은, 우리가 억지로 어떤 **가정**을 하게 된다거나, 또는어떤 사태를 직접적으로 파악하거나 알게 된다는 의미가 아니다.[628]

300. 우리는 이렇게 말하고 싶다: "그는 아프다"라는 말을 가진언어게임에는 행동의 그림뿐 아니라 아픔의 그림도 포함된다. 또는 행동의 범례뿐 아니라 아픔의 범례도 포함된다.[629] ─ "아픔의그림이 '아픔'이라는 낱말을 지닌 언어게임 안으로 들어온다."라고말하는 것은 하나의 오해이다. 아픔의 표상(表象)[630]은 그림이 아니

---

628) 그 경우 우리는 사실에 의해 강요되는 것이 아니다. 이 책 §§254-255 참조.

629) 앞으로 보겠지만 이는 비트겐슈타인의 견해가 아니다.

630) 'Vorstellung'을 다른 곳에서는 일관되게 '이미지'나 '상상'으로 옮겼지만 여기서와 다른 한 곳(§611)에서만은 '표상'으로 옮겼다. 여기서 'Vorstellung'이 그림을 뜻하지 않는다는 점을 감안해 그림과 쉽게 연결되는 '이미지' 대신 '표상'을 번역어로 택하였다. 이 책 §§367, 370 참조.

며, **이** 표상은 언어게임에서 우리가 그림이라고 부를 어떤 것에 의해서도 대체될 수 없다. ─ 확실히 아픔의 표상은 어떤 의미에서는 언어게임 안으로 들어온다. 다만 그림으로서 들어오지 않을 뿐이다.

301. 표상은 그림이 아니지만, 그림은 표상에 대응할 수 있다.

302. 만일 우리가 우리 자신의 아픔을 모형으로 해서 다른 사람의 아픔을 상상해야 한다면, 이것은 그렇게 쉬운 일이 아니다: 나는 내가 **느끼는** 아픔을 통해서 내가 **느끼지 않는** 아픔을 상상해야 하기 때문이다. 다시 말해, 내가 한 부위의 아픔에서 다른 부위의 아픔으로 상상 속에서 옮겨가기만 하면 되는 일이 아니다. 가령 손의 아픔에서 팔의 아픔으로 옮겨가는 것처럼 말이다. 왜냐하면 나는 내가 그의 몸 어느 한 부위에서 아픔을 느낀다고 상상해서는 안 되기 때문이다. (그것이 가능하기는 하겠지만.)

아픔을 표현하는 행동을 보면 아픈 부위가 어디인지 알 수 있다. ─ 하지만 아픔을 표현하는 것은 아파하는 사람이다.[631]

303. "나는 다른 사람이 아프다는 것을 단지 **믿을** 수 있을 뿐이다.

---

631) 이 책 §286 참조.

하지만 내가 아픈 경우에 나는 내가 아프다는 것을 **안다.**" — 그렇다.[632]
게다가 우리는 "그가 아프다"라는 말 대신에 "나는 그가 아프다고
믿는다"라는 말을 쓰기로 마음먹을 수 있다. 하지만 그게 전부다. —
— 여기서 마음의 과정에 관한 하나의 설명이나 진술처럼 보이는
것은 실제로는 하나의 표현 방식[633]을 우리가 철학을 하면서 보다
적절해 보이는 다른 표현 방식[634]으로 바꿔놓은 것에 불과하다.[635]

한번 — 실제의 경우에서 — 다른 사람의 두려움이나 아픔을 의
심하려고 시도해보라!

304. "하지만 당신은 분명 아픔을 동반하면서 아픔을 표현하는
행동과 아픔을 동반하지 않으면서 아픔을 표현하는 행동 사이에
차이가 있음을 인정할 것이다." — 인정한다고? 그보다 더 큰 차이
가 있을 수 있는가! — "그런데도 당신은 자꾸만 감각 자체는 아무
것도 아니라는 결론에 이른다." — 절대 그렇지 않다. 그것이 어떤
것은 아니지만, 그렇다고 아무것도 아닌 것은 아니다! 내 결론[636]은

---

632) 그러나 이 책 §246에서 비트겐슈타인은 이에 대해 달리 말하고 있다.
633) "그는 아프다", "나는 아프다"와 같은 표현 방식을 말한다.
634) "나는 그가 아프다고 믿는다", "나는 내가 아프다는 것을 안다"와 같은 표현
   방식을 말한다.
635) 그러나 이러한 바꿔치기가 사실은 오히려 부적절한, 잘못된 것일 수 있다는
   것이 비트겐슈타인의 입장이다.
636) 그러나 이 책 §599 참조.

다만, 아무것도 아닌 것은 그것에 대해 아무것도 말할 수 없는 어떤 것과 똑같은 역할을 한다는 것이었다. 우리는 여기서 우리에게 집요하게 강요되는 문법을 거부했을 뿐이다.[637]

역설이 사라지는 경우는, 우리가 언어가 언제나 **한** 가지 방식으로 기능하고 언제나 똑같은 목적, 즉 생각들 — 가령 집, 아픔, 선악(善惡) 등 다양한 것에 대한 생각들 — 을 전달하는 목적에 이바지한다는 관념[638]과 근본적으로 결별할 때뿐이다.

305. "그러나 분명 당신은 가령 뭔가 기억할 때 어떤 내적 과정이 일어난다는 사실을 부정할 수 없다." — 우리가 어떤 것을 부정하려 한다는 인상을 주는 것은 도대체 무엇일까? 누군가 "그렇지만 여기서 내적 과정은 분명히 일어나고 있다"라고 말할 때 — 그는 나아가 다음과 같이 말하려는 것이다: "어쨌든 당신은 그것을 **본다.**" 그리고 그가 "기억함"이라는 낱말로 의미하는 것은 바로 이 내적 과정이다. — 우리가 어떤 것을 부정하려 했다는 인상은 우리가 '내적 과정'의 그림에 반대하기 때문에 생겨난다. 우리가 부정하는 것은 내적 과정의 그림이 우리에게 '기억한다'는 낱말의 쓰임에

---

637) 이 책 §293 참조.
638) 이에 대해서는 다음을 참조. G. Frege, "The Thought: A Logical Inquiry," Strawson 1967에 재수록.

대한 올바른 관념을 제공한다는 것이다. 실로 우리는 다음과 같이 말한다: 이런 그림은 그것의 여러 갈래들과 함께 우리가 낱말의 쓰임을 있는 그대로 보는 것을 방해한다.

306. 나는 도대체 왜 정신적 과정이 있다는 것을 부정해야 하는가?! "방금 내 안에서 . . . 를 기억하는 정신적 과정이 일어났다"라는 말은 단지 "나는 방금 . . . 를 기억했다"라는 말에 지나지 않는다. 정신적 과정을 부정한다는 것은 기억함을, 즉 누군가 어떤 것을 기억한다는 것을 부정한다는 의미일 것이다.

307. "그래도 당신은 위장된 행동주의자가 아닌가? 어쨌든 당신은 기본적으로 인간 행동을 제외한 모든 것이 허구라고 말하고 있지 않은가?" — 내가 허구에 관해 말하고 있다면, 그것은 **문법적** 허구에 관한 것이다.

308. 마음의 과정과 상태, 그리고 행동주의에 관한 철학적 문제는 대체 어떻게 생겨나는가? —— 그 첫 단계는 전혀 눈에 띄지 않는다. 우리는 과정과 상태에 대해 이야기하며, 그것들의 본성을 미결정인 채로 놔둔다! 아마 언젠가 우리는 그 본성에 관해 더 많이 알게 될 것이다. — 라고 우리는 생각한다.[639] 하지만 이 때문에 우리는 그 문제를 하나의 특정한 방식으로만 보게 되었다.[640] 왜냐하

면 우리는 하나의 특정한 과정을 더 잘 알게 된다는 의미가 무엇인지에 대해 어떤 개념을 지니고 있기 때문이다.[641] (마술 속임수에서 마술사가 결정적인 동작을 취했는데, 그것은 우리에게 아주 평범한 듯이 보였던 바로 그 동작이었다.) ─ 그리고 이제 우리가 그를 통해 우리의 생각들을 파악해야 했던 비유가 무너진다. 따라서 우리는 아직 탐구되지 않은 매체 속에 있는 아직 이해되지 않은 과정을 부정해야 한다. 그리고 이제 마치 우리는 정신적 과정들을 부정한 듯이 보인다. 하지만 물론 우리는 그것들을 부정하고 싶지 않다!

309. 철학에서 당신이 추구하는 목적은 무엇인가? ─ 파리에게 파리통에서 빠져나갈 길을 보여주는 것.[642]

310. 나는 누군가에게 내가 아프다고 말한다. 그러면 그 사람은 내게 믿음, 불신, 의심 등의 태도를 보일 것이다.

그가 "괜찮을 거야"라고 말한다고 가정해보자. ─ 이것은 아프다

639) 그러나 그것들의 본성은 사실적 탐구에 의해서가 아니라 문법에 의해 알려지는 것이다. 이 책 §§371, 373 참조.
640) 여기서의 하나의 특정한 방식이란 행동주의가 취하는 과학적 방식을 말한다.
641) 여기서의 하나의 특정한 개념도 행동주의가 취하는 과학적 개념을 말한다.
642) 이 절에 대해서는 다음의 논문을 참조. K. Kolenda, "Avoiding the Fly Bottle," *Southwest Philosophy Review*, vol. 7, 1991.

는 내 말 뒤에 있는 어떤 것을 그가 믿는다는 사실을 증명하지 않는가?[643] —— 그의 태도가 바로 그의 태도의 증거이다. "나는 아프다"라는 말과 "괜찮을 거야"라는 대답 모두 본능적인 소리와 몸짓으로 대체된다고 상상해보라!

311. "그보다 더 큰 차이가 있을 수 있는가!" — 아픔의 경우에, 나는 내가 그 차이를 나 자신에게 사적으로 보여줄[644] 수 있다고 믿는다. 그러나 나는 부러진 이빨과 부러지지 않은 이빨 사이의 차이는 누구에게나 보여줄 수 있다. — 하지만 사적으로 보여주기 위해서 당신이 자기 자신에게 실제 아픔을 야기할 필요는 전혀 없다. 아픔을 **상상하는** 것으로 충분하다. — 예를 들어 얼굴을 약간 찌푸린다든지 말이다.[645] 그런데 당신은 자신에게 그렇게 보여주는 것이 아픔이지, 가령 얼굴 표정이 아니라는 것을 아는가? 또한 당신은 자신에게 그렇게 보여주기 전에 무엇을 보여줘야 하는지 어떻게 아는가? 이와 같이 **사적으로** 보여주는 일은 하나의 착각이다.[646]

---

643) "괜찮을 거야"라는 말은 아픔이 고통을 표현하는 행동 배후의 어떤 것이라는 논제에 대한 증명이 아니라 상대에 대한 위로나 격려와 같은 태도를 담고 있다고 보아야 한다.

644) 원어는 "vorführen"이다.

645) 즉 아픔에 대한 상상은 사실 아픔을 사적으로 보여주는 것이 아니다.

646) 사적인 아픔도 오직 공적으로 보여주는 것만이 가능할 뿐이다.

312. 그러나 또한 이빨의 경우와 아픔의 경우도 유사하지 않은 가? 왜냐하면 전자에서의 시각(視覺)[647]은 후자에서의 통각(痛覺)[648]에 대응하기 때문이다. 나는 시각을 통각과 같은 정도로 나 자신에게 보여줄 수 있다.[649]

다음의 경우를 상상해보자: 우리 주위에 있는 사물들(돌, 식물 등)의 표면에는 접촉하면 피부에 아픔을 일으키는 반점들과 부위들이 있다. (가령 이 표면의 화학적 성질 때문에 말이다. 하지만 우리가 그것을 알 필요는 없다.) 오늘날 우리가 붉은 반점을 지닌 특정한 식물의 잎에 대해 이야기하는 것처럼, 이 경우에서 우리는 아픔을 일으키는 반점들을 지닌 잎에 대해 이야기할 것이다. 나는 이 반점들과 그 반점의 형태들을 알아차리는 것이 우리에게 유익하며, 이들로부터 그 사물의 중요한 특성들을 추론할 수 있다고 생각한다.[650]

---

647) 원어는 "Gesichtsempfindung"이다. 이를 '안면 감각'으로 옮길 수도 있지만 그럴 경우 초점은 부러진 이빨과 부러지지 않은 이빨 사이의 시각적 차이에서 양자가 각각 야기하는 안면 감각의 차이로 바뀐다. 통각을 촉각, 시각 등 다양한 감각에 견주고 있는 문맥을 감안할 때 '안면 감각'보다는 '시각'이 더 적합한 번역어라고 판단된다.

648) 원어는 "Schmerzempfindung"으로 고통 감각을 의미한다.

649) 이 절에 대해서는 다음의 논문을 참조. L. Holborow, "Sensations and Sensible Properties," *Australasian Journal of Philosophy*, vol. 48, 1970.

650) 통각은 시각적이지 않지만 통각을 표현하는 행동들은 시각적이다. 우리는 시각적으로 내보여진 아픔을 표현하는 행동을 보고 시각적이지 않은 통각을 추론할 수 있다. 이 단락에서 동원된 붉은 반점을 지닌 특정한 식물의 잎의 예는

313. 나는 빨간색을 보여주는 것처럼, 그리고 직선과 곡선, 나무와 돌을 보여주는 것처럼 그렇게 아픔을 보여줄 수 있다. — 우리는 **그것**을 바로 "보여줌"이라고 **부른다.**[651]

314. 만일 내가 감각에 대한 철학적 문제를 분명히 하기 위해 내가 겪고 있는 두통의 현재 상태를 고찰하는 경향이 있다면, 그것은 근본적인 오해를 드러내는 것이다.[652]

315. 아픔을 **전혀** 느껴보지 못한 사람이 "아픔"이라는 낱말을 이해할 수 있을까? — 나는 그 여부[653]를 경험을 통해 알 수 있을까? — 그리고 우리가 "사람은 언젠가 아픔을 느껴본 적이 없다면 아픔을 상상할 수 없다"라고 말한다면 — 우리는 그것을 어떻게 아는가? 그것이 사실인지 아닌지는 어떻게 결정될 수 있는가?[654]

이 점을 부각시키고자 함으로 여겨진다.

651) 여기서의 보여줌은 모두 공적인 보여줌에 해당한다.

652) 감각에 대한 철학적 문제는 감각에 대한 직관을 통해서가 아니라 '감각'이라는 낱말의 쓰임에 대한 고찰을 통해 명료해진다.

653) 이해의 여부를 뜻한다.

654) 죽음을 체험하지 않은 사람이 '죽음'이란 낱말을 이해할 수 있으며 형제가 없어 형제애(愛)를 전혀 느껴보지 못한 사람이 '형제애'란 낱말을 이해할 수 있다는 점을 감안할 때, 우리는 아픔에 대해서도 같은 판단을 내릴 수 있다. 이것이 가능한 까닭은 '죽음', '형제애', '아픔'이란 낱말들이 그 낱말이 지시하는 사태와의 관계에 의해서만 의미를 확보하는 상호 독립적인 낱말들이 아니라, 한

316. "생각하다"라는 낱말의 의미를 분명히 이해하기 위해, 우리는 생각하면서 자기 자신을 바라본다. 우리가 거기에서 관찰하는 것이 그 낱말이 의미하는 것이리라! — 그러나 이 개념이 바로 그렇게 사용되는 것은 아니다. (그것은 마치 내가 체스를 둘 줄 모르는데, 체스 게임의 마지막 수(手)를 자세히 관찰함으로써 "외통장군"[655]이라는 낱말이 무엇을 의미하는지 알아내려고 하는 일과 비슷할 것이다.)[656]

317. 오해의 소지가 있는 비교: 외침은 아픔의 표현 — 문장은 생각의 표현!

마치 문장의 목적이란 한 사람에게 다른 사람이 어떤 상태인지를 알리는 것인 양 말이다: 다만 말하자면 위(胃)가 아니라 사유 기관에서 말이다.[657]

국어라는 자연언어의 일부이며 이 자연언어에 속하는 다른 낱말들과의 관계 하에 이해되고 사용되기 때문이다.

655) 체스에서 상대편의 왕이 피할 수 없는 수를 보고 부르는 장군.

656) 생각함도 아픔과 마찬가지로 사적인 지칭적 정의에 의해 설명되지 않는다. '외통장군'이라는 낱말의 의미가 체스의 마지막 수와 같은 어떤 관찰 대상에 의해 설명되는 것이 아니라 체스의 규칙에 의해 해명되는 것과 마찬가지로, 생각함도 그것에 대응하는 내적 대상이나 사건, 혹은 과정과 같은 어떤 관찰 대상에 의해 설명되는 것이 아니라 '생각하다'라는 낱말의 쓰임에 대한 문법적 규칙에 의해 해명된다.

657) 이 책 §339의 둘째 단락 참조.

318. 우리가 생각하면서 말하거나 적을 때 — 그러니까 우리가 평상시에 하듯이 — 우리는 대체로 말하는 것보다 생각하는 게 더 빠르다고 이야기하지는 않을 것이다. 오히려 생각은 여기서 표현과 **분리되지 않는** 듯이 보인다. 그러나 또 한편으로 우리는 생각의 속도에 대해 이야기한다. 어떻게 생각이 번개처럼 우리의 머릿속을 지나가는지, 어떻게 문제들이 단번에 분명해지는지 등을 말이다. 그러므로 우리는 다음과 같이 묻기 쉽다: 번개처럼 빠르게 생각할 때도 — 이 경우는 단지 속도가 극도로 빠를 뿐이다 — 생각하면서 말할 때와 똑같은 일이 일어나는가? 따라서 첫 번째 경우에는 시계 태엽장치가 이를테면 단숨에 풀리지만, 두 번째 경우에는 말의 통제를 받으면서 서서히 풀리는 식으로 말이다.

319. 나는 어떤 생각을 번개처럼 빠르게 내 마음의 눈앞에서 완전하게 보거나 이해할 수 있다. 내가 몇 마디 또는 몇 줄의 끄적임으로 그 생각을 기록할 수 있다는 것과 똑같은 의미에서 말이다.

무엇 때문에 이런 기록이 이런 생각의 요약이 되는가?[658]

---

658) 내가 그 기록을 이러저러한 방식으로 (예컨대 이러한 생각을 상기하는 데) 사용한다는 사실 때문에 그 기록이 이러한 생각의 요약이 된다. 강의에 필요한 몇 가지 주요 개념과 도식을 기록한 강의 준비 노트를 보며 강의를 하는 경우가 이에 해당한다.

320. 번개처럼 빠른 생각과 말로 표현된 생각의 관계는, 대수 공식과 내가 그로부터 전개하는 수열의 관계와 같을 수 있다.

예를 들어 내게 하나의 대수 함수가 주어진다면, 나는 독립변수 1, 2, 3. . . 10까지에 대한 함숫값을 계산해낼 수 있다고 **확신한다.** 우리는 이 확신이 '충분한 근거가 있다'고 말할 것이다. 왜냐하면 내가 그런 함수들을 계산하는 법 등을 배웠기 때문이다. 다른 경우들에서, 그 확신은 아무런 근거가 없을 것이다. — 하지만 그래도 그것은 성공[659]을 통해 정당화될 것이다.[660]

321. "누군가 갑자기 이해할 때는 어떤 일이 일어나는가?" — 이 질문은 표현 방식이 좋지 않다. 만약 이것이 "갑자기 이해한다"라는 표현의 의미에 관한 질문이라면, 우리가 그렇게 부르는 과정을 지칭하는 일은 이에 대한 대답이 되지 않는다. — 그 질문은 다음을 의미할 수 있을 것이다: 누군가 갑자기 이해한다는 것을 나타내는 징후들은 무엇인가? 갑자기 이해한다는 것 특유의 심리적 수반 현상들은 무엇인가?

(어떤 사람이 가령 자기 얼굴 표정의 움직임을 느낀다거나, 어떤 감정

---

659) 계산의 값이 올바르다는 확인이 이에 해당한다.
660) 대수 함수가 독립변수에 대한 함숫값을 포함하지 않는 것처럼, 번개 같은 생각은 생각의 내적 (사적) 표현을 포함하지 않는다.

특유의 호흡 변화를 느낀다고 가정하는 데에는 어떤 근거도 없다. 그가 그런 것들에 주의를 돌리는 즉시 그것들을 느낀다고 해도 말이다.) ((태도))[661]

322. 이런 기술(記述)[662]은 그 표현이 무엇을 의미하는가라는 질문에 대한 대답이 되지 않는다. 그리고 이 때문에 우리는 이해란 정의내릴 수 없는 특별한 체험이라고 결론짓기 쉽다. 하지만 우리는 우리가 관심을 가져야 할 다음의 질문을 잊어버린다: 우리는 어떻게 이 체험들을 **비교**하는가? 우리는 무엇을 그 체험들이 일어났음을 확인하는 기준으로 **규정하는가**?

323. "이제 나는 어떻게 계속해야 할지 안다!"는 하나의 외침이다. 그것은 본능적인 소리, 기뻐서 날뜀에 해당한다. 물론 내가 계속해나가려 하자마자 막혀 버리지는 않는다는 것이 내 느낌에서 비롯되는 것은 아니다.[663] — 여기에 내가 다음과 같이 말하게 될 경우들이 있다: "내가 어떻게 계속해야 할지 알았다고 말했을 때,

---

661) 갑작스러운 이해에 특유한 마음의 수반현상, 혹은 표정이나 호흡의 변화가 그 이해를 구성하는 것은 아니다. 표정이나 호흡의 변화는 기껏해야 다른 사람의 갑작스러운 이해에 대한 징표일 수 있을 뿐이다. 갑작스러운 이해와 맞물리는 변화는 태도의 변화라고 할 수 있다.
662) 갑자기 이해할 때 일어나는 일에 대한 기술을 가리킨다.
663) 내 느낌이 내가 막히지 않고 계속해나갈 수 있다는 것을 보장해주지는 않는다.

그때는 **정말로** 알았다." 우리는 가령 예상치 못한 장애가 나타나면 그렇게 말할 것이다. 하지만 그 예상치 못한다는 것이 단순히 내가 막혀버렸다는 것이어서는 안 될 것이다.

우리는 또한 계속해서 잘못 깨닫고는 "이제 알았다!"라고 외치지만, 결코 행위를 통해서 이를 정당화하지 못하는 사람의 경우도 상상해볼 수 있을 것이다. ― 그는 자신에게 떠올랐던 그림의 의미를 눈 깜짝할 사이에 다시 잊어버리는 듯이 느낄지도 모른다.[664]

324. 이것은 귀납의 문제이며, 나는 내가 이 책을 놓으면 땅에 떨어진다고 확신하는 것만큼이나 내가 그 수열을 계속 전개할 수 있음을 확신한다고 말하는 일이 올바른 것일까? 또 내가 갑자기 분명한 이유도 없이 그 수열의 전개에서 막힌다면, 나는 그 책이 떨어지지 않고 공중에 떠 있는 것만큼이나 놀랄 거라고 말하는 일이 올바른 것일까? ― 이에 대해 나는 우리에게는 이 확신을 뒷받침하는 어떤 근거도 필요하지 않다고 대답하고 싶다. 성공보다 더 이 확신을 정당화할 수 있는 것이 무엇이란 말인가?[665]

---

664) 이 책 §§151-153 참조.
665) 확신의 근거는 귀납이 아니다. 근거라는 표현을 굳이 사용하자면 확신의 근거는 (실행의) 성공이다.

325. "내가 이런 경험을 한 뒤에 — 가령 이 공식을 본 뒤에 — 계속할 수 있을 거라는 확신은 단순히 귀납에 근거한다." 이 말은 무슨 뜻인가? — "내가 불에 가까이 가면 델 거라는 확신은 귀납에 근거한다." 이는 내가 스스로 "그렇게 했을 때 나는 항상 불에 데었다. 따라서 지금도 그런 일이 일어날 것이다."라고 추론한다는 말인가?[666] 또는 이전의 경험은 내 확신의 **원인**이지 근거는 아니라는 말인가? 이전의 경험이 확신의 원인인지 아닌지의 여부는, 우리가 그를 통해 확신이라는 현상을 고찰하는 가설들의 체계, 자연법칙들의 체계에 달려 있다.[667]

그런 확신은 정당화되는가? — 사람들이 정당화로 받아들이는 것은 그들이 어떻게 생각하고 살아가는지를 보여준다.

326. 우리는 **이것**을 기대하고 **저것**에 놀란다.[668] 그러나 근거들의 사슬에는 끝이 있다.[669]

---

666) 이러한 확실성이 이러한 귀납 추론에 근거해 있는 것이 아니라, 오히려 경험에 대해 우리가 이러한 방식으로 대응한다는 사실이 귀납 추론의 틀을 형성한다고 보아야 할 것이다.

667) 즉 이는 경험과학의 문제이지 철학의 문제가 아니다.

668) 우리는 불이 우리를 데게 할 것으로 기대하고 우리가 계속 전개할 수 있을 줄로 알았던 수열의 전개의 어느 단계에서 막혔을 때 이에 대해 놀란다.

669) 그 끝은 우리가 하고 있는 이런저런 행위들이다. 이 책 §217 참조.

327. "우리는 말하지 않고도 생각할 수 있는가?" — 그리고 **생각함**이란 무엇인가? — 자, 당신은 생각하지 않는가? 당신은 어떤 일이 일어나고 있는지 스스로 관찰하고 볼 수 없는가? 그것은 정말 간단한 일일 것이다. 그것을 당신은 천문 현상을 기다리듯이 기다리고 나서 서둘러 관찰할 필요가 없다.[670]

328. 그런데 우리는 무엇을 '생각함'이라고 부르는가? 우리는 무엇 때문에 이 낱말의 사용법을 배웠는가? — 내가 생각했다고 말한다면 — 나는 항상 옳은 것인가? — 여기에는 어떤 **종류**의 잘못이 있는가? 우리가 "그때 내가 하고 있었던 것이 정말로 생각하는 일이었나? 내가 틀린 건 아닐까?"라고 질문할 만한 상황들이 있는가? 누군가 생각의 과정이 진행되는 가운데 어떤 측정을 한다고 가정해보라: 측정을 하면서 스스로에게 아무 말도 하지 않는다면 그는 생각하는 일을 중단한 것인가?

329. 내가 언어로 생각할 때, 언어적 표현과 함께 '의미들'이 내 마음속에 떠오르지는 않는다. 오히려 언어 자체가 생각의 수단이다.[671]

---

670) 생각함이 무엇인지 알기 위해 우리가 생각함에 수반되는 내적 과정을 기다리고 나서 그것이 나타날 때 서둘러 관찰할 필요는 없다.

330. 생각함은 일종의 말하기인가? 우리는 그것[672]이 생각하면서 말하기와 생각하지 않으면서 말하기를 구별해준다고 이야기하고 싶다. — 그리고 여기서 그것[673]은 말하기와 함께 일어나는 듯이 보인다. 아마도 다른 어떤 것과 함께 일어나거나 그 자체로 진행될 수 있는 하나의 과정으로서 말이다.

이렇게 말해보라: "이 펜은 아주 무디군. 어어, 그런데 써지네." 한 번은 생각하면서, 그 다음에는 생각하지 않으면서 말해보라. 또 그 다음에는 말하지 않고 생각만을 생각해보라. — 자, 글을 적을 때 나는 펜촉을 시험해보고, 얼굴을 찌푸리고, 그러고 나서 체념하는 몸짓으로 적어나갈 수 있을 것이다. — 또한 어떤 측정에 몰두해 있으면서 나는 나를 지켜보는 사람이 내가 — 말없이 — 다음과 같이 생각했다고 이야기할 만한 그런 식으로 행위할 수도 있을 것이다: '만약 두 개의 크기가 제3의 크기와 같으면 그것들은 서로 같다.' — 그러나 여기서 생각을 이루는 것은, 우리가 생각하지 않으면서 말을 해서는 안 된다고 할 때 그 말과 함께 일어나야 하는 어떤 과정이 아니다.[674]

---

671) 내가 말한 바가 곧 내가 생각한 바이지 그 외의 다른 어떤 것이 아니다.

672) 생각함을 가리킨다.

673) 생각함을 가리킨다.

674) 생각을 이루는 것이 말과 함께 일어나야 하는 어떤 과정이라는 논제가 참이라면, 이 경우 말과 함께 일어나는 몸짓이나 행위가 바로 생각이라는 그릇된 결

331. 오직 소리를 내서만 생각할 수 있는 사람들을 상상해보라! (오직 소리를 내서만 읽을 수 있는 사람들이 있는 것처럼 말이다.)

332. 때로 우리는 어떤 문장과 함께 마음의 과정이 일어나는 일을 "생각함"이라고 부른다. 그러나 우리가 그렇게 함께 일어나는 일을 "생각"이라고 부르지는 않는다.[675] —— 한 문장을 말하고, 그것을 생각해보라. 그것을 이해하면서 말해보라! — 그리고 이제 그것을 말하지 말고, 당신이 그것을 이해하면서 말했을 때 그것과 함께 일어난 일만을 해보라! — (이 노래를 표정을 지으며 불러보라. 그리고 이제 노래를 부르지 말고, 그 표정을 반복해보라! — 그리고 여기서도 우리는 뭔가를 반복할 수 있을 것이다: 예를 들어 몸을 흔든다거나, 느리고 빠르게 숨을 쉰다거나 등등 말이다.)[676]

333. **확신 있는** 사람만이 그렇게 말할 수 있다." — 그가 그렇게 말할 때, 확신은 그에게 어떻게 도움이 되는가? — 그때 확신은 그가 말한 표현과 나란히 존재하는가? (또는 낮은 소리가 큰 소리에 가

론이 도출된다. 이는 앞서의 논제가 참이 아님을 보여준다.
675) 생일 선물로 받을 시계를 상상하며 다가올 생일을 생각했다면, 상상 속의 시계가 곧 내 생일에 대한 생각인 것은 아니다.
676) 노래에 다가올 내 생일에 대한 생각을, 표정에 생일 선물로 받을 시계에 대한 상상을 대입해보라.

려지듯이 확신은 그가 말한 표현에 가려지고, 따라서 우리가 그것을 큰 소리로 표현하면 우리는 그것을 이를테면 더 이상 들을 수 없다는 말인가?) 만일 누군가 다음과 같이 말한다면 어떨까?: "기억을 더듬어 어떤 노랫가락을 부를 수 있으려면, 우리는 그것을 마음속에서 듣고 따라 불러야 한다."[677]

334. "그러니까 당신은 실제로 . . . 라고 말하고 싶었군요." — 우리는 누군가를 표현의 한 형식에서 다른 형식으로 이끌어내기 위해 이런 식으로 말한다. 우리는 다음과 같은 그림을 사용하려는 유혹을 받는다: 그가 실제로 '말하고 싶었던' 것, 그가 '의미했던' 것은 우리가 그것을 말로 표현하기 전에도 이미 그의 정신 속에 존재했다. 여러 가지 이유로 우리는 하나의 표현을 버리고 대신 다른 표현을 받아들인다. 이것을 이해하기 위해서는, 수학적 문제들의 해결이 그 문제가 제기된 이유 및 원래의 배경에 대해 갖는 관계를 살펴보면 도움이 된다: 누군가 하나의 각을 삼등분하려고 할 때의 '자와 컴퍼스로 하나의 각을 삼등분하기'라는 개념, 그리고 또 한편

677) 기억을 더듬어 어떤 노랫가락을 부를 때 우리는 그것을 마음속에서 사적으로 듣고 따라 부르는 것이 아니라, 전에 공적으로 들었던 것을 따라 부르는 것이다. 마찬가지로, 생각하며 혹은 확신에 차서 말을 할 때 우리는 자신이 하고자 하는 말을 먼저 마음속에서 한 뒤 그것을 소리 내어 반복하는 것이 아니다. 본문의 낮은 소리는 생각이나 확신을 상징하고 있다.

으로 그런 것은 존재하지 않는다는 사실이 증명되었을 때의 '자와 컴퍼스로 하나의 각을 삼등분하기'라는 개념.[678]

335. 우리가 — 가령 편지를 적으면서 — 우리의 생각들에 대한 올바른 표현을 발견하려 노력할 때는 어떤 일이 일어나는가? — 이런 식의 말에서는 그 과정을 번역이나 기술(記述)의 과정에 비유한다: 생각들은 (아마도 이미 앞서서) 거기에 있으며, 우리는 다만 그 표현을 찾을 뿐이다. 이 그림은 여러 경우에 어느 정도 들어맞는다. — 그러나 여기서는 온갖 종류의 일들이 다 일어날 수 있지 않은가! — 나는 어떤 기분에 사로잡히고 그 표현이 **떠오른다**. 또는: 내게 어떤 그림이 떠오르고 나는 그것을 기술하려고 한다. 또는: 내게 어떤 영어 표현이 떠오르고 나는 그에 대응하는 우리말 표현을 생각해내려고 한다. 또는: 나는 어떤 몸짓을 하고서 "이 몸짓에는 어떤 말이 대응하는가?"라고 스스로에게 묻는다 등등.

이제 누군가 "당신은 그 표현 전에 이미 그 생각을 지니고 있는

---

678) 자와 컴퍼스만으로 하나의 각을 삼등분하려는 사람이 자신의 마음속에 자와 컴퍼스만으로 하나의 각이 삼등분된 상태에 대한 이미지를 지니고 있는 것은 아니다. 자와 컴퍼스에 의한 각의 삼등분이 불가능하다는 사실이 증명되었다시피 그것은 불가능한 일이기도 하다. 이 예를 통해 우리는 우리가 정말로 말하고 싶었던 것이 그것을 표현하기 전부터 이미 우리 마음속에 있었다는 생각이 그릇된 것임을 알 수 있다.

가?"라고 묻는다면 ─ 우리는 뭐라고 대답해야 할까?[679] 그리고 "그 표현에 앞서 존재한 생각은 어디에 있었는가?"라는 질문에는 뭐라고 대답해야 할까?[680]

336. 이것은 누군가 독일어나 라틴어의 이상한 어순으로는 명제를 있는 그대로 생각할 수 없다고 상상하는 경우와 비슷하다. 우리는 먼저 명제를 생각해야 하고, 그런 다음 그 이상한 순서로 낱말들을 배열한다는 것이다. (프랑스의 어느 정치가는 우리가 그것들을 생각하는 순서대로 낱말들이 놓인다는 점이 프랑스어의 특징이라고 쓴 적이 있다.)

337. 하지만 나는 명제의 전체 형식을 (가령) 처음부터 이미 의도하지 않았던가? 따라서 명제는 분명 내가 그것을 소리 내어 말하기 전에 이미 내 정신 속에 있었다! ─ 만약 그것이 내 정신 속에 있다면, 보통 그것은 거기에 다른 어순으로 있지 않을 것이다. 그러나

---

679) "항상 그랬던 것은 아니다"가 이에 대한 대답일 것이다. 앞 단락에서 보았듯이 온갖 종류의 일들이 다 일어날 수 있기 때문이다.

680) "한마디로 잘라 말할 수 없다" 혹은 "어디에서도 성립하지 않았다"가 이에 대한 대답일 것이다. 앞 단락에서 보듯이 온갖 종류의 일들이 다 일어날 수 있지만, 그중 오직 어느 하나에서 그 생각이 성립했던 것은 아니기 때문이다. 이 책 §678 참조.

여기서 우리는 '의도함', 즉 이 낱말의 쓰임에 대해 오해의 소지가 있는 그림을 그리고 있다. 의도는 상황, 사람의 관습, 그리고 제도 속에 깊이 내재해 있다. 체스의 기술(技術)이 없다면 나는 체스를 두고자 의도할 수 없을 것이다. 내가 명제 형식을 미리 의도한다는 것은 내가 우리말을 할 수 있다는 사실로 인해 가능해진다.[681]

338. 결국 우리는 말을 배웠을 때에만 뭔가를 말할 수 있다. 따라서 뭔가를 말**하고 싶은** 사람은 하나의 언어를 배워서 완전히 익혔음에 틀림없다. 하지만 그가 말을 하고 싶다고 해서 꼭 말을 해야 하는 것은 아니라는 점은 분명하다. 마치 그가 춤을 추고 싶다고 해서 꼭 춤을 추지는 않는 것처럼 말이다.

그리고 우리가 이에 대해 생각할 때, 정신은 춤추기, 말하기 등의 **이미지**를 잡으려 손을 뻗친다.

339. 생각함은 말하기에 생명과 의미를 부여하는 비(非)육체적 과정이 아니다. 또한 생각함은 악마가 슐레밀(Schlemihl)[682]의 그림자를 땅에서 떼어내듯, 말하기로부터 분리될 수 있는 비육체적 과

---

681) 어떤 것을 의도함은 그 어떤 것을 이미 정신 속에 지니고 있음을 함축하는 것이 아니라, 그 의도에 연관되는 모종의 기술(技術)에 숙달되어 있음을 전제한다.

682) 독일의 시인 샤미소(Adelbert von Chamisso)의 『페터 슐레밀의 놀라운 이야기』에 나오는 사람. Chamisso 1814 참조.

정이 아니다.[683] —— 하지만 어떻게 '비육체적 과정이 아니라'는 것인가? 그러니까 나는 비육체적 과정을 알고 있으나 생각함은 그중 하나가 아니라는 말인가? 아니다. 내가 "생각함"이라는 낱말의 의미를 원초적 방식으로 설명하려 했을 때, 나는 당혹한 나머지 도움을 얻으려고 "비육체적 과정"이라는 표현을 가져온 것이다.

그러나 우리는 "생각함은 비육체적 과정이다"라고 말할 수 있을 것이다. 만약 우리가 "생각하다"라는 낱말의 문법을 가령 "먹다"라는 낱말의 문법과 구별하기 위해서 이 말을 사용한다면 말이다. 다만 그것만으로는 의미들의 차이가 **너무 작아** 보인다.[684] (그것은 숫자는 실제적 대상이고, 수(數)는 비실제적 대상이라는 말[685]과 비슷하다.) 부적절한 표현 방식은 우리를 혼란에 빠뜨려 허우적대게 하는 확실한 방법이다. 그것은 말하자면 혼란에서 빠져나갈 출구를 막아 버린다.[686]

---

683) 말에 생명과 의미를 주는 것은 그 말에 수반되는 생각이 아니라 그 말의 쓰임이다. 이 책 §§432, 329 참조.

684) 이 책 §317 참조.

685) Frege 1893, xviii쪽 참조.

686) 먹는 것이 육체적 과정이고 생각함이 비육체적 과정이라는 표현 방식은 먹는 것과 생각함이라는 표현의 쓰임상의 엄청난 차이를 평준화시키는 피상적인 구분법이다. 양자 간의 차이는 -1과 +1 사이의 차이라기보다는 -1과 $\sqrt{-1}$ 사이의 차이에 비견된다. RPP I, §108 참조.

340. 우리는 한 낱말이 어떻게 기능하는지를 추측할 수 없다. 우리는 그 낱말의 적용을 **보아야** 하고 그로부터 배워야 한다.

그러나 어려운 점은 이를 방해하는 편견을 없애는 것이다. 그것은 **어리석은** 편견이 아니다.

341. 생각하면서 말하기와 생각하지 않으면서 말하기는, 생각하면서 음악 작품을 연주하는 것과 생각하지 않으면서 연주하는 것에 비유할 수 있다.[687]

342. 윌리엄 제임스[688]는 말하기 없이도 생각함이 가능하다는 사실을 보여주려고 청각장애인 발라드(Ballard) 씨의 회상록을 인용한다.[689] 이 회상록에서 발라드 씨는 그의 어린 시절, 심지어 말을 할 수 있기 전에도 신(神)과 세계에 대해 생각했다고 적고 있다. — 이것이 무엇을 의미할 수 있을까! — 발라드는 다음과 같이 적고 있다: "내가 문자언어의 기초를 배우기 약 2~3년 전, 유모차를 타고 행복한 나날을 보내던 시기였다. 그 당시 나는 '세계는 어떻게

---

687) 두 연주 간의 실질적 차이는 연주에 수반된 내적 과정에 있는 것이 아니라 연주에 나타난 표현력에 있다.

688) William James(1842-1910). 미국의 철학자이자 심리학자로서 실용주의 철학의 대표자이다. 저서로 *Pragmatism, Principles of Psychology* 등이 있다.

689) James 1890, 266쪽.

생겨났는가?'라는 질문을 스스로에게 하기 시작했다."— 당신은 이것이 당신의 말 없는 생각들을 말로 올바르게 옮긴 것이라고 확신하는가? — 라고 우리는 묻고 싶다. 그리고 — 다른 경우에는 도저히 존재한다고 여겨지지 않는 — 이 질문이 왜 여기서 고개를 쳐드는가?[690] 나는 글쓴이의 추억이 그를 속이고 있다고 말하고 싶은 것인가? — 나는 내가 **그렇게** 말하게 될지 여부조차도 모르겠다. 이 회상들은 이상한 기억 현상이다. — 그리고 이것들을 말하는 사람의 과거에 대해 우리가 그 추억들로부터 어떤 결론을 이끌어낼 수 있을지도 나는 모르겠다![691]

343. 내가 내 회상을 표현하는 말은 내 회상에 대한 반응이다.[692]

344. 사람들이 남들이 들을 수 있는 언어를 전혀 말하지 않지만, 내면에서 상상으로 자기 자신에게 말을 하는 경우를 생각해볼 수 있을까?

---

690) 그 질문이 다른 경우에는 존재한다고 여겨지지조차 않는 까닭은 그 질문이 자명해서가 아니라 무의미하기 때문이다. 요컨대 우리가 말을 할 때 (예외적인 경우를 제외하고는) 우리는 생각을 말로 옮기지 않으며, 우리의 말이 말 없는 생각들을 올바르게 옮긴 것인지 되묻지도 않는다.

691) 이 절에 대해서는 다음의 논문을 참조. R. Hustwit, "The Strange Case of Mr Ballard," *Philosophical Investigations*, vol. 17, 1994.

692) 요컨대 그 말은 앞 구절에서와 같이 말 없는 회상을 말로 옮기는 번역이 아니다.

"사람들이 항상 내면에서만 자기 자신에게 말을 한다면, 결국 지금도 **가끔씩** 하는 일을 다만 **언제나** 하게 될 따름이다." — 따라서 이런 경우를 상상하는 것은 아주 쉽다. 우리는 약간에서 전부로 쉽게 옮겨가기만 하면 된다. (이와 유사하게, "나무들의 무한히 긴 열은 단순히 끝이 **없는** 열에 불과하다.")[693] 누군가 자기 자신에게 말하고 있다는 것을 우리가 판단하는 기준은, 그가 우리에게 하는 말과 그의 나머지 행동이다. 그리고 우리는 일상적인 의미에서 **말할 수 있는** 사람에 대해서만, 그가 자기 자신에게 말한다고 이야기한다. 우리는 앵무새나 축음기에 대해서는 그렇게 이야기하지 않는다.

345. "가끔씩 일어나는 일은 언제나 일어날 수 있다." — 이것은 어떤 종류의 명제인가? 이것은 다음의 명제와 비슷하다: "F(a)"가 의미가 있다면, "(x).F(x)"는 의미가 있다.[694]

"한 사람이 하나의 게임에서 수(手)를 잘못 두는 경우가 가능하다

---

693) "나무의 열은 n번째 나무에서 끝난다"로부터 "나무의 열은 무한 번째 나무에서 끝난다"로, 즉 "나무의 열은 무한히 계속된다"로 이행하는 경우를 말한다.

694) 'F(a)'는 'a는 F라는 속성을 갖는다'를, '(x).F(x)'는 '모든 x에 대하여 x는 F라는 속성을 갖는다'를 의미한다. (x)는 보편 양화사(universal quantifier)이며 'F(a)'에서 '(x).F(x)'를 추론하는 것은 논리적으로 타당하지 않다. 비트겐슈타인은 여기서 한 걸음 더 나아가 양화 술어 논리의 규칙들이 그것을 다루는 주제의 내용에 대해 중립적이라는 논제(topic neutrality)를 문제 삼는다. 즉 'F(a)'가 의미를 갖는다고 해서 '(x).F(x)'가 의미를 갖는 것은 아니라는 것이다.

면, 모든 사람이 모든 게임에서 수를 잘못 두기만 하는 경우도 가능할 것이다." ― 그러므로 우리는 여기서 우리 표현들의 논리를 오해하고 우리말의 쓰임을 잘못 묘사하려는 유혹을 받는다.

명령은 때로 지켜지지 않는다. 그러나 명령이 **전혀** 지켜지지 않는다면 어떻게 될까? '명령'이라는 개념은 그 목적을 잃어버릴 것이다.

346. 그러나 우리는 신(神)이 갑자기 앵무새에게 이해력을 부여해서, 앵무새가 이제 자기 자신에게 말을 하고 있다고 상상해볼 수 없는가? ― 하지만 여기서는 내가 이런 상상을 하기 위해 신(神)이라는 관념의 도움을 받았다는 사실이 중요하다.[695]

347. "그러나 어쨌든 나는 나 자신에 대해서는 '자기 자신에게 말을 한다'는 것이 무슨 뜻인지 알고 있다. 그리고 내 발음기관들이 제거된다고 해도 나는 여전히 내 안에서 나 자신에게 말을 할 수 있을 것이다."

만약 내가 그것을 나 자신에 대해서만 알고 있다면, 나는 **내가** 그렇게 부르는 것만을 아는 것이지 다른 누군가가 그렇게 부르는

---

695) 신을 끌어들임으로써 일상 언어게임의 지평을 넘어선 설명을 하고 있기 때문이다.

것을 아는 게 아니다.[696]

348. "이 청각장애인들은 모두 수화(手話)만을 배웠지만, 그들 각자는 내면에서 음성언어로 자기 자신에게 말을 한다." — 자, 당신은 이것을 이해하지 못하는가? — 내가 그것을 이해하는지 아닌지 내가 어떻게 아는가?! — 내가 이 정보로 (그것이 하나의 정보라면) 무엇을 할 수 있는가? 이해라는 관념 전체가 여기서 수상한 냄새가 난다. 내가 그것을 이해한다고 말해야 할지, 아니면 이해하지 못한다고 말해야 할지 나는 모르겠다. 나는 다음과 같이 대답하고 싶다: "그것은 우리말 문장이며, **겉보기에는** 매우 정돈되어 있다. — 즉 우리가 그것을 가지고 뭔가를 하려고 하기 전까지는 말이다. 그것은 다른 문장들과 연관되어 있는데, 이 때문에 우리는 그것이 우리에게 무엇을 알려주는지 실제로는 모르겠다고 말하기 어렵다. 하지만 철학을 해서 무감각해지지 않은 사람이라면, 누구라도 여기서 뭔가 잘못되었다는 사실을 알아차린다."[697]

---

696) 비트겐슈타인의 대화 상대자의 논리는 사적 언어와 사적 이해를 전제로 하고 있다. 이어지는 비트겐슈타인의 논박은 이 전제의 한계와 그로 말미암은 궁극적 성립 불가능성을 적시하고 있다.

697) 예컨대 청각장애인들의 이 내적 음성언어가 구체적으로 어떠한 언어인지, 표준말인지 아니면 사투리인지, 혹은 이러한 질문이 가능하기나 한 것인지가 묘연하다.

349. "하지만 이 가정은 확실히 의미가 있다!"[698] — 그렇다. 이런 말과 그림은 일상적인 상황에서 적용되며, 우리도 여기에 매우 익숙하다. — 그러나 더 이상 이렇게 적용되지 않는 경우를 가정해 볼 때, 우리는 말하자면 처음으로 그 말과 그림의 적나라한 모습을 알게 된다.

350. "하지만 만일 내가 누군가 아프다고 가정한다면, 나는 내가 자주 느꼈던 것과 똑같은 것을 그가 느낀다고 가정하고 있을 뿐이다." — 이것은 우리를 더 나아가게 하지 못한다. 그것은 내가 다음과 같이 말하는 것과 같다: "당신은 분명 '여기는 5시다'라는 말의 의미를 안다. 따라서 당신은 또한 '태양에서는 5시다'라는 말의 의미도 안다. 그것은 바로 여기가 5시일 때 거기도 여기와 똑같은 시각이라는 사실을 의미할 뿐이다." — **똑같음**에 의한 설명은 여기서 통하지 않는다. 왜냐하면 나는 우리가 여기에서의 5시와 거기에서의 5시를 "똑같은 시각"이라고 부를 수 있다는 점은 잘 알지만, 어떤 경우에 우리가 여기와 거기가 똑같은 시각이라고 말해야 하는지는 모르기 때문이다.[699]

---

698) 청각장애인의 경우가 아니라 일상인이 내적 독백을 하는 경우에 대한 가정을 뜻한다.
699) 태양의 위치에 의거한 지구에서의 시간 측정이 태양 자체에 대해서도 적용되는지에 관해 결정된 바가 없기 때문이다.

마찬가지로 다음과 같이 말하는 것은 전혀 설명이 아니다: 그가 아프다는 가정은 단지 그가 내가 아픈 것과 똑같이 아프다는 가정일 뿐이다. 왜냐하면 내게 아주 분명한 사실은 바로 문법의 **이** 부분이기 때문이다: 즉 우리가 만일 난로가 아프고 내가 아프다고 말한다면, 우리는 난로가 나와 똑같은 체험을 한다고 말할 것이다.[700]

351. 그렇지만 우리는 계속 이렇게 말하고 싶다: "아픔의 느낌은 아픔의 느낌이다. ─ 그가 아프든 내가 아프든 간에, 그리고 그가 아픈지 아닌지를 내가 어떻게 알게 되었든 간에 말이다." ─ 나도 이 말에 동의할 수 있을 것이다. ─ 그리고 당신이 내게 이렇게 묻는다면: "그렇다면 당신은 내가 난로가 아프다고 말할 때 내가 무엇을 의미하는지 모르는가?" ─ 나는 다음과 같이 대답할 수 있다: "나는 이 말을 듣고 온갖 상상을 할 수 있지만, 그 이상의 도움은 되지 않는다." 그리고 나는 또한 "때마침 태양에서는 오후 5시였다"라는 말을 듣고 ─ 가령 5시를 가리키는 추시계 같은 ─ 어떤 것을 상상할 수도 있다. ─ 하지만 더 좋은 예는 "위"와 "아래"를 지구에 적용하는 것이리라. 여기서 우리는 모두 "위"와 "아래"가 무엇을 의미하는지 아주 분명하게 알고 있다. 나는 내가 위에 있다

---

700) 그렇다고 이로 말미암아 난로가 아프다는 말이 무슨 의미인지가 해명된 것은 아니다.

는 사실을 확실히 안다. 그리고 지구는 분명 내 밑에 있다! (이 예를 보고 웃지 말라. 우리는 이런 식으로 말하는 것이 바보 같다고 이미 초등학교에서 배웠다. 하지만 문제를 해결하는 것보다는 덮어두는 편이 훨씬 더 쉬운 법이다.) 그리고 오직 깊이 생각해보아야만 우리는 이 경우에 "위"와 "아래"가 일상적인 방식으로 사용될 수 없다는 사실을 알게 된다. (예를 들어 우리는 지구 반대편에 사는 사람들이 우리가 있는 지역의 '아래'에 있다고 말할 수 있지만, 그렇다면 그 사람들이 우리에 대해서 똑같은 표현을 사용하는 것도 옳다고 인정해야 한다.)[701]

352. 여기서 우리의 생각함이 우리에게 이상한 장난을 치는 일이 일어난다. 즉 우리는 배중률(排中律)[702]을 인용해 다음과 같이 말하고 싶다: "그런 그림이 그의 마음에 떠오르거나 떠오르지 않거나 둘 중 하나이다. 제3의 가능성은 없다!" ― 우리는 또한 철학의 다른 영역들에서도 이런 이상한 논증을 만난다. "π의 무한한 전개에

701) 마찬가지로 우리는 '내가 아프다'가 말이 된다고 해서 '난로가 아프다'도 말이 된다거나, '여기는 지금 오후이다'가 말이 된다고 해서 '태양에서는 지금 오후이다'도 말이 된다고 추론해서는 안 된다. 마찬가지로 우리는 '가끔 우리가 내적 독백을 한다'가 말이 된다고 해서 '청각장애인도 내적 독백을 한다'나 '어떤 사람은 항상 내적 독백만 한다'가 말이 된다고 단정해서는 안 된다. 각 쌍의 경우에 전자에 사용된 용어가 후자에서는 일상적인 방식으로 사용될 수 없기 때문이다.
702) 어떤 명제와 그것의 부정 가운데 하나는 반드시 참이라는 법칙을 말한다.

서 '7777'이라는 배열이 나타나거나 나타나지 않거나 둘 중 하나이다. — 제3의 가능성은 없다." 다시 말해: 신은 그것을 안다. — 하지만 우리는 그것을 모른다. 하지만 그게 무슨 뜻인가? — 우리는 하나의 그림, 눈에 보이는 한 배열의 그림[703]을 사용한다. 그 배열을 한 명은 통찰(通察)할 수 있고 다른 한 명은 그럴 수 없다.[704] 여기서 배중률에 따르면, 그것은 **이렇게** 보이거나 또는 **저렇게** 보이거나 둘 중 하나여야 한다. 따라서 실제로 배중률은 — 아주 자명한 이야기지만 — 아무것도 알려주는 바가 없으며, 오히려 우리에게 하나의 그림을 제시한다. 그리고 문제는 이제 다음과 같을 것이다: 현실은 그 그림과 일치하는가, 일치하지 않는가? 그리고 이 그림은 우리가 무엇을 해야 하며, 무엇을 어떻게 찾아야 하는지를 결정하는 **듯이 보인다.** — 하지만 우리가 그것을 어떻게 적용해야 하는지 모르기 때문에, 그 그림은 그런 결정을 하지 않는다. 여기서 우리가 "제3의 가능성은 없다" 또는 "제3의 가능성은 정말로 없다"라고 말한다면 — 거기에는 우리가 이 그림에서 눈을 돌릴 수 없다는 사실이 표현되어 있는 것이다. — 그 그림은 마치 문제와 그 해답 모두를 이미 확실하게 포함하고 있는 듯이 보이는 반면, 우리는 그렇지 않다고 **느낀다.**

---

703) π의 무한한 전개에 대한 그림을 말한다.
704) 여기서 한 명은 전지전능한 신(神)으로, 다른 한 명은 우리로 해석할 수 있다.

마찬가지로 누군가 "그에게는 이 감각이 있거나 또는 이 감각이 없거나이다!"라고 말할 때 — 우리에게 가장 먼저 떠오르는 것은 그 진술들[705]의 의미를 이미 **명백하게** 결정하는 듯이 보이는 하나의 그림이다. "이제 무엇이 문제인지 알겠지?" — 라고 그는 말하고 싶다. 그리고 그것이야말로 그 그림이 그에게 알려주지 않는 것이다.[706]

353. 한 명제의 검증 방식과 검증 가능성에 대한 물음은 "당신이 한 말은 어떤 의미인가?"라는 물음의 특수한 형식일 뿐이다. 이 물음에 대한 대답은 그 명제의 문법에 기여한다.[707]

---

705) "그에게는 이 감각이 있다"라는 진술과 "그에게는 이 감각이 없다"라는 진술을 말한다.

706) 'p'의 의미가 명확하지 않은 상황에서 배중률을 나타내는 'p v ~p'와 같은 동어반복이 'p'의 의미를 밝혀주는 것이 아니다. 오히려 진리 함수 논리에 따르면 'p v ~p'와 같은 동어반복은 'p'의 유의미성 여부와 상관없이 언제나 의미를 갖지 않는다. 이 책 §§215-216이 동일률의 유의미성과 효용에 대한 비판이라면 이 절(§352)은 배중률의 유의미성과 효용에 대한 비판이다. 여기에 『수학의 기초에 대한 고찰』(RFM)과 『수학의 기초에 대한 강의』(LFM)에서 행해지고 있는 모순율에 대한 비판을 더하면 비트겐슈타인은 결국 논리학의 3대 규칙 혹은 사고의 3대 원리 모두에 대해 비판적인 태도를 취하고 있는 셈이다.

707) 청년 비트겐슈타인에 영향받은 논리실증주의자들이 주장해온 의미의 검증 이론을 연상하게 하는 구절이다. 여기서 그는 한 명제의 의미에 대한 기준이 그 명제의 문법을 구성한다고 말하고 있다.

354. 문법에서 기준과 징후 사이의 경계가 유동적이기 때문에 마치 일반적으로 징후만 있는 듯이 잘못 보이기도 한다.[708] 가령 우리는 이렇게 말한다: "우리는 기압계가 떨어질 때 비가 내린다는 것을 경험을 통해서 안다. 그러나 우리는 또한 우리가 일정하게 습기와 추위를 느끼거나, 이러저러한 현상들이 보일 때도 비가 내린다는 것을 경험을 통해서 안다." 이 말을 뒷받침하는 논증으로서, 우리는 이런 감각 인상들이 우리를 속일 수 있다고 말한다.[709] 하지만 이때 우리는 우리가 이런 감각 인상들에 속아 비가 내릴 거라고 믿는 것이 어떤 정의(定義)에 근거한다는 사실을 간과하고 있다.[710]

355. 여기서 핵심은 우리의 감각 인상들이 우리를 속일 수 있다는 것이 아니라, 우리가 감각 인상들의 언어를 이해한다는 점이다.[711]

---

708) 이 책 §79 참조. 기준에 대한 기술(記述)은 문법적 명제이고 징후에 대한 기술은 경험적 명제이다.

709) 비에 대한 시각 인상을 갖고 있다는 사실로부터 비가 내린다는 사실을 연역할 수 없다는 근거로 우리는 양자 사이의 관계가 귀납적, 경험적 관계이고 이는 틀릴 수 있다고 단정한다.

710) 사실은 우리가 '비'라는 개념의 쓰임에 숙달된 이후에야 비로소 우리는 비에 대한 감각 인상에 대해서 알게 된다. 그리고 '비'라는 개념의 쓰임은 그 개념에 대한 정의와 연관되어 있다.

711) 요컨대 우리는 어떤 감각 인상이 비에 관한 것인지 아닌지에 대해 헷갈리지 않는다. 그 까닭은 우리가 비라는 개념의 의미와 쓰임을 숙지하고 있기 때문이다.

(그리고 이 언어는 다른 언어와 마찬가지로 규약에 근거해 있다.)

356. 우리는 다음과 같이 말하는 경향이 있다: "비가 내리거나 내리지 않거나 둘 중 하나다. — 내가 이것을 어떻게 아는지, 이 정보가 어떻게 내게 왔는지는 별개의 문제이다."[712] 하지만 그렇다면 다음과 같은 질문을 던져보자: 나는 무엇을 "비가 내린다는 정보"라고 부르는가? (또는 나는 이 정보에 대해서도 단지 정보만을 확보했는가?)[713] 그리고 무엇으로 인해 이 '정보'가 어떤 것에 대한 정보의 성격을 지니는 것일까? 여기서 우리의 표현 형식이 우리를 잘못 이끌고 있지는 않은가? "내 눈은 저기에 의자가 있다는 정보를 내게 제공한다."라는 말은 우리를 잘못 이끄는 은유가 아닌가?[714]

357. 우리는 개가 **어쩌면** 자기 자신에게 말을 하고 있을 거라고 이야기하지는 않는다. 이것은 우리가 개의 마음을 아주 자세히 알

---

712) 그러나 내가 비가 내리는지를 어떻게 아는지를 모르는 상태에서 "비가 내리거나 내리지 않는다"와 같은 동어반복은 어떠한 도움도 주지 못한다.

713) x를 그저 정보로서 확보하는 것이 가능하다면 이번에는 x를 그저 정보로서 확보했다는 바로 그 정보를 x로 놓고 그 x를 다시 단지 정보로서 확보하는 것이 말이 되는지를 묻고 있다.

714) 우리가 비가 내린다는 것을 알게 되거나 이를 다른 사람에게 알리는 것은 우리의 눈에 의해서나 정보의 제공을 통해서가 아니라 지각이나 언어 사용을 통해서이다.

고 있기 때문인가? 글쎄, 우리는 다음과 같이 말할 수 있을 것이다: 우리가 한 생물의 행동을 보면 우리는 그 생물의 마음을 본다. — 그러나 나는 나 자신에 대해서도 또한 내가 이러이러한 방식으로 행동하고 있기 때문에 나 자신에게 말하고 있다고 이야기하는가? — 나는 내 행동을 관찰하고서 그렇게 말하지는 **않는다**. 하지만 그것은 단지 내가 이런 식으로 행동하기 때문에 의미가 있다. — 그렇다면 그것이 의미가 있는 이유는 내가 그것을 **의미하기** 때문이 아닌가?[715]

358. 그러나 문장에 의미가 부여되는 것은 우리가 그것을 **의미하기** 때문이 아닌? (여기에는 물론 우리가 무의미한 일련의 말들을 의미할 수 없다는 사실이 포함된다.) 그리고 의미하는 일은 마음의 영역에 있는 어떤 것이다. 하지만 그것은 또한 사적인 어떤 것이다! 그것은 형체가 없는 어떤 것이며, 오직 의식 자체와만 유사하다.[716]

이것은 얼마나 우스꽝스러워 보일 수 있는가! 그것은 말하자면 우리 언어의 꿈이다.

---

715) 단락 전체가 비트겐슈타인과 대화 상대자가 대화를 주고받는 식으로 진행되고 있다. 모든 질문은 대화 상대자의 것이고 나머지 부분이 비트겐슈타인의 견해이다.

716) 여기까지가 비트겐슈타인의 대화 상대자의 견해이고 이어서 비트겐슈타인의 짤막한 반응이 등장한다.

359. 기계는 생각할 수 있을까? —— 기계는 아플 수 있을까? — 우리는 사람의 몸을 그런 기계라고 불러야 할까? 사람의 몸은 분명 그런 기계에 아주 가깝기는 하다.[717]

360. 하지만 분명 기계는 생각할 수 없다! — 이것은 경험적 명제인가? 아니다. 우리는 오직 사람에 대해서만, 그리고 그와 유사한 것에 대해서만 그것이 생각한다고 말한다.[718] 또한 우리는 인형에 대해서도 그렇게 말하고, 어쩌면 유령에 대해서도 그렇게 말할 것이다.[719] "생각하다"라는 낱말을 하나의 도구로 여겨라![720]

361. 의자는 스스로에게 . . . 라고 생각한다.

어디에서? 의자의 부분들 중 한 곳에서? 또는 그 몸체 밖에서? 그 주위의 텅 빈 공간에서? 또는 그 **어디에서도** 아닌가? 하지만 그렇다면 이 의자가 스스로에게 말을 하는 것과, 그 옆의 다른 의자가 스스로에게 말을 하는 것 사이의 차이는 무엇인가? — 하지만

---

717) 하지만 이 경우에도 아프거나 생각하는 것은 사람의 육체가 아니라 '사람'이다. 예컨대 우리는 "내 생각은 이래"라고 말하지 "내 뇌의 생각은 이래"라고 말하지 않는다.
718) 이는 '생각함'의 문법에 속한다.
719) 이는 사람에 대한 서술에서 파생되는 2차적인 서술이다.
720) 이 책 §421 참조.

그렇다면 사람의 경우에는 어떤가?: **그는** 어디에서 스스로에게 말을 하는가? 이 질문이 어째서 의미가 없는 듯이 보이는가? 그리고 어째서 단지 이 사람이 스스로에게 말을 한다는 것을 제외하고는 어떤 장소를 명시할 필요가 없는 것인가? 반면에 의자가 **어디에서** 스스로에게 말을 하는가라는 질문에는 대답이 필요한 듯이 보인다. 그 이유는 다음과 같다: 우리는 의자가 사람과 **어떻게** 유사한지, 가령 머리가 등받이의 위쪽 끝에 있는지 등을 알고 싶기 때문이다.[721]

우리가 자기 자신에게 말을 할 때는 어떤가? 그때 어떤 일이 일어나는가?[722] — 나는 그것을 어떻게 설명해야 하는가? 글쎄, 당신이 누군가에게 "자기 자신에게 말을 하다"라는 표현의 의미를 가르칠 수 있듯이 다만 그런 식으로 설명하면 된다. 그리고 우리는 분명 어릴 때 그 의미를 배운다. — 다만 어느 누구도 우리에게 그것을 가르치는 사람이 '여기에서 어떤 일이 일어나는지'를 우리에게 알려준다고 말하지 않을 것이다.[723]

---

721) 만화영화에서 말하는 의자가 출현할 경우 그 의자에 눈과 입이 그려져 있는 것도 이 때문이다.

722) 우리가 자기 자신에게 말을 할 때 어떤 특별한 일이 일어나는 것은 아니다.

723) 결국 우리가 자기 자신에게 말을 한다는 표현의 핵심은 자기 자신에게 말함에 관련되는 어떤 특별한 마음의 현상에 있는 것이 아니라 그 표현의 일상적 의미와 쓰임에 있는 것이다.

362. 오히려, 이 경우에 선생님은 학생에게 그 의미를 — 그에게 직접 말하지 않고 — **전달했지만**, 결국 학생은 스스로에게 올바른 지칭적 설명을 하는 지점까지 이르는 듯이 보인다. 그리고 바로 여기에 우리의 착각이 있다.[724]

363. "그러나 내가 어떤 것을 상상하면 분명 어떤 일이 **일어난다!**" 글쎄, 어떤 일이 일어나기는 한다. — 그때 나는 큰 소리를 낸다. 무엇 때문인가? 아마도 어떤 일이 일어났는지 알리기 위해서일 것이다. — 하지만 그렇다면 우리는 어떤 일을 대체로 어떻게 알리는가? 언제 우리는 어떤 일이 알려진다고 말하는가? — 어떤 것을 알리는 언어게임은 무엇인가?

나는 이렇게 말하고 싶다: 당신은 우리가 누군가에게 어떤 일을 알릴 수 있다는 사실을 너무 당연한 것으로 간주한다. 다시 말해 우리는 대화에서 언어를 통한 의사소통[725]에 너무 익숙해져 있다. 그래서 마치 의사소통의 모든 핵심은 다른 사람이 내 말의 의미 — 마음속에 있는 어떤 것 — 를 파악하는 데 있는 듯이, 말하자면 그가 그것을 자신의 정신 속에 받아들이는 데 있는 듯이 보인다.[726] 따

---

724) 낱말의 의미는 사적 지칭이나 직관의 대상이 아니라 그 쓰임이다. 마찬가지 맥락에서 자기 자신에게 말함도 사적 현상이 아니며 그 표현의 의미는 그 표현의 공적 쓰임에 의해 확정되는 것이다.

725) 원어는 "Mitteilung"인데 문맥에 따라 '알림'이나 '의사소통'으로 옮겼다.

라서 그가 나아가 그것을 가지고 어떤 일을 시작한다고 해도, 그것은 더 이상 언어의 직접적인 목적에 속하지 않는다.

우리는 다음과 같이 말하고 싶다: "내가 알리기 때문에 그는 내가 아프다는 사실을 **알게** 된다. 알리는 일은 이와 같은 정신적 현상을 일으킨다. 그 밖의 모든 것은 알림에 있어서 중요하지 않다."[727] 앎이라는 이 놀라운 현상이 무엇인지에 대해서는 나중에 논의할 수 있는 시간이 있다. 마음의 과정들이란 정말 놀라운 것이다. (그것은 우리가 마치 이렇게 말하는 것과 같다: "시계는 우리에게 시간을 알려준다. 시간이 **무엇**인가 하는 문제는 아직도 해결되지 않았다. 그리고 우리가 **무엇 때문에** 시간을 확인하는지는 여기서 문제가 되지 않는다.")[728]

364. 어떤 사람이 암산(暗算)을 한다. 그는 그 결과를 가령 다리(橋)나 기계를 만드는 데 사용한다. — 당신은 그가 **실제로** 계산을

---

726) 이 책 §§6, 304 참조.

727) 그러나 실은 정신적 현상이나 그것에 대한 앎이야말로 중요하지 않다. 중요한 것은 이러한 알림이(이 경우에는 사실 '표현'이라는 말이 더 적합하다) 그에게 일으키는 반응(발화효과행위(perlocutionary act))이다.

728) 알려지는 아픔을 시계가 가리키는 시간에 빗대어 말하고 있다. 시계를 보고 시간을 확인할 때 우리는 시간이라는 형이상학적 실체나 존재자가 무엇인지를 확인하는 것이 아니라, 어떤 현실적인 이유에서 지금이 몇 시인지를 확인하는 것뿐이다. 마찬가지로 아픔을 알릴 때의 초점은 정신적 현상이나 아픔에 대한 앎이 아니라 아픔의 표현과 그것이 상대에게 일으키는 반응이다.

통해서 이 수(數)를 얻은 것은 아니라고 말하고 싶은가? 이를테면 그것이 일종의 몽상을 통해 그의 품속으로 떨어졌다는 말인가? 틀림없이 계산이 진행되었을 것이고, 실제로 진행되었다. 왜냐하면 그는 자신이 계산했다는 것을, 그리고 어떻게 계산했는지를 **알고 있기** 때문이다. 그리고 그가 계산을 하지 않았다고 하면 그가 얻은 올바른 결과가 설명될 수 없을 것이기 때문이다.[729] ―― 하지만 내가 다음과 같이 말한다면 어떨까?: "**그에게는 마치** 자신이 계산을 한 것처럼 **여겨진다**. 그리고 올바른 결과가 왜 꼭 설명될 수 있어야만 하는가? 그가 한마디 말도 없이 어떤 기호도 쓰지 않고 **계산할** 수 있었다는 것은 충분히 이해할 만한 일이 아닌가?"[730]

상상 속에서 계산하는 일이 어떤 의미에서는 종이에 계산하는 일보다 비실제적인가? 그것은 **실제로** 계산하는 ― 암산하는 ― 일이다. 그것은 종이에 계산하는 일과 비슷한가? ― 나는 그것을 비슷하다고 불러야 할지 모르겠다. 검은 줄들이 쳐진 흰 종잇조각은 사람의 몸과 비슷한가?[731]

---

729) 여기까지는 비트겐슈타인의 대화 상대자의 주장이다. 그는 암산을 할 때 분명 우리 마음속에 무언가 일어나고 있으며 이것이 암산의 본질이 아니냐고 비트겐슈타인에게 반문하고 있다.

730) 여기까지는 비트겐슈타인의 응답이다. 암산에 대한 비트겐슈타인의 대화 상대자의 설명(정신적 현상에 의거한 설명)이 사실은 불필요하다는 것이 그 요지이다.

731) 암산을 사람의 몸에 대한 스케치(검은 줄들이 쳐진 흰 종잇조각)에, 종이에다

365. 아델하이트(Adelheid)와 주교(主敎)[732]는 **진짜** 체스를 두고 있는가? — 물론이다. 그들은 단지 체스를 두는 척하고 있는 것이 아니다. — 연극의 일부라면 가능하기도 하겠지만. — 그러나 그 게임에는 가령 시작이 없다! — 천만에. 그 게임에는 시작이 있다. 그렇지 않다면 그것은 분명 체스 게임이 아닐 것이다. —[733]

366. 암산은 종이에 계산하는 일보다 비실제적인가? — 우리는 아마도 그런 식으로 말하는 경향이 있을 것이다. 하지만 우리는 또한 종이, 잉크 등이 단지 우리의 감각 자료들로부터 논리적으로 구성된 것에 불과하다고 스스로에게 말함으로써, 반대의 생각에 이를 수도 있다.

"나는 . . . 라는 곱셈을 암산으로 했다." — 나는 가령 그런 진

하는 계산을 그 스케치의 대상인 사람의 몸에 견주고 있다. 암산이 종이에다 하는 계산과 동일한 계산 결과를 얻는다는 점에서는 유사하지만, 그럼에도 불구하고 암산은 분명 종이에다 하는 계산은 아니다. 그래서 비트겐슈타인은 그 두 계산을 서로 유사하다고 불러야 할지 말지에 대해서 유보적인 입장을 보이고 있다.

732) 괴테(Johann Wolfgang von Goethe)의 *Götz von Berlichingen*, 2막 1장에서. 장면은 체스 게임이 거의 끝나가는 것으로 시작한다.

733) 아델하이트와 주교가 하고 있는 체스 게임이 진짜 체스 게임인 것과 마찬가지로 암산도 진짜 계산이다. 이 절에 대해서는 다음의 논문을 참조. J. Schulte, "Adelheid and the Bishop – What's the Game?," Arrington and Glock 1991에 수록.

술을 **믿지** 않는가? — 그러나 그것은 실제로 하나의 곱셈이었는가? 그것은 단순히 '하나의' 곱셈이 아니라, — 암산으로 한 — **이** 곱셈이었다. 나는 이 지점에서 길을 잘못 들기 시작한다. 왜냐하면 나는 이제 이렇게 말하고 싶기 때문이다: 그것은 종이에 하는 곱셈에 **대응하는** 어떤 정신적 과정이었다. 따라서 다음과 같이 말하는 것이 의미가 있을 것이다: "정신 속에서 일어나는 **이** 과정은 종이 위에서 일어나는 이 과정에 대응한다." 그렇다면 기호의 이미지가 기호 자체를 묘사하는 모사(模寫) 방법에 대해 말하는 것은 의미가 있을 것이다.[734]

367. 상상의 그림이란 누군가 자신이 상상하는 것을 기술할 때 기술되는 그림이다.[735]

368. 나는 누군가에게 방을 기술(記述)하고서, 그가 내 기술을 이해했다는 표시로 이 기술에 따라 **인상파 기법의** 그림을 그리게 한다.

---

734) 그러나 이 경우에도 사실은 이미지 자체가 스스로 묘사를 하는 것이 아니라 이미지를 떠올린 사람이 그 이미지를 무엇에 대한 묘사로서 사용하는 것이다. 이어지는 구절이 이 점을 부연하고 있다.

735) 이 구절은 "상상의 그림"이라는 표현의 올바른 쓰임을 기술하는 문법적 명제이다. 여기서 '상상'과 앞 절의 '이미지'의 원어는 모두 'Vorstellung'임에 유의해야 한다. 이 책 §§300-301 참조.

— 이제 그는 내가 초록색이라고 기술한 의자를 짙은 빨간색으로, 내가 "노란색"이라고 말했던 곳을 파란색으로 그린다. — 그것이 그가 그 방에서 받은 인상이다. 그리고 이제 나는 다음과 같이 말한다: "아주 제대로 그렸어! 바로 그렇게 보이는 거야."[736]

369. 우리는 이렇게 묻고 싶다: "누군가 암산을 할 때 그것은 어떤 것인가? — 그때 어떤 일이 일어나는가?" — 그리고 특정한 경우에 대답은 다음과 같을지 모른다: "나는 먼저 17과 18을 더하고, 그 다음에 39를 빼고 . . . " 하지만 그것은 우리의 질문에 대한 대답이 아니다.[737] 우리가 암산이라고 부르는 것은 **그런** 식으로 설명되지 않는다.

370. 우리가 물어야 하는 것은 상상이 무엇인지, 또는 우리가 상상할 때 어떤 일이 일어나는지가 아니라, "상상"이라는 낱말이 어떻게 사용되는가 하는 것이다.[738] 그러나 이것은 내가 오직 낱말들

---

736) 앞선 §366에서 언급된 것과 유사한 모사방법(예컨대 노랑을 빨강으로 묘사하는 식의 방법)이 아니라 이 구절 말미에서의 나의 긍정적 반응이 그의 그림을 올바른 그림이게끔 한다. 이 책 §363에 대한 옮긴이 주 참조.

737) 대답이기는커녕 그것은 암산을 전제로 하고 있다. 그래서 예컨대 17과 18을 더할 때 마음 안에서 무슨 일이 일어나는지를 우리는 다시 물을 수 있다. 위의 대답은 암산에 대한 묘사라기보다 종이에다 하는 계산에 더 가깝다.

738) 이 책 §383 참조.

에 대해서만 말하려 한다는 뜻이 아니다. 왜냐하면 상상의 본질에 관한 물음도 내 물음이 그렇듯이 "상상"이라는 낱말에 관한 것이기 때문이다. 그리고 나는 다만 이런 물음[739]이 — 상상하는 사람에게나 또는 다른 누구에게도 — 가리킴을 통해서, 또는 어떤 과정에 대한 기술을 통해서 해명될 수 없다고 말하고 있을 뿐이다. 첫 번째 물음[740]도 한 낱말에 대한 해명을 요구하지만, 우리가 잘못된 종류의 대답을 기대하도록 만든다.

371. **본질**은 문법에서 표현된다.[741]

372. 다음을 잘 생각해보라: "본성적 필연성[742]에 대한 언어의 유일한 짝은 자의적 규칙이다. 이 규칙은 우리가 이 본성적 필연성에서 명제로 가져올 수 있는 유일한 것이다."[743]

---

739) 상상의 본질에 관한 물음을 가리킨다.
740) 상상의 본질에 관한 물음을 가리킨다.
741) 상상의 본질은 상상이라는 낱말의 문법에서 표현된다. 이 책 §90; RFM, 65쪽; Z, §55 참조. 이 절에 대해서는 다음의 논문을 참조. G. E. M. Anscombe, "Knowledge and Essence," Terricabras 1993에 수록.
742) 본질의 다른 표현이다.
743) 문법은 객관적이고 언어독립적인 실재를 반영하는 거울이 아니다. 문법은 그런 점에서 자의적이기까지 하다. 오히려 본성적 필연성처럼 보이는 것들이 자의적인 문법의 투영에 불과할 뿐이다. 이 책 §497 참조.

373. 어떤 것이 무슨 종류의 대상인지는 문법이 알려준다. (문법으로서의 신학)[744]

374. 여기서 커다란 어려움은, 마치 우리가 **할 수** 없는 무엇인가가 있는 듯이 문제를 묘사하지 않는 것이다. 즉 마치 실제로 어떤 대상이 있고 내가 그로부터 기술(記述)을 이끌어내지만, 누구에게도 그 대상[745]을 보여줄 수는 없다는 듯이 묘사하지 않는 것이다. ── 그리고 내가 제안할 수 있는 최선의 방안은, 이 그림을 사용하려는 유혹에 굴복하더라도 그때 그 그림의 **적용**이 어떻게 보이는지를 탐구하라는 것이다.[746]

375. 우리는 누군가에게 혼자 조용히 읽으라고 어떻게 가르치는가?[747] 그가 언제 그렇게 할 수 있는지를 우리는 어떻게 아는가?[748]

---

744) 신학은 '신' 개념에 대한 문법적 탐구이다.

745) 사적 이미지나 감각을 뜻한다.

746) 그 그림의 적용이 불합리한 결과를 야기함을 보이는 것이 비트겐슈타인의 목표이다.

747) 종이에다 하는 계산을 가르친 뒤 암산을 가르치듯이, 소리 내어 읽는 법을 가르친 뒤 혼자 조용히 읽는 법을 가르친다. 이때 우리는 마음속에 무엇이 떠오르는지에 주목하기보다 혼자 조용히 읽은 것을 말해보라고 주문한다.

748) 우리가 가르친 사람이 자신이 읽은 것을 옳게 보고하는지를 보고서 안다. 여기서도 물론 보고의 내용은 그만이 알 수 있는 내적 과정이나 감각이 아니다.

우리가 그에게 요구한 것을 자기가 하고 있음을 그 자신은 어떻게 아는가?[749]

376. 내가 ABC를 속으로 조용히 중얼거릴 때, 다른 누군가가 ABC를 조용히 중얼거리는 것과 똑같이 내가 중얼거리고 있음을 보여주는 기준은 무엇인가? 이때 우리는 나의 후두와 그의 후두에서 똑같은 일이 일어나고 있다는 사실을 발견할지도 모른다.[750] (그리고 우리 두 사람이 똑같은 것을 생각하고, 똑같은 것을 원할 때 등도 마찬가지다.) 그러나 우리는 누군가 후두나 뇌에서 일어나는 어떤 과정을 가리키는 것을 보고서 "이러이러한 것을 조용히 중얼거리다"라는 말의 쓰임을 배웠는가? 또한 a라는 소리에 대한 나와 그의 이미지가 서로 다른 생리학적 과정들에 대응하는 일도 충분히 가능하지 않은가? 문제는 다음과 같다: 우리는 이미지들을 **어떻게 비교하는가?**[751]

---

749) 어떻게 안다기보다는 그는 혼자 조용히 읽었고 자신이 읽은 것을 보고했을 뿐이다.

750) J. Watson, "Image and Affection in Behaviour," *Journal of Philosophy, Psychology and Scientific Methods*, vol. 10, 1913 참조.

751) 이것이 경험주의적 인식론의 근본적 난점이고 이로부터 20세기의 언어적 전환(linguistic turn)이 비롯되었다고 볼 수 있다.

377. 아마도 논리학자는 다음과 같이 생각할 것이다: 똑같은 것은 똑같은 것이다 — 우리가 똑같음을 어떻게 확인하는가는 심리학적인 문제이다. (높은 것은 높은 것이다 — 우리가 그것을 때로는 **보고**, 때로는 **듣는다는** 것은 심리학에 속한 문제이다.)[752]

두 이미지가 똑같다는 기준은 무엇인가? — 하나의 이미지가 빨갛다는 기준은 무엇인가? 그것이 다른 누군가의 이미지일 경우, 내게 그 기준은 그의 말과 행동이다. 그것이 내 이미지일 경우, 내게는 아무런 기준도 존재하지 않는다.[753] 그리고 "빨갛다"에 해당되는 사항이 "똑같다"에도 해당된다.

378. "내가 지닌 두 이미지가 똑같다고 판단하기 전에, 나는 분명 그것들을 똑같은 것으로 인식해야 한다." 그리고 내가 그렇게 인식했을 때, 나는 "똑같다"라는 낱말이 내가 인식하는 것을 기술한다는 사실을 어떻게 알 수 있는가? 오직 내가 이 인식을 다른 방식으로 표현할 수 있을 때, 그리고 "똑같다"가 여기서 올바른 낱말임을 다른 누군가가 내게 가르칠 수 있을 때에만 그렇다.

왜냐하면 내가 하나의 낱말을 사용하기 위해 정당화가 필요하다

---

752) 그러나 높은 산과 높은 음은 높다는 점에서 정말 같은가? 그러한 단정이 과연 논리적으로 올바른 것인가?

753) 나는 빨강에 대해 내가 갖는 이미지의 기준을 나 자신의 말과 행동에서 찾지 않는다.

면, 그것은 또한 다른 누군가에게도 정당화되는 것이어야 하기 때문이다.[754]

379. 나는 먼저 그것을 **이것**이라고 인식한다. 그리고 나서 그것을 뭐라고 부르는지 기억해낸다. — 잘 생각해보라: 우리는 어떤 경우들에서 정당하게 이렇게 말할 수 있는가?[755]

380. 나는 이것이 빨갛다는 것을 어떻게 인식하는가? — "나는 그것이 **이것**임을 본다. 그리고 나서 이것이 그렇게 불린다는 것을 안다." 이것? — 이것이 무엇인가?! 이 물음에는 어떤 종류의 대답이 의미가 있는가?

(당신은 계속 내적인 지칭적 설명으로 향하고 있다.)

나는 보이는 것으로부터 낱말들로 **사적인** 이행을 하는 것에 대해 어떤 규칙도 적용할 수 없을 것이다. 여기서 규칙들은 실제로

---

754) 사적 규칙이 성립할 수 없는 것처럼 사적 정당화도 성립할 수 없다. 그렇지 않다면 내가 정당화라고 생각한 것과 실제의 정당화 사이의 구분이 와해되고 이로 말미암아 정당화 자체가 성립 불가능해질 것이다. 본문에서 앞 단락의 마지막 문장은 공적 정당화의 한 예에 해당한다.

755) 그것과 이것이 서로 구별되고 내가 이것을 가리킬 수 있는 경우, 예컨대 대상의 이름을 알아맞히는 퀴즈나 아이큐 테스트 문제를 풀 경우가 이에 해당된다. 그러나 이는 내 마음속 이미지의 경우에는 (아주 예외적인 경우를 제외하고는) 적용되지 않는다.

정해지지 않은 상태다. 왜냐하면 규칙들을 적용하기 위한 제도가 없기 때문이다.[756]

381. 나는 이 색깔이 빨갛다는 것을 어떻게 인식하는가? — 이에 대한 하나의 대답은 다음과 같을 것이다: "나는 우리말을 배웠다."[757]

382. 나는 내가 이 낱말에 대해서 이 이미지를 형성한다는 것을 어떻게 **정당화**할 수 있는가?

누군가 내게 파란색의 이미지를 보여주면서 **그것**이 파란색의 이미지라고 말했는가?

"**이** 이미지"라는 말의 의미는 무엇인가? 우리는 하나의 이미지를 어떻게 가리키는가? 우리는 똑같은 이미지를 어떻게 두 번 가리키는가?[758]

---

756) 사적 규칙이 성립할 수 없는 것처럼 사적 규칙의 적용도 성립할 수 없다. 그렇지 않다면 내가 규칙의 올바른 적용이라고 생각한 것과 규칙의 올바른 적용 사이의 구분이 와해되고 이로 말미암아 규칙의 올바른 적용 자체가 성립 불가능해질 것이다. 요컨대 규칙의 적용은 언제나 적용의 제도를 전제로 하는 공적인 적용이다.

757) 여기서의 배움은 공적인 배움이다. 어떤 개념에 대한 앎은 그 개념의 사용에 대한 숙달에서 성립한다. 이 책 §§384, 441 참조.

758) 한 낱말을 이해하는 것은 그 낱말에 연관되는 어떤 사적 이미지를 떠올리는 것이 아니다. 마찬가지로 그 낱말을 말하는 것은 떠올린 이미지를 낱말로 번역하는 것이 아니다. 낱말을 이해하거나 말하는 것은 그 낱말의 사용 규칙을

383. 우리는 현상(가령 생각함)을 분석하는 것이 아니라 개념(가령 생각함의 개념)을 분석하는 것이며, 따라서 낱말의 적용을 분석하는 것이다.[759] 그러므로 우리가 하고 있는 일이 유명론(唯名論)[760]인 듯이 보일지도 모른다. 유명론자는 모든 낱말을 이름이라고 해석하는[761] 잘못을 저지르며, 따라서 실제로 낱말들의 쓰임을 기술하는 것이 아니라 그런 기술에 이른바 공수표만을 날리는[762] 잘못을 저지른다.

384. 당신은 '아픔'이라는 **개념**을 언어와 함께 배웠다.[763]

385. 스스로에게 물어보라: 누군가 한 번도 글이나 말로 계산해

이해하고 그에 따라 말하는 것이다. 우리는 상대에게 어떤 색에 대한 견본을 가리킬 수는 있어도 그에게 그 색에 대한 이미지를 가리킬 수는 없다. 색 견본과 이미지는 서로 구별되어야 한다.

759) 이 책 §§90, 370 참조.

760) 개체만이 참된 실재이며 추상적 개념이나 추상적 일반명사와 보편적(普遍的) 존재자는 단지 이름일 뿐이라는 이론이다.

761) 비트겐슈타인은 『논리-철학논고』에서 이와 같은 해석을 내놓은 바 있다.

762) 모든 낱말이 이름이라는 유명론자의 이론은 낱말들의 실제 쓰임을 간과하고 있다는 뜻이다.

763) 이 책 §381 참조. 아픔에 대한 문제를 명확히 인식하기 위해 아픔이라는 현상을 분석해야 한다는 믿음이 잘못된 것처럼, 아픔이라는 낱말의 쓰임에 대한 이해가 아픔이라는 개념에 대한 이해로 불충분한 것도 아니다. Hacker 1990, 456쪽 참조.

본 적 없이 암산을 배운 경우를 상상해볼 수 있을까? — "그것을 배운다"라는 말은 물론 그것을 할 수 있게 된다는 것을 의미한다. 다만 그것을 할 수 있다는 기준을 무엇으로 볼지에 대한 물음이 제기될 뿐이다. —— 하지만 어떤 종족이 암산만을 할 수 있을 뿐, 다른 식의 계산은 할 줄 모르는 경우도 가능한가? 여기서 우리는 다음과 같이 자문해야 한다: "그것은 어떻게 보일까?" — 따라서 우리는 이것을 하나의 극단적인 경우로 묘사해야 할 것이다. 그렇다면 우리가 여기서 여전히 '암산'의 개념을 적용하려 하는지 — 또는 그런 상황들에서 그것[764]은 그 목적을 잃어버렸는지의 물음이 제기될 것이다.[765] 왜냐하면 그 현상들은 이제 또 다른 범례[766]로 이끌리기 때문이다.

386. "그러나 당신은 왜 그렇게 자신을 신뢰하지 못하는가? 평소에 당신은 '계산하다'라는 말이 무엇을 의미하는지 아주 잘 알고 있다. 그러므로 당신이 상상 속에서 계산을 했다고 말한다면, 당신은 정말로 그렇게 했을 것이다. 만약 계산하지 **않았다면** 당신은 그렇게 말하지 않았을 것이다. 마찬가지로 당신이 상상 속에서 **빨간** 어

---

764) '암산'의 개념을 가리킨다.
765) 이 경우 암산을 했다는 표현 대신 계산을 하지 않았다는 표현을 사용할 수도 있기 때문이다.
766) 예컨대 계산을 하지 않고도 계산 문제에 대한 답을 바로 맞히는 경우로 말이다.

떤 것을 본다고 말한다면, 그것은 정말로 빨간색일 **것이다**. 평소에 당신은 언제나 '빨강'이 무엇인지 알고 있다. ─ 그리고 나아가 당신은 다른 사람들과 일치하는지 여부에 항상 의존하지도 않는다. 왜냐하면 당신은 다른 누구도 보지 못한 어떤 것을 보았다고 자주 이야기하기 때문이다." ──── 하지만 물론 나는 나를 신뢰한다. ─ 나는 내가 이것을 암산했고, 이 색깔을 상상했다고 주저 없이 말한다. 어려운 점은 내가 빨간 어떤 것을 정말로 상상했는지를 의심한다는 것이 아니다. 오히려 **다음**이 어려운 점이다[767]: 즉 우리는 자신이 상상한 색깔을 가리키거나 기술할 수 있다는 것, 그리고 이미지를 현실에 모사하는 것이 아무런 문제도 일으키지 않는다는 것 말이다. 그렇다면 그것들[768]은 서로 혼동될 정도로 유사하게 보이는가? ─ 하지만 나는 실로 스케치를 보고 사람을 바로 알아볼 수 있다. ─ 그러나 이 경우에 나는 "이 색깔의 실제 이미지는 어떻게 보이는가?" 또는 "그것은 어떤 상태인가?"라고 물을 수 있는가? 나는 이것을 **배울** 수 있는가?[769]

(나는 그의 증언을 받아들일 수 없다. 그것은 **증언**이 아니기 때문이다. 그것은 그가 **보통** 뭐라고 말하는지만을 내게 알려준다.)[770]

---

767) 이 책 §389에서 이 어려운 점이 보다 구체적으로 상술되고 있다.
768) 어떤 색깔과 그에 대한 이미지를 말한다.
769) 나는 사적 이미지들을 어떻게 가리키고 비교하는지를 다른 사람에게서 배울 수 없다. 왜냐하면 이미지들은 사적이기 때문이다.

387. **깊은** 측면은 쉽게 미끄러져 달아난다.[771]

388. "나는 여기서 보라색을 지닌 어떤 것도 보지 못하지만, 만일 내게 물감 상자를 준다면 당신에게 그 색깔을 보여줄 수 있다." 만일 . . . 라면 그것을 보여줄 수 있다는 것, 다시 말해 그것을 보면 그것을 알아볼 수 있다는 것을 우리는 어떻게 **알** 수 있는가?

나는 그 색깔이 실제로 어떻게 보이는지를 내 **이미지**로부터 어떻게 아는가?[772]

나는 내가 어떤 것을 할 수 있을 거라는 것, 즉 지금 내가 처한 상태가 그것을 할 수 있는 상태라는 것을 어떻게 아는가?[773]

389. "이미지는 확실히 어떤 그림보다도 그 대상과 비슷할 것이다. 왜냐하면 그 그림이 묘사해야 하는 대상을 내가 아무리 비슷하게 그려낸다고 해도, 그것은 여전히 다른 어떤 것에 대한 그림일

---

770) 증언은 공적으로 정당화되거나 반박될 수 있어야 한다. 그런 점에서 자신의 사적 이미지에 대한 그의 1인칭적 언명은 증언이라고 할 수 없다.

771) **깊은** 측면은 사적 이미지의 영역을 뜻한다. 그것이 쉽게 미끄러져 달아난다는 말은 그것이 우리를 잘못 인도함을 함축한다.

772) 앎은 공적으로 정당화되거나 반박될 수 있어야 한다. 그렇다면 이 질문은 사적 이미지에 의거해 답변될 수 없다.

773) 무엇을 할 수 있을 것임이 마음의 어떤 상태를 가리키는 것은 아니다. 따라서 이 질문은 잘못된 것이다.

수 있기 때문이다. 그러나 이미지의 경우에는 그것이 **이것**의 이미지이며 다른 어떤 것의 이미지가 아니라는 사실이 그 자체에 내재해 있다." 그렇게 해서 우리는 이미지라는 것을 쏙 빼다 박은 그림[774]으로 여기게 될 수도 있을 것이다.[775]

390. 우리는 돌이 의식을 지닌다고 상상해볼 수 있을까? 그리고 누군가 그렇게 상상할 수 있다 해도 — 그것은 단지 이런 상상의 유희가 우리의 관심사가 아니라는 것을 증명할 뿐이지 않은가?[776]

391. 어쩌면 나는 심지어 내가 길거리에서 보는 모든 사람이 굉장히 아픈데도 그것을 교묘하게 감추고 있다는 상상 또한 (쉽지는 않겠지만) 해볼 수 있다. 그런데 여기서는 교묘하게 감추는 일을 내가 상상해야 한다는 점이 중요하다.[777] 즉 내가 단순히 "흠, 그의 마

---

774) 원어는 "Über-Bildnis"이다.
775) 이미지에 대한 그릇된 본질주의적 형이상학이 어떻게 성립되는지를 보여주고 있다. 어떤 것이 다른 어떤 것과 비슷하다 혹은 아니다라는 것은 이미지나 다른 어떤 사물에 의해서가 아니라 사람의 판단 행위(판단의 언어게임)에 의해 결정된다.
776) 이 책 §§281, 284 참조.
777) 돌이 의식을 지니고 있는 경우에 대한 앞서의 상상이 어떤 유의미한 귀결을 초래하지 못하는 상상의 유희였던 것과는 달리, 모든 사람이 굉장히 아픈데도 그것을 교묘하게 감추고 있다는 상상은 상상의 유희에 그치지 않고 어떤 유의미한 귀결을 초래할 수 있다.

음이 아프구나. 그런데 그게 그의 몸과 무슨 상관이지!" 또는 "결국 아픔이 그의 몸에 나타날 필요는 없지!"[778)라고 스스로에게 말하지 않는 것이 중요하다.[779) — 그리고 내가 이런 상상[780)을 한다면 — 나는 무엇을 하는 것인가? 나는 스스로에게 뭐라고 말하는 것인가? 나는 사람들을 어떻게 보는 것인가? 나는 가령 한 사람을 보면서 "사람이 이렇게 아플 때는 틀림없이 웃기 힘들 거야."라고 생각하며, 또 이와 유사한 많은 것들을 생각한다. 나는 말하자면 하나의 역할을 맡아서, 마치 다른 사람들이 아픈 듯이 **그렇게 연기한다**. 내가 이렇게 할 때 사람들은 아마도 내가 . . . 을 상상하고 있다고 말할 것이다.[781)

392. "그가 아프다고 내가 상상할 때, 내 안에서는 실제로 . . . 만이 일어난다." 그러면 다른 누군가가 이렇게 말한다 : "나는 . . . 를 생각하지 **않고도** 그것을 상상할 수 있다고 믿는다." ("나는 말하지 않고도 생각할 수 있다고 믿는다.") 그런 식으로는 어디에도 이르지 못한다. 이런 분석은 자연과학적 분석과 문법적 분석

---

778) 몸과 마음이 서로 다르다는 심신이원론을 이렇게 표현하고 있다.
779) 한편 그렇게 말하는 것은 상상을 유희로 여기는 태도의 표출일 것이다.
780) 내가 길거리에서 보는 모든 사람이 굉장히 아픈데도 그것을 교묘하게 감추고 있다는 상상.
781) 이는 이 절에서의 상상으로부터 이끌어진 유의미한 귀결에 해당한다.

사이를 왔다 갔다 하고 있다.[782]

393. "웃고 있는 누군가가 실제로는 아프다고 내가 상상할 때, 나는 아픔을 표현하는 어떤 행동도 상상하지 않는다. 내가 보는 것은 그 반대이기 때문이다. 그러면 나는 **무엇을** 상상하는가?" — 나는 이미 그것을 말했다.[783] 그리고 나는 그것을 상상하기 위해 반드시 **내가** 아픔을 느낀다고 상상하지는 않는다. —— "하지만 그렇다면 그것을 상상하는 일은 어떻게 일어나는가?"[784] —— 자, 우리는 (철학 밖의) 어디에서 "나는 *그가* 아프다고 상상할 수 있다", 또는 "나는 . . . 라고 상상한다", 또는 ". . . 라고 상상하라!"라는 말을 사용하는가?[785]

예를 들어 우리는 연극에서 어떤 역할을 연기하는 사람에게 다음과 같이 말한다: "여기서 당신은 이 사람이 아픈데 그 아픔을 감추고 있다고 상상해야 한다." — 그리고 우리는 이제 그에게 어떤 지

---

782) 내가 어떤 상상을 할 때 내 안에서 어떠어떠한 일이 일어나는지는 자연과학적 분석의 문제이다. 반면 내가 어떤 상상을 할 때 무엇을 상상했는지를 말함은 그 것을 상상했음에 대한 문법적 기준이다. 양자가 서로 유사한 것처럼 보이므로 우리의 분석은 흔히 이 둘 사이를 왔다 갔다 하곤 한다. Hacker 1990, 464쪽 참조.

783) 즉 나는 그가 아프다는 것을 상상한다.

784) 앞선 §392의 첫 문장에 대한 질문이다.

785) 이것이 상상함이라는 낱말의 사용에 대한 기준이다.

시도 내리지 않고, 그가 **실제로** 무엇을 해야 하는지 말해주지도 않는다. 이런 이유 때문에 저 분석[786] 또한 핵심을 찌르지 못한다.[787] ― 우리는 이제 이 상황을 상상하고 있는 연기자를 본다.

394. 우리는 어떤 종류의 상황에서 누군가에게 다음과 같이 물을까?: "당신이 이것을 상상했을 때, 당신 안에서는 실제로 어떤 일이 일어났는가?"[788] ― 그리고 그때 우리는 어떤 종류의 대답을 기대하는가?[789]

395. **상상 가능성**이 우리의 탐구에서 어떤 역할을 하는지는 불분명하다. 즉 그것이 어느 정도로 한 문장의 의미를 보증하는지에 대해서 말이다.[790]

---

786) 상상함을, 상상하는 사람 안에서 일어나는 어떤 과정으로 보는 분석을 가리킨다.
787) 우리는 그에게 그의 마음 안에서 무엇이 일어나야 하는지를 기술해주지 않기 때문이다.
788) 상상의 동반물에 대한 경험적 탐구의 경우가 그러한 상황의 한 예일 수 있다.
789) 그 경우 우리가 기대하는 대답은 그에 대한 공적인 서술이다.
790) 돌이 의식을 갖는다는 상상은 가능하겠지만 그렇다고 그것이 상상의 내용의 유의미성을 보증하는 것은 아니다. 상상을 할 때 어떤 이미지가 떠오른다고 해서 그 이미지가 상상의 내용의 유의미성을 보증하는 것은 아니다. 요컨대 명제의 의미는 상상 가능성이 아니라 그 쓰임에 의해 보증된다. 상상 가능성에 대한 비트겐슈타인의 이러한 견해는 가능세계 개념에 기초한 제반 이론들에 대해서도 적용될 수 있을 것이다.

396. 우리가 한 문장과 관련해 무엇인가를 상상한다는 것은, 우리가 그 문장에 따라 스케치를 하는 것과 마찬가지로 그 문장을 이해하는 데 있어서 본질적이지 않다.[791]

397. "상상 가능성" 대신에, 우리는 여기서 어떤 특정한 묘사 수단을 통한 묘사 가능성을 이야기할 수도 있다. 그리고 그런 묘사는 물론 한 문장을 그 이상으로 사용하는 더 확실한 길로 이끌 **수도 있다**. 또 한편으로는, 하나의 그림이 우리 마음속에 자꾸 떠올라도 전혀 쓸모가 없을 수도 있다.[792]

398. "하지만 내가 어떤 것을 상상하거나 심지어 대상들을 실제로 **볼** 때, 나는 분명 내 이웃이 갖고 있지 않은 어떤 것을 **갖고 있다**." ― 나는 당신을 이해한다. 당신은 주위를 둘러보며 이렇게 말하고 싶어 한다: "어쨌든 **나만이 이것**을 갖고 있다." ― 무엇 때문에 이 말을 하는가? 이 말은 아무런 쓸모도 없다. ― 분명 우리는 또한 다음과 같이 말할 수 있지 않은가?: "여기서는 '봄'도, ― 따라서 '갖고 있음'도 ― 주체도, 따라서 나도 문제가 되지 않는다." 나

---

791) 문장의 이해는 상상 가능성이 아니라 그 쓰임의 숙달에 의해 보증된다.
792) 예컨대 시간을 이상한 매체로, 마음을 이상한 존재로 묘사하는 그림이 이에 해당한다. 이 책 §§196, 295 참조.

는 이렇게 물을 수 있지 않을까?: 당신이 이야기하고 있는 것, 그리고 당신만이 갖고 있다고 말하는 것 — 당신은 대체 어떤 의미에서 그것을 **갖고 있는가**? 당신은 그것을 소유하고 있는가? 당신은 그것을 **보지도** 못한다. 그렇다, 당신은 실제로 아무도 그것을 갖고 있지 않다고 말해서는 안 되는 것이 아닐까?[793] 그리고 다음 역시 분명하다: 만약 다른 사람들이 어떤 것을 갖고 있다는 것을 당신이 논리적으로 배제한다면, 당신이 그것을 갖고 있다는 말은 의미를 잃어버린다.

하지만 그렇다면 당신은 무엇을 말하고 있는가? 나는 당신이 의미한 바를 내 마음속으로 안다고 말했다. 그러나 그것은 우리가 이 대상[794]을 어떻게 파악하고 보는지를, 이를테면 어떻게 눈짓과 손짓으로 지시하고 의미하는지를 내가 안다는 뜻이었다. 나는 이 경우에 우리가 어떻게 자기 앞과 주위를 둘러보는지 — 그리고 그 밖의 일들을 하는지 — 알고 있다. 나는 우리가 이렇게 말할 수 있다고 생각한다: 즉 당신은 (가령 당신이 방에 앉아 있다면) '시각적인 방'[795]

---

793) 원문은 "Ja, müßtest du nicht davon sage, niemand habe es?"이다. 앞서의 "말할 수 있지 않는가?(kann man nicht auch sagen)" "물을 수 있지 않을까?(Könnte ich nicht fragen)"에 맞춰 이 문장을 "말해야 하지 않을까?"로 옮겨서는 안 된다. "여기서는 '갖고 있음'도 문제가 되지 않는다"라는 앞서의 문장이 이를 뒷받침한다. 요컨대 '갖고 있다', '갖고 있지 않다'라는 말을 모두 해서는 안 되는지를 묻는 것으로 새겨야 한다.
794) 당신이 말하고 의미한 그 대상을 가리킨다.

에 관해 이야기하고 있다고 말이다. '시각적인 방'에는 어떤 소유자도 없다. 내가 거기서 걸어 다니거나, 그것을 보거나 가리킬 수 없는 것처럼, 나는 그것을 소유할 수도 없다. 그것이 다른 누구에게도 속하지 않는 한, 그것은 내게도 속하지 않는다. 또는 내가 앉아 있는 물질적인 방[796]에 적용하는 것과 똑같은 표현 형식을 시각적인 방에 적용하려고 하는 한, 그것은 내게 속하지 않는다. 물질적인 방에 관해 기술(記述)할 때는 소유자를 언급할 필요가 없다. 사실 그 기술에는 소유자가 필요하지도 않다. 그러나 시각적인 방에는 소유자가 있을 **수 없다.** "왜냐하면" — 우리는 이렇게 말할 수 있을 것이다 — "그것에는 안에서나 밖에서나 어떤 주인도 없기 때문이다."

그 안에 집이 그려진 하나의 풍경화를, 상상의 풍경화를 생각해보라. — 누군가 "그것은 누구의 집인가?"라고 묻는다. 그런데 그에 대한 대답은 "그 집 앞 벤치에 앉아 있는 농부의 것이다."일 수 있다. 하지만 그렇다면 그 농부는 가령 자기 집으로 들어갈 수 없다.[797]

---

795) 원어는 "das visuelle Zimmer"로서 실제의 방에 대한 시각적인 이미지를 뜻한다.

796) 원어는 "das materielle Zimmer"로서 실제의 방을 뜻한다.

797) 풍경에 대한 그림의 문법이 풍경에 대한 기술(記述)의 문법과 다른 것처럼, 시각적인 방에 대한 문법은 물질적인 방에 대한 문법과 다르다. 이를 간과하

399. 우리는 또한 이렇게 말할 수 있다: 시각적인 방의 소유자는 분명 그것[798]과 똑같은 성질을 지니고 있다. 하지만 그는 그 안에 있지 않으며, 바깥이라는 것이 존재하는 것도 아니다.[799]

400. 마치 '시각적인 방'을 발견한 듯이 보이는 사람, ― 그가 발견한 것은 새로운 표현 방식, 새로운 비교였다. 그리고 우리는 심지어 새로운 감각이라고 말할 수도 있을 것이다.[800]

401. 당신은 이 새로운 이해를 새로운 대상을 보는 것이라고 해석한다. 당신은 자신이 취한 문법상의 움직임을 자신이 관찰하고 있는 준(準)-물리적 현상이라고 해석한다. (가령 "감각 자료는 우주를 구성하는 건축 재료인가?"라는 질문을 생각해보라.)[801]

고 후자를 전자에 적용할 때 여러 철학적인 오류가 발생한다. 이 절에 대해서는 다음의 논문을 참조. A. Kemmerling, "The Visual Room," Arrington and Glock 1991에 수록. 이 책 §253 참조.

798) 시각적인 방을 가리킨다.

799) 내가 어떤 방 안이나 바깥에 서 있을 수는 있지만, 시각적인 방 안이나 바깥에 서 있을 수는 없다. 나는 방을 바라보는 나를 상상할 수는 있지만, 나의 시각적인 신체가 방을 바라볼 수는 없다.

800) 그가 발견했다는 인상과 이미지의 세계는 물리적 세계와 독립해 있는 독자적인 세계가 아니다. 그가 발견한 것은 그런 것이라기보다 인상과 이미지에 대한 새로운 표현 방식과 감각이다.

801) 러셀의 논리적 원자론이 그 한 예이다.

하지만 "당신이 '문법상의' 움직임을 취했다"라는 내 표현에 반대하는 의견이 없지는 않다. 무엇보다 당신은 새로운 이해를 발견한 것이다. 마치 당신이 새로운 화풍(畵風), 새로운 운율, 또는 새로운 종류의 노래를 만들어내기라도 한 듯이 말이다.—[802)

402. "'나는 지금 이러이러한 이미지를 갖고 있다.'고 말하지만, 여기서 '나는 갖고 있다'는 말은 **다른 사람들**을 위한 기호일 뿐이다. 이미지의 세계는 **전적으로** 이미지의 기술(記述)을 통해 묘사되어 있다." — 당신의 말은 "나는 갖고 있다"가 "자, 주목하세요!"와 같다는 것을 의미한다. 당신은 그것이 실제로 다르게 표현되어야 했다고 말하는 경향이 있다. 가령 다만 손으로 신호를 하고 나서 기술을 하는 식으로 말이다. — 우리가 이 경우에서처럼 (어쨌든 제 할 일을 다하는) 우리의 일상적 언어 표현에 동의하지 않을 때, 우리의 머릿속에는 일상적인 표현 방식과 충돌하는 어떤 그림이 있게 된다. 한편 우리는 우리의 표현 방식이 사실을 있는 그대로 기술하지 않는다고 말하고 싶은 유혹을 받는다. 마치 가령 "그는 아프다"라는 명제가 그 사람이 아프지 **않은** 경우 이외의 다른 방식에 의해서도 거짓일 수 있다는 듯이 말이다. 마치 그 명제가 참일 수밖에

---

802) 문법상의 움직임이 함축하는 바를 다각도로 풀어내고 있다. 감각 인상에 대한 새로운 표현 방식은 인상파 화풍에 비견될 수 있다.

364

없는 어떤 것을 주장할 때조차도 그 표현 형식은 거짓인 어떤 것을 말하고 있는 듯이 말이다.[803]

왜냐하면 관념론자, 유아론자, 실재론자들 사이의 논쟁이 **이렇게** 보이기 때문이다. 한쪽 편[804]은 마치 하나의 주장을 공격하고 있는 듯이 일반적인 표현 형식을 공격한다.[805] 그리고 다른 편[806]은 마치 이성적인 사람이라면 누구나 인정하는 사실들을 확인하고 있는 듯이 그것을 옹호한다.[807]

403. 내가 "아픔"이라는 낱말을 오로지 내가 지금까지 "나의 아픔"이라고 불러온 것, 그리고 다른 사람들이 "루트비히 비트겐슈타인의 아픔"이라고 불러온 것에만 한정한다고 하자. 그래도 다른 맥락에서 "아픔"이라는 낱말이 사라졌을 때 어떻게든 이를 대체할 수 있는 표기법이 제공되기만 한다면, 내가 다른 사람들을 부당하게

---

803) 그러나 어떤 명제가 참인데 그 표현 형식이 거짓일 수는 없다.

804) 관념론자와 유아론자를 가리킨다.

805) 예컨대 내가 1인칭 시점에서 세계를 볼 수밖에 없다는 사실을 바탕으로 다른 시점의 진술들을 공격하는 유아론자의 경우가 이에 해당한다.

806) 실재론자를 가리킨다.

807) 예컨대 나의 인식과 무관하게 외부 세계가 존재한다는 사실을 증명하려 함으로써 1인칭 시점 이외의 진술들을 옹호하는 실재론자의 경우가 이에 해당한다. 그러나 이 경우 유아론자와 실재론자 사이의 논쟁은 어떤 형이상학적 발견에 의해서가 아니라 우리의 언어가 하나 이상의 인칭을 허용하고 있다는 사실을 확인함으로써 해소된다.

대할 일은 없을 것이다. 다른 사람들은 여전히 동정을 받거나, 의사에게 치료를 받거나 (등등) 할 것이다. 물론 다음과 같이 말하는 것이 이런 표현 방식[808]에 반대하는 일은 **아닐** 것이다: "하지만 다른 사람들도 당신이 갖고 있는 것과 정확히 똑같은 것을 갖고 있다!"

그러나 나는 이런 새로운 종류의 묘사에서 무엇을 얻게 될까? 아무것도 얻지 못할 것이다. 하지만 유아론자가 자신의 견해를 내놓을 때도 어떤 실제적인 이익을 **바라지는** 않는다![809]

404. "내가 '나는 아프다'라고 말할 때, 나는 아픈 사람을 가리키지 않는다. 나는 어떤 의미에서는 **누가** 아픈지 전혀 모르기 때문이다." 그리고 이것은 정당화될 수 있다.[810] 왜냐하면 무엇보다 나는 어떠어떠한 사람이 아프다고 말한 것이 아니라, "나는 . . . 다"라고 말했기 때문이다. 자, 이 말을 할 때 나는 어느 누구의 이름도 부르지 않는다. 마치 내가 아파서 **신음할** 때 어느 누구의 이름도 부르지 않는 것처럼 말이다. 비록 다른 누군가가 그 신음 소리를

---

808) 아픔이라는 낱말을 오로지 나의 아픔에 국한해 사용하는 앞서의 표현 방식을 가리킨다.

809) 결국 유아론자와 우리의 차이는 표현 방식의 차이에 불과하다. 유아론자의 오류는 자신의 표현 방식이 우리의 그것보다 실재를 더 잘 묘사하고 있다는 믿음에서 발생한다.

810) 이는 "나는 내가 아픈지를 안다"라는 말이 성립될 수 없다는 사실과 연관되어 있다. 이 책 §§246, 408 참조.

듣고서 누가 아픈지 알아채지만 말이다.

누가 아픈지 안다는 것은 무슨 뜻인가? 그것은 가령 이 방에 있는 어느 사람이 아픈지 안다는 뜻이다. 예를 들어 저기 앉아 있는 사람, 또는 저 구석에 서 있는 사람, 저기 금발의 키 큰 사람 등등 말이다. — 나는 무슨 말을 하려는 것인가? 사람의 '**동일성**'[811])에 대한 기준이 아주 다양하다는 사실을 말하려는 것이다.

이제 그런 기준들 중 어떤 것으로 인해 나는 '**내가**' 아프다고 말하게 되는가? 그 어떤 것도 아니다.[812])

405. "하지만 어쨌든 당신이 '나는 아프다'고 말할 때, 당신은 다른 사람들의 주의를 어느 특정인에게 돌리고 싶은 것이다." — 이에 대한 대답은 다음과 같을 수 있을 것이다: 아니다. 나는 그들의 주의를 오직 **나 자신**에게만 돌리고 싶다.[813]) —

406. "그러나 당신은 분명 '나는 . . . 다'라는 말로 **당신과 다른**

---

811) 원어는 "'*Identität*' der Person"이다.

812) 통상적으로 내가 아프다고 말할 때 나는 나의 동일성에 대한 어떤 기준을 제시하고 있는 것도 특정한 사람을 가리키는 것도 아니기 때문이다. (물론 "이 방에서 누가 아픈 사람인가?"라는 질문에 대한 답변으로 사용된 경우에는 이 말이 다른 사람이 아닌 나를 가리키는 것으로 볼 수 있을 것이다.)

813) 나의 관점에서 보았을 때 "나는 아프다"라는 나의 말로써 나는 여러 사람 중 나라는 특정한 어떤 사람을 골라 그에 관해 말하고 있는 것이 아니다.

사람들을 구별하고 싶어 한다." ─ 모든 경우에 이렇게 말할 수 있는가? 심지어 내가 그저 신음할 때에도?[814] 그리고 심지어 내가 나와 다른 사람들을 '구별하고 싶을' 때에도 ─ 나는 루트비히 비트겐슈타인이라는 사람과 아무개라는 사람을 구별하고 싶은 것인가?

407. 우리는 누군가 "어떤 사람이 아파요 ─ 누구인지는 모르겠어요!"라고 신음하면 ─ 이에 사람들이 그 신음한 사람을 돕기 위해 급히 달려오는 경우를 상상해볼 수 있을 것이다.[815]

408. "하지만 당신은 자신이 아픈지 다른 사람이 아픈지 의심하지 않는다!" ─ "나는 내가 아픈지 아니면 다른 누군가가 아픈지 모르겠다"라는 명제는 하나의 논리곱[816]이며, 그 요소의 하나는 "나는 내가 아픈지 모르겠다"일 것이다.[817] ─ 그리고 그것은 무의

814) 이 경우 나는 어떤 구별을 하고 있는 것이 아니라 아픔을 표현하고 있을 뿐이다.

815) 우리는 전쟁터에서 부상당한 장교가 자신의 부상을 인식하지 못한 채 다른 부대원들을 가리키며 위생병에게 이러한 신음소리를 내는 경우를 상상할 수 있다. 이 경우에 위생병은 장교의 신음소리를 듣고 그가 바로 아픈 당사자라는 것을 인지하게 되는 것이다.

816) 원어는 "'ein logisches Produkt"로서 (p·q)로 표기되는 연접문을 가리킨다.

817) "나는 내가 아픈지 아니면 다른 누군가가 아픈지 모르겠다"라는 명제는 "나는 다음을 알지 못하겠다. 즉 내가 아픈지, 또는 다른 누군가가 아픈지를 말이다"로 분석된다. 이를 드 모르간(Augustus De Morgan)의 법칙{~(p∨q)≡(~p·q)}으로 풀면 "나는 내가 아픈지 모르겠고 다른 누군가가 아픈지 모르

미한 문장이다.[818]

409. 몇몇 사람들이 둥그렇게 모여 서 있고, 나도 그중 한 사람이라고 상상해보라. 우리 중의 어느 한 사람이 ― 때로는 이 사람, 때로는 저 사람이 ― 기전기(起電機)[819]의 전극에 연결되는데 우리는 연결되는 모습을 볼 수 없다. 나는 다른 사람들의 얼굴을 관찰하면서 우리 중 누가 방금 감전되었는지 알아내려고 한다. ― 어느 시점에서 나는 이렇게 말한다: "이제 나는 누가 감전되었는지 **알아. 그게 바로 나거든.**" 이런 의미에서 나는 또 이렇게 말할 수 있을 것이다: "이제 나는 누가 전기 충격을 느끼고 있는지 알아. 그게 바로 나거든." 이것은 다소 이상한 표현 방식일 것이다. ― 하지

겠다"가 된다.

818) 앎은 정당화를 동반하는 개념인데 내가 아플 경우 나는 이에 대한 정당화를 필요로 하지 않기 때문이다. 따라서 비트겐슈타인에 의하면 다음의 네 문장은 모두 무의미하다. (1) 나는 내가 아픈지를 안다. (2) 나는 내가 아픈지를 모른다. (3) 나는 내가 아프지 않은지를 안다. (4) 나는 내가 아프지 않은지를 모른다. 그러나 이 문장들이 모두 무의미하다는 비트겐슈타인의 단언은 지나치다고 여겨진다. 이러한 문장들이 어색하게 들리는 것은 사실이지만, 그것이 이해나 소통을 불가능하게 할 만큼 무의미한 것은 아니기 때문이다. 우리는 적어도 이 문장들이 무엇을 의미하는지를 안다. 그렇기 때문에 예컨대 우리는 (1)이 "나는 아프다"는 것 이외에 다른 것을 의미하지 않음을 알 수 있다. 이 책 §246 참조.

819) 마찰이나 정전기 유도를 이용하여 전기를 일으키는 장치를 뜻한다.

만 다른 사람이 감전될 때에도 내가 전기 충격을 느낄 수 있다고 가정한다면, "이제 나는 누가 . . . 인지 안다"라는 표현 방식은 아주 부적절한 것이 되고 만다.[820] 그것은 이 게임에 속하지 않는다.

410. "나"는 한 사람의 이름이 아니고, "여기"는 한 장소의 이름이 아니며, "이것"은 하나의 이름이 아니다.[821] 하지만 그것들은 이름과 연관되어 있다. 이름은 그것들을 통해서 설명된다. 이런 낱말들을 사용하지 않는다는 것이 물리학의 특징이라는 점도 또한 사실이다.[822]

411. 다음 질문들이 어떻게 적용될 수 있고, 어떻게 해결될 수 있는지 잘 생각해보라.

(1) "이 책들은 **내** 책들인가?
(2) "이 발은 **내** 발인가?
(3) "이 몸은 **내** 몸인가?"
(4) "이 감각은 **내** 감각인가?"

---

820) 이 경우에는 누가 전기 충격을 느끼는지에 대한 구별이 무의미해지기 때문이다.
821) '이것'을 논리적 고유명사로 본 러셀의 입장에 대한 부정을 나타내고 있다.
822) 이러한 낱말들을 사용하지 않는다는 점에서 물리학의 명제들은 비인격적이고 비역사적이고 탈문맥적이다.

이 질문들은 모두 실제로(비(非)철학적으로) 적용되는 것들이다.

(2)에 대해서: 내 발이 마취되거나 마비된 경우들을 생각해보라. 어떤 상황에서는 내가 이 발에 아픔을 느끼는지를 확인함으로써 이 질문이 해결될 수 있을 것이다.

(3)에 대해서: 여기서 우리는 거울 속에 비친 모습을 가리키고 있을지 모른다. 그러나 어떤 상황에서는 몸을 만지면서 이 질문을 할 수 있을 것이다. 다른 상황들에서 그것은 "내 몸이 **그렇게** 보이는가?"와 같은 것을 의미한다.

(4)에 대해서: 도대체 어느 감각이 **이** 감각인가? 다시 말해, 여기서 우리는 지시대명사를 어떻게 사용하고 있는가? 확실히 가령 첫 번째 예와는 다르게 사용하고 있다! 여기서 우리는 다시 혼란에 빠진다. 왜냐하면 우리는 하나의 감각에 주의를 돌림으로써 그 감각을 가리키고 있다고 상상하기 때문이다.[823]

412. 의식(意識)과 뇌 작용 사이의 간격을 메울 수 없다는 느낌: 이 느낌이 일상적 삶을 고찰하는 데 아무런 역할도 하지 않는 이유는 무엇인가? 이렇게 종류의 차이에 대해 생각할 때는 가벼운 어

---

823) 예컨대 의학서적을 읽으면서 어떤 질병의 징후가 자신이 지금 느끼고 있는 감각에 해당하는 것인지를 묻는 경우가 이 물음 (4)가 실제로 적용되는 경우일 것이다.

지럼증이 일어난다. — 이런 어지럼증은 우리가 논리를 가지고 재주를 부릴 때 생겨난다. (집합론의 어떤 정리들을 다룰 때도 똑같은 어지럼증이 우리를 덮친다.)[824] 우리의 경우 이런 느낌은 언제 일어나는가? 이런 느낌은 가령 내가 어떤 특정한 방식으로 내 의식에 내 주의를 돌리고는, 놀라면서 — 이를테면 내 이마를 짚으면서 — 스스로에게 다음과 같이 말할 때 일어난다: "**이것**은 뇌 작용으로 생겨난 것임에 틀림없다!" — 하지만 "내 의식에 내 주의를 돌린다"라는 말은 무엇을 의미할 수 있는가? 분명 그런 어떤 것[825]이 있다는 것보다 더 대단한 일은 없다![826] 내가 이 말(이 말은 일상적인 삶에서는 사용되지 않는다)[827]로 기술한 것은 바라보는 행위였다. 나는 내 앞을 뚫어지게 바라보았다. — 하지만 어느 특정한 점이나 대상을 바라보지는 **않았다**. 나는 두 눈을 크게 떴고, 눈썹은 (내가 특정 대상에 관심이 있을 때 흔히 찡그리듯이) 찡그리지 않았다. 이런 관심이 바라보는 일보다 먼저 있지는 않았다. 내 눈길은 '멍했다'. 또는 하늘의 빛깔에 감탄하며 그 빛을 들이마시는 사람의 눈길과도 **비슷했다**.

---

824) 예컨대 어떤 무한집합이 다른 어떤 무한집합보다 더 크다는 집합론의 정리에 대해서 그러하다.

825) 내 의식에 내 주의를 돌린다는 행위를 가리킨다.

826) 예컨대 후설의 현상학에서 말하는 환원이 이에 해당한다고 볼 수 있다.

827) 일상적인 삶에서 사용되지 않기 때문에 이 말은 역설적으로 들린다.

이제 내가 하나의 역설로서 말한 문장("**이것**은 뇌 작용으로 생겨 난다!")[828]에 아무런 역설도 없다는 점을 주목하라.[829] 내가 보는 빛 깔의 효과는 뇌의 특정 부위를 자극해 생긴다는 점을 보여주기 위 한 실험을 하면서, 나는 그렇게[830] 말할 수 있었을 것이다. ― 하지 만 내가 그 문장을 말한 것은, 그것이 일상적이며 비(非)역설적인 의 미를 지녔을 만한 상황에서가 아니었다.[831] 게다가 내 주의(注意)[832] 는 그 실험에 적합했을 만한 것도 아니었다. (만일 적합했다면 내 눈 길은 '몰입해' 있었지 '멍하지' 않았을 것이다.)

413. 여기서 우리는 내적 관찰[833]의 한 경우를 보게 되는데, 그것 은 윌리엄 제임스[834]가 그로 인해 '자아(自我)'가 주로 '머릿속에서, 그리고 머리와 목 사이에서 일어나는 독특한 움직임들'로 이루어진 다고 생각하게 된 내적 관찰과 다르지 않다. 그리고 제임스의 내적

---

828) 의식과 뇌 작용 사이의 간격을 메울 수 없다는 느낌 때문에 내가 어떤 특정 한 방식으로 내 의식에 내 주의를 돌리며 내가 한 "이것은 뇌 작용으로 생겨난 다!"라는 말은 역설처럼 들린다.
829) 문장의 사용을 고려하지 않을 때 역설이 발생한다.
830) "이것은 뇌 작용으로 생겨난다!"라고.
831) 앞 단락에서 그 문장은 자신의 이마를 짚으면서 발언되었다.
832) 원어는 "Aufmerksamkeit"이다.
833) 원어는 "Introspektion"이다.
834) James 1890, 301쪽.

관찰이 보여준 것은 '자아'(이 말이 "사람", "인간", "그 자신", "나 자신"
과 같은 어떤 것을 의미하는 한)라는 낱말의 의미도 아니고, 그런 존
재에 대한 어떤 분석도 아니었다. 그것은 한 철학자가 스스로에게
"자아"라는 낱말을 말하면서 그 의미를 분석하려 할 때, 그 철학자
가 지닌 주의(注意)의 상태였다.[835] (그리고 이로부터[836] 많은 것을[837] 배
울 수 있을 것이다.)

414. 당신은 자신이 어쨌든 틀림없이 옷을 짜고 있다고 생각한
다. 왜냐하면 당신은 베틀 앞에 앉아 ─ 설령 그것이 비어 있다고
해도 ─ 옷을 짜는 동작을 하고 있기 때문이다.[838]

415. 우리가 제시하고 있는 것은 실제로 사람의 자연사(自然史)에
관한 견해들이다. 하지만 그것은 어떤 특이한 것이 아니라, 항상
우리 눈앞에 있기 때문에 아무도 의심하거나 주목하지 않았던 사
실들을 확인하는 것이다.[839]

---

835) 그러한 상태의 상정도 자아라는 내적 상태의 상정과 마찬가지로 잘못된 것이다.
836) 내적 관찰에 대한 제임스의 고찰로부터.
837) 철학적인 환상이나 착각이 어떻게 생겨나는지를.
838) 베틀은 자신의 마음을 상징한다. 옷을 짜는 동작은 자신의 마음에 주목함을 상
징한다. 옷을 짬은 의식이나 자아의 본성을 명료히 함을 상징한다. 베틀이 비
어 있음은 의식이나 자아라고 불리는 내적 대상이 존재하지 않음을 상징한다.

416. "사람은 하나같이 자신이 보고, 듣고, 느낀다는 등으로 말한다(비록 눈먼 사람도 있고 귀먹은 사람도 있겠지만). 따라서 사람은 자신에게 **의식**이 있다는 것을 스스로 입증한다." ― 하지만 이것은 얼마나 이상한 일인가! 내가 "내게는 의식이 있다"라고 말한다면, 나는 실제로 누구에게 알리는 것인가? 스스로에게 이렇게 말하는 목적은 무엇인가? 그리고 다른 사람은 어떻게 나를 이해할 수 있는가?[840] ― 자, "나는 본다", "나는 듣는다", "나는 의식이 있다"와 같은 문장들은 실제로 사용되는 문장들이다. 나는 의사에게 "이제 저는 다시 이 귀로 들을 수 있어요."라고 말하거나, 또는 내가 기절했다고 믿는 누군가에게 "저는 의식이 다시 돌아왔어요."라는 등으로 말한다.

417. 그렇다면 나는 스스로를 관찰하고서 내가 보고 있거나 의식이 있다고 알아차리는가? 그런데 도대체 왜 관찰에 대해 말하는 것인가? ― 왜 단순히 "나는 내가 의식이 있다고 알아차린다."고 말하지 않는가? ― 하지만 여기서 "나는 알아차린다"라는 말은 무엇 때문에 있는가? ― 왜 "나는 의식이 있다."라고 말하지 않는가?

---

839) 이러한 것에 대한 확인이 중요한 이유는 그 확인되는 것이 우리의 언어게임을 조건 짓고 있기 때문이다. 이 책 §129 참조.

840) 이 구절은 (자)의식을 모든 인식의 의심할 수 없는 확실한 토대로 간주하는 데카르트의 인식론적 전통에 대한 비판으로 새길 수 있다.

— 그러나 여기서 "나는 알아차린다"라는 말은 내가 내 의식에 주의를 기울이고 있음을 보여주지 않는가?[841] — 평상시에는 내 의식에 주의를 기울이지 않는다.[842] — 만일 그렇다면[843] "나는 내가 의식이 있다고 알아차린다."라는 문장은 내가 의식이 있다고 말하는 것이 아니라, 내 주의가 이러이러한 방식으로 집중되어 있다고 말하는 것이다.[844]

그러나 내가 "저는 의식이 다시 돌아왔어요."라고 말하게 되는 것은 어떤 특정한 경험 때문이 아닌가?[845] — **어떤** 경험인가? 어떤 상황에서 우리는 그렇게 말하는가?[846]

---

841) 이는 비트겐슈타인의 대화 상대자의 반문이다. 그는 의식을 어떤 지각 대상으로 간주하고 있다.

842) 이 책 §412 참조.

843) 즉 "나는 알아차린다"라는 말이 내가 내 의식에 주의를 기울이고 있음을 보여준다면.

844) "나는 알아차린다"라는 말이 내가 내 의식에 주의를 기울이고 있음을 보여주지 않으므로, "나는 내가 의식이 있다고 알아차린다"라는 말도 내 주의가 이러이러한 방식으로 집중되어 있음을 말한다고 할 수 없다. 둘은 일상적으로 서로 다른 말이다.

845) 이는 비트겐슈타인의 대화 상대자의 반문이다. 그는 의식이 어떤 특정한 경험이라고 생각하고 있다.

846) 누군가 내가 잠들어 있다고 생각하고는 잠을 깨우지 않으려 살금살금 걸을 때 나는 그에게 이렇게 말한다. 이는 내가 의식이 있다고 알아차리거나 경험하는 경우가 아니다.

418. 내게 의식이 있다는 것은 경험적 사실인가? —

하지만 우리는 사람에게는 의식이 있으며, 나무나 돌에게는 의식이 없다고 말하지 않는가?[847] — 만일 그렇지 않다면 어떨까? — 사람은 모두 무의식 상태일까? — 아니다. 무의식이라는 낱말의 일상적 의미에서는 그렇지 않을 것이다. 그러나 내게는 가령 — 지금 내게 실제로 있는 것과 같은 — 의식은 없을 것이다.[848]

419. 어떤 상황에서 나는 한 부족에게 **추장**이 있다고 말할까? 그리고 그 추장에게는 분명 **의식**(意識)이 있어야 한다. 확실히 그에게 의식이 없어서는 안 된다![849]

420. 하지만 나는 내 주위 사람들이 비록 평소와 똑같은 방식으로 행위한다 해도, 그들이 자동기계이며 의식이 없다고 상상해볼 수 없는가? — 내가 지금 — 내 방에서 혼자 — 그렇게 상상한다면, 나는 사람들이 (최면 상태에 든 것처럼) 눈길을 고정시킨 채 자신의 일에 몰두하고 있는 모습을 볼 수 있다. 이런 생각은 아마도 약

---

847) 비트겐슈타인이 보기에 이는 경험적 명제가 아니라 문법적 명제이다. 우리는 나무나 돌에 대해서가 아니라 사람에 대해 의식이라는 용어를 적용한다. 이어지는 구절은 문법적 명제의 부정이 불합리함을 역설하고 있다.
848) 이 구절에 대한 구체적인 부연은 이 책 §420에서 속개된다.
849) 그 필연성은 경험적인 것이 아니라 문법적인 것이다.

간 섬뜩할 것이다. 그러나 이제 다른 사람들과 일상적으로 ― 가령 거리에서 ― 교류하는 가운데 이런 생각을 계속 유지하려고 해보라! 예를 들어 스스로에게 이렇게 말해보라: "저기 있는 아이들은 단지 자동기계일 뿐이다. 그들의 활기찬 모습도 전부 기계적인 현상일 뿐이다." 그러면 당신은 이 말이 아주 무의미해진다는 것을 알게 되거나, 어떤 섬뜩한 기분 또는 그와 비슷한 어떤 기분이 들 것이다.

살아 있는 사람을 자동기계로 보는 것은, 하나의 모양을 또 다른 모양의 극단적인 경우나 변형으로 보는 것과 비슷하다. 예를 들면 십자형 창살을 만자(卍字)로 보는 것이다.[850]

421. 우리가 다음과 같은 **하나**의 보고에서 몸 상태와 의식 상태를 뒤죽박죽 섞는다는 것은 우리에게 역설적으로 보인다: "그는 큰 고통을 겪었으며, 가만있지 못하고 계속 몸을 뒤척였다."[851] 그것은 아주 흔한 일이다. 그렇다면 그것은 왜 우리에게 역설적으로 보이는가? 왜냐하면 우리는 그 문장이 형태가 있는 것과 형태가 없는 것을[852] 한꺼번에 다룬다고 말하고 싶기 때문이다. ―― 하지만 내

---

850) 살아 있는 사람을 의식 없는 자동기계로 볼 때 우리는 사람이라는 낱말의 유의미성의 한계에 부딪치게 된다.

851) 데카르트적 심신 이원론을 전제한다면 이 보고의 내용은 역설적으로 보인다.

852) 형태가 있는 것은 몸을, 없는 것은 고통 혹은 의식을 뜻한다.

가 다음과 같이 말한다면 당신에게 문제가 될까?: "이 세 버팀목은 그 건물을 안정감 있게 받쳐준다." '셋'과 '안정감'은 형태가 있는 가? —— 문장을 하나의 도구로, 그 의미를 그 쓰임으로 간주하라!

422. 내가 사람에게 영혼이 있다고 믿을 때, 나는 무엇을 믿는 것인가? 내가 이 물질이 두 개의 탄소 원자 고리를 담고 있다고 믿을 때, 나는 무엇을 믿는 것인가?[853] 두 경우 모두 전면에 하나의 그림이 있지만, 그 의미는 저 멀리 배후에 놓여 있다. 다시 말해, 그 그림의 적용을 통찰(通察)하기는 쉽지 않다.

423. **확실히** 이 모든 것[854]이 당신 안에서 일어난다. — 그럼 이제 다만 우리가 사용하는 표현을 내가 이해하게 해달라. — 그림은 저기에 있다.[855] 그리고 나는 특정한 경우들에 있어서 그것이 타당한지를 따지려는 것이 아니다. — 단지 지금 내가 그 그림의 적용을 이해하게 해달라.

424. 그림은 **저기에** 있다. 그리고 나는 그것이 **올바른지를** 따지

---

853) 두 개의 탄소 원자 고리가 어떤 물질에 대한 하나의 그림이듯이 영혼도 사람에 대한 하나의 그림이다.
854) 영혼, 고통, 의식, 마음 등의 표현이 지칭하는 바를 뜻한다.
855) 영혼, 고통, 의식, 마음 등의 표현이 동반하는 그림을 뜻한다. 이 책 §196 참조.

려는 것이 아니다. 하지만 그 그림의 적용은 **무엇**인가? 눈먼 상태가 눈먼 사람의 마음이나 머릿속에 깃든 어둠이라는 그림에 대해 생각해보라.[856]

425. 우리는 무수한 경우들에서 하나의 그림을 발견하려 애쓰며, 일단 그것이 발견되면 그 적용은 이를테면 저절로 따라 나온다.[857] 반면 여기서 우리는 계속해서 마음속에 떠오르는 하나의 그림을 이미 지니고 있다.[858] — 하지만 그 그림은 우리가 어려움을 헤쳐 나가는 데 도움이 되지 않는다. 어려움은 여기서 시작될 뿐이다.

가령 내가 이렇게 묻는다고 하자: "**이** 기계장치가 **이** 통에 들어가는 것을 어떻게 상상해야 하지?" — 그러면 아마도 축소된 규모의 스케치가 대답에 도움이 될 수 있을 것이다. 그때 상대방은 내게 다음과 같이 말할 수 있다: "봐라. 그것은 **이렇게** 들어가잖아." 또는 아마도: "왜 그렇게 놀라지? **여기서** 그게 어떻게 들어가는지 봐. 저기서도 마찬가지야." — 물론 후자[859]에서는 더 이상 아무런

---

856) 예컨대 이 문장의 의미가 명확해지려면 이 문장에서 말하는 어둠이라는 표현, 그리고 어떤 것이 마음이나 머릿속에 깃들었다는 표현이 구체적으로 어떻게 적용될 수 있는지가 부연되어야 한다.

857) 다음 단락에 나오는 그림의 적용이 그 한 예이다.

858) 앞선 §§422-424에서의 그림을 지칭한다.

859) "왜 그렇게 놀라지? **여기서** 그게 어떻게 들어가는지 봐. 저기서도 마찬가지야" 라고 말하는 경우를 가리킨다.

설명도 하지 않는다. 다만 주어진 그림을 적용하라고 내게 요구할 뿐이다.

426. 의미를 **분명하게** 확정하는 듯이 보이는 어떤 그림[860]이 우리 마음속에 떠오른다. 그 그림이 우리 앞에 그려 보이는 것과 비교하면, 실제의 쓰임은 더럽혀진 어떤 것처럼 보인다. 여기서 다시 집합론에서와 똑같은 일이 벌어진다[861] : 그 표현 방식은 우리가 알 수 없는 것을 아는 어떤 신(神)을 위해 맞춰진 듯이 보인다. 그 신은 무한 수열 전체를 보며, 사람의 의식을 들여다본다.[862] 하지만 우리에게 이런 표현 형식들[863]은, 우리가 입을 수는 있지만 입은 채로 많은 일을 하지 못하는 예복(禮服)과도 같다. 왜냐하면 우리에게는 이런 옷차림에 의미와 목적을 부여할 실질적인 힘이 없기 때문이다.

이런 표현들을 실제로 사용할 때, 우리는 말하자면 우회해서 골목길을 타고 간다. 우리는 우리 앞에 놓인 곧게 뻗은 대로를 보지만,[864] 물론 그 길을 이용할 수는 없다. 그 길은 영원히 막혀 있기 때문이다.[865]

---

860) 영혼, 고통, 의식, 마음 등의 표현이 동반하는 그림을 말한다.
861) 이 책 §412 참조.
862) 무한들의 크기를 비교하는 집합론의 방법을 가리킨다.
863) 신이 무한 수열 전체를 본다거나 사람의 의식을 들여다본다는 따위의 표현 형식을 가리킨다.
864) 영혼, 고통, 의식, 마음 등의 표현이 동반하는 그림을 비유적으로 말하고 있다.

427. "내가 그에게 말하고 있는 동안, 나는 그의 머릿속에서 어떤 일이 일어나고 있는지 몰랐다." 이렇게 말할 때 우리는 뇌 과정이 아니라 생각의 과정을 염두에 두고 있다. 우리는 그 그림[866]을 진지하게 받아들여야 한다. 우리는 실제로 그의 머릿속을 들여다보고 싶어 한다. 하지만 우리가 그가 무엇을 생각하고 있는지 알고 싶다고 말할 때, 우리는 평상시 의미하는 바를 의미할 뿐이다.[867] 나는 다음과 같이 말하고 싶다: 우리에게는 생생한 그림[868]이 있다. ― 그리고 그 그림에 모순되는 듯이 보이면서도 심리적인 것을 표현하는 그런 쓰임[869]이 있다.

428. "생각[870]이 얼마나 이상한 것인가!" ― 하지만 우리가 생각하고 있을 때 그것은 우리에게 이상하다고 여겨지지 않는다. 우

---

865) 영혼, 고통, 의식, 마음 등의 표현이 동반하는 그림을 적용할 수 없다는 점을 비유적으로 말하고 있다. 곧장 뻗은 넓은 길이 영원히 막혀 있는 것처럼 이러한 그림도 많은 경우에 무용지물일 뿐이다.
866) 머릿속에서 일어나고 있는 일에 대한 그림을 가리킨다.
867) 결국 뇌 과정은 우리의 관심사가 아니다.
868) 앞서의 경우와 마찬가지로 머릿속에서 일어나고 있는 일에 대한 그림을 지시한다.
869) 결국 머릿속에서 일어나고 있는 일이라는 표현의 쓰임은 생각함이라는 낱말의 일상적 쓰임과 다르지 않다.
870) 프레게의 논문 제목이기도 하다. G. Frege, "The Thought: A Logical Inquiry," Strawson 1967에 재수록. 비트겐슈타인의 대화 상대자는 프레게를 연상시킨다.

리가 생각하고 있는 동안 생각은 우리에게 신비하다고 여겨지지 않지만, 우리가 이를테면 되돌아보면서 "그것이 어떻게 가능했는가?"라고 말할 때에만 생각은 신비하게 여겨진다. 생각이 이 대상 **자체**를 다루는 일은 어떻게 가능했는가? 우리에게는 마치 우리가 생각으로 실재를 포착한 듯이 보인다.[871)]

429. 생각과 현실의 일치, 조화는 다음에 있다: 내가 어떤 것이 **빨갛다**고 잘못 말한다 해도, 그것은 어쨌든 **빨갛지** 않다. 그리고 다음에도 있다: 내가 "그것은 빨갛지 않다"라는 문장에서 "빨갛다"라는 낱말을 누군가에게 설명하려고 할 때, 나는 이를 위해 빨간 어떤 것을 가리킨다.[872)]

430. "줄자를 이 물체에 갖다 대라. 줄자는 그 물체의 길이가 얼마라고 말하지 않는다. 오히려 줄자는 그 자체로는 — 나는 이렇게 말하고 싶다 — 죽어 있으며, 생각이 해낼 수 있는 어떤 것도 해내

---

871) 이 절부터 §465까지는 다음의 논문을 참조. R. Arrington, "Making Contact in Language: The Harmony between Thought and Reality," Arrington and Glock 1991에 수록.

872) 이 절의 나중 두 문장은 문법적 명제이다. 요컨대 생각과 현실의 일치, 조화라는 형이상학적 주제는 문법에서 표현된다. 이 책 §§371, 443 참조. 『논리-철학논고』의 형이상학에 대한 비판으로 새길 수 있는 절이다.

지 못한다.[873] ─ 그것은 마치 우리가 살아 있는 사람에게 본질적인 것은 외적인 형태라고 착각하고서, 그런 형태의 나무토막을 하나 만들어놓고 그 죽은 나무토막이 생물과 전혀 닮은 데가 없다고 당황해하며 바라보는 것과 같다.[874]

431. "명령과 그 실행 사이에는 간격이 있다. 그 간격은 이해를 통해 메워야 한다."

"명령은 이해가 되어야만 비로소 우리가 **이것**을 해야 한다는 것을 의미한다. **명령** ── 그것은 단지 소리, 잉크 자국에 지나지 않는다. ─"[875]

432. 모든 기호는 **그 자체만으로는** 죽은 듯이 보인다. **무엇이** 기

---

873) 앞 절에서 서술된 비트겐슈타인의 생각에 대한 대화 상대자의 반론이다. 그는 줄자가 그 자체로 어떤 물체의 길이를 알려주지 못하는 것처럼, 기호나 문장도 그 자체로는 아무것도 말해주는 바가 없다고 주장한다. 양자의 경우 모두 생각이 뒷받침되어야 소기의 목적을 달성할 수 있다는 것이다.

874) 비트겐슈타인은 대화 상대자의 반론이 결국 사람의 외적인 형태나 몸에 영혼이나 마음 같은 어떤 신비로운 존재가 깃들었을 때야 비로소 그 형태나 몸이 살아 있는 사람이 됨을 함축하는 것으로 풀이하고 있다.

875) 비트겐슈타인의 대화 상대자는 그 자체로는 소리나 잉크 자국에 불과한 명령도 이해와 같은 마음의 과정을 통해 비로소 명령으로서의 역할을 수행하게 된다고 주장한다. 같은 맥락에서 그는 생각과 대상(현실) 사이의 간격도 지향성과 같은 마음의 과정을 통해 메워져야 한다고 주장할 것이다.

호에 생명을 불어넣는가? — 쓰임 속에서 기호는 **살아 있다.** 그곳[876]
에서 기호는 자기 안에 생명의 숨결을 지니는가? 혹은 **쓰임**이 기호
의 숨결인가?[877]

433. 우리가 명령을 내릴 때, 그 명령이 원하는 궁극적인 것은
분명 표현되지 않은 채 남아 있는 듯이 보일 수 있다. 왜냐하면 명
령과 그 실행 사이에는 여전히 간격이 남아 있기 때문이다. 예컨대
나는 누군가 특정한 동작을 하기를, 가령 그의 팔을 들기를 원한
다. 그것을 쉽게 이해시키려고 나는 그에게 그 동작의 시범을 보인
다. 그런데 우리가 다음과 같은 질문을 하면 이 그림은 애매해 보
이게 된다: 어떻게 그는 **자신이 이 동작을 해야 한다**는 것을 아는
가? — 도대체 어떻게 그는 내가 주는 기호들을 (그것들이 어떤 기호
이든) 사용하는 법을 아는가? — 아마도 이제 나는 나로부터 그 사
람을 향해 가리키거나, 격려하는 몸짓 등을 함으로써 추가적인 기

---

876) 쓰임 속을 가리킨다.
877) 이 절 말미의 두 질문에 대한 비트겐슈타인의 대답은 각각 "아니오"와 "예"이
다. 첫 번째 질문에 대한 대답이 "아니오"인 까닭은 그 질문이 기호가 사용될
때 어떤 것을 의미함이라는 마음의 작용에 의해 그 기호에 생명의 숨결이 불
어넣어진다는 그릇된 전제를 동반할 수 있기 때문이다. 두 번째 질문에 대한
비트겐슈타인의 대답이 "예"인 까닭은 그가 어떤 마음의 작용을 매개로 하지
않고서도 쓰임 그 자체가 곧 기호의 생명이라는 입장을 견지하고 있기 때문이
다. 이 책 §454 참조.

호들로 그 명령을 보충하려 할 것이다. 여기서 마치 그 명령이 말을 더듬기 시작하는 듯이 보인다.

　마치 기호는 불확실한 수단으로 우리 안에 이해를 일으키려 하는 것처럼 보인다. — 하지만 우리가 이제 그것[878]을 이해한다면, 우리는 어떤 기호들을 가지고 이해하는가?[879]

　434. 우리는 몸짓을 통해 — 우리는 이렇게 말하고 싶다 — 미리 시범을 보이**려 하지만**,[880] 그렇게 할 수 없는 경우가 있다.[881]

　435. 우리가 "어떻게 문장은 묘사하는 일을 해내는가?"라고 묻는다면 — 이에 대한 대답은 다음과 같을 수 있을 것이다: "당신도 알지 않는가? 당신이 문장을 사용할 때 분명 당신은 그것[882]을 본다." 실로 아무것도 감춰져 있지 않다.

　문장은 어떻게 그 일[883]을 하는가? — 당신도 알지 않는가? 실로

---

878) 기호가 우리 안에 이해를 일으키려 한 것을 가리킨다.
879) 오해의 가능성으로부터 면제된 기호는 존재하지 않는다. 그러나 이로 말미암아 기호가 이해 불가능한 것은 아니다.
880) 명령이 원하는 것을 미리 보여주려 하지만.
881) 기호와 마찬가지로 오해의 가능성으로부터 면제된 몸짓도 존재하지 않는다. 원문은 "aber kann es nicht"로 "그렇게 할 수 없다"로 직역할 수 있지만 문맥과 가독성을 고려하여 "그렇게 할 수 없는 경우가 있다"로 의역하였다.
882) 문장의 묘사 기제(機制)를 가리킨다.

아무것도 숨겨져 있지 않다.

하지만 "당신은 문장이 어떻게 그 일을 하는지 안다. 실로 아무것도 감춰져 있지 않다."라는 대답에 대해, 우리는 다음과 같이 대꾸하고 싶다: "그렇다. 그러나 모든 것이 너무 빨리 지나가버린다. 나는 그것을 이를테면 따로따로 넓게 펼쳐놓고 보고 싶다."[884]

436. 여기서 우리는 철학을 하는 데 있어 저 막다른 길로 빠져들기 쉽다. 그 막다른 길에서 우리는 문제의 어려움이란, 파악하기 어려운 현상들, 너무 빨리 스쳐 가는 현재의 경험, 혹은 그와 같은 어떤 것을 우리가 기술해야 하는 데에 있다고 믿는다. 거기서 일상 언어는 우리에게 너무 거친 듯이 보이며, 우리는 마치 일상적으로 이야기하는 현상들을 다루는 것이 아니라, "쉽게 사라지는 현상들, 그리고 생겨나고 없어질 때 저 앞의 것[885]과 비슷한 것을 발생시키는 현상들"을 다루고 있는 것 같다. (아우구스티누스[886]: 그것들은 아주 명백하고 일상적이지만 너무나도 깊이 감춰져 있기 때문에 그것들을

---

883) 묘사하는 일을 가리킨다.

884) 비트겐슈타인의 대화 상대자의 말이다. 그가 따로따로 넓게 펼쳐놓고 보고 싶어 하는 문장의 묘사 기제란 사실 존재하지 않는다. 문장이 묘사를 할 수 있는 까닭은 어떤 인과적 기제의 작동에 의해서가 아니라 쓰임에 의해서이다. Hacker 1996, 84쪽 참조.

885) 일상적으로 이야기하는 현상들을 가리킨다.

886) Augustine, *Confessions*. XI, 28.

발견하는 일은 새로운 것입니다.)

437. 소망은 무엇이 그것을 충족시킬지, 또는 충족시키게 될지 이미 알고 있는 것 같다. 명제, 생각은 — 설령 그것이 거기에 없다 해도 — 무엇이 그것을 참이 되도록 만드는지 이미 알고 있는 것 같다! 아직 거기 있지도 않은 것을 이렇게 **확정**하는, 이런 무지막지한 강요는 어디에서 오는가?[887] ("논리적 필연성의 견고함.")[888]

438. "계획이란 그 자체로서는 충족되지 않은 어떤 것이다." (소망, 기대, 추측 등과 마찬가지로.)

여기서 나는 다음을 의미한다: 기대는 충족되지 않는다. 그것은 어떤 것에 대한 기대이기 때문이다. 믿음, 의견은 충족되지 않는다. 그것은 어떤 것이 사실이며, 어떤 것이 실제적인 어떤 것이며, 어떤 것이 의견을 내는[889] 과정 바깥에 있는 어떤 것이라는 그런 의견이기 때문이다.[890]

---

887) 예컨대 내가 미국 여행을 소망할 때 그러한 마음의 상태나 과정으로서의 소망이 어떻게 미국 여행과 같은 마음 바깥의 상태나 가정으로서의 소망하는 바와 확정적인 관계를 맺을 수 있는지를 묻고 있다.

888) 이 책 §§372, 458 참조.

889) 원어는 "Meinen"인데 여기서는 '의견'으로 번역한 'Meinung'과 같은 어근을 갖는다는 것에 착안하여 이렇게 번역하였다.

890) 비트겐슈타인이 비판하고자 하는 문제를 서술하고 있는 절이다. 계획이나 기대

388

439. 어떤 의미에서 우리는 소망, 기대, 믿음 등을 "충족되지 않았다"고 부를 수 있는가? 충족되지 않음의 원형(原型)은 무엇인가? 그것은 텅 빈 공간인가? 그런데 우리가 그것을 "충족되지 않았다"라고 말할까?[891] 이것도 하나의 은유가 아닐까? — 우리가 충족되지 않음이라고 부르는 것 — 가령, 배고픔 — 은 하나의 느낌이 아닌가?[892]

표현들의 특정한 체계 속에서 우리는 "충족되었다"와 "충족되지 않았다"라는 말들을 사용해 하나의 대상을 기술할 수 있다. 예를 들어 우리가 빈 원통을 "충족되지 않은 원통"이라 부르고, 그것에 끼워 맞춰지는 원통을 "그것의 충족"이라 부르기로 정할 때 그렇다.[893]

440. "나는 사과를 먹고 싶다"라고 말하는 것은 다음을 의미하지

가 그 자체로는 충족되지 않는 까닭을 계획이나 기대가 의견을 내는 과정인데 반해 그것이 계획하는 바나 기대하는 바는 의견을 내는 과정 바깥에 놓여 있기 때문이라고 보고 있다. 이 책 §574 참조.

891) 그러나 우리는 사실 그 경우 빈 공간이 채워지지 않았다고 말한다.

892) 배고픔에서 비롯되는 먹고자 하는 욕망은 빈 배를 채움으로써 충족된다. 그렇다고 (먹으려는) 욕망의 '충족'과 (빈 배를) '채움'이 언제나 동의어로 사용되는 것은 아니다. 따라서 후자가 전자의 원형이라고 말할 수 없다.

893) 그러나 그것은 표현들의 특정한 체계 속에서만 그렇다는 점에 유의해야 한다. 요컨대 그러한 표현 규칙은 일상 언어의 문법과 다르다.

않는다: 나는 충족되지 않았다는 나의 느낌을 사과가 진정시킬 거라고 믿는다. — 이 문장[894]은 소망을 표현한 것이 아니라, 충족되지 않음을 표현한 것이다.[895]

441. 본성으로 인해, 그리고 특정한 훈련과 교육을 통해 우리는 일정한 상황들에서 저절로 소망을 표현하도록 되어 있다.[896] (물론 그런 '상황'은 **소망**이 아니다.) 이 게임에서는 '내 소망이 충족되기 전에 내가 무엇을 소망하는지를 내가 아는가?'라는 물음은 결코 제기될 수 없다.[897] 그리고 어떤 사건으로 인해 내 소망이 잠잠해진다는 사실은 그 사건이 내 소망을 충족시킨다는 것을 의미하지 않는다. 아마 내 소망이 충족되었다고 해도 나는 충족되지 않았을 것이다.[898]

---

894) 충족되지 않았다는 나의 느낌을 사과가 진정시킬 거라고 믿는다는 문장을 가리킨다.
895) 충족되지 않음으로써 소망을 정의하는 앞 절들(§§437-438)의 논제를 부정하고 있다. 이 절의 첫 번째 명제를 구성하는 두 명제 중 앞 명제("나는 사과를 먹고 싶다")는 소망을 표현하고 있고 나머지 명제는 믿음을 서술하고 있다는 점에서 서로 구별된다.
896) 제과점에 진열된 케이크를 보고 "저거 한 조각만 먹었으면" 하고 중얼거리는 경우를 상상해볼 수 있다.
897) 이는 문법적 명제이고 그 불가능성은 문법상의 불가능성이다.
898) 먹고 싶은 케이크 한 조각을 먹고나서 한 조각 더 먹고 싶어 하는 경우를 상상할 수 있다.

다른 한편으로, "소망하다"라는 낱말은 이렇게도 쓰인다: "나 자신도 내가 무엇을 소망하는지 모르겠다."[899] ("왜냐하면 소망은 소망의 대상을 우리 자신에게서 감추기 때문이다.")[900]

누군가 다음과 같이 묻는다면 어떨까?: "나는 내가 무엇을 바라는지 그것을 얻기 전에 아는가?" 내가 말하기를 배웠다면 나는 안다.[901]

442. 나는 누군가 총을 겨누는 것을 보고서, "나는 총소리를 기대한다."라고 말한다. 그가 총을 쏘았다. ― 뭐! 이것이 당신이 기대한 것인가? 그래서 이 총소리는 어떤 식으로든 당신의 기대 속에 이미 있었는가? 또는 당신의 기대는 어떤 다른 관점에서만 그 일어난 일과 일치하는 것인가? 그 소음은 당신이 기대한 것이 아니고, 기대가 충족되었을 때 단지 우연히 따라서 일어났는가? ― 하지만 그렇지 않다. 소음이 나지 않았다면 내 기대는 충족되지 않았을 것이다. 소음은 내 기대를 충족시켰다. 그것은 내가 기대했던 손님과 함께 온 두 번째 손님과도 같이, 충족과 함께 일어난 것이 아니

---

899) 이는 무지가 아니라 미결정의 표현이다. 요컨대 여기서 내가 모르고 있는 것은 소망의 대상이 아니라 내 마음의 상태이다.

900) J. W. von Goethe, *Hermann und Dorothea*, V, 69행.

901) 결국 소망과 소망의 대상 사이의 관계는 언어의 문법에 의해 결정되는 관계이다. 이 책 §§381, 384 참조.

었다. ― 이 사건에서 기대하지 않았던 것은 어떤 우연적인 것, 운명의 덤이었던가? ― 하지만 그렇다면 덤이 **아닌** 것은 무엇이었는가? 그 총소리의 어떤 것은 이미 내가 기대했던 대로였는가? ― 그렇다면 덤은 무엇**이었는가**? 왜냐하면, 나는 총소리 전체를 기대하지 않았던가?

"총소리는 내가 기대했던 것만큼 크지 않았다." ― "그렇다면 당신의 기대 속에서는 더 큰 총소리가 났는가?"[902]

443. "어쨌든 당신이 상상하는 빨강은 분명 당신이 당신 앞에서 보고 있는 것과 똑같지 않다. (똑같은 사물이 아니다.) 그렇다면 당신은 그것이 당신이 상상했던 것이라고 어떻게 말할 수 있는가?" ― 하지만 "여기에 빨간 반점이 있다"와 "여기에 빨간 반점이 없다"는 문장들에서도 사정은 비슷하지 않은가? "빨간"이라는 낱말은 두 경우 모두 나타난다. 따라서 이 낱말은 빨간 어떤 것이 나타나 있음을 가리킬 수 없다.[903]

---

902) 기대함은 기대에 속한 대상을 서술함에 의해서가 아니라 의미하는 바를 말함으로써 구체화된다. "나는 총소리를 기대한다"는 기대의 표현이지 기대의 대상인 총소리를 재현하는 내적 상태에 대한 서술이 아니다.

903) 이 책 §429 참조. 낱말의 의미가 그 낱말이 지시하는 지시체에 대한 어떤 이미지에 놓여 있다는 논제를 논박하고 있다. 이 논제가 참이라면 어떤 대상에 대한 이미지와 그 대상 사이의 일치나 불일치의 문제가 생기게 마련이다. 그러나 어떤 대상에 대한 문장이 그 대상이 있을 때나 없을 때나 마찬가지로 의미

444. 우리는 아마도 "나는 그가 온다고 기대한다"라는 문장에서 우리가 "그가 온다"라는 말을 "그가 온다"라는 진술에서와는 다른 의미로 사용하고 있다는 느낌을 받을 것이다. 하지만 만일 그렇다면, 어떻게 내 기대가 충족되었다고 말할 수 있을까? 내가 "그"와 "온다"라는 낱말을 이를테면 지칭적 설명을 통해서 설명하려 한다면, 이 낱말들에 대한 똑같은 설명은 두 문장 모두에 해당될 것이다.

그러나 이제 우리는 다음과 같이 물을 수 있을 것이다: 그가 온다면 그것은 어떤 식일까? — 문이 열리고 누군가가 들어온다 등등 — 그가 온다고 내가 기대한다면 그것은 어떤 식일까? — 나는 방 안을 이리저리 걸으며 가끔 시계를 본다 등등 — 하지만 하나의 과정은 다른 하나의 과정과 조금도 유사성이 없다! 그렇다면 어떻게 우리는 그것들을 기술할 때 똑같은 말을 사용할 수 있는가? — 그러나 나는 아마도 이리저리 걸으면서 이렇게 말할 것이다: "나는 그가 들어온다고 기대한다" — 이제 하나의 유사성이 존재한다. 하지만 그것은 어떤 종류의 유사성인가?[904]

를 가질 수 있다는 사실은 낱말의 의미가 이미지와 실제 대상 사이의 비교에 있지 않음을 시사한다.

904) "나는 p를 기대한다"와 "p"가 "p"를 공유하고 있다는 것이 문법적 진리인 점을 감안한다면, 전자에서의 "p"가 후자에서의 "p"와 다른 의미로 사용되고 있다는 주장은 성립할 수 없다.

445. 기대와 충족은 언어 속에서 접촉한다.[905]

446. 다음과 같은 말은 이상할 것이다: "하나의 사건은 그것이 일어날 경우와 일어나지 않을 경우에 서로 다르게 보인다."[906] 또는 다음의 말도 이상할 것이다: "빨간 반점은 그것이 거기에 있을 때와 없을 때 서로 다르게 보인다. — 하지만 언어는 이런 차이를 무시한다. 왜냐하면 언어는 빨간 반점에 대해서 그것이 거기 있는지 없는지를 말하기 때문이다."[907]

447. 그 느낌은 마치 한 명제를 부정하려면 어떤 의미에서는 그 명제를 먼저 참이 되게 만들어야 할 것 같은 느낌이다.[908]

---

905) 사실에 대한 서술과 사실이 동일한 논리적 형식을 공유한다는 따위의 형이상학(『논리-철학논고』)이 그릇된 것이듯, 기대와 충족 사이의 관계에 대한 어떤 인식론적, 형이상학적 설명도 불필요하다. 기대와 충족은 기대와 충족이라는 언어게임의 규칙인 문법을 따르고 있을 뿐이다. 이 책 §458 참조.

906) 이는 이 책 §443의 귀결이다. '빨간'이라는 낱말이 빨간 어떤 것이 눈앞에 있음을 가리킬 수 없듯이 "어떤 사건이 일어남"이라는 표현이 그 사건이 눈앞에서 일어남을 가리킬 수는 없다. 왜냐하면 그 표현이 그 사건의 실제 일어남 여부와 상관없이 사용되기 때문이다.

907) 결국 언어가 무시하는 차이란 의미상으로는 무시해도 좋을 법한 차이이다.

908) 그러나 이는 어떤 근거를 갖는 믿음이라고 보기 어렵다. 이 경우가 성립한다면 그 역의 경우도 성립 가능할 것이다. 즉 한 명제의 긍정이 그 명제의 부정을 자체 안에 포함하고 있다고 말이다. $p \equiv \sim\sim p$

(부정 명제의 진술은 부정되는 명제를 담고 있지만, 그것의 진술을 담고 있지는 않다.)[909]

448. "내가 나는 어젯밤 꿈꾸지 **않았다**고 말한다면, 그래도 나는 여전히 어디에서 꿈을 찾아야 하는지 알아야 한다. 즉 '나는 꿈꾸었다'라는 명제가 실제 상황에 적용된다면, 그것은 거짓일 수는 있지만 무의미할 수는 없다."[910] ― 그렇다면 그것은 당신이 결국 무엇인가를 느꼈다는, 말하자면 꿈이 자리하고 있었을 곳을 당신에게 알려주는 꿈의 암시를 느꼈다는 뜻인가?[911]

또는: 내가 "내 팔은 아프지 않다"라고 말한다면, 그것은 내가 이를테면 아픔이 일어날 수 있었던 곳을 암시하는 아픔의 감각에 대한 그림자를 지니고 있다는 뜻인가?[912]

어떤 의미에서 현재의 아프지 않은 상태가 아픔의 가능성을 담고 있는가?

누군가 "'아픔'이라는 낱말이 의미를 지니려면 아픔이 나타날 때

---

909) 그 반대의 경우는 특정한 표기법을 전제로 해서만 성립한다. 이 책 §439 참조.
910) 청년 비트겐슈타인이 『논리-철학논고』에서 제시한 진리치와 의미의 이원론과 그에 수반되는 사실과 대상의 이원론을 암시하고 있다. 이에 대해서는 다음의 논문을 참조. 이승종, 「인간의 얼굴을 한 자연주의」, 『철학연구』, 36집, 1995.
911) 이에 대한 비트겐슈타인의 대답은 물론 "아니다"이다.
912) 이에 대한 비트겐슈타인의 대답은 물론 "아니다"이다.

그것을 알아차리는 일이 필요하다."라고 말한다면 ― 우리는 이렇게 대답할 수 있다: "그것은 아픔이 없다는 것을 알아차리는 일과 마찬가지로 필요하지 않다."[913]

449. "하지만 내가 아프다면 그것이 어떨지를 내가 모를 수 있는가?"[914] ― 우리는 한 문장을 사용한다는 것이 각각의 낱말에 대해 어떤 것을 상상하는 데 있다는 생각에서 벗어나지 못한다.[915]

우리는 우리가 낱말들을 이용해 **계산하고** 작업한다는 사실을, 그리고 점차 그 낱말들을 이런저런 그림으로 바꾼다는 사실을 유념하지 못한다.[916] ― 그것은 마치 누군가 내게 양도해야 하는 암소에 관한 문서가 그 의미를 잃지 않으려면, 그것이 항상 암소의 이

---

913) 한 명제의 부정이 어떤 의미에서 부정되는 그 명제를 담고 있어야 한다는 생각이 부정의 문법에 대한 왜곡인 것처럼, 아픔이라는 낱말의 의미가 아픔의 존재나 부재에 대한 알아차림을 요한다는 생각도 아픔이라는 낱말의 문법에 대한 왜곡이다. 예컨대 내가 나 자신에 대해 아픔을 안다거나 알아차린다는 표현은 성립할 수 없다. 이 책 §246 참조.

914) 이에 대한 비트겐슈타인의 대답은 "아니다"이다. 나는 나 자신에 대해 내가 아프다는 것을 안다고 말할 수 없다.

915) 이러한 생각이 앞서 살펴본 꿈의 암시, 아픔의 감각에 대한 그림자 등의 표현에 만연되어 있다.

916) 이것이 비트겐슈타인이 언어를 일종의 계산 체계로 보고 있다는 것으로 오해되어서는 안 된다. 언어를 사용한다는 것이 문법의 (혹은 언어게임의) 규칙을 따른다는 점에서 그것은 계산하는 행위와 유사하다. 여기서의 핵심은 그러한 사용이나 계산에 반드시 이미지나 그림이 수반되는 것이 아니라는 점이다.

미지를 수반해야 한다고 우리가 믿는 것과 같다.[917)

450. 누군가가 어떻게 보이는지를 안다는 것은: 그것을 상상할수 있다는 것이다. ― 그러나 또한: 그것을 **흉내 낼** 수 있다는 것이다. 우리는 그것을 흉내 내기 위해 그것을 상상해야 하는가? 그리고 그것을 흉내 내는 일은 그것을 상상하는 일만큼이나 중요한것이 아닐까?[918)

451. 내가 누군가에게 "여기에 빨간 원을 상상해보라."라는 명령을 내리고 ― 이제 내가 다음과 같이 말한다면 어떨까?: 그 명령을이해한다는 것은, 그 명령이 실행되었다는 것이 어떤 것인지를 아는 것을 의미한다. ― 또는 심지어: 그것이 . . . 와 같다는 것을상상할 수 있다는 것을 의미한다.[919)

---

917) '멍멍이탕'에 대해 말할 때 우리가 항상 멍멍이에 대한 이미지를 떠올리는 것은 아니다.

918) 누군가가 어떻게 보이는지를 아는데 그것에 대한 상상의 행위나 능력이 꼭 필요한 것은 아니다. 그것에 대한 모방의 행위나 능력만으로도 충분하다. 그것에 대한 상상의 행위나 능력은 사실 없어도 그만이다.

919) "빨간 원을 상상해보라"는 명령을 이해한다는 것이 내가 빨간 원을 상상하는것이 무엇인지를 상상할 수 있음을 의미할 필요는 없다. 사실 그 명령을 이해한다는 것은 그 명령문을 이해한다는 것을 의미할 뿐이다. 그리고 그 명령문을 이해한다는 것은 그 명령문에 나타난 낱말과 표현들의 쓰임을 이해한다는것이다.

452. 나는 다음과 같이 말하고자 한다: "누군가 기대라고 하는 정신적 과정을 볼 수 있다면 그는 분명 **무엇이** 기대되는지를 볼 것이다." — 그러나 기대의 표현을 보는 사람은 무엇이 기대되는지를 본다는 것도 사실이다.[920] 그리고 우리는 어떻게 그것을 다른 방식으로, 다른 의미에서 볼 수 있을까?[921]

453. 나의 기대를 알아차리는 사람은 분명 내가 **무엇**을 기대하는지를 직접 알아차릴 것이다. 다시 말해, 그가 알아차리는 과정으로부터 **추론**하는 것이 아니다! — 하지만 누군가가 기대를 알아차린다고 말하는 것은 **무의미하다.** 가령 그것이 그가 기대의 표현을 알아차린다는 것을 의미하지 않는다면 말이다. 기대하는 사람에 대해서 "그가 기대하고 있다"라고 말하는 대신 그가 기대를 알아차리고 있다고 말하는 것은, 그 표현에 대한 바보 같은 왜곡일 것이다.[922]

454. "모든 것은 이미 . . . 안에 있다." 이 화살표 ⫸━━━▶ 는

---

920) 그는 그것을 기대의 표현을 통해서 본다.

921) 기대가 정신적 과정을 포함할 필요는 없다. 기대에 대한 이해는 기대라는 표현에 대한 이해에 다름이 아니다. 기대에 대한 그 이외의 이해는 있을 수 없다.

922) 기대는 알아차림의 대상이 아니라 언어게임의 일종이다. 우리는 기대를 알아차림에 의해서가 아니라 기대라는 표현이 어떻게 사용되고 있는지를 봄으로써 기대에 대한 올바른 이해를 얻는다.

어떻게 해서 **가리키는** 일을 하는가? 그것은 그 자체 이외에 어떤 것을 그 안에 이미 가지고 있는 듯이 보이지 않는가? ― "그렇다. 그것은 죽은 선(線)이 아니다. 오직 심리적인 것, 의미만이 그런 일을 할 수 있다." ― 그것은 참이면서 거짓이다.[923] 화살표는 오직 살아 있는 존재자가 그것을 적용할 때에만 가리키는 일을 한다.

이 가리키는 일은 오직 마음만이 수행할 수 있는 마술이 **아니다**.

455. 우리는 이렇게 말하고 싶다: "우리가 어떤 것을 의미한다면, 여기에 죽은 그림은 (그것이 어떤 종류의 것이든) 없다.[924] 그것은 오히려 우리가 누군가를 향해 가는 것과 같다." 우리는 우리가 의미하는 것을 향해 간다.[925]

456. "우리가 어떤 것을 의미한다면, 그것은 우리 자신이 의미하는 것이다."[926] 우리 마음이 움직이는 것이다.[927] 우리는 앞으로 돌

---

923) 그것이 참인 까닭은 화살표가 오직 살아 있는 존재자가 그것을 적용할 때에만 가리키는 일을 하기 때문이고, 그것이 거짓인 까닭은 이 가리키는 일이 마음, 의미만이 수행할 수 있는 마술이 **아니기** 때문이다. 이 책 §432 참조.

924) 원문은 "so ist hier kein totes Bild (welcher Art immer)"이다. 비트겐슈타인 자신이 『논리-철학논고』에서 전개했던 의미의 그림이론을 비판하는 구절이다. 이 책 §291 참조.

925) 그러나 이는 어떤 내적 지향성에서 성립하는 것이 아니라 "누구(혹은 무엇)를 의미하는 거야?"라는 말에 대한 답변에서 성립한다.

진하는데, 그러므로 우리가 돌진함을 동시에 관찰할 수 없다. 확실히 그렇다.[928]

457. 그렇다. 의미한다는 것은 누군가를 향해 가는 것과 같다.[929]

458. "명령은 그 자신의 실행을 명령한다." 따라서 명령은 그 실행이 거기 있기 전에도 그 자신의 실행을 아는가? — 하지만 그것은 문법적 명제였다. 그리고 그것은 다음과 같이 말한다: 어떤 명령이 "이러이러하게 하라!"라면, 우리는 "이러이러하게 하는 것"을 그 명령을 실행하는 것이라고 부른다.[930]

459. 우리는 "그 명령은 **이것**을 명령한다 — "라고 말하고 그것

---

926) 비트겐슈타인의 대화 상대자의 말이다. 그는 여전히 의미함을 주체의 내적 행위나 과정에 귀속시키고 있다.

927) 원문은 "so bewegt man sich selber"로 직역하자면 "우리 자신이 움직이는 것이다"인데 문맥과 가독성을 고려하여 이렇게 의역하였다.

928) 비트겐슈타인의 대화 상대자의 주장에 대한 부연이다. 의미함이 마음의 내적 행위라면 우리는 그 행위를 수행하면서 동시에 그 행위를 관찰할 수는 없을 것이다. 그러나 의미함은 그러한 내적 행위가 아니다. 이 책 §693 참조.

929) 의미함이 내적 행위나 과정이 아니라는 점을 부각시키기 위해 이러한 비유를 사용하고 있다. 이 절을 머리글로 삼고 있는 다음의 논문을 참조. D. Davidson, "The Second Person," Davidson 2001에 재수록.

930) 이 책 §§437, 445 참조.

을 한다. 하지만 또한 "그 명령은 다음을 명령한다 : 나는 . . . 를 해야 한다"라고도 말한다. 우리는 그것을 어떤 때는 문장으로, 어떤 때는 시범으로, 또 어떤 때는 행위로 옮긴다.[931]

460. 하나의 행위를 명령의 실행으로서 정당화하는 일은 다음과 같을 수 있을까? : "당신은 '내게 노란 꽃을 가져와라'라고 말했고, 내가 여기 이 꽃에 만족을 느꼈기 때문에 나는 그것을 가져왔다." 이에 대해 우리는 다음과 같이 대답해야 하지 않을까? : "그렇지만 나는 내 말로 인해서 당신이 그런 느낌을 갖게 될 꽃을 가져오라고 한 것이 아니었다!"[932]

461. 어떤 의미에서 명령은 그 실행을 예측하는가? — 나중에 실행될 **그것**을 지금 명령함으로써? — 하지만 그것은 분명 "나중에 실행되거나 또는 실행되지 않을"이라는 의미여야 할 것이다. 그리고 이 말은 아무것도 알려주는 바가 없다.[933]

931) 명령의 내용이 다양한 방식으로 옮겨질 수 있음을 보이고 있다.

932) 이 책 §440 참조. "내게 노란 꽃을 가져와라"라는 명령은 노란 꽃을 가져옴으로써 수행되는 것이며 그에 수반되는 여타의 느낌(예컨대 만족감)은 이와 직접 관련이 없다.

933) 이 책 §458 참조. 명령은 자신이 명령하는 바를 그 실행 여부에 상관없이 명령한다. 이는 명령에 대한 문법적 명제이다. 그에 반해 "명령은 나중에 실행되거나 또는 실행되지 않을 것이다"는 (p ∨ ~p)의 형식을 띠는 동어반복을 말하는

"그러나 설령 어떤 일이 일어날지를 내 소망이 확정하지 않는다 해도, 그것은 여전히 이를테면 사실의 주제를 확정한다.[934] 사실이 그 소망을 충족시키는지 아닌지와 상관없이 말이다." 우리는 — 말하자면 — 누군가 미래를 안다는 것에 대해서가 아니라, 그가 어쨌든 (맞든 틀리든) 예견할 수 있다는 것에 놀란다.[935]

마치 예견이 다만 (맞든 틀리든 상관없이) 미래를 미리 암시하고 있는 듯이 말이다. 하지만 예견은 미래에 관해 아무것도 모르며, 거의 아무것도 알 수 없다.[936]

462. 그가 거기에 없을 때 나는 그를 찾으려고 할 수 있다. 하지만 그가 거기에 없을 때 나는 그를 목매달 수 없다.

우리는 다음과 같이 말하려 할 수 있을 것이다: "하지만 내가 그를 찾고 있다면 그는 분명 주변에 있음에 틀림없다." — 그렇다면

셈이며, 이는 아무것도 알려주는 바가 없다. 이 책 §519 참조.

934) 예컨대 내가 한국 야구팀이 승리하기를 소망한다면 그로 말미암아 한국 야구팀의 승리가 확정되는 것은 아니지만 내 소망의 주제가 한국 야구팀의 승리인 것은 확정된다.

935) 이 책 §437 참조.

936) 예견은 미래에 대한 의미 있는 발언이다. 따라서 예견은 맞든 틀리든 상관없이 미래에 대한 어떤 발언을 할 수 있는 것이다. 마찬가지로 소망도 자신이 소망하는 바에 대한 의미 있는 발언이다. 따라서 소망은 그 충족 여부에 상관없이 자신이 소망하는 바를 소망한다. 이는 소망에 대한 문법적 명제이다.

내가 그를 발견하지 못하고, 심지어 그가 전혀 존재하지 않는다 해도 그는 또한 주변에 있음에 틀림없다.[937]

463. "당신이 그를 찾고 있었다고? 당신은 심지어 그가 거기에 있는지조차 알 수 없었을 텐데!" — 그러나 이런 문제는 우리가 수학에서 무엇인가를 찾을 때 **실제로** 일어난다. 우리는 가령 다음과 같은 질문을 제기할 수 있다: 어떻게 한 각(角)의 삼등분을 **찾는** 일이 가능하기나 했을까?[938]

464. 내가 가르치려는 것은: 분명하게 드러나지 않은 헛소리에서 분명하게 드러난 헛소리로 이행하는 것이다.[939]

465. "기대란 어떤 일이 일어나든 그 기대와 일치해야 하거나 일치해서는 안 되도록 되어 있다."

이제 누군가 다음과 같이 묻는다고 하자: 그렇다면 사실은 기대

---

[937] 그러나 이는 오컴(William of Ockham)의 면도날로 처단할 수 있는 불필요한 형이상학적 가정이다.

[938] 자와 컴퍼스를 이용해 한 각을 3등분하는 것은 불가능하다. 한 각의 3등분을 찾는 사람은 불가능한 것을 찾고 있는 셈이다.

[939] 자와 컴퍼스를 이용한 각의 3등분은 그것이 불가능함이 증명되기 전에는 분명하게 드러나지 않은 헛소리였다가 증명으로 말미암아 분명하게 드러난 헛소리로 이행한다. 헛소리는 철학의 문제를, 이행은 치료를 가리킨다.

에 의해 맞거나 틀리는 것으로 확정되거나 확정되지 않는다는 말인가? — 요컨대, 무슨 의미에서 기대가 하나의 사건 — 그 사건이 실현되든 아니든 간에 — 에 의해 대답되어질 것인지가 확정된다는 것인가? 그러면 우리는 다음과 같이 대답해야 한다: "맞다. 기대의 표현이 정해져 있지 않다면, 가령 그것이 서로 다른 가능성들의 선접(選接)을 담고 있지 않다면 말이다.[940]

466. 사람은 무엇 때문에 생각하는가? 그것은 무엇에 쓸모가 있는가? — 사람은 왜 **계산**에 따라 보일러를 만드는가? 왜 그 벽들의 두께를 우연에 맡기지 않는가? 이런 계산에 따라 만들어진 보일러가 그리 자주 폭발하지 않는다는 것은 어쨌든 경험적 사실에 불과하다! 하지만 전에 화상을 입은 사람이 절대 불에 손을 넣으려 하지 않는 것처럼, 사람은 계산을 하지 않고는 절대 보일러를 만들지 않을 것이다. — 그러나 우리의 관심은 원인에 있지 않기 때문에 — 우리는 다음과 같이 말할 것이다: 실제로 사람은 생각을 한다: 가령 보일러를 만들 때 사람은 이런 방식으로[941] 진행한다. — 그런

---

940) 이 책 §§189, 461 참조. 기대가 그 충족 여부에 상관없이 기대하는 바를 확정한다는 것은 기대에 대한 문법의 일부이다. 예외가 있다면 "나는 A 혹은 B를 기대한다"와 같이 기대하는 바가 불확정적인 경우이다. 이 경우에는 기대하는 바 자체가 확정되어 있지 않은 탓에 기대가 기대하는 바를 확정한다고 할 수 없다.

데 이렇게 만들어진 보일러는 폭발할 수 없는가? 아, 물론 폭발할 수 있다.[942]

467. 그렇다면 사람은 생각하는 것이 쓸모 있기 때문에 생각하는가? ─ 생각하는 것이 이익이 된다고 생각하기 때문에?

(사람은 자녀가 쓸모 있기 때문에 키우는가?)[943]

468. 사람이 **왜** 생각하는지를 우리는 어떻게 밝혀낼 수 있을까?[944]

469. 그래도 우리는 생각하는 것이 쓸모 있었다고 말할 수 있다. 우리가 더 이상 감(感)으로 보일러 벽의 두께를 결정하지 않고, 대신 이러이러한 계산을 통해 결정하기 때문에 이제 보일러의 폭발 횟수가 전보다 줄어들었다. 또는 한 기술자가 행한 각각의 계산을 다른 기술자가 검사하게 된 이후로 그렇게 되었다.[945]

---

941) 생각을 해가며.

942) 생각함에 대한 실용주의적, 귀납적 정당화를 거론하고 있다. 과거의 경험에 의존해 있는 귀납적 추론이 확실성을 보장하지는 못하지만, 그럼에도 불구하고 우리는 그러한 추론에 의거해 생각하고 일을 처리하지 않을 수 없다.

943) 생각함은 자녀양육과 마찬가지로 사람의 자연사(自然史)의 사실이다. 그 사실은 왜라는 물음에 대한 토대나 준거 틀에 해당하므로 그 사실에 대해 왜라는 물음을 적용할 수는 없다.

944) 이에 대한 답변의 한 시도가 다음 절에서 이어진다.

470. 따라서 **때로** 우리는 생각하는 것이 쓸모 있었기 때문에 생각한다.[946]

471. 우리가 "왜?"라는 질문을 억누를 때 비로소 중요한 **사실들**을 알게 되는 경우가 자주 있다. 그리고 이런 사실들로 인해 우리는 우리의 탐구 과정에서 하나의 해답에 이르게 된다.[947]

472. 어떤 행위의 결과가 항상 획일적으로 나타난다는 것[948]에 대한 믿음의 본성은, 아마도 우리가 기대하는 대상에 대해 두려움을 느끼는 경우에 가장 명백해질 것이다. 그 어떤 것도 내가 내 손을 불꽃 속에 넣도록 만들 수 없을 것이다. ― 내가 화상을 입은 것이 **단지 과거의 일**이라고 해도 말이다.[949]

---

945) 생각함에 대한 실용주의적 정당화를 구체적인 예를 통해 시도하고 있다.

946) 생각함에 대한 실용주의적 정당화를 일정 부분 인정하고 있다.

947) 여기서 말하는 사실들은 정당화나 의심의 여지가 없는, 사람과 세계에 대한 아주 일반적인 사실들을 뜻한다. 이 책 §142 이하의 메모를 참조.

948) 원어는 "die Gleichformigkeit des Geschehens"인데 이렇게 풀어서 의역하였다. 이 책 §80 참조.

949) 그렇다고 해서 우리가 어떤 행위의 결과가 항상 획일적으로 나타난다는 것에 대한 믿음을 바탕으로 귀납추론을 정당화한다거나 혹은 귀납추론을 바탕으로 반응한다는 것은 아니다. 이는 비트겐슈타인이 보기에 지나치게 이성주의적인 해석이다. 우리는 정당화나 추론의 매개 없이 경험을 통해 즉각적으로 반응한다.

473. 불이 내게 화상을 입힐 거라는 믿음은, 그것이 내게 화상을 입힐 거라는 두려움과 같은 종류의 것이다.[950]

474. 내가 손을 불 속에 넣으면 화상을 입는다는 것 ― 그것이 확실성이다.

다시 말해, 여기서 우리는 확실성이 무엇을 의미하는지를 본다. ("확실성"이라는 낱말의 의미뿐 아니라, 확실성에 해당하는 것이 무엇인지도 말이다.)[951]

475. 누군가 하나의 가정에 대한 근거들을 물으면, 우리는 그것들을 **생각해낸다.** 이 경우에는 우리가 한 사건의 원인들이 무엇이었을까 하고 고찰할 때와 똑같은 일이 일어나는가?[952]

476. 우리는 두려움의 대상과 두려움의 원인을 구별해야 한다.

---

950) 요컨대 어떤 행위의 결과가 항상 획일적으로 나타난다는 것에 대한 믿음은 초연한 인식적인 기술(記述)로서보다는 불에 대한(혹은 화상에 대한) 두려움으로 우리에게 각인되어 있다.

951) 확실성은 논리적 필연성을 지닌 명제에 귀속된다기보다 아주 일반적인 자연사적 사실에 대한 경험과 연관되는 인간 행위에 귀속되는 속성이다. OC, §204 참조.

952) 우리는 근거나 이유를 생각해내지만 원인은 관찰이나 실험을 통해 발견해낸다.

따라서 우리에게 두려움이나 기쁨을 일으키는 얼굴(두려움이나 기쁨의 대상)은 그 원인이 아니라 — 우리는 다음과 같이 말할 수 있을 것이다 — 그 대상[953]이다.[954]

477. "당신은 왜 뜨거운 철판에 손을 대면 화상을 입을 거라고 믿는가?" — 당신은 이런 믿음에 대한 근거들을 갖고 있는가? 그런데 당신은 근거들이 필요하기나 한가?[955]

478. 어떤 근거에서 나는 내 손가락이 책상에 닿을 때 저항을 느낄 거라고 가정해야 하는가? 어떤 근거에서 나는 이 연필에 손을 찔리면 아플 거라고 믿는가? — 내가 이렇게 물으면 수많은 근거들이 서로 목청을 높이며 고개를 들이민다. "하지만 나 자신이 그것을 무수히 경험했으며, 비슷한 경험들에 대해 그만큼 자주 들었다. 만일 그렇지 않다면 . . . 일 것이다 등등."[956]

---

953) 원어는 "Richtung"으로 '방향'을 뜻하지만 앞서 나온 원인과 대상의 대조를 참작해 '대상'으로 의역했다.

954) 불에 대한 우리의 두려움을 예로 들자면 불로 인한 화상이 우리가 갖는 두려움의 원인이고 불 자체는 두려움의 대상이라고 구분 지을 수 있다.

955) 여기가 바로 근거에 대한 물음이 멈추게 되는 지점이다. 뜨거운 철판에 덴 적이 있다는 과거의 사례가 현재에도 적용되리라는 귀납적 믿음에 대한 근거들이 있다거나 그러한 근거들이 필요한 것은 아니다.

956) 그러나 우리는 그 근거들의 근거에 대해 다시 물을 수 있을 것이다.

479. "어떤 근거에서 당신은 그것을 믿는가?"라는 질문은 다음을 의미할 수 있다: "어떤 근거에서 지금 당신은 그것을 이끌어내고 있는가(지금 당신은 그것을 이끌어냈는가)?" 하지만 그것은 또한 다음을 의미할 수도 있을 것이다: "나중에 당신은 이 가정에 대해 어떤 근거를 내게 제시할 수 있는가?"[957)

480. 따라서 실제로 우리는 누군가 어떤 의견에 도달하기 전에 스스로에게 말했던 것만을 그 의견에 대한 "근거들"로 이해할 수 있을 것이다.[958) — 그가 실제로 수행한 계산을 말이다. 이제 누군가 다음과 같이 묻는다고 하자: "그러나 어떻게 이전의 경험이 나중에 이러이러한 일이 일어나리라는 가정에 대한 근거일 **수 있는가**?" 이에 대한 대답은 다음과 같다: 그렇다면 우리는 그런 가정의 근거에 대해 어떠한 일반적 개념을 갖고 있는가? 이런 종류의 진술이 바로 우리가 앞으로 이것이 일어나리라는 가정의 근거라고 부르는 것이다.[959) — 그리고 누군가 우리가 그런 게임을 한다는 것에 놀란다면, 나는 어떤 과거 경험의 **영향**(화상을 입은 아이가 불을 두려워한다는 사실) 탓이라고 말할 것이다.

---

957) 전자는 그러한 믿음에 도달하게 된 실제의 경로와, 후자는 그러한 믿음에 도달 가능한 경로와 각각 연관된다.
958) 이 책 §487 참조.
959) 이것이 근거라는 낱말의 쓰임에 대한 문법이다.

481. 과거에 대한 진술들을 통해서 미래에 어떤 일이 일어나리라는 것을 확신할 수는 없다고 말하는 사람 — 나는 그런 사람을 이해하지 못할 것이다. 우리는 그에게 이렇게 물을 수 있을 것이다: 그렇다면 당신은 무슨 말을 듣고 싶은가? 당신은 어떤 종류의 진술들을 그렇게 믿기 위한 근거라고 부르는가? — 당신은 대체 무엇을 "확신"이라 부르는가? 당신은 어떤 종류의 확신을 기대하는가? — **이것들**[960]이 근거가 아니라면 대체 무엇이 근거인가? — 만약 당신이 이것들은 근거가 아니라고 말한다면, 당신은 분명 우리의 가정에 대한 근거들이 있다고 우리가 정당하게 말할 수 있는 경우가 어떤 것이어야 할지 제시할 수 있어야 한다.[961]

왜냐하면, 다음을 주의하라: 여기서 근거들은 믿음의 대상을 논리적으로 함축하는 명제들이 아니다.

하지만 이는 우리가 다음과 같이 말할 수 있을 것이라는 뜻은 아니다: 믿음을 위해서 필요한 것은 앎을 위해서 필요한 것보다 더 적다. — 왜냐하면 여기서 중요한 것은 논리적 추론에 가까워지는 것이 아니기 때문이다.[962]

---

960) 과거에 대한 진술들을 가리킨다.
961) 이 모든 질문에 대한 비트겐슈타인의 답변은 부정적인 것이다.
962) 연역추론과 귀납추론은 근거의 유무, 혹은 확신의 유무에 의해 구분되는 것이 아니다. 논리적 추론(논리적 함축, 연역추론)을 근거나 확신의 유일한 모델로 간주하는 것은 근거의 확신이라는 낱말에 대한 올바른 쓰임으로 볼 수

482. 다음과 같은 표현방식은 우리를 잘못된 길로 이끈다: "이것은 좋은 근거다. 왜냐하면 그것은 사건의 일어남을 그럴 법하게 만들기 때문이다." 이것은 마치 우리가 그 근거에 대한 추가적인 어떤 것, 그것을 하나의 근거로서 정당화하는 어떤 것을 말한 것처럼 보인다. 하지만 이 근거가 그 일어남을 그럴 법하게 만든다는 말은 이 근거가 좋은 근거의 특정한 기준에 맞는다는 말일 뿐이다. ― 그러나 그 기준에는 근거가 없다![963]

483. 좋은 근거란 **그렇게** 보이는 근거이다.[964]

484. 우리는 이렇게 말하고 싶어 한다: "그것은 오직 그 사건의 일어남을 **실제로** 그럴 법하게 만들기 때문에 좋은 근거다." 말하자면 그것이 그 사건에 실제로 영향을 주기 때문에, 그러니까 이를테면 경험적으로 영향을 미치기 때문에 그렇다는 말이다.[965]

없다. 이 책 §486 참조.

963) 확률에 의거한 추론은 귀납에 의거한 추론과 마찬가지로 근거 있는 추론이다. 그 근거는 분명 좋은 근거의 기준에 맞지만 그렇다고 그 기준이 또다시 다른 어떤 근거하에 있는 것은 아니다.

964) 즉 좋은 근거가 또 다른 어떤 근거하에 **그렇게** 보이는 것은 아니다.

965) 이러한 어법은 마치 어떤 사건의 발생을 가능하게 하는 초귀납적이고 초확률적이면서도 실제적인 어떤 근거가 독립적으로 존재하는 것 같은 잘못된 인상을 준다.

485. 경험에 의한 정당화에는 끝이 있다.[966] 그렇지 않다면 그것은 정당화가 아닐 것이다.

486. 저기에 의자가 있다는 것이 내가 받는 감각 인상들로부터 **따라 나오는가**? — 어떻게 감각 인상들로부터 하나의 **명제**가 따라 나올 수 있는가? 자, 그렇다면 그것은 감각 인상들을 기술하는 명제들로부터 따라 나오는가? 아니다. — 하지만 나는 의자가 저기에 있다는 것을 인상들로부터, 감각 자료들로부터 추론하지 않는가? — 나는 추론을 하지 않는다![967] — 그러나 가끔씩은 추론을 한다.[968] 나는 가령 사진을 보고서, "그러니까 저기에 의자가 있었음에 틀림없다." 또는 "내가 여기서 보는 것으로부터, 나는 저기에 의자가 있다고 추론한다."라고 말한다. 그것은 추론이지만 논리학의 추론은 아니다.[969] 추론이란 하나의 진술로 이행하는 것이며, 따라서 그 진술에 대응하는 행동으로 이행하는 것이기도 하다. 말에서뿐만 아니라 행위에서도 '나는 결론을 이끌어낸다.'

---

966) 그 끝은 자명한 공리나 형이상학적 전체가 아닌 자연사적 확실성이다. 그리고 이 확실성은 사람의 행위에 연관되어 있다. 이 책 §217 참조.

967) 나는 의자가 저기에 있다는 사실을 눈으로 보는 것이지 다른 무엇으로부터 추론해내는 것이 아니다.

968) 나는 (나의 감각 인상으로부터 의자가 저기 있다는) 추론을 하지는 않는다. 그러나 가끔씩은 (예컨대 사진을 보고 의자가 저기 있었다는) 추론을 한다.

969) 이 책 §481 참조.

내가 이런 결론을 이끌어내는 것은 정당화되었는가? 여기서 우리는 무엇을 정당화라고 **부르는가**?[970] "정당화"라는 낱말은 어떻게 사용되는가?[971] 언어게임들을 기술하라! 정당화의 중요성 또한 이것들로부터 이끌어낼 수 있을 것이다.

487. "내가 방을 나가는 것은 당신이 명령하기 때문이다."

"내가 방을 나가는 것은 당신이 명령하기 때문이 아니다."[972]

이 문장은 내 행위와 그의 명령 사이의 연관을 **기술하는가**? 또는 그 연관을 만드는가?[973]

우리는 다음과 같이 물을 수 있는가?: "어떻게 당신은 그것을 하는 것이 이것 때문이라거나, 또는 이것 때문이 아니라는 것을 아는가?"[974] 그리고 이에 대한 대답은 아마도 다음일까?: "나는 그렇게 느낀다."

---

970) 이에 대한 답은 이어지는 다음 문장에서 보듯이 그 낱말이 어떻게 사용되는지에서 찾아야 한다.

971) 이에 대한 답은 이어지는 다음 문장에서 보듯이 그 낱말에 관한 언어게임의 기술(記述)에서 찾아야 한다.

972) 이는 논리학의 추론과는 다른 추론으로서 앞 절에서 말한 행위에서 결론을 이끌어내는 경우에 해당한다.

973) 이 문장의 발언이 곧 행위와 명령 간의 연관을 만드는 역할을 수행한다. 이 책 §480 참조.

974) 앞의 문장들과는 달리 이것과 그것을 함 사이의 관계가 인과관계일 경우에 이러한 물음을 던질 수 있을 것이다. 이 책 §490 참조.

488. 어떻게 나는 그것이 그런지 아닌지를 판단하는가? 정황 증거[975]에 의해서?[976]

489. 스스로에게 물어보라: 어떤 경우에 어떤 목적으로 우리가 이렇게 말하는가?

어떤 행위 방식이 이 말과 함께 일어나는가? (인사를 생각해보라!) 어떤 장면에서 이 말이 사용되는가? 그리고 무엇 때문에 사용되는가?[977]

490. **이 생각의 과정**으로 인해 내가 이 행위를 하게 되었다는 것을 나는 어떻게 아는가? — 글쎄, 그것은 하나의 특정한 그림이다: 예를 들어 한 실험적인 탐구에서 계산을 통해 그 다음의 실험으로 이어지는 그림. 그것은 **그렇게** 보인다. —— 그리고 나는 이제 하나의 예를 기술할 수 있을 것이다.[978]

---

975) 원어는 "Indiz"이다. 권리 의무의 발생 소멸의 요건이나 범죄사실의 존재를 간접적으로 추측하게 하는 사실(간접사실)을 증명하는 증거를 말한다.

976) 앞 절의 두 문장의 경우 나는 어떤 판단을 한 것이 아니라 문장을 발언했다. 그러므로 그것은 논리적, 인과적, 혹은 다른 어떤 증거에 의한 판단은 더더욱 아니었다.

977) 비트겐슈타인의 철학적 방법의 골자를 체크 포인트의 형식으로 요약하고 있다.

978) 이는 이 책 §487의 후반부에서 논의한 인과관계의 예에 해당한다.

491. 다음은 아니다: "우리는 언어 없이는 서로 의사소통할 수 없을 것이다." — 그러나 확실한 것은: 우리는 언어 없이 다른 사람들에게 이러이러한 방식으로 영향을 줄 수 없으며, 길을 닦고 기계를 만들 수 없다 등등.[979] 그리고 또한: 말과 글을 사용하지 않으면 사람들은 의사소통할 수 없을 것이다.[980]

492. 하나의 언어를 발명한다는 것은, 자연법칙을 기반으로 (또는 그것과 일치해서) 특정한 목적을 위한 하나의 장치를 발명한다는 것을 의미할 수 있을 것이다. 그러나 그것은 또한 우리가 한 게임의 발명에 대해 말하는 것과 유사한 다른 의미도 지닌다.[981]

---

979) 언어 없이는 길을 닦고 기계를 만들 수 없는 까닭은 이러한 작업들이 모종의 개념적 묘사를 가정하고 있기 때문이다.

980) 언어 없이는 의사소통을 할 수 없다는 명제는 참이거나 거짓인 경험적 명제가 아니라 언어라는 낱말과 의사소통이라는 낱말의 쓰임에 관한 문법적 명제이다. 따라서 비트겐슈타인은 여기서 동물의 언어에서 보듯이 언어가 아닌 울음이나 몸짓만으로 의사소통을 할 수 있다는 반론을 염두에 두고 이 명제를 부정하고 있는 것이 아니다. (이 반론은 이 명제의 주어가 사람이라는 사실을 간과하고 있다.) 오히려 이 명제가 언어가 의사소통을 위한 하나의 외적 수단을 의미하는 것으로 오해될 가능성을 우려하여 이를 불식시키기 위한 부연을 시도하고 있다. 요컨대 말과 글에 대해서는 의사소통의 수단이라고 말할 수 있지만 언어에 대해서는 그렇게 말할 수 없다는 것이 비트겐슈타인의 요지이다. 그 까닭은 언어와 의사소통이 수단과 목적의 외적 관계가 아니라 상호 의미를 형성하는 내적, 문법적 관계로 얽혀 있기 때문이다.

981) 수리논리학이나 컴퓨터 프로그램에서 사용되는 형식언어나 자연과학에서 사

여기서 나는 "언어"라는 낱말의 문법을 "발명하다"라는 낱말의 문법에 결부시킴으로써, "언어"라는 낱말의 문법에 관한 어떤 것을 말하고 있다.

493. 우리는 "수탉은 울음으로 암탉을 부른다."라고 말한다. — 하지만 그 밑바탕에는 이미 우리 언어와의 비교가 놓여 있지 않은가?[982] — 그 울음이 일종의 물리적인 작용에 의해서 암탉을 움직이게 한다고 상상한다면, 그런 시각은 완전히 바뀌지 않겠는가?[983]

그러나 "내게 오라!"는 말이 그 말을 들은 사람에게 어떤 방식으로 작용하고, 그 결과 어떤 조건하에서 그의 다리 근육이 자극을 받게 되는지 등이 밝혀진다면 — 그로 인해 저 문장은 우리에게 문장의 성격을 잃어버리는 것일까?[984]

용되는 수학이 전자에 속한다면, 언어게임에서 사용되는 일상 언어는 후자에 속한다. 일상 언어의 문법은 자연현상이나 형식체계의 규칙성을 서술하는 것이 아니라 일상 언어게임을 형성하는 언어의 쓰임을 서술하고 있다.

982) 새가 노래한다는 표현이 그러한 것처럼 수탉이 암탉을 부른다는 표현도 의인화된 표현이다.

983) 그 경우 수탉의 울음과 암탉의 반응 사이의 관계는 물리적 인과관계이다.

984) 문장의 발언과 그 문장을 들은 사람의 반응 사이의 관계는 물리적 인과관계라기보다 문장의 이해와 그 수행이라는 이해와 수행의 관계이다. 그리고 이 관계는 그에 수반되는 물리적 인과관계와 양립 가능하다. 즉 물리적 인과관계가 밝혀진다 해도 문장의 성격은 상실되지 않는다.

494. 나는 이렇게 말하고 싶다: 우리가 "언어"라고 부르는 것은 **무엇보다도** 우리의 일상 언어, 우리 낱말-언어의 장치이다. 그리고 다른 것들은 그것과의 유추나 비교 가능성에 따른다.[985)]

495. 어떤 사람이 (또는 동물이) 하나의 기호에 대해서는 내가 원하는 대로 반응하고, 다른 기호에 대해서는 그렇지 않다는 것을 나는 분명 경험을 통해 확인할 수 있다. 예를 들어 어떤 사람이 "⟶"라는 기호를 보면 오른쪽으로 가고, "⟵"라는 기호를 보면 왼쪽으로 가지만, "○——|"라는 기호에 대해서는 기호 "⟵"에서와 같이 반응하지 않는다는 것 등을 말이다.

그렇다. 나는 어떤 경우를 꾸며낼 필요도 없으며, 다만 있는 사실을 잘 생각해보기만 하면 된다: 즉 나는 우리말만 배운 사람에 대해서는 오직 우리말을 사용해야만 지도할 수 있다는 사실을 말이다. (왜냐하면 여기서 나는 우리말을 배운다는 것을 어떤 종류의 영향에 대해 반응하는 방식을 조정하는 일로 간주하고 있기 때문이다. 그리고 다른 사람이 그 언어를 배웠든, 또는 아마도 태어나면서부터 우리말 문장들에 대해 우리말을 배운 보통 사람이 반응하는 것처럼 반응하도록 되어

---

985) 우리의 일상 언어는 언어라는 개념의 척도요 표준으로 작동하며 다른 종류의 언어 개념이 있다 해도 그것은 일상 언어 개념으로부터 유추나 비교를 통해 이해될 뿐이다.

있든, 우리에게는 마찬가지일 수 있기 때문이다.)[986]

496. 문법은 언어가 그 목적을 이루고 사람에게 이러이러한 효과를 주기 위해서 어떻게 구성되어야 하는지를 우리에게 알려주지 않는다. 문법은 기호들의 쓰임을 기술할 뿐, 어떤 식으로도 설명하지 않는다.[987]

497. 우리는 문법의 규칙들을 "자의적"이라고 부를 수 있다. 만일 이 말이 문법의 **목적**은 오직 언어의 목적일 뿐이라는 것을 의미한다면 말이다.[988]

---

986) 그렇다고 해서 비트겐슈타인이 언어 사용에서 사람과 동물의 차이를 무시하고 있다거나 행동주의적 의미론, 인과적 의미론 등을 옹호하고 있는 것은 아니다. 동물과 달리 사람은 언어의 의미를 이해하고도 그에 적절한 반응이나 실행을 (자의에 의해) 하지 않을 수 있다. 행동주의적 의미론이나 인과적 의미론은 언어가 문법이라는 규칙의 작동에 의해 운용되는 게임임을 간과하고 있다. 다음 절 참조.

987) 비트겐슈타인이 지향하는 문법적 고찰로서의 철학이 설명이 아닌 기술(記述)로 이루어지는 까닭도 여기에 있다. 이 책 §§90, 109 참조.

988) 카드 게임의 규칙이 카드 게임을 구성한다는 점에서 카드 게임의 규칙의 목적은 카드 게임의 목적일 뿐이다. 언어를 구성하는 문법의 규칙에 대해서도 같은 말을 할 수 있다. 그리고 카드 게임의 규칙이 바로 그 이유에서 자의적인 것처럼, 문법의 규칙도 자의적이다. 즉 문법의 규칙은 언어 이외의 다른 어떤 것에 의해서도 정당화되거나 반박되지 않는다는 점에서 자의적이다. 그러나 이러한 자의성을 변덕이나 무가치, 취향 따위로 오해해서는 안 된다. 이 책 §520 참조.

만일 누군가 "우리의 언어가 이 문법을 갖지 않는다면, 그것은 이 사실들을 표현할 수 없을 것이다."라고 말한다면 — 우리는 여기서 "**할 수**"가 무엇을 의미하는지 물어야 할 것이다.[989]

498. 내가 "내게 설탕을 가져와라!"와 "내게 우유를 가져와라!"라는 명령은 의미를 갖지만 "우유 내게 설탕"이라는 조합은 의미를 갖지 않는다고 말한다면, 이것은 낱말들의 이런 조합을 말하는 것이 아무런 효과도 없다는 뜻이 아니다.[990] 그리고 이제 그 효과가 다른 사람이 나를 바라보고 어리둥절해 입을 딱 벌리는 것이라면, 나는 그 때문에 그것을 나를 바라보고 입을 딱 벌리라는 명령이라고 부르지는 않는다. 설령 그것이 바로 내가 일으키려고 했던 효과라 해도 말이다.

499. "낱말들의 이 조합은 의미를 갖지 않는다"라는 말은 그 조합을 언어의 범위에서 배제하며, 그를 통해 언어의 영역을 한정한다.

---

989) 문법은 사실을 표현하는 수단이라기보다 언어의 쓰임을 기술하는 규칙이다. 이 책 §496 참조.

990) 오스틴(John Langshaw Austin)의 언어행위 이론에서처럼 언어의 의미를 그 언어의 발언이 초래하는 효과와 동일시해서는 안 된다. 유의미한 발언이 아무런 효과를 초래하지 않는 경우도 있을 수 있고, 무의미한 발언이 어떤 효과를 초래하는 경우도 있을 수 있기 때문이다.

그러나 우리가 경계를 그을 때 그것을 긋는 이유는 다양할 수 있다. 내가 한 지역을 울타리나 선(線), 또는 다른 어떤 것으로 둘러싼다면, 그 목적은 누군가의 출입을 막는 것일지 모른다. 하지만 그것은 또한 어떤 게임의 일부이며 그 게임을 하는 사람들은 가령 그 경계를 뛰어넘어야 하는 것일 수도 있다. 또는 그것은 어디에서 한 사람의 사유지가 끝나고, 다른 사람의 사유지가 시작되는지를 보여줄 수도 있다 등등. 따라서 내가 경계를 긋는다 해도, 그것은 아직 내가 왜 그 경계를 긋는지를 알려주는 것이 아니다.

500. 하나의 문장이 의미가 없다고 불릴 때, 이는 말하자면 의미 없음이 그것의 의미라는 말이 아니다.[991] 오히려 낱말들의 한 조합이 그 언어로부터 배제되며, 사람들 사이에 통용되지 않는다는 말이다.

501. "언어의 목적은 생각들을 표현하는 것이다." — 따라서 아마도 모든 문장의 목적은 각각 하나의 생각을 표현하는 것이리라. 그렇다면 예컨대 "비가 온다"는 문장은 어떤 생각을 표현하는가? —[992]

---

991) 하나의 문장이 의미가 없음을 판단하기 위해서 먼저 그 문장의 의미를 이해해야 하는 것은 아니다. 의미가 없는 문장에는 이해될 의미 자체가 없기 때문이다.
992) 이 문장은 생각이 아니라 사태를 표현하고 있다.

502. 의미에 대한 물음. 다음을 비교해보라:

"이 문장은 의미를 갖는다." ― "어떤 의미?"[993]

"낱말들의 이 열은 하나의 문장이다." ― "어떤 문장?"

503. 내가 누군가에게 명령을 내린다면, 나로서는 그에게 기호들을 주는 것으로 **매우 충분하다.** 그리고 나는 결코 다음과 같이 말하지 않을 것이다: 이것은 단지 말일 뿐이며, 나는 그 말 뒤로 들어가야 한다. 마찬가지로, 내가 누군가에게 무엇인가를 묻고 그가 내게 어떤 대답을 (즉 어떤 기호를) 준다면, 나는 만족한다. ― 그것이 내가 기대한 바다 ― 그리고 나는 다음과 같이 이의를 제기하지 않는다: 하지만 그것은 단지 대답에 불과하다.[994]

504. 하지만 누군가 이렇게 말한다고 하자: "그가 무엇을 의미하는지 내가 어떻게 알 수 있는가? ― 나는 단지 그의 기호들만을 보는데 말이다." 그러면 나는 다음과 같이 말한다: "그가 무엇을 의

---

993) 여기서 "이 문장은 의미를 갖는다"를 문장과 의미 사이의 어떤 소유 관계를 표현하는 것으로 오해해서 문장이 그 안에 의미를 소유하고 있는 것으로 해석해서는 안 된다. 이어지는 문장에서 보듯이 어떤 문장이 의미를 갖는다 함은 그것이 온전한 문장으로서 성립한다는 뜻이다.

994) 기호의 교환을 통해 기호가 운반하는 의미가 교환되는 것이 아니다. 기호의 교환(쓰임) 자체가 그 의미이다. 따라서 내가 말(기호) 뒤로 들어가 그 말이 운반하는 의미를 포착한다거나 하는 일은 성립할 수 없다.

미하는지 **그는** 어떻게 알 수 있는가? 그도 역시 그의 기호들만을 갖고 있는데 말이다."

505. 내가 명령에 따라 행위할 수 있기 전에 나는 그 명령을 이해해야 하는가? — 확실히 그렇다! 그렇지 않다면 당신은 무엇을 해야 하는지 모를 것이다. — 그러나 **앎**에서 행함으로의 이행 또한 분명 하나의 비약이다! — [995]

506. "오른쪽으로 돌아!"라는 명령에 왼쪽으로 돈 뒤 이마를 치며 "아! — 오른쪽이었지."라고 말하고서 오른쪽으로 도는 얼빠진 사람. — 그의 마음속에는 무엇이 떠올랐는가? 하나의 해석?[996]

507. "나는 이것을 단지 말하기만 하는 것이 아니다. 나는 그것으로 무엇인가를 의미한다." — 우리가 (단지 말하기만 하는 것이 아니라) 무엇인가를 **의미할** 때 우리 안에서 어떤 일이 일어나고 있는지

---

995) 만일 기호와 그에 대한 이해나 앎 사이에 비약이 있다고 생각해 그 틈을 의미나 해석이 매개하는 것으로 설명하려 한다면, 명령을 앎과 그것을 행함 사이의 비약은 또 어떻게 메울 것인가를 묻고 있다.

996) "오른쪽으로 돌아!"라는 명령에 대해 왼쪽으로 돌라는 해석이 그의 머릿속에 떠올랐던 것은 물론 아니다. 그는 그 명령에 왼쪽으로 돌았고 다음에야 비로소 실수를 했음을 자각했을 뿐이다. 이 책 §201 참조.

잘 생각해보면, 마치 이 말과 연결된 어떤 것이 있는 듯이 보인다. 그렇지 않으면 그 말이 헛돌게 되는 것처럼 말이다. ― 이를테면 그 말이 우리 안에 있는 어떤 것과 맞물려 있는 것처럼 말이다.[997]

508. 나는 "오늘 날씨 참 좋다"[998]라는 문장을 말한다. 하지만 이 문장 속의 낱말들은 결국 자의적인 기호들이다. ― 따라서 각 낱말의 자리에 "a b c d"를 놓아보자. 그러나 이제 내가 이것을 읽을 때, 나는 그것을 앞서 말한 의미와 직접 연결 지을 수 없다. ― 나는 "오늘" 대신에 "a", "날씨" 대신에 "b" 등등을 말하는 데 익숙하지 않다고 할 수 있을 것이다. 하지만 이는 내가 "오늘"이라는 말과 "a"를 즉각 연결 짓는 데에 익숙하지 않다는 뜻이 아니라 "a"를 "오늘"의 **자리에** ― 그러니까 "오늘"의 의미로 ― 사용하는 데에 익숙하지 않다는 뜻이다. (나는 이 언어를 완전히 익히지 못한 것이다.)[999]

(나는 온도를 화씨로 측정하는 데에 익숙하지 않다. 따라서 그런 온도 표기는 내게 아무것도 '**알려주지**' 않는다.)[1000]

---

997) 어떤 것을 의미함이 마음의 과정이라는 논제를 거론하고 있다. 이 책 §501 참조.

998) 원문은 "Das Wetter ist schön"인데 문맥에 맞춰 이렇게 약간 바꿔 옮겼다.

999) 문장이 자의적인 기호들의 조합이라고 해서 그 기호들이 다른 자의적인 기호들로 쉽게 대치되어 바로 이해되고 사용될 수 있는 것은 아니다. 문장을 구성하는 기호들이 구체적인 쓰임의 문법에 의해 엮여져 있기 때문이다. 이 문법의 운용을 익히는 일이 그렇게 쉬운 일만은 아니다.

509. 우리가 누군가에게 "어떤 의미에서 이 말은 당신이 보고 있는 것에 대한 기술(記述)인가?"라고 묻고, ― 그가 "나는 이 말로 이것[1001]을 **의미한다.**"라고 답한다면 어떨까? (가령 그는 경치를 보고 있었다.) "나는 . . . 이것을 **의미한다.**"라는 이 대답은 왜 전혀 대답이 아닌가?[1002]

어떻게 우리는 눈앞에 보고 있는 것을 말로써 **의미하는가?**[1003]

내가 "a b c d"를 말했으며 그것으로 오늘 날씨 참 좋다는 것을 의미했다고 가정해보자. 즉 내가 이 기호들을 말하면서, 언제나 "a"를 "오늘"의 의미로, "b"를 "날씨"의 의미로 (등등) 사용해온 사람만이 보통 체험할 만한 그런 체험을 했다고 가정해보자. ― 이 경우 "a b c d"는 오늘 날씨 참 좋다는 말인가?

내가 그 체험을 했다고 판단할 기준은 무엇이어야 하는가?[1004]

1000) 우리가 섭씨를 화씨로 옮기는 규칙을 알고 있다 해도 화씨에 아주 익숙해 있지 않는 한, 예컨대 바깥온도가 화씨 40도라면 쌀쌀한 날씨인지 아닌지를 판단하지 못한다.

1001) 그가 보고 있는 것을 가리킨다.

1002) "경치가 수려하다"는 문장의 의미는 경치를 지시함에 의해서가 아니라 그 문장의 쓰임에 의해서 밝혀지기 때문이다.

1003) 그 말을 익힘으로써 그러한 것을 의미할 수 있게 될 것이다.

1004) 그러한 체험은 기호들의 의미를 전제로 하고 있는 것이지 그 의미를 형성하는 것이 아니다. Hacker 1996, 296쪽 참조.

510. 다음과 같이 시도해보라: "여기는 춥다"라고 **말하고** "여기는 덥다"를 **의미해**보라. 당신은 그렇게 할 수 있는가? — 그리고 그렇게 하는 데에는 한 가지 방식만 있는가?[1005]

511. "어떤 진술이 무의미하다는 것을 발견한다"라는 말은 무슨 뜻인가? — 그리고 "내가 그것으로 어떤 것을 의미한다면, 그것은 분명 의미가 있다"라는 말은 무슨 뜻인가? — 내가 그것으로 어떤 것을 의미한다면? — 내가 그것으로 **무엇**을 의미한다면?![1006] — 우리는 다음과 같이 말하고 싶다: 의미 있는 문장이란 우리가 말할 수 있을 뿐만 아니라, 또한 생각할 수도 있는 문장이다.

512. 우리는 이렇게 말할 수 있을 것 같다: "낱말-언어는 낱말들의 무의미한 결합을 허용하지만, 이미지의 언어는 무의미한 이미지들을 허용하지 않는다." — 그렇다면 스케치의 언어도 무의미한 스케치들을 허용하지 않는가?[1007] 그것들이 물체들의 모형으로

1005) 그러한 시도는 해당 낱말들에 대해 새로운 규칙을 세우고 그것을 따르는 경우에 해당한다. 이러한 시도는 여러 방식으로 행해질 수 있을 것이다.

1006) 어떤 진술로 무엇을 의미할 때 그 의미는 진술에 의해 서술되는 것이지 표현 불가능한 마음의 상태나 플라톤적 대상에 의해 주어지는 것이 아니다. Hacker 1996, 298쪽 참조.

1007) 『논리-철학논고』의 그림 언어를 참조.

쓰일 스케치였다고 가정해보라. 이 경우에 어떤 스케치들은 의미가 있지만, 어떤 스케치들은 무의미하다. ― 내가 낱말들의 무의미한 조합들을 상상한다면 어떨까?

513. 다음의 표현 형식을 잘 생각해보라: "내 책의 페이지 수는 방정식 $x^3 + 2x - 3 = 0$의 한 해(解)와 같다." 또는 "내 친구들의 수는 n이며, $n^2 + 2n + 2 = 0$이다." 이 문장은 의미가 있는가? 이것은 바로 알 수 없다.[1008] 이 예에서 우리는 어떤 것이 우리가 이해하는 문장처럼 보이지만 실제로는 무의미한 경우가 어떻게 일어날 수 있는지 알 수 있다.

(이것은 '이해한다'와 '의미한다'의 개념을 이해하는 데 도움을 준다.)

514. 한 철학자가 자신은 "나는 여기 있다"라는 문장을 ― 이 문장이 어떤 경우에, 어떻게 사용되는지를 전혀 기억해내지 못해도 ― 이해하고, 그것으로 어떤 것을 의미하며, 어떤 것을 생각한다고 말한다.[1009] 그리고 내가 "장미는 어둠 속에서도 빨갛다"라고 말

1008) 해당 방정식을 풀어 보고 나서야 우리는 이 문장이 의미를 가질 수 없음을 알게 된다. 이 책 §516 참조.

1009) 그러나 이는 불가능한 주장이다. 이 문장의 가능한 의미를 이해하기 위해서도 그는 이 문장이 어떤 경우에 사용되는지에 대한 최소한의 이해는 갖추고 있어야 한다. 예컨대 그는 '여기'가 구체적으로 어디인지가 확정되지 않은 경

한다면, 당신은 어둠 속에서 당신 앞의 이 빨강을 정말로 보는 것이다.

515. 어둠 속의 장미를 그린 두 그림. 하나는 완전히 검다. 장미가 보이지 않기 때문이다. 다른 그림에서 장미는 매우 자세히 그려져 있으며, 검은색으로 둘러싸여 있다. 그중 하나는 옳고 다른 하나는 틀린 것인가?[1010] 우리는 어둠 속의 흰 장미와 어둠 속의 붉은 장미에 대해 말하지 않는가? 또 우리는 그럼에도 그것들이 어둠 속에서는 구별될 수 없다고 말하지 않는가?[1011]

516. 우리가 "π의 전개에서는 7777이라는 숫자열이 나타나는가?"라는 질문의 의미를 이해한다는 것은 분명해 보인다. 그것은 우리말 문장이다. 우리는 π의 전개에서 415가 나타난다는 것이 무엇을 의미하는지 보여줄 수 있다 등등. 이때 우리는 그런 설명들이 미치는 바로 거기까지[1012] 우리가 그 질문을 이해한다고 말할 수 있다.

우에도 그것이 지시 대명사로 사용됨을 이해하고 있을 때에야 비로소 그 문장을 이해하고 그것으로 어떤 것을 의미하고 어떤 것을 생각할 수 있다.

1010) 그렇게 말할 수 없다.

1011) 이로부터 우리는 어둠 속의 장미에 대한 단 하나의 올바른 그림이나 이미지를 확정할 수 없음을 알게 된다. 그럼에도 우리는 "어둠 속의 장미"라는 표현의 의미를 이해한다. 이는 어둠 속의 장미에 대한 그림이나 이미지가 "어둠 속의 장미"라는 표현의 의미와 직접 연관되지 않음을 함축한다.

517. 다음과 같은 물음이 일어난다: 우리가 하나의 질문을 이해한다는 데에는 잘못이 있을 수 없는가?

왜냐하면 여러 수학적 증명들로 인해 우리는 이전에 상상할 수 있다고 믿었던 어떤 것을 더 이상 상상할 수 **없다**고 말하기 때문이다. (가령 7각형의 작도(作圖).) 이로 인해 우리는 상상 가능한 것의 영역으로 간주했던 것을 수정하게 된다.[1013]

518. 소크라테스가 테아이테토스에게:[1014] "그리고 누군가 상상을 한다면, 그는 **어떤 것**을 상상해야 하지 않는가?" — 테아이테토스: "그래야 합니다." — 소크라테스: "그리고 그가 어떤 것을 상상한다면, 그것은 실재하는 어떤 것이어야 하지 않겠는가?" — 테아이테토스: "그런 것 같습니다."

또한 그리는 사람은 어떤 것을 그려야 하지 않는가? — 그리고 어떤 것을 그리는 사람은 실재하는 어떤 것을 그려야 하지 않겠는가?[1015] — 자, 그림 그리기의 대상은 무엇인가? (가령) 사람에 대한

1012) 우리가 실제로 π를 전개해본 곳까지를 의미한다. π의 전개에서 어떠한 법칙성도 찾을 수 없기 때문이다. 이 책 §513 참조.

1013) 이로부터 우리는 상상 가능성이 의미의 테두리를 한정하는 것이 아니라 그 역이 참임을 알게 된다. 그리고 의미의 테두리는 다시 문법에 의해 한정된다. 수학의 경우 이는 증명의 과정에 의해 보여진다. 요컨대 증명은 문법적 해명의 과정이다. Hacker 1996, 309쪽 참조.

1014) 플라톤, 『테아이테토스』, 189a.

그림인가, 아니면 그림이 묘사하는 그 사람인가?

519. 우리는 이렇게 말하고 싶다 : 명령은 그것에 따라 실행된 행위의 그림이다. 그러나 또한 그것에 따라 실행**되어야 할** 행위의 그림이기도 하다.[1016]

520. "우리가 명제를 가능한 사태의 그림으로 이해하고, 명제가 사태의 가능성을 보여준다고 말한다 해도, 명제는 기껏해야 채색화나 양각화, 또는 영화가 하는 일을 할 수 있을 뿐이며, 따라서 그것은 어쨌든 사실이 아닌 것을 제시할 수 없다. 그러니까 우리가 무엇을 (논리적으로) 가능하다, 가능하지 않다고 부르는지는 전적으로 우리의 문법 — 즉 바로 그 문법이 허용하는 것 — 에 달려 있는가?" — 그러나 그것은 분명 자의적이다! — 그것이 자의적

1015) 이는 앞의 문장으로부터 따라 나오지 않는다. 같은 맥락에서 어떤 것을 상상함이 곧 그 상상의 대상의 실재성을 함축한다는 소크라테스의 추론도 타당하지 않다. Z, §693 참조.

1016) 그러나 모든 명령이 다 실행되는 것은 아니다. "명령은 그것에 따라 실행된 행위의 그림이다. 그러나 또한 그것에 따라 실행**되어야 할** 행위의 그림이기도 하다"라는 말은 실행되지 않은 명령의 경우에는 타당한 서술일 수 없다. 이 책 §461 참조. 그리고 이 경우에 대해 "명령은 그것에 따라 실행되지 않은 행위의 그림이다. 그러나 또한 그것에 따라 실행**되지 않을** 행위의 그림이기도 하다"라고 한다 해도 결국은 앞서의 말과 선접으로 엮어져 (p v ~p)의 형식을 띠는 동어반복을 말하는 셈이며, 이는 아무것도 알려주는 바가 없다.

이라고?[1017] ─ 우리가 문장과 같은 형태를 지닌 모든 것에 대해 그 것으로 어떤 것을 해야 하는지 아는 것은 아니며, 모든 기술(技術) 이 우리의 삶에 사용되는 것도 아니다. 그리고 우리가 철학에서 전 혀 쓸모없는 어떤 것을 명제로 간주하려는 유혹을 받는다면, 그것 은 흔히 우리가 그 적용을 충분히 고려하지 않았기 때문에 일어나 는 일이다.

521. '논리적 가능성'을 '화학적 가능성'과 비교해보라. 만일 올바 른 원자가(原子價)를 지니는 공식(가령 H-O-O-O-H)이 존재한다 면, 우리는 아마도 그런 결합을 화학적으로 가능하다고 부를 수 있 을 것이다. 물론 그런 결합이 꼭 존재할 필요는 없다. 하지만 화학 식 HO_2조차도[1018] 현실에서는 그에 대응하는 어떤 결합도 가질 수 없다.

522. 우리가 명제를 그림에 비유한다면, 우리는 비유의 대상이 초상화(역사적 묘사)인지 풍속화인지 잘 생각해봐야 한다.[1019] 그리

1017) 문법은 실재와의 부합 여부에 의존되어 있지 않다는 의미에서 자의적이다. 그렇다고 해서 문법을 마음대로 주물러 이래도 좋고 저래도 좋게 할 수 있다 는 의미는 아니다. 이 책 §497, TS 302, 16f 참조.
1018) H_2O_3와는 달리 HO_2는 화학적으로도 불가능하다.
1019) 초상화(역사적 묘사)는 사실적 명제에, 풍속화는 허구적 명제에 비교된다.

고 두 비유 모두 의미가 있다.

내가 풍속화를 볼 때는, 비록 내가 그림 속의 사람들이 정말로 존재한다거나 혹은 그들이 정말 그런 상황에 있었다고 믿지(상상하지) 않는다 해도 그것은 내게 무엇인가를 '말하고 있다'. 왜냐하면, 내가 이렇게 묻는다면 어떨까?: "그렇다면 그것은 내게 **뭐라고** 말하는가?"

523. "그림은 내게 그 자신을 말하고 있다" — 라고 나는 말하고 싶다. 즉 그것이 내게 어떤 것을 말한다는 것은 그 자신의 구조, **그것의** 형태들과 색깔들에 있다고 말이다. (누군가 "그 음악의 주제는 내게 그 자신을 말하고 있다."라고 말한다면 이는 무슨 뜻인가?)[1020]

524. 그림과 지어낸 이야기가 우리에게 기쁨을 주고 우리 마음을 사로잡는다는 것을 당연시하지 말고, 그것을 하나의 놀라운 사실로 간주하라.

("그것을 당연시하지 말라." — 이 말은 다음을 의미한다: 당신을 불안하게 하는 다른 것들에 대해서와 마찬가지로 그것[1021]에 대해서도 놀라

1020) 이 책 §527 참조.
1021) 그림과 지어낸 이야기가 우리에게 기쁨을 주고 우리 마음을 사로잡는다는 것을 가리킨다.

워하라.[1022) 그러면 그 문제점[1023)은 당신이 다른 사실을 받아들이는 것처럼 이 사실[1024)을 받아들임으로써 사라질 것이다.)

((분명하게 드러난 헛소리에서 분명하게 드러나지 않은 헛소리로의 이행.))[1025)

525. "그는 이렇게 말한 뒤 전날처럼 그녀 곁을 떠났다."― 나는 이 문장을 이해하는가? 나는 그것을 어떤 알림의 과정에서 듣는 경우와 마찬가지로 이해하는가? 만일 그 문장만 따로 떨어져 있다면, 나는 그것이 무엇에 대한 것인지 모르겠다고 말할 것이다. 하지만 그렇다 해도 나는 우리가 이 문장을 가령 어떻게 사용할 수 있을지는 알 것이다. 나는 그것에 관한 문맥을 스스로 만들어낼 수도 있을 것이다.

(다수의 잘 알려진 길들이 이 말로부터 모든 방향으로 이어진다.)[1026)

1022) 예컨대 허구적 명제들이 무의미하거나 거짓이라는 분석철학자들에게는 허구적 명제들로 이루어진 지어낸 이야기가 우리에게 기쁨을 주고 우리 마음을 사로잡는다는 사실이 기묘하고 놀랍게 여겨질 것이다.

1023) 그림과 지어낸 이야기가 우리에게 기쁨을 주고 우리 마음을 사로잡는다는 문제점을 가리킨다.

1024) 그림과 지어낸 이야기가 우리에게 기쁨을 주고 우리 마음을 사로잡는다는 사실을 가리킨다.

1025) 당연시함이 전자에, 놀라워함이 후자에 연관된다. 이 책 §464 참조.

1026) 이 말을 잘 알려진 다양한 문맥에 접맥시키는 과정을 가리킨다.

526. 그림, 스케치를 이해한다는 것은 무슨 뜻인가? 여기에도 이해함과 이해하지 못함이 있다. 그리고 여기에서도 이 표현들[1027]은 여러 가지를 의미할 수 있다. 가령 그림은 정물화인데, 나는 그것의 어느 한 부분을 이해하지 못한다: 나는 거기서 물체들을 보지 못한 채 화폭 위의 색깔 반점들만을 본다. — 또는 나는 모든 물체들을 보지만, 내가 모르는 대상들이 있다. (그것들은 무슨 도구들처럼 보이는데 어디에 사용되는지 모르겠다.) — 그러나 어쩌면 나는 그 대상들은 알지만, 다른 의미에서 — 그것들의 배치를 이해하지 못하는 것이리라.[1028]

527. 언어에서 한 문장의 이해와 음악에서 한 주제의 이해는 — 우리가 생각하는 것보다 — 훨씬 더 유사하다. 언어적 문장의 이해는 보통 음악적 주제의 이해라고 불리는 것에 — 우리가 생각하는 것보다 — 더 가깝다. 왜 세기와 빠르기가 바로 이 오선(五線)에서 움직여야 하는가? 우리는 이렇게 말하고 싶을 것이다: "내가 그 모든 것의 의미를 알기 때문이다." 하지만 이 말은 무슨 뜻인가? 나는 어떻게 말해야 좋을지 모를 것이다.[1029] 이를 '설명'하기 위해서,

---

1027) 이해함과 이해하지 못함을 가리킨다.

1028) 어떤 그림을 이해하고 대상을 알아보는 사람은 그렇지 못한 사람과는 다르게 그 그림과 대상을 보는 것이다. 『심리철학』, xi 참조.

1029) 자신이 작곡한 곡을 연주한 슈만(Robert Schumann)에게 어떤 사람이 그 곡

나는 그것을 똑같은 리듬(나는 똑같은 오선(五線)을 뜻한다)을 갖는 다른 어떤 것과 비교할 수 있을 것이다. (우리는 이렇게 말한다: "모르겠니? 이것은 마치 어떤 결론이 도출되는 것과 같아." 또는 "이것은 말하자면 삽입구야[1030]" 등등. 어떻게 우리는 그런 비교들을 정당화하는가? — 여기에는 매우 다양한 종류의 정당화가 있다.)[1031]

528. 우리는 언어와 닮은 데가 전혀 없지는 않은 어떤 것 — 어휘나 문법이 없는 소리–몸짓들[1032] — 을 가진 사람들을 상상해볼 수 있을 것이다. ('신들린 사람이 하는 방언'.)[1033]

529. "하지만 여기서 소리들의 의미는 무엇일까?" — 음악에서는 그것이 무엇일까?[1034] 비록 이 소리–몸짓들의 언어를 음악에 비

의 의미를 묻자 슈만은 대답 대신 그 곡을 한 번 더 연주했다는 일화가 있다. 음악을 음악이 아닌 다른 것으로 설명하기를 꺼린 것이다. 그림이나 언어의 경우와 유사하게 음악도 그것을 이해한 사람에게는 그렇지 못한 사람과는 다르게 들린다. 예컨대 그에게 그 음악은 자연스럽게 들린다.

1030) 원어 "Parenthese"는 삽입구, 간주곡을 의미한다.

1031) 이 절에 대해서는 다음의 논문을 참조. P. Lewis, "Wittgenstein on Words and Music," *British Journal of Aesthetics*, vol. 17, 1977.

1032) 원어는 "Lautgebärden"으로 이 책 §134에 나왔던 '명제 소리(Satzklang)'와 닮은꼴이다.

1033) 그러나 그 방언도 어휘와 문법을 결여하고 있다는 점에서 문장으로 간주될 수 없다.

유해야 할 거라고 말하고 싶은 마음은 추호도 없지만 말이다.[1035]

530. 그 쓰임에 있어서 낱말들의 '영혼'이 어떠한 역할도 하지 않는 언어도 있을 수 있을 것이다.[1036] 그 언어에서는 예컨대 하나의 낱말을 임의로 만들어낸 새로운 낱말로 대체해도 우리에게는 아무런 문제가 되지 않는다.[1037]

531. 우리가 한 문장을 이해하는 것에 관해 이야기할 때, 우리는 그 문장이 똑같은 것을 말하는 다른 문장으로 대체될 수 있다는 의미로 이야기한다. 그러나 우리는 또한 그 문장이 어떤 다른 문장으로도 대체될 수 없다는 의미로도 이야기한다. (하나의 음악적 주제가 다른 주제로 대체될 수 없는 것처럼 말이다.)

전자의 경우에, 문장에 담긴 생각은 여러 문장들에 공통되는 어

1034) 소리와 음악이 낱말이나 문장이 아니라는 점에서 이러한 질문은 성립할 수 없다.
1035) 소리-몸짓인 언어가 발언자의 의중을 표현하고 있는 데 반해 음악이 표현하는 것은 작곡가의 심경과 꼭 일치할 필요가 없다. 예컨대 어느 작곡가가 슬픈 멜로디를 작곡했다고 해서 그가 꼭 슬퍼하고 있는 것은 아닐 수 있다. Hacker 1996, 333쪽 참조.
1036) 화학의 표기법이 그 한 예이다. MS 161, 6f쪽 참조.
1037) 앞서는 '영혼'은 있으나 문법이나 어휘가 없는 언어와 유사한 것을 거론했다면, 이 절에서는 그와 반대로 문법과 어휘는 있으나 영혼이 없는 언어를 거론하고 있다.

떤 것이며, 후자의 경우에는 오직 이 말만이 이 자리에서 표현되는 어떤 것이다. (시(詩)를 이해하기.)[1038]

532. 그렇다면 여기서 "이해하다"는 두 가지 다른 의미[1039]를 지니고 있는가? — 나는 오히려 "이해하다"의 이런 식의 쓰임들이 그 의미를 형성하며, 이해에 대한 나의 **개념**을 형성한다고 말하고 싶다.

왜냐하면 나는 이 모든 것에 "이해하다"를 적용하고 **싶기** 때문이다.

533. 그러나 저 두 번째 경우[1040]에, 어떻게 우리는 그 표현을 설명하고 이해를 전달할 수 있는가? 스스로에게 이렇게 물어보라: 어떻게 우리는 누군가가 시(詩)나 주제를 이해하도록 **이끄는가**? 이에 대한 대답은 여기서 우리가 어떻게 의미를 설명하는지를 알려준다.[1041]

1038) 비단 시뿐 아니라 감정을 표현하는 언어의 적지 않은 경우가 이에 해당한다. 연인들 사이에 오고가는 사랑의 언어가 그 한 예이다. LW I, §712 참조.
1039) 한 문장을 이해한다는 것은 (1) 그 문장을 다른 말로 대체할 수 있다는 것이라는 의미와 (2) 그 문장이 다른 말로 대체될 수 없는 고유한 표현이라는 의미를 말한다.
1040) 이 책 §531에서 후자의 경우를 가리킨다.
1041) 이에 대한 대답은 그 표현이 어째서 다른 말로 대체될 수 없는 고유한 표현인지에 대한 대답이어야 할 것이다.

534. 하나의 낱말을 이 의미로 **듣는다는 것**. 그런 어떤 것이 있다는 점이 얼마나 신기한가!

이렇게 표현되고, 이렇게 강조되고, 이렇게 들릴 때, 그 문장은 **이런** 문장들, 그림들, 행위들로 옮겨가기 시작한다.[1042]

(다수의 잘 알려진 길들이 이 말로부터 모든 방향으로 이어진다.)[1043]

535. 우리가 교회선법(敎會旋法)[1044]의 종결부를 종결부로 **느끼게** 될 때 어떤 일이 일어나는가?[1045]

536. 나는 말한다: "나는 (겁먹은 인상을 주는) 이 얼굴을 용기 있는 얼굴이라고 생각할 수도 있다." 이렇게 말할 때 우리는 이 얼굴을 지닌 어떤 사람이 가령 누군가의 생명을 구할 수 있다고 내가 상상할 수 있다는 것을 뜻하지 않는다. (물론 우리는 어떤 얼굴에 대해서도 그렇게 상상할 수 있다.) 오히려 나는 얼굴 자체의 한 측면에 대해 말하고 있는 것이다.[1046] 또한 내 말은, 이 사람이 자신의 얼굴

1042) 이 책 §536 참조.

1043) 이 책 §525 참조.

1044) 중세 르네상스 시대에 서양음악의 기초를 이룬 음계(音階).

1045) 그때 우리는 비로소 주어진 소리를 하나의 음악 작품으로서 이해하게 되는 것이다.

1046) 『심리철학』, xi 참조.

을 일상적인 의미에서 용기 있어 보이는 얼굴로 바꿀 수 있다고 내가 상상할 수 있다는 뜻도 아니다. 내 말은 아마도 그것이 용기 있는 얼굴로 아주 확실하게 바뀔 수 있으리라는 것이다.[1047] 얼굴 표정을 재해석하는 일은, 우리가 음악에서 화음이 한번은 이런 조(調)로, 한번은 저런 조로 바뀐다고 느낄 때 화음을 재해석하는 일에 비유할 수 있다.

537. 우리는 "나는 이 얼굴에서 겁먹음을 읽는다"라고 말할 수 있다. 그러나 어쨌든 겁먹음이 그 얼굴과 그저 결부되어 있는 듯이, 겉으로 연결되어 있는 듯이 보이지는 않는다. 오히려 겁은 표정에 살아 있다. 표정이 약간 변한다면, 우리는 그와 상응해서 겁이 변화한 것이라고 말할 수 있다. 누군가 우리에게 "당신은 이 얼굴이 용기의 표현이라고 생각할 수도 있는가?"라고 묻는다면 — 우리는 이를테면 이 표정에 어떻게 용기를 담아야 할지 모를 것이다. 이 경우에 나는 아마도 다음과 같이 말할 것이다: "이 얼굴이 용기 있는 얼굴이라고 한다면, 나는 그게 무슨 뜻인지 모르겠다."[1048]

1047) 이 책 §534 참조. 그것은 재스트로(Joseph Jastrow)의 토끼-오리 그림이 토끼의 그림에서 오리의 그림으로 옮겨가는 것에 비견될 수 있다. 『심리철학』, §118 참조.

1048) 원문은 "Ich weiß nicht was das heiße, wenn diesen Gesicht ein mutiges Gesicht ist"이다. 비트겐슈타인은 이 문장을 "wenn"을 "daß"로 대체하거나

하지만 그런 질문에 대한 대답은 무엇일까? 우리는 아마도 이렇게 말할 것이다: "그래, 이제 알겠다. 그 얼굴은 말하자면 외부 세계와 관계가 없다." 그러니까 우리는 그 얼굴에 용기를 해석해 넣은 것이다. 용기는 — 우리는 이렇게 말할 수 있을 것이다 — 이제 다시 그 얼굴에 **들어맞는다**. 그러나 여기서 **무엇이 무엇에** 들어맞는가?

538. 이와 유사한 경우가 (어쩌면 그렇게 보이지 않을 수도 있지만) 있는데, 가령 우리 독일인들은 프랑스어에서 서술 형용사의 성(性)이 주어의 성과 일치한다는 점에 놀라워한다.[1049] 그리고 우리는 이 것을 우리 자신에게 다음과 같이 설명한다: 그들은 "그 사람은 **좋은 사람**이다(Der Mensch ist *ein guter*)"를 의미한다.[1050]

539. 나는 미소 짓는 얼굴을 묘사한 그림을 본다. 내가 그 미소를 한번은 호의적인 것으로, 한번은 악의적인 것으로 이해한다면,

---

"ist"를 "wäre"로 대체해서 읽어서는 안 된다고 부가하고 있다. MS 115, 23쪽 참조. 요컨대 (1) 이 문장을 "나는 이 얼굴이 용기 있는 얼굴이라는 게 무슨 말인지 모르겠어"로 옮겨서는 안 되며, (2) 이 문장이 가정법 문장이 아니라 조건문임에 유의해야 한다. PI 4판, 258쪽 참조.

1049) 독일어에서는 서술 형용사가 주어의 성에 따라 변하지 않는다.

1050) 두 언어의 차이를 설명하기 위한 방편으로 "Der Mensch ist *gut*"을 이렇게 고쳐 쓴 것이다. 여기서의 "*guter*"는 주어의 성을 따른 것이 아니라 그 뒤에 생략된 명사의 성을 따른 결과이다.

나는 무엇을 하는 것인가? 나는 자주 호의적이거나 악의적인 시간적, 공간적 환경과 연결 지어 그것을 상상하지 않는가? 따라서 그 그림을 볼 때, 나는 미소 짓는 사람이 놀고 있는 아이 또는 자신의 적을 내려다보며 웃고 있다고 상상할 수 있을 것이다.[1051]

첫눈에 유쾌한 상황도 더 넓은 문맥으로 보면 다르게 해석될 수 있겠지만, 그렇다고 위와 같은 일이 바뀌지는 않는다. — 특별한 상황들이 내 해석을 바꾸지 않는다면, 나는 어떤 미소를 호의적이라고 이해하고 그것을 "호의적인 것"이라고 부를 것이며, 그에 따른 반응을 취할 것이다.

((확률, 빈도.))

540. "언어의 제도와 그 모든 주변 상황이 없다면 — 비가 곧 그칠 거라고 내가 생각할 수 없으리라는 것은 매우 이상하지 않은가?[1052] — 당신은 저 주변 상황 없이는 당신이 이렇게 말하고 **의미할** 수 없다는 것이 이상하다고 이야기하고 싶은가?

누군가 하늘을 가리키면서 이해할 수 없는 일련의 말들을 외친

1051) 전자의 경우 그 미소는 호의적인 미소가 되고 후자의 경우 그 미소는 악의적인 미소가 된다.

1052) 생각이 언어로부터 독립될 수 있으며 언어는 그러한 생각의 소통수단에 불과하다고 믿는 사람에게는 그러한 생각이 언어의 제도와 그 모든 주변 상황에 의존되어 있다는 점이 이상하게 여겨질 것이다(Hacker 1996, 340쪽).

다고 가정해보라. 우리가 그에게 그 의미를 묻자, 그는 그것이 "다행히도 비가 곧 그칠 것이다"를 의미한다고 말한다. 그는 심지어 각각의 낱말이 무엇을 의미하는지도 우리에게 설명해준다. ― 나는 그가 이를테면 갑자기 제정신으로 돌아와서, 저 문장은 전혀 말이 안 되는 것이었지만 그 문장을 말했을 때 그에게는 매우 익숙한 언어의 문장인 것처럼 (어쩌면 심지어 잘 아는 인용문처럼) 보였다고 말한다고 가정한다. ― 이제 나는 뭐라고 말해야 할까? 그가 이 문장을 말했을 때 그는 그것을 이해하지 않았는가? 그 전체 의미는 그 문장 안에 있지 않았는가?[1053]

541. 하지만 저 이해와 의미는 어디에 있었는가? 가령 그는 아직 비가 오고 있지만 이미 개기 시작한 하늘을 가리키면서, 즐거운 목소리로 일련의 소리들을 말하고는 **나중에** 그 말을 우리말의 낱말들과 연결시켰다.[1054]

542. "하지만 그에게는 자기의 말이 바로 자기가 잘 아는 언어의 말인 것처럼 느껴졌다." ― 그렇다. 그에 대한 기준은 그가 나중에

1053) 그렇지 않다. 그 문장은 언어의 제도와 그 모든 주변 상황을 결여하고 있기 때문이다.
1054) 그 연결이 **나중에** 이루어졌다는 것보다 그 연결이 철저히 자의적이라는 것이 문제이다.

이렇게 말했다는 것이다. 그리고 이제 **절대** 다음과 같이 말하지 말라: "우리에게 매우 익숙한 언어의 낱말들은 정말 아주 특수한 방식으로 느껴진다."[1055] (이런 느낌의 **표현**은 무엇인가?)

543. 나는 다음과 같이 말할 수 없는가?: 외침, 웃음은 의미로 가득 차 있다.

그리고 그것은 대략 다음을 의미한다: 그것들[1056]로부터 많은 것을 읽어낼 수 있다.

544. 내가 그리움에 사무쳐 "아, 그가 와 주기만 한다면!"이라고 외칠 때, 그 느낌은 그 말에 '의미'를 부여한다. 하지만 그것은 각각의 낱말에 의미를 부여하는가?[1057]

그러나 여기서 우리는 그 느낌이 그 말에 **진실성**을 부여한다고 말할 수도 있다.[1058] 그리고 이로부터 당신은 여기서 개념들이 서로 어떻게 융합하는지를 본다. (이를 통해 다음의 질문이 떠오른다: 수학

1055) 느낌이 낱말의 사용에 수반될 수는 있지만 그렇다고 해서 그것이 낱말에 의미를 제공하는 것은 아니다. 낱말의 의미는 수반되는 느낌에 의해서가 아니라 사용에 의해서 주어지며, 그런 점에서 느낌은 의미에 부수적으로만 연결될 수 있다.

1056) 외침, 웃음을 가리킨다.

1057) 이에 대한 비트겐슈타인의 대답은 부정적이다.

1058) 나의 간절한 느낌이 그가 오기를 바라는 내 말에 진실성을 부여한다.

적 명제의 **의미**는 무엇인가?)[1059]

545. 그러나 우리가 "나는 그가 올 거라고 **희망한다**"라고 말할
때 — 느낌이 "희망한다"는 낱말에 그 의미를 부여하지 않는가?
(그리고 "나는 더 이상 그가 올 거라고 희망하지 **않는다**"라는 문장은 어떤
가?) 느낌은 아마도 "희망한다"는 낱말에 특별한 울림을 부여할 것
이다. 즉 느낌은 그런 울림에서 표현된다. — 느낌이 낱말에 그 의
미를 부여한다면, 여기서 "의미"는 **중요한 것**에 해당한다. 하지만
왜 느낌은 중요한 것인가?

희망은 느낌인가?[1060] (특징적 기호.)

546. 따라서 나는 "아, 그가 왔으면 좋겠다!"라는 말에 내 소망이
실려 있다고 말하고 싶다. 그리고 말은 우리에게서 억지로 나올 수
있다 — 하나의 외침처럼 말이다. 또한 말은 꺼내기 **어려울** 수 있
다: 가령 우리가 어떤 것을 단념하거나 약점을 고백할 때 나오는
말이 그에 해당한다. (말은 행위이기도 하다.)[1061]

1059) 앞서의 경우에서처럼 수학적 명제의 경우에도 의미와 진실이 서로 융합한다.
거짓인 수학적 명제는 쓸모가 없기 때문이다. MS 163, 93쪽 참조.

1060) 이에 대한 비트겐슈타인의 대답은 부정적이다. 희망은 "언어의 제도와 그 모
든 주변 상황"(이 책 §540)을 전제로 하고 있는 "이 복잡한 삶의 형식이 변형
된 것"(『심리철학』, §1)이다.

547. 부정(否定)하기 : 하나의 '정신적 활동'. 어떤 것을 부정하고, 당신이 무엇을 하는지 관찰해보라! ─ 당신은 가령 내면에서 머리를 가로젓는가? 만약 그렇다면 ─ 이 과정은 우리가 한 문장에서 부정 기호를 적는 것보다 더 관심을 가질 만한 것인가? 이제 당신은 부정의 **본질**을 아는가?[1062]

548. 다음의 두 가지 과정 사이의 차이는 무엇인가? : 어떤 일이 일어나기를 소망하는 것 ─ 그리고 똑같은 일이 일어나지 **않기를** 소망하는 것.

우리가 그것을 그림으로 묘사하고자 한다면, 우리는 그 사건의 그림을 가지고 여러 가지를 할 것이다 : 그것을 줄로 그어 지우거나 그 주위에 동그라미를 치는 등으로 말이다. 그러나 이는 우리에게 **거친** 표현 방법으로 여겨진다. 낱말-언어에서 우리는 "아니다"라는 기호를 사용한다. 이것은 어설픈 미봉책과 같다. 우리는 **생각** 속에서는 그것이 전혀 다르게 일어난다고 여긴다.[1063]

1061) 이 책 §543 참조. 말은 소망이나 단념, 고백과 같은 사람의 자연사적 사실과 밀착되어 있다.

1062) 이에 대한 비트겐슈타인의 대답은 부정적이다. 우리는 부정하기를 수반하는 정신적 활동을 관찰함으로써가 아니라 부정 기호의 사용 규칙을 배우고 익힘으로써 부정의 본질을 알게 된다.

1063) 부정하기가 하나의 정신적 활동이라는 앞 절의 가설을 부연하고 있는 절이다.

549. "'아니다'라는 낱말은 어떻게 부정을 할 수 있는가?!" — "'아니다'라는 기호는 그보다 앞에 오는 것을 부정적으로 이해해야 함을 암시한다." 우리는 부정 기호란 우리가 어떤 일 — 아마도 매우 복잡한 어떤 일 — 을 하게 되는 동기라고 말하고 싶어 한다[1064] : 마치 우리가 부정 기호로 인해 어떤 일을 시작하게 되는 듯이 말이다. 하지만 어떤 일을 말하는 것인가? 이에 대한 언급은 없다. 마치 기호가 그것을 암시하기만 하면 그만인 듯이 말이다. 마치 우리가 이미 그것을 알고 있다는 듯이, 어쨌든 우리가 그 문제를 이미 잘 알고 있기 때문에 설명은 필요 없다는 듯이 말이다.[1065]

(a) "3중 부정이 다시 부정을 낳는다는 사실은 내가 지금 사용하고 있는 하나의 부정 속에 이미 담겨 있어야 한다." ('의미'의 신화를 만들어내려는 유혹.)[1066]

2중 부정이 긍정이라는 사실은 마치 부정의 본성에서 비롯되는

1064) 여기까지는 부정하기가 정신적 활동이라는 가설을 문답식으로 요약하고 있다.

1065) 여기까지는 부정하기가 정신적 활동이라는 가설이 생산적인 것이 못됨을 지적하고 있다.

1066) "~~~p≡~p"는 부정에 이미 놓여 있는 속성이 아니라 부정의 규칙이다. '의미'의 신화는 의미가 낱말에 속성으로서 놓여 있다는 믿음이고, 그것이 신화인 까닭은 의미는 그러한 것이 아니라 낱말의 사용이기 때문이다.

듯이 보인다. (그리고 여기에는 뭔가 올바른 점이 있다. 무엇인가? **우리의** 본성은 그 둘 다와 관련되어 있다.)[1067]

(b) "아니다"라는 낱말의 쓰임에 관한 올바른 규칙들이 이 규칙들인지, 또는 저 규칙들인지(내 말은, 그것들이 그 낱말의 의미에 부합하는지)에 대해서는 어떠한 논란도 있을 수 없다. 왜냐하면 이 규칙들이 없다면 그 낱말은 아직 의미를 지니지 않기 때문이다. 그리고 우리가 규칙들을 바꾸면 그것은 이제 다른 의미를 지니며, (또는 아무런 의미도 지니지 않으며) 그 경우 우리는 그 낱말 또한 바꿀 수 있기 때문이다.[1068]

550. 우리는 부정이 배제와 거부의 몸짓이라고 말할 수 있을 것이다. 하지만 우리는 그런 몸짓을 매우 다양한 경우에 사용한다![1069]

1067) 그 둘은 2중 부정과 긍정을 말한다. 우리의 본성이 그 둘에 관련되어 있는 이유는 우리가 언어를 사용할 때 긍정과 부정을 구사한다는 점에서 찾아진다. 다른 사람이 발언한 부정문(~p)을 부정할 때(~~p), 우리는 다른 사람이 부정한 문장(p)를 긍정하는 셈이다. 그런 점에서 2중 부정이 긍정이라는 데는 올바른 점이 있다.

1068) 이 책 §240 참조.

1069) 예컨대 우리는 어떤 사실 판단을 부정하고 어떤 정치적 견해를 거부하고, 어떤 논리적 가능성을 부정한다 등등.

551. "'철은 100도에서 녹지 않는다'와 '2 곱하기 2는 5가 아니다' 는 **똑같은** 부정인가?" 이것은 내적 관찰에 의해, 즉 우리가 그 두 문장으로 무엇을 **생각하고 있는지**를 보려 함으로써 결정되어야 하는가?[1070]

552. 내가 다음과 같이 묻는다면 어떨까?: 우리가 "이 막대의 길이는 1m이다"와 "여기에 1명의 병사가 있다"라는 문장들을 말하는 동안 우리가 "1"로 다른 것을 의미하며, "1"이 다른 의미를 지니는 것이 우리에게 분명해지는가? — 그것은 우리에게 전혀 분명해지지 않는다 — 예를 들어 "1m마다 병사가 1명씩 있으므로, 2m마다는 병사가 2명씩 있다"라는 문장을 말해보라. 누군가 "당신은 그 두 1로 똑같은 것을 의미하는가?"라고 묻는다면, 우리는 아마도 "물론 나는 똑같은 것, 즉 **하나**를 의미한다!"라고 대답할 것이다. (아마도 손가락 하나를 들어 보이면서.)[1071]

553. 이제 그 "1"은 치수를 나타낼 때와 개수를 나타낼 때 서로

1070) 두 문장은 각각 경험과 산수라는 서로 다른 범주에 속하며, 이들의 의미와 차이는 내적 관찰이 아닌 사용에 의해 결정된다.

1071) 그러나 같은 1이라 해도 병사의 숫자를 나타낼 때는, 자연수이고 막대의 길이를 나타낼 때는 실수(實數)라는 차이가 있다. 병사의 숫자는 1/3이나 $\sqrt{2}$ 일 수 없기 때문이다. Hacker 1996, 371쪽 참조.

다른 의미를 지니는가? 질문이 **이렇게** 제기된다면 우리는 그렇다고 대답할 것이다.[1072]

554. 우리는 우리의 부정에 해당하는 어떤 것이 오직 특정한 문장들에 대해서만 — 가령 아직 어떤 부정도 포함하지 않는 문장들에 대해서만 — 존재하는 '보다 원시적인' 논리를 지닌 사람들을 쉽게 상상해볼 수 있다. 그들은 "그는 집으로 들어간다"는 문장을 부정할 수는 있지만, 부정문의 부정은 무의미하거나 부정의 반복에 불과한 것으로 간주할 것이다. 우리의 것과는 다른 부정의 표현 수단을 생각해보라. 가령 문장의 소리 높낮이 말이다. 거기서 2중 부정은 어떻게 보일까?[1073]

555. 이 사람들에게 부정이 우리에게 지니는 의미와 똑같은 의미를 지니는지에 대한 물음은, 수열이 5에서 끝나는 사람들에게 5라는 숫자가 우리에게 지니는 의미와 똑같은 의미를 지니는지에 대한 물음과 비슷할 것이다.[1074]

1072) 치수에 대한 물음은 예컨대 "길이가 얼마?"로, 개수에 대한 물음은 "몇 개?"로 표기되며 이에 대한 대답은 통상적으로 각각 실수와 자연수로서 제시된다. Hacker 1996, 371쪽 참조.

1073) 2중 부정이 긍정인지 아니면 강한 긍정인지는 옳고 그름의 문제가 아니라 부정에 대한 규칙의 차이의 문제인 것이다.

556. 부정에 대해 서로 다른 두 낱말 "X"와 "Y"를 지니는 언어를 생각해보라. "XX"는 긍정이 되고, "YY"는 부정의 강조가 된다. 그 밖의 경우에 두 낱말은 똑같이 사용된다. — 이제 "X"와 "Y"가 반복 없이 문장에 나타날 때[1075] 이 둘은 똑같은 의미를 지니는가? — 이에 대해 우리는 다양한 대답을 할 수 있을 것이다.

(a) 두 낱말은 쓰임이 다르다. 따라서 의미도 다르다. 하지만 두 낱말이 반복 없이 나타나고 그 밖의 경우에는 모두 똑같이 사용되는 문장들은 의미가 똑같다.

(b) 두 낱말은 사소한 관습상의 차이를 제외하고는 언어게임에서 똑같은 기능을 지닌다. 우리는 두 낱말의 쓰임을 똑같은 방식으로, 똑같은 행위, 몸짓, 그림 등을 통해 가르친다. 그리고 두 낱말을 설명할 때 그 사용 방식에서의 차이는 부차적인 어떤 것으로서, 언어의 변덕스러운 특성 가운데 하나로 덧붙여진다. 이 때문에 우리는 "X"와 "Y"의 의미가 똑같다고 말할 것이다.

(c) 우리는 그 두 부정에 다른 이미지를 결부시킨다. "X"는 말하자면 의미를 180도 돌려놓는다. 그리고 **이 때문에** 그런 부정이 둘이면 의미는 그 원래 위치로 되돌아간다. "Y"는 우리가 고개를 가

1074) 5의 범위 안에서는 차이가 나지 않겠지만 그 범위를 넘어서는 순간 차이가 발생할 것이다. 예컨대 그들은 15÷3과 같은 간단한 문제에도 답할 수 없을 것이다.

1075) 즉 XX나 YY 같은 식으로 나타나지 않을 때.

로젓는 것과 같다. 그리고 고개를 한 번 가로젓는 것이 고개를 한 번 더 가로젓는다고 취소되지 않는 것처럼, 우리는 하나의 "Y"를 두 번째 "Y"로 취소하지 않는다. 따라서 설령 그 두 부정을 지닌 문장들이 실제로는 결국 똑같은 이야기라 해도, "X"와 "Y"는 여전히 다른 관념을 표현한다.[1076)

557. 내가 2중 부정이라고 말했을 때, 어떤 점에서 그것은 긍정이 아니라 부정의 강조를 의미했는가? ". . . 라는 점에서 그랬다"라는 대답은 없다. 나는 어떤 상황에서는 "이 2중 부정은 강조를 의미한다"라고 말하는 대신, 그것을 강조라고 **진술할** 수 있다. "2중 부정은 부정의 취소를 의미한다"라고 말하는 대신 나는 가령 괄호를 칠 수 있다. — "그렇다. 하지만 이 괄호도 어쨌든 여러 가지 역할을 할 수 있다. 왜냐하면, 누가 그것을 **괄호**로 이해해야 한다고 말하는가?" 누구도 그렇게 말하지 않는다. 그리고 당신은 자신이 이해한 것을 다시 말로 설명했다. 괄호의 의미는 그것을 적용하는 기술(技術)에 있다.[1077) 문제는 다음과 같다: 어떤 상황에서 "내가

1076) X와 Y에 대한 세 해석은 모두 나름대로 타당하며 비트겐슈타인도 이 셋 중 어느 하나만의 손을 들어주지 않는다. 요컨대 X와 Y를 이 셋 중 어느 해석에 맞추어 사용해야 할지는 옳고 그름의 문제가 아니라 X와 Y의 해석에 대한 규칙의 차이의 문제인 것이다.

1077) 예컨대 2중 부정 "~~p"가 부정의 취소를 의미한다고 말하는 대신 "~(~p)"

. . . 를 의미했다"라는 말이 의미를 지니며, 어떤 상황에서 "그가 . . . 를 의미했다"라는 나의 말이 정당화되는가?

558. "장미는 빨간색이다"에서의 "이다"가 "2 곱하기 2는 4이다"에서의 "이다"와 의미가 다르다는 말은 무슨 뜻인가? 누군가 이 두 낱말에 대해서 서로 다른 규칙이 적용된다는 뜻이라고 대답한다면, 여기서 우리가 가진 것은 오직 **하나의** 낱말뿐이라고 반박할 수 있다. — 그리고 내가 단지 문법적 규칙들에만 주의를 기울인다면, 이 규칙들은 두 문맥 모두에서 "이다"라는 낱말이 사용되는 것을 허용하고 있다. — 하지만 "이다"라는 낱말이 이 두 문장에서 서로 다른 의미를 지닌다는 것을 보여주는 규칙은, 두 번째 문장 속의 "이다"라는 낱말을 등호[1078]로 대체하는 것을 허용하는 규칙이며, 첫 번째 문장에서는 등호로 대체하는 것을 금지하는 규칙이다.[1079]

로 표기한다 해도, 이 표기에서 사용된 괄호의 역할이 절로 해명되는 것은 아니다. 그것 역시 "~~p"의 경우처럼 말로 설명되어야 한다는 점에서 괄호 표기는 상황을 진전시켜주지 못한다.

1078) 기호 '='를 의미한다.

1079) 첫 번째 문장에서의 '이다'는 연결동사이므로 등호로 대체될 수 없다. 요컨대 '장미이다'를 R로, '빨간색이다'를 R'로 기호화했을 때 $(\exists x)(Rx \ \& \ R'x)$로 기호화되는 첫 번째 문장에서 '$2 \times 2 = 4$'의 경우에서 발견되는 등호($=$)는 발견되지 않는다. 『심리철학』, §9 참조.

559. 우리는 **이** 문장에서 낱말의 기능에 대해 이야기하고 싶다. 마치 문장이란 낱말이 그 안에서 특정한 기능을 지니는 하나의 기제(機制)인 듯이 말이다. 하지만 이 기능은 무엇에 있는가? 그것은 어떻게 밝혀지는가? 왜냐하면, 실은 아무것도 감춰져 있지 않으며, 우리는 문장 전체를 보기 때문이다! 기능은 계산이 진행되는 가운데 저절로 나와야 한다.[1080] ((의미체(意味體).))

560. "낱말의 의미는 의미의 설명이 설명하는 것이다."[1081] 즉 만약 당신이 "의미"라는 낱말의 쓰임을 이해하고 싶다면, 우리가 무엇을 "의미의 설명"이라고 부르는지를 알아보라.

561. 그런데 내가 "이다"라는 낱말이 두 가지 다른 의미로(연결동사와 등호로) 사용된다고 말하면서도, 그 의미가 그 쓰임, 즉 연결동사와 등호로서의 쓰임이라고 말하고 싶어 하지 않는다는 것은 놀랍지 않은가?

우리는 이 두 종류의 쓰임이 **단 하나의** 의미를 부여하는 것은 아

1080) 문장은 낱말이 그 안에서 특정한 감춰진 기능을 지니는 기제가 아니다. 기능은 드러난 쓰임의 규칙이 작동하는 가운데 저절로 나와야 한다.

1081) 이는 낱말의 의미에 대한 문법적 명제에 해당하며 이어지는 문장은 이 명제에서 "의미의 설명"이라는 표현이 다양한 경우를 아우를 수 있음을 말하고 있다.

니라고 말하고 싶다. 또한 똑같은 낱말이 이 두 의미를 겸직하고 있다는 것은 비본질적인 우연이라고 말하고 싶다.[1082]

562. 그러나 나는 표기법에서 무엇이 본질적인 특징이고, 무엇이 비본질적인 우연적 특징인지를 어떻게 결정할 수 있는가? 표기법 뒤에 어떤 실재가 있고, 문법이 그것에 따르는 것인가?[1083]

게임에서 이와 비슷한 경우를 생각해보자: 체커 게임(checker game)[1084]에서 왕은 두 개의 돌을 포개놓은 것으로 표시한다. 우리는 왕이 두 개의 돌로 이루어져 있다는 것은 그 게임에서 비본질적이라고 말하지 않을까?[1085]

563. 놀이말의 의미를 게임에서 그것의 역할이라고 하자. — 이제 체스를 두기 전에 누가 어떤 색 말을 쥐는지를 추첨으로 결정한

1082) "이다"라는 낱말이 두 가지 다른 의미로(연결동사와 등호로) 사용됨은 이 두 종류의 쓰임이 **단 하나의** 의미를 부여하는 것은 아님을 함축한다. 또한 똑같은 "이다"라는 낱말이 이 두 의미를 겸직하고 있다는 것은 비본질적인 우연이다.

1083) 이에 대한 비트겐슈타인의 대답은 부정적이다.

1084) 체스 판에 말을 놓고 움직여, 상대방의 말을 모두 따먹으면 이기는 게임.

1085) 표기법에 있어서 무엇이 본질적인 특징이고 무엇이 비본질적인 우연적 특징인지는 표기법 뒤의 어떤 실재와 문법의 대응 여부에 의해서 결정되는 것이 아니라, 그 특징의 변화로 말미암아 표기법의 운용규칙도 변하는지의 여부에 달려있다.

다고 하자. 이를 위해 한 사람은 주먹 쥔 두 손에 각각 왕을 가지고 있으며, 다른 한 사람은 운에 맡긴 채 그 두 손 중 하나를 고른다. 우리는 왕이 이런 식으로 추첨에 사용되는 것을 체스에서 왕의 역할로 간주할 것인가?[1086]

564. 그러므로 나는 게임에서도 본질적인 규칙들과 비본질적인 규칙들을 구별하려는 경향이 있다. 게임은 — 우리는 이렇게 말하고 싶다 — 규칙들뿐만 아니라 **핵심**도 지니고 있다.[1087]

565. 무엇 때문에 똑같은 낱말인가? 계산[1088]에서 우리는 이런 똑같음을 사용하지 않는다! — 왜 두 목적에 대해서 똑같은 놀이말인가?[1089] — 하지만 여기서 "똑같음을 사용한다"라는 말은 무슨 뜻인가? 왜냐하면, 우리가 똑같은 낱말을 사용한다면 그것은 단 하나의 쓰임이 아닌가?

1086) 그렇지 않다. 그것은 체스에서 왕의 역할에서 비본질적인 것이다.
1087) 핵심에서 벗어난 것은 비본질적인 것이다. 앞 절의 예가 이에 해당한다.
1088) 논리 계산을 뜻한다.
1089) 같은 놀이말이 왕으로도 사용되고 추첨에도 사용되는 앞서의 경우에 관한 물음이다. 그렇게 하기로 한 관습 때문이라는 것이 물음에 대한 답변일 것이다.

566. 이제 여기서 똑같은 낱말, 똑같은 놀이말의 쓰임은 ─ 그 똑같음이 우연적이지 않거나 비본질적이지 않다면 ─ 하나의 **목적**이 있는 듯이 보인다. 그리고 그 목적이란 마치 우리가 놀이말을 알아보고 게임을 어떻게 하는지 알 수 있게 되는 것인 양 보인다. ─ 여기서 우리가 말하고 있는 것[1090]은 물리적 가능성인가, 아니면 논리적 가능성인가?[1091] 만일 후자라면 놀이말의 똑같음은 게임의 일부이다.

567. 그러나 결국 게임은 규칙들에 의해 결정되어야 한다! 따라서 체스를 두기 전 추첨하는 데에 왕들을 사용해야 한다고 게임의 규칙에 규정되어 있다면, 그것은 본질적으로 게임의 일부이다. 우리는 이에 대해 어떤 이의를 제기할 수 있을까? 이 규정의 핵심을 모르겠다는 이의를 제기할 수 있다. 가령 놀이말을 움직이기 전에 그것을 세 번 돌려야 한다는 규칙이 있다면, 우리가 그 규칙의 핵심을 알 수 없는 것과 마찬가지로 말이다. 우리가 이런 규칙을 보드게임에서 발견한다면, 우리는 놀랄 것이고 그 규칙의 목적이 무엇인지 추측할 것이다. ("이 규정은 우리가 충분히 생각하지 않고 말을 움직이는 것을 막으려는 것일까?")[1092]

1090) 놀이말들을 알아보는 것을 말한다.
1091) 논리적 가능성이다.

568. 내가 그 게임의 성격을 제대로 이해하고 있다면 — 나는 이렇게 말할 수 있을 것이다 — 그것[1093]은 그 게임에 본질적인 부분이 아니다.

((의미는 모양새이다.))[1094]

569. 언어는 하나의 도구이다. 언어의 개념들은 도구들이다. 어쩌면 우리는 이제 우리가 **어떤** 개념을 사용하는지는 **큰** 차이가 없다고 생각할지도 모른다. 우리가 결국 미터와 센티미터로도, 피트와 인치로도 물리학을 할 수 있는 것처럼 말이다. 그 차이란 단지 편의상의 차이일 뿐이다. 하지만 가령 어떤 측정 체계 안에서의 계산이 우리가 들일 수 있는 것보다 더 많은 시간과 노력을 필요로 한다면, 이조차도 참이 아니다.[1095]

570. 개념들은 우리가 탐구를 하도록 이끈다. 개념들은 우리의 관심을 표현한 것이며, 우리의 관심에 방향을 지시한다.[1096]

1092) 앞서 §564에서 처음 도입한 '핵심'을 부연하는 절이다.

1093) 놀이말을 움직이기 전에 그것을 세 번 돌려야 한다는 규칙을 가리킨다.

1094) 이 구절에 대해서는 다음을 참조. 이 책 §§228, 235; 『심리철학』, §38; BB, 170, 174쪽; RPP II, §221; 이영철, 「의미의 기준으로서의 사용과 관상으로서의 의미」, 『철학적 분석』, 15호, 2007.

1095) 따라서 언어가 도구라는 명제는 오직 하나의 은유로서만 받아들여져야지 그것을 문자 그대로 해석해서는 안 된다.

571. 오해의 소지가 있는 비교: 물리학이 물리적 영역의 과정들을 다루는 것처럼, 심리학은 심리적 영역의 과정들을 다룬다.

봄, 들음, 생각함, 느낌, 원함은, 물체의 운동, 전기 현상 등이 물리학의 주제인 것과 **똑같은 의미에서** 심리학의 주제인 것은 아니다. 물리학자는 이런 현상들을 보고, 듣고, 깊이 생각하여 우리에게 알려주지만, 심리학자는 주체들의 **발언**(행동)을 관찰한다는 사실로부터 이를 알 수 있다.[1097]

572. 기대는 문법적으로 하나의 상태이다. 어떤 의견을 지님, 어떤 것을 희망함, 어떤 것을 앎, 어떤 것을 할 수 있음이 하나의 상태인 것과 같다. 그러나 이런 상태들의 문법을 이해하려면 다음과 같이 물어야 한다: "무엇이 누군가 이런 상태에 있음을 판단하는 기준으로 간주되는가?" (딱딱함, 무게, 들어맞음의 상태.)[1098]

1096) 그러므로 "**어떤** 개념을 사용하는지는 **큰** 차이가 없다"라는 앞 절의 생각은 수정되어야 한다.

1097) 관찰의 대상인 발언(행동)은 언어게임이다. 심리학자는 심리학의 주제에 관한 언어게임을 관찰하는 반면, 철학자는 이 언어게임에 관한 경험적 관찰이 아닌 철학적 통찰을 지향한다.

1098) 문법은 징후가 아닌 기준과 연관되어 있다. 이 책 §354 참조. 이 절부터 §573까지는 다음의 논문을 참조. J. Hunter, "Some Grammatical States," *Philosophy: The Journal of the Royal Institute of Philosophy*, vol. 52, 1977.

573. 하나의 견해를 지닌다는 것은 하나의 상태이다. — 무엇의 상태인가? 영혼? 정신? 무엇에 대해서 우리는 견해를 지닌다고 말하는 것인가? 예컨대 아무개 씨에 대해서. 그리고 그것이 올바른 대답이다.

우리는 그 질문에 대한 대답으로부터 아직 어떤 설명도 기대해서는 안 된다. 더 깊이 있는 질문은 다음과 같다: 특정한 경우들에서 우리는 무엇을 누군가 이러이러한 의견을 지닌다는 기준으로 간주하는가? 언제 우리는 그가 그때 이 의견에 도달했다고 말하는가? 언제 우리는 그가 자신의 의견을 바꿨다고 말하는가? 등등. 이 질문들에 대한 대답이 우리에게 주는 그림은, **무엇**이 여기서 문법적으로 **상태**로서 다루어지는지를 보여준다.[1099]

574. 문장은, 따라서 다른 의미에서 생각은, 믿음, 희망, 기대 등의 '표현'일 수 있다. 그러나 믿음은 생각함이 아니다. (하나의 문법적인 견해.) 믿음, 기대함, 희망함의 개념들은 생각함의 개념에 대해서보다는 서로 간에 이질성이 덜하다.

575. 내가 이 의자에 앉았을 때, 물론 나는 그것이 나를 지탱하리라고 믿었다. 나는 그것이 부서질지도 모른다고는 전혀 생각하

[1099] 그 그림은 상태의 문법과 기준이 일률적인 것이 아님을 보여준다.

지 않았다.

하지만: "그가 한 모든 일에도 불구하고, 나는 . . . 라는 믿음을 고수했다." 여기에서 생각이 이루어지고, 아마도 일정한 태도를 유지하려는 노력이 되풀이될 것이다.[1100]

576. 나는 타들어가는 도화선을 바라보고, 몹시 긴장해서 그것이 폭발물에 접근해가는 과정을 눈으로 따라간다. 아마도 나는 아무것도 생각하지 않거나, 혹은 온갖 잡생각을 할 것이다. 이것은 확실히 기대하고 있는 경우이다.[1101]

577. 그가 올 것이라고 믿지만 그 **생각에 빠져 있지는** 않을 때, 우리는 "나는 그가 오기를 기대한다"라고 말한다. (여기서 "나는 그가 오기를 기대한다"라는 말은 "그가 오지 않으면 나는 놀랄 것이다"를 뜻한다. — 우리는 이것을 마음의 상태에 대한 기술(記述)이라고 부르지는 않을 것이다.) 하지만 '나는 그가 오기를 고대한다'를 뜻할 때에도 우리는 "나는 그가 오기를 기대한다"라고 말한다. 우리는 이런 경우들에서 일관성 있게 서로 다른 동사들이 사용되는 언어를 상상해

1100) 첫째 단락은 믿음과 생각함이 괴리되는 경우를, 둘째 단락은 양자가 합치되는 경우를 보여준다.
1101) 기대함과 생각함이 괴리되는 경우를 보여준다.

볼 수 있을 것이다. 그리고 우리가 '믿음', '희망함' 등에 대해 언급하는 곳에서 하나 이상의 동사를 사용하는 언어도 상상해볼 수 있을 것이다. 이런 언어의 개념들은 아마도 심리학을 이해하는 데에 우리 언어의 개념들보다 더 적합할 것이다.[1102)

578. 스스로에게 물어보라 : 골드바흐(Goldbach)의 명제[1103)를 **믿는다**는 말은 무슨 뜻인가? 이 믿음은 무엇에 있는가? 우리가 그 명제를 말하거나, 듣거나 생각할 때 갖는 확실성의 느낌에? (그것은 우리의 흥미를 끌지 못한다.) 그리고 이 느낌의 특징들은 무엇인가? 나는 어느 정도까지 그 느낌이 명제 그 자체에 의해 일어날 수 있는지조차 모른다.

나는 믿음이 생각의 색조(色調)라고 말해야 하는가? 이런 생각은 어디에서 나오는 것인가? 자, 믿음의 어조(語調)가 있다. 마치 의심의 어조가 있는 것처럼 말이다.[1104)

나는 이렇게 묻고 싶다 : 믿음은 어떻게 이 명제에 관여하는가? 이 믿음의 결과가 무엇이며, 그것이 우리를 어디로 이끄는지 살펴보자. "그것은 내가 이 명제의 증명을 탐색하도록 만든다." ― 좋다.

1102) 기대함의 개념이 다양한 경우에 다양한 의미로 사용될 수 있음을 논하고 있다.
1103) 2보다 큰 짝수는 모두 두 소수(素數)의 합이라는 가설을 말한다.
1104) 믿음을 느낌이나 색조로서 설명하려는 시도를 비판적으로 거론하고 있다.

이제 당신의 탐색이 실제로 무엇에 있는지 살펴보자! 그러면 우리는 그 명제에 대한 믿음이 무엇에 해당하는지 알게 될 것이다.[1105]

579. 확신의 느낌. 그것은 행동에서 어떻게 표현되는가?[1106]

580. '내적 과정'은 외적 기준들을 필요로 한다.[1107]

581. 기대는 그것이 발생하는 상황 속에 내재해 있다. 예를 들어 폭발의 기대는 폭발이 **기대될 수 있는** 상황에서 발생할 수 있다.[1108]

582. 누군가 "나는 언제라도 폭발이 일어날 거라고 기대하고 있어."라고 말하는 대신 "금방 터질 거야."라고 속삭인다면, 그의 말은 어떤 느낌도 기술하고 있지 않다. 비록 그의 말과 어조가 그의 느낌에 대한 표현일 수는 있더라도 말이다.[1109]

1105) 결국 골드바흐의 명제에 대한 믿음은 그 믿음의 결과와 그것이 이끄는 바에 의해 보여진다.
1106) 확신의 느낌은 행동에서 다양하게 표현된다.
1107) 비트겐슈타인의 심리철학을 요약하는 명제의 하나이다.
1108) 기대와 같은 마음의 현상이 내적 과정보다 외적 상황에 연관되어 있음을 강조하고 있다.
1109) 기대의 핵심이 느낌이 아님을 서술하고 있다.

583. "하지만 당신은 내가 지금 — 내가 자신이 희망한다고 믿을 때 — 실제로는 기대하고 희망하지 않는다는 듯이 말한다. 마치 지금 일어나고 있는 일에는 대단한 중요성이 없다는 듯이 말이다." — "지금 일어나고 있는 일에는 중요성이 있다"라거나 "대단한 중요성이 있다"라는 말은 무슨 뜻인가? **대단한** 느낌이란 무엇인가? 누군가는 1초 동안에 열렬한 사랑이나 희망을 — 이 1초보다 먼저 일어나거나 뒤에 일어난 것이 **무엇이든 간에** — 느낄 수 있을까? — 이 상황에서 — 지금 일어나고 있는 것에는 중요성이 있다. 상황이 그것에 중요성을 부여한다. 그리고 "희망한다"는 말은 사람의 삶이라는 현상과 관련이 있다.[1110] (미소 짓는 입은 사람의 얼굴에서만 **미소 짓는다.**)[1111]

584. 내가 지금 내 방에 앉아 있고, 아무개 씨가 와서 내게 돈을 줄 거라고 희망한다고 하자. 그리고 이 상태 중에서 1분을 그 문맥에서 잘라내 분리할 수 있다고 하자. 그러면 그 1분간 일어나는 일은 희망하는 일이 아닌 것일까? — 가령 당신이 이 시간 동안 하는 말들을 생각해보라. 그 말들은 더 이상 이 언어의 일부가 아니다.

1110) 『심리철학』, §1 참조.
1111) 기대함과 희망함의 핵심이 내적 과정이 아님을 논하고 있다. 기대함과 희망함은 미소 짓는 입이 그러하듯이 사람의 삶이라는 현상과 관계가 있다.

그리고 다른 상황에서는 돈이라는 제도도 존재하지 않는다.

대관식은 화려함과 기품이 있는 광경이다. 그 상황에서 다음과 같은 과정의 1분을 떼어내 보라: 대관식 복장을 한 왕의 머리에 왕관이 놓여진다. ― 그러나 다른 상황에서 금은 가장 싸구려 금속이며, 그 광택은 천한 것으로 여겨진다. 거기서 망토의 천은 헐값에 만들어진다. 왕관은 훌륭한 모자를 어설프게 모방한 것이다 등등.[1112]

585. 누군가 "나는 그가 올 거라고 희망한다"라고 말할 때 ― 이것은 그의 마음 상태를 **알리는** 것인가, 아니면 그의 희망을 **나타내는** 것인가? ― 나는 그것을 가령 나 자신에게 말할 수 있다. 그리고 나는 분명 나 자신에게 알리고 있지 않다. 그것은 한숨일지도 모르지만, 꼭 한숨일 필요는 없다. 나는 누군가에게 "오늘 나는 일에 생각을 집중할 수 없다. 나는 그가 오는 것을 계속 생각하고 있다."라고 말한다면 ― 우리는 **이것**을 내 마음 상태의 기술(記述)이라고 부를 것이다.[1113]

1112) 희망함이나 대관식 모두 그와 불가분리의 관계로 맞물려 있는 주변의 상황과 전후 맥락을 전제로 해서만 유의미하게 이해될 수 있다.

1113) 마음의 상태에 대한 기술(記述)과 희망을 나타내는 것이 서로 다름을 보여주고 있다.

586. "나는 그가 올 거라고 들었다. 나는 하루 종일 그가 오기를 기대했다." 이것은 내가 하루를 어떻게 보냈는지에 대해 알리는 것이다. —— 어떤 대화에서[1114] 나는 특정한 사건이 기대될 수 있다는 추론에 이르며, 이로부터 다음과 같은 결론을 내린다: "따라서 이제 나는 그가 올 거라고 기대해야 한다." 우리는 이것을 이런 기대에 대한 첫 번째 생각, 첫 번째 행위라고 부를 수 있다. —— "그가 오기를 애타게 기대하고 있다!"라는 외침을 우리는 기대의 행위라고 부를 수 있다. 하지만 나는 똑같은 말을 자기 관찰의 결과로서 할 수 있다. 그렇다면 그것은 아마도 다음과 같을 것이다: "그러므로 일어난 모든 일에도 불구하고, 나는 여전히 그가 오기를 애타게 기대하고 있다." 핵심은 다음과 같다: 어떻게 해서 이 말에 이르게 되었는가?

587. "당신은 자신이 그것을 믿는다는 것을 어떻게 아는가?"라는 질문은 의미가 있는가? — 그리고 그 대답은 "나는 그것을 내적 관찰을 통해서 안다"인가?

여러 경우에서 우리는 그런 식으로 말할 수 있겠지만, 대부분의 경우에서는 그렇지 않다.

다음과 같이 말하는 것은 의미가 있다: "나는 그녀를 정말로 사

1114) 다른 사람으로부터 그가 올 거라고 들은 대화를 가리키는 것 같다.

랑하는가? 아니면 단지 자신을 속이고 있을 뿐인가?" 그리고 내적 관찰의 과정이란 기억들을 떠올리는 것이다. 그것은 . . . 일 때 일어날 수 있는 상황들의 이미지, 그리고 그때 우리가 받게 될 느낌들의 이미지를 떠올리는 것이다.[1115]

588. "나는 내일 떠날지 말지 결심하지 못하고 있다." (우리는 이 것을 마음의 상태에 대한 기술(記述)이라고 부를 수 있다.) —— "당신이 제시하는 근거는 내게 설득력이 없다. 나는 전과 마찬가지로 내일 떠나려는 의도를 지니고 있다." 여기서 우리는 의도를 느낌이라고 부르고 싶은 유혹을 받는다. 그 느낌은 어떤 완고함의 느낌, 돌이킬 수 없는 결심의 느낌이다. (그러나 여기에도 다른 많은 특징적 느낌과 태도가 있다.) —— 누군가 내게 다음과 같이 묻는다: "당신은 얼마 동안 여기에 머무를 건가요?" 나는 이렇게 대답한다: "내일 떠납니다. 휴가가 끝나거든요." — 하지만 이와 대조적으로: 나는 누군가와 다툰 끝에, "좋아요, 그럼 나는 내일 떠날 거예요!"라고 말한다. 나는 결심을 하는 것이다.[1116]

1115) 내적 관찰이 내적 지각이 아니라 기억들을 떠올리는 것임을 말하고 있다.
1116) 결심이나 의도에 수반되는 느낌이 상황에 따라 다르다는 점을 들어 결심이나 의도가 느낌이 아님을 논하고 있다.

589. "내 가슴 속에서 나는 그렇게 하기로 결심했다." 그러면서 우리는 심지어 자기의 가슴을 가리키는 경향이 있다. 이런 식의 말은 심리학적으로 진지하게 받아들여야 한다. 왜 이 말을 '믿음은 영혼의 상태이다'라는 진술보다 덜 진지하게 받아들여야 하는가? (루터[1117]: "믿음은 왼쪽 젖꼭지 아래에 있다.")[1118]

590. 누군가는 "말하는 바를 진지하게 **의미하다**"라는 표현의 의미를, 가슴을 가리키는 몸짓을 통해 이해하게 될 수도 있을 것이다. 하지만 이제 우리는 다음과 같이 물어야 한다: "무엇이 그가 그것을 이해하게 되었다는 것을 보여주는가?"[1119]

591. 나는 하나의 의도를 지니는 사람이라면 하나의 성향을 체험한다고 말해야 하는가? 성향에 관한 특정한 체험이 있다고? — 다음의 경우를 떠올려보라: 우리가 토론에서 급히 어떤 견해나 이의를 제기하려 한다면, 우리가 입을 열어 숨을 들이쉬고는 그대

1117) Martin Luther(1483-1546). 로마 가톨릭교회의 부패에 반기를 든 독일의 종교개혁자로, 라틴어로 되어 있던 성경을 독일어로 번역하여 대중화에 기여하였다.

1118) Luther, vol. 37 (1910), 248쪽; vol. 52 (1915), 63쪽 이하.

1119) 우리는 표현의 의미를 그 쓰임을 익힘으로써 배운다. 설령 어떤 사람이 표현의 의미를 가슴을 가리킴으로써 배웠다고 해도, 그가 그것을 배웠다는 것은 결국 그 표현의 쓰임을 그가 제대로 익혔는지를 보면 알 수 있다.

로 있는 경우가 자주 일어난다. 우리가 이의를 제기하지 않기로 한다면, 우리는 숨을 내쉰다. 이런 과정을 체험하는 것은 분명 말하려는 성향을 체험하는 것이다. 나를 관찰하는 사람은 내가 무언가를 말하려고 했다가 말하지 않기로 생각을 바꿨음을 알게 될 것이다. 즉 **이** 상황에서 말이다. — 다른 상황에서 그는 내 행동을 그렇게 해석하지 않을 것이다. 현 상황에서의 내 행동에 말하려는 의도가 아무리 두드러진다고 해도 말이다. 그리고 이 똑같은 체험이 — 성향과 아무런 관련도 없는 — 전혀 다른 상황에서 일어날 수 없을 것이라고 가정할 근거가 있는가?[1120]

592. "하지만 당신이 '나는 떠나려는 의도를 지니고 있다'고 말할 때, 당신은 분명히 그것을 의미한다! 여기서도 그 문장에 생명을 불어넣는 것은 다시금 바로 정신적인 의미함[1121]이다. 당신이 다른 사람의 말투를 놀리려고 단지 그를 따라서 그 문장을 말한다면, 당신은 그것을 이런 의미함 없이 말하는 것이다." — 우리가 철학을 할 때, 가끔 그렇게 보일 수 있다. 그러나 실제로 서로 **다른** 상황들과 대화들을, 그리고 거기서 저 문장을 어떤 식으로 말하는지 생각

1120) 의도에 수반되는 성향의 특정한 체험이 있기는 하지만, 그것도 상황에 따라 다르다는 점을 들어 의도가 성향이 아님을 논하고 있다.

1121) 원어는 "das geistige Meinen"이다.

해보자! ― "나는 항상 정신적인 낮은 음조[1122]를 발견하지만, 그것이 항상 **똑같지는** 않을 것이다." ― 그리고 당신이 다른 사람을 따라 그 문장을 말할 때 거기에는 낮은 음조가 없었는가? 그리고 이제 그 '낮은 음조'는 말하기의 나머지 체험으로부터 어떻게 분리되는가?[1123]

593. 철학적 질병들의 주요 원인은 ― 편식이다: 우리는 오직 한 종류의 사례만 가지고 자신의 생각을 키운다.[1124]

594. "하지만 우리가 어떤 말을 의미 있게 한다면, 그 말은 분명 표면뿐 아니라 깊이의 차원도 지닌다!" 우리가 말을 의미 있게 할 때, 그냥 말할 때와는 다른 어떤 일이 분명히 일어난다. ― 내가 이것을 어떻게 표현하는지는 중요하지 않다. 내가 첫 번째 경우[1125] 그 말에 깊이가 있다고 말하든, 또는 내가 그 말을 할 때 내 속에, 내 마음속에 어떤 일이 일어난다고 말하든, 또는 그 말에 어떤 분

1122) "나는 떠나려는 의도를 지니고 있다"라는 문장을 말할 때 수반될 수 있는 특정한 느낌이나 분위기를 가리킨다.
1123) 정신적인 의미함이나 정신적인 낮은 음조가 의미나 의도의 수반물일 수는 있지만 그것도 상황에 따라 다르다는 점을 들어 그것들이 의미나 의도의 본질이 아님을 논하고 있다.
1124) 지금까지의 고찰에서 얻어지는 방법론적 진단에 해당한다.
1125) 어떤 말을 의미 있게 할 경우를 가리킨다.

위기가 있다고 말하든 — 결국 항상 똑같은 이야기다.

"자, 우리 모두가 이 점에서 일치한다면 그것은 참이 아닐까?"

(나는 다른 사람의 증언을 받아들일 수 없다. 왜냐하면 그것은 **증언이** 아니기 때문이다.[1126] 그것은 단지 그가 무엇을 말하는 **경향이 있는지**를 내게 알려줄 뿐이다.)

595. 하나의 문장을 이러이러한 맥락에서 말하는 것은 우리에게 자연스럽고, 그것을 따로 떼어서 말하는 것은 부자연스럽다. 우리는 우리가 그것을 자연스럽게 말할 때마다 그와 함께 일어나는 특정한 느낌이 있다고 말해야 하는가?[1127]

596. '친숙함'과 '자연스러움'의 느낌. 친숙하지 않음과 부자연스러움의 느낌을 찾아내기가 더 쉽다. 또는: **느낌들**을. 왜냐하면 우리에게 친숙하지 않은 모든 것이 우리에게 친숙하지 않음의 인상을 주는 것은 아니기 때문이다. 그리고 여기서 우리는 무엇을 "친숙하지 않다"고 부르는지에 대해 생각해봐야 한다. 길에서 보는 자갈을 우리는 자갈로 인식하지만, 아마도 항상 거기에 있던 것으로

1126) 그것이 증언이 못되는 이유는 그것이 말하기의 실제적 경우들을 섭렵한 뒤에 내려진 것이 아니기 때문이다.

1127) 이에 대한 비트겐슈타인의 대답은 부정적이다.

인식하지는 않을 것이다. 가령 우리는 누군가를 사람으로 인식하기는 하지만, 아는 사람으로 인식하지는 않을 것이다. 오래된 친밀함의 느낌들이 있다: 그런 느낌들은 때로 어떤 눈길이나 "아, 이 오래된 방!"(내가 수년 전에 살았고 지금도 변하지 않았음을 알게 된 방)이라는 말로 표현된다. 이와 마찬가지로, 낯섦의 느낌들이 있다: 나는 주춤하며, 의심이나 경계에 찬 눈으로 대상이나 사람을 바라보고, "모든 것이 내게 낯설기만 하다"라고 말한다. ― 하지만 이런 낯섦의 느낌이 있다는 이유로, 우리가 잘 알기에 낯설어 보이지 않는 모든 대상이 우리에게 친밀함의 느낌을 준다고 말할 수는 없다. ― 우리는 말하자면 한때 낯섦의 느낌이 차지했던 자리는 분명 **어떻게 해서든** 채워져야 한다고 생각한다. 이런 분위기를 위한 자리가 있으며, 하나의 분위기가 그 자리를 차지하지 않는다면, 다른 분위기가 차지한다고 말이다.[1128]

597. 영어를 잘하는 독일인이 영어를 말할 때는, 먼저 독일어 표현을 만들고 그 다음에 그것을 영어로 번역하는 식으로 하지 않더라도 그의 영어에 독일어식 말투가 배어 있을 것이다. 이 때문에 그는 마치 독일어로부터 '무의식적으로' **번역하는 듯이** 영어를 말하게

1128) 낯설게 느껴졌던 방이 친숙하게 느껴지는 경우가 그 예이다. 그러나 친숙함, 친숙하지 않음, 친밀함, 낯섦의 느낌이 말에 의미를 부여하는 것은 아니다.

될 것이다. 이와 마찬가지로, 우리는 종종 마치 우리의 생각 밑에 생각의 도식이 깔려 있는 듯이, 마치 우리가 생각의 보다 원초적인 방식으로부터 우리 자신의 생각으로 번역하는 듯이 생각한다.[1129]

598. 우리가 철학을 할 때, 우리는 아무런 느낌도 없는 곳에서 느낌들을 실체화하고 싶어 한다. 느낌들은 우리의 생각들을 우리에게 설명하는 데 이바지한다.

'**여기서** 우리의 생각들에 대한 설명은 느낌을 요청한다!' 마치 우리의 확신이 이런 요청에 화답한다는 듯이 말이다.[1130]

599. 철학에서는 어떤 추론도 도출되지 않는다. "어쨌든 그것은 이러함에 틀림없다!"는 철학의 명제가 아니다. 철학은 다만 모두가 인정하는 것을 밝혀낼 뿐이다.[1131]

600. 우리의 눈에 띄지 않는 모든 것은 눈에 띄지 않는다는 인상

1129) 촘스키의 데카르트적 언어학, 포더의 사고 언어 가설을 연상하게 하는 구절이다.

1130) 실체화와 요청은 경계해야 할 철학 방법이다. 어떤 것을 요청해놓고 그 요청된 바를 확신하는 것도 경계해야 한다. 이는 다음 절에서 부연된다.

1131) 실체화와 요청적 사유에 맞서는 비트겐슈타인 자신의 철학관을 피력하고 있다. 이 절에 대해서는 다음의 논문을 참조. A. Kenny, "Philosophy States Only What Everyone Admits'," Ammereller and Fischer 2004에 수록.

을 주는가? 우리에게 일상적인 것은 언제나 일상적이라는 **인상을** 주는가?[1132)

601. 내가 이 탁자에 관해 말할 때 ─ 나는 이 대상이 "탁자"라고 불린다는 것을 **기억해내는가?**[1133)

602. 누군가 내게 "오늘 아침 당신 방에 들어갔을 때 당신의 책상을 알아보았나요?"라고 묻는다면 ─ 나는 틀림없이 "그럼요!"라고 말할 것이다. 하지만 알아보는 일이 일어났다고 말하는 것은 오해의 소지가 있을 것이다. 물론 그 책상은 내게 낯설지 않았다. 만일 다른 책상이나 어떤 낯선 대상이 거기 있었다면 내가 놀랐겠지만, 내 책상을 보고 놀라지는 않았다.[1134)

603. 어느 누구도 다음과 같이 말하지는 않을 것이다: 내가 내 방에, 오래된 친숙한 환경에 들어갈 때는 언제나, 내가 보고 있고

1132) 이에 대한 비트겐슈타인의 대답은 부정적이다. 요컨대 느낌과 마찬가지로 인상도 논점의 핵심이 아니다.

1133) 예외적인 경우를 제외하고는 그렇지 않을 것이다. 요컨대 인상과 마찬가지로 기억도 논점의 핵심이 아니다.

1134) 어떤 것을 알아보는 일을 내적 사건으로 실체화하여 이해하는 시도가 저지르는 잘못을 지적하고 있다.

전에도 수없이 보았던 모든 것을 알아보는 일이 일어난다.[1135]

604. 우리는 "알아봄"이라 부르는 과정에 대한 잘못된 그림을 지니기 쉽다. 마치 알아보는 일이 항상 두 인상을 서로 비교하는 데에 있는 듯이 말이다. 마치 내가 한 대상의 그림을 가지고 있고, 그다음에 어떤 대상을 그 그림이 묘사하는 것으로 확인하는 듯이 말이다. 우리의 기억은 이전에 본 그림을 보존하거나, 또는 우리가 (마치 대롱을 통해) 과거를 들여다보도록 허용함으로써 그런 비교를 매개해주는 것처럼 보인다.

605. 그리고 그것은 내가 대상을 그 옆에 있는 그림과 비교한다기보다는, 그 대상이 그 그림과 **일치하는** 것과 같다. 따라서 나는 오직 하나만을 보는 것이지, 둘을 보는 것이 아니다.[1136]

606. 우리는 "그의 목소리에 담긴 표현은 **진심이었다.**"라고 말한다. 그것이 진심이 아니었다면 우리는 이를테면 그 배후에 다른 표현이 있다고 생각한다. — 그는 밖으로 **이런** 표정을 지어보이지만, 내면에서는 다른 표정을 짓고 있다. — 하지만 이것은 그의 표현이

1135) 통상적 인식이 알아봄을 언제나 요청하는 것은 아니다.
1136) 알아봄에 대한 이런저런 그림들이 초래할 수 있는 오해를 서술하고 있다.

진심일 때 그가 두 가지 똑같은 표정을 짓고 있다는 뜻이 아니다.

(("아주 특정한 표현."))[1137]

607. 어떻게 우리는 지금 몇 시인지 짐작하는가? 나는 태양의 위치, 방 안의 밝기 등과 같은 외적 근거들을 말하는 것이 아니다. ─ 우리는 스스로에게 "지금 몇 시일까?"라고 묻고는, 잠시 멈춘 뒤 아마도 시계 글자판을 상상하고서는 시간을 말할 것이다. ─ 또는 여러 가능성들을 깊이 생각해본다. 먼저 **하나의** 시간을, 그 다음에는 다른 시간을 생각하고, 결국 특정한 시간에서 멈춘다. 그와 유사한 일들이 일어난다. ── 하지만 그런 생각에는 확신의 느낌이 따르지 않는가? 그리고 그것은 이제 그 생각이 내면의 시계와 일치한다는 것을 뜻하지 않는가? ─ 아니다. 나는 시간을 어떤 시계로부터도 읽어내지 않는다. 내가 어떤 의심의 감정도 **없이**, 조용히 확신에 차서 스스로에게 시간을 말하는 한, 확신의 느낌은 존재한다. ─ 그러나 이 시간을 말할 때 뭔가 찰칵하고 채워지지 않는가?[1138] ─ 내가 아는 한 그렇지 않다. 당신이 깊이 생각해보는 일을 그치거나 어떤 수(數)에서 멈추는 것을 그렇게 부르지 않는다면

1137) 이어지는 구절에서 이와 짝을 이루는 '특정한 분위기'가 상세히 거론된다. BB, 170-177쪽 참조.

1138) 확신에 차 이 시간을 말할 때 마치 실제의 시계와 내 마음속 시계가 찰칵 하고 서로 들어맞지는 않는지를 묻고 있다.

말이다.[1139] 또한 나는 여기서 어떠한 '확신의 느낌'에 대해서도 이야기하지 않았을 것이다. 나는 "나는 잠시 생각하고 나서 5시 15분이라고 결정했다."라고 말했을 것이다. — 하지만 나는 어떤 근거에서 이렇게 결정했는가? 나는 아마도 "단지 느낌에 근거해서"라고 말했을 것이며, 이는 그저 내가 그것을 떠오르는 생각에 맡겨버렸음을 의미한다. — 그러나 당신은 시간을 짐작하기 위해서 적어도 특정한 상태로 자신을 옮겨야 한다. 그리고 당신은 몇 시인지에 대한 아무 판단이나 올바른 것으로 받아들이지는 않는다! — 앞서 말했듯이: 나는 스스로에게 "지금 몇 시일까?"라고 **물었다**. 즉 나는 이 물음을 가령 이야기 속에서 읽지 않았고, 다른 사람의 말로 인용하지도 않았으며, 이 말의 발음을 연습한 것도 아니었다 등등. 내가 그 말을 한 상황은 **이런** 상황이 아니었다. — 그렇다면 **어떤** 상황이었는가? — 나는 내 아침식사를 생각했고, 그것이 오늘은 늦어질까 하고 생각했다. 상황은 이런 종류의 것이었다. — 그러나 도대체 당신은 비록 파악할 수는 없어도 시간을 짐작하는 데 특징적인 상태, 이를테면 시간을 짐작하는 일의 특징적인 분위기 속에 있었다는 것을 정말 알지 못하는가? — 아니다. 특징적인 것은 내가 나 자신에게 "지금 몇 시일까?"라고 물었다는 점이었다. — 그리고 이

1139) 『철학적 탐구』 4판에는 질문에 답하는 이 부분에 대한 영어 번역이 누락되어 있다.

문장이 특정한 분위기를 지닌다면 — 나는 그것을 그 문장 자체로부터 어떻게 떼어낼 수 있는가? 우리가 그 문장을 달리 — 인용, 농담, 말하기 연습 등으로 — 말할 수도 있다는 점을 생각하지 않았다면, 그 문장이 그런 분위기를 지녔다는 생각은 절대로 내게 떠오르지 않았을 것이다. 그리고 **그때** 갑자기 나는 그 말을 결국 어떤 방식으로든 특정하게, 즉 그런 다른 경우와는 다르게 **의미**했음에 틀림없다는 점을 말하고 싶었고, 또 그렇게 보였다. 특정한 분위기의 그림이 내게 닥쳐온 것이다. 나는 그것을 내 앞에서 똑똑히 본다. — 즉 내 기억에 의하면 실제로 있던 것을 주목하지 않는 한 말이다.

그리고 확신의 느낌에 대해서: 나는 때로 스스로에게 "나는 지금 . . . 시(時)라고 확신한다.", 그것도 다소 확신에 찬 억양으로 등등으로 말한다. 당신이 이 확신의 **근거**를 묻는다면, 내게는 아무런 근거도 없다.

내가 그것을 내적 시계에서 읽어낸다고 말한다면 — 이것은 하나의 그림이며, 그에 대응하는 것은 내가 지금 몇 시라고 말했다는 것이 전부다. 그리고 그 그림의 목적은 이 경우를 다른 경우와 같게 만드는 것이다. 나는 여기서 서로 다른 두 경우를 인정하려고 하지 않는 것이다.[1140]

1140) 시간의 측정에 내적 확신의 느낌이 수반되는 것은 아니며, 설령 확신의 느낌을 갖는다 해도 그것이 어떤 근거가 있는 것도 아니다.

608. 가장 중요한 것은, 시간을 짐작할 때 저 정신적 상태를 파악할 수 없다는 생각이다. 그것은 왜 **파악할 수 없는가**? 그것은 우리가 우리의 상태에 관해 파악할 수 있는 것[1141]을 우리가 가정하는 특정한 상태[1142]의 일부로 간주하지 않으려 하기 때문이 아닐까?

609. 분위기를 기술하는 것은 특수한 목적을 위해 언어를 특수하게 적용하는 것이다.

(('이해'를 분위기로, 마음의 행위로 해석하는 것. 우리는 모든 것에 대해 분위기를 추가해 구성할 수 있다. '기술 불가능한 특징.'))[1143]

610. 커피 향을 기술해보라! — 어째서 그렇게 할 수 없는가? 우리에게 낱말이 부족해서? **무엇 때문에** 낱말이 부족한가? — 하지만 그런 기술(記述)이 어쨌든 가능해야 한다는 생각은 어디에서 오는가? 당신에게 그런 기술이 부족했던 적이 있는가? 당신이 커피 향을 기술하려 했는데 성공하지 못했는가?

((나는 이렇게 말하고 싶다: "이 어조(語調)는 훌륭한 어떤 것을 보여주고 있지만, 나는 그것이 무엇인지 모른다." 이 어조는 강력한 표현이지만,

---

1141) 비트겐슈타인은 이것의 세목을 앞 절에서 상세히 묘사해놓은 바 있다.
1142) 비트겐슈타인의 대화 상대자가 강조하는 확신의 특정한 느낌이나 특정한 분위기 따위를 뜻한다.
1143) BB, 144-185쪽 참조.

나는 그것에 필적할 어떤 설명도 제시할 수 없다. 아주 진지하게 고개를 끄덕임. 윌리엄 제임스[1144]: "우리에게는 낱말들이 부족하다." 그렇다면 우리는 왜 새로운 낱말들을 도입하지 않는가? 우리가 그렇게 할 수 있으려면 무엇이 필요할까?))

611. "원함[1145] 역시 경험에 불과하다"라고 우리는 말하고 싶어 한다. ('의지'도 '표상'에[1146] 불과하다고 말이다.) 그것은 일어날 때 일어나는 것이지 내가 그것을 불러일으킬 수는 없다.

그것을 불러일으킬 수 없다고? ― 그게 **무슨** 말인가? 그렇다면 나는 무엇을 불러일으킬 수 있단 말인가? 내가 이렇게 말할 때 나는 원함을 무엇과 비교하고 있는 것인가?[1147]

612. 예컨대 나는 내 팔의 움직임에 대해 그것은 일어날 때 일어

1144) James 1890, 251쪽.

1145) 원어는 "Wollen"이다.

1146) 몇 군데를 제하고는(이 책 §§300-301) 그동안 '이미지'나 '상상'으로 일관되게 옮긴 'Vorstellung'을 여기서는 '표상'으로 옮겼다. 청년 비트겐슈타인에게 큰 영향을 준 쇼펜하우어(Arthur Schopenhauer)의 *Die Welt als Wille und Vorstellung*이 『의지와 표상으로서의 세계』라는 이름으로 우리에게 널리 알려져 있기 때문이다. 이 절에서의 의지와 표상에 대한 논의는 그런 점에서 역사성을 갖는다.

1147) 이 절에 대해서는 다음의 논문을 참조. S. Candlish, "'Das Wollen ist auch nur eine Erfahrung,'" Arrington and Glock 1991에 수록.

난다는 등으로 말하지 않을 것이다. 그리고 어떤 것이 그저 우리에게 발생하는 것이 아니라 우리가 그것을 **한다**고 의미 있게 말하는 영역이 바로 여기다. "나는 내 팔이 올라가기를 기다릴 필요가 없다. ― 나는 그것을 들어 올릴 수 있다." 그리고 여기서 나는 내 팔의 움직임을 가령 내 심장의 강렬한 박동이 누그러질 거라는 사실과 대비시키고 있다.[1148]

613. 일반적으로 내가 무언가를 (가령 과식으로 인한 복통을) 불러일으킬 수 있다는 의미에서 나는 또한 원함을 불러일으킬 수 있다. 이런 의미에서 나는 물속에 뛰어듦으로써 수영하려는 원함을 불러일으킨다.[1149] 물론 나는 이렇게 말하려 했다: 나는 원함을 원할 수 없을 것이다. 다시 말해 원함을 원한다는 말은 무의미하다. "원함"이란 하나의 행위에 대한 이름이 아니며, 따라서 자발적 행위에 대한 이름도 아니다.[1150] 그리고 나의 잘못된 표현은 우리가 원함을 직접적이고 비인과적으로 불러일으키는 것으로 생각하고 싶어 한다는 데서 비롯되었다.[1151] 그러나 이런 생각의 근저에는 오해의 여

1148) 앞 절을 하나의 예를 통해 부연하고 있다.
1149) 이는 비트겐슈타인의 견해이다. 그 요지는 원함을 불러일으킨다는 표현이 성립할 수 있는 경우가 있다는 것이다.
1150) 이 역시 비트겐슈타인의 견해이다.
1151) 비트겐슈타인이 보기에 원함에 귀속된 "직접적이고 비인과적인" 불러일으킴

지가 있는 다음과 같은 유추가 놓여 있다. 즉 인과관계는 한 기계의 두 부품을 연결하는 기계작용으로 인해 성립되는 듯이 보인다. 만약 그 기계작용이 제대로 작동하지 않으면 이 관계는 풀어질 수 있다. (우리는 하나의 기계작용에서 일반적으로 일어나는 고장만을 생각한다. 우리는 이를테면 톱니바퀴들이 갑자기 물렁물렁해진다거나 서로 꿰뚫고 지나가는 경우 등은 생각하지 않는다.)[1152]

614. 내가 내 팔을 '자발적으로' 들어 올릴 때, 나는 그 움직임을 불러일으키기 위해 어떤 수단[1153]도 사용하지 않는다. 내 소망도 그런 수단은 아니다.

615. "원함이 일종의 소망함이 아니라면, 그것은 행위 자체여야 한다. 그것은 행위 이전에 머물러서는 안 된다." 만일 원함이 행위라면, 그것은 행위라는 낱말의 일상적인 의미에서 그렇다. 즉 말하기, 적기, 걷기, 무언가를 들어올리기, 무언가를 상상하기 등이 행

─────────────

이란 적어도 원함에 관한 한에서는 존재하지 않는다.

1152) 원함에 귀속된 불러일으킴이라는 표현이 함축하는 (불러일으키는 것과 불러일으켜지는 것 사이의) 인과관계는 원함에 적용될 수 없다. 그렇다고 원함을 비인과적인 불러일으킴으로 보는 것도 잘못이다. 그런 맥락에서 이 절의 앞부분에서 원용된 경우를 제하고는 원함을 불러일으킨다는 표현은 오해의 소지가 많다.

1153) 예컨대 원함이나 의지.

위인 것처럼 말이다. 또한 말하려고, 적으려고, 무언가를 들어 올리려고, 무언가를 상상하려고 — 노력하기, 시도하기, 애쓰기 등이 행위인 것처럼 말이다.[1154]

616. 내가 내 팔을 들어 올릴 때, 나는 그것이 올라가기를 소망하지 **않았다**. 이런 소망은 자발적인 행위일 수 없다.[1155] 물론 우리는 이렇게 말할 수 있다: "나는 내가 원을 정확하게 그리기를 바란다." 그리고 그것은 우리의 손이 이러이러하게 움직였으면 하는 소망을 표현하는 것이다.

617. 우리가 손가락을 특별한 방식으로 교차시킬 때, 누군가 특정한 손가락을 **가리키기**만 하면서 — 그것을 단지 우리 눈앞에 보여주기만 하면서 — 그 손가락을 움직여보라고 말한다면 우리는 때로 그렇게 할 수 없다.[1156] 반면 그가 그 손가락을 만진다면 우리는 그것을 움직일 수 있다. 우리는 이 경험을 다음과 같이 기술하고 싶을 것이다: '우리는 그 손가락을 움직이려고 **원할** 수 없다.' 이 경우는 가령 누군가 그 손가락을 잡고 있어서 그것을 움직일 수

1154) 그러나 앞선 §613에서 이미 언급되어 있듯이 원함은 행위가 아니다.
1155) 따라서 원함이 그러한 것처럼 소망도 자발적 행위로 볼 수 없다.
1156) 손가락들이 꼬여 있어서 어느 손가락이 어느 손가락인지 본인도 잘 모르기 때문이다.

없는 경우와는 전혀 다르다. 이제 우리는 첫 번째 경우에 대해 다음과 같이 기술할 것이다: '그가 손가락을 만진 후에야 우리는 의지를 적용할 수 있다. 우리가 그 손가락을 느낄 때에야 비로소 의지는 어디에서 시작해야 할지 알 수 있다.' — 하지만 이런 표현 방식은 오해의 소지가 있다. 우리는 다음과 같이 말하고 싶어 한다: "만약 느낌이 그 자리를 지시하지 않는다면, 대체 어떻게 나는 내 의지로 시작해야 할 곳을 알게 되는가?" 그러나 느낌이 거기에 있을 때 내가 의지를 어디로 이끌어야 하는지 어떻게 아는가?[1157]

이 경우 우리가 그 손가락에서 어떤 접촉을 느끼기 전까지 그 손가락이 이를테면 마비되어 있다는 것은 경험을 통해서 알 수 있다. 그것을 선험적으로 알 수는 없다.

618. 우리는 여기서 원하는 주체를 질량이 없는 (관성이 없는) 어떤 것으로, 그 자체 내에 극복해야 할 어떤 관성의 저항도 없는 전동기라고 상상한다. 따라서 그것은 다른 것을 움직이게 할 뿐 다른

1157) 원함을 직접적이고 비인과적인 불러일으킴으로 이해한다면, 이 경우 의지가 어느 손가락에서 시작해야 하는지를 어떻게 아는가 하는 문제에 봉착하게 된다. 상대가 만진 손가락에서 시작해야 한다면, 다시 의지가 우리를 어디로 이끌어야 하는지를 어떻게 아는가 하는 문제에 봉착하게 된다. 이러한 문제들은 원함이 직접적이고 비인과적인 불러일으킴이라거나, 의지가 그러한 불러일으킴의 매체라는 잘못된 생각을 버릴 때 해소된다.

것에 의해 움직여지지 않는다.[1158] 즉 우리는 "나는 원하지만 내 몸이 나를 따르지 않는다."라고 말할 수 있다. ─ 하지만 "내 의지가 나를 따르지 않는다."라고는 말할 수 없다. (아우구스티누스)[1159]

그러나 나는 원하는 데 실패할 수 없다는 의미에서, 나는 또한 원하기를 시도할 수도 없다.[1160]

619. 그리고 우리는 이렇게 말할 수 있을 것이다: "나는 원하려고 절대 시도할 수 없다는 한에서만 항상 **원할** 수 있다."[1161]

620. **행함** 자체에는 어떤 경험적 부피도 없는 듯이 보인다. 그것은 연장(延長) 없는 점, 바늘의 끝처럼 보인다. 이 끝이 본래의 주체인 것 같다. 그리고 현상의 영역에서 일어나는 일은 단지 이런 행함의 결과인 듯이 보인다. "나는 **행한다**"는 모든 경험과 동떨어진 일정한 의미를 지니는 것처럼 보인다.[1162]

1158) 이는 부동(不動)의 동자(動者)라는 아리스토텔레스(Aristoteles)의 용어로도 널리 알려져 있다.

1159) Augustine, *Confessions*, VIII, 8, 20.

1160) 요컨대 원함은 행위에 대한 이름이 아니다.

1161) "나는 항상 **원할** 수 있다"라는 말에 의미가 있다면 그 의미는 고작 '나는 원하려고 절대 시도할 수 없다'는 것이다. 즉 그 말은 원함을 원한다거나 시도한다는 것은 성립할 수 없는 표현임을 부연하고 있을 뿐이다.

621. 하지만 우리가 간과해서는 안 되는 한 가지가 있다: '내가 내 팔을 들어 올릴' 때, 내 팔이 올라간다는 사실이다. 그리고 이제 다음과 같은 문제가 발생한다: 내가 내 팔을 들어 올린다는 사실로부터 내 팔이 올라간다는 사실을 **빼면** 무엇이 남는가?[1163]

((그러면 운동감각이 내 원함인가?))[1164]

622. 내가 내 팔을 들어 올릴 때, 나는 보통 그것을 들어 올리려고 **시도하지** 않는다.[1165]

623. "나는 어떤 일이 있어도 그 집에 갈 것이다." 하지만 그렇게 하는 데 아무런 어려움도 없다면 — 그래도 나는 어떤 일이 있어도 그 집에 가려고 노력**할 수 있을까?**[1166]

1162) 앞선 §618의 연장선상에서 원함, 의지의 형이상학이 초래하는 잘못된 귀결을 서술하고 있다.

1163) 남는 것은 아무것도 없다고 할 수 있다.

1164) 이 절에 대해서는 다음의 논문을 참조. R. Jaeger, "Action and Subtraction," *Philosophical Review*, vol. 82, 1973; J. Hudson, "Logical Subtraction," *Analysis*, vol. 35, 1975; R. Jaeger, "Logical Subtraction and the Analysis of Action," *Analysis*, vol. 36, 1976.

1165) 앞 절에서 **뺄셈** 뒤에 남는 것이 시도라는 주장에 대한 비트겐슈타인의 비판이다.

1166) 이에 대한 비트겐슈타인의 대답은 부정적이다.

624. 실험실에서 가령 누군가 눈을 감은 채로 전류의 영향을 받으면서 "나는 팔을 위아래로 움직이고 있다."라고 말한다. ― 그의 팔이 움직이지 않는데도 말이다. 우리는 "그렇다면 그는 이런 움직임을 하는 특별한 느낌을 지니고 있다."라고 말한다. ― 눈을 감은 채로 당신의 팔을 이리저리 움직여보라. 그리고 이제 그렇게 하는 동안 팔이 그대로 멈추어 있고, 근육과 관절에서 어떤 이상한 느낌이 들 뿐이라고 스스로를 설득하려고 해보라![1167]

625. "당신은 자신의 팔을 들어 올렸다는 것을 어떻게 아는가?" ― "나는 그것을 느낀다." 그렇다면 당신이 알아보는 것은 그 느낌인가? 그리고 당신은 그것을 올바로 알아본다고 확신하는가? ― 당신은 팔을 들어 올렸다는 것을 확신한다. 이것이 알아봄의 기준, 척도가 아닌가?[1168]

626. "내가 막대로 이 대상을 건드릴 때, 나는 막대를 잡은 손에서가 아니라 막대의 끝에서 촉감을 느낀다." 누군가 "나는 여기 손

1167) 이 책 §621에서 뺄셈 뒤에 남는 것이 운동감각으로서의 원함이라는 주장에 대한 비트겐슈타인의 비판이 개진되어 있다. 그 요지는 운동감각이 팔의 움직임에 대한 증거가 되지 못한다는 것이다.
1168) 팔을 들어 올렸음을 알아봄의 기준은 운동감각과 같은 느낌이 아니라 자신이 팔을 들어 올렸다는 확신이다.

이 아니라 손목에서 아픔을 느낀다."라고 말한다면, 그 결과 의사는 손목을 진찰한다. 하지만 내가 대상이 딱딱하다는 것을 막대 끝에서 느낀다는 말과 내 손에서 느낀다는 말 사이에는 무슨 차이가 있는가? 내 말은 "그것은 마치 막대 끝에 내 말초신경이 있는 것과 같다."는 의미인가? **어떤 점에서** 그런가? — 글쎄, 어쨌든 나는 "나는 막대 끝에서 딱딱함 등을 느낀다."라고 말하는 경향이 있다. 그리고 이와 함께 다음과 같은 일이 일어난다. 내가 대상을 건드릴 때 나는 내 손이 아니라 막대 끝을 본다. 나는 내 느낌을 "나는 엄지손가락, 가운뎃손가락, 집게손가락. . . 끝에서 압력을 느낀다"는 말이 아니라 — "나는 거기에서 딱딱하고 둥근 무언가를 느낀다"라는 말로 기술한다.[1169] 만일 가령 누군가 내게 "지금 그 탐침을 잡고 있는 손가락에서 무엇을 느끼는가?"라고 묻는다면, 나는 다음과 같이 대답할 수 있을 것이다: "모르겠다 —— 나는 **거기에서** 딱딱하고 거칠거칠한 어떤 것을 느낀다."

627. 자발적 행위에 대한 다음과 같은 기술(記述)을 잘 생각해보라: "나는 5시에 종을 칠 결심을 한다. 그리고 5시가 되면 내 팔이

1169) "거기"는 막대 끝을 지칭한다. 앞 절에서 우리가 자신의 팔을 들어 올린다는 것을 운동감각으로부터 추론하지 않는 것과 마찬가지로, 이 경우에도 우리는 대상이 딱딱하다는 것을 손끝의 감각으로부터 추론하는 것이 아니다. 양자의 경우 핵심은 각각 직접적 알아봄, 직접적 느낌이다.

이런 움직임을 한다." — 그것은 올바른 기술인가? 그리고 ". . . 그리고 5시가 되면 나는 내 팔을 들어 올린다"라는 **이** 기술은 올바른 기술이 아닌가? —— 우리는 첫 번째 기술을 다음과 같이 보충하고 싶어 한다: "그리고 자, 봐라! 5시가 되면 내 팔이 올라간다." 그리고 바로 이 "자, 봐라!"가 여기에 누락되어 있다. 내가 내 팔을 들어 올릴 때, 나는 "봐라, 내 팔이 올라가고 있다!"라고 말하지 **않는다.**[1170]

628. 따라서 우리는 이렇게 말할 수 있을 것이다: 자발적인 움직임의 특징은 놀라움이 없다는 것이다. 그리고 이제 나는 사람들이 "하지만 여기서 우리는 **왜** 놀라지 않는가?"라고 묻기를 바라지 않는다.[1171]

629. 사람들이 미래에 대한 예측 가능성에 관해 이야기할 때, 그들은 우리가 자발적인 움직임을 예측한다는 사실을 늘 간과한다.[1172]

1170) 자발적 행위는 결심이라는 원인으로부터 야기되는 것이 아니다. 오히려 원인의 결여가 바로 자발적 행위의 본성이라고 할 수 있다.
1171) 자발적인 움직임에 대한 문법적 고찰에 해당하는 구절이다.
1172) TLP, 5.1362 참조.

630. 다음의 두 언어게임에 대해 잘 생각해보라:

(a) 어떤 사람이 다른 사람에게 특정한 팔 움직임을 하거나 특정한 자세를 잡으라고 명령을 내린다(체조 교사와 학생). 그리고 이 언어게임의 변형은 다음과 같다: 학생이 스스로에게 명령을 내린 뒤 그 명령을 수행한다.

(b) 어떤 사람이 어떤 규칙적 과정 — 가령 산(酸)에 대한 여러 금속의 반응 — 을 관찰하고, 그로부터 어떤 특정한 경우에 일어날 반응에 관한 예측을 한다.

이 두 언어게임 사이에는 분명한 유사성이 있지만 근본적인 차이도 있다. 이 두 경우에 표현된 말을 우리는 "예측"이라고 부를 수 있다. 그러나 첫 번째 기술(技術)로 이어지는 훈련과 두 번째 기술을 위한 훈련을 비교해보라![1173]

631. "나는 지금 두 봉의 가루약을 복용할 것이다. 그리고 30분이 지나면 나는 구토를 할 것이다." — 첫 번째 경우에 나는 행위자이며 두 번째 경우에는 단순히 관찰자라고 말하는 것은 아무런 설명도 되지 못한다. 또는 첫 번째 경우에 나는 그 인과관계를 안에서 보며 두 번째 경우에는 그것을 밖에서 본다는 말도 그렇다. 그

1173) 첫 번째 경우에는 명령을 내리고 그것을 따르는 훈련이, 두 번째 경우에는 관찰과 귀납 추론의 훈련이 요구된다.

리고 이와 유사한 여러 말들도 마찬가지다.

첫 번째 종류의 예측이 두 번째 종류의 예측만큼이나 틀릴 수 있다는 말도 핵심에서 벗어나 있다.

내가 지금 두 봉의 가루약을 복용할 거라고 말한 것은 내 행동을 관찰한 데 근거한 것이 아니었다. 이 진술의 전제 조건들은 달랐다. 나는 그 진술에 이르게 한 생각들, 행위들 따위를 염두에 두고 있다. 그리고 다음과 같은 말은 오해를 불러일으킬 뿐이다: "당신이 저 말을 꺼낸 유일한 핵심 전제는 바로 당신의 결심이었다."[1174]

632. "나는 가루약을 복용할 것이다"라고 의지를 표현하는 경우에 나는 예측이 원인이라고 — 그리고 예측의 실현이 결과라고 — 말하고 싶지 않다. (아마도 생리학적 탐구가 이를 결정할 수 있을 것이다.) 하지만 다음만큼은 참이다: 우리는 종종 어떤 사람이 자신의 결심을 표현하는 것을 통해 그의 행위를 예측할 수 있다. 하나의 중요한 언어게임.[1175]

633. "당신은 조금 전에 말이 끊겼다. 당신은 아직도 자신이 무

1174) 약을 복용할 때마다 반드시 결심이 요구되는 것은 아니며, 그 결심이라는 원인으로부터 약의 복용이 야기되는 것도 아니기 때문이다.

1175) 결심을 표현하는 언어게임과 그로부터 행위를 예측하는 언어게임이 인과관계는 아닐지라도 밀접하게 연관되어 있음의 중요성을 말하고 있다.

엇을 말하려 했는지 알고 있는가?" — 이제 내가 그것을 알고 또 그것을 말한다면 — 이는 내가 전에 이미 그것을 생각했으며 단지 말하지 않았을 뿐이라는 뜻인가? 아니다. 만일 당신이 내가 끊겼던 그 문장을 계속해나갈 때 가졌던 확신을 그 생각이 이미 완성되어 있었다는 기준으로 여기지 않는다면 말이다. — 그러나 물론 상황과 나의 생각들은 그 문장을 이어나가는 데 필요한 가능한 모든 것들을 이미 포함하고 있었다.[1176]

634. 내가 끊겼던 그 문장을 계속 이어나가면서 나는 그때 그것을 **이런** 방식으로 계속하려 했다고 말할 때, 이는 내가 짤막한 메모를 바탕으로 어떤 생각의 과정을 설명하는 것과 유사하다.

그렇다면 나는 이 메모를 **해석하는** 것이 아닌가? 저 상황에서는 오직 **하나의** 계속만이 가능했는가? 물론 아니다. 하지만 나는 이 해석들 중에서 **고르지** 않았다. 나는 내가 그것을 말하려 했음을 **기억해낸** 것이다.[1177]

1176) 원문은 "Aber es lag freilich schon alles mögliche in der Situation und in meinen Gedanken, das dem Satz weiterhilft"이다. 여기서 'das' 이하는 'alles'를 수식한다. 이 절부터 §637까지는 다음의 논문을 참조. J. Hunter, "Knowing What One Was Intending to Say," Canfield and Shanker 1993 에 수록. 이 절부터 §693까지는 다음의 논문을 참조. W. Child, "Remebering Intentions," Ahmed 2010에 수록.

635. "나는 . . . 을 말하려 했다." ─ 당신은 여러 세부사항을 기억해낸다. 하지만 그것들 모두가 이런 의도를 보여주는 것은 아니다. 그것은 마치 어떤 장면을 찍은 사진에서 약간의 세부사항만을 단편적으로 보게 되는 것과 같다. 여기서 손을, 저기서 얼굴의 일부를, 또는 모자를 말이다. ─ 그리고 나머지 부분은 어둡다. 그런데 이제 마치 우리가 전체 그림이 묘사하는 것을 아주 확실하게 아는 듯이 보인다. 마치 내가 그 어둠을 읽을 수 있는 것처럼 말이다.[1178]

636. 이런 '세부사항들'은 내가 역시 기억해낼 수 있는 다른 상황이 무관하다는 의미에서 무관하지는 않다. 하지만 내가 누군가에게 "잠깐 나는 . . . 라고 말하려 했다"라고 이야기한다면 그는 이로부터 그 세부사항들을 알게 되는 것이 아니며, 그것들을 추측해야 할 필요도 없다. 그는 가령 내가 말하기 위해 이미 입을 열었다는 것을 알아야 할 필요가 없다. 하지만 그는 그 과정을 그렇게 '그려낼' **수는 있다.** (그리고 이렇게 할 수 있음은 내가 이야기한 것을 그가 이해했음을 보여준다.)[1179]

1177) 즉 나는 생각이나 해석과 같은 내적 사건이나 경험이 아니라 의도를 기억해낸 것이다.

1178) 그렇다고 해서 내가 세부사항에 대한 기억으로부터 자신의 의도를 추론해내는 것은 아니다.

637. "나는 내가 무엇을 말하려 했는지 정확히 알고 있다!" 그렇지만 나는 그것을 말하지 않았다. — 하지만 나는 그 당시에 일어났으며 내가 기억하는 다른 어떤 과정으로부터 그것을 읽어내지 않는다.

그리고 나는 당시의 상황과 그 이전에 벌어진 일을 **해석**하지도 않는다. 왜냐하면 나는 그것을 고려하지도 판단하지도 않기 때문이다.[1180]

638. 그럼에도 불구하고 "잠깐 나는 그를 속이려 했다"라고 말할 때 내가 거기서 어떤 해석을 보려는 경향이 있다는 것은 어찌된 일인가?

"당신은 자신이 잠깐 그를 속이려 했다는 것을 어떻게 확신할 수 있는가? 당신의 행위와 생각은 너무 미숙하지 않았는가?"

증거가 너무 빈약한 것은 아닌가? 그렇다. 우리가 그것을 추적해보면 놀라울 정도로 증거가 빈약한 것 같다. 하지만 이는 우리가 이런 증거의 맥락[1181]을 참작하지 않기 때문이 아닐까? 내가 잠깐 누군가에게 내 심기가 불편한 체하려고 했다면, 여기에는 그 이전

1179) 3인칭적 관점에서 보았을 때 세부사항과 의도는 서로 전혀 무관한 것도 아니고 똑같은 것도 아니다.

1180) 의도의 기억은 판독이나 해석에 의한 것이 아니다.

1181) 원어는 "Geschichte"인데 문맥을 고려하여 이렇게 의역하였다.

에 벌어진 어떤 일이 필요했다.

누군가 "잠깐 . . . "이라고 말한다면 그는 실제로 하나의 순간적 과정만을 기술하고 있을 뿐인가?[1182]

그러나 전후 맥락 전체조차도 내가 "잠깐 . . . "이라고 말했을 때 근거한 증거는 아니었다.[1183]

639. 우리는 의미함[1184]이 **전개된다**고 말하고 싶어 한다.[1185] 하지만 여기에도 오류가 있다.[1186]

640. "이 생각은 내가 전에 해본 생각과 연관되어 있다." — 어떻게 연관되는가? 그렇게 연관되어 있다는 **느낌**을 통해서? 하지만 어떻게 느낌이 생각들을 실제로 연관 지을 수 있는가? — 여기서 "느낌"이라는 낱말은 오해의 소지가 많다.[1187] 그러나 비록 그 연관

1182) 그렇지 않다. 그것은 전후 맥락과 관련되어 있다.

1183) 전후 맥락은 증거가 아니라 배경으로서 전제되어 있다.

1184) 원어는 "Meinung"인데 비트겐슈타인의 의도를 살려 이렇게 의역하였다. PI 4판, 260쪽 참조.

1185) 우리는 의미함을 땅속에서 일어나는 씨앗의 발아 과정처럼 우리 마음속에서 전개되는 어떤 과정이라고 말하고 싶어 한다.

1186) RPP I, §§254-258 참조.

1187) 예컨대 연관의 느낌이 있을 수는 있지만 그것이 연관의 역할을 수행하는 것은 아니다. 연관을 느낌 따위로 설명하는 것보다 연관을 명료히 보고 이를 제대로 기술하는 것이 더 중요하다.

성을 보여줄 수는 없어도, "이 생각은 그 이전의 생각과 연관되어 있다"라고 확신 있게 말하는 경우가 종종 있을 수 있다. 어쩌면 그 연관성은 나중에 보여주게 될지도 모른다.

641. "내가 '지금 나는 그를 속이겠다'라고 말했다 해도, 내 의도가 원래 내가 지녔던 의도보다 더 확실해지지는 않았을 것이다." ― 하지만 만약 당신이 그렇게 말했다면 당신은 그 말을 아주 진지하게 의미했는가? (따라서 의도를 가장 명백하게 표현하는 것만으로는 의도의 충분한 증거가 되지 못한다.)[1188]

642. "그 순간 나는 그를 미워했다." ― 그때 무슨 일이 일어났는가? 그것은 생각, 느낌, 행위에 있지 않았는가? 그리고 지금 내가 그 순간을 재현한다면, 나는 특정한 표정을 지을 것이고, 일어난 어떤 일을 생각할 것이며, 특정한 방식으로 숨을 쉴 것이고, 내 안에 어떤 느낌들을 불러일으킬 것이다. 나는 미움이 타올랐던 대화 및 전체 장면을 생각해낼 수 있을 것이다. 그리고 실제 사건에서 지녔던 느낌에 가까운 느낌으로 이 장면을 연출할 수 있을 것이다. 이때 내가 그와 유사한 무언가를 실제로 체험했다는 사실은 당연히 내가 이렇게 하는 데 도움이 될 것이다.[1189]

1188) 자신의 의도가 지니는 확실성에 대한 충분한 증거는 없다.

643. 이제 내가 이 사건을 부끄러워한다면, 나는 그 전체를 부끄러워하는 것이다: 그 말, 악의에 찬 어조 등을 말이다.[1190]

644. "나는 내가 그 당시에 미워했다는 것[1191]을 부끄러워하는 것이 아니라 내가 지녔던 의도를 부끄러워한다." — 그런데 그 의도는 내가 미워했다는 것에도 **역시** 있지 않았는가?[1192] 무엇이 그 부끄러움을 정당화하는가? 그 사건의 전후 맥락 전체가 그렇다.

645. "잠깐 나는 . . . 하려고 했다." 즉 나는 특정한 느낌, 내적 체험을 가졌다. 그리고 그것을 기억해낸다 — 그런데 이제 **아주 정확하게** 기억해내 보라! 그러면 원함의 '내적 체험'은 다시 자취를 감추는 듯이 보인다. 그 대신 우리는 생각, 느낌, 움직임, 그리고 이전 상황과의 연관성을 기억해낸다.

그것은 마치 우리가 현미경의 초점을 조절해 변경한 것과 같다. 이제 초점이 잡혀서 보이는 것을 전에는 보지 못했다.[1193]

1189) 미워함은 이 모든 생각, 느낌, 행위의 연관 관계하에 일어난다.
1190) 부끄러워함도 미워함과 마찬가지로 그에 연루되는 말, 어조 등의 전체에 대한 것이다.
1191) 원문은 "was ich damals tat"인데 문맥과 가독성을 고려하여 의역하였다.
1192) 의도는 행위, 말, 표정, 사건의 전후 맥락에 배어 있었다.
1193) 원함은 내적 체험에 의해서보다 생각, 느낌, 움직임, 이전 상황과의 연관성 등에 의해서 밝혀진다.

646. "자, 그것은 당신이 현미경을 잘못 조절했음을 보여줄 뿐이다. 당신은 표본의 특정한 단면을 보았어야 했는데, 지금 다른 단면을 보고 있다."

이 말에는 일리가 있다. 하지만 내가 (렌즈를 일정하게 조절해서) **하나의** 감각을 기억해낸다고 가정해보라. 어떻게 나는 그것이 내가 "의도"라 부르는 것이라고 말할 수 있는가? (예컨대) 어떤 특정한 가려움이 내가 지니는 모든 의도와 함께 일어났을 수도 있을 것이다.[1194]

647. 의도의 자연스러운 표현이란 무엇인가? ― 고양이가 새에게 살금살금 다가갈 때를 보라. 또는 짐승이 도망치려고 할 때를 보라.[1195]

((감각에 관한 명제와의 연관성.))[1196]

648. "나는 내가 한 말을 더 이상 기억하지 못하지만, 내 의도는 정확하게 기억한다. 나는 내 말로 그를 진정시키려 했다." 내 기억

1194) 그렇다고 해서 가려움이 의도인 것은 아니다. 즉 의도는 감각이 아니다.
1195) 이 절에서 비트겐슈타인은 의도의 문제에 대한 관심을 그에 수반하는 내적 과정이나 체험으로부터 외적 표현으로 방향 전환시키고 있다.
1196) 의도의 자연스러운 표현과 의도에 수반하는 감각에 관한 명제 사이에는 다양한 연관성이 가능할 것이다.

은 내게 무엇을 **보여주는가**? 그것은 내 마음에 무엇을 가져오는가? 그것이 내게 이 말을 제시할 뿐이라면 어떤가! 그리고 아마도 그 상황을 훨씬 더 정확하게 그리고 있는 다른 말을 제시할 뿐이라면 어떤가! ("나는 내가 한 말을 더 이상 기억하지 못하지만, 내 말의 정신은 확실하게 기억한다.)[1197]

649. "그렇다면 언어를 배우지 않은 사람은 일정한 기억들을 가질 수 없는가?" 물론이다, ― 그는 언어적인 기억, 언어적인 소망이나 두려움 등을 가질 수 없다.[1198] 그리고 언어로 된 기억 등은 **실제** 체험에 대한 단지 뻔한 묘사가 아니다. 왜냐하면, 언어적인 것은 체험이 아닌가?

650. 우리는 개가 주인이 때릴까봐 두려워한다고 말한다. 하지만 개가 주인이 내일 때릴까봐 두려워한다고는 말하지 않는다. 어째서일까?[1199]

1197) 그러나 기억이 내 마음에 무엇을 가져온다거나 정신을 기억한다는 말은 은유적으로 새겨야 한다. 그것은 내적 체험을 가리키는 표현들이 아니다. 내가 한 말과 내 의도가 분리되는 것도, 내가 한 말과 내 말의 정신이 분리되는 것도 아니다.

1198) 그는 예컨대 어떤 일이 언제 일어났는지 기억할 수 없고, 내일 무슨 일이 일어나길 소망할 수 없으며, 모레가 마감기한인 숙제를 제때 제출 못할까 두려워할 수 없을 것이다.

651. "나는 내가 그때 훨씬 오래 머무르고 싶어 했던 것을 기억한다." — 이런 열망에 대한 어떤 그림이 내 마음속에 떠오르는가? 아무것도 떠오르지 않는다. 내가 내 기억 속에서 보는 것은 내 느낌들에 관한 어떤 결론도 허용하지 않는다. 그렇지만 나는 그 느낌들이 거기에 있었다는 것을 아주 또렷하게 기억한다.[1200]

652. "그는 적의에 찬 눈으로 그를 훑어보고 . . . 라고 말했다." 그 이야기의 독자는 이 말을 이해한다. 그의 마음속에는 추호의 의심도 없다. 이제 당신은 이렇게 말한다 : "좋아, 그는 의미를 보태 생각하고 의미를 짐작하는 것이다." — 일반적으로는 그렇지 않다. 일반적으로 그는 아무것도 보태 생각하지 않으며 아무것도 짐작하지 않는다. — 하지만 적의에 찬 눈과 말이 나중에 가장된 것으로 드러나거나, 또는 독자가 그것이 정말인지 아닌지 의심해서 실제로 어떤 가능한 해석을 추측하는 일 또한 일어날 수 있다. — 하지만 그때 그는 무엇보다도 문맥을 추측한다. 그는 가령 스스로에게 다음과 같이 말한다 : 여기서 서로 그렇게 적대적으로 대하는 두 사람은 실제로는 친구이다 등등.[1201]

1199) 『심리철학』, §1 참조.
1200) 원함과 같은 느낌의 기억은 그림이나 이미지에서 유래하는 것이 아니다.
1201) 독자는 문맥에 대한 바른 추측을 바탕으로 그의 말을 이해하게 된다.

(("당신이 문장을 이해하고 싶다면, 그에 덧붙여 마음의 의미, 마음의 상태를 상상해야 한다."))[1202]

653. 이런 경우를 상상해보라: 나는 누군가에게 내가 전에 제작한 지도에 따라 어떤 길을 걸었다고 말한다. 그 다음에 나는 그에게 그 지도를 보여주는데, 그것은 종이 위에 그어진 선들로 이루어져 있다. 하지만 나는 어떻게 이 선들이 내가 걸은 길을 나타내는 지도가 되는지 설명할 수 없으며, 그에게 그 지도를 해석하는 어떤 규칙도 말해주지 못한다. 그렇지만 나는 지도를 읽을 때 동반하는 모든 특징적 표시들[1203]을 지니면서 그 스케치를 따라갔다. 나는 그런 스케치를 '사적인' 지도라고 부를 수 있을 것이다. 또는 내가 기술한 현상을 "사적인 지도를 따라가기"라고 부를 수 있을 것이다. (하지만 물론 이 표현은 매우 쉽게 오해될 여지가 있다.)

이제 나는 다음과 같이 말할 수 있을까?: "비록 지도는 없지만, 나는 당시에 이러이러하게 행위하려 했음을 마치 지도에서 읽어내듯 읽어낸다." 하지만 그것은 다음을 의미할 뿐이다: "나는 그렇게 행위하려는 의도를 내가 기억하는 어떤 마음의 상태에서 읽어낸다."

1202) 비트겐슈타인이 비판하고자 하는 입장을 요약하고 있다.
1203) 지도에 표기된 기호들 사이의 관계를 세심히 살핀다든가, 장애물이나 지름길을 헤아린다든가 하는 것들이 이에 해당할 것이다.

라고 말하고 싶은 마음이 지금 내게 있다.[1204]

654. 우리의 잘못은 사실들을 '원초적 현상들'로 보아야 할 곳에서 어떤 설명을 구한다는 데 있다. 다시 말해, **이 언어게임이 행해지고 있다**고 말해야 할 곳에서 말이다.

655. 중요한 것은 우리의 체험을 가지고 언어게임을 설명하는 것이 아니라, 언어게임을 확인하는 것이다.[1205]

656. 내가 전에 이러이러한 것을 소망했다고 누군가에게 말하는 **목적**은 무엇인가? ― 언어게임을 **근본적인 것**으로 간주하라![1206] 그리고 느낌 등은 언어게임을 바라보고 해석하는 하나의 방식으로 간주하라!

우리는 이렇게 물을 수 있을 것이다: 어떻게 사람은 우리가 "지나간 소망 또는 의도를 이야기함"이라고 부르는 언어적 표현을 하게 되었는가?

1204) 원함에 대한 기억이 그림에서 유래하는 것이 아니듯이 의도가 사적인 지도에서 유래하는 것도 아니다.
1205) 앞 절과 함께 비트겐슈타인 철학의 초점과 방법을 간명하게 정리하고 있다.
1206) 언어게임은 앞서 §654에서 언급된 원초적 현상으로서 설명이 아닌 확인과 기술(記述)을 요한다.

657. 이 표현이 항상 "나는 내게 '내가 더 오래 머무를 수만 있다면!'이라고 말했다"의 형식을 취한다고 가정해보라. 그런 진술의 목적은 누군가에게 내 반응을 알리는 것일 수 있을 것이다. ("meinen"과 "vouloir dire"의 문법을 비교해보라.)[1207]

658. 우리가 누군가의 의도를 항상 다음과 같이 말함으로써 표현했다고 가정해보라: "그는 이를테면 스스로에게 '나는 . . . 하려 한다'고 말했다" ― 그것은 그림이다. 그리고 이제 나는 다음을 알고 싶다: 어떻게 우리는 "이를테면 스스로에게 어떤 것을 말한다"라는 표현을 사용하는가? 왜냐하면 그것은 어떤 것을 스스로에게 말한다는 것을 의미하지 않기 때문이다.[1208]

659. 어째서 나는 내가 한 일 외에 의향에 대해서도 그에게 알리고 싶어 하는가? ― 의향 역시 그때 일어난 것이기 때문은 아니다.

1207) "vouloir dire"는 표면적으로는 말하려는 욕망을 나타내지만 사실은 "meinen (의미하다)"과 같은 뜻이다. 마찬가지로 "내가 더 오래 머무를 수만 있다면!"은 내면의 독백을 보고하는 진술이 아니라, 이 책 §651에서의 "나는 더 오래 머무르고 싶어 했다"를 뜻한다. 즉 그 문장은 떠나게 되어 아쉽다는 내 반응을 어떤 사람에게 알리고자 진술된 것이다.

1208) 의도를 표현하는 문장을 의도의 내용을 스스로에게 말하는 문장으로 바꾸는 것이 오히려 바람직하지 못한 왜곡임을 보이고 있다. Kenny 1963, 10, 11장 참조.

오히려 그때 일어난 것을 넘어서는 **나 자신**에 관한 어떤 것을 그에게 알리고 싶기 때문이다.[1209)]

내가 하려고 했던 것을 그에게 말할 때, 나는 그에게 속마음을 털어놓는 것이다. ─ 하지만 자기 관찰을 토대로 해서가 아니라, 어떤 반응을 통해서 말이다. (우리는 그것을 직관이라고 부를 수도 있을 것이다.)

660. "나는 그때 . . . 라고 말하려 했다"는 표현의 문법은 "나는 그때 계속할 수 있었을 것이다"라는 표현의 문법과 관련되어 있다.

전자의 경우에 나는 의도를 기억하고, 후자의 경우에는 내가 이해했음을 기억한다.[1210)]

661. 나는 **그를** 의미했음을 기억한다. 나는 하나의 과정이나 상태를 기억하고 있는가? ─ 그것은 언제 시작되었는가? 그것은 어떻게 진행되었는가? 등등.[1211)]

1209) 내가 더 오래 머무를 의향이 있었는데 사정상 그러지 못했다는 것을 그에게 알림으로써 나는 당시 내 마음을 털어놓는다.

1210) 의도의 문법과 이해의 문법은 의도와 이해 모두 마음의 과정이나 경험이 아니라는 점에서 서로 연관되어 있다.

662. 단지 조금만 다른 상황에서, 그가 조용히 손짓하는 대신 누군가에게 "N.한테 내게 오라고 해"라고 말했다고 하자. 이제 우리는 "나는 N.이 내게 오기를 원했다"라는 말이 당시 내 마음의 상태[1212]를 기술한다고 말할 수 있다. 그리고 한편으로 우리는 그렇게 말할 수 **없기도** 하다.[1213]

663. 내가 "나는 **그를** 의미했다"라고 말할 때, 아마도 내가 그를 어떻게 보았는지 등에 대한 하나의 그림이 내게 떠오를 수 있을 것이다. 하지만 그 그림은 단지 어떤 이야기에 대한 삽화와 같은 것일 뿐이다. 그것만 가지고는 거의 아무것도 이끌어낼 수 없을 것이다. 그 이야기를 알고 있을 때라야 비로소 우리는 그 그림이 무엇에 관한 것인지를 아는 것이다.[1214]

664. 말의 쓰임에 있어서 우리는 '표층 문법'을 '심층 문법'과 구

1211) 의미함은 과정이나 상태가 아니다. 따라서 그것이 언제 시작했고 어떻게 진행되었는지에 대한 물음은 성립할 수 없다.

1212) 전후 문맥을 고려할 때 '내 마음'은 '그의 마음'으로 고쳐 읽어야 할 것 같다.

1213) 의미함이 원함과 관련을 맺을 수 있기 때문에 의미함을 원함으로 바꾸어 말할 수 있다. 그러나 반드시 원함이 원인이 되어 의미함이 야기되는 것은 아니다. 의미함과 원함이 언제나 마음의 상태를 기술하고 있는 것도 아니다.

1214) 의미함에 그림이 수반될 수는 있지만 그렇다고 해서 그림이 의미함을 설명하지는 못한다. 오히려 그 역이 참이라고 할 수 있다.

별할 수 있을 것이다. 한 낱말의 쓰임에 관해서 우리에게 직접 인상을 남기는 것은 **문장을 구성**할 때 사용되는 방식, 낱말의 쓰임 중에서도 — 말하자면 — 귀로 듣고 알 수 있는 부분이다. —— 그리고 이제 가령 "의미하다"라는 말의 심층 문법을, 그 말의 표층 문법으로 인해 우리가 짐작하게 될 것과 비교해보라. 우리가 제대로 알기 어렵다는 사실을 깨닫게 되더라도 놀랄 일은 아니다.[1215]

665. 누군가 아픈 표정으로 자기 **뺨**을 가리키면서 "아브라카다브라!"라고 말하는 경우를 상상해보라. — 우리는 그에게 "그게 무슨 의미인가?"라고 묻는다. 그러자 그는 "치통이라는 의미지."라고 대답한다. — 이에 관해서 당신은 생각해본다: 어떻게 우리는 그 말로 '치통을 **의미할**' 수 있는가? 또는 그 말로 아픔을 **의미한다는** 것이 무슨 **뜻이었는가**? 그렇지만 다른 문맥에서 당신은 이러이러한 것을 **의미한다는** 정신적 활동이 바로 언어를 사용하는 데 있어서 가장 중요한 것이라고 진술했을 것이다.[1216]

하지만 어째서, — 나는 "'아브라카다브라'는 치통을 의미한다"라고 말할 수 없는가? 물론 그렇게 말할 수 있다. 그러나 이것은

1215) 표층 문법이 언어학이 다루는 문법이라면 심층 문법은 비트겐슈타인의 언어철학이 다루는 문법이다. 두 문법은 같은 언어의 서로 다른 층위에서 작동한다.
1216) 이 책 §693 참조.

하나의 정의이지, 그 말을 할 때 내 안에 일어나는 일에 대한 기술(記述)이 아니다.[1217]

666. 당신이 아픈 상태에 있으면서 동시에 옆방에서 피아노가 조율되는 소리를 듣고 있다고 상상해보라. 당신은 "금방 끝나겠지."라고 말한다. 당신이 아픔을 의미하느냐 아니면 피아노 소리를 의미하느냐는 분명 큰 차이가 있다! ─ 물론 그렇다. 하지만 이런 차이는 어디에 있는가? 나는 다음을 인정한다: 시선, 몸짓, 그리고 "내면을 바라봄"이라 부를 수 있는 눈 감는 일이 흔히 그렇듯이, 많은 경우에 당신의 주의가 향하는 곳이 바로 당신이 의미하는 것에 해당한다.[1218]

667. 누군가 아픈 척하고서, "금방 수그러들 거야"라고 말한다고 상상해보라. 그가 어떤 아픔에도 주의를 집중하고 있지 않다 해도 우리는 그가 아픔을 의미한다고 말할 수 없는가? ─ 그리고 내가 마침내 "아픔은 이제 끝났어"라고 말한다면 어떨까?[1219]

1217) 일상 언어에서 통용되지 않는 용어를 도입하여 사용할 수는 있지만, 그 경우에도 그 용어의 의미는 그때 내 안에서 일어나는 일에 의해 주어지는 것이 아니다.

1218) 그렇다고 해서 "금방 끝나겠지"라는 말의 문자적 의미가 완전히 달라진다고 할 수는 없을 것이다.

668. 그러나 우리는 또한 다음과 같이 거짓말할 수는 없을까?: "금방 끝나겠지"라고 말하고 아픔을 의미했지만, ― "뭐가?"라는 물음에 "옆방의 소음"이라고 대답하는 식으로 말이다.[1220] 이런 경우에 우리는 가령 다음과 같이 말한다: "나는 . . . 라고 대답하려 했지만, 다시 생각해보고는 . . . 라고 대답했다."

669. 우리는 말할 때 어떤 대상을 가리킴으로써 그 대상에 주의를 환기시킬 수 있다. 여기서 가리킴은 그 언어게임의 일부이다. 그리고 이제 우리에게는 마치 우리가 말할 때 감각에 주의를 기울임으로써 그 감각에 대해 말하는 듯이 여겨진다. 하지만 어디에 그 유사성이 있는가? 그것은 분명 우리가 **봄**으로써 그리고 **들음**으로써 어떤 것을 가리킬 수 있다는 사실에 있다.[1221]

그러나 경우에 따라서는 우리가 말하고 있는 대상을 **가리키는 일**

1219) 그와 나의 진술 모두 아픔에 주의를 집중하지 않고서도 제 의미를 표현해내고 있다. 전자의 경우에는 주의를 집중해야 할 아픔이 애초부터 존재하지 않았고, 후자의 경우에는 그것이 이제 막 끝났기 때문이다.

1220) 이것이 가능하다는 사실은 의미의 전달과 의사소통이 그에 수반할 수 있는 내면을 바라봄이나 주의의 방향과는 별 상관이 없음을 함축한다.

1221) 그러나 어떤 대상에 대한 언명이 그 대상을 가리키거나 그 대상에 주의를 기울임으로써 의미를 갖는 것은 아니다. 우리는 대상을 가리키거나 그 대상에 주의를 기울이면서도 다른 것을 의미할 수 있고, 대상을 가리키거나 그 대상에 주의를 기울이지 않으면서도 그 대상을 의미할 수 있다.

도 언어게임과 생각에 있어서 전적으로 비본질적인 것일 수 있다.

670. 당신이 누군가에게 전화를 걸어 "이 탁자는 너무 높네요." 라고 말하면서 그 탁자를 가리킨다고 상상해보라. 여기서 가리킴은 어떤 역할을 하는가? 나는 내가 그 탁자를 가리킴으로써 문제의 그 탁자를 **의미한다**고 말할 수 있는가? 이 가리킴은 무엇을 위한 것인가? 또한 이 말, 그리고 이 말에 동반할 수 있는 그 밖의 것들은 무엇을 위한 것인가?[1222]

671. 그리고 나는 들음이라는 내적 활동을 통해 무엇을 가리키는가? 내 귀에 들어오는 소리를? 그리고 내가 **아무것도** 듣지 않을 때는 고요함을?

들음은 이를테면 청각 인상을 **찾는다**. 따라서 들음은 그것을 가리킬 수는 없고 다만 그 인상을 찾고 있는 **자리**만을 가리킬 수 있을 뿐이다.[1223]

1222) 가리킴이나 주의를 기울임은 의미함의 필요조건도 충분조건도 아닌 비본질적인 부수현상에 불과하다.

1223) 예컨대 "연주가 곧 시작된다"라고 속삭이며 귀 기울일 때 나는 연주의 도입부에 대한 청각 인상을 찾는다. 이 경우 들음은 연주의 도입부에 대한 청각 인상을 가리킬 수는 없고, 다만 그 인상을 찾고 있는 자리만을 가리킬 수 있을 뿐이다.

672. 우리가 수용적 태도를 어떤 것을 '지칭함'이라고 부른다면 ― 그 지칭함은 우리가 수용적 태도를 통해 얻는 감각에 대한 것이 아니다.[1224]

673. 정신적 태도는 몸짓이 말과 함께 일어나는 것과 같은 의미에서 말과 **'함께 일어나지는'** 않는다. (이는 어떤 사람이 혼자서 여행하지만 나의 배려가 함께할 수 있는 것,[1225] 그리고 어떤 방이 비어 있지만 빛으로 가득 찰 수 있는 것과 비슷하다.)[1226]

674. 우리는 가령 이렇게 말하는가?: "나는 방금 실제로 내 아픔을 의미하지 않았다. 내 마음은 아픔에 충분히 주의를 기울이지 않았다." 나는 가령 스스로에게 다음과 같이 묻는가?: "나는 방금 이 말[1227]로 무엇을 의미했는가? 내 주의력은 내 아픔과 그 소음 사이에 분산되어 있었다. ―"?[1228]

1224) 앞 절에 대한 주석의 예에서 보듯이 듣기와 같은 수용적 태도를 표현하고 있는 말이 설령 어떤 것을 지칭한다고 해도 그 대상이 감각이라고 보기 어려운 경우가 있다.

1225) 원문은 "… wie Einer allein reisen kann, und doch von meinen Wünschen begleitet …" 이를 직역하자면 "어떤 사람이 혼자서 여행하지만 나의 소망이 동반할 수 있는 것"이지만 문맥을 고려해 의역을 택했다.

1226) 정신적 태도가 낱말에 대해 가질 수 있는 관계를 은유적으로 서술하고 있다.

1227) "내 마음은 아픔에 충분히 주의를 기울이지 않았다"라는 말을 가리킨다.

675. "당신이 . . . 라고 말할 때 당신 안에서 무슨 일이 일어났는지 내게 말해 주세요." — 이에 대한 대답은 "나는 . . . 을 의미했다"가 아니다![1229]

676. "나는 그 말로 **이것**을 의미했다"는 마음의 상태에 관한 진술과는 다르게 사용되는 진술이다.[1230]

677. 다른 한편으로: "당신이 방금 저주했을 때, 당신은 정말로 그것을 의미했는가?" 이는 가령 "당신은 그때 정말로 화가 나 있었는가?"와 같은 말이다. — 그리고 우리는 내적 관찰에 근거해 대답할 수 있으며, 그것은 흔히 다음과 같은 종류의 대답이다: "나는 그것을 아주 진지하게 의미하지는 않았다", "나는 그것을 농담반 진담반으로 의미했다" 등등. 여기에 정도의 차이는 있다.

그리고 물론 우리는 다음과 같이 말하기도 한다: "나는 이 말을 했을 때 그를 어느 정도 생각했다."[1231]

1228) 질문들에 대한 비트겐슈타인의 대답은 부정적이다. 인용된 문구들은 일상의 문맥에서는 결코 사용되지 않는다.
1229) 의미함은 내적 사건과 같은 것이 아니기 때문이다.
1230) 따라서 비트겐슈타인이 보기에 심리학과 의미론은 다른 범주에 속하며 심리의미론(psychosemantics)은 성립할 수 없다.
1231) 의미함이 마음의 상태와 연관될 수 있는 다양한 경우를 제시하고 있다.

678. 이런 (아픔, 또는 피아노 소리를) 의미함은 무엇에 있는가?[1232] 어떤 대답도 나오지 않는다 ― 왜냐하면 우리에게 언뜻 나타나는 대답들은 쓸모가 없기 때문이다. ― "하지만 그때 나는 이것을 **의미했지** 저것을 의미하지 않았다." 그렇다, ― 다만 지금 당신은 누구도 반박하지 않은 하나의 문장을 강조하며 되풀이했을 뿐이다.[1233]

679. "그러나 당신은 자신이 **이것**을 의미했음을 의심할 수 있는가?" ― 아니다. 하지만 나는 그것을 안다고 확신할 수도 없다.[1234]

680. 당신이 저주하면서 N.을 의미했다고 내게 말한다면, 그때 당신이 그의 그림을 보았든, 그를 상상했든, 그의 이름을 말했든, 그런 것들은 내게 다 마찬가지일 것이다. 내가 이 사실[1235]로부터 관심을 갖는 결론은 이것들과 아무런 관계도 없다. 하지만 한편으로 누군가 저주는 우리가 그 사람에 대한 분명한 이미지를 지니고 있거나 그의 이름을 큰소리로 말할 때에만 **효과가 있다**고 내게 설명할 수 있을 것이다. 그러나 우리는 "그것은 저주하는 사람이 그

1232) 이 책 §335 참조.
1233) 의미함을 의미한 바로써 설명하려는 시도는 틀렸다기보다 순환론적이라는 점에서 무익하다.
1234) 의미함은 확신, 의심, 앎과 같은 심리학이나 인식론의 용어로 설명될 수 없다.
1235) 당신이 저주하면서 N.을 의미했다는 사실을 가리킨다.

의 희생양을 어떻게 **의미하는가**에 달려 있다."라고 말하지는 않을 것이다.[1236)

681. 우리는 물론 다음과 같이 묻지도 않는다: "당신은 자신이 **그를** 저주했다고, 그와의 연관이 맺어졌다고 확신하는가?"[1237)

그러니까 이 연관을 맺기가 아주 쉬워서 우리는 그것을 그렇게 확신할 수 있다고?! 그것이 틀리지 않음을 알 수 있을 만큼? — 글쎄, 내가 **어느 한** 사람에게 편지를 쓰려고 하면서 실제로는 다른 사람에게 쓰는 일이 일어날 수 있는가? 그리고 그런 일이 어떻게 일어날 수 있을까?[1238)

682. "당신은 '금방 끝나겠지'라고 말했다. — 당신은 소음을 생각했는가, 아니면 자신의 아픔을 생각했는가?" 그가 "나는 피아노 소리를 생각했다"라고 대답한다면, — 그는 그 연관이 존재했음을 확인하는 것인가, 아니면 이 말로 그런 연관을 만들고 있는가? 나는 그 **둘 다** 일리가 있다고 말할 수는 없는가? 만일 그가 한 말이

1236) 우리는 상대를 어떻게 저주하는지에 대해서는 말할 수 있지만 어떻게 의미하는지에 대해서는 말하지 않는다. 의미함에 수반될 수 있는 이미지, 그림, 상상 등은 의미함과 직접적 연관이 없기 때문이다.
1237) 의미함은 통상적으로 확신이나 의심의 대상이 아니다. 이 책 §679 참조.
1238) 착각, 실수, 심경의 변화 등의 이유로 그런 일이 일어날 수는 있을 것이다.

참이라면, 그 연관은 존재하지 않았던 것인가? — 오히려 그는 존재하지 않았던 것을 만들고 있는 게 아닌가?[1239]

683. 나는 누군가의 머리를 그린다. 당신은 "누구를 묘사하고 있는가?"라고 묻는다. — 나는 "그것은 N.이다"라고 대답한다. — 당신은 "하지만 그것은 N.을 닮지 않았다. 그보다는 M.을 더 닮았다."라고 말한다.[1240] — 내가 그것이 N.을 묘사한다고 말했을 때 — 나는 어떤 연관을 만들거나 어떤 연관에 대해 알려준 것인가? 그리고 거기에는 어떤 연관이 있었는가?[1241]

684. 기존의 어떤 연관을 내 말이 기술한다고 말해주는 것은 무엇인가? 글쎄, 내 말은 처음에 그 말과 함께 나타나지 않았던 다양한 것들과 관련이 있다. 내 말은 가령 만일 누군가 내게 질문했다면 그때 나는 어떤 특정한 대답을 **했을 거라고** 말한다. 그리고 비록 조건문의 형식을 띠고 있지만, 그것은 여전히 과거에 관한 어떤

1239) 그것은 경우에 따라 존재했다고도 할 수 있고 사후에 만들어졌다고도 할 수 있다. 그러나 어느 쪽이 되든 그로 말미암아 그가 말한 바의 의미가 달라지는 것은 아니다.

1240) 그럼에도 불구하고 그것이 N.을 묘사하고 있는 까닭은 내가 그 그림으로 N.을 의미했기 때문이다.

1241) 이 경우에는 그것이 N.을 그린 것이라는 나의 알림으로 말미암아 그 그림과 N. 사이의 연관이 존재하게 된다.

것을 말해주고 있다.[1242]

685. "A를 찾아라"는 "B를 찾아라"를 의미하지 않는다. 그러나 나는 두 명령을 따를 때 똑같은 일을 할지도 모른다.

두 경우에 서로 다른 일이 일어나야 한다고 말하는 것은, "오늘은 내 생일이다."라는 문장과 "내 생일은 4월 26일이다."라는 문장의 의미가 다르기 때문에 이 두 문장은 분명 서로 다른 날을 가리킬 거라고 말하는 것과 비슷할 것이다.[1243]

686. "물론 나는 B를 의미했다. 나는 A를 전혀 생각하지 않았다!"
"나는 . . . 하기 위해 B가 내게 오기를 원했다." ─ 이 모두는 보다 큰 어떤 문맥을 가리킨다.

687. 물론 우리는 "나는 그를 의미했다."라고 말하는 대신, 때로 "나는 그를 생각했다."거나, 때로 "그렇다. 우리는 그에 대해 말했

1242) 이 책 §187 참조. 내가 그림을 그리고 나서 루트비히라는 제목을 붙였는데 어떤 사람이 그것이 루트비히 판 베토벤(Ludwig van Beethoven)의 초상인 줄 알고 이런저런 질문을 던진다면, 나는 그것이 루트비히 비트겐슈타인의 초상이라고 정정해주면서 초상화의 이목구비와 비트겐슈타인의 이목구비 사이의 유사성을 말해줄 것이다.

1243) 첫째 단락의 두 명령이나 둘째 단락의 두 문장의 지시체는 의미나 그것에 수반되는 사건이 아니라, 각 명령이나 문장이 사용된 문맥에 의해서 확정된다.

다.”라고도 말한다. 따라서 '그에 대해 말하는' 것이 무엇인지 스스로에게 물어보라![1244]

688. 경우에 따라서 우리는 이렇게 말할 수 있다: "내가 말했을 때, 나는 그것을 **당신에게** 말한다고 느꼈다." 하지만 원래부터 내가 당신과 말하고 있었다면 나는 그렇게 말하지 않을 것이다.

689. "나는 N.을 생각한다." "나는 N.에 대해 말한다."

어떻게 내가 그에 대해 말하는가? 나는 가령 "나는 오늘 N.을 방문해야 한다"라고 말한다. ── 하지만 분명 그것으로는 충분하지 않다! 내가 "N."이라고 말할 때 나는 이 이름을 지닌 여러 사람을 의미할 수 있을 것이다. ─ "그렇다면 내 말과 N. 사이에 추가적인 연관이 있음에 틀림없다. 그렇지 않다면 나는 **어쨌든 그를** 의미하지 않았을 것이기 때문이다."

그런 연관은 확실히 존재한다. 다만 당신이 상상하는 대로는 아니다: 다시 말해 어떤 정신적 **기제**(機制)에 의해서 그런 연관이 존재하는 것은 아니다.[1245]

(우리는 "그를 의미한다"와 "그를 염두에 둔다"를 비교한다.)

1244) 의미함은 그때 수반될 수 있는 생각이나 말함이 아니다.
1245) 그 연관은 문맥에 의해 주어진다.

690. 내가 한 번은 겉으로 악의가 없는 듯이 말하면서 누군가를 슬쩍 곁눈질하고, 또 한 번은 눈을 내리깔고서 그 자리에 있는 누군가의 이름을 부르며 그에 대해 대놓고 말한다면 어떨까? — 내가 그의 이름을 사용할 때 나는 실제로 **특별히** 그에 대해 생각하고 있는 것인가?[1246]

691. 내가 기억을 더듬어 N.의 얼굴을 그릴 때, 우리는 확실히 내가 내 스케치로 그를 **의미한다**고 말할 수 있다. 하지만 나는 스케치를 하는 동안의(또는 그 전후의) 어느 과정을 두고 저것이 그를 의미함이라고 말할 수 있을까?[1247]

왜냐하면 우리는 당연히 다음과 같이 말하고 싶기 때문이다: 그가 그를 의미했을 때, 그는 그를 염두에 두었다. 그러나 누군가 다른 사람의 얼굴을 기억 속으로 불러낼 때, 그는 어떻게 그렇게 하는가?

내 말은, 그가 어떻게 **그를** 기억 속으로 불러내느냐는 것이다.

그는 어떻게 그를 불러내는가?[1248]

1246) 언제나 그런 것은 아니다. 상황에 따라 우리는 그를 염두에 두지 않고서도 그의 이름을 사용할 수 있다.

1247) 이에 대한 비트겐슈타인의 대답은 부정적이다.

1248) 통상적으로 그는 그의 이름을 사용함으로써 그를 불러낸다.

692. 누군가 이렇게 말한다면 옳은가?: "내가 당신에게 이 규칙을 주었을 때, 나는 당신이 이 경우에 . . . 해야 한다는 것을 의미했다." 그가 그 규칙을 주었을 때 이 경우에 대해 전혀 생각하지 않았다 해도? 물론 그것은 옳다. 왜냐하면 "그것을 의미한다"는 것이 바로 그것을 생각한다는 뜻은 아니었기 때문이다.[1249] 하지만 이제 문제는 다음과 같다: 누군가 이를 의미했는지를 우리는 어떻게 판단해야 하는가? — 가령 그가 산수와 대수의 특정 기술(技術)을 완전히 익혔고, 다른 누군가에게 어떤 수열의 전개를 일반적인 방법으로 가르쳤다는 사실이 그런 기준이다.[1250]

693. "내가 누군가에게 . . . 라는 수열을 구성하는 것을 가르칠 때, 나는 분명 그가 백 번째 자리에 . . . 를 써야 한다는 것을 의미한다." — 전적으로 옳다. 당신은 그것을 의미한다. 그리고 분명 반드시 그것에 대해 생각하지 않더라도 말이다. 이는 당신에게 "의미하다"라는 동사와 "생각하다"라는 동사의 문법이 서로 얼마나 다른지를 보여준다.[1251] 그리고 의미함을 정신적 활동이라고 부르는 것보다 더 잘못된 생각은 없다![1252] 즉 우리가 혼란을 야기하려는

1249) 의미함의 기준과 문법은 생각함의 기준과 문법과 다르다.
1250) 의미함의 기준은 규칙 따르기의 기준과 더 유사하다.
1251) 『심리철학』, §287 참조.
1252) 이 책 §665 참조.

것이 아니라면 말이다. (또한 우리는 버터의 가격이 오를 때 그것을 버터의 활동이라고 말할 수도 있을 것이다. 그리고 이로 인해 아무런 문제도 발생하지 않는다면 그것은 해롭지 않다.)[1253]

1253) 반면 비트겐슈타인이 보기에 의미함을 정신적 활동이라고 부르는 것이 철학에 끼친 해는 엄청난 것이었다.

『심리철학—단편』

i

1. 우리는 동물이 화내고, 두려워하고, 슬퍼하고, 즐거워하고, 놀라는 것을 상상할 수 있다. 하지만 동물이 희망하는 것을 상상할 수 있는가? 어째서 상상할 수 없는가?

개는 그의 주인이 문 앞에 있다고 믿는다. 그러나 그 개는 주인이 모레 올 거라고 믿을 수도 있는가?[1] — 그리고 그 개는 여기서 **무엇을** 할 수 없는가? — 대체 나는 어떻게 그것[2]을 하는가? — 이에 대해 나는 뭐라고 대답해야 할까?

말할 수 있는 사람만이 희망할 수 있는가? 한 언어의 쓰임을 완전히 익힌 사람만이 희망할 수 있다. 즉 희망한다는 현상들은 이 복잡한 삶의 형식이 변형된 것들이다.[3] (어떤 개념이 사람의 글씨체가 지닌 특징에 대한 것이라면, 그것은 글을 적지 않는 존재에게는 적용되지 않는다.)[4]

---

1) 『철학적 탐구』, §650 참조.
2) 그 개가 할 수 없는 것을 말한다.
3) 이 구절은 『철학적 탐구』, §23과 함께 사람의 삶의 형식이 희망하는 언어게임을 위시해 사람이 행하는 여러 언어게임을 원소로 하는 집합임을 함축한다. 혹은 희망하는 언어게임을 위시해 사람이 행하는 각각의 언어게임이 모두 이 복잡한 인간 삶의 형식이 변형된 것들임을 함축한다.
4) 어떤 개념은 희망에, 글씨체는 삶의 형식에, 글을 적지 않는 존재는 개에 비견된다.

2. "비애"란 삶이라는 양탄자 위에서 다양하게 변화하며 반복해 나타나는 하나의 유형을 말한다.[5] 사람의 슬픔과 기쁨에 대한 신체적 표현이 가령 시계가 재깍거릴 때마다 번갈아 나타난다면, 여기서 슬픔이라는 유형 또는 기쁨이라는 유형이 지니는 특징적 과정은 일어나지 않을 것이다.

3. "그는 일 초 동안 극심한 아픔을 느꼈다." — 그런데 "그는 일 초 동안 깊은 비애를 느꼈다"라고 말하면 왜 이상하게 들리는가? 다만 이런 일이 거의 일어나지 않기 때문인가?

4. 하지만 당신은 **지금** 비애를 느끼지 않는가? ("하지만 당신은 **지금** 체스를 두고 있지 않은가?") 그렇다고 대답할 수 있겠지만, 이로 인해 비애의 개념이 감각의 개념과 더 비슷해지는 것은 아니다. — — 물론 그 물음은 본래 시간적이고 개인적인 물음[6]이었지, 우리가 제기하고자 했던 논리적 물음[7]은 아니었다.

---

5) 양탄자는 삶의 형식에, 비애는 그 변형에 비견된다. 이 구절에 대해서는 다음의 논문을 참조. J.-J. Rosat, "Patterns in the Weave of Life: Wittgenstein's 'Lebenmuster'," Moyal-Sharrock 2007에 수록.

6) "당신은 **지금** 비애를 느끼지 않는가?"를 물었다는 점에서 그것은 시간적인(시간에 관한) 물음이었고 당신이 비애를 느끼는지의 여부를 물었다는 점에서 그것은 개인적인 물음이었다.

5. "말씀 드려야겠어요. 저는 무서워요."

"말씀 드려야겠어요. 저는 그게 소름이 끼쳐요." —

그렇다. 누군가는 이 말을 **웃는** 말투로도 할 수 있다.

그리고 당신은 그가 그것[8]을 느끼지 않는다고 내게 말하려는 것인가?! 그는 그것을 느끼는 게 아니라면 달리 어떻게 그것을 **아는가**? — 하지만 그것이 하나의 알림일 때조차도 그는 그것을 자신의 느낌들을 통해 알게 되지는 않는다.[9]

6. 그 느낌들이 소름끼침의 **표현들**[10]에 의해 야기된다고 가정해 보라: "저는 그게 소름이 끼쳐요"라는 말 자체가 실은 그런 표현이다. 그리고 내가 그 말을 할 때 그 표현을 듣고 느낀다면, 이것은 저 나머지 느낌들의 일부인 것이다. 그렇다면 왜 말 없는 표현이 말로 하는 표현의 근거가 되어야 하는가?[11]

---

7) "'그는 일 초 동안 깊은 비애를 느꼈다'고 말하면 왜 이상하게 들리는가?"라는 앞서의 물음을 말한다.

8) 무섭고 소름이 끼친다는 것을 말한다.

9) 우리는 알림의 언어게임을 느낌들을 통해서가 아니라 해당 언어를 익힘으로써 배운다.

10) 원어는 "*Gebärden*"으로서 '몸짓들'로도 옮길 수 있다.

11) 몸짓과 같은 말 없는 표현은 말로 하는 표현의 근거가 아니라 종류가 다른 표현일 뿐이다.

7. 누군가 "내가 이 낱말을 들었을 때, 그것은 내게 . . .를 의미했다"라고 말한다면 그는 어떤 **시점**(時點)과 더불어 **그 낱말이 쓰이는 방식**을 가리키는 것이다. (물론 우리가 파악하지 못하는 것은 이것들[12]의 조합이다.)

그리고 "그때 나는 . . . 라고 말하려 했다"는 표현은 어떤 **시점**과 **행위**를 가리킨다.

나는 우리가 사용하는 표현의 다른 특징들과 구분하기 위해서 저 말의 본질적인 **관련성들**[13]에 대해 말한다. 그리고 그 말에 본질적인 관련성들은, 다른 점에서는 낯선 표현을 우리에게 통용되는 이런 형식으로 바꾸도록 만들 관련성들이다.[14]

8. "악한"[15]이라는 말이 명사이면서 동시에 형용사일 수 없다거나, 그것이 한 번은 명사이고 한 번은 형용사인 문장을 구성할 수

---

12) 시점과 그 낱말이 쓰이는 방식을 가리킨다.

13) 원어는 "Bezüge"이다.

14) 저 말을 할 때 수반되었던 느낌은 저 말의 본질적 관련성에 해당되지 않는다.

15) 원문은 "나누다", "…가 아니라"를 뜻하는 "sondern"인데 우리말의 문맥에 맞게 다른 예를 사용하였다. '악한'이라는 낱말은 '악당'이라는 의미의 명사로도, '나쁜'이라는 의미의 형용사로도 쓰일 수 있다.

없다고 말하는 사람은 쉬운 학교 숙제도 제대로 해내지 못할 것이다. 하지만 선생님이 그 낱말을 문맥 밖에서 이러저러하게 **파악**해보라고, 또는 그것을 어떻게 파악했는지 말해보라고 학생에게 요구하지는 않을 것이다.

9. "장미는 빨간색이다"라는 말은 만약 "이다"라는 말이 "과 똑같다"라는 뜻이라면 의미가 통하지 않는다. ― 이것은 만약 당신이 이 문장을 말하면서 "이다"로 등호를 의미한다면 그 의미가 파괴된다는 뜻인가?[16]

우리는 하나의 문장을 취해 그 각각의 낱말을 누군가에게 설명한다. 이런 방식을 통해 그는 낱말들을 어떻게 적용해야 할지, 또한 그 문장을 어떻게 적용해야 할지를 배운다. 우리가 그 문장 대신 낱말들의 무의미한 연속을 선택했다면, 그는 그 낱말들의 연속을 어떻게 적용해야 할지 배우지 못할 것이다. 그리고 우리가 "이다"를 등호라고 설명한다면, 그는 "장미는 빨간색이다"라는 문장을 어떻게 사용해야 하는지 배우지 못한다.

그렇지만 "의미의 파괴"에도 일리가 있다. 그것은 다음의 예에서 알 수 있다. 우리는 누군가에게 이렇게 말할 수 있을 것이다: 당신

---

16) 독일어 원문("die Rose ist rot")에 해당하는 'ist'로 등호(=)를 의미하면 '장미 = 빨간색'이 된다. 이때는 의미가 통하지 않는다. 『철학적 탐구』, §558 참조.

이 "여!"라는 외침을 풍부한 표현으로 말하고 싶다면, 그 말을 하면서 여자를 생각하지 않는 게 좋다![17]

10. 의미를 체험하는 것과 이미지의 그림을 체험하는 것. 우리는 다음과 같이 말하고 싶다: "두 경우 모두 우리는 어떤 것을, 그것도 서로 다른 어떤 것을 **체험한다**. 서로 다른 내용이 의식에 주어진다 — 의식 앞에 나타난다." — 이미지 체험의 내용은 무엇인가? 그림 또는 기술(記述)이 그 대답이다. 그리고 의미 체험의 내용은 무엇인가? 나는 어떻게 대답해야 할지 모르겠다. — 위의 말[18]이 어떤 의미를 지닌다면, 그 두 개념[19]의 관계가 마치 '빨강'과 '파랑'의 관계와 비슷하다는 뜻인데, 그것은 거짓이다.

11. 우리는 의미를 이해하는 일을 마치 이미지의 그림을 붙잡듯이 붙잡을 수 있는가? 즉 한 낱말의 의미가 갑자기 내게 떠오른다면 — 그것은 또한 내 마음속에 머물러 있을 수 있는가?

---

17) "여!"와 여(女) 사이의 발음상의 동일성을 생각해보라. 원문은 '계란'을 뜻하기도 하고 감탄사로도 사용되는 "Ei"와 그 복수 "Eier"인데 우리말의 문맥에 맞게 다른 예를 사용하였다.
18) 큰따옴표 안의 말을 가리킨다.
19) 의미를 체험하는 것과 이미지의 그림을 체험하는 것을 가리킨다.

12. "전체 계획이 단번에 내 마음에 나타나 5분간 그렇게 머물러 있었다." 이 말은 왜 이상하게 들리는가? 우리는 다음과 같이 믿고 싶어 한다: 반짝 떠올랐던 것과 머물러 있던 것은 같은 것일 수 없다.

13. 나는 "이제 알았다!"[20]라고 외쳤다. ― 갑자기 반짝하고 떠오른 것이었다. 그러고 나서 나는 그 계획을 자세히 설명할 수 있었다. 거기에 무엇이 머물러 있었을까? 아마도 어떤 그림이었을 것이다. 하지만 "이제 알았다"는 내가 그 그림을 갖고 있다는 뜻이 아니었다.

14. 만약 어떤 낱말의 의미가 당신에게 떠올랐고 당신이 그것을 두 번 다시 **잊지** 않았다면, 당신은 이제 그 낱말을 이러이러한 방식으로 적용할 수 있다.

그 의미가 당신에게 떠올랐다면 이제 당신은 그것을 **안다.** 그리고 그 떠오름은 앎의 시작이었다. 그렇다면 그것이 어떻게 이미지의 체험과 유사한가?

---

20) 원문은 "Jetzt hab ich's!"이다. 직역하자면 "이제 나는 그것을 가지고 있다!"가 된다. 그래서 "거기에 무엇이 머물러 있었을까?"라는 질문이 뒤따르게 된 것이다. 가짐과 머무름 사이의 연관이 의역에서는 살지 못하고 있다.

15. 내가 "하늘 씨(氏)는 하늘이 아니다"[21]라고 말한다면, 나는 첫 번째 "하늘"로 고유명사를, 두 번째 것으로 보통명사를 의미한다. 그렇다면 첫 번째와 두 번째의 "하늘"에서 각각 서로 다른 어떤 것이 내 마음에 일어나야 하는가? (내가 그 문장을 '앵무새처럼' 말하는 것이 아니라면 말이다.) —— 첫 번째 "하늘"로 보통명사를, 두 번째 것으로 고유명사를 의미하려고 해보라! —— 우리는 어떻게 그렇게 하는가? **내가** 그렇게 할 때, 나는 그 두 말에 맞는 의미를 내 마음에 제시하려 애쓰면서 잔뜩 긴장한 눈으로 껌벅거린다. — 그러나 그 말을 일상적으로 사용할 때에도 나는 그 의미를 내 마음에 제시하는가?

16. 내가 바뀐 의미로 그 문장[22]을 말할 때,[23] 내게 그 문장의 의미는 파괴된다. — 글쎄, **내게는** 그 의미가 파괴되지만 내 말을 듣고 있는 사람에게는 그렇지 않다. 그러니 무슨 문제가 있겠는가? —— "하지만 우리가 그 문장을 일상적으로 말할 때는 뭔가 **다른**

---

21) 원문은 스위스 사람을 뜻하기도 하고 고유명사로 사용되기도 하는 "Schweizer"를 이용한 "Herr Schweizer ist kein Schweizer(슈바이처 씨는 스위스 사람이 아니다)"인데 우리말의 문맥에 맞게 다른 예를 사용하였다.
22) "하늘 씨는 하늘이 아니다"라는 문장을 가리킨다.
23) "하늘 씨는 하늘이 아니다"라는 문장에서 첫 번째 '하늘'을 보통명사의 의미로, 두 번째 '하늘'을 고유명사의 의미로 말할 때를 의미한다.

특정한 일이 일어난다." — 그때 일어나는 일이 저 '의미를 보여줌'[24)]
은 **아니다.**

---

24) 『철학적 탐구』, §§311-313 참조.

17. 그에 대해 내가 지닌 이미지를 그에 대한 이미지로 만드는 것은 무엇인가?

그 이미지가 그를 닮았다는 점 때문은 아니다.

"나는 지금 그를 내 앞에서 생생하게 보고 있다"라는 말에 대해서도 분명 이미지에 대한 것과 똑같은 물음이 적용된다. 이 말을 그에 대한 말로 만드는 것은 무엇인가? — 그것이 그 말속에 있거나 그 말과 동시에('그 배후에') 있는 것은 아니다. 만일 그가 누구를 의미했는지 알고 싶다면, 그에게 물어보라!

(하지만 내 마음에 어떤 얼굴이 떠오르고 심지어 내가 그 얼굴을 그릴 수 있으면서도, 그것이 누구의 얼굴인지, 어디서 그 얼굴을 보았는지 모르는 경우도 있을 수 있다.)

18. 그러나 누군가 어떤 이미지를 떠올리면서, 또는 이미지를 떠올리지 않고 그림을 그린다고 가정해보자. 그가 단지 허공에 손가락으로 그림을 그릴 뿐이라 해도 말이다.(우리는 이것을 "운동하는 이미지"라고 부를 수 있을 것이다.) 여기서 우리는 "그것은 누구를 나타내는가?"라고 물을 수 있을 것이다. 그리고 그는 명확하게 대답할 것이다. — 그것은 마치 그가 언어적 기술(記述)을 제시한 것과 마찬가지며, 그런 기술이 그 이미지를 **대신할** 수도 있다.

19. "나는 그가 고통스러워한다고 믿는다." —— 나는 그가 자동기계가 아니라는 것도 **믿는가**?

나는 다만 마지못해 그 낱말[25]을 이 두 맥락에서 사용할 수 있을 것이다.

(또는 **다음**과 같은가?: 나는 그가 고통스러워한다고 믿지만, 자동기계는 아니라고 확신한다. 헛소리!)

20. 내가 한 친구에 대해 이렇게 말한다고 하자: "그는 자동기계가 아니다." —— 여기서는 어떤 정보가 전달되며, 누구에게 전달되는가? 일상적인 상황에서 다른 사람을 만나는 어떤 인간에게? 이 말은 그에게 무엇을 알려줄 **수 있을까**? (기껏해야 이 사람이 항상 인간처럼 행동하며, 가끔 기계처럼 행동하지는 않는다는 사실 정도.)

21. "나는 그가 자동기계가 아니라고 믿는다"는 아직 그 자체로는 전혀 무의미하다.

22. 그를 대하는 나의 태도는 영혼에 대한 태도이다. 나는 그에

---

25) 믿는다는 말을 가리킨다.

게 영혼이 있다는 **의견**을 지니고 있지는 않다.[26]

23. 종교는 육체가 파괴되었을 때에도 영혼이 존재할 수 있다고 가르친다. 그렇다면 나는 이 가르침이 무엇인지 이해하는가? — 물론 나는 그것을 이해한다. —— 나는 그와 관련해 많은 것들을 상상할 수 있다. 사람은 심지어 이에 관한 그림들도 그려왔다. 그런데 왜 그런 그림은 단지 표현된 생각에 대한 불완전한 재현일 뿐이어야 하는가? 왜 그런 그림이 말로 전해진 교리와 **똑같은** 역할을 해서는 안 되는가? 중요한 것은 그것이 하는 역할이다.

24. 머릿속의 생각에 대한 그림이 우리에게 떠오를 수 있다면, 왜 영혼 속의 생각에 대한 그림은 더욱 그럴 수[27] 없단 말인가?

25. 사람의 몸은 사람의 영혼에 대한 가장 좋은 그림이다.[28]

---

26) 태도는 의견과 정당화에 앞선다. MS 169, 60-61쪽 참조. 이 절에 대해서는 다음의 논문들을 참조. 이승종, 「영혼에 대한 태도」, 『철학과 현실』, 48호, 2001 ; P. Winch, *"Eine Einstellung zur Seele,"* Winch 1987에 재수록.

27) 우리에게 더 많이 떠오를 수.

28) 이 절은 『철학적 탐구』, §36에 대한 비판적 응답으로 읽을 수 있다. 『철학적 탐구』, §283 참조. 몸에 대한 유물론적 이해와 영혼에 대한 초자연적 이해를 배격하며 몸과 영혼의 바른 자리는 곧 사람임을 환기시키고 있다.

26. 하지만 이런 표현은 어떤가?: "당신이 그것을 말했을 때, 나는 그것을 내 가슴속에서 이해했다." 그렇게 말하면서 우리는 자신의 가슴을 가리킨다. 그런데 우리는 아마도 이 몸짓을 **의미하지**[29] 않는가?! 물론 우리는 이 몸짓을 의미한다. 또는 우리는 **단지** 그림을 사용하고 있다고 의식하는가? 분명 아니다. ― 그것은 우리가 고르는 그림이 아니고 어떤 비유도 아니지만, 일종의 그림 같은 표현이다.[30]

---

29) 이 몸짓으로 그것을 내 가슴속에서 이해함을 **의미하지**.
30) 마음을 가슴에 견주는 것은 자연스러운 일이어서 우리가 고르는 그림이라거나 **단지** 그림일 뿐이라고 할 수 없다. 하지만 그것은 일종의 그림 같은 표현이다.

27. 우리가 한 점(가령 스크린 위의 초점)의 움직임을 관찰하고 있다고 가정해보라. 우리는 이 점의 행동으로부터 매우 다양한 종류의 중요한 추론들을 이끌어낼 수 있을 것이다. 그리고 여기서 얼마나 많은 종류의 것들이 관찰될 수 있는가! — 그 점의 궤적과 어떤 측정치(가령 진폭과 파장), 또는 그 점의 속도와 변화 법칙, 또는 그 점의 급격한 변화를 표현하는 자리의 수 값이나 위치, 또는 그 점의 자리에서의 궤적의 곡률, 그리고 무수히 많은 다른 것들. — 그 행동의 이 모든 **특징들** 각각이 우리의 유일한 관심사일 수 있을 것이다. 예컨대 우리는 특정 시간에서의 고리의 개수 이외에는 이 운동에 관한 모든 것이 어찌 되든 무관심할 수 있을 것이다. —— 그리고 우리가 그런 **하나의** 특징이 아니라 여러 특징들에 관심을 갖는다면, 그 각각은 우리에게 특별한, 다른 모든 것과는 다른 종류의 설명을 제공할 수 있다. 그리고 사람의 행동에 있어서도, 이 행동에서 우리가 관찰하는 서로 다른 특징들에 있어서도 사정은 마찬가지다.

28. 그렇다면 심리학은 마음이 아니라 행동을 다루는가?

심리학자는 무엇을 알려주는가? — 그는 무엇을 관찰하는가? 사람들의 행동, 특히 그들이 하는 말들이 아닌가? 그러나 **이것들**[31]은

행동을 다루고 있지 않다.[32]

29. "나는 그가 기분이 좋지 않음을 눈치 챘다." 이는 그의 행동에 관해 말하는 것인가, 아니면 마음의 상태에 관해 말하는 것인가? ("하늘이 무시무시해 보인다": 이것은 현재를 다루고 있는가, 아니면 미래를 다루고 있는가?) 양쪽 모두이다. 하지만 나란히 놓인 것이 아니라, 하나를 통해서 다른 하나에 관해 말하는 것이다.[33]

30. 의사가 "그는 상태가 어떤가요?"라고 묻자, 간호사는 "그는 신음하고 있습니다."라고 말한다. 그의 행동에 관한 하나의 알림. 하지만 두 사람에게 이 신음이 정말 진짜인지, 실제로 어떤 것에 대한 표현인지가 문제시되어야 하는가? 그들은 가령 "그가 신음한다면 우리는 그에게 진통제를 더 투여해야 한다."라는 결론을 — 굳이 매개항을 감추지 않고도[34] — 이끌어낼 수 있지 않을까? 중요한 것은 그들이 그 행동에 대한 기술(記述)에 부여하는 역할이 아닌가?

---

31) 사람들의 말을 가리킨다.
32) 예컨대 "나는 아프다"는 행동을 다루는 말이 아니라, 아픔을 표현하는 행동 자체이다.
33) 여기서 하나는 행동, 다른 하나는 마음의 상태를 가리킨다.
34) 그의 신음이 진짜라는 것이 매개항이다.

31. "하지만 그렇다면 그들은 어떤 무언(無言)의 전제를 하고 있는 것이다." 그렇다면 우리 언어게임의 과정은 항상 어떤 무언의 전제 위에서 성립된다.

32. 나는 어떤 심리학 실험을 기술한다: 기구, 실험자의 질문들, 피험자의 행위들과 대답들. ― 그런 뒤 나는 이것이 연극의 한 장면이라고 말한다. ― 이제 모든 것이 변했다. 따라서 우리는 다음과 같이 설명할 것이다: 만약 심리학에 관한 책에서 이 실험이 똑같은 방식으로 기술된다면, 행동에 대한 기술은 마음에 관한 것에 대한 표현으로 이해될 것이다. 왜냐하면 우리는 피험자가 우리를 속이지 않으며, 대답을 외우지 않았다는 것 등 여러 가지를 **전제하고** 있기 때문이다. ― 그러니까 우리가 어떤 전제를 하고 있다고?

우리는 정말 다음과 같은 식으로 표현할까?: "물론 나는 . . . 라고 전제하고 있다" ― 또는 단지 다른 사람이 이미 그것을 알고 있기 때문에 그렇게 표현하지 않는 것인가?

33. 의심이 있는 곳에는 전제가 있지 않은가? 그리고 의심이 전혀 없을 수도 있다. 의심함에는 끝이 있다.

34. 여기에는 물리적 대상과 감각 인상들 사이의 관계와 비슷한 점이 있다. 여기 우리에게 두 개의 언어게임이 있는데, 그것들 사

이의 관계는 복잡하다. ── 만약 그것들의 관계를 하나의 **단순한** 공식으로 환원하려 한다면 당신은 잘못된 길로 접어드는 것이다.

35. 누군가 이렇게 말했다고 가정해보라: 우리가 잘 알고 있는 모든 낱말(가령 어떤 책 속의 낱말)은 우리의 마음속에 실제로 어떤 분위기를, 즉 어렴풋이 그 쓰임들을 암시하는 '빛의 띠'[35]를 지니고 있다.[36] ── 마치 어떤 그림 속 각각의 인물이 이를테면 다른 차원에서 온화하고 몽롱하게 그려진 장면들로 둘러싸여 있고, 거기서 우리가 그 인물들을 다른 맥락에서 보게 되는 것처럼 말이다. ── 이 가정(假定)을 아주 진지하게 생각해보자! ── 그러면 그것이 **지향성**[37]을 설명할 수 없다는 사실이 드러난다.

요컨대, 우리가 말하거나 들을 때 낱말의 가능한 쓰임들이 우리에게 반음(半音) 상태[38]로 떠오른다면 ── 이것은 바로 **우리에게** 해당된다. 그러나 우리는 다른 사람들도 이런 체험을 하는지 모르는 채 의사소통을 한다.

---

35) 원어는 "Hof"이다.
36) 『철학적 탐구』, §117 참조.
37) 원어는 "*Intention*"으로 마음이 낱말을 매개로 그 쓰임의 맥락과 맺는 관계를 뜻한다.
38) 원어는 "in Halbtönen"으로 앞서의 "어렴풋이 그 쓰임들을 암시하는 '빛의 띠'"와 어우러진다.

36. 누군가 **자신**에게는 이해가 하나의 내적 과정이라고 말했다면 우리는 그에게 뭐라고 대답해야 할까? —— 그가 자신에게는 체스를 둘 줄 안다는 것이 하나의 내적 과정이라고 말했다면 우리는 그에게 뭐라고 대답해야 할까? — 우리는 그가 체스를 둘 수 있는지를 우리가 알고 싶을 때, 그의 내면에서 일어나는 일에는 전혀 관심이 없다고 말할 것이다. — 그리고 만일 그가 실제로 이것[39]이 바로 우리의 관심사라고, 즉 그가 체스를 둘 수 있는지의 여부와 관련해 우리가 관심 있는 부분이라고 반박한다면 — 우리는 자신의 능력을 증명해줄 기준들에, 그리고 한편으로 '내적 상태'에 대한 기준들에 그가 주목하도록 해야 할 것이다.

설령 누군가 오직 어떤 특정한 것을 느낄 때에만 그리고 오직 그 경우에 한해서만 특정한 능력을 지닌다 해도, 그 느낌이 능력은 아닐 것이다.

37. 한 낱말의 의미는 그것을 듣거나 말할 때의 체험이 아니고, 한 문장의 의미는 이런 체험의 복합체가 아니다. — ("나는 아직 그를 본 적이 없다"는 문장의 의미는 그 낱말들의 의미들로부터 어떻게 합성되는가?) 문장은 낱말들로 이루어지며 그것으로 충분하다.

---

39) 그의 내면에서 일어나는 일을 가리킨다.

38. 비록 모든 낱말은 — 우리는 이렇게 말하고 싶다 — 서로 다른 문맥에서 서로 다른 성격을 지니지만, 동시에 언제나 **하나의** 성격 — 하나의 얼굴 — 을 지닌다. 어쨌든 그것은 우리를 바라본다. —— 하지만 **그림** 속의 얼굴도 우리를 바라본다.[40]

39. 당신은 '만약에'라는 **하나의** 느낌이 있으며, 아마 그것이 여럿은 아닐 거라고 확신하는가? 당신은 아주 다양한 문맥에서 그 낱말을 말하려고 해보았는가? 가령 문장의 주(主)강세가 그 낱말에 있을 때와 주강세가 다음 낱말에 있을 때 말이다.

40. 낱말들이 자신에게 어떻게 느껴지는지에 대해 이야기하면서 "만약에"와 "하지만"이 **똑같은 것**으로 느껴진다고 우리에게 말한 사람을 찾아냈다고 가정해보라. — 우리가 그의 말을 믿지 않아도 될까? 우리는 아마 그의 말이 이상하다고 생각할 것이다. 우리는 "그는 전혀 우리의 게임을 하고 있지 않다."라고 말하고 싶을 것이다. 또는 심지어 "이 사람은 유별난 인간이군." 하고 말이다.

그가 "만약에"와 "하지만"이라는 낱말들을 우리가 사용하는 것처럼 **사용**한다면, 우리는 우리가 그 낱말을 이해하는 것처럼 그가 그 낱말들을 이해한다고 생각하지 않을까?

---

40) 『철학적 탐구』, §§228, 235, 568 참조.

41. 우리가 '만약에'라는 느낌이 어떤 의미와 당연히 결부된다고 여긴다면, 우리는 그 느낌에 대한 심리적 관심을 잘못 판단하는 것이다. 오히려 우리는 그것을 다른 문맥에서, 그것이 나타나는 특수한 상황의 문맥에서 보아야 한다.

42. 누군가 "만약에"라는 낱말을 말하지 않는다면, 그에게는 '만약에'라는 느낌이 전혀 없는 것인가? 오직 이 원인[41]으로 인해서만 이 느낌이 일어난다면, 분명 그것은 적어도 신기한 일이다. 그리고 일반적으로 한 낱말의 '분위기'에 대해서도 사정은 마찬가지다. ─ 왜 우리는 오직 이 낱말만이 이 분위기를 지닌다는 것을 그렇게 당연한 일로 간주하는가?

43. '만약에'라는 느낌은 "만약에"라는 낱말과 함께 일어나는 느낌이 아니다.

44. '만약에'라는 느낌은 어떤 악절(樂節)이 우리에게 주는 특별한 '느낌'에 비유되어야 할 것이다. (우리는 이따금 "여기서 마치 어떤 결론이 내려진 듯하다", 또는 "나는 '**그러므로** . . .'라고 말하고 싶다", 또는 "여기서 나는 항상 어떤 몸짓을 하고 싶다 ─"라고 말한 뒤에 그 몸짓을

─────────────

41) '만약에'라는 낱말을 말하는 것을 가리킨다.

함으로써 그런 느낌을 기술한다.)

45. 하지만 우리가 이 느낌을 그 악절에서 떼어낼 수 있는가? 그렇지만 분명 그 느낌은 악절 자체가 아니다. 왜냐하면 누군가는 이 느낌 없이도 그것을 들을 수 있기 때문이다.

46. 이런 점에서 그 느낌은 그 악절이 연주될 때의 '표현'과 유사한가?

47. 우리는 이 악절이 우리에게 아주 특별한 느낌을 준다고 말한다. 우리는 그것을 노래하고, 그러면서 어떤 동작을 취하기도 하며, 또 어쩌면 어떤 특별한 느낌까지 들지도 모른다. 그러나 다른 문맥에서라면 우리는 이렇게 함께 일어나는 것들 — 동작, 느낌 — 을 전혀 알아보지 못할 것이다. 그런 것들은 우리가 이 악절을 노래하고 있는 바로 그때가 아니라면 아주 공허한 것이다.

48. "나는 그것을 아주 특정한 표현으로 노래한다." 이 표현은 우리가 악절로부터 떼어낼 수 있는 것이 아니다. 그것은 다른 개념이다. (다른 게임.)

49. 그 체험은 그렇게 연주된 이 악절이다. (즉 가령 내가 그것을

시범 삼아 연주하고 있는 듯이 **그렇게** 말이다. 기술(記述)은 그것을 단지 **암시할** 수 있을 뿐이다.)

50. 사물로부터 떼어낼 수 없는 분위기, — 따라서 그것은 분위기가 아니다.

서로 밀접히 연관된 것들, 그리고 연관**되었던** 것들은 서로 들어맞는 듯이 보인다. 하지만 어떻게 말인가? 들어맞는 듯이 보인다는 것은 어떻게 나타나는가? 예컨대 다음과 같을 것이다: 우리는 이 이름, 이 얼굴, 이 글씨체를 지녔던 사람이 **이** 작품들이 아니라, 아마도 전혀 다른 작품들(다른 위대한 사람의 작품들)을 창작해냈다고는 상상할 수 없다.

우리가 그것을 상상할 수 없다고? 도대체 시도해보기라도 하는가? —

51. 그것은 다음과 같을 수 있을 것이다: 나는 누군가가 "9번 교향곡을 작곡하는 베토벤"이라는 그림을 그리고 있다는 이야기를 듣는다. 나는 그런 그림에서 무엇을 보게 될지 쉽게 상상할 수 있을 것이다. 하지만 누군가 괴테가 9번 교향곡을 작곡할 때 어떤 모습이었을지를 묘사하려 한다면 어떨까? 여기서 나는 황당하고 우스꽝스러운 모습만을 상상할 수 있을 뿐이다.

52. 잠에서 깨어난 뒤 어떤 사건들(자신이 이러이러한 장소에 있었다는 등)을 우리에게 이야기하는 사람들. 그때 우리는 그들에게 그런 이야기를 하기에 앞서 "저는 꿈을 꾸었어요"라는 표현을 하도록 가르친다. 나중에 나는 가끔 그들에게 "어젯밤에 뭔가 꿈을 꾸었나요?"라고 묻고, 이에 그들은 그렇다거나 그렇지 않다고 대답하는데, 때로는 꿈 이야기를 곁들이기도 하고 때로는 곁들이지 않기도 한다. 그것이 언어게임이다. (지금 나는 나 자신이 꿈을 꾸지 않는다고 가정했다.[42] 그러면 나는 보이지 않는 현재[43]에 대한 느낌들도 없는 것이다. 다른 사람들은 이에 대한 느낌들이 있으므로 나는 그들의 경험이 어떤지 물을 수 있다.)

그렇다면 나는 사람들이 잘못 기억했는지, 그들이 잠자는 동안 실제로 그런 이미지들을 보았는지, 혹은 깨어난 후에 그들에게 단지 그렇게 보일 뿐인지에 관해 뭔가 가정을 해야 하는가? 그리고

---

42) 이 절 전체에 대한 가정과 배경을 설명하고 있다. 즉 나는 꿈을 꾸지 않고 꿈이 어떤 경험인지 어떤 느낌인지 모른다고 가정할 때, (그리고 이렇게 가정해야만) 다른 사람들이 자신의 꿈에 대해 하는 이야기를 어떻게 받아들여야 하는지에 대한 나머지 이야기들이 통하게 된다. 나도 꿈을 꾼다고 하면 다른 사람들의 꿈 이야기가 어떤 경험과 느낌인지 이미 알고 있기 때문에 어떤 가정을 해야 할 필요도 없기 때문이다. 이는 홍승현 씨의 제안이다.

43) 꿈을 가리킨다.

이 물음은 어떤 의미를 지니는가? ― 그리고 어떤 흥미를 지니는가?! 우리는 누군가 우리에게 그의 꿈을 이야기할 때 스스로에게 항상 이렇게[44] 물어보는가? 만일 그렇지 않다면 ― 그것은 그가 잘못 기억하지 않았을 거라고 우리가 확신하기 때문인가? (그리고 유별나게 기억력이 나쁜 사람의 경우는 어떨까. ―)

53. 그리고 이것은 꿈이 잠자는 동안 실제로 일어나는지, 아니면 잠에서 깨어난 사람의 기억 현상인지에 대해 물음을 제기하는 일이 무의미하다는 뜻인가? 그것은 그 물음이 어떻게 사용되는지에 달려 있을 것이다.

54. "마음은 낱말에 의미를 부여할 수 있는 듯이 보인다." ― 이것은 내가 다음과 같이 말하는 것과 같지 않은가?: "벤젠에서는 탄소 원자들이 육각형의 모서리에 있는 듯이 보인다." 하지만 그것은 그렇게 보이는 것이 아니다. 그것은 하나의 그림이다.

55. 고등동물과 인간의 진화. 그리고 일정한 단계에서 의식의 깨어남. 이 그림은 대략 다음과 같다: 모든 에테르의 진동이 세상을 가득 채우고 있지만 세상은 어둡다. 하지만 어느 날 인간은 눈을

---

44) 이 절의 첫 문장에 표현된 질문을 가리킨다.

떠서 보게 되고 세상은 밝아진다.

먼저 우리의 언어는 어떤 그림을 기술한다. 그 그림으로 무엇을 해야 하는지, 그것을 어떻게 사용해야 하는지는 여전히 불분명하다. 그러나 아주 분명한 것은, 우리가 우리 진술의 의미를 이해하려면 그런 것을 탐구해야 한다는 사실이다. 하지만 그 그림으로 인해 우리는 이런 수고를 덜게 되는 듯이 보인다. 그 그림은 이미 특정한 쓰임을 가리키고 있는 것처럼 보이기 때문이다. 그것은 이런 식으로 우리를 우롱한다.[45]

---

45) 어느 날 인간에게 출현한 의식이 세상을 밝힌다는 말이 동반하는 그림이 그 말의 쓰임을 이미 특정한 방식으로 가리키는 것처럼 보인다는 점이 우롱의 의미이다.

56. 내 운동감각이 내 팔다리의 움직임과 위치를 내게 알려준다. 나는 내 집게손가락이 작은 진폭을 이루며 가볍게 왔다 갔다 흔들리도록 움직인다. 나는 그것을 거의 또는 전혀 느끼지 못한다. 아마 손가락 끝에서 가벼운 긴장 정도로 살짝 느낄지도 모르겠다. (손가락 마디에서는 전혀 느끼지 못한다.) 그런데 이 감각이 그 움직임을 내게 알려준다고? — 왜냐하면 나는 그 움직임을 정확하게 기술할 수 있기 때문이다.

57. "그러나 당신은 어쨌든 그것을 느끼고 있음에 틀림없다. 그렇지 않다면 당신은 자신의 손가락이 어떻게 움직이는지를 (보지 않고는) 알 수 없을 것이다." 하지만 그것을 "안다는 것"은 단지 그것을 기술할 수 있음을 의미할 뿐이다. — 내가 어느 방향에서 소리가 들려오는지 말할 수 있는 이유는, 단지 그 소리가 한쪽 귀를 다른 쪽 귀보다 더 강하게 자극하기 때문이다. 그러나 나는 이것을 내 귀에서 느끼지는 않는다. 그래도 다음과 같은 효과는 있다: 나는 그 소리가 어느 방향에서 들려오는지 **안다**. 가령 나는 그 방향으로 시선을 돌린다.

58. 아픔-감각의 어떤 징후가 우리에게 몸의 아픈 부위를 분명

히 알려준다는 생각, 그리고 기억-이미지의 징후가 그것이 속하는 시간을 우리에게 알려준다는 생각도 이와 마찬가지다.

59. 감각은 우리에게 팔다리의 움직임이나 위치에 관해 알려줄 **수 있다.** (가령 누군가 자신의 팔이 펴져 있는지를 정상인이 알듯이 알지 못한다면, 팔꿈치의 극심한 아픔을 통해 그것을 확인할 수 있을 것이다.) — 그런 식으로 우리는 아픔의 특성을 통해서 어디에 상처가 났는지 알 수 있다. (그리고 사진의 빛이 누렇게 바랜 것을 보고 그것이 얼마나 오래됐는지를 알 수 있다.)

60. 내가 감각 인상을 통해 형태와 색깔을 안다고 할 때 그 기준은 무엇인가?

61. **어떤** 감각 인상인가? 자, **이것**이다. 내가 말이나 그림을 가지고 기술하는 그것 말이다.

그리고 이제: 당신의 손가락들이 이 위치에 있을 때 당신은 무엇을 느끼는가? — "우리는 느낌을 어떻게 설명해야 하는가? 그것은 설명할 수 없는 특별한 무엇이다." 하지만 우리는 어쨌든 말의 쓰임을 가르칠 수 있음에 틀림없다!

62. 나는 지금 문법적 차이를 찾고 있다.

63. 잠시 운동감각을 배제해보자! — 나는 누군가에게 어떤 느낌을 기술하고 싶어서 그에게 **"이렇게** 해봐. 그러면 그 느낌이 날 거야."라고 말하고, 동시에 내 팔이나 머리를 특정한 위치에 둔다. — 그런데 이것이 느낌에 대한 기술인가? 그리고 나는 내가 어떤 느낌을 의미했는지를 그가 이해했다고 언제 말하게 될까? — 그는 이후 그 느낌에 대한 **추가적인** 기술(記述)을 해야 할 것이다. 그리고 그것은 어떤 종류의 기술이어야 하는가?

64. 나는 **"이렇게** 해봐. 그러면 그 느낌이 날 거야."라고 말한다. 여기에 의심이 있을 수는 없는가? 내가 의미한 것이 느낌이라면 의심이 있어야 하는 게 아닐까?

65. **이것은 그렇게** 보인다. **이것은 그렇게** 맛이 난다. **이것은 그렇게** 느껴진다. "이것"과 "그렇게"는 다르게 설명되어야 한다.

66. '느낌'은 우리에게 아주 **특정한** 관심사다. 그리고 여기에는 가령 '느낌의 정도', 느낌의 '부위', 그리고 한 느낌이 다른 느낌에 묻혀버림 등이 있다. (어떤 동작이 매우 고통스러워 그 고통 때문에 이 부위의 다른 모든 가벼운 감각이 묻혀버릴 때, 당신이 정말로 이 동작을 취했는지가 이로 인해 불확실해지는가? 이 때문에 가령 당신이 그것을 눈으로 확인해야 할 수도 있을까?)

67. 자신의 비애를 관찰하는 사람은 어떤 감각으로 그것을 관찰하는가? 하나의 특별한 감각으로? 즉 비애를 **느끼는** 감각으로? 그렇다면 그가 그것을 관찰할 때, 그는 그것을 **다르게** 느끼는가? 그런데 그는 어떤 비애를 관찰하는가? 관찰되는 동안에만 거기에 있는 그런 비애 말인가?

'관찰함'이 관찰되는 것을 낳지는 않는다. (그것은 개념적 진술[46]이다.)

또는: 나는 관찰을 통해서야 비로소 생겨나는 것을 '관찰'하지 않는다. 관찰의 대상은 다른 어떤 것이다.

68. 어제까지만 해도 만지면 아팠는데 오늘은 더 이상 그렇지 않다.

오늘 나는 아픔을 생각할 때만 아픔을 느낀다. (즉: 어떤 경우들에서는.)

나의 비애는 더 이상 똑같지 않다. 일 년 전만 해도 견딜 수 없었던 기억이 오늘은 더 이상 그렇지 않다.

이는 관찰의 결과이다.

---

46) 관찰함, 관찰됨, 낳음이라는 개념들 사이의 관계에 대한 진술이라는 뜻이다.

69. 언제 우리는 누군가가 관찰하고 있다고 말하는가? 대략: (예를 들면) 그가 어떤 인상들로부터 알게 되는 것을 기술하기 위해서 그 인상들을 받아들이기에 좋은 위치로 옮길 때.

70. 누군가 빨간 것을 보면 특정한 소리를 내고, 노란 것을 보면 다른 소리를 내고, 그 외의 색깔들에 대해서도 그런 식으로 소리를 내도록 훈련받았다고 하자. 그 사람은 아직 대상을 그 색깔에 따라 기술하지 못할 것이다. 비록 우리가 기술(記述)을 하는 데 그가 도움을 줄 수는 있겠지만 말이다. 기술이란 어떤 공간(가령, 시간의 공간) 안에서의 배치에 관한 묘사이다.[47]

71. 내가 방 안을 두리번거리던 중 갑자기 두드러진 빨간색의 대상이 눈에 들어온다. 그리고 나는 "빨강!"이라고 말한다. — 그로 인해서 내가 어떤 기술을 한 것은 아니다.

72. "나는 두렵다"라는 말은 마음의 상태에 대한 기술인가?

73. 내가 "나는 두렵다"라고 말하자 다른 사람이 내게 묻는다:

---

47) 예컨대 낱말이 어떤 문맥에 배치되어 어떻게 쓰이느냐를 묘사하는 것이 기술이다.

"그게 무슨 말인가? 두려움에서 나오는 외침인가? 또는 당신의 기분이 어떤지를 내게 알리려는 것인가? 또는 당신의 현재 상태에 대한 관찰이었는가?" — 나는 그에게 항상 명확한 대답을 줄 수 있을까? 그에게 결코 대답을 줄 수 없는 것일까?

74. 우리는 아주 여러 가지 것을 상상할 수 있다. 예를 들면:

"아니, 아니! 나는 두렵단 말이야."

"나는 두렵다. 유감이지만 그걸 인정해야겠다."

"나는 아직도 조금 두렵다. 하지만 이제 더 이상 전처럼 그렇게 두렵지는 않다."

"스스로 인정하고 싶지는 않지만 사실 나는 아직도 두렵다."

"나는 온갖 두려운 생각 때문에 괴롭다."

"나는 두렵다, — 이제 두려워할 필요가 없는데 말이다."

이 각각의 문장에는 특별한 억양과 서로 다른 문맥이 들어 있다.

이를테면 우리보다 훨씬 더 명확하게 생각하고, 우리가 **하나의** 낱말을 사용하는 곳에서 여러 낱말들을 사용한 사람들을 상상해볼 수 있을 것이다.

75. 우리는 "'나는 두렵다'는 실제로 무엇을 의미하는가? 내가 그 말을 하는 목적은 무엇인가?"라고 묻는다. 물론 어떤 대답도 나오지 않는다. 또는 그저 불충분한 대답만 나온다.

문제는 다음과 같다: "그것은 어떤 종류의 맥락에 놓여 있는가?"

76. "내 목적은 무엇인가?", "그때 나는 무엇을 생각하는가?"라는 물음에 대해서, 내가 두려움의 표현을 되풀이하고 동시에 나 자신에 주의를 기울임으로써, 이를테면 내 마음을 곁눈질해 관찰함으로써 대답하려 한다면, 어떤 대답도 나오지 않을 것이다. 어떤 구체적인 경우에, 나는 실로 "나는 왜 그렇게 말했는가? 그것으로 무엇을 하려 했는가?"라고 물을 수 있다. ─ 그리고 나는 또한 그 물음에 대답할 수도 있을 것이다. 하지만 말하는 일과 함께 일어나는 현상을 관찰하고, 이를 바탕으로 대답하는 것은 아니다. 그리고 내 대답은 이전의 말을 보충하고 부연하는 것이 될 것이다.

77. 두려움이란 무엇인가? "두려워하고 있다"는 것은 무슨 뜻인가? 내가 **단 한 번** 보여줌으로써 그것을 설명하려 한다면 ─ 나는 두려움을 **연기(演技)해 보일** 것이다.

78. 나는 희망함도 그런 식으로 표현할 수 있을까? 어려울 것이다. 또는 믿는다는 것은 어떤가?

79. 나는 내 마음의 상태(가령 두려움)를 기술할 때 어떤 특정한 맥락에서 기술한다. (어떤 행위가 하나의 실험인 것은 오직 특정한 맥락

에서인 것과 마찬가지로.)

내가 서로 다른 게임들에서 똑같은 표현을 사용한다는 것이 그렇게 놀라운가? 그리고 이를테면 종종 게임들 사이에서도?

80. 그리고 나는 언제나 아주 확고한 의도를 가지고 말하는가? — 또한 그렇지 않다고 해서 내가 하는 말이 무의미한가?

81. 장례식 추도사에서 "우리는 우리의 . . . 를 애도한다"라고 말할 때, 이는 분명 애도를 표현하는 것이지 참석자들에게 뭔가를 전달하는 것이 아니다. 하지만 묘지에서 기도할 때, 이 기도의 말은 일종의 전달일 것이다.

82. 그런데 문제는 이것이다: 전혀 기술(記述)이라 불릴 수 없으며 어떤 기술보다도 더 원초적인 부르짖음이, 그럼에도 불구하고 마음의 상태에 대한 기술의 역할을 한다는 것이다.

83. 부르짖음은 기술(記述)이 아니다. 그러나 중간 단계들이 있다. 그리고 "나는 두렵다"라는 말은 부르짖음에 가까울 수도, 멀 수도 있다. 그 말은 부르짖음에 아주 가까이 있을 수도 있고, **아주** 멀리 떨어져 있을 수도 있다.[48]

84. 확실히 우리는 누군가 자신이 아프다고 말한다고 해서 반드시 그가 **불평하고 있다고** 이야기하지는 않는다. 따라서 "나는 아프다"라는 말은 불평일 수도 있고, 다른 어떤 것일 수도 있다.

85. 그러나 "나는 두렵다"가 항상은 아니지만 가끔 불평과 유사한 어떤 것이라면, 그것은 어째서 **항상** 마음의 상태에 대한 기술이어야 하는가?

---

48) "나는 두렵다"라는 말은 두려움의 표현일 수도, 내 마음의 상태에 대한 기술일 수도 있다는 점에서 중간 단계에 해당한다. 전자의 경우 그 말은 부르짖음에 가깝고 후자의 경우 그와는 거리가 멀다.

86. 어떻게 사람들은 "나는 . . . 를 믿는다"와 같은 표현을 사용하게 되었는가? 그들은 어느 시점에서인가 ('믿는다'라는) 하나의 현상을 주목하게 된 것인가?

사람들은 그들 자신과 다른 사람들을 관찰해서 '믿는다'는 것을 발견했는가?

87. 무어[50]의 역설[51]은 다음과 같이 표현될 수 있다: "나는 사태가 이러이러하다고 믿는다"는 말은 "사태가 이러이러하다"는 진술과 유사하게 사용된다. 그렇지만 내가 사태가 이러이러하다고 믿는다는 **가정**은 사태가 이러이러하다는 가정과 유사하게 사용되지 않는다.

---

49) 이 장에 대해서는 다음의 논문을 참조. J. Hunter, "Wittgenstein on Believing in *Philosophical Investigations* part II, chapter 10," Arrington and Glock 1991에 수록.

50) George Edward Moore(1873-1958). 영국의 철학자로서 영국 케임브리지 대학에서 가르쳤다. 대표 저서로 *Principia Ethica*가 있다. 비트겐슈타인과 학술적으로 교류했으며 프레게, 러셀과 함께 분석철학의 창시자로 평가받고 있다.

51) 합리적인 믿음을 갖는 행위자가 "r(은 참)이지만 나는 r(이 참임)을 믿지 않는다"와 같은 형태의 문장을 발언할 때 생기는 역설로서 무어가 1944년 케임브리지의 도덕과학 클럽에서 처음으로 공표한 바 있다.

88. 따라서 "나는 믿는다"라는 진술은 "나는 믿는다"라는 가정에서 가정되고 있는 것에 대한 진술이 아닌 듯 **보인다**.

89. 마찬가지로, "나는 비가 올 것이라고 믿는다"라는 진술은 "비가 올 것이다"와 유사한 의미, 즉 유사한 쓰임을 지니지만, "나는 그 당시에 비가 올 것이라고 믿었다"는 "그 당시에 비가 왔다"와 유사한 의미를 지니지 않는다.

　"그러나 분명 '나는 믿었다'는 현재 '나는 믿는다'와 똑같은 것을 과거 시제로 말하고 있음에 틀림없다!" — 분명 $\sqrt{-1}$ 은 $\sqrt{1}$ 이 1에 관해 의미하는 것과 같은 바로 그것을 1에 관해 의미함에 틀림없다! 이것은 아무것도 뜻하는 바가 없다.

90. "기본적으로 내가 '나는 . . . 라고 믿는다'고 말할 때 나는 나 자신의 마음의 상태를 기술한다. — 그러나 여기서 이 기술은 내가 믿고 있는 사실 자체에 대한 간접적인 진술이다." — 마치 내가 경우에 따라서는 사진에 찍힌 것을 기술하기 위해 그 사진을 기술하기도 하는 것처럼 말이다.

　하지만 그렇다면 나는 그 사진이 좋은 사진이라고 말할 수도 있어야 한다. 따라서 또한: "나는 비가 온다고 믿으며, 내 믿음은 신뢰할 만하다. 따라서 나는 그것을 신뢰한다."라고도 말할 수 있어야 한다. — 그렇다면 내 믿음은 일종의 감각 인상일 것이다.

91. 우리는 자신의 감각들을 불신할 수 있지만, 자신의 믿음을 불신할 수는 없다.

92. '잘못 믿는다'를 의미하는 동사가 있다면, 그것은 의미 있는 1인칭 현재 직설법을 갖지 않을 것이다.[52]

93. "믿다", "소망하다", "원하다"라는 동사들이 "자르다", "씹다", "달리다"도 지니고 있는 모든 문법적 형식을 보여주고 있다는 사실을 당연한 것으로 보지 말고 매우 놀라운 일로 간주하라.

94. 보고라는 언어게임은 보고받는 사람에게 보고의 대상이 아니라 보고자에 관해 알리도록 바뀔 수 있다.
예컨대 선생님이 학생을 시험할 경우가 그렇다. (우리는 자를 검사하기 위해 자의 치수를 잴 수 있다.)

95. 내가 어떤 표현 — 가령 "나는 믿는다" — 을 다음과 같이 도입한다고 가정해보라: 그것이 보고자 자신에 관한 정보를 제공하는 역할을 할 경우, 그것은 보고보다 앞에 와야 한다. (따라서 그 표현에는 어떤 불확실성도 붙일 필요가 없다. 진술의 불확실성은 비인칭으

로 표현될 수도 있음에 유념하라[53]: "그는 오늘 올지도 모른다.") ― "나는 . . . 라고 믿는데, 사실은 그렇지 않다"는 모순일 것이다.

96. "나는 . . . 라고 믿는다"는 내 상태를 설명해준다. 이 표현으로부터 내 행동에 관한 추론들이 도출될 수 있다. 따라서 여기에는 정서, 기분 등의 표현과 **비슷한 점**이 있다.

97. 하지만 "나는 그것이 그렇다고 믿는다"가 내 상태를 설명해준다면, "그것은 그렇다"라는 진술도 마찬가지다. 왜냐하면 "나는 믿는다"라는 기호는 내 상태를 설명할 수 없으며, 기껏해야 내 상태를 암시할 수 있을 뿐이기 때문이다.

98. "나는 그것이 그렇다고 믿는다"가 "그것이 그렇다"라는 진술의 억양에 의해서만 표현되는 언어. 이 언어에서 사람들은 "그는 믿는다" 대신에 "그는 . . . 라고 말하는 경향이 있다"라고 말한다. 또한 "내가 . . . 를 하는 경향이 있다고 가정한다면"이라는 가정(접속법)도 있지만, "나는 말하는 경향이 있다"라는 표현은 없다.
　이 언어에서 무어의 역설은 존재하지 않을 것이다. 하지만 대신 어떤 어형(語形)이 없는 동사[54]가 있을 것이다.

---

53) 진술의 불확실성은 확률을 나타내는 비인칭 문장으로 표현될 수도 있다.

그러나 우리는 여기에 놀라서는 안 된다. 우리는 자신의 의도를 표현하는 데서 **자신의** 미래 행위를 예측할 수 있다는 사실을 생각해보라.

99. 나는 다른 사람에 대해 "그는 . . . 라고 믿는 듯이 보인다"라고 말하며, 다른 사람들은 나에 대해 그렇게 말한다. 그런데 왜 나는 나 자신에 대해서는 결코 그렇게 말하지 않는가? 심지어 다른 사람들이 나에 대해 그렇게 말하는 것이 **올바를** 때조차 말이다. ─ 그렇다면 나는 나 자신을 보고 듣지 않는다는 말인가? ─ 우리는 그렇게 말할 수 있다.

100. "우리는 자기 자신의 안에서 확신을 느끼는 것이지, 자신의 말이나 그 억양으로부터 확신을 추론하지 않는다." ─ 다음은 참이다: 우리는 자신의 확신 또는 그 확신에서 나오는 행위들을 자신의 말로부터 추론하지 않는다.

101. "여기서 '나는 믿는다'는 진술은 그 가정에서 가정되는 것에 대한 진술이 아닌 듯이 보인다." ─ 따라서 나는 1인칭 현재 직설법에서 그 동사가 달리 전개되는 것을 기대하려는 유혹을 받는다.

---

54) "말하는 경향이 있다"의 1인칭 현재 직설법을 가리킨다.

102. 나는 다음과 같이 생각한다: 믿는다는 것은 마음의 상태이다. 그것은 지속되는데, 예컨대 어떤 문장에서 그것을 표현하는 과정과는 무관하게 지속된다. 따라서 그것[55]은 믿는 사람이 지니는 일종의 성향이다. 다른 사람의 경우에서 성향은 그의 행동, 그리고 그의 말을 통해 내게 드러난다. 그리고 그의 단순한 진술뿐 아니라 "나는 . . . 라고 믿는다"라는 말을 통해서도 드러난다. — 그런데 내 경우에는 어떤가? 나는 나 자신의 성향을 어떻게 인식하는가? — 여기서 나는 다른 사람들이 하는 것처럼 나 자신에 주의를 기울이고, 내가 말하는 것을 듣고, 그로부터 추론들을 이끌어낼 수 있어야 할 것이다.

103. 나 자신의 말에 대한 나의 태도와 다른 사람들의 태도는 전혀 다르다.

내가 단지 "나는 믿는 듯이 보인다"라고 말할 수 있다면, 저 전개[56]를 찾을 수 있을 것이다.

104. 내가 내 입에서 나오는 말을 귀 기울여 듣는다면, 나는 다른 사람이 내 입을 통해 이야기한다고 말할 수 있을 것이다.

---

55) 믿는다는 것을 말한다.
56) 앞서 §101에서 언급된 1인칭 현재 직설법에서의 전개를 가리킨다.

105. "내가 말한 바로 판단해볼 때, 나는 **이것**을 믿는다." 이제 이 말이 의미가 있는 상황들을 생각해낼 수 있을 것이다.

그런 경우에는 누군가 "비가 오고 있는데 나는 그것을 믿지 않는 다"거나 "내게는 내 자아가 이것을 믿는 듯이 보이지만, 사실은 그렇지 않다"라고 말하는 일도 가능할 것이다. 우리는 두 존재자가 내 입을 통해 말한다는 것[57]을 암시하는 어떤 행동을 마음속에 그려야 할 것이다.

106. **가정**(假定)에서조차 그 윤곽은 당신이 생각하는 것과 다르다.

당신이 "내가 . . . 라고 믿는다고 가정하면"이라고 말할 때, 당신은 이미 "믿는다"라는 말의 전체 문법을 전제하고 있으며, 당신이 완전히 익힌 일상적 쓰임을 전제하고 있다. — 당신은 이를테면 어떤 그림이 당신에게 명료하게 제시하는 사물의 상태를 가정해서 이런 가정에 일상적 진술과는 다른 어떤 진술을 덧붙일 수 있도록 하지 않는다. — 이미 "믿는다"는 말의 쓰임에 익숙하지 않다면, 당신은 자신이 여기서 무엇을 가정하고 있었는지 (즉 가령 그런 가정으로부터 무엇이 따라 나오는지) 전혀 알지 못할 것이다.

---

57) 내 입을 통해 한 존재자는 "비가 오고 있다"라고 말하고 다른 한 존재자는 "나는 그것을 믿지 않는다"라고 말한다는 것을 뜻한다.

107. 예를 들어 "나는 오늘 비가 올 거라고 말한다"에서 "나는 . . . 라고 말한다"라는 표현을 생각해보라. 앞의 문장은 단순히 "오늘 비가 올 것이다"라는 진술과 동등한 표현이다. "그는 오늘 비가 올 거라고 말한다"는 대략 "그는 오늘 비가 올 거라고 믿는다"를 의미한다. "내가 오늘 비가 올 거라고 말한다고 가정하면"은 "오늘 비가 온다고 가정하면"을 의미하지 **않는다**.

108. 서로 다른 개념들[58]이 여기서 접촉하고 한 구간의 거리를 함께 달린다. 우리는 선(線)이 그려내는 윤곽들[59]이 모두 원(圓)이라고 믿어서는 안 된다.[60]

109. 또한 다음과 같은 비문(非文)을 잘 생각해보라. "비가 오고 있을지도 모르지만, 비가 오고 있지 않다."

그리고 여기서 우리는 "비가 오고 있을지도 모른다"가 실제로는 "나는 비가 오고 있다고 믿는다"를 의미한다고 말하지 않도록 조심

---

58) 앞 절들에서 비교 검토된 '말한다', '믿는다' 등등의 개념들을 가리킨다.

59) 앞선 §106에서 언급된 윤곽의 문맥에서 파악해야 한다.

60) 이하의 그림은 이전 판본에는 없었던 것으로 『철학적 탐구』 4판에서 편집자들이 이 절의 이해를 도모하고자 추가한 것이다.

해야 한다. ─ 왜냐하면, 왜 이 경우에 반대로 후자가 전자를 의미해서는 안 된단 말인가?

110. 망설이는 진술을 망설임에 대한 진술로 간주하지 말라.

111. "보다"라는 말의 두 가지 쓰임.

하나: "당신은 거기에서 무엇을 보는가?" — "나는 **이것**을 본다." (그런 뒤 어떤 기술(記述), 스케치, 복사본이 뒤따른다.) 다른 하나: "나는 이 두 얼굴에서 어떤 유사성을 본다." — 내게 이 말을 들은 사람은 나 자신이 그렇듯이 그 얼굴들을 또렷하게 볼 수 있다.

중요한 것은 우리가 보는 두 '대상들'[62] 사이의 범주적 차이다.

112. 한 사람은 두 얼굴을 정확히 스케치하고, 다른 사람은 그 스케치에서 앞 사람[63]이 보지 못한 유사성을 알아차릴 수 있을 것이다.

113. 나는 한 얼굴을 눈여겨보다가 갑자기 다른 얼굴과의 유사성을 알아차린다. 나는 그 얼굴이 변하지 않았음을 **보지만**, 그것을 다르게 본다. 나는 이 경험을 "한 측면[64]을 알아차림"이라고 부른다.

---

61) 이 장에 대해서는 다음의 논문들과 책을 참조. J. Hunter, "Wittgenstein on Seeing and Seeing as," *Philosophical Investigations*, vol. 4, 1981; C. Dunlop, "Wittgenstein on Sensation and 'Seeing-as'," *Synthese*, vol. 60, 1984; S. Mulhall, 1990, 1-2장; Genova 1995; Day and Krebs 2010.

62) **이것**과 유사성을 말한다.

63) 두 얼굴을 그린 사람을 가리킨다.

64) 원어는 'Aspekt'이다.

114. 그것[65)]의 **원인들**은 심리학자의 관심사다.

115. 우리의 관심사는 그 개념[66)]이며, 또한 그 개념이 경험에 대한 개념들 속에서 차지하는 자리다.

116. 우리는 어떤 책, 가령 교과서의 여러 곳에서 다음과 같은 삽화가 들어 있는 경우를 상상해볼 수 있을 것이다.

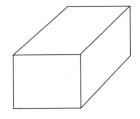

삽화에 딸린 본문에서는 매번 다른 이야기로 설명된다: 한 번은 유리로 된 정육면체, 한 번은 뒤집힌 빈 상자, 한 번은 이런 형태를 한 철사틀, 한 번은 입체각을 이루는 세 개의 판자. 본문은 매번 그 삽화를 해석한다.

하지만 우리는 그 삽화를 한 번은 어떤 사물로, 한 번은 다른 사

---

65) 한 측면을 알아차림을 가리킨다.
66) 한 측면을 알아차림이라는 개념을 가리킨다.

물로 **볼** 수도 있다. ― 따라서 우리는 그것을 해석하고, 우리가 **해석하는** 대로 그것을 **본다.**

117. 여기서 우리는 아마도 다음과 같이 대답하고 싶을 것이다: 시각 체험이라는 직접적 경험을 어떤 해석에 의해 기술하는 것은 간접적 기술이다. "나는 그 모양을 상자로 본다"는 다음을 의미한다: 나는 그 모양을 상자로 해석할 때나 상자를 볼 때 경험적으로 함께 일어나는 특정한 시각 체험을 지닌다. 하지만 그 말[67]이 이것[68]을 의미한다면, 나는 그것[69]을 알고 있어야 할 것이다. 나는 그 체험[70]을 간접적으로뿐만 아니라 직접적으로도 가리킬 수 있어야 할 것이다. (마치 내가 빨강에 대해 이야기할 때 반드시 그것을 피의 색깔이라고 부를 필요는 없는 것처럼 말이다.)

---

67) "나는 그 모양을 상자로 본다"는 말을 가리킨다.
68) "나는 그 모양을 상자로 해석할 때나 상자를 볼 때 경험적으로 함께 일어나는 특정한 시각 체험을 지닌다"를 가리킨다.
69) "나는 그 모양을 상자로 본다"는 말이 "나는 그 모양을 상자로 해석할 때나 상자를 볼 때 경험적으로 함께 일어나는 특정한 시각 체험을 지닌다"를 의미함을 가리킨다.
70) 내가 그 모양을 상자로 해석할 때나 상자를 볼 때 경험적으로 함께 일어나는 특정한 시각 체험을 가리킨다.

118. 재스트로[71]에게서 따온 다음의 모양을 나는 내 고찰에서 '토끼-오리 머리'라고 부를 것이다. 우리는 그것을 토끼나 오리의 머리로 볼 수 있다.

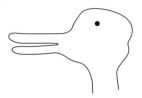

그리고 나는 한 측면을 '지속적으로 보는 것'과 한 측면이 '반짝 떠오르는 것'을 구별해야 한다.

그 그림을 보았을 때 나는 거기서 토끼만 보았을 수도 있다.

119. 여기서 그림-대상의 개념을 도입하면 도움이 된다. 예를 들어 다음의 모양은 '그림-얼굴'일 것이다.

---

71) Joseph Jastrow(1863-1944). 미국의 심리학자로서 대표작으로 *Fact and Fable in Psychology*가 있으며 이 책에 토끼-오리 머리 그림이 나온다.

어떤 점에서 나는 그것을 사람의 얼굴처럼 대한다. 나는 그 표정을 연구할 수 있으며, 사람의 표정에 반응하는 것처럼 그것에 반응할 수 있다. 아이는 그림-인간이나 그림-동물에게 말을 걸 수 있고, 마치 인형을 대하듯이 그것들을 대할 수 있다.

120. 그러니까 나는 토끼-오리 머리를 처음부터 단순히 그림-토끼로 볼 수 있었다. 다시 말해 누군가 "그것은 무엇인가?" 또는 "당신은 여기서 무엇을 보는가?"라고 물었다면, 나는 "그림-토끼"라고 대답했을 것이다. 그가 다시 그것은 무엇이냐고 물었다면, 나는 설명을 위해 온갖 종류의 토끼 그림을 가리켰을 것이고, 어쩌면 진짜 토끼를 가리키거나 토끼의 생활에 대해 말하거나 토끼를 흉내 내거나 했을 것이다.

121. "당신은 여기서 무엇을 보는가?"라는 질문에 나는 "이제 나는 그것을 그림-토끼로 본다"라고 대답하지 않았을 것이다. 나는 단순히 내가 지각한 바[72]를 기술했을 것이다. 마치 내가 "나는 거기서 빨간 원을 본다"라고 말했을 경우처럼 말이다. ─

그럼에도 불구하고 다른 사람은 나에 대해서 이렇게 말할 수 있었을 것이다: "그는 그 모양을 그림-토끼로 본다."

---

72) 그림-토끼에 대한 지각을 의미한다.

122. "이제 나는 그것을 . . . 로 본다"라고 말하는 것은 나이프와 포크를 보면서 "이제 나는 이것을 나이프와 포크로 본다"라고 말하는 것처럼 내게는 거의 말이 되지 않았을 것이다. 이 표현은 이해되지 않을 것이다. — 다음도 마찬가지다: "이제 그것은 내게 포크이다" 또는 "그것은 포크일 수도 있다."

123. 우리는 식사 중에 식기류로 알고 있는 것을 식기류로 '**간주하지**' 않는다. 우리가 일상에서 식사할 때 입을 움직이려고 시도하거나 애쓰지 않는 것과 마찬가지다.

124. 만일 누군가 "이제 그것은 내게 얼굴이다"라고 말한다면, 우리는 그에게 이렇게 물을 수 있다: "당신은 어떤 변화를 암시하고 있는가?"

125. 나는 두 그림을 본다. 그중 한 그림에서는 토끼-오리 머리가 토끼들에 둘러싸여 있으며, 다른 그림에서는 오리들에 둘러싸여 있다. 나는 그 토끼-오리 머리들이 똑같다는 것을 알아차리지 못한다. 이로부터 내가 두 경우에서 서로 다른 어떤 것을 **본다는 사실이 따라 나오는가**? — 이[73]는 여기서 우리가 이 표현[74]을 사용

---

73) 그 토끼-오리 머리들이 똑같다는 것을 알아차리지 못함을 가리킨다.

하는 것에 대한 하나의 근거가 된다.

126. "나는 그것을 전혀 다르게 보았다. 나는 그것을 결코 알아본 적이 없을 것이다!" 자, 그것은 하나의 외침이다. 그리고 이 외침은 타당하기도 하다.

127. 나는 결코 그 두 머리를 그렇게 포개놓는 일, 그것들을 **이렇게** 비교하는 일을 생각하지 못했을 것이다.[75] 왜냐하면 그것들은 서로 다른 비교 방식을 암시하기 때문이다.

이렇게 본 머리와 **저렇게** 본 머리 사이에는 어떠한 유사성도 없다. —— 비록 두 머리가 합동(合同)일지라도 말이다.

128. 누군가 내게 그림-토끼를 보여주고 그것이 무엇인지 묻는다. 나는 "그것은 토끼다"라고 말한다. "이제 그것은 토끼다"라고 말하지는 않는다. 나는 내 지각을 알리고 있는 것이다. — 누군가 내게 토끼-오리 머리를 보여주고 그것이 무엇인지 묻는다. 나는 "그것은 토끼-오리 머리다"라고 말**할 수 있다**. 하지만 나는 또

---

74) 내가 두 경우에서 서로 다른 어떤 것을 본다는 표현을 가리킨다.
75) 앞서와 같이 토끼-오리 머리를 한 번은 토끼들 무리에 포개놓고, 다른 한 번은 오리들 무리에 포개놓는 것을 말한다.

한 그 물음에 아주 다르게 반응할 수도 있다. ─ 그것이 토끼-오리 머리라는 대답은 다시금 지각을 알리는 것이다. "이제 그것은 토끼다"라는 대답은 그렇지 않다. 내가 "그것은 토끼다"라고 대답했다면, 내 말에 모호함은 사라졌을 것이며 나는 내 지각을 알린 셈이되었을 것이다.

129. 측면의 변화. "당신은 분명 그 그림이 이제 완전히 달라졌다고 말할 것이다!"

하지만 무엇이 다른가?: 내 인상인가? 내 관점인가? ── 나는 그것을 말할 수 있는가? 나는 그 변화를 하나의 지각처럼, 마치 그 대상이 내 눈앞에서 달라진 듯이 **기술한다.**

130. "이제 나는 **이것**을 본다"라고 나는 말할 수 있을 것이다.(가령 다른 그림을 가리키면서.) 이것은 **새로운** 지각에 대해 알리는 형식이다.

측면의 변화에 대한 표현은 새로운 지각에 대한 표현인 동시에 변하지 않는 지각에 대한 표현이다.

131. 나는 갑자기 조각 그림 맞추기의 해답을 본다. 전에 나뭇가지들이 있던 곳에 이제 사람의 형태가 있다. 내 시각 인상은 바뀌었으며, 이제 나는 그것이 색깔과 형태뿐 아니라 매우 특수한 '조

직'도 갖고 있음을 알아차린다.[76] —— 내 시각 인상이 바뀐 것이다 — 전에는 그것이 어땠으며, 지금은 어떤가? —— 내가 그것을 정확히 복사함으로써 묘사한다면 — 그리고 그것은 훌륭한 묘사가 아닌가? — 어떤 변화도 나타나지 않는다.

132. 그리고 무엇보다도 다음과 같이 말하지 말라: "내 시각 인상은 분명 **스케치**가 아니다. 그것은 —— 내가 누구에게도 보여줄 수 없는 —— **이것**이다." — 물론 그것은 스케치가 아니다. 하지만 내 안에 지니고 있는 것과 똑같은 범주의 것도 아니다.

133. '내적 그림'의 개념은 오해를 불러오기 쉽다. 왜냐하면 이 개념에 대한 모형은 '**외적** 그림'이기 때문이다. 하지만 이 개념어들의 쓰임이 유사한 정도는 "숫자"와 "수"의 쓰임들이 유사한 정도에 지나지 않는다. (그렇다. 수를 '이상적인 숫자들'이라고 부르고 싶은 사람은 그로 인해 비슷한 혼란을 초래할 수 있을 것이다.)

134. 시각 인상의 '조직'을 색깔과 형태를 가지고 구성하는 사람은 시각 인상을 하나의 내적 대상으로 놓고 출발하는 셈이다.[77] 물론

---

76) 조각 그림에 대한 내 시각 인상은 사람의 사지와 이목구비 형태를 재현한다.
77) 원문을 의역하면 다음과 같다. 만약 시각 인상이 색깔과 형태의 차원에서 구성

이로 말미암아 이 대상은 비현실적이고, 이상하게 흔들거리는 것이 된다. 왜냐하면 이제 그림[78]과의 유사성이 어지럽혀졌기 때문이다.

135. 내가 정육면체 도식이 여러 측면들을 지닌다는 것을 알고 있다면, 나는 다른 사람이 무엇을 보고 있는지를 알아내기 위해 그가 복사본 말고도 자신이 보고 있는 것에 대한 모형을 만들거나 그런 모형을 보여주도록 할 수 있다. 비록 **그는** 내가 왜 두 가지 설명을 요구하는지 전혀 모르겠지만 말이다.

그러나 측면의 변화가 이루어지면 사정은 달라진다. 그 복사본에 따르면 전에는 아마도 쓸모없는 부분[79]으로 보였거나, 심지어 쓸모없는 부분이었던 것이 이제 유일하게 체험을 표현할 수 있는 것이 된다.[80]

136. 그리고 이것만으로도 '조직'을 시각 인상 내의 색깔과 형태에 비교하는 일[81]이 사라진다.

된다고 여긴다면, 당신은 시각 인상을 하나의 내적 대상으로 여기는 생각에서 진행해나가는 것이다.

78) 외적 그림을 뜻한다.

79) 원어는 'Bestimmung'인데 문맥에 맞게 의역하였다.

80) 예컨대 앞서의 오리 머리 그림에서 오리의 뒤통수에 옴폭 파인 부분은 쓸모가 없지만 토끼 머리에서는 토끼의 입을 표현하는 중요한 역할을 한다.

137. 내가 토끼-오리 머리를 토끼로 보았다면, 나는 이러이러한 형태들과 색깔들을 본 것이다. (나는 그것들을 자세히 재현한다.[82]) — 또 그 외에도 나는 다음과 같은 것을 보았다: 그리고 여기서 나는 다수의 서로 다른 토끼 그림들을 가리킨다. — 이것은 개념들 사이의 차이를 보여준다.

'. . . 로 보는 것'은 지각에 속하지 않는다. 그리고 이 때문에 그것은 보는 것과 같기도 하고 다르기도 하다.

138. 나는 어떤 동물을 보고 있다. 누군가 내게 "당신은 무엇을 보고 있는가?"라고 묻는다: 나는 "토끼."라고 대답한다. —— 나는 어떤 풍경을 보고 있다. 갑자기 토끼 한 마리가 뛰어 지나간다. 나는 "토끼!"라고 외친다.

알림과 외침, 이 둘은 모두 지각과 시각 체험에 대한 표현이다. 그러나 외침은 알림과는 다른 의미에서 그렇다. 외침은 우리에게서 저절로 새어 나온다. 외침과 체험의 관계는 부르짖음과 아픔의 관계와 비슷하다.

---

81) 앞서 §134에서의 논의를 참작할 때 "시각 인상의 '조직'을 색깔과 형태에 비교하는 일"이 보다 적절한 표현으로 여겨진다. PI 4판, 262쪽 참조.
82) 머릿속에서 재현한다.

139. 하지만 외침은 지각에 대한 기술(記述)이기 때문에, 우리는 그것을 생각의 표현이라고 부를 수도 있다. ── 대상을 보는 사람은 대상을 생각할 필요가 없지만, 외침에 의해 표현되는 시각 체험을 갖는 사람은 또한 자신이 보고 있는 것을 **생각하고 있다.**

140. 따라서 하나의 측면이 반짝 떠오르는 것은 절반은 시각 체험이고, 절반은 생각인 듯이 보인다.

141. 누군가 갑자기 자신이 알아보지 못하는 어떤 현상을 본다. (그것은 그가 잘 알고 있는 대상이지만, 여느 때와는 다른 위치나 조명 아래에 있을 수 있다.) 그가 알아보지 못하는 상태는 아마도 몇 초 정도만 지속될 것이다. 그는 대상을 단번에 알아보았던 사람과는 다른 시각 체험을 갖는다고 말하면 옳은 것인가?

142. 그렇다면 누군가 자기 앞에 나타난 낯선 형태를, 그것에 익숙한 나처럼 **정확하게** 기술할 수는 없을까? ─ 그리고 그것이 대답이 아닌가?[83] ─ 물론 일반적으로는 그렇지 않을 것이다. 그는 또한 전혀 다르게 기술할 것이다. (가령 나는 "그 동물은 긴 귀를 가지고 있었다"라고 말한다 ─ 그는 "거기에 두 개의 긴 돌기가 있었다"라고 말하

───

83) 질문은 141번의 마지막 문장, 대답은 142번의 첫 문장이다.

고는 그것을 그린다.)

143. 나는 수년 동안 보지 못했던 사람을 만난다. 나는 분명히 그를 보지만 그를 알아보지는 못한다. 갑자기 나는 그를 알아보게 되고, 그의 달라진 얼굴에서 이전의 얼굴을 본다. 나는 내가 그림을 그릴 수 있다면 이제 그의 얼굴을 다르게 그릴 거라고 믿는다.

144. 군중 속에 내가 아는 사람이 있는데, 내가 그가 있는 방향으로 아마도 꽤 오랫동안 바라본 후에야 그를 알아볼 때 — 이것은 특수한 종류의 봄인가? 이것은 봄이자 생각함인가? 또는 — 나는 거의 이렇게 말하고 싶은데 — 이 둘이 합쳐진 것인가?

문제는 다음과 같다: **왜** 우리는 이렇게 말하고 싶어 하는가?

145. 보이는 것에 대한 알림이기도 한 바로 그 표현이 여기서는 알아봄의 외침이다.

146. 시각 체험의 기준은 무엇인가? — 그 기준은 무엇이어야 하는가?

'보이는 것'의 묘사.

147. 보이는 것의 묘사라는 개념은 복사의 개념처럼 매우 탄력

적이다. 그리고 **그와 더불어**, 보이는 것의 개념도 마찬가지다. 이 두 개념은 밀접하게 연관되어 있다. (그런데 이는 그 개념들이 유사하다는 뜻은 **아니다**.)

148. 어떻게 우리는 사람이 입체적으로 본다는 것을 알게 되는가? —— 나는 누군가에게 그가 내려다보는 지형(地形)이 (저기에) 어떤 식으로 되어 있는지 묻는다. "그것은 **이런 식으로** 되어 있는가?" (나는 손으로 그것을 보여준다.) —— "그래." —— "어떻게 알지?" —— "애매할 게 없어. 난 아주 분명하게 보는 걸." —— 그는 **추측**의 근거를 제시하지 않는다. 우리에게는 자신이 보는 것을 입체적으로 묘사하는 일이 아주 자연스럽다. 반면 스케치를 통해서든 말을 통해서든 평면적으로 묘사하기 위해서는 특수한 연습과 교육이 필요하다. (아이들이 그린 스케치의 특이함.)

149. 누군가 미소를 보고 그것을 미소로 알아보지 못한다면, 즉 그것을 미소로 이해하지 못한다면 그는 그것을 이해한 사람과는 미소를 다르게 보는 것인가? — 가령 그는 그것을 다르게 흉내 낸다.

150. 어떤 얼굴의 스케치를 뒤집어놓아라. 그러면 당신은 그 얼굴의 표정을 알아볼 수 없다. 어쩌면 당신은 그것이 미소 짓고 있음을 볼 수 있겠지만, 그것이 **어떻게** 미소 짓고 있는지는 정확히

볼 수 없다. 당신은 그 미소를 흉내 내거나, 그 미소의 특징을 보다 정확하게 기술할 수 없다.

하지만 뒤집어놓은 그림이 어떤 사람의 얼굴에 대한 가장 정확한 묘사일지도 모른다.

151. 모양 (a) ⬥ 는 모양 (b) ⬥ 를 뒤집어 놓은 것이다. (c) *Freude* 가 (d) *Freude* 를 뒤집어 놓은 것처럼 말이다. 그러나 — 나는 이렇게 말하고 싶다 — (c)와 (d)에 대한 내 인상 사이에는 (a)와 (b)에 대한 내 인상 사이의 차이와는 다른 종류의 차이가 있다. 예를 들어 (d)는 (c)보다 더 정돈되어 보인다. (루이스 캐럴의 고찰[84]과 비교해보라.) (d)는 베끼기 쉽고 (c)는 베끼기 어렵다.

152. 엉클어진 선(線)들 속에 숨어 있는 토끼-오리 머리를 상상해보라.[85] 이제 나는 갑자기 그 그림에서 그것을 가령 단순히 토끼 머리로 알아차린다. 얼마 후에 나는 똑같은 그림을 보고 똑같은 윤곽[86]

---

84) 그것이 무엇인지에 대해 두 가지 해석이 있다. (1) 캐럴의 *Through the Looking Glass*의 1장을 가리킨다. 모든 것이 현실세계와 반대인 거울나라에서 이 작품의 권두시 *Jabberwocky*의 첫 행이 필기체로 거꾸로 씌어진 채 등장한다. PI 4판, 263쪽 참조. (2) 캐럴의 *Sylvie and Bruno Concluded*의 1장을 가리킨다. 부르노(Bruno)는 "내 눈이 지금 막 빙빙 돌고 있어"라고 말하고 E–V–I–L이라는 글자를 거꾸로 "LIVE"로 읽는다. Hallett 1977, 680쪽 참조. 둘 다 가능한 해석이겠지만 비트겐슈타인은 (1)을 염두에 둔 것으로 보인다. MS 137, 135a쪽 참조.

을 알아차리지만, 이번에는 그것을 오리로 본다. 이때 내가 그것이 두 번 다 똑같은 윤곽이었음을 알아야 할 필요는 없다. 나중에 내가 그 측면이 바뀌는 것을 본다면 — 나는 토끼와 오리의 측면들이 내가 엉클어진 선들 속에서 그것들 각각을 알아보았을 때와는 전혀 다르게 보인다고 말할 수 있는가? 그렇지 않다.

하지만 그 변화는 그 알아봄이 일으키지 못하는 어떤 놀라움을 일으킨다.

153. 어떤 모양 (1)에서 다른 모양 (2)를 찾다가 그것을 발견한 사람은 이를 통해 (1)을 새로운 방식으로 보게 된다. 그는 그것에 대해 새로운 종류의 기술(記述)을 할 수 있다. 그뿐만 아니라 두 번째 모양을 알아차리는 일은 새로운 시각 체험이었다.

154. 하지만 그가 꼭 다음과 같이 말하고자 하지는 않을 것이다: "모양 (1)은 이제 아주 다르게 보인다. 그것은 이전의 모양과 합동이기는 하지만 그것과 아무런 유사성도 없다!"

---

85) 엉클어진 선들을 그린 그림 속에서 숨은 그림 찾기를 하는 경우를 상상하면 된다.
86) 토끼-오리 머리의 윤곽을 말한다.

155. 여기에는 서로 관련된 현상들, 그리고 가능한 개념들이 무수히 많다.

156. 그렇다면 그 모양의 복사본은 내 시각 체험에 대한 **불완전한** 기술(記述)인가? 그렇지 않다 ― 어쨌든 보다 자세하게 명시할 필요가 있는지, 그리고 어떤 부분들을 명시할 필요가 있는지는 상황들에 달려 있다. ― 그것은 불완전한 기술**일 수 있다**. 여전히 어떤 물음이 남아 있다면 말이다.[87]

157. 물론 우리는 이렇게 말할 수 있다: '그림-토끼'라는 개념에도 속하고, '그림-오리'라는 개념에도 속하는 어떤 것들이 있다. 그림, 스케치가 그런 것이다.[88] ― 하지만 **인상**은 그림-오리에 관한 것이면서 동시에 그림-토끼에 관한 것일 수는 없다.[89]

158. "내가 실제로 **보는** 것은 분명 대상으로부터 영향을 받아 내

---

87) 예컨대 앞서의 토끼-오리 머리 그림을 보고 그것이 무엇인지를 모르는 사람에게 우리는 그림 좌측의 긴 돌기가 오리의 경우에는 부리이고 토끼의 경우에는 귀임을 명시할 필요가 있다. 그래도 그림 속의 오리나 토끼를 알아보지 못하는 사람에게 우리는 그림 속의 점이 오리나 토끼의 눈임을 명시할 필요가 있다.

88) 토끼-오리 머리 그림이 그 한 예이다.

89) 원문은 "Aber der *Eindruck* ist nicht …"로 "하지만 **인상**은 …이 아니다"이지만 문맥에 맞게 의역하였다.

안에서 생겨나는 것임에 틀림없다." — 그렇다면 내 안에서 생겨나는 것은 일종의 복제, 즉 우리 자신이 다시 볼 수 있으며 떠올릴 수 있는 어떤 것, 거의 **구체화된** 어떤 것이다.

그리고 이런 구체화된 어떤 것은 입체적인 것이고, 순전히 입체적 개념으로 기술될 수 있음에 틀림없다.[90] 예를 들어 (그것이 얼굴이라면) 그것은 미소 지을 수 있다. 하지만 친근함의 개념은 그것의 묘사에 속하지 않으며, 오히려 그런 묘사에 **걸맞지 않는다.** (그 묘사에 도움이 될 수는 있겠지만.)[91]

159. 당신이 내가 무엇을 보았는지 묻는다면, 나는 아마도 그것을 보여주는 스케치를 할 수 있을 것이다. 그러나 내 시선이 어떻게 흘러갔는지는 대개의 경우 전혀 기억해내지 못할 것이다.

160. '본다'라는 개념은 이리저리 뒤얽힌 인상을 만들어낸다. 자, 본다는 것은 그런 식이다. — 나는 경치를 본다. 내 시선은 그 주위를 이리저리 배회하고, 나는 온갖 종류의 분명한 움직임과 불분명한 움직임을 본다. **이것**은 내게 분명한 인상을 남기고, **저것**은 매

---

90) 봄과 시지각을 원본과 복사본 사이의 대응 모델에 근거하여 설명하는 전통적 지각 이론을 요약하고 있다.

91) 친근함은 이러한 전통적 지각 이론에 대한 결정적 반례로 제출된다.

우 희미한 인상만을 남긴다. 어쨌든 우리가 보는 것은 완전히 조각 조각 난 듯이 보일 수 있지 않은가! 그리고 이제 "보이는 것의 기술(記述)"이 무엇을 의미하는지 살펴보라! — 하지만 이것[92]이 바로 보이는 것의 기술이라고 불리는 것이다. 그런 기술에 대한 **하나의 본래적이고** 정돈된 경우 — 그리고 나머지는 아직 불분명하거나, 아직 설명을 기다리고 있거나, 또는 단순히 쓰레기로 처분되어야 하는 그런 경우는 없다.[93]

161. 여기서 우리는 정교한 구분을 하려는 엄청난 위험에 직면한다. —— 우리가 물리적인 물체의 개념을 '실제로 보이는 것'의 관점에서 설명하려고 할 때가 이와 유사하다. — 오히려 우리가 해야 할 일은 일상 언어게임을 **받아들이는** 것이며, **거짓된** 묘사를 거짓된 것으로 간주하는 것이다. 아이가 배우는 원초적 언어게임은 정당화를 필요로 하지 않는다. 정당화하려는 시도야말로 거부되어야 한다.

162. 예를 들어 삼각형의 측면들을 잘 생각해보자. 우리는 이 삼각형을

---

92) 우리가 보는 것이 완전히 조각조각 난 듯이 보일 수 있다는 것을 가리킨다.

93) 본다는 것은 카메라나 복사기처럼 사실을 그저 일률적으로 재현하는 것이 아니라는 점을 부각시킴으로써 소박한 실재론이나 경험론에 입각한 시지각론을 비판하고 있다.

삼각 구멍으로, 물체로, 기하학적 그림으로 볼 수도 있고, 그 밑변 위에 서 있는 것으로, 그 꼭짓점에 걸려 있는 것으로 볼 수도 있다. 또한 하나의 산으로, 쐐기로, 화살이나 표지(標識)로 볼 수도 있고, 직각을 끼는 보다 짧은 변에 서 있어야 할 것이 (가령) 넘어진 물체로, 반쪽짜리 평행사변형으로 등등 여러 가지 것들로 볼 수 있다.

163. "당신은 그때 한 번은 **이것**을, 한 번은 **이것**을 생각할 수 있고, 그것을 한 번은 **이것**으로, 한 번은 **이것**으로 간주할 수 있다. 그러고 나서 당신은 그것을 한 번은 **이렇게**, 한 번은 **이렇게** 볼 것이다." ─ 도대체 **어떻게**? 확실히 더 이상의 규정은 없다.

164. 그러나 우리가 **해석**에 따라 사물을 **본다**는 것은 어떻게 가능한가? ─ 이 물음은 그것[94]을 하나의 이상한 사실인 듯이 표현하고 있다. 마치 실제로 들어맞지 않는 어떤 것을 하나의 형식이라는 틀 속에 억지로 밀어 넣는 것처럼 말이다. 하지만 여기서는 무리하

---

94) 우리가 해석에 따라 사물을 본다는 것을 가리킨다.

게 누르는 일도, 억지로 밀어 넣는 일도 결코 일어나지 않았다.

165. 다른 형식들 사이에 그런 형식에 대한 여지가 없는 듯이 보일 때, 당신은 그것을 다른 차원에서 찾아내야 한다. 여기에 아무런 여지도 없다면 그것은 분명 다른 차원에 있다.

(이런 의미에서 실수(實數)의 연속선상에도 허수(虛數)의 여지가 없다. 그리고 이는 확실히 다음을 의미한다: 허수 개념의 적용은 **계산**을 볼 때 나타나는 것과는 달리 실수 개념의 적용과 유사점이 적다.[95] 우리는 적용으로 내려가야 한다. 그러면 우리는 허수 개념을 이를테면 **예상하지 못한** 다른 곳에서 발견하게 된다.)

166. 다음의 설명은 어떨까?: "나는 어떤 것을 이것이라고 볼 수 있고, 그 어떤 것은 이것에 대한 하나의 그림일 수 있다."

이는 분명 다음을 의미한다: 측면들의 변화에서 측면들은 그 모양이 경우에 따라서는 하나의 그림에서 **영속적으로** 가질 수 있을 **측면들**이다.[96]

---

95) 예컨대 사물의 길이를 재는 자에는 허수가 표기되지 않는다. 수 개념을 적용할 때 드러나는 이러한 차이는 실수와 허수의 **계산**을 볼 때에는 나타나지 않는다.

96) 나는 토끼-오리 머리 그림을 토끼라고 볼 수 있고, 그 토끼-오리 머리 그림은 토끼에 대한 하나의 그림일 수 있다. 토끼와 오리는 토끼-오리 머리의 모양이 그것을 그린 그림에서 영속적으로 가질 수 있을 측면들이다.

167. 하나의 삼각형은 실제로 어떤 그림에서는 **서 있을** 수 있고, 다른 그림에서는 걸려 있을 수 있으며, 또 다른 그림에서는 넘어진 어떤 것을 나타낼 수 있다. — 즉 그것을 보는 나는 "그것은 또한 넘어진 어떤 것을 나타낼 수 있다"라고 말하지 않고, 오히려 "저 유리잔이 넘어져 산산이 조각난 채로 놓여 있다"라고 말한다. 우리는 그림에 대해 이렇게 반응한다.

168. 나는 "하나의 그림이 이 효과를 일으키려면 그 그림은 어때야 한다"라고 말할 수 있을까? 그렇지 않다. 가령 이런 직접적인 방식으로는 내게 아무것도 전달하는 바가 없지만 다른 사람들에게는 전달하는 바가 있는 화풍(畵風)들이 있다. 나는 관습과 교육도 여기에 관여되어 있다고 생각한다.

169. 내가 그림에서 공이 '**떠다니는 것을 본다**'는 말은 무슨 뜻인가?

이 기술(記述)이 내게 가장 먼저 떠오르는 자명한 기술이라고 한다면 충분한가? 아니다. 그것[97]은 여러 가지 이유로 그럴 수 있을 것이다.[98] 그것은 가령 단지 상투적인 기술일 수도 있을 것이다.

---

97) '이 기술'을 가리킨다.
98) 내게 가장 먼저 떠오르는 자명한 기술일 수 있을 것이다.

하지만 내가 그 그림을 가령 다만 이렇게 이해할 뿐 아니라(그것이 무엇을 묘사**해야 하는지** 알고 있을 뿐 아니라) 이렇게 **본다**는 것을 나타내는 표현은 무엇인가? —— 그런 표현은 다음과 같다: "공이 떠다니는 것처럼 보인다", "우리는 그것이 떠다니는 것을 본다", 혹은 특별한 어조로, "그것이 떠다닌다!"

170. 여기서 우리는 그 원인들은 무엇이며, 특별한 경우에 이런 인상을 일으키는 것은 무엇인지 스스로에게 묻고 있지 않다.

171. 그리고 그것은 특별한 인상**인가**? — "공이 떠다니는 것을 볼 때, 분명 나는 공이 다만 거기에 놓여 있음을 볼 때와는 **다른** 어떤 것을 본다." — 이것은 실제로 다음을 의미한다: 이 표현은 정당화되었다! (왜냐하면, 말 그대로 본다면 그것은 다만 반복에 불과하기 때문이다.)

(하지만 내 인상이 정말 떠다니는 공에 대한 인상인 것도 아니다. '입체적으로 봄'에는 변종들이 있다. 사진의 입체성과 우리가 입체경을 통해 보는 것의 입체성이 그것이다.)

172. "그런데 그것은 실제로 다른 인상인가?" — 이에 대답하기 위해 나는 내 안에 실제로 다른 어떤 것이 있는지 스스로에게 묻고 싶다. 하지만 나는 이것을 어떻게 확인할 수 있는가? —— 나는 내

가 보는 것을 다르게 **기술한다.**

173. 어떤 스케치들은 언제나 평면적인 모양으로 보이고, 어떤 스케치들은 가끔 또는 언제나 입체적으로 보인다.

이제 우리는 여기서 다음과 같이 말하고 싶다: 입체적으로 보이는 스케치들의 시각 인상은 입체적이다. 가령 정육면체 도식의 시각 인상은 정육면체다. (왜냐하면 그 인상에 대한 기술(記述)은 정육면체에 대한 기술이기 때문이다.)

174. 그렇다면 어떤 스케치들에 대한 우리의 인상은 평면적이고, 어떤 스케치들에 대해서는 입체적이라는 것은 이상하다. 우리는 스스로에게 묻는다: "이것은 어디에서 끝날까?"[99]

175. 내가 질주하는 말의 그림을 볼 때 — 나는 이것이 본래 의도되었던 종류의 움직임이라는 것을 **알** 뿐인가? 내가 그 그림에서 질주하는 말을 **본다**는 것은 미신인가? —— 그리고 내 시각 인상 역시 그렇게 질주하고 있는가?

---

99) 예컨대 우리는 화살 맞은 동물의 스케치를 보다가 그 화살이 동물의 몸속 어디에까지 박혔을까를 궁금해하며 이러한 질문을 할 수 있다.

176. "이제 나는 그것을 . . . 로 본다"라고 말하는 사람은 내게 무엇을 알리는 것인가? 이 알림은 어떤 결과를 가져오는가? 나는 그것으로 무엇을 할 수 있는가?

177. 사람들은 흔히 색깔을 모음(母音)과 연관 지어 생각한다. 그들에게는 어떤 모음이 자주 연이어 발음될 때, 그 색깔이 변할 수 있을 것이다. 가령 그에게 a는 '이제는 파랑 —— 이제는 빨강'이다.

"이제 나는 그것을 . . . 로 본다"는 말은 우리에게 "내게 a는 이제 빨강이다" 이상의 의미를 지닐 수 없을 것이다. (생리학적인 관찰과 연관 지어 볼 때 이 변화도 우리에게 중요한 것이 될 수 있을 것이다.)

178. 여기서 나는 우리가 미학적 주제들에 관해 대화를 할 때 다음과 같은 말을 사용한다는 생각이 든다: "당신은 그것을 **이렇게** 보아야 한다. 그것은 이런 의미다", "당신은 그것을 **이렇게** 볼 때, 어디에 잘못이 있는지를 본다", "당신은 이 박자를 도입부로 들어야 한다", "당신은 이 조(調)에 따라 귀를 기울여야 한다", "당신은 그것을 **이렇게** 악절로 나누어야 한다." (그리고 이는 연주뿐 아니라 듣는 것과도 관련될 수 있다.)

179. 다음의 도형은

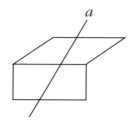

볼록 계단을 나타내며, 일종의 위상기하학(位相幾何學)[100]적 증명에 사용된다. 우리는 이를 위해 양 표면의 중심점을 통과하는 직선 a를 긋는다. —— 이제 누군가 이 모양을 잠깐 동안만 입체적으로 보는데, 때로는 오목 계단으로, 때로는 볼록 계단으로 본다면, 이로 인해 그가 우리의 증명을 따라오기는 어려울 수 있을 것이다. 그리고 그에게 평면적인 측면과 입체적인 측면이 번갈아 바뀐다면, 여기서 그것은 마치 내가 증명 과정에서 그에게 완전히 다른 대상들을 보여주는 것과 같다.

180. 내가 화법기하학(畵法幾何學)[101]에서 어떤 스케치를 보며 다음과 같이 말한다면 그것은 무엇을 의미하는가?: "나는 이 선(線)

---

100) 공간의 위상적 성질을 연구하는 기하학.
101) 점, 직선, 평면 또는 기타 곡면의 위치나 형태와의 관계를 3차원 공간 안의 입체에 대하여 연구하는 기하학의 한 분야.

이 여기에 다시 나타난다는 것을 알지만, 그 선을 그렇게 **볼** 수는 없다." 이는 단지 내가 그 스케치를 다루는 데 능숙하지 않다는 것을, 내가 그것에 대해 '정통하지' 못하다는 것을 의미하는가? — 이런 능숙함은 확실히 우리의 기준 가운데 하나다. 누군가 스케치를 입체적으로 보고 있다고 우리에게 확신을 주는 것은 일종의 '정통함'이다. 가령 입체적인 관계를 암시하는 어떤 몸짓들: 행동의 미세한 차이들.[102]

나는 어떤 그림에서 화살이 동물을 관통한 것을 본다. 화살은 그 동물의 목에 박혀 목뒤로 튀어나와 있다. 이 그림을 실루엣이라고 해보자. — 당신은 화살을 **보는가**? — 아니면 단지 이 두 조각이 화살의 일부를 나타내고 있다는 것을 **알** 뿐인가?

(쾰러[103]의 서로 관통하는 육각형 모양을 비교해보라.)

---

102) 예컨대 특정한 방식의 봄, 얼굴 표정. 이 책 §§192, 210 참조.
103) Wolfgang Köhler(1887–1967). 독일의 심리학자로 형태심리학의 창시자로 평가받고 있다. 대표작으로 *Gestalt Psychology*가 있으며, 서로 관통하는 육각형 모양에 대해서는 그 책 189쪽에 나오는 다음의 그림을 참조.

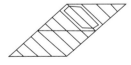

위의 그림은 큰 육각형과 그 안의 2중선으로 이루어진 작은 육각형이 서로 관통하는 것으로 해석될 수 있다. 비트겐슈타인과 쾰러의 비교연구로는 다음의 논문을 참조. Dinishak 2008.

181. "하지만 이는 분명 **보는** 것이 아니다!" —— "하지만 이는 분명 보는 것이다!" — 두 고찰 모두 개념적으로 정당화될 수 있어야 한다.

182. 하지만 이는 분명 보는 것이다! **어느 정도까지** 그것은 보는 것인가?[104]

183. "그 현상은 처음에는 놀랍겠지만, 그것에 대한 생리학적 설명이 분명 발견될 것이다." —

우리의 문제는 인과적인 것이 아니라 개념적인 것이다.

184. 화살에 관통된 동물의 그림이나 서로 관통하는 육각형의 그림이 잠깐 동안만 내게 보이고, 그런 뒤 내가 그것을 기술해야 한다면 **그것**이 기술(記述)이기는 할 것이다. 내가 그것을 그려야 한다면 나는 분명 매우 결함이 많은 복사본을 만들어내겠지만, 그것은 어쨌든 화살에 관통된 동물이나 서로 관통하는 두 육각형을 보여줄 것이다. 다시 말해: 나는 어떤 잘못들만큼은 저지르지 **않을** 것이다.[105]

---

104) 어떤 그림에서 화살이 동물을 관통한 것을 볼 때 우리는 우리가 보는 화살에 대해 이러한 질문을 던질 수 있다.
105) 예컨대 나는 동물이 몸통의 양 옆에 화살의 양 끝을 각각 붙이고 있는 것처럼 잘못 기술하지는 않을 것이다.

185. 이 그림[106]에서 가장 먼저 내 눈에 들어오는 것은: 두 개의 육각형이 있다는 것이다.

이제 나는 그것들을 보고 스스로에게 이렇게 묻는다: "나는 그것들을 정말 육각형으로 보는가?" — 게다가 그것들이 내 눈앞에 있는 시간 내내? (그 측면이 그때 바뀌지 않았다고 가정한다면 말이다.) — 그리고 나는 다음과 같이 대답하고 싶다: "나는 그것들을 줄곧 육각형으로 생각하지는 않는다."

186. 누군가 내게 이렇게 말한다: "나는 그것을 즉시 두 개의 육각형으로 보았다. 실로 그것이 내가 본 **전부**였다." 하지만 어떻게 나는 이것을 이해하는가? 나는 그가 "당신은 무엇을 보고 있는가?"라는 물음에 즉시 이런 기술(記述)로 대답했을 것이며, 그가 그것을 여러 가능성들 중 하나로 다루지도 않았으리라 생각한다. 이런 점에서 그의 기술은 내가 그에게 다음과 같은 그림을 보여주었을 때 "얼굴"이라고 대답한 것과 같다.

---

106) 쾰러의 서로 관통하는 육각형 모양을 가리킨다.

187. 내게 잠시 동안 보인 것에 대해 내가 할 수 있는 최상의 기술 (記述)은 **이것**이다: . . .

"그것은 뒷발로 서는 동물의 인상이었다." 그 때문에 아주 특정한 기술이 나왔다. — 그것은 **봄**이었는가, 아니면 생각이었는가?

188. 당신 자신 안에서 체험을 분석하려 하지 말라!

189. 물론 나는 그 그림을 처음에는 다른 어떤 것으로 보다가, 이후 스스로에게 "아, 그것은 두 개의 육각형이군!" 하고 말했을 수도 있다. 그러니까 그 측면이 바뀌었을 것이다. 그리고 이는 내가 사실상 그것을 특정한 어떤 것으로 **보았음**을 입증하는가?

190. "그것은 **진짜** 시각 체험인가?" 문제는 다음과 같다: 그것은 어느 정도까지 시각 체험인가?

191. 여기서 개념 규정이 문제가 된다는 사실을 알기는 **어렵다**. **개념**은 뇌리에서 떠나지 않는다. (당신은 이것을 잊지 말아야 한다.)

192. 대체 언제 나는 그것을 봄이 아니라, 단지 앎이라고 부르게 될까? — 아마도 누군가 그 그림을 하나의 작업 스케치로 취급할 때, 그것을 하나의 청사진처럼 **읽을** 때 그럴 것이다. (행동의 미세한

차이들.[107] — 그런 차이들은 왜 **중요한가**? 그것들은 중요한 결과를 가져온다.)[108]

193. "내게 그것은 화살에 관통된 동물이다." 나는 그것을 이렇게 취급한다. 이것이 그 모양에 대한 나의 **태도**이다. 이것이 그것을 '봄'이라고 부르는 하나의 의미이다.

194. 하지만 나는 똑같은 의미에서 다음처럼 말할 수도 있는가?: "내게 이것들은 두 개의 육각형이다." 똑같은 의미에서가 아니라, 유사한 의미에서.

195. 당신은 (작업 스케치가 아니라) 채색화의 성격을 띤 그림들이 우리의 삶에서 하는 역할을 생각해야 한다. 그리고 이 역할에 획일성 같은 것은 전혀 없다.

하나의 비교: 우리는 종종 격언들을 벽에 걸어놓는다. 하지만 역학(力學)의 정리(定理)들을 걸어놓지는 않는다. (이 두 가지 것들에 대한 우리의 관계.)

---

107) 이 책 §§180, 210 참조.
108) 그림을 가지고 하는 행동의 미세한 차이들로 말미암아 그림은 봄의 대상이 되기도 하고 앎의 대상이 되기도 한다.

196. 나는 그 스케치를 이러이러한 동물로 보는 사람에 대해서, 그 스케치가 무엇을 묘사하는지 알기만 하는 사람에 대해서와는 상당히 다른 것을 기대할 것이다.

197. 아마도 다음과 같은 표현이 더 나았을 것이다: 우리는 사진 또는 벽에 걸린 그림을 그 안에 묘사되고 있는 대상 자체(인물, 풍경 등)로 **간주한다**.

198. 반드시 그럴 필요는 없을 것이다. 우리는 그런 그림들에 대해 이런 관계를 갖지 않았던 사람들을 쉽게 상상할 수 있을 것이다. 가령 색깔 없는 얼굴, 어쩌면 비율이 줄어든 얼굴조차 사람답지 않아 보이기 때문에 사진을 싫어할 사람들 말이다.

199. 나는 말한다: "우리는 초상화를 사람으로 간주한다." ─ 하지만 언제, 그리고 얼마 동안 그렇게 하는가? 대체로 우리가 그것을 본다면 (그리고 가령 그것을 다른 어떤 것으로 보지 않는다면) **항상** 그런가?
나는 이에 대해 그렇다고 말할 수 있을 것이며, 이를 통해 간주함의 개념을 규정하게 될 것이다. ── 문제는 이와 관련된 다른 개념이, 즉 내가 실제로 (묘사된) 대상으로서의 그림에 몰입할 때에만 나타나는 (이른바) 그렇게-봄의 개념이 우리에게 중요해지는가 하는 것이다.

200. 나는 이렇게 말할 수 있을 것이다: 그림은 내가 그것을 보는 동안 항상 나를 위해 **살아 있는** 것은 아니다.

"그녀의 그림이 벽에서 내게 미소 짓는다." 내 시선이 그 그림에 닿는 바로 그때 그것이 항상 그래야 하는 것은 아니다.

201. 토끼-오리 머리. 우리는 스스로에게 묻는다: "그 눈이, 이 **점**이, 어떻게 한 방향으로 볼 수 있는가?" ─ "**그것이 어떻게 보는지 보라!**" (그리고 그때 우리는 자신을 '본다'.) 하지만 우리는 그 그림을 보는 모든 시간 내내 이렇게 말하고 행하지는 않는다. 그리고 이제 이 "그것이 어떻게 보는지 보라!"는 무엇인가? ─ 그것은 느낌의 표현인가?

202. (나는 이 모든 예들을 가지고 어떤 완전성을 확보하려 노력하는 것이 아니다. 또한 심리적 개념에 대한 어떤 분류를 확보하려 애쓰고 있지도 않다. 다만 독자가 개념적 불명확성의 상태에 대처할 수 있도록 하려는 것뿐이다.)

203. "이제 나는 그것을 . . . 로 본다"는 "나는 그것을 . . . 로 보려고 하고 있다", 또는 "나는 그것을 아직 . . . 로 볼 수 없다"와 일맥상통한다. 하지만 나는 평범한 사자의 그림을 사자**로** 보려고 할 수 없다. F를 F라는 글자로 보려고 할 수 없는 것처럼 말이다.

(가령 F를 교수대로 보려고 할 수는 있겠지만.)

204. 스스로에게 이렇게 묻지 말라: "**나**의 경우는 어떤가?" ─
이렇게 물어라: "나는 다른 사람에 대해 무엇을 아는가?"

205. 우리는 대체 어떻게 "그것은 **이것**일 수도 있을 것이다"라는
게임을 하는가? (그 모양이 또한 이것일 수도 있을 것이라고 할 때의
이것 ─ 그리고 그 모양이 이것으로 보일 수 있다고 할 때의 이것 ─ 은 단
순히 또 다른 모양이 아니다. "나는 △ 를 ＼ 로 본다"라고
말하는 사람은 여전히 전혀 다른 것을 염두에 두고 있을 것이다.)

아이들은 이런 게임을 한다: 그들은 가령 어떤 상자를 두고 이제
그것이 집이라고 말한다. 그러면 그것은 완전히 하나의 집으로 해
석된다. 그 상자를 둘러싸고 하나의 허구가 짜여 만들어진다.

206. 그런데 아이는 이제 그 상자를 집으로 **보는가**?

"그는 그것이 상자임을 완전히 잊고 있다. 그에게는 그것이 정말
로 집이다." (이를 보여주는 어떤 **표시들**이 있다.) 그렇다면 그가 그것
을 집으로 **본다**고 말하는 것 또한 옳지 않을까?

207. 그리고 그 게임을 할 수 있으며 특정한 상황에서 독특한 표
정으로 "이제 그것은 집이다!"라고 외치는 사람 ─ 그는 하나의 측

면이 반짝 떠오름을 표현하고 있다.

208. 그리고 내가 누군가 토끼-오리 그림에 대해 말하는 것을 듣고, **이제** 그가 일정한 방식으로 토끼 얼굴의 독특한 표정에 대해 말하는 것을 듣는다면, 나는 그가 이제 그 그림을 토끼로 보고 있다고 말할 것이다.

209. 하지만 그 목소리와 몸짓들의 표현은 마치 대상이 바뀌어 이제 마침내 이것 또는 저것이 **된** 것과 같다.[109]

나는 어떤 음악 주제를 내게 반복하게 하며 매번 점점 느린 박자로 연주하게 한다. 결국 나는 "**이제** 딱 맞다",[110] 또는 "**이제** 비로소 그것은 행진곡이다", "**이제** 비로소 그것은 춤곡이다"라고 말한다. — **이런** 어조에는 하나의 측면이 반짝 떠오르는 것 또한 표현되어 있다.

210. '행동의 미세한 차이들.'[111] —— 내가 어떤 음악 주제에 대

---

109) 토끼-오리 그림을 보다 거기서 갑자기 토끼나 오리의 측면을 발견하는 경우가 이에 해당할 것이다.

110) 원문은 "*Jetzt ist es richtig*"이다. 이를 "**이제** 그것은 옳다"로 직역해서는 안 된다. 음악의 빠르기가 옳고 그르다는 것은 어색한 표현이기 때문이다.

111) 이 책 §§180, 192 참조.

해 이해하는 바를 휘파람으로 정확히 표현해냄으로써 나타낼 때, 이는 그런 미세한 차이들의 한 예이다.

211. 삼각형의 측면들: 그것은 마치 어떤 **관념**이 시각 인상과 접촉하고 잠시 그 상태로 머물러 있는 것과 같다.

212. 하지만 이런 점에서 이 측면들은 (가령) 계단의 오목하고 볼록한 측면들과 다르다. 또한 다음 모양

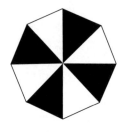

(나는 이것을 "2중 십자"라고 부를 것이다)의 측면들, 즉 검은 바탕 위의 흰 십자, 그리고 흰 바탕 위의 검은 십자로서의 측면들과도 다르다.

213. 당신은 서로 번갈아 나타나는 측면에 대한 기술(記述)들이 매 경우 다른 종류의 것임을 명심해야 한다.

214. ("그것"과 "이렇게"로 똑같은 것을 가리키면서 "나는 그것을 **이렇**

게 본다"라고 말하고 싶은 유혹.) 사적인 대상을 항상 이렇게 제거하라: 사적인 대상은 끊임없이 변하지만, 당신이 끊임없이 잘못 기억하기 때문에 당신은 그 변화를 알아차리지 못한다고 가정하라.

215. 2중 십자의 저 두 측면들(나는 그것을 A-측면들이라고 부를 것이다)은 가령 단순히 관찰자가 독립된 흰 십자와 독립된 검은 십자를 번갈아 가리킴으로써 알릴 수 있을 것이다.

그렇다. 우리는 이를 아이가 말을 처음 할 수 있기도 전에 나타내는 원초적인 반응으로 생각할 수도 있을 것이다.

(따라서 A-측면들을 알릴 때 우리는 2중 십자 모양의 일부를 가리킨다. ─ 토끼 측면과 오리 측면은 유사한 방식으로 기술될 수 없을 것이다.)

216. 당신이 이미 토끼와 오리의 형태를 잘 알고 있을 때에야 비로소 당신은 '토끼 측면과 오리 측면을 본다.' A-측면들에서는 그와 유사한 조건이 없다.

217. 토끼-오리 머리를 단순히 토끼의 그림으로, 2중 십자를 검은 십자의 그림으로 간주할 수는 있지만, 단순한 삼각형 모양을 넘어진 대상의 그림으로 간주할 수는 없다. 삼각형의 이런 측면을 보려면 **상상력**이 필요하다.

218. A-측면들은 본질상 입체적이지 않다. 흰 바탕 위의 검은 십자는 본질상 흰 면을 배경으로 하는 것이 아니다. 우리는 누군가에게 종이 위에 그려진 십자만을 보여주고서도 다른 색깔을 바탕으로 한 검은 십자의 개념을 가르칠 수 있을 것이다. 여기서 '배경'은 단순히 십자 모양의 주변이다.

A-측면들은 정육면체나 계단에 대한 스케치의 입체적인 측면들과 똑같은 방식으로 착각을 일으키지는 않는다.[112]

219. 나는 정육면체 도식을 하나의 상자로 볼 수 있다. — 하지만 내가 그것을 한번은 종이 상자로, 한번은 양철 상자로 볼 수도 있을까? — 누군가 내게 **자신이** 그렇게 할 수 있다고 장담한다면 나는 뭐라고 말해야 할까? — 여기서 나는 개념적 경계를 그을 수 있다.

그러나 어떤 그림을 볼 때의 **"느꼈다"**라는 표현에 대해 생각해 보라. ("우리는 그 재질의 부드러움을 느낀다.") (꿈속에서의 **앎**. "그리고 나는 그 방에 . . . 가 있었다는 것을 **알았다.**")

---

112) 원문은 "Die Aspekte A hängen nicht in gleicher Weise mit einer möglichen Täuschung zusammen, wie die räumlichen Aspekte der Würfelzeichnung oder der Stufe"이다. 직역하자면 "A-측면들은 정육면체나 계단에 대한 스케치의 입체적인 측면들과 똑같은 방식으로 가능한 착각과 관련되어 있지는 않다"가 되는데 아무래도 어색하고 난해해보여 의역을 택했다.

220. 우리는 어떤 **종류**의 측면들을 '조직의 측면들'이라고 부를 수 있을 것이다. 그 측면이 바뀐다면 전에는 그렇지 않았던 그림의 부분들이 하나의 전체를 이루게 된다.

221. 어떻게 우리는 아이에게 (가령 계산할 때) "이제 **이것들**을 합산해라!" 또는 "이제 **이것들**은 하나의 전체를 이룬다"를 가르치는가? 분명 "합산"과 "하나의 전체를 이룸"은 원래 아이에게 있어서 어떤 것을 이렇게 또는 저렇게 **보는 것**과는 다른 의미를 지녔음에 틀림없다. ─ 그리고 이것은 개념에 관한 고찰이지 교육 방법에 관한 고찰이 아니다.[113]

222. 나는 삼각형에서 이제 **이것**을 꼭짓점으로, **저것**을 밑변으로 볼 수 있고 ─ 이제 **이것**을 꼭짓점으로 그리고 **저것**을 밑변으로 볼 수 있다. ── 꼭짓점, 밑변 등의 개념을 막 처음 접한 학생에게 "이제 나는 **이것**을 꼭짓점으로 본다"는 말은 분명 아무런 의미도 지닐 수 없다. ─ 하지만 내가 이것으로 경험적 명제를 의미하고 있지는 않다.

---

113) 이전의 판본에는 §220과 §221의 위치가 바뀌어 있었지만 비트겐슈타인의 유고에 따른 4판에 근거해 두 절의 위치를 바로잡았다. MS 144; PI 4판, 263쪽 참조.

모양을 능숙하게 적용할 **수 있는** 사람에 대해서만 우리는 "이제 그는 그것을 **이렇게** 본다", "이제 **저렇게** 본다"라고 말할 수 있을 것이다.

이런 체험의 토대는 하나의 기술(技術)을 완전히 익히는 것이다.

223. 그러나 이것[114]이 누군가 이러이러한 것을 **체험함**에 대한 논리적 조건이어야 한다는 것은 얼마나 이상한가! 어쨌든 당신은 이러이러한 것을 할 수 있는 사람만이 '치통이 있다'고 말하지 않는다. —— 이로부터 우리가 여기서 다루는 것이 똑같은 체험의 개념일 수 없다는 사실이 따라 나온다. 그것은 관련은 있지만 다른 개념이다.

224. 이러이러한 것을 **할 수 있고**, 배웠고, 완전히 익힌 사람에 대해서만 그가 **이것**을 체험했다는 말이 의미를 지닌다.

그리고 이것이 어리석게 들린다면, 당신은 여기서 봄의 **개념**이 변경되었음을 명심해야 한다. (이와 비슷한 고찰이 수학에서 어지러운 느낌을 쫓아내는 데 자주 필요하다.)

우리는 말하고, 표현하며, **그런 뒤에야** 비로소 우리가 한 표현들의 생명[115]에 대한 그림을 얻는다.

---

114) 하나의 기술을 완전히 익히는 것을 가리킨다.

225. 이 자세가 망설이는 자세였음을 나는 어떻게 알 수 있었는가? 그것이 하나의 자세이지 이 생물을 해부한 것이 아니었음을 알기도 전에 말이다.

하지만 그것은 분명 내가 **단지** 시각적인 것에만 연관되어 있지는 않은 **이** 개념[116]을, 보이는 것을 기술하기 위해 사용할 수는 없을 거라는 점을 말할 뿐이지 않은가? — 그럼에도 불구하고 나는 망설이는 자세나 소심한 얼굴에 대한 순수한 시각적 개념을 지닐 수 있지 않을까?[117]

226. 그렇다면 우리는 그런 개념을 확실히 정서적인 가치를 지니면서도 동시에 오로지 지각된 구조를 기술하는 데만 사용될 수 있는 '장조(長調)'와 '단조(短調)'의 개념에 견줄 수 있을 것이다.[118]

227. 예를 들어 얼굴의 윤곽을 그린 그림에 적용된 "슬픈"이라는 형용사는 타원 내 일단의 선들[119]이 지니는 특징을 나타낸다. 그것[120]

---

115) 쓰임을 의미한다.
116) 망설이는 자세라는 개념을 가리킨다.
117) 망설이는 자세라는 개념은 해부를 통해 얻어지는 과학적 개념이 아니다. 어떤 자세가 망설이는 자세라는 것을 나는 시각을 통해 알지만 그렇다고 그것이 빨간색이나 세모와 같은 종류의 지각 대상인 것은 아니다.
118) 음악에서 장조와 단조는 한편으로는 그 조로 편성된 곡의 정서를 나타내고 있지만 다른 한편으로는 곡의 조편성 구조를 가리킨다.

은 사람에게 적용되었을 때 (비록 연관성은 있지만) 다른 의미를 지닌다. (그러나 이는 슬픈 얼굴 표정이 슬픈 느낌과 **비슷하다**는 뜻은 **아니다!**)

228. 또한 다음을 생각해보라: 나는 빨간색과 초록색을 볼 수만 있고, 들을 수는 없다, ― 그러나 슬픔의 경우에는, 내가 그것을 볼 수 있는 한 그것을 들을 수도 있다.

229. "나는 애처로운 가락을 들었다"라는 표현을 한번 생각해보라! 그리고 이제 문제는 다음과 같다: "그는 그 애처로움을 **듣는가?**"[121]

230. 그리고 내가 "아니다. 그는 그것을 듣지 않으며, 오직 느낄 뿐이다"라고 대답한다면 ―― 이로부터 우리는 무엇을 얻는가? 실로 우리는 이런 '느낌'에 대한 감각기관조차 명시할 수 없다.

어떤 사람들은 이제 이렇게 대답하고 싶어 한다: "물론 나는 그것을 듣는다!" ―― 또 어떤 사람들은: "나는 그것을 실제로는 **듣지** 않는다."

119) 타원은 얼굴의 윤곽을, 선들은 이목구비를 묘사한다.
120) "슬픈"이라는 형용사를 가리킨다.
121) 이 절에 대해서는 다음의 논문을 참조. O. Hanfling, "I Heard a Plaintive Melody," Shanker and Kilfoyle 2002에 재수록.

그러나 개념적 차이들은 분명히 밝힐 수 있다.

231. 우리는 어떤 얼굴 표정[122]을 두려운(이 말의 **완전한** 의미에서) 것으로 알아보지 않는 사람과는 다른 방식으로 그 표정에 반응한다. ― 그러나 여기서 나는 우리가 근육과 관절에서 이런 반응을 느끼는데 이것이 '느낌'이라고 말하고 싶지 **않다**. ― 아니다. 우리는 여기에서 **느낌**에 대한 변경된 개념을 갖고 있다.

232. 우리는 누군가를 두고 그가 얼굴 **표정**을 알아보지 못한다고 말할 수 있을 것이다. 하지만 이 때문에 그의 시력에 뭔가 결함이 있는 것일까?

그러나 물론 이것은 단순히 생리학의 문제가 아니다. 여기서 생리학적인 것은 논리학적인 것의 상징이다.

233. 어떤 가락의 엄숙함을 느끼는 사람은 무엇을 지각하는가? ― 들은 것의 재현을 통해 전달될 수 있는 어떤 것은 아니다.

234. 임의의 글자 ― 가령 𝓗 ― 에 대해서 나는 그것이 어떤 외

---

122) 원어는 "Gesichtseindruck(시각 인상)"이지만 이는 'Gesichtsausdruck'의 오식 (誤植)이므로 이렇게 정정해 번역했다. PI 4판, 263쪽 참조.

국 알파벳의 글자가 아주 정확하게 적힌 것이라고 상상할 수 있다. 혹은 그것이 잘못 적힌 것이며, 이런저런 방식으로 문제가 있다고 상상할 수도 있다: 가령 아무렇게나 휘갈겼다든지, 대체로 유치하고 어설프다든지, 아니면 공문서의 장식체 같다든지 말이다. ― 그것을 두고 펼치는 상상의 나래에 따라 나는 그것을 여러 측면들로 볼 수 있다. 그리고 여기에 '한 낱말의 의미에 대한 체험'과의 밀접한 동질성이 존재한다.

235. 그것은 마치 '이 맥락에서 기호를 봄'이 생각의 메아리인 것과 거의 같다.

"봄에서 메아리치는 생각" ― 우리는 이렇게 말하고 싶다.

236. 체험에 대한 생리학적 설명을 상상해보라. 그것이 다음과 같다고 하자: 모양을 관찰할 때, 우리의 눈은 일정한 경로를 따라 그 대상을 반복해서 훑어본다. 그 경로는 눈동자가 바라볼 때의 독특한 진동 형태에 대응한다. 그런 움직임의 한 방식이 다른 방식으로 바뀌면서 두 방식이 번갈아 나타나는 일이 일어날 수 있다.(A-측면들) 어떤 움직임의 형태는 생리학적으로 불가능하다. 따라서 나는 가령 정육면체 도식을 서로 관통하는 두 개의 프리즘으로 볼 수 없다 등등. 이것을 설명이라고 하자. ― "그렇다. 나는 이제 그것이 일종의 **봄**이라는 것을 안다." ―― 당신은 방금 봄에 대

한 새로운, 생리학적 기준을 도입했다. 그런데 이것은 오래된 문제를 감출 수는 있지만 해결할 수는 없다. — 하지만 이런 고찰의 목적은 생리학적인 설명이 제공될 때 어떤 일이 일어나는지를 우리 눈앞에 제시하려는 것이었다. 심리학적인 개념은 이 설명으로 해결되지 않은 채 남아 있다. 그리고 우리의 문제가 가진 본성은 이를 통해 보다 명백해진다.[123]

237. 여기서 반짝 떠오르는 것은 내가 관찰하는 대상에 특정한 방식으로 몰두하는 동안에만 지속된다고 나는 말하고 싶다. ("그것이 어떻게 보이는지 보라!") —— '나는 말하고 싶다' — 그런데 그것은 **정말** 그런가? — 스스로에게 다음과 같이 물어보라: "하나의 사물은 얼마 동안 내 주의를 끄는가?" — 그것은 내게 얼마 동안 **새로운가**?

238. 측면에는 하나의 모양새가 있는데, 이 모양새는 나중에 사라져버린다.[124] 마치 내가 처음에는 그것을 **흉내 내고**, 다음에는 흉내 내지 않고 받아들이는 어떤 얼굴이 거기에 있는 것 같다. — 그

---

123) 이전의 판본에는 §235와 §236이 §247 다음에 배치되어 있었지만 비트겐슈타인의 유고에 따른 4판에 근거해 두 절의 위치를 바로잡았다. MS 144; PI 4판, 264쪽 참조.

124) 측면이 반짝 떠오를 때 우리가 그 측면에 대해 갖는 인상이 모양새이다. 그러나 그 측면은 나중에 사라져버린다.

리고 설명은 사실상 이것으로 충분하지 않은가? ― 하지만 그것은 너무 지나친 것이 아닌가?

239. "나는 그와 그의 아버지 사이의 닮은 점을 몇 분간 알아차렸지만, 그 후로는 아니었다." ― 그의 얼굴이 변해서 잠깐 동안만 그의 아버지와 닮아 보인다면 우리는 이렇게 말할 수 있을 것이다. 하지만 그것은 또한 몇 분 후에는 그들의 닮은 점이 더 이상 내 주의를 끌지 않았다는 뜻일 수도 있다.

240. "닮은 점이 당신의 주의를 끈 후에 ― 당신은 얼마 동안 그것을 의식했는가?" 이 물음에 대해 우리는 어떻게 대답할 수 있을까? ―― "나는 곧 그것에 대해 더 이상 생각하지 않았다", 또는 "그것은 이따금 다시 내 주의를 끌었다", 또는 "이들은 정말 많이 닮았구나! 하는 생각이 몇 번 내 머리를 스쳤다", 또는 "나는 적어도 1분 동안 그들의 닮은 점에 놀라 물끄러미 바라보았다." ―― 대답은 아마도 이런 것들일 것이다.

241. 나는 다음과 같은 물음을 제기하고 싶다: "내가 어떤 대상(가령 이 벽장)을 보는 동안, 나는 그것의 공간성, 깊이를 **항상 의식하고** 있는가?" 나는 그것을 이를테면 그 모든 시간 동안 **느끼는가**? ―― 그러나 이를 3인칭으로 물어보라. ― 언제 당신은 그가 그것

을 항상 의식하고 있다고 말할까? 그리고 언제 그 반대를 말하게 될까? ― 물론 우리는 그에게 물어볼 수 있을 것이다. ― 하지만 그는 이런 물음에 대답하는 법을 어떻게 배웠는가? ―― 그는 "끊임없이 아픔을 느낀다"는 것이 무엇을 뜻하는지 알고 있다. 그러나 여기서 그것[125]은 단지 그를 혼란시킬 뿐이다. (그것이 나를 혼란시키는 것처럼 말이다.)

그가 이제 그 깊이를 끊임없이 의식하고 있다고 말한다면 ― 나는 **그것**을 믿는가? 내게는 이 대답들이 잘못된 기초에 의거하고 있는 듯이 여겨질 것이다. ― 하지만 그가 그 대상이 때로는 평평한 것으로, 때로는 입체적인 것으로 보인다고 말한다면 사정은 달라질 것이다.

242. 누군가 내게 말한다: "나는 꽃을 바라보았지만, 다른 것을 생각하고 있어서 그 색깔을 의식하지 않았다." 나는 이것을 이해하는가? ― 나는 이를 위해 어떤 의미 있는 맥락을 상상할 수 있는데, 가령 그가 다음과 같이 말을 잇는 것이다: "그때 나는 갑자기 그것[126]을 **보았으며**, 그것이 . . . 색이라는 것을 알아보았다."

또는 그가 이렇게 말을 이을 수도 있다: "만약 내가 그때 시선을

---

125) "끊임없이 아픔을 느낀다"는 것을 가리킨다.
126) 꽃을 가리킨다.

돌렸다면 나는 그것이 무슨 색인지 말할 수 없었을 것이다."[127]

"그는 그것을 보지 않고 바라보았다."[128] — 그런 일이 있다.[129] 하지만 이에 대한 기준은 무엇인가? — 여기에는 그야말로 여러 가지 경우들이 있다.

243. "나는 방금 색깔보다는 형태를 보았다." 이런 표현 방법으로 인해 혼란에 빠지지 말라. 무엇보다도, "이때 과연 눈이나 뇌에서 뭔가가 일어나고 있을까?"라고 생각하지 말라.

244. 닮은 점이 내 주의를 끈다. 그리고 내 주의를 끄는 일이 사라진다.

닮은 점은 단지 몇 분 동안만 내 주의를 끌었고, 그런 뒤 더 이상 내 주의를 끌지 않았다.

여기서 무슨 일이 일어났는가? — 나는 무엇을 기억해낼 수 있는가? 나 자신의 얼굴 표정이 내 마음에 떠오른다. 나는 그것을 흉

---

127) 색을 의식하지 않고 꽃을 바라보다가 문득 색을 인식하게 된다는 것인데, 색을 인식하기 전에 만약 시선을 돌렸더라면 색을 기억하지 못했을 것임을 말하고 있다. 다음과 같은 번역도 가능하다. "만약 내가 그때 한눈을 팔았더라면 …"

128) 앞의 봄은 의식을 하면서 보는 것, 뒤의 바라봄은 의식하지 않으면서 그저 눈으로만 보는 것을 의미한다. 원문은 "Er blickte sie an, ohne sie zu sehen"이다.

129) 초점 없이 멍하니 바라보는 경우가 이에 해당할 것이다.

내 낼 수 있을 것이다. 나를 아는 누군가가 내 얼굴을 보았다면 그는 다음과 같이 말했을 것이다: "그의 얼굴에서 무엇인가가 방금 당신의 주의를 끌었다." ─ 그런 경우에 내가 소리 내어 말하거나, 속으로만 말하는 일도 내 마음에 떠오른다. 그리고 그게 전부다. ─ 그런데 이것이 주의를 끎인가? 아니다. 이것은 주의를 끎의 현상들이다. 하지만 그것들은 '일어나는 것들'**이다.**

245. 주의를 끎은 봄＋생각함인가? 아니다. 여기서 우리의 많은 개념들이 **서로 교차한다.**[130]

246. ('생각함'과 '상상 속에서 말함' ─ 나는 "스스로에게 말함"이라고 말하지 않는다 ─ 은 서로 다른 개념이다.)

247. 시각 인상의 색깔은 대상의 색깔에 대응하며 (이 압지(押紙)는 내게 장밋빛으로 보이며, 그것은 장밋빛이다) ── 시각 인상의 형태는 대상의 형태에 대응한다. (그것은 내게 직사각형으로 보이며, 그것은 직사각형이다) ── 하지만 내가 한 측면이 반짝 떠오르는 데에서 지각하는 것은 대상의 속성이 아니라, 그 대상과 다른 대상 사이의 내적 관계이다.

─────────

130) 많은 개념들이 주의를 끎과 연관될 수 있다.

248. 나는 실제로 매번 다른 것을 보는가, 아니면 내가 본 것을 다른 방식으로 해석할 뿐인가? 나는 전자라고 말하는 경향이 있다. 하지만 어째서인가? —— 해석함이란 하나의 생각함이며, 하나의 행함이다. 봄은 하나의 상태이다.

249. 그런데 우리가 **해석하고** 있는 경우들은 알아보기 쉽다. 해석을 할 때 우리는 가설들을 세우는데, 이 가설들은 거짓으로 증명될 수도 있다. —— "나는 이 모양을 . . . 로 본다"는 "나는 밝은 빨간색을 본다"와 마찬가지로 (또는 오직 같은 의미에서) 검증하기 어렵다. 따라서 두 맥락에서 "봄"의 쓰임에는 비슷한 점이 있다.[131]

250. 다만 당신은 여기서 "봄의 **상태**"가 무엇을 의미하는지 원래 알고 있었다고 생각하지 말라! 그 쓰임을 통해 그 의미를 **배워라**.

251. 봄에 관한 어떤 것들은 우리에게 수수께끼로 보인다. 왜냐하면 봄 전체가 우리에게 충분히 수수께끼로 보이지 않기 때문이다.[132]

---

131) 이전의 판본에는 §249와 §250이 하나로 붙어 있었지만 비트겐슈타인의 유고에 따른 4판에 근거해 둘을 구분해 배치하였다. MS 138, 10a-b쪽; MS 144, 74-75쪽; PI 4판, 264쪽 참조.

132) 우리는 봄 전체를 당연시하는 경향이 있다. 그렇기 때문에 예컨대 측면의 떠오름과 전환은 우리에게 더욱 수수께끼로 보인다.

252. 사람, 집, 나무의 사진을 보는 사람은 그것을 입체적으로 본다. 우리가 그것을 평면 위 색깔 반점의 집합체로 기술하기란 쉽지 않을 것이다. 하지만 우리가 입체경에서 보는 것은 또 다른 방식으로 입체적으로 보인다.

253. (우리가 두 눈으로 보기 때문에 그것이 입체적으로 보인다는 것은 결코 당연한 일이 아니다.[133] 두 시각 이미지가 하나로 합쳐진다면, 그 결과 이미지가 흐려지는 경우를 예상할 수 있을 것이다.)

254. 측면의 개념은 이미지의 개념과 유사하다. 다시 말해 '이제 나는 그것을 . . . 로 본다'는 '이제 나는 이 이미지를 갖고 있다'와 유사하다.

어떤 것을 특정 주제의 변주(變奏)로 들으려면 상상력이 필요하지 않은가? 그렇지만 우리는 그것을 통해 어떤 것을 지각한다.

255. "그것이 이렇게 바뀌었다고 상상해보라. 그러면 당신은 다른 것을 얻는다." 우리는 상상 속에서 증명을 할 수 있다.

---

133) 원문은 "Es ist nichts weniger als selbstverständlich, daß wir mit zwei Augen 'räumlich' sehen"이다. 이를 직역하자면 다음과 같다. "우리가 두 눈으로 '입체적으로' 본다는 것은 결코 자명하지 않다."

256. 측면을 보는 것과 상상을 하는 것은 의지에 종속되어 있다. **"이것을** 상상해보라!"는 명령과 "이제 그 모양을 **이렇게** 보라!"는 명령은 있지만, "이제 그 잎을 초록색으로 보라!"는 명령은 없다.

257. 이제 다음과 같은 물음이 제기된다: 어떤 것을 **어떤 것으로** 보는 능력이 없는 사람들이 있을 수 있을까? — 그리고 그것은 어떤 식일까? 그것은 어떤 결과를 가져올까? —— 이런 결함을 색맹이나 음치에 견줄 수 있을까? — 우리는 그것을 "측면-맹(盲)"[134]이라고 부르고자 한다. — 그리고 이제 우리는 이것이 무엇을 의미할 수 있을지 깊이 생각해보고자 한다. (개념적 탐구.)

측면-맹인(盲人)은 A-측면들이 변하는 것을 볼 수 없을 것이다. 하지만 그는 또한 2중 십자가 검은 십자와 흰 십자를 포함한다는 것도 알아보지 못할까? 그렇다면 그는 "이 모양들 중에서 검은 십자를 포함하는 것을 내게 보여라!"라는 과제를 완수할 수 없는가? 아니다. 그는 그것을 할 수 있다. 하지만 그는 "이제 그것은 흰 바탕에 검은 십자이다!"라고 말하지 않을 것이다.

그는 두 얼굴 사이의 닮은 점을 가려내지 못할까? — 그렇다면 그것들의 동일성이나 대략적인 동일성에 대해서도 마찬가지일까? 나는 이를 확정하고 싶지 않다. (그는 "이것처럼 보이는 것을 내게 가

---

134) 원어는 "Aspektblindheit"이다.

져와라!"와 같은 종류의 명령들을 수행할 수 있어야 할 것이다.)

258. 그는 정육면체 도식을 정육면체로 볼 수 없어야 하는가? ―
이로부터 그가 그것을 정육면체의 묘사(가령 작업 스케치)로 알아보
지 못할 것이라는 결론이 따라 나오지는 않을 것이다. 하지만 그에
게 그것은 하나의 측면에서 다른 측면으로 바뀌지 않을 것이다. ―
질문: 그는 우리가 그렇듯이 그것을 경우에 따라서는 정육면체로
간주할 수 있어야 하는가? ― 그렇지 않다면 우리는 아마도 이를
일종의 맹(盲)이라 부를 수 없을 것이다.
  '측면–맹인'은 그림들에 대해 우리와는 전혀 다른 관계를 가질
것이다.

259. (우리는 **이런** 종류의 이례적인 경우들을 쉽게 상상할 수 있다.)

260. 측면–맹은 '음치'와 **비슷할** 것이다.

261. 이 개념의 중요성은 '측면을 봄'과 '낱말의 의미를 체험함'이
라는 개념들 사이의 연관에 놓여 있다. 왜냐하면 우리는 다음과 같
이 묻고 싶기 때문이다: "낱말의 의미를 **체험하지** 못하는 사람에게
는 무엇이 빠져 있는가?"[135]
  예를 들어, 만일 누군가 "악한"이라는 낱말을 발음하고 그것으로

형용사를 의미하라는 요구를 이해하지 못한다면 — 또는 그 낱말이 열 번 계속 발음되면 그 의미를 잃어버리고 단순한 소리가 되어버린다는 것을 그가 느끼지 못한다면 그에게는 무엇이 빠져 있는가?

262. 예를 들어 법정에서 누군가 한 낱말을 어떻게 의미했는지에 대한 물음이 제기될 수 있을 것이다. 그리고 이는 어떤 사실들로부터 추론될 수 있다. — 그것은 **의도**에 대한 물음이다. 하지만 그가 한 낱말 — 가령 "은행"이라는 낱말 — 을 어떻게 체험했는지가 이와 유사한 방식으로 의미를 지닐 수 있을까?

263. 내가 누군가와 "탑(塔)"이 은행을 의미한다는 암호에 합의했다고 가정해보라. 나는 그에게 "이제 탑으로 가라!"라고 말한다. — 그는 내 말을 이해하고 그렇게 행위하지만, 그에게는 "탑"이라는 낱말이 이렇게 사용되는 것이 낯설게 느껴진다. 그것[136]은 아직 그 의미를 '흡수하지' 못한 것이다.

264. "내가 어떤 시(詩)나 이야기를 감정을 넣어서 읽을 때에는,

---

135) 이 절에 대해서는 다음의 논문을 참조. D. Seligman, "Wittgenstein on Seeing Aspects and Experiencing Meanings," *Philosophy and Phenomenological Research*, vol. 37, 1988.
136) "탑"이라는 낱말을 가리킨다.

내가 그저 정보를 수집하기 위해 그 줄들을 대충 훑어볼 때 일어나지 않는 무언가가 확실히 내 안에서 일어난다." ― 나는 어떤 과정들을 암시하고 있는가? ― 문장들의 **울림**이 다르다. 나는 억양에 세심한 주의를 기울인다. 때로 한 낱말을 발음할 때는 그 억양이 잘못되어, 너무 강하거나 너무 약하게 강조된다. 나는 이를 눈치 채는데 그것은 내 얼굴에 나타난다. 나중에 나는 내 낭독의 세세한 점들에 대해서, 가령 억양이 틀린 부분에 대해서 이야기할 수 있을 것이다. 때로는 그림이, 이를테면 삽화가 내게 떠오르기도 한다. 물론 이는 내가 정확한 표현으로 읽는 데 도움을 주는 듯이 보인다. 그리고 나는 이와 같은 것들을 더 많이 언급할 수 있을 것이다. ― 또한 나는 어떤 낱말에 하나의 강세를 부여해서 그 낱말의 의미가 나머지 낱말들보다 더 강조되도록 할 수도 있다. 마치 그 낱말이 사태의 그림인 듯이 말이다. (그리고 이는 물론 문장의 구조에 달려 있을 수 있다.)[137]

265. 내가 풍부한 표정으로 읽으면서 이 낱말을 발음할 때, 그 낱말은 그것의 의미로 가득 채워진다. ―"의미가 낱말의 쓰임이라면 어떻게 그럴 수 있는가?" 글쎄, 내 표현의 의도는 비유적인 것

---

137) 비트겐슈타인이 『논리-철학논고』에서 개진했던 그림으로서의 언어 개념도 이와 유사한 발상으로 볼 수 있다.

이었다. 하지만 내가 그 비유를 골랐다기보다는 그 비유가 내게 저절로 떠오른 것이었다. — 그러나 낱말의 비유적 쓰임은 원래의 쓰임과 충돌할 수 없다.

266. 왜 하필 **이** 그림이 내게 나타나는지는 아마도 설명될 수 있을 것이다. ("안성맞춤"이라는 표현과 그 의미를 한번 생각해보라.)

267. 하지만 내게 하나의 문장이 낱말들로 이루어진 그림으로, 문장 내 각각의 낱말이 하나의 그림으로 여겨질 수 있다면, 따로 떨어져 목적도 없이 말해진 낱말이 그 자체로 특정한 의미를 지닐 수 있는 듯이 보인다는 것은 더 이상 그리 놀랍지 않다.

268. 여기서 이 문제들을 이해하는 데 도움을 주는 특별한 종류의 착각에 대해 생각해보라. — 나는 아는 사람과 함께 도시 주변을 산책한다. 대화 도중 나는 도시가 우리 오른쪽에 놓여 있다고 상상하고 있음이 드러난다. 이 가정에 대해 내가 아는 어떤 근거가 있는 것도 **아닐** 뿐더러, 조금만 생각해보면 도시가 우리 앞의 왼쪽에 있음을 확인할 수 있을 것이다. **왜** 도시가 **이** 방향에 있다고 상상하느냐는 질문에 대해서 나는 처음에 아무런 대답도 할 수 없다. 내게는 그렇게 생각할 **어떠한 근거도 없었다.** 하지만 비록 근거는 없다 해도, 나는 어떤 심리적 원인들을 아는 듯이 보인다. 보다 정

확히 말하자면 어떤 연상들과 기억들을 말이다. 예를 들어 우리는 운하를 따라 걷고 있었는데, 전에 언젠가 유사한 상황에서 내가 어떤 운하를 따라 걸은 적이 있으며 그때 도시가 우리의 오른쪽에 있었다. ─ 나는 내 근거 없는 확신의 원인들을 이를테면 정신분석학적으로 찾아내려 할 수도 있을 것이다.

269. "그러나 이것은 얼마나 이상한 체험인가?" ─ 물론 그것은 다른 모든 체험들보다 더 이상하지는 않다. 그것은 우리가 가장 기본적인 것으로 간주하는 그런 체험, 가령 감각 인상과는 종류가 다를 뿐이다.

270. "내게는 마치 그 도시가 거기에 있다고 알고 있는 듯이 느껴진다." ── "내게는 '슈베르트'라는 이름이 슈베르트의 작품과 그의 얼굴에 맞는 듯이 느껴진다."

271. 당신은 "해"라고 스스로에게 말하고 그것으로 한번은 명령을, 한번은 태양을 뜻하는 명사를 의미할 수 있다.[138] 그리고 이제

---

138) 원문에서는 '연약한'을 뜻하는 'weich'의 명사형이자 '물러나다'를 뜻하는 'weichen'의 명령형이기도 한 "Weiche"를 예로서 사용하고 있는데, 번역문에서는 우리말의 문맥에 맞게 다른 예를 사용하였다.

"해!"라고 말하고 — 그 다음에는 "**빨리** 해!"라고 말해보라. — 두 번 모두 **똑같은** 체험이 그 말과 함께 일어나는가? — 당신은 이를 확신하는가?

272. 내가 민감하게 귀를 기울임으로써 이 게임에서 그 낱말을 때로는 **이렇게**, 때로는 **저렇게** 체험한다는 것을 알게 된다면, 나는 이를 통해 내가 이야기의 흐름 속에서 자주 그 낱말을 **전혀** 체험하지 **않는다**는 것도 알게 되지 않는가? —— 왜냐하면 내가 그것을 때로는 **이렇게**, 때로는 **저렇게** 의미하기도 하고, 의도하기도 하며, 아마도 나중에는 그렇게 설명하기도 할 것이라는 점은 전혀 문제가 되지 않기 때문이다.

273. 하지만 낱말의 체험에 대한 이런 **게임**과 관련해, 그렇다면 대체 왜 우리가 또한 '의미'와 '의미함'에 대해 말하는가 하는 물음이 남아 있다. —— 이것은 다른 종류의 물음이다. —— 우리가 **이런** 상황에서 "우리는 그 낱말을 **이런** 의미로 말했다"는 표현을 사용한다는 것, 그리고 이 표현을 다른 언어게임으로부터 취한다는 것이 이 언어게임의 특징적 현상이다.

그것을 꿈이라고 불러라. 그렇다고 바뀌는 것은 없다.[139]

---

139) 꿈이라고 부른 것이 실제로 꿈으로 통용되지 않는 한 바뀌는 것은 없다.

274. '살찐'과 '마른'이라는 두 개념이 주어졌을 때, 당신은 수요일이 살쪘으며 화요일은 말랐다고 말하는 경향이 있을까, 아니면 그 반대로 말하는 경향이 있을까? (나는 단연 전자로 말하는 경향이 있다.) 이제 "살찐"과 "마른"은 여기서 그 일상적인 의미와는 다른 의미를 지니는가? ― 그것들은 다른 쓰임을 지닌다. ― 따라서 나는 실제로 다른 낱말을 사용했어야 하는가? 분명 그렇지 않다. ― **여기서** 나는 이 낱말들을 (내게 익숙한 의미로) 사용하고 싶다. ― 그런데 나는 이런 현상의 원인들에 대해서 아무것도 말하고 있지 않다. 그것은 내 어린 시절로부터 연상한 것들**일 수 있을 것이다.** 그러나 그것은 하나의 가설이다. 설명이야 어떻든 간에 ― 그런 경향은 거기에 있다.

275. "당신은 여기서 '살찐'과 '마른'으로 정말 무엇을 의미하는가?"라는 물음에 대해 ― 나는 그 의미를 다만 아주 일상적인 방식으로 해명할 수 있을 뿐이다. 나는 그것을 화요일과 수요일의 예를 통해 보여줄 수 **없을** 것이다.

276. 여기서 우리는 낱말의 '일차적' 의미와 '이차적' 의미에 관해 말할 수 있을 것이다. 낱말의 일차적 의미를 아는 사람만이 그것을 이차적인 의미로 사용한다.

277. 우리는 계산을 배운 사람 — 글로든 말로든 — 에게만 이런 계산의 개념을 통해 암산이 무엇인지를 파악하도록 만들 수 있다.

278. 이차적 의미는 '비유적' 의미가 아니다. 내가 "모음 e는 내게 노랗다"라고 말한다면, 나는 '노랑'을 비유적 의미로 의미하지 않는다. — 왜냐하면 나는 내가 말하고자 하는 바를 '노랑'이라는 개념을 통하지 않고서는 달리 표현할 수 있는 길이 전혀 없을 것이기 때문이다.

279. 누군가 내게 말한다: "은행에서 기다려라." 질문: **당신이 그 말을 했을 때**, 당신은 이 은행을 의미했는가? —— 이 질문은 다음의 질문과 같은 종류이다: "당신은 그를 만나러 가는 길에 그에게 이러이러하게 말하려고 의도했는가?" 그것은 어떤 특정 시간에 대해 (앞서의 질문이 말하는 시간을 언급하듯이 여기서는 가는 동안의 시간을) 언급하는 것이지 — 그 시간 동안의 어떤 **체험**에 대해 언급하는 것이 아니다. 의도함이 체험이 아닌 것과 마찬가지로 의미함은 체험이 아니다.

그러나 무엇이 그것들[140]을 체험과 구별해주는가? —— 그것들에는 체험적 내용이 없다. 왜냐하면 그것들과 함께 일어나고 그것

---

140) 의미함과 의도함을 가리킨다.

들을 설명해주는 내용(가령 이미지)은 의미함이나 의도함이 아니기 때문이다.

280. 생각이 말과 '함께 일어나지' 않는 것과 마찬가지로, 행위 **속의** 의도는 행위와 '함께 일어나지' 않는다. 생각과 의도는 '분절적'이지도 '비분절적'이지도 않으며, 행위하거나 말할 동안에 울려 나오는 개별적인 어조에 비유될 수 없고, 하나의 가락에도 비유될 수 없다.

281. '말함'(소리를 내서 말하든 속으로 말하든)과 '생각함'은 아주 밀접하게 연관되어 있기는 하지만 같은 종류의 개념은 아니다.

282. 말하는 도중의 체험이 지니는 관심사, 그리고 의도가 지니는 **관심사**는 똑같지 않다.[141] (심리학자는 아마도 체험으로부터 '**무의식적인**' 의도에 관해 배울 수 있을 것이다.)

283. "그 낱말을 보고 우리 둘 다 그를 생각했다." 우리 각자가

---

141) 예컨대 하와이에서 온 외국인과의 계약을 성사시키려는 의도로 비즈니스에 대해 말을 하면서도 나는 하와이의 눈부신 풍광을 마음속에 떠올리고 거기에 사로잡혀 있을 수 있다.

그때 속으로 똑같은 말을 했다고 가정해보자. — 그렇지만 그것은 분명 그 **이상**을 의미할 수 없다. —— 하지만 이 말조차도 하나의 **싹**에 불과한 것이 아닌가? 그것이 실제로 그 사람에 관한 생각의 표현이기 위해서는, 분명 한 언어와 한 맥락에 속해 있어야 한다.

284. 만약 신이 우리 마음속을 들여다보았다고 해도, 그는 거기서 우리가 누구에 대해 말하고 있는지 볼 수 없었을 것이다.

285. "왜 당신은 이 말에 나를 쳐다보았는가? 당신은 . . . 를 생각했는가?" —— 그러니까 이 시점에서 어떤 반응이 있는데, 그것은 "나는 . . . 를 생각했다"거나, "나는 갑자기 . . . 를 기억해 냈다"라는 말을 통해 설명된다.

286. 당신은 이런 말로써 말한 시점을 나타낸다. 당신이 이 시점을 나타내는지 저 시점을 나타내는지는 차이가 있다.
한 낱말에 관한 단순한 설명은 말한 시점에서의 사건을 나타내지 않는다.

287. "나는 **이것**을 의미한다(또는 의미했다)"는 언어게임(한 낱말에 대한 사후 설명)은 "나는 그것을 말했을 때 . . . 를 생각했다"는 언어게임과 전혀 다르다.[142] **후자**는 "그것으로 인해 내게 . . . 가

떠올랐다"와 가깝다.

288. "나는 그에게 편지를 써야 한다는 것을 오늘 벌써 세 번 기억해냈어." 그때 내 안에서 일어난 일에 어떤 중요성이 있는가? ── 하지만 한편으로 그렇게 알리는 일 자체에 어떤 중요성과 흥미가 있는가? ── 그것은 어떤 추론들을 허용한다.

289. "이 말에 그가 내 마음속에 떠올랐다." ── 무엇이 그 언어게임과 더불어 시작되는 ─ 그런 뒤에 이 말로 전환될 수 있는 ─ 원초적 반응인가? 사람들은 이 말을 어떻게 사용하게 되는가?

그 원초적 반응은 어떤 바라봄, 몸짓일 수 있었지만, 또한 어떤 낱말일 수도 있었다.

290. "왜 당신은 나를 보고 머리를 흔들었는가?" ─ "나는 당신에게 당신이 . . . 함을 이해시키려 했다." 이것은 기호 규칙[143]을 표현하는 것이 아니라, 내 행위의 목적을 표현하는 것이다.

291. 의미함은 낱말에 동반되는 과정이 아니다. 왜냐하면 어떤

---

142) 『철학적 탐구』, §§686, 692-693 참조.
143) 머리를 흔든다는 기호가 어떤 의미를 갖는지에 대한 규칙을 말한다.

과정도 의미함이라는 결과를 가져올 수 없을 것이기 때문이다.

(이와 마찬가지로, 나는 우리가 다음과 같이 말할 수 있을 거라고 생각한다: 계산은 실험이 아니다. 왜냐하면 어떤 실험도 곱셈의 특수한 결과를 가져올 수 없을 것이기 때문이다.)

292. 생각하지 않고 말할 때는 자주 빠져 있지만, 말을 할 때 함께 일어나는 중요한 특징적 현상들이 있다. 하지만 **그것들**은 생각함이 아니다.

293. "이제 알겠다!" 여기서 무슨 일이 일어났는가? —— 그러니까 내가 이제 알겠다고 단언했을 때, 나는 그것을 알지 **못했는가**?

당신은 그것을 잘못 보고 있다.

(그 신호는 무엇을 위한 것인가?)

그리고 우리는 '앎'이 외침과 함께 일어나는 것이라고 부를 수 있을까?

294. 한 낱말의 익숙한 얼굴, 그것[144]이 그 의미를 자체 안에 흡수했다는 느낌, 그것이 그 의미와 닮았다는 느낌 — 이 모든 것이 낯선 사람들이 있을 수 있을 것이다. (그들은 자신들의 낱말에 대한

---

144) 낱말을 가리킨다.

애착이 없을 것이다.) ── 그리고 우리의 경우 이런 느낌들은 어떻게 밖으로 드러나는가? ── 우리가 낱말을 고르고 평가하는 방식을 통해 드러난다.

295. 어떻게 나는 '올바른' 낱말을 발견하는가? 어떻게 나는 낱말들 중에서 선택을 하는가? 물론 이는 종종 마치 내가 그것들을 미세한 냄새의 차이로 비교하는 것과 같다. **저것**은 너무 . . . 하고, **저것**은 너무 . . . 하고 ── **이것**이 올바른 것이다. ── 그러나 내가 언제나 판단하고 설명해야 하는 것은 아니다. 자주 나는 오로지 "그것은 아직 알맞지 않다"라고 말할 수 있을 뿐이다. 나는 만족하지 않고 계속 탐색한다. 결국 어떤 낱말이 나타난다: "바로 **그거야!**" 때로 나는 그 이유를 말할 수 없다. 여기서 탐색이란, 발견이란 단순히 그와 같은 것이다.

296. 그러나 당신에게 떠오르는 낱말은 다소 특별한 방식으로 '오지' 않는가? 어쨌든 주의를 기울여라! ── 세심한 주의는 내게 쓸모가 없다. 그것[145]은 오직 **지금 내** 안에서 진행되는 것만을 발견할 수 있을 뿐이다.[146]

그리고 대체 나는 어떻게 바로 지금 그것에 귀 기울일 수 있는

---

145) 세심하게 주의를 기울이는 것을 가리킨다.

가? 나는 분명 낱말이 내게 다시 떠오를 때까지 기다려야 할 것이다. 하지만 신기한 일은 내가 그때 기다려야 하는 것이 아니라, 그것이 실제 일어나지 않을 때조차도 내가 그것을 스스로에게 보여줄 수 있는 듯이 보인다는 것이다. . . 어떻게? — 나는 그것을 **연기(演技)한다.** — 그러나 나는 이런 방식으로 **무엇**을 경험할 수 있는가? — 나는 무엇을 흉내 내는가? — 함께 일어나는 특징적 현상들. 주로: 몸짓들, 표정들, 억양.

297. 미세한 감성적 차이에 관해 **많은 것**이 언급될 수 있다. — 이 점이 중요하다. — 첫 번째로 말할 수 있는 것은 물론 다음일 것이다: "**이** 낱말은 적합하고 **저** 낱말은 적합하지 않다." — 또는 이와 유사한 것들. 하지만 이제 각각의 낱말이 가져오는 모든 광범위한 연관성들이 여전히 논의될 수 있다. 저 첫 번째 판단[147]으로 사안이 종료되는 것은 **아니다.** 왜냐하면 결정을 짓는 것은 한 낱말이 사용되는 **현장**이기 때문이다.

298. "말이 내 혀끝에서 맴돈다." 이때 내 의식에서는 무슨 일이

---

146) 이 구절은 세심한 주의가 쓸모 있다는 사람과 없다는 사람 사이의 대화로 읽을 수 있다.
147) "**이** 낱말은 적합하고 **저** 낱말은 적합하지 않다"는 판단을 가리킨다.

일어나는가? 그것은 전혀 중요한 문제가 아니다. 무슨 일이 일어났든 그것은 그 표현이 의미하는 바가 아니었다. 그때 내 행동에서 무슨 일이 일어났는지가 더 관심사다. ― "말이 내 혀끝에서 맴돈다"는 당신에게 다음을 알려준다: 여기에 속하는 낱말이 생각나지는 않지만, 나는 곧 그것을 찾아내기를 희망한다. 그 외에 저 표현은 어떤 말 없는 행동[148] 이상의 일을 하는 것이 아니다.

299. 윌리엄 제임스[149]는 이에 대해 실제로 다음과 같이 말하려 한다: "얼마나 놀라운 체험인가! 낱말은 아직 거기에 없지만, 어떤 의미에서 그것은 이미 거기에 있다. ― 또는 자라나서 오직 이 낱말이 될 **수 있는** 무언가가 거기에 있다." ―― 하지만 이것은 전혀 체험이 아니다. 하나의 체험으로 **해석되면** 그것은 당연히 이상하게 보인다. 행위와 함께 일어나는 것으로 해석된 의도, 또는 기수 (基數)로 해석된 −1이 이상하게 보이는 것처럼 말이다.

300. "그것은 내 혀끝에서 맴돈다"는 말은 "이제 나는 어떻게 계속해야 할지 알겠다!"와 마찬가지로 체험의 표현이 아니다. ― 우리는 그 말을 **어떤 상황들**에서 사용하는데, 그 말은 특별한 종류의

148) 적합한 말을 찾으려는 행동을 뜻한다.
149) James 1890, 253, 673쪽.

행위와 여러 특징적 체험들에 둘러싸여 있다. 특히 그것들[150]에 뒤이어 낱말을 **찾아내는** 일이 자주 일어난다. (스스로에게 물어보라: "사람이 혀끝에서 맴도는 말을 **결코** 찾아내지 못한다면 어떨까?)

301. 소리 없는 '내적인' 말은 우리가 이를테면 면사포를 통해 파악하는 반쯤 감춰진 현상이 아니다. 그것은 **전혀** 감춰져 있지 않지만, 그 개념은 쉽게 우리를 혼란에 **빠뜨릴** 수 있다. 왜냐하면 그것은 먼 길을 '외적' 과정의 개념과 바싹 붙어 달리면서도 서로 합치하지 않기 때문이다.

(후두 근육들이 내적인 말을 할 때 신경 자극을 받는지에 관한 물음, 그리고 이와 유사한 물음들은 아주 흥미로운 것일 수 있겠지만, 우리의 탐구에서는 그렇지 않다.)

302. '내적으로 말함'과 '말함' 사이의 밀접한 관계는, 내적으로 말한 것을 소리 내어 전달할 수 있으며, 내적으로 한 말에 외적인 행위가 **동반될** 수 있다는 사실에서 드러난다.

(나는 내면에서 노래하거나, 소리 없이 읽거나, 암산을 하면서, 동시에 손으로 박자를 맞출 수 있다.)

---

150) 특별한 종류의 행위와 여러 특징적 체험들을 가리킨다.

303. "그러나 내적으로 말함은 분명 내가 배워야 하는 어떤 활동이다!" 물론이다. 하지만 여기서 '활동함'은 무엇이며, '배움'은 무엇인가?

말의 쓰임을 통해 그 의미를 배워라! (마찬가지로, 우리는 자주 수학에서 이렇게 말할 수 있다: **증명**을 통해 증명된 것을 배워라.)

304. "그러니까 내가 암산을 할 때 나는 **실제로는** 계산하지 않는다고?" ─ 어쨌든 당신도 암산과 지각 가능한 계산[151]을 구분한다! 하지만 당신은 '계산'이 무엇인지 배워야만 '암산'이 무엇인지 배울 수 있다. 당신은 계산하는 법을 배워야만 암산하는 법을 배울 수 있다.

305. 우리가 (입을 다문 채) 중얼거리면서 문장들의 억양을 재현할 때, 우리는 상상 속에서 아주 '분명하게' 말할 수 있다. 후두의 움직임들도 도움이 된다. 하지만 신기한 것은 바로 우리가 그때 상상 속에서 이야기를 **들으며**, 이를테면 그 이야기의 **뼈**대를 후두에서 단지 **느끼기**만 하는 게 아니라는 점이다. (왜냐하면 우리가 손가락으로 계산할 수 있는 것처럼, 사람이 후두의 움직임으로 소리 없이 계산하는 일도 상상할 수 있기 때문이다.)

---

151) 암산이 아니라 손가락을 움직여 종이에다 혹은 주판, 계산기, 컴퓨터 등을 이용해 지각할 수 있는 방식으로 하는 계산을 말한다.

306. 내적으로 말할 때[152] 이러이러한 것이 우리 몸에 일어났다는 것과 같은 가설은, 그것이 우리에게 "나는 . . . 라고 스스로에게 말했다"라는 표현의 가능한 쓰임을 보여주는 한에서만, 즉 그 표현으로부터 생리적 과정을 추론하는 쓰임을 보여주는 한에서만 우리의 관심사이다.

307. 다른 사람이 내적으로 말하는 것이 내게는 감춰져 있다는 것은 '내적으로 말함'이라는 **개념**의 일부이다. 다만 여기서 "감춰져 있다"라는 말이 잘못되었을 뿐이다. 왜냐하면 그것이 내게 감춰져 있다 해도, 그것은 그 사람 자신에게는 명백해야 하며, 그는 그것을 **알아야** 할 것이기 때문이다. 하지만 그는 그것을 '알고 있지' 않다. 다만 내게 존재하는 의심이 그에게는 존재하지 않을 뿐이다.

308. "누군가 스스로에게 내적으로 말하는 것이 내게는 감춰져 있다"라는 말은 물론 내가 그것을 대부분 **추측할** 수 없고, 가령 그의 후두의 움직임들로부터 그것을 읽어낼 수도(이는 실로 가능한 일일 텐데) 없다는 뜻일 수도 있을 것이다.

152) 이전의 판본에는 "beim innerlichen Rechnen"(내적으로 계산할 때)로 되어 있지만 비트겐슈타인의 유고에 근거해 4판에는 "beim innerlichen Reden"으로 수정되었다. MS 144, 92쪽; PI 4판, 264쪽 참조.

309. "나는 내가 무엇을 원하는지, 바라는지, 믿는지, 느끼는지. . . (등등 모든 심리적 동사들) 안다"는 것은 철학자의 헛소리이거나, 또는 어쨌든 선험적 판단이 **아니다**.

310. "나는 . . . 를 안다"는 "나는 . . . 를 의심하지 않는다"를 의미할 수 있다. ― 하지만 그것은 "나는 . . . 를 의심한다"는 말이 **무의미하며** 의심이 논리적으로 배제되어 있다는 뜻은 아니다.

311. 우리는 "나는 믿는다", 또는 "나는 추측한다"라고도 말할 수 있는 곳에서 "나는 안다"라고 말한다. 즉 우리가 확신할 수 있는 곳에서 말이다. (그러나 누군가 내게 우리가 "그러나 나는 내가 아픈지 아닌지 틀림없이 알고 있다!", "오직 당신만이 자신이 무엇을 느끼는지 알 수 있다" 등으로 말하는 경우가 가끔 있다고 따진다면, 그는 이런 표현 방식들의 동기와 목적을 잘 살펴보아야 한다. "전쟁은 전쟁이다!" 역시 동일률의 예는 아니다.[153])

312. 내가 두 손을 가지고 있다고 확신할 **수 있는** 경우를 상상해

---

153) 한국의 대학 입시 전쟁을 언급하면서 이런 표현을 하는 경우가 그 한 예일 것이다. 여기서 이 표현은 동일률의 예로서가 아니라 한국의 대학 입시가 전쟁을 방불케 할 정도로 치열함을 강조하려는 동기와 목적에서 발언된 것이다.

볼 수 있다. 하지만 정상적으로는 나는 그렇게 할 **수 없다.** "그러나 당신은 두 손을 들어 눈앞에 두기만 하면 된다!" —— 내가 **지금** 두 손을 가지고 있는지 의심한다면, 나는 내 눈 또한 믿을 필요가 없다. (그 경우에 나는 내 친구에게 물어보는 편이 좋을 수 있을 것이다.)

313. 이것은 가령 "지구는 수백만 년 동안 존재해왔다"는 문장이 "지구는 지난 5분 동안 존재해왔다"는 문장보다 더 분명하게 말이 된다는 사실과 연관되어 있다. 왜냐하면 나는 후자를 주장하는 사람에게 "이 문장은 어떤 관찰들에 근거한 것이며, 어떤 관찰들이 이 문장에 반(反)할 것인가?" 하고 물을 것이기 때문이다. — 반면에 나는 첫 번째 문장이 어떤 생각의 범위와 어떤 관찰들에 속하는지 알고 있다.

314. "갓 태어난 아기는 치아가 없다." — "거위는 치아가 없다." — "장미는 치아가 없다." — 이 마지막 문장은 — 우리는 이렇게 말하고 싶다 — 분명 참이다! 그것은 거위에게 치아가 없다는 것보다 더 확실하다. — 하지만 그것이 그렇게 분명하지만은 않다. 왜냐하면, 장미는 어디에 치아가 있어야 했는가? 거위의 턱에는 치아가 없다. 그리고 물론 거위의 날개에도 치아가 없다. 그러나 거위에게 치아가 없다고 말하는 사람은 누구라도 그런 것을 의미하지는 않는다. — 글쎄, 우리가 다음과 같이 말한다면 어떨까?: 암

소는 여물을 씹고 똥을 싸 그것이 장미에 거름이 되므로, 장미는 동물의 입 속에 그 치아가 있다. 이것은 터무니없는 말은 아닐 것이다. 우리는 애초에 장미의 어디에서 치아를 찾아야 할지 전혀 모르기 때문이다. (('다른 사람 몸에서의 아픔'과의 연관성.))

315. 나는 다른 사람이 무엇을 생각하고 있는지는 알 수 있지만, 내가 무엇을 생각하고 있는지에 대해서는 안다고 할 수 없다. "나는 당신이 무엇을 생각하고 있는지 안다"라고 말하는 것은 옳다. 그리고 "나는 내가 무엇을 생각하고 있는지 안다"라고 말하는 것은 틀렸다.

(철학을 뒤덮고 있는 구름의 전부는 한 방울의 문법으로 응축된다.)

316. "모든 물리적 차단 상태는 완전히 볼 수 있도록 놓여 있는 데 반해, 사람의 생각함은 의식 내부에 차단된 채 진행된다."

다른 사람의 소리 없는 혼잣말을 항상 ― 가령 후두를 관찰함으로써 ― 읽을 수 있는 사람들이 있다면, 그들도 완전한 차단의 그림을 사용하는 경향이 있을까?

317. 내가 참석자들이 이해하지 못하는 언어로 소리 내어 스스로에게 말한다면, 내 생각들은 그들에게 감춰질 것이다.

318. 내가 마음속으로 스스로에게 하는 말을 항상 올바로 추측하는 사람이 있다고 가정해보자. (그가 어떻게 그렇게 해내는지는 중요하지 않다.) 하지만 그가 그것을 **올바로** 추측한다는 것의 기준은 무엇인가? 글쎄, 나는 진실한 사람이기에, 그가 정확히 추측했다고 고백한다. ― 그러나 나는 틀릴 수 있지 않을까? 내가 잘못 기억하고 있을 수는 없을까? 그리고 내가 ― 거짓말하지 않고 ― 마음속으로 생각한 것을 표현할 때, 그것은 항상 그럴 수 있지 않을까?[154] ―― 하지만 실로 '내 안에서 일어난 것'은 전혀 문제가 되지 않는 듯이 보인다. (나는 여기서 보조 작도를 하고 있다.)[155]

319. 내가 이러이러한 것을 생각했다는 **고백**이 참인지에 대한 기준은 그것이 어떤 과정을 사실대로 **기술**했느냐의 여부가 아니다. 그리고 참된 고백의 중요성은 그것이 어떤 과정을 틀림없이 정확하게 묘사한다는 데 있지 않다. 그것[156]은 오히려 **정직성**이라는 특별한 기준에 의해 그 참됨이 보장되는 고백으로부터 도출될 수 있는 특별한 결과들에 있다.[157]

---

154) 내가 잘못 기억하고 있을 가능성이 항상 존재하지 않을지를 묻고 있다.
155) 내 안에서 일어난 것은 밖으로 드러난 말과 행동을 보조하는 것처럼 보이지만 사실은 그렇지도 않은 한갓 구성물에 불과하다.
156) 참된 고백의 중요성을 가리킨다.
157) 고백이 초래할 수 있는 결과가 그 고백의 중요성을 말해준다.

320. (꿈이 꿈꾼 사람에 관한 중요한 정보를 우리에게 제공할 수 있다고 가정한다면, 정보를 제공하는 것은 꿈에 대한 정직한 이야기일 것이다. 우리가 실로 그 알림과 꿈의 '일치'에 대한 전혀 새로운 기준, 즉 여기서 참됨을 정직성과 구별하는 기준을 도입하지 않는다면, 꿈꾼 사람이 꿈에서 깨어난 뒤 꿈을 알릴 때 그가 잘못 기억하는지에 대한 물음은 일어날 수 없다.)

321. '생각을 추측하기'라는 게임이 있다. 이 게임의 한 변형은 다음과 같을 것이다: 나는 B가 이해하지 못하는 언어로 A에게 이야기한다. B는 그 이야기의 의미를 추측해야 한다. —— 다른 변형: 나는 상대방이 볼 수 없는 문장을 적는다. 상대방은 그 내용이나 의미를 추측해야 한다. —— 또 다른 변형: 나는 조각 그림 맞추기를 하고 있다. 상대방은 나를 볼 수 없지만, 때때로 내 생각들을 추측해서 말한다. 그는 가령 다음과 같이 말한다: "이 조각은 어디에 있는가?" — "**이제** 나는 그것이 어디에 들어맞는지 알겠다!" —— "여기에 맞는 것이 무엇인지 전혀 감이 잡히지 않는다." — "하늘은 언제나 가장 어려운 부분이다." — 등등 — 그러나 **나는** 그때 스스로에게 소리 내어 말할 필요도, 소리 없이 말할 필요도 없다.

322. 이 모든 것이 생각을 추측하기일 것이다. 그리고 그것[158]이 실제로 일어나지 않는다 해도, 그 때문에 생각들이 지각되지 않는

물리적 과정보다 더 감춰지는 것은 아니다.

323. "**내적인 것**은 우리에게 감추어져 있다." —— 미래는 우리에게 감추어져 있다. — 하지만 천문학자가 일식을 계산할 때 그렇게 생각하는가?

324. 나는 분명한 원인으로 인한 아픔에 몸부림치는 사람을 볼 때 다음과 같이 생각하지 않는다: 그럼에도 불구하고,[159] 그의 느낌들은 내게 감추어져 있다.

325. 또한 우리는 어떤 사람에 대해 그가 우리에게 투명하게 들여다보인다고 말한다. 하지만 한 사람이 다른 사람에게 완전한 수수께끼일 수 있다는 사실은 우리의 고찰과 관련해 중요한 사항이다. 우리는 아주 낯선 전통을 가진 낯선 나라에 갈 때 이를 경험한다. 그리고 더욱이 우리가 그 나라의 언어를 완전히 익혔을 때에도 그렇다. 우리는 그 나라 사람들을 **이해하지** 못한다. (그리고 이는 그들이 그들 자신에게 뭐라고 말하는지를 우리가 모르기 때문이 아니다.)

---

158) 해커와 슐테(Joachim Schulte)는 그것을 스스로에게 말함이라고 보고 있다(PI 4판, 234, 265쪽).
159) 내가 그의 몸부림을 봄에도 불구하고.

우리는 그들에게 익숙해지지 못하는 것이다.

326. "나는 그의 내면에서 무슨 일이 일어나는지 알 수 없다."는 무엇보다도 하나의 **그림**이다. 그것은 어떤 확신을 확실하게 표현하는 것이다. 그것은 그 확신에 대한 근거들을 제공하지 않는다. **그 근거들**은 명백하지 않다.

327. 사자(獅子)가 말할 수 있다고 해도, 우리는 사자를 이해할 수 없을 것이다.[160]

328. 우리는 생각을 추측하는 일과 유사하게 의도를 추측하는 일을 상상해볼 수 있으며, 또한 누군가 이제 실제로 무엇을 **할 것인지**를 추측하는 것도 상상해볼 수 있다.

"오직 그만이 자신이 무엇을 의도하는지를 알 수 있다"라는 말은 헛소리다. "오직 그만이 자신이 무엇을 할 것인지를 알 수 있다"라는 말은 틀렸다. 왜냐하면 내 의도에 대한 표현 속에 담긴 예측(가령 "시계가 5시를 치자마자 나는 집으로 갈 것이다.")이 반드시 실현되는

---

160) 이 절에 대해서는 다음의 논문들을 참조. R. Bambrough, "Wittgenstein's Lions," Terricabras 1993에 수록; S. Burns, "If a Lion Could Talk," *Wittgenstein Studien*, vol. 1, 1994; G. Luckhardt, "Lion Talk," *Philosophical Investigations*, vol. 18, 1995.

것은 아니며, 또 실제로 무슨 일이 일어날지를 다른 사람이 알 수
도 있기 때문이다.

329. 하지만 두 가지 점이 중요하다: 첫째, 많은 경우에 있어서
다른 사람은 내 행위를 예측할 수 없는 반면에, 나는 그것을 내 의
도 속에서 예측한다는 점이다. 그리고 둘째, (내 의도에 대한 표현 속
에 담긴) 내 예측은 내 행위에 대한 그의 예측과 똑같은 근거에 기
반을 두지 않으며, 이 두 예측으로부터 도출되는 결론들은 아주 다
르다는 점이다.

330. 나는 어떤 사실에 대해서 확신하는 것만큼이나 다른 사람
의 느낌에 대해서 **확신할** 수 있다. 하지만 그렇다고 해서 "그는 매
우 우울하다", "25×25=625", "나는 60살이다" 등의 문장들이 서
로 비슷한 도구가 되는 것은 아니다. 그 확실성은 서로 다른 **종류**
라는 설명이 타당하다. — 이는 심리학적인 차이를 가리키는 듯이
보인다. 그러나 그 차이는 논리적인 것이다.

331. "하지만 만일 당신이 **확신한다면**, 그것은 당신이 의심 앞에
서 그저 눈을 감고 있다는 것이 아닌가?" — 내 눈은 감겨 있다.

332. 나는 이 사람이 아프다는 것을 2×2=4보다 덜 확신하는가?

642

— 하지만 그 이유 때문에 전자[161]는 수학적 확실성인가?[162] ——
'수학적 확실성'은 심리학적 개념이 아니다.

확실성의 종류는 언어게임의 종류이다.

333. "오직 그만이 자신의 동기(動機)를 안다" — 이는 우리가 **그에게** 그의 동기들을 묻는다는 사실에 대한 표현이다. — 그가 정직하다면 자신의 동기들을 우리에게 말할 것이다. 하지만 나는 그의 동기들을 추측하기 위해 정직함 이상의 것이 필요하다. 여기에는 **앎**의 경우와 비슷한 데가 있다.

334. 하지만 '내 행위의 동기를 고백함'이라는 우리 언어게임과 같은 그런 것이 있다는 점에 **주목하라.**

335. 우리는 모든 일상적 언어게임의 엄청난 다양성을 의식하지 못한다. 우리 언어의 옷들이 모든 것을 같게 만들기 때문이다.

새로운 것(저절로 일어나는 것, '독특한 것')은 언제나 하나의 언어게임이다.

161) 이 사람이 아프다는 것에 대한 나의 확신을 가리킨다.
162) 이 구절에서 확신과 확실성은 각각 '… bin sicher'와 'Sicherheit'로 원어에서는 동일한 어원의 개념들이지만 우리말의 결과 문맥을 고려하여 달리 번역하였다.

336. 동기와 원인의 차이는 무엇인가? ─ 우리는 동기를 어떻게 **발견하며**, 원인은 어떻게 발견하는가?

337. "이것은 사람의 동기를 판단하는 믿을 만한 방법인가?"라는 물음이 있다. 그러나 이렇게 물을 수 있으려면, 우리는 "동기를 판단함"이 무엇을 의미하는지 이미 알고 있어야 한다. 그리고 우리는 이것을 '**동기**'가 무엇이며 '**판단함**'이 무엇인지를 경험함으로써 배우지 않는다.

338. 우리는 막대의 길이를 판단하며, 그것을 더 정확하게 또는 더 믿을 만하게 판단할 방법을 찾고 발견할 수 있다. 그러므로 ─ 당신은 말한다 ─ 여기서 판단된 **것**은 그것을 판단하는 방법과는 별개이다. 길이가 무엇**인지는** 길이를 결정하는 방법을 통해 설명될 수 없다. ─ 이렇게 생각하는 사람은 잘못을 저지르고 있는 것이다. 어떤 잘못인가? ─ "몽블랑 산의 높이는 우리가 그것을 어떻게 오르느냐에 달려 있다"라고 말한다면 이상할 것이다. 그리고 우리는 '길이에 대한 보다 정확한 측정'을 어떤 대상에 점점 가까이 다가가는 것과 비교하고 싶어 한다. 하지만 "대상의 길이에 보다 가까이 다가감"이 무슨 말인지는 어떤 경우에는 분명하고, 어떤 경우에는 분명하지 **않다**. 우리는 "길이를 결정함"이 무슨 말인지를 **길이**와 **결정함**이 무엇인지를 배움으로써 배우지는 않는다. 오히려

우리는 무엇보다도 길이를 결정함이 무엇인지를 배움으로써 "길이"라는 낱말의 의미를 배운다.

(이 때문에 "방법론"이라는 낱말은 이중의 의미를 지닌다. 우리는 "방법론적 탐구"를 물리적 탐구라고 부를 수 있지만, 또한 개념적 탐구라고 부를 수도 있다.)

339. 우리는 종종 확신과 신뢰[163]에 대해서 그것들이 생각의 색조(色調)들이라고 말하고 싶다. 그리고 그것이 말의 **어조**에서 표현된다는 것은 참이다. 하지만 그것들이 우리가 말하거나 생각할 때의 '느낌들'이라고 생각하지는 말라!

다음과 같이 묻지 말라: "우리가 . . . 라고 확신할 때, 우리의 내면에서 무슨 일이 일어나는가?" — 오히려 이렇게 물어라: '사실이 이러이러하다는 확신'은 사람들의 행위에서 어떻게 나타나는가?

340. "당신은 다른 사람의 마음의 상태에 관해 완전히 확신할 수 있지만, 그것은 언제나 단지 주관적인 확신이지 객관적인 확신은 아니다." —— 이 두 낱말[164]은 언어게임들 사이의 차이를 가리킨다.

---

163) 원어는 "Glaube"로 다른 곳에서는 '믿음'으로 옮겼지만 여기서만은 문맥을 참작하여 이렇게 옮겼다. PI 4판, 265쪽 참조.

341. 어떤 계산(가령 꽤나 긴 덧셈)의 결과가 올바른지에 관한 논쟁이 있을 수 있다. 하지만 그런 논쟁은 드물 뿐더러 오래 가지도 않는다. 그것은 말하자면 '확실하게' 결정된다.

일반적으로 수학자들 사이에서 어떤 계산의 결과에 대한 논쟁은 일어나지 않는다. (이는 중요한 사실이다.) ― 그렇지 않다면, 가령 한 수학자가 어떤 숫자가 눈에 띄지 않고 바뀌었다거나, 혹은 그 자신이나 다른 사람의 기억에 오류가 있었다는 등등을 확신한다면 ― '수학적 확실성'에 대한 우리의 개념은 존재하지 않을 것이다.

342. 그런 경우에도 우리는 항상 이렇게 말할 수 있을 것이다: "우리는 어떤 계산의 결과가 무엇인지 결코 **알** 수 없다. 그럼에도 불구하고 그것은 항상 매우 확정적인 결과를 갖는다. (신은 그것을 안다.) 수학은 물론 최고의 확실성을 갖는 학문이다. ― 비록 우리는 확실성에 대한 거친 초상(肖像)을 갖고 있을 뿐이지만 말이다."

343. 하지만 어쩌면 나는 수학의 확실성이 잉크와 종이에 대한 신뢰에 바탕을 둔다고 말하려는 것인가? **그렇지 않다.** (그것은 하나의 악순환일 것이다.) ―― 나는 **왜** 수학자들 사이에 논쟁이 일어나지 않는지에 대해 말한 것이 아니라, 단지 그들 사이에 논쟁이 일

---

164) '주관적인'과 '객관적인'을 가리킨다.

어나지 않는다는 것만을 말했다.

344. 어떤 종류의 종이와 잉크가 이를테면 이상하게 변한다면, 우리가 그것들을 가지고 계산할 수 없을 거라는 점은 분명 참이다. — 하지만 그것들이 변한다는 것은 여하튼 다시 기억을 통해서 그리고 다른 계산 수단과의 비교를 통해서만 밝혀질 수 있을 것이다. 그런데 우리는 이를 어떻게 다시 검사하는가?

345. 받아들여야 하는 것, 주어진 것은 — 우리는 이렇게 말할 수 있을 것이다 — **삶의 형식들**이다.[165]

346. 사람들이 일반적으로 색깔에 대한 판단에 있어서 일치한다는 말은 의미가 있는가? 일치하지 않는다면 어떨까? — 한 송이 꽃에 대해 이 사람은 파랗다고 말하고, 저 사람은 빨갛다고 말할 것이다 등등. — 하지만 우리는 무슨 권리로 이 사람들의 "빨강",

---

165) 앞서와는 달리 여기서는 삶의 형식이 복수형으로 사용되고 있음에 유의해야 한다. 사람의 삶의 형식이 단수인지 복수인지에 대해서는 다음의 논쟁을 참조. N. Garver, "Die Lebensform in Wittgensteins *Philosophischen Untersuchngen*," *Grazer Philosophische Studien*, vol. 21, 1984; R. Haller, "Form of Life or Forms of Life? A Note on N. Garver's 'The Form of Life in Wittgenstein's *Philosophical Investigations*'," Haller 1988에 재수록.

"파랑"이라는 낱말들을 **우리의** '색깔-낱말들'이라고 부를 수 있을까? ―

어떻게 그들은 이 낱말들을 사용하는 법을 배울 것인가? 그리고 그들이 배우는 언어게임은 여전히 우리가 '색깔 이름들'의 쓰임이라고 부르는 언어게임인가? 여기에는 분명 정도의 차이가 있다.

347. 하지만 이런 고찰은 확실히 수학에도 적용된다. 완전한 일치가 없다면, 사람들이 우리가 배우는 기술(技術)을 배우게 되는 일도 없을 것이다. 그것[166]은 우리의 것과는 다소 다를 것이며, 심지어 알아볼 수 없는 정도에 이를지도 모른다.

348. "그러나 수학적 진리는 사람이 그것을 아는지 모르는지의 여부와는 별개이다!" ― 확실히 그렇다. "사람은 $2 \times 2 = 4$라고 믿는다"와 "$2 \times 2 = 4$"라는 두 명제는 똑같은 의미를 지니지 않는다. 후자는 수학적 명제이다. 전자가 어쨌든 의미가 있다면, 그것은 아마도 사람이 수학적 명제에 **도달했다**는 것을 의미할 수 있다. 두 명제는 전혀 다른 **쓰임**을 지니고 있다. ―― 그러나 **다음**은 무슨 뜻일까?: "모든 사람이 $2 \times 2 = 5$라고 믿더라도 그것은 여전히 4일 것이다." ― 모든 사람이 그렇게 믿는다면 그것은 어떤 상태일까? ―

---

166) 사람들의 기술을 가리킨다.

글쎄, 나는 가령 사람들에게 우리가 "계산함"이라고 부르지 않을 셈법이 있다고 상상할 수 있을 것이다. 하지만 그것[167]은 **틀린** 것일까? (대관식은 **틀린** 것인가? 우리와는 다른 존재자들에게 대관식은 대단히 이상하게 보일 수 있을 것이다.)

349. 수학은 물론 어떤 의미에서는 하나의 학문이지만, — 그것은 또한 하나의 **행동**이기도 하다. 그리고 '틀린 동작들'은 오직 예외로서만 존재할 수 있다. 왜냐하면 우리가 지금 그렇게 부르는 것이 규칙이 된다면, 그것들을 틀린 동작들이라고 부르는 게임은 그로써[168] 폐기될 것이기 때문이다.

350. "우리는 모두 똑같은 구구단을 배운다." 이는 물론 우리 학교에서의 산수 교육에 관한 견해일 수 있겠지만 — 구구단의 개념에 관한 발언일 수도 있을 것이다. ("경마에서 말들은 일반적으로 가능한 한 빨리 달린다.")

351. 색맹이 존재하며, 색맹을 확인하는 수단이 있다. 정상으로

---

167) 우리가 "계산함"이라고 부르지 않을 셈법을 가리킨다.
168) 우리가 지금 틀린 동작들이라 부르는 동작들이 규칙에 맞는 동작들로 간주됨으로써.

판명된 사람들의 색깔 진술은 일반적으로 완전히 일치한다. 이것은 색깔 진술의 개념에 대한 특징을 보여준다.

352. 하나의 느낌 표현이 진짜인지 아닌지에 관한 물음에 대해서는 일반적으로 이와 같은 일치가 없다.

353. 나는 그가 가장하고 있지 않다고 확신하고, 또 **확신한다**. 하지만 제삼자는 그렇지 않다. 나는 항상 그[169]를 확신시킬 수 있는가? 그리고 내가 그를 확신시킬 수 없다면, 그[170]가 추리나 관찰에서 뭔가 잘못을 저지르는 것일까?

354. "당신은 정말 아무것도 이해하지 못하네요!" — 우리가 분명 진짜라고 알아보는 것을 누군가 의심할 때 우리는 이렇게 말한다. — 그러나 우리는 아무것도 증명할 수 없다.

355. 느낌의 표현이 진짜인지를 가늠하는 '전문가적 판단'이 있는가? — 여기에서도 '더 나은' 판단을 하는 사람과 '더 못한' 판단을 하는 사람이 있다.

---

169) 제삼자를 가리킨다.
170) 제삼자를 가리킨다.

일반적으로, 인간에 대해 더 잘 아는 사람의 판단으로부터 더 정확한 예측이 나온다.

우리는 인간에 대한 앎을 배울 수 있는가? 그렇다. 어떤 사람은 배울 수 있다. 하지만 강의를 통해서가 아니라 '**경험**'을 통해서 배울 수 있다. — 그때 다른 사람이 그의 교사일 수 있는가? 물론이다. 교사는 그에게 때로 올바른 **조언**을 해줄 수 있다. —— 여기서 '배움'과 '가르침'은 다음과 같다. —— 우리가 습득하는 것은 기술(技術)이 아니다. 우리는 올바른 판단들을 배운다. 규칙들도 있기는 하지만, 규칙들이 체계를 이루는 것은 아니며, 오직 경험 있는 사람들만이 그것들을 올바로 적용할 수 있다. 계산 규칙들과는 다르게 말이다.

356. 여기서 가장 어려운 일은 그 불확정성을 올바로, 왜곡 없이 표현하는 것이다.

357. "어떤 표현이 진짜라는 것은 증명될 수 없다. 우리는 그것을 느껴야 한다." — 좋다, —— 하지만 진짜라는 것을 알아보는 일과 더불어 무슨 일이 더 일어나는가? 누군가 "이는 정말 사랑에 불타는 마음이 말할 수 있는 것이다."[171]라고 말한다면 — 그리고 또

---

171) 원문에는 프랑스어로 "Voilà ce que peut dire un coeur vraiment épris"라

한 다른 사람이 그의 말에 공감하게 한다면 — 그 이상의 어떤 결과들이 일어나는가? 또는 더 이상의 결과는 없으며, 다른 사람이 경험하지 않은 것을 누군가 경험하는 것으로 그 게임이 **끝나는가**?

물론 **결과들**이 있지만 제각각이다. 우리는 그런 결과들을 경험, 즉 다양한 관찰을 통해 배운다. 또한 우리는 일반적으로 그것들을 표현할 수도 없다. 우리는 오직 개별적인 다양한 경우들에서만 올바르고 유익한 판단을 내리고, 유익한 연관성을 확립할 수 있다. 그리고 가장 일반적인 고찰은 기껏해야 한 체계의 단편들처럼 보이는 것만을 낳을 뿐이다.[172]

358. 우리는 물론 누군가가 이러이러한 마음의 상태에 있다는 점, 가령 그가 가장하고 있지 않다는 점을 증거를 통해 확신할 수 있다. 하지만 여기에는 '측정 불가능한' 증거 또한 존재한다.

359. 문제는 다음과 같다: 측정 불가능한 증거로 무엇을 **할 수 있는가**?

물질의 화학적(내적) 구조에 관한 측정 불가능한 증거가 있다고

고 되어 있다. 이 말은 몰리에르(Molière)의 *Le Misanthrope ou l'Atrabilaire amoureux*의 1막 2장에 나오는 말이다.

172) 예컨대 "너를 사랑해"라는 표현이 동반하는 느낌은 사람마다 달라 이에 대한 일반적인 고찰은 별 도움이 되지 않는다.

가정한다 해도, 여전히 그것은 이제 어떤 측정 **가능한** 결과를 통해 증거로 입증되어야 할 것이다.

(누군가는 측정 불가능한 증거를 바탕으로 이 그림이 진짜 . . . 였음을 확신할 수 있을 것이다. 하지만 우리는 문서를 가지고도 이것이 올바르다고[173] 증명할 **수 있다.**)[174]

360. 측정 불가능한 증거에는 눈짓, 몸짓, 어조 등의 미묘함이 있다.

나는 진정한 사랑의 눈짓을 알아볼 수 있으며, 그것을 가장하는 눈짓과 구별해낼 수도 있을 것이다. (그리고 물론 여기에 내 판단에 대한 '측정 가능한' 확증이 있을 수 있다.) 그러나 나는 전혀 차이를 기술할 수 없을지도 모른다. 그리고 이는 내가 알고 있는 언어들에 그것[175]에 대한 낱말들이 없기 때문은 아니다. 그렇다면 왜 나는 단순히 새로운 낱말들을 도입하지 않는가? ── 내가 매우 재능 있는 화가라면, 그림들 속에서 진짜 눈짓과 가장된 눈짓을 묘사하는 일도 가능할 것이다.

---

173) 이 그림이 진짜라고.
174) 예컨대 미술평론가는 어떤 그림이 어느 유명한 화가의 그림인지를 측정 불가능한 자신만의 방식으로 감별해낼 수 있겠지만, 그 그림과 그 화가에 대한 문헌적 기록을 대조해봄으로써 확정할 수도 있을 것이다.
175) 차이를 가리킨다.

361. 스스로에게 물어보라: 어떻게 사람은 어떤 것에 대한 '안목'을 얻는 법을 배우는가? 그리고 그런 안목은 어떻게 사용될 수 있는가?

362. 물론 가장함[176]은 가령 누군가 아프지 않으면서도 아픔을 표현하는 특수한 경우에 불과하다. 어쨌든 이것이 가능하다면, 도대체 왜 삶의 굴레에서 가장함이라는 이런 매우 특별한 유형이 항상 발생해야 하는가?

363. 아이는 가장할 수 있기 전에 많은 것을 배워야 한다. (개는 가장할 수 없지만 정직할 수도 없다.)

364. 분명 우리가 다음과 같이 말할 경우가 생길 수 있을 것이다: "이 사람은 자신이 가장하고 있다고 **믿는다**."

---

176) 아픈 체 가장함을 뜻한다.

365. 만일 개념 형성이 자연의 사실들에 의해 설명될 수 있다면, 우리는 문법보다는 자연에서 그것의 토대를 이루고 있는 것에 관심을 기울여야 하지 않을까? ─── 개념들과 자연의 일반적 사실들(그 일반성 때문에 우리의 관심을 거의 끌지 못하는 사실들) 사이의 대응은 물론 우리의 관심사이기도 하다. 하지만 우리의 관심이 이제 개념 형성에 관한 이런 가능한 원인들로 되돌아가는 것은 아니다. 우리는 자연과학을 하고 있는 것도 아니고, 자연사(自然史)를 하고 있는 것도 아니다. ─ 왜냐하면 우리는 실로 우리의 목적들을 위해 자연사적인 것을 지어낼 수도 있기 때문이다.

366. 나는 (어떤 가설의 의미로) 다음과 같이 말하고 있지 않다: 만일 자연의 사실들이 다르다면, 사람들은 서로 다른 개념들을 갖게 될 것이다. 오히려 내 말은 다음과 같다: 만일 누군가 어떤 개념들을 완전히 올바른 개념들이라고 믿고, 그와 다른 개념들을 갖는 것은 마치 우리가 이해하는 어떤 것을 전혀 이해하지 못한다는 뜻이라고 믿는다면 ─ 나는 매우 일반적인 어떤 자연의 사실들이 우리에게 익숙한 것과는 다르다고 상상해보라고 그에게 권하고 싶다. 그렇다면 그는 익숙한 개념들과는 전혀 다른 개념들이 어떻게 형성되는지를 이해하게 될 것이다.

367. 하나의 개념을 하나의 화풍(畵風)과 비교해보라. 대체 우리의 화풍조차도 자의적인가? 우리는 마음대로 한 가지를 선택할 수 있는가? (가령 이집트식 화풍.)[177] 또는 그것은 단지 예쁨과 추함의 문제일 뿐인가?

---

177) 화풍은 시대와 문화를 반영한다는 점에서 자의적이지 않다. 이를 무시한 채 우리가 임의로 이집트식 화풍을 선택할 수는 없다. 비트겐슈타인은 개념 형성에 대해서도 같은 통찰을 이끌어낸다. 즉 개념 형성은 시대와 문화를 반영한다는 점에서 자의적이지 않으며, 이를 무시한 채 임의로 다른 개념을 선택할수는 없다.

368. 내가 기억을 통해서 "그는 30분 전에 여기에 있었다"라고 말할 때 — 이것은 현재의 체험에 대한 기술(記述)이 아니다.

기억 **체험들**은 기억함과 함께 일어나는 것들이다.

369. 기억함에는 체험의 내용이 없다. —— 확실히 우리는 **내적 관찰**을 통해 이를 알 수 있지 않은가? 우리는 내가 어떤 내용을 살필 때 거기에 아무것도 없음을 바로 내적 관찰을 통해 알 수 있지 않은가? —— 그러나 우리는 오직 경우에 따라서만 내적 관찰을 통해 이를 알 수 있을 것이다. 그렇다 해도 우리는 내게 "기억함"이라는 말이 무엇을 의미하는지, 따라서 내용을 **어디에서** 찾아야 하는지를 내적 관찰을 통해서 알 수는 없다!

나는 심리학적 개념들과의 비교를 통해서만 기억 내용이라는 **관념**을 갖게 된다. 그것은 두 게임을 비교하는 일과 비슷하다. (축구에는 **골문**이 있지만, 피구에는 골문이 없다.)

370. 우리는 다음의 상황을 상상해볼 수 있을까?: 누군가 생전 처음 어떤 것을 기억하고는 이렇게 말한다: "그렇다. 이제 나는 '기억함'이 무엇인지, 기억한다는 것이 **어떤 느낌인지**[178] 알겠다." — 그는 어떻게 이 느낌이 '기억함'이라는 것을 아는가? 다음과 비교

해보라: "그렇다, 이제 나는 '따끔함'이 무엇인지 알겠다"(그는 아마 처음으로 전기 충격을 받았을 것이다). —— 그가 그것이 기억함이라는 것을 아는 이유는 그것이 과거 어떤 것에 의해 야기되었기 때문인가? 그런데 그는 과거가 무엇인지 어떻게 아는가? 결국 사람은 기억함을 통해 과거라는 개념을 배운다.

그리고 어떻게 사람은 기억함이 어떤 느낌인지를 미래에 다시 알게 될까?

(한편으로, 우리는 아마도 "옛날 옛적에"라는 느낌에 대해 말할 수 있을 것이다. 왜냐하면 어떤 옛날이야기에 속하는 어조, 몸짓이 있기 때문이다.)

---

178) 원어는 "tut(tun)"로 '작용하다'는 뜻인데 문맥을 고려하여 의역하였다.

371. 심리학의 혼란과 빈곤은 그것이 "젊은 학문"[179]이라는 점으로는 설명될 수 없다. 심리학의 상태는 가령 초창기 물리학의 상태와 비교될 수 없다. (오히려 수학의 어떤 갈래와 비교될 수 있다. 집합론.) 왜냐하면 심리학에는 실험적 방법들과 **개념적 혼란**이 존재하기 때문이다. (집합론의 경우에 개념적 혼란과 증명의 방법들이 존재하는 것처럼.)

실험적 방법이 존재하기 때문에 우리는 자신을 괴롭히는 문제들로부터 빠져나갈 수단이 있다고 믿게 된다. 비록 문제와 방법은 서로 비껴 지나가지만 말이다.[180]

372. 심리학에 대한 우리의 탐구와 아주 유사한 탐구가 수학에서도 가능하다. 심리학에 대한 우리의 탐구가 심리학적이지 않은 것과 마찬가지로, 그것은 **수학적**이지 않다. 그 탐구에서는 계산을 하지 **않으며**, 따라서 그것은 가령 수리 논리학이 아니다. 그것은 '수학의 기초들'에 관한 탐구라는 이름이 걸맞을 것이다.

---

179) Köler 1929, 2장 참조. 우리는 심리학이 신경생리학적 기제를 탐구하는 수준으로 성장해야 할 것으로 생각하는 경향이 있다.

180) 우리 자신을 괴롭히는 문제들은 철학의 문제들이다. 그 문제들은 실험에 의해 해결될 수 있는 성질의 것이 아니다. 『철학적 탐구』, §133 참조.

■ 참고 문헌[1]

1. 비트겐슈타인

비트겐슈타인의 저서, 강의록, 논문, 편지 등은 다음과 같이 약식 표기법
으로 인용되었다.

AWL   *Wittgenstein's Lectures, Cambridge 1932-1935*. From the
        Notes of Alice Ambrose and Margaret MacDonald. Ed. A.
        Ambrose. Oxford: Basil Blackwell, 1979.

BB   *The Blue and Brown Books*. Oxford: Basil Blackwell, 1958.

BT   *The Big Typescript*. Ed. and trans. C. G. Luckhardt and M. A.
        E. Aue. Oxford: Blackwell, 2005.

CE   "Cause and Effect," PO에 재수록.

CV   *Culture and Value*. Revised 2nd edition. Ed. G. H. von

---

1) 원서에는 참고 문헌이 따로 없지만 옮긴이 주에 인용된 문헌들로 작성했다.

Wright. Trans. P. Winch. Oxford: Blackwell, 1998.

LC   *Lectures and Conversations on Aesthetics, Psychology and Religious Belief*. Ed. C. Barrett. Berkeley: University of California Press, 1966.

LFM   *Wittgenstein's Lectures on the Foundations of Mathematics, Cambridge 1939*. From the Notes of R. G. Bosanquet, Norman Malcolm, Rush Rhees, and Yorick Smythies. Ed. C. Diamond. Ithaca: Cornell University Press, 1976.

LW   *Last Writings on the Philosophy of Psychology*. Vol. I. Ed. G. H. von Wright and H. Nymann. Trans. C. G. Luckhardt and M. A. E. Aue. Oxford: Blackwell, 1982.

MS(MSS) *Unpublished Manuscripts*. von Wright 1982에서 부여된 번호에 준하여 인용.

NB   *Notebooks 1914–1916*. 2nd edition. Ed. G. H. von Wright and G. E. M. Anscombe. Trans. G. E. M. Anscombe. Oxford: Basil Blackwell, 1979.

OC   *On Certainty*. Ed. G. E. M. Anscombe and G. H. von Wright. Trans. D. Paul and G. E. M. Anscombe. Oxford: Basil Blackwell, 1969.

PI   *Philosophical Investigations*. Revised 4th edition. Ed. G. E. M. Anscombe, R. Rhees, P. M. S. Hacker and J. Schulte. Trans. G. E. M. Anscombe, P. M. S. Hacker and J. Schulte. Oxford: Wiley-Blackwell, 2009. 『철학적 탐구』. 이 책에 수록된 *Philosophy of Psychology — A Fragment*는 『심리철학』으로 약칭.

PO   *Philosophical Occasions*. Ed. J. Klagge and A. Nordmann. Indianapolis: Hackett, 1993.

PR   *Philosophical Remarks*. Ed. R. Rhees. Trans. R. Hargreaves and R. White. Oxford: Basil Blackwell, 1975.

RFM   *Remarks on the Foundations of Mathematics*. Revised edition. Ed. G. H. von Wright, R. Rhees, and G. E. M. Anscombe. Trans. G. E. M. Anscombe. Cambridge, Mass.: MIT Press, 1978.

RPP I   *Remarks on the Philosophy of Psychology*. Vol. I. Ed. G. E. M. Anscombe and G. H. von Wright. Trans. G. E. M. Anscombe. Oxford: Basil Blackwell, 1980.

RPP II *Remarks on the Philosophy of Psychology*. Vol. II. Ed. G. H. von Wright and H. Nyman. Trans. C. G. Luckhardt and M. A. E. Aue. Oxford: Basil Blackwell, 1980.

TLP   *Tractatus Logico-Philosophicus*. Trans. D. Pears and B. McGuinness. London: Routledge & Kegan Paul, 1961. 『논리-철학논고』.

TS(TSS) *Unpublished Typescripts*. von Wright 1982에서 부여된 번호에 준하여 인용.

WVC   *Wittgenstein and the Vienna Circle*. Conversations Recorded by Friedrich Waismann. Ed. B. McGuinness. Trans. J. Schulte and B. McGuinness. Oxford: Basil Blackwell, 1979.

Z   *Zettel*. Ed. G. E. M. Anscombe and G. H. von Wright. Trans. G. E. M. Anscombe. Oxford: Basil Blackwell, 1967.

2. 일반

저자명 다음의 연도는 본문에서 인용된 논문이나 저서가 처음 간행된 해를 말한다. 이들 논문이나 저서가 (재)수록된 논문집이나 번역/개정판을 준거로 인용되었을 경우에는 뒤에 이에 해당하는 연도를 덧붙였다. 본문에서 인용된 쪽수도 이를 준거로 하고 있다.

강진호. (2007) 『논리-철학논고』의 '중대한 오류들」, 『철학적 분석』, 15호.

이승종. (1993) 「의미와 해석에 관한 콰인/데이빗슨 논쟁」, 『철학』, 39집.

_____. (1995) 「인간의 얼굴을 한 자연주의」, 『철학연구』, 36집, 철학연구회.

_____. (2001) 「영혼에 대한 태도」, 『철학과 현실』, 48호.

_____. (2002) 『비트겐슈타인이 살아 있다면: 논리철학적 탐구』. 서울: 문학과지성사.

_____. (2010) 『크로스오버 하이데거: 분석적 해석학을 향하여』. 서울: 생각의나무.

이영철. (2007) 「의미의 기준으로서의 사용과 관상으로서의 의미」, 『철학적 분석』, 15호.

Ackermann, R. (1988) *Wittgenstein's City*. Amherst: University of Massachusetts Press.

Ahmed, A. (ed.) (2010) *Wittgenstein's Philosophical Investigations: A Critical Guide*. Cambridge: Cambridge University Press.

Ambrose, A., and M. Lazerowitz. (eds.) (1972) *Ludwig Wittgenstein: Philosophy and Language*. London: George Allen and Unwin.

Ammereller, E., and E. Fischer. (eds.) (2004) *Wittgenstein at Work*. London: Routledge.

Arrington, R., and H.-J. Glock. (eds.) (1991) *Wittgenstein's Philosophical Investigations: Text and Context*. London: Routledge.

Augustine. *Confessions*. Trans. R. S. Pine-Coffin. Harmondsworth: Penguin, 1961.

Avital, D. (2008) "The Standard Metre in Paris," *Philosophical Investigations*, vol. 31.

Baker, G. P., and P. M. S. Hacker. (1980) *Wittgenstein: Understanding and Meaning. An Analytical Commentary on the Philosophical Investigations*. Vol. 1. Oxford: Blackwell.

_____. (1985) *Wittgenstein: Rules, Grammar and Necessity. An Analytical Commentary on the Philosophical Investigations*. Vol. 2. Oxford: Basil Blackwell.

_____. (2005a) *Wittgenstein: Understanding and Meaning. An Analytical Commentary on the Philosophical Investigations*. Vol. 1. Part I: Essays. Second, extensively revised edition. Oxford: Blackwell.

_____. (2005b) *Wittgenstein: Understanding and Meaning. An Analytical Commentary on the Philosophical Investigations*. Vol. 1. Part II: Exegesis §§1-184. Second, extensively revised edition. Oxford: Blackwell.

_____. (2009) *Wittgenstein: Rules, Grammar and Necessity. An Analytical Commentary on the Philosophical Investigations*. Vol. 2.

Second, extensively revised edition. Oxford: Wiley-Blackwell.

Barbosa de Oliveira, M. (1995) "Wittgenstein, Games and Family Resemblances," *Manuscrito: Revista Internacional de Filosofia*, vol. 18.

Barker, S. (1964) *Philosophy of Mathematics*. Englewood Cliffs, N. J.: Prentice-Hall.

Black, C. (1974) "*Philosophical Investigations*: Remark 43 Revisited," *Mind*, vol. 81.

Burlingame, C. (1987) "Wittgenstein, His Logic and His Promethean Mission," *Philosophy Research Archives*, vol. 12.

Burns, S. (1994) "If a Lion Could Talk," *Wittgenstein Studien*, vol. 1.

Canfield, J., and S. Shanker. (eds.) (1993) *Wittgenstein's Intentions*. New York: Garland.

Canfield, J. (2001) "Private Language: The Diary Case," *Australasian Journal of Philosophy*, vol. 79.

Carroll, L. (1936) *The Complete Works of Lewis Carroll*. New York: Modern Library.

Chamisso, A. (1814) *Peter Schlemihls wundersame Geschichte*.

Chomsky, N. (1966) *Cartesian Linguistics*. New York: Harper and Row.

Cohen, R., and M. Wartofski. (eds.) (1967) *Boston Studies in the Philosophy of Science*. Dordrecht: Reidel.

Davidson, D. (1984) *Truth and Interpretation*. 2nd edition, Oxford: Clarendon Press, 2001.

_____. (2001) *Subjective, Intersubjective, Objective*. Oxford: Oxford University Press.

Day, W., and V. Krebs. (eds.) (2010) *Seeing Wittgenstein Anew*. Cambridge : Cambridge University Press.

Deluty, E. (2005) "Wittgenstein's Paradox : *Philosophical Investigations*, Paragraph 242," *International Philosophical Quarterly*, vol. 45.

Derrida, J. (1967) *Of Grammatology*. Trans. G. Spivak. Baltimore : Johns Hopkins University Press, 1976.

Dinishak, J. (2008) "Wittgenstein and Köhler on Seeing and Seeing Aspects : A Comparative Study," Ph. D. Thesis, Department of Philosophy, University of Toronto.

Dolev, Y. (2007) "Mission Impossible and Wittgenstein's Standard Metre," *Philosophical Investigations*, vol. 30.

Drury, M. (1981) "Conversations with Wittgenstein," Flowers III 1999 에 재수록.

Dunlop, C. (1984) "Wittgenstein on Sensation and 'Seeing-as'," *Synthese*, vol. 60.

Engelmann, M. (2013) "Wittgenstein's 'Most Fruitful Ideas' and Sraffa," *Philosophical Investigations*, vol. 36.

Faraday, M. (1907) *The Chemical History of a Candle*. London : Hutchinson.

Fischer, H. (1982) "Warheit, grammatischer Satz und Lebensform," *Conceptus : Zeitschrift für Philosophie*, vol. 16.

Flowers III, F. (ed.) (1999) *Portraits of Wittgenstein*. Vol. 3. Bristol : Thoemmes Press.

Fodor, J. (1975) *The Language of Thought*. Cambridge, Mass. :

Harvard University Press.

Frege, G. (1879) *Begriffsschrift*. van Heijenoort 1967에 재수록.

_____. (1884) *The Foundations of Arithmetic*. Trans. J. L. Austin. 2nd edition. Oxford: Basil Blackwell, 1959.

_____. (1893) *Grundgesetze der Arithmetik*. Band I. Jena: Verlag Hermann Pohle.

_____. (1903) *Grundgesetze der Arithmetik*. Band II. Jena: Verlag Hermann Pohle.

_____. (1970) *Translations from the Philosophical Writings of Gottlob Frege*. Ed. P. Geach and M. Black. 2nd edition. Oxford: Basil Blackwell.

Gálvez, J., and M. Gaffal. (eds.) (2012) *Doubtful Certainties*. Berlin: Walter de Gruyter.

Garfield, J. (ed.) (1990) *Foundations of Cognitive Science*. New York: Paragon.

Garver, N. (1984) "Die Lebensform in Wittgensteins *Philosophischen Untersuchngen*," *Grazer Philosophische Studien*, vol. 21.

_____. (1994) *This Complicated Form of Life: Essays on Wittgenstein*. La Salle: Open Court.

Garver, N., and Seung-Chong Lee. (1994) *Derrida and Wittgenstein*. Philadelphia: Temple University Press; 뉴턴 가버·이승종. 『데리다와 비트겐슈타인』. 서울: 민음사, 1998; 수정 증보판, 서울: 동연, 2010.

Genova, J. (1978) "A Map of the *Philosophical Investigations*," *Philo-*

sophical Investigations, vol. 1.

_____. (1995) *Wittgenstein : A Way of Seeing*. London : Routledge.

Gert, H. (2002) "The Standard Meter by Any Name Is Still a Meter Long," *Philosophy and Phenomenological Research*, vol. 65.

Ginet, C. (1970) "Wittgenstein's Argument that One Cannot Obey a Rule Privately," *Noûs*, vol. 4.

Glock, H.-J., and J. Hyman. (eds.) (2009) *Wittgenstein and Analytic Philosophy*. Oxford : Oxford University Press.

Goethe, J. W. von. (1773) *Götz von Berlichingen*.

Goldfarb, W. (1983) "I Want You to Bring Me a Slab : Remarks on the Opening Sections of the *Philosophical Investigations*," *Synthese*, vol. 56.

Goodman, N. (1955) *Fact, Fiction, and Forecast*. 4th edition. Cambridge, Mass. : Harvard University Press, 1983.

Grandy, R. (1979) "Universals or Family Resemblances?", *Midwest Studies in Philosophy*, vol. 4.

Griffin, N. (1974) "Wittgenstein, Universals and Family Resemblances," *Canadian Journal of Philosophy*, vol. 3.

Griffiths, A. (ed.) (1992) *Wittgenstein Centenary Essays*. Cambridge : Cambridge University Press.

Gupta, R. (1970) "Wittgenstein's Theory of Family Resemblances in his *Philosophical Investigations* (Secs. 65-80)," *Philosophia Naturalis*, vol. 12.

Gustafson, C. (1967) "On Pitcher's Account of *Investigations* §43,"

Philosophy and Phenomenological Research, vol. 28.

Habermas, J. (1985) *Der Philosophische Diskurs der Moderne*. Frankfurt am Main: Suhrkamp.

Hacker, P. M. S. (1990) *Wittgenstein: Meaning and Mind. An Analytical Commentary on the Philosophical Investigations*. Vol. 3. Oxford: Basil Blackwell.

_____. (1996) *Wittgenstein: Mind and Will. An Analytical Commentary on the Philosophical Investigations*. Vol. 4. Oxford: Basil Blackwell.

Haller, R., and K. Puhl. (eds.) (2002) *Wittgenstein and the Future of Philosophy: Proceedings of the 24ᵗʰ International Wittgenstein Symposium*. Wien: Hölder-Pichler-Tempsky.

Haller, R. (1988) *Questions on Wittgenstein*. London: Routledge.

Hallett, G. (1977) *A Companion to Wittgenstein's "Philosophical Investigations."* Ithaca: Cornell University Press.

Hintikka, J. (1969) "Wittgenstein on Private Language: Some Sources of Misunderstanding," *Mind*, vol. 78.

_____. (1997). *Lingua Universalis vs. Calculus Ratiocinator*. Dordrecht: Kluwer.

Hintikka, M., and J. Hintikka. (1986) *Investigating Wittgenstein*. Oxford: Basil Blackwell.

Holtzman, S. H., and C. M. Leich. (eds.) (1980) *Wittgenstein: To Follow a Rule*. London: Routledge & Kegan Paul.

Hudson, J. (1975) "Logical Subtraction," *Analysis*, vol. 35.

Hunter, J. (1977) "Some Grammatical States," *Philosophy: The Journal of the Royal Institute of Philosophy*, vol. 52.

_____. (1981) "Wittgenstein on Seeing and Seeing as," *Philosophical Investigations*, vol. 4.

Hustwit, R. (1994) "The Strange Case of Mr Ballard," *Philosophical Investigations*, vol. 17.

Jacquette, D. (1993) "Metaphilosophy in Wittgenstein's City," *International Studies in Philosophy*, vol. 25.

_____. (1998) "Wittgenstein's Manometer and the Private Language Argument," *History of Philosophy Quarterly*, vol. 15.

Jaeger, R. (1973) "Action and Subtraction," *Philosophical Review*, vol. 82.

_____. (1976) "Logical Subtraction and the Analysis of Action," *Analysis*, vol. 36.

James, W. (1890) *Principles of Psychology*. Vol. 1. New York: Holt.

Kahane, G., E. Kanterian, and O. Kuusela. (eds.) (2007) *Wittgenstein and His Interpreters*. Oxford: Blackwell.

Kenny, A. (1963) *Action, Emotion and the Will*. London: Routledge & Kegan Paul.

Köhler, W. (1929) *Gestalt Psychology*. New York.

Kolenda, K. (1991) "Avoiding the Fly Bottle," *Southwest Philosophy Review*, vol. 7.

Kripke, S. (1972) *Naming and Necessity*. Cambridge, Mass.: Harvard University Press, 1980.

_____. (1982) *Wittgenstein on Rules and Private Language.* Cambridge, Mass.: Harvard University Press.

Levy, D., and E. Zamuner. (eds.) (2009) *Wittgenstein's Enduring Arguments.* London: Routledge.

Lewis, P. (1977) "Wittgenstein on Words and Music," *British Journal of Aesthetics*, vol. 17.

Luckhardt, G. (1995) "Lion Talk," *Philosophical Investigations*, vol. 18.

Lugg, A. (2000) *Wittgenstein's Investigations 1-133.* London: Routledge.

_____. (2010) "'But What about This?': *Philosophical Investigations* Sections 19-20," *Journal of Philosophical Research*, vol. 35.

_____. (2013) "A Sort of Prologue: Philosophical Investigations §§1-7," *Philosophical Investigations*, vol. 36.

Luther, M. (1910/1915) *Werke: Kritische Gesamtausgabe.* Weimar: H. Böhlaus Nachfolger.

Malcolm, N. (1995) *Wittgensteinian Themes: Essays 1978-1989.* Ithaca: Cornell University Press.

_____. (2001) *Ludwig Wittgenstein: A Memoir.* 2nd edition Oxford: Clarendon Press.

Marks, C. (1974) "Ginet on Wittgenstein's Argument against Private Rules," *Philosophical Studies*, vol. 25.

McCarthy, T., and S. Stidd. (eds.) (2001) *Wittgenstein in America.* Oxford: Clarendon Press.

McDougall, D. (2013) "The Role of *Philosophical Investigations* §258:

What Is 'The Private Language Argument'?", *Analytic Philosophy*, vol. 54.

McGuinness, B., and R. Haller. (eds.) (1989) *Wittgenstein in Focus*. Amsterdam: Rodopi.

McManus, D. (1995) "Philosophy in Question: *Investigations* 133," *Philosophical Investigations*, vol. 18.

Minar, E. (1990) *Philosophical Investigations §§185–202*. New York: Garland.

_____. (1994) "Paradox and Privacy: On Chapter 201–202 of Wittgenstein's *Philosophical Investigations*," *Philosophy and Phenomenological Research*, vol. 54.

Molière. (1666) *Le Misanthrope ou l'Atrabilaire amoureux*.

Monk, R. (1990) *Ludwig Wittgenstein: The Duty of Genius*. London: Vintage, 1991.

Moyal-Sharrock, D. (ed.) (2007) *Perspicuous Presentations: Essays on Wittgenstein's Philosophy of Psychology*. London: Palgrave Macmillan.

Mulhall, S. (1990) *On Being in the World: Wittgenstein and Heidegger on Seeing Aspects*. London: Routledge.

_____. (2007) *Wittgenstein's Private Language: Grammar, Nonsense, and Imagination in Philosophical Investigations, §§243–315*. Oxford: Clarendon Press.

Nesher, D. (1992) "Wittgenstein on Language, Meaning, and Use," *International Philosophical Quarterly*, vol. 32.

Nestroy, J. (1847) *Der Schützling.*

Pelczar, M. (1996) "Kripke's Treatment of *Investigations* Chapter 50," *Philosophical Investigations,* vol. 19.

Pitcher, G. (ed.) (1966) *Wittgenstein: the Philosophical Investigations.* New York: Anchor.

Pollock, W. (2004) "Wittgenstein on The Standard Metre," *Philosophical Investigations,* vol. 27.

Quine, W. (1960) *Word and Object.* Cambridge. Mass.: MIT Press.

————. (1969) *Ontological Relativity and Other Essays.* New York: Columbia University Press.

Raatzsch, R. (1996) "*Philosophical Investigations,* Section 1—Setting the Stage," *Grazer Philosophische Studien,* vol. 51.

Read, R. (1995) "The Real Philosophical Discovery," *Philosophical Investigations,* vol. 18.

Ring, M. (1983) "Baker and Hacker on Section One of the *Philosophical Investigations,*" *Philosophical Investigations,* vol. 6.

————. (1986) "Reply to Siemens' "Merrill Ring on Baker and Hacker on Section One of the *Philosophical Investigations*"," *Philosophical Investigations,* vol. 9.

Russell, B. (1903) *The Principles of Mathematics.* 2nd edition. London: George Allen and Unwin, 1937.

————. (1912) *The Problems of Philosophy.* London: Home University Library.

————. (1919) *Introduction to Mathematical Philosophy.* London:

George Allen and Unwin.

_____. (1921) *The Analysis of Mind*. London∶ George Allen and Unwin.

_____. (1956) *Logic and Knowledge*. Ed. R. Marsh. London∶ George Allen and Unwin.

_____. (1973) *Essays in Analysis*. Ed. D. Lackey. London∶ George Allen and Unwin.

_____. (1975) *Autobiography*. London∶ George Allen and Unwin.

Savigny, E. (1990) "The Last Word on *Philosophical Investigations* 43a," *Australasian Journal of Philosophy*, vol. 68.

Searle, J. (1980) "Minds, Brains, and Programs," Garfield 1990에 재수록.

Seligman, D. (1988) "Wittgenstein on Seeing Aspects and Experiencing Meanings," *Philosophy and Phenomenological Research*, vol. 37.

Shanker, S., and D. Kilfoyle. (eds.) (2002) *Ludwig Wittgenstein∶ Critical Assessments*. vol. 4. Second Series. London∶ Routledge.

Siemens, R. (1986) "Merrill Ring on Baker and Hacker on Section One of the *Philosophical Investigations*," *Philosophical Investigations*, vol. 9.

Sluga, H., and D. Stern. (eds.) (1996) *Cambridge Companion to Wittgenstein*. Cambridge∶ Cambridge University Press.

Strawson, P. (ed.) (1967) *Philosophical Logic*. Oxford∶ Oxford University Press.

Summerfield, D. (1990) "*Philosophical Investigations* 201∶ A Wittgensteinian Reply to Kripke," *Journal of the History of*

Philosophy, vol. 28.

Susse, J. (1995) "Obeying a Rule: Wittgenstein's Stress on Obedience in Sections 198-202 of the *Philosophical Investigations*," *Conference: A Journal of Philosophy and Theory*, vol. 5.

Tagore, R. (1910) *The King of the Dark Chamber*.

Terricabras, J.-M. (ed.) (1993) *A Wittgenstein Symposium*. Amsterdam: Rodopoi.

van Heijenoort, J. (ed.) (1967) *From Frege to Gödel: A Source Book in Mathematical Logic, 1879-1931*. Cambridge, Mass.: Harvard University Press.

Vision, G. (2005) "The Truth about *Philosophical Investigations* I §§134-137," *Philosophical Investigations*, vol. 28.

von Wright, G. H. (1969) "The Wittgenstein Papers," *Philosophical Review*, vol. 78.

―――. (1982) *Wittgenstein*. Oxford: Basil Blackwell.

Walker, M. (1990) "Augustine's Pretence: Another Reading of Wittgenstein's *Philosophical Investigations* 1," *Philosophical Investigations*, vol. 13.

Watson, J. (1913) "Image and Affection in Behaviour," *Journal of Philosophy, Psychology and Scientific Methods*, vol. 10.

Weir, S. (2007) "Kripke's Second Paragraph of *Philosophical Investigations* 201," *Philosophical Investigations*, vol. 30.

Whitehead, A., and B. Russell. (1910) *Principia Mathematica*. Vol. I. 2nd edition. Cambridge: Cambridge University Press, 1927.

Winch, P. (1987) *Trying to Make Sense*. Oxford: Blackwell.

Wright, C. (2001) *Rails to Infinity : Essays on Themes from Wittgenstein's Philosophical Investigations*. Cambridge, Mass. : Harvard University Press.

Wrisley, G. (2011) "Wherefore the Failure of Private Ostension?", *Australasian Journal of Philosophy*, vol. 89.

Zucker, R. (1988) "Wittgenstein's Builder-Tribe," *Philosophical Investigations*, vol. 11.

1. 비트겐슈타인

파트리크 쥐스킨트의 소설 「깊이에의 강요」는 작품에 깊이가 없다는 평론가의 무책임한 말에 깊이가 무엇인지를 구현하려다 좌절하는 화가에 대한 이야기이다. 깊이의 실체를 찾아 헤매는 그녀가 서점에 가서 점원에게 가장 깊이 있는 책을 달라고 했을 때, 점원이 건네준 책의 저자는 비트겐슈타인이었다. 그러나 그녀는 그 책으로 무엇을 해야 할지 알 수 없었다. 그녀의 좌절은 결국 비극적 자살로 마감된다. 소설 속에서 깊이의 상징으로 묘사된 비트겐슈타인도 그녀의 삶을 구원하지 못한 것이다.

비트겐슈타인은 누구인가? 그는 대학에서 철학을 강의하는 일을 좀비에게나 어울린다고 여기고, 학자라면 누구나 선망할 케임브리지 대학의 교수직을 스스로 그만둔 사람이었다. 비단 대학뿐이랴. 그가 보기에는 온 세상이 어둠으로 가득했다. 정신이 죽어가고 사유가 사라지고 신이 떠나가는 이 황무지에 한 줄기 빛을 던지고 간 시대착오적인, 아니 반시대적인 사람이 바로 그였다.

비트겐슈타인은 왜 지성의 전당인 대학을 못마땅해했을까? 그가 쓴 편지의 구절이 한 실마리를 준다.

철학을 함으로써 논리학의 난제 따위에 관해 그럴싸한 말을 늘어놓을 수 있을 뿐 정작 삶의 중요한 문제에 관해 깊이 사유하지 못한다면 과연 철학을 할 필요가 있겠는가? (Malcolm 2001, 93쪽)

그러나 삶의 중요한 문제에 관해 깊이 사유한다는 것은 다시 그 문제에 대해 그럴싸한 말을 늘어놓을 수 있다는 뜻이 아니다. 문제는 그가 그런 사유를 통해 자신을 변화시켰는지에 있다. 그 변화가 없다면 그가 늘어놓은 말은 그냥 말에 그친다. 비트겐슈타인은 철학을 치유의 행위로 보았다. 철학자는 영혼의 의사이고, 박사를 의미하는 약어 Ph. D.의 원래 의미도 철학 의사(doctor of philosophy)이다.

우리 시대에도 철학자와 박사는 넘쳐난다. 그러나 자신의 병도 치유하지 못하는 그들이 남의 병은 어떻게 고치고 세상의 병은 또 어떻게 고칠 수 있단 말인가. 그들은 다른 사람들과 다름없는 직업인, 전문인일 뿐이다. 시대는 더욱 궁핍해가고 사람의 마음은 중병으로 고사 직전인데 그에 비례해 그럴싸한 말들은 더욱 세련된 형태로 범람한다. 비트겐슈타인은 시대의 이러한 왜곡에 절망했다. 철학이 치유는커녕 오히려 병을 부르고 있는 것이다. 그렇다면 이 병은 어떻게 치유될 수 있는가?

비트겐슈타인의 말을 들어보자.

> 한 시대의 병은 사람의 삶의 양식이 변화함으로써 치료된다. 그리고 철학적 문제라는 병에 대한 치료는 한 개인이 발명한 약에 의해서가 아니라 사유와 삶의 양식이 변화함으로써만 가능했다. (RFM, 132쪽)

여기서 한 개인이 발명한 약은 학자들이 만들어낸 이론으로 새길 수 있다. 비트겐슈타인이 추구한 것은 그러한 약의 발명이 아니라 사유와 삶의 양식의 변화였다. 그리고 사유와 삶의 양식의 변화는 서로 동떨어진 것이 아니다. 사유가 삶의 양식의 변화를 일으키고 삶의 양식이 사유의 변화를 일으킨다.

비트겐슈타인은 이러한 신념을 자신의 삶을 통해 실천하고 실험했다. 백만장자의 아들이었지만 상속받은 재산을 가난한 예술가들에게 익명으로 모두 나눠주고 시골학교의 교사, 정원사, 건축가, 잡역부로 일했으며 노르웨이의 피오르 계곡 벼랑에 스스로 오두막을 짓고 칩거하기도 했다. 그러나 이를 재벌 2세의 무한 도전쯤으로 생각해서는 안 된다. 그는 자신의 변화와 구원에 진정 목숨을 건 사람이었다. 탈장으로 징집이 면제된 상태였지만 1차 대전에 자원해 최전선에서 가장 위험한 곳을 전전한 이유도 그 때문이었다. 그리고 전쟁터의 엄습하는 죽음 앞에서 그는 『논리-철학논고』라는 위대한 작품을 탄생시켰다.

『논리-철학논고』는 직관적 사유의 산물이다. 분석철학의 성경으로 꼽히고 있지만 정작 어떠한 분석철학적 논증도 보이지 않는다. 대신 범람하는 말들의 질서와 한계를 확정하고 이를 통해 보여지는 세계를 아주 명징하고도 함축적으로 그려내고 있다. 그러면서도 책의 말미에는 이 책의 말들도 무의미하며 사다리일 뿐이므로 사다리를 오른 사람은 이를 차버리라고 권고한다. 어떻게 무의미한 말이 사다리의 용도로 기능할 수 있는가?

의미 있는 말들은 각종 정보를 제공하고 돈 버는 노하우를 알려주기도 하며 이를 매뉴얼 삼아 쓸모 있는 무언가를 만들 수도 있다. 그러나 비트겐슈타인이 보기에 철학은 혹은 인문학은 그런 말들이 아니다. 그것은 영혼의 각성과 비약을 위한 가혹한 통과 의례, 성인식, 피를 부르는 희생제의(祭儀) 같은 것이다. 자신의 근본을 무너뜨리는 혼란과 파국을 체험하고 거기서 이를 극복할 자신만의 길을 새로 열어 가면서 사람은 철이 드는 것이다. 철학은 얼을 벼리는 담금질이요 혼이 거듭나는 굿판이다.

비트겐슈타인은 불안정한 성격으로 괴로워하는 불완전한 사람이지만, 그 누구보다도 치열하게 삶을 살아간 선구자이다. 그 치열성의 정체는 그의 내면에서 솟구쳐 나오는 삶에 대한 부단한 탐구 정신과 강렬한 도덕의식이다. 그의 도덕의식은 하늘을 우러러 한 점 부끄럼 없는 삶을 추구하는 것이라는 점에서 윤동주의 도덕의식과 닮아 있기도 하다. 그런 점에서 그의 삶과 작품은 윤동주의 「서시」나 「참회록」을 닮았다.

비트겐슈타인은 세상에서 가장 어려운 일이 자신을 속이지 않는 것이라고 보았다(CV, 39쪽). 그는 자살이라는 방식으로 그 무게를 벗어 던지려 했다. 비트겐슈타인의 청년 시절, 그의 일기와 편지를 뒤덮고 있는 자살이라는 화두와 거기에 배어 있는 번뇌의 무게는 그의 반성이 얼마나 처절했는지를 가슴 시리게 증언하고 있다. 비트겐슈타인의 작품들은 현대 철학의 텍스트이기 전에 그 자신에 대한 「참회록」으로 읽힌다.

비트겐슈타인의 삶과 철학의 특징은 청빈주의로 요약될 수 있다. 『논리-철학논고』한 권으로 일찍이 세계적 철학자로 발돋움했지만, 그는 그것이 가져올 모든 세속의 명예와 권력을 거절했다. 그는 철학자들이 빠져들기 쉬운 난삽한 용어 사용과 사변의 유희를 거부했다. 대표작 『철학적 탐구』에 어떤 현란한 형이상학이나 이렇다 할 세련된 테제가 없다는 사실도 그가 지켜온 청빈주의 정신에서 연유한다. 비트겐슈타인은 제도권의 글쓰기인 학술적 저서나 논문을 남기지 않았다. 그의 작품들은 그가 평생을 써 내려간 일기와 노트에서 편집된 것이다. 그것은 자신과의 투쟁의 기록이다. 마지막 일기는 암으로 임종을 맞는 최후의 순간까지도 그가 놀

라운 정신력으로 견고한 사색과 탐구를 실천하고 있었음을 기록하고 있다.[1)]

비트겐슈타인의 철학은 주로 현대 논리학과 분석철학의 범주 안에서 논의되어 왔다. 그러나 이러한 논의는 그가 논리에 대해 러셀, 콰인 등과 크게 다른 생각을 갖고 있었으며, 그의 철학이 어떠한 사조나 학파와도 잘 어울리기 어려운 독특한 것임을 간과하기 쉽다. 현대 논리학과 분석철학은 해체주의자들이 비난하는 이성중심주의의 현대적 버전이라고 할 수 있다. 하버마스(Jürgen Habermas)는 데리다의 해체주의를 헤브라이즘에 속하는 메시아 신앙의 현대적 버전으로 간주한다(Habermas 1985, 7장 참조). 만일 데리다의 해체주의가 헤브라이즘의 현대적 버전이라면, 현대 논리학과 분석철학의 이성중심주의는 헬레니즘의 현대적 버전이라고 할 수 있을 것이다. 그렇다면 논리학과 분석철학이 주도하는 이성중심주의적 영미철학과 대륙의 해체주의 사이의 대립은 헬레니즘과 헤브라이즘 사이의 뿌리 깊은 대립의 연장선상에 있는 것인지도 모른다. 이러한 역사, 문화적 해석을 차치하고라도 이들 사이의 진정한 상호 이해와 대화는 아직도 요원하기만 하고, 양자 간의 창조

---

1) 비트겐슈타인의 마지막 일기는 그가 사망한 후에 『확실성에 관하여』라는 이름으로 편집되어 출간되었다. "인간의 탐구의 근원적 원리들"에 관한 언급으로 시작하는 『확실성에 관하여』의 마지막 페이지에는 그가 사망하기 이틀 전인 1951년 4월 27일이라는 날짜가 적혀 있다.

적 융합은 더더욱 기대하기 어려운 것이 현실이다.

우리가 비트겐슈타인의 철학에 주목하게 되는 이유는 그에게서 헬레니즘과 헤브라이즘의 결합이라는 보기 드문 경우를 발견하게 되기 때문이다. 그의 철학에 함축된 헬레니즘과 헤브라이즘을 대변하는 화두는 각각 논리와 윤리이다. 이 둘은 그의 삶과 사유에서 매우 밀접한 관계를 유지하고 있다. "너는 논리에 관해서 생각하고 있는가 아니면 너의 죄에 관해서 생각하고 있는가?"라는 러셀의 물음에 비트겐슈타인이 "둘 다"라고 말했다는 사실은 이를 시사한다(Russell 1975, 330쪽).[2]

종래의 비트겐슈타인 연구는 논리에 대한 비트겐슈타인의 관심이 프레게와 러셀의 논리학에 대한 관심에서 연원하는 것으로 보았다. 그리고 다시 프레게, 러셀의 논리학은 헤겔에 와서 정점에 이르게 되는 거대하고 화려한 형이상학적 관념 체계에 대한 반발에서 연원하는 것으로 해석되었다. 그러나 우리는 한 걸음 더 나아가 불필요한 장식에 반대하는 빈(Wien)의 세기말 사조가 비트겐슈타인에 미친 영향에까지 소급해볼 수 있다(Monk 1990, 56쪽).

---

2) 비트겐슈타인은 자신의 사유가 전적으로 헤브라이적(Hebraic)이라고 말한 바 있다(Drury 1981, 243쪽). 그럼에도 불구하고 그의 논리적 사유에 드리워진 헬레니즘적 성격을 부인하기는 어렵다. 자신의 사유에 대한 비트겐슈타인의 언명은 헬레니즘적 성격에 대한 부정의 표현이라기보다는 헤브라이즘적 성격의 우위를 표현하는 것으로 보는 것이 정당할 것이다.

불필요한 장식물들에 대한 세기말 빈 지성인들의 혐오에는 합스 부르크 제국이라는 앙시앵 레짐(Ancien Régime)의 타락한 문화에 대한 혐오가 배어 있다. 잡문에 반대하는 크라우스(Karl Kraus)의 운동과 로스(Adolf Loos)의 무장식 건축물은 이러한 문화 비판을 주도했으며, 비트겐슈타인에게 적지 않은 영향을 주었다(Monk 1990, 106쪽). 비트겐슈타인의 『논리-철학논고』는 일찍이 크라우스가 인용한 바 있는, "사람이 아는 모든 것은 … 세 낱말로 말해질 수 있다"라는 퀴른베르거(Ferdinand Kürnberger)의 경구를 책의 첫머리로 삼고 있다. 비트겐슈타인이 그의 누이 그레틀(Gretl)을 위해 설계한 저택은 로스의 건축물처럼 일체의 외부 장식을 배격한 단순 명료한 것이었다. 그레틀은 그 집을 "논리를 구현한 저택"으로서 자신과 같은 인간보다는 "신들을 위한 숙소처럼 보였다"(Monk 1990, 237쪽)라고 말한다. 비트겐슈타인이 최소한의 원초적 기호와 공리만으로 이루어진 화이트헤드와 러셀의 『수학의 원리』에 경도된 까닭도 이러한 배경하에서 이해된다. (화이트헤드와 러셀의 논리 체계에 필요한 원초적 기호와 공리의 수는 후에 비트겐슈타인, 쉐퍼(Henry Sheffer), 베르네이즈(Paul Bernays) 등에 의해 더욱 축소되었다.)

비트겐슈타인에게 장식은 거추장스러움을 넘어서 허영을 함축하는 부도덕한 것으로 여겨졌다. 그래서 그는 철학이라는 이성적 작업에 몰두하는 자신이 빠지기 쉬운 지적 허영의 부정직성을 반성하고 자책하는 데 매우 엄격했다. 그의 철학적 작업은 언제나 이러한 혹독한 자기반성과 자책을 동반한 긴장된 상태에서 이루어졌다. 그에 의하면 철학에서 장식을 제거했을 때 드러나는 것은 논리이다. "철학은 논리와 형이상학으로 이루어진다. 논리는 그것의 기초이다"(NB, 106쪽). 극도의 절제와 압축의 미학을 구현하고 있는 비트겐슈타인의 『논리-철학논고』가 논리를 주제로 하고 있으면서도 저자 자신이 강조하듯 그 의의가 윤리적인 데 있는 까닭이 여기에 있다(Monk 1990, 178쪽). 청빈주의는 그의 논리와 윤리의 핵심인 것이다.

비트겐슈타인에게는 이성(Monk 1990, 98쪽)과 세계의 질서(NB, 83쪽)를 신뢰하는 이성주의적 측면이 있다. 그러나 이는 결코 이성중심주의에까지는 이르지 않는다. 그에게 있어 중심은 인간의 이성이 아닌 신에게 귀속된다. 슐릭(Moritz Schlick)은 선(善)은 신이 원하는 것이기 때문에 선하다는 견해와, 그것이 선하기 때문에 신이 선을 원한다는 견해를 논의하면서, 후자가 더 심오하다고 비트겐슈타인에게 말한 적이 있다. 이에 대해 비트겐슈타인은 반대로 첫 번째가 더 심오하다고 고집했다. "왜냐하면 첫 번째 개념은 '왜' 그것이 선한지에 대한 어떠한 설명도 필요 없게 만드는 반면에, 두 번째 것은 천박한 이성주의적 견해로서, 이것은 '마치' 선한 것이 무엇인지에 대해 근거를 제시할 수 있는 듯이 이론을 전개하기 때문이다"(WVC, 115쪽). "선한 것은 또한 신성하다. … 그것이 나의 윤리의 요체이다"(CV, 5쪽).[3]

이성적 이론에 의해 근거를 제시하는 이성중심주의는 이성의 진보를 신봉하는 과학문명의 토대를 이룬다. 신이 죽은 이 세속의 세계에서 과학을 등에 업고 주인을 자처하고 나선 인간은 한없이 교만하고 탐욕스러운 일차원적 존재로 타락한다. 그것은 진보가 아닌 퇴보와 몰락의 시작이다. 과학이라는 신앙의 일차원성은 다른 차원의 시각을 부정하는 독단주의의 위험을 내포하고 있다. 그것은 종국에는 우리의 삶에서 영혼과 신성의 영역을 말살한다. 비트겐슈타인은 과학에 대한 신앙이 우리의 생활양식에 드리우는 이러한 어두운 숙명에 온몸으로 저항하려 했다. 그는 과학과는 다른 차원의 관점들이 사라져가는 것을 안타까워했던 것이다. 그가 특히 소중히 여겨 몰두했던 관점은 종교적인 것이었다.

비트겐슈타인은 타고르(Rabindranath Tagore)의 희곡 『어두운 방의 왕』(Tagore 1910)에 심취하여 동료인 스마이티스(Yorick Smythies)와 함께 이 작품을 새로 번역하기도 했다. 희곡의 줄거리는 대강 다음과 같다. 어두운 방의 왕을 그의 신하들은 한 번도 본 적이 없어서 그의 존재를 의심하거나, 혹은 그가 너무 추하게 생겨서 자신의 존재를 드러내지 못한다고 믿는다. 그러나 하녀와 같이 자신의 자부심을 완전히 버린 채 왕에게 헌신하면서도 그를 볼 수 있게 해달

---

3) 이는 앞서 언급한대로 비트겐슈타인의 관점에서 헬레니즘적 사유에 대한 헤브라이즘적 사유의 우위를 표현하는 대목으로 새길 수 있다.

라는 부탁조차 하지 않는 사람들만이 언제 왕이 나타났는지에 대한 감을 갖는다. 왕을 보려는 소망과 자부심으로 가득 찬 왕비는 우여곡절 끝에 하녀와 같은 자기 비하와 겸손을 갖춘 뒤에야 비로소 왕과 화해하게 된다. 그 희곡은 귀중한 모든 것을 왕이 그녀에게 수여했다는 것을 깨달으면서 끝난다. 왕은 그녀에게 말한다. "자, 이제 나에게 오라. 밖에서 **빛 안으로** 오라!"(Monk 1990, 409쪽).

희곡 속의 왕은 인간의 밖에 존재하는 어떤 존재자가 아니다. 그는 인간이 자신의 모든 그릇된 자부심과 교만을 버리고 마음을 깨끗이 닦을 때에야 보여진다. 요컨대 보이지 않는 왕을 보기 위해서는 관점과 태도의 일대 전환이 필요한 것이다. 과학주의의 위험성은 그것이 우리에게 이러한 관점 전환의 여지를 좀처럼 허용하지 않는다는 데 있다. 비트겐슈타인이 추구한 논리적 명료성은 과학에 맞서는 종교적 경건성의 경지를 지향한다. 즉 그것은 자신의 내면에서 양심이라는 신이 제 빛을 발할 수 있도록 자신의 모든 죄와 오류를 제거하는 수행과도 같은 작업의 목표이다. 부유한 가정에서 성장해 최고의 교육을 받았으면서도 스스로 택해 걸었던 비트겐슈타인의 고행과 수난의 길은 이러한 수행을 위한 것이었다.

비트겐슈타인은 1차 대전 당시 전쟁터에서 보여준 용기와 공로로 무공훈장을 두 차례나 받았다. 2차 대전이 발발하자 그는 다시 케임브리지 대학 교수의 신분을 감추고 잡역부로 자원해 전쟁을 겪었다. 그는 죽음을 두려워하지 않았고 오히려 자신을 죽음에 맞서게 하고자 했던 것이다. "오로지 죽음만이 삶에 의미를 준다"
(MS 103, 1916년 5월 9일). 그리고 그에게 삶의 의미는 바로 신이었
다(NB, 73쪽). 그는 신을 마주하기 위해서라면 자신의 삶도 기꺼이
바칠 각오가 되어 있었다. 신을 마주하는 경지는 자기 내면의 양심
에 따른 투명한 정신의 경지를 말한다. 그 경지에 도달하기 위한
진정한 구도의 길은 자기 마음 안팎의 모든 시련을, 심지어는 죽음
의 위협마저도 꿋꿋이 견뎌내는 강인한 정신의 길이다.

비트겐슈타인은 자신의 철학적 작업을 신의 영광에 헌정하였다
(PR, 서문; Drury 1981, 250쪽). 하지만 자신의 이러한 태도와 생각
은 제대로 이해되지 못할 것이라고 비관했다. 신의 죽음이 회자되
고 그의 빛마저 가려진 이 암흑의 시대에 영혼의 구원을 갈망하며
떠난 방랑의 여정, 노르웨이의 피오르, 1차 대전의 여러 전선들과
포로수용소, 오스트리아의 시골 초등학교들, 영국의 맨체스터, 케임
브리지, 스완지, 더블린, 아일랜드 해안, 2차 대전 중의 가이 병원,
소련의 레닌그라드, 모스크바, 미국의 이타카, ···. 비트겐슈타인은
그 모든 길을 무소의 뿔처럼 혼자서 갔다. 그리고 그 여정의 끝에서
헤세(Hermann Hesse)의 크눌프(Knulp)처럼 고독하고 쓸쓸하게, 그
러나 회한 없이 죽어갔다. 그는 멀리 떨어져 있는 자신의 친구들을
향해 자신이 멋진 삶을 살았다는 마지막 말을 메아리처럼 남겼다.

도시의 안락함과 성공신화로 점철된 현대인에게 비트겐슈타인
은 불편한 이방인으로 여겨진다. 그러나 그를 통해 우리가 저마다

자기 앞의 삶에 눈뜨고 세상을 밝힐 의지와 용기와 안목을 얻는다면 그의 삶과 철학은 결코 헛되지 않았다고 생각한다.

2. 『철학적 탐구』

1930년 어느 날 비트겐슈타인은 아주 절망스러운 표정으로 친구 드루리(Maurice O'Connor Drury)를 찾아왔다. 친구가 무슨 일이 있었느냐고 묻자 비트겐슈타인은 이렇게 말했다.

케임브리지 근처를 어슬렁거리다가 한 서점을 지나쳤다네. 그 창문에는 러셀, 프로이트, 아인슈타인의 초상화가 붙어 있더군. 좀 더 걸어 음악 상점에 이르러서는 베토벤, 슈베르트, 쇼팽의 초상화를 보았어. 이 초상화들을 비교하면서 나는 불과 100년 사이에 인간 정신에 불어 닥친 가공할 타락을 강렬하게 느꼈다네. (Drury 1981, 201쪽)

비트겐슈타인의 절망, 그가 강렬하게 느낀 가공할 타락의 실체는 무엇인가? 사상가와 음악가의 비교, 그리고 거기서 느낀 사적인 감정. 그것은 그의 철학과는 직접 상관이 없는 것인지도 모른다. 더구나 비트겐슈타인은 천재들이 흔히 그러하듯 좀 이상한 사람이었다고들 하지 않는가.

그러나 비트겐슈타인의 절망을 하나의 해프닝으로 가볍게 넘겨서는 안 된다. 그의 대표작 『철학적 탐구』의 머리말에서도 그는 이 시대를 암흑기라고 보았다. 이어서 그는 자신의 작품(『철학적 탐구』)이 다른 사람들이 스스로 생각하는 수고를 덜게 하는 일이 없었으면 하며, 오히려 가능하다면 누군가의 생각을 자극하는 촉매제가 되기를 바란다고 적고 있다(머리말, 27쪽). 그의 이러한 말이 앞서의 에피소드와 무슨 상관이 있단 말인가? 비트겐슈타인이 절망한 러셀, 프로이트, 아인슈타인이 우리로 하여금 생각하는 수고를 덜게 하기라도 했단 말인가?

비트겐슈타인은 그렇다고 생각한다. 러셀, 프로이트(Sigmund Freud), 아인슈타인(Albert Einstein). 이들은 전문 과학자들이었다. 러셀은 화이트헤드와 함께 『수학의 원리』를 집대성한 수학자였고, 프로이트는 자신의 정신분석학을 과학으로 간주한 정신의학자였으며, 아인슈타인은 시공간에 대한 상대성 이론을 주창한 물리학자였다. 비트겐슈타인은 이들로 대표되는 우리 시대의 과학적 사유 방식이 치명적인 문제를 야기하고 있다고 진단했다. 그는 인간 정신이 체험하는 각각의 불안에 대한 답변으로 설명을 제시하고자 한다는 점이 바로 과학적 사유 방식의 문제라고 보았다(MS 220, 92). 과학이 제시하는 이론적 설명은 우리로 하여금 스스로 생각하는 수고를 덜게 한다. 그들의 이론은 너무 전문적이어서 아예 그런 수고를 할 엄두를 낼 수조차 없다. 그럼에도 불구하고, 아니 어쩌면 바로 그 이유 때문에 우리는 과학이야말로 진정한 진보의 쾌거라고 칭송한다.

비트겐슈타인은 바로 이러한 시대정신의 아웃사이더요 비판자였다. 그의 『철학적 탐구』는 "진보란 대체로 그 실제보다 훨씬 위대해 보이는 법이다"라는 네스트로이의 경구를 책의 첫머리로 삼음으로써 이 작품이 반시대적 고찰임을 아주 선명하게 드러내주고 있다. 사람들이 진보를 목격하고 칭송했던 과학에서 비트겐슈타인은 인간 정신의 퇴보를 목격했고 절망했다. (앞서 '타락'으로 옮긴 'degeneration'은 '퇴보'로도 새길 수 있다.) 그렇다면 과학에 대한 비트겐슈타인의 절망, 거기서 그가 강렬하게 느낀 가공할 퇴보의 실체는 무엇인가?

과학이 조장하는 진보에 대한 신앙은 일상인들의 생활세계와 경험과 언어를 위협한다. 집합론의 옹호자들은 전체와 부분의 관계에 대한 우리의 통념을 뒤흔들고, 상대성 이론과 양자역학의 옹호자들은 각각 시공간과 인식에 대한 우리의 상식이 크게 잘못된 것처럼 꾸짖는다. 과학은 이처럼 생활세계와 거기에 뿌리내린 일상적 경험을 부정하고 그 위에 새로운 권위로서 군림하려 한다. 니체와 하이데거는 그로부터 어떠한 정신적 가치나 의미도 인정하지 않으려는 유물론(혹은 물리주의)의 도그마와 그것에 불가피하게 수반되는 허무주의(니힐리즘)의 창궐을 보았다. 경배의 대상이었던 신이 그 존재를 증명받아야 할 수상스러운 가정(假定)으로 변모하고, 윤리적 언명이 '자연주의적 오류'로 지적되는 것도 이러한 경향과 궤를 같이한다.

일상 언어를 부정하고 이를 보다 진보된 인공 언어로 대체함으로써 철학의 진보를 이룩하려는 프레게와 러셀의 수리논리학과 분석철학은 콰인에 와서 자연주의(자연과학주의)라는 이름으로 철학(인식론)이 과학의 한 장으로 편입되는 것으로 완성된다. 그것이 감각자료이든(경험주의), 심적 상태이든(데카르트주의), 추상적 보편자이든(플라톤주의) 지시를 통해 의미를 모종의 사물로 환원하려는 의미의 물화(物化, reification)는 프레게의 「의미와 지시체에 관하여」나 러셀의 「지시에 관하여」에서부터 콰인의 『낱말과 대상』이나 『지시체의 뿌리』에 이르기까지 굳건히 이어져 내려온 전통으로, 이로말미암아 분석철학은 일종의 명명학(命名學, baptism)이 되어버렸다(PI, §38 참조). 그리고 명명학은 콰인에 와서(그리고 그와는 다른 전통에 속하는 데리다에 와서) 의미의 불확정성, 의미 회의주의, 의미 허무주의로 귀착된다. 콰인에 의하면 의미란 존재하지 않는다. 과학에서 인정하는 물리적 실체들과 과학에 필요하다고 여겨지는 수, 함수, 집합 등만이 존재할 뿐이다.

프레게와 콰인 사이의 시대를 살다간 비트겐슈타인은 자신의 『철학적 탐구』에서 분석철학의 이러한 일방적 경향성의 문제점을 하나하나 비판적으로 짚어나갔다. 그는 4세기경의 성현 아우구스티누스의 『고백록』을 인용하면서 논의를 시작한다. 그는 성 아우구스티누스에서 이미 의미의 물화 현상을 목도한다. 프레게나 러셀이 아닌 성 아우구스티누스에서 자신의 논의를 시작함으로써 그는 불과 100년 사이에 인간 정신에 현실로 불어 닥친 가공할 타락이 사실은 이미 오래전에 바로 그 정신의 중심으로부터 예비되었음을 보여주려 하는 것이다. 이런 점에서 비트겐슈타인은 분석철학의 창시자가 아니라 분석철학의 이념을 그 근원에서 해체하려 했던 포스트 분석철학자라고 할 수 있다. 그렇다면 대체 의미의 물화에는 어떠한 문제가 있는 것인가?

의미의 물화 문제는 서구 형이상학의 역사적 지평에서 접근해야 한다. 형이상학은 아리스토텔레스에서 기원한 것으로 알려져 있지만 그 이름만큼은 1세기의 안드로니코스(Andronicos)에 의한 아리스토텔레스 전집 편찬에서 순서상『자연학(*Physica*)』다음에 놓였다는 이유에서『자연학 다음의 책(*Ta Meta Ta Physica*)』이라 불린 데서 유래하였다. 하이데거가 지적하였듯이 정작 아리스토텔레스의 사유에서『자연학』과『형이상학』의 본질적인 차이는 발견하기 어렵다. 그렇지만 자연학이 근대에 이르러 물리학으로 변모하면서 물리학과 형이상학은 마치 각각 물리적 현상과 초물리적(혹은 초자연적) 현상을 다루는 학문인 것처럼 인식되기에 이르렀다. 칸트(Immanuel Kant)는『순수이성비판』을 통해 바로 이러한 의미에서의 형이상학이 불가능하다는 것을 입증하고『실천이성비판』과『도덕형이상학의 기초』를 통해 형이상학이 현상계가 아닌 도덕에 대해서 유의미함을 주장하였다.

그러나 칸트도 의미의 물화 그 자체를 비판한 것은 아니었다. 오히려 칸트 이후로 물화 여부가 의미와 존재의 유일한 척도로 군림하게 된다. 형이상학도 그에 맞춰 초물리적 영역에다 의미를 물화시키는 학문으로 재해석된다(PI, §36 참조). 이러한 해석은 형이상학에 대한 칸트의 비판으로부터 자유롭지 못하다. 비트겐슈타인은 경험주의적 언어철학, 데카르트주의적 심리철학, 플라톤주의적 수학철학 등을 지시에 의한 의미의 물화에서 비롯되는 그릇된 형이상학으로 간주하고 이를 차례로 조목조목 비판한다. 지시와 친족 관계에 있는 지향성의 개념에 토대를 둔 브렌타노와 후설의 현상학과 거기서 비롯되는 현대 유럽철학의 여러 사조들도 여기에 포함될 수 있을 것이다. 콰인에 와서 정점에 이르게 되는 자연주의와 물리주의는 물화의 영역을 과학의 대상 영역에 한정시킴으로써 형이상학적 물화의 가능성을 배제한다. 유물론이 완성되는 곳에 형이상학이 설자리는 없다.

그러나 비트겐슈타인이 보기에 문제는 형이상학적 물화에 있는 것이라기보다 물화 그 자체에 있다. 물화를, 그것도 콰인의 영토인 경험의 영역에서 전개되는 물화를 문제 삼는다는 점에서 비트겐슈타인의 비판은 콰인보다 더 근본적이다. 의미의 물화에 대한 비트겐슈타인의 비판은 다음과 같이 요약될 수 있다. 시험장에서 다른 수험생들의 답안을 훔쳐보는 학생은 어느 수험생의 답안이 모범답

안인지, 그리고 그 답안의 내용이 무엇인지 알지 못한다. 훔쳐보는 행위가 모범답안의 확정과 이해에 충분조건이 되지 못하는 것과 마찬가지 맥락에서 지시(혹은 지향성)는 의미의 확정이나 이해에 충분조건이 될 수 없다(PI, §265 참조). 빨간색 연필을 지시하며 "이것이 '토우브'이다"라고 말할 때 우리는 '토우브'가 연필을 뜻하는지, 빨간색을 뜻하는지, 모양을 뜻하는지, 재질을 뜻하는지, 혹은 개수를 뜻하는지 알 수 없다(BB, 2쪽). 지시에 의한 의미의 가르침과 학습은 배경 언어에 대한 이해와 숙달을 전제로 해서만 가능하다.

의미의 물화에 바탕을 둔 지시적 의미론의 문제는 그것이 불충분한 그릇된 이론이라는 점에 그치지 않는다. 진정한 문제는 그 이론이 함축하는 세계와 삶에의 태도에 있다. 지시적 의미론은 지시하는 것과 지시되는 것을 가르는 과정에서 의미를 우리 자신으로부터 소외시킨다. 지시가 의미와 우리 사이의 관계에 대립각을 세우기 때문이다. 물화가 의미와 존재의 유일한 척도가 되면서 우리의 삶 자체도 물화의 대상이 되고 만다. 물리주의라는 유물론의 득세는 과학에 대한 신봉에서 비롯된 것이지만, 철학 내적으로는 이처럼 의미의 물화에서 비롯되는 귀결이기도 하다. 의미의 물화 프로그램을 완성한 콰인이 종국에 의미를 부정하는 대목은 반전(反轉) 같아 보이지만 사실은 그렇지 않다. 물리주의가 택할 수 있는 환원주의와 제거주의의 두 길 중에서 그는 제거주의의 길을 택한 것뿐이다.

의미를 초물리적 영역에 물화시키는 형이상학은 제거되어야 한다. 그것은 올바른 탐구의 방법이라고 볼 수 없기 때문이다(PI, §116 참조). 그러나 그렇다고 모든 형태의 형이상학을 제거하고 과학에 안주해야 하는가? 의미는 정녕 철학이 다룰 수 없는 사이비 주제에 불과한가? 혹시 목욕물을 버리면서 목욕통 안의 아이까지 버리는 오류를 범하고 있는 것은 아닌가? 우리는 형이상학이 존재에 대한 물음임을 상기할 필요가 있다. 청년 비트겐슈타인의 표현에 의하면 존재란 그 자신을 보여주는 신비로운 것이다(TLP, 6.44, 6.522). 그가 존재와 불안에 대한 하이데거의 사유에 공감을 표명한 것이나(WVC, 68쪽) 자신의 저작을 신의 영광에 헌정한 것에서 우리는 비트겐슈타인 사유의 또 다른 국면을 접하게 된다. 그런데 비트겐슈타인이 발견한 존재의 지평은 전통 형이상학이 그려내고자 했던 초물리적 지평이 아니었다. 그것은 바로 우리가 살고 있는 이 일상적 삶의 지평이었다. 삶의 지평에는 무엇보다 사람이 있다. 영혼이나 마음, 의미 등도 실은 이 지평에 발 딛고 선 사람과 그에 관련된 현상에 대한 표현들이다. 예컨대 의미는 이 사람의 언어 사용을 통해 드러난다. 사용은 의미를 풀어내는 과정이자 의미화된 삶을 드러내는 과정이기도 하다. 물론 사용과 독립된 의미가 존재하는 것은 아니다. 데리다의 표현을 빌리자면 의미는 실체가 아니라 산종(散種, dissemination)이다. 그 산종을 가능하게 하는 것이 언어 사용이고 산종이 이루어지는 밭이 삶의 지평이다(CV, 4쪽 참조).

비트겐슈타인은 분석철학의 물리주의와 과학주의를 배격하고 인간의 정신성을 회복하여 삶의 진실과 마주하려 했다. 동시에 그는 정신이나 역사성을 부정하는 제거주의뿐 아니라 그것들이 어떤 사물로서 존재하는 것이라는 물화의 집요한 형이상학적 망령도 함께 뿌리치고자 했다. 비트겐슈타인 철학의 가치는 이 과정에서 그가 전개한 참신하고도 정교한 논증들뿐 아니라 그가 호소한 관점의 전환과 태도의 변경, 그리고 이를 통해 자신이 본 것을 전달하기 위해 차분히 기술해낸 인간 언어 사용의 다양한 면모에서 찾아야 할 것이다.

『철학적 탐구』는 비트겐슈타인이 세상을 떠난 뒤 앤스컴과 리즈의 편집을 거쳐 1953년에 독영 대역판으로 처음 출간되었다. 영어 번역은 앤스컴이 맡았다. 1958년과 1967년에 각각 2판과 3판이 출간되었지만 내용상의 차이는 거의 없다. 이번 번역을 위한 텍스트는 2009년에 해커와 슐테의 편집을 거쳐 독영 대역판으로 출간된 *Philosophische Untersuchungen/Philosophical Investigations* 4판의 독일어 원문이다. 4판의 출간에 맞춰 해커와 슐테가 새롭게 손질한 영역본과 4판 이전의 판본에 의거한 이영철 교수님의 우리말 번역본도 참조하였다. 4판의 편집자들은 이전의 판본들과는 달리 과거에 『철학적 탐구』의 2부로 간주되었던 부분을 『심리철학』이라는 제목으로 별개의 텍스트로 취급했다. 장의 구분만 있던 이 텍스트를 『철학적 탐구』와 같이 번호를 달아 절 구분을 한 것도 새롭다.

그 외에도 적지 않은 부분에 개정이 가해졌기에 비트겐슈타인과 『철학적 탐구』에 대한 앞으로의 연구는 이 새 판본이 기준이 될 것으로 전망한다. 『철학적 탐구』에 대한 역주(譯註)를 작성하는 데 있어서는 베이커와 해커의 주석서들을 주로 참조했지만 그들과 이견이 있는 경우에는 이를 명시하였다.

비트겐슈타인의 『철학적 탐구』는 나와 아주 오랫동안 인연을 맺어온 책이다. 그전까지 단편적으로만 알고 있던 이 책을 본격적으로 읽기 시작한 것은 1983년 초였다. 당시 나는 독일 유학을 준비하고 있었다. 그 과정에서 독일문화원(괴테 인스티투트)에서 함께 수학했던 심광섭 선생님(현 감신대 교수) 등과 그 전년도부터 독일어 원서 강독을 진행해왔는데 그때 강독한 책들 중의 하나가 바로 이 책이었다. 나는 이 책을 깊이 연구해보기로 결심했다.

같은 해에 진학한 연세대학교 대학원에서는 박영식 교수님이 수업에서 『철학적 탐구』의 강독을 진행하고 있었다. 비트겐슈타인 전공자인 최세만 교수님(충북대 철학과)과 이건표 박사님도 참여한 이 강독 수업을 세 학기 연속해서 수강했으며, 역시 같은 책을 주제로 한 서강대 철학과 엄정식 교수님의 대학원 수업도 빠짐없이 참여했다.

『철학적 탐구』에 대한 석사 논문을 작성하면서 이 책에 대한 뉴턴 가버(Newton Garver) 교수님의 해석을 접하게 되었고 그것이 인연이 되어 애초에 목표로 했던 독일이 아니라 가버 교수님이 계시는 미국의 대학으로 유학을 떠나게 되었다. 그분과 이 책을 다시 연구했고 이 책을 주제로 한 박사 논문을 마칠 수 있었다.

1993년에 모국으로 돌아온 뒤 박영식 교수님의 권유로『철학적 탐구』의 번역에 착수하였다. 이 책을 연구한 지 당시 이미 10년이 넘은 시점이어서 그동안의 내공을 바탕으로 머지않은 장래에 작업을 마칠 수 있을 것으로 생각했다. 강의와 연구를 이 책의 번역과 맞물려 진행하였다. 그러다보니 작업의 진척이 늦어졌다. 한 학기 동안 강의를 해야 고작 십여 쪽을 겨우 나갈 수 있을 뿐이었다.

2000년 여름까지 그럭저럭 번역 원고를 두 번 탈고했고 이를 전후해서 비트겐슈타인에 대한 두 권의 연구서를 출간하기도 했지만 번역에 대한 회의에 빠졌다. 내 연구서의 제목이 된 "비트겐슈타인이 살아 있다면"이라는 자기비판의 가정(假定)이 그 이유였다. 완벽주의의 화신 비트겐슈타인이 자신의 작품에 대한 완벽한 이해에 도달하지 못한 나에게 내릴 혹독한 심판이 마음에 걸렸던 것이다. 다시 4년이 흘러 2004년 여름,『철학적 탐구』에 대한 그동안의 강의와 연구를 바탕으로 또 다른 모습의 세 번째 번역을 탈고했다. 그러나 여전히『철학적 탐구』의 번역과 이해에 대한 확신은 서지 않았다. 세 번째 번역 이후에도 갈 길은 멀기만 했다.

2007년 한국학술협의회의 지원을 받게 되면서『철학적 탐구』의 번역은 새 전기를 맞게 되었다. 기왕의 번역과 차별성을 갖는 연구 번역으로 체제를 전환한 것이다. 이 책에 대한 강의와 연구와 번역의 교정을 새로이 진행하면서 이해에 필요한 내용들을 본문에 직접 역주(譯註)로 달아 나갔다. 그러다보니 작업의 진척도는 더욱 느려져만 갔다. 다시 한 번 슬럼프가 찾아왔지만 최후의 승부로 안식년을 내어 두 차례에 걸쳐 번역을 전체적으로 수정하고 역주 작업에 집중한 끝에 연구번역을 일단락 지을 수 있었다.

『철학적 탐구』의 저자 비트겐슈타인, 그리고 이 책에 대한 기념비적인 주석서를 낸 베이커와 해커 모두 엄청난 시간과 노력을 들여서야 자신들의 작업을 해낼 수 있었다는 사실을 확인하고는, 내가 이 연구번역에 들여야 했던 20여 년의 시간과 노력이 결코 헛된 것이 아니었음을 깨닫게 되었다. 그러나 미완성에 그친 이 책 자체가 그러하듯 이 연구번역도 완성된 것이라고는 생각하지 않는다. 오류와 미진한 점을 옮긴이의 이메일 주소(seungcho@yonsei.ac.kr)로 알려주면 바로잡고 보완하겠다고 약속한다.

위에 언급한 여러 선생님들께 머리 숙여 깊은 감사의 마음을 전한다. 첫 번째 번역을 꼼꼼히 교정해주신 남기창 교수님(재능대)과 두 번째 번역의 일부를 세밀히 바로잡아주신 박정일 교수님(숙명여대)께 감사드린다. 김귀룡 교수님(충북대 철학과), 우환식 박사님, 주요한 씨, 김대웅 씨(이상 연세대 철학과)의 이런저런 도움도 잊을 수 없다. 긴 시간을 기다려준 한국학술협의회와 아카넷에 고마움을 전한다. 2014년 하반기의 4개월에 걸쳐 번역원고를 한 장 한 장 함께 윤문하고 일반 독자의 입장에서 역주가 더 필요한 곳들을 찾아내어준 홍승현 씨의 정성 어린 도움에 각별한 고마움을 전한다.

2016년 봄

소소한 오류를 바로잡는데 그쳤던 2쇄와 3쇄 때와는 달리 4쇄를 간행하면서는 지면이 허용하는 범위 내에서 역주에 대한 수정, 보완, 교체, 추가 작업을 수행하였음을 밝혀둔다.

2022년 겨울

이 책에 대한 강의를 바탕으로 주석서를 준비하면서 수행한 번역과 역주에 대한 상당수의 수정 작업을 5쇄에 반영하였다.

2023년 여름
이승종

■ 찾아보기

머리말과 본문만을 찾아보기에 포함시켰고『철학적 탐구』갈라 읽기, 엮은이의 말, 편집자 주와 옮긴이 주, 참고 문헌, 옮긴이 해제와 후기 등은 포함시키지 않았다. 찾아보기의 숫자는 머리말의 경우를 제외하고는 절 번호를 지시하는데 '/n'은 n절 뒤의 박스를 지시하며『심리철학』n'은『심리철학』의 n절, '머리말 n'은 머리말의 쪽수를 지시한다.

730

736

이승종

연세대 철학과와 같은 과 대학원을 졸업했고, 뉴욕주립대(버팔로) 철학과에서 철학 박사 학위를 받았다. 캘리포니아 어바인대 철학과 풀브라이트 방문교수와 카니시우스대 철학과 겸임교수를 역임하였다. 현재 연세대 철학과 교수로 있으며 같은 대학의 언더우드 국제대 비교문학과 문화 트랙에서도 강의해왔다. 저서로 『비트겐슈타인이 살아 있다면: 논리철학적 탐구』(문학과지성사, 2002, 문화관광부 선정 우수 학술도서), 『크로스오버 하이데거: 분석적 해석학을 향하여』(생각의 나무, 2010; 수정증보판 동연, 2021, 연세학술상 수상작), 『동아시아 사유로부터: 시공을 관통하는 철학자들의 대화』(동녘, 2018), 『우리와의 철학적 대화』(김영사, 2020), 『우리 역사의 철학적 쟁점』(소명출판, 2021), 『비트겐슈타인 새로 읽기: 자연주의적 해석』(아카넷, 2022, 대한민국학술원 선정 우수 학술도서), 뉴턴 가버 교수와 같이 쓴 *Derrida and Wittgenstein*(Temple University Press, 1994)과 이를 우리말로 옮긴 『데리다와 비트겐슈타인』(민음사, 1998; 수정증보판 동연, 2010)이 있다. 페리 논문상, 우수업적 교수상, 우수강의 교수상, 공헌 교수상, 우수연구실적 표창, 최우수 논문상(2022 대한국제학술문화제)을 수상하였다.

철학적 탐구

대우고전총서 041

1판 1쇄 펴냄 | 2016년 5월 10일
1판 5쇄 펴냄 | 2023년 9월 19일

지은이 | 루트비히 비트겐슈타인
옮긴이 | 이승종
펴낸이 | 김정호
펴낸곳 | 아카넷

출판등록 2000년 1월 24일(제406-2000-000012호)
10881 경기도 파주시 회동길 445-3
전화 031-955-9511(편집) · 031-955-9514(주문) | 팩스 031-955-9519
책임편집 | 이하심
www.acanet.co.kr

ⓒ 이승종, 2016

Printed in Paju, Korea

ISBN 978-89-5733-489-8 94160
ISBN 978-89-89103-56-1 (세트)

이 도서의 국립중앙도서관 출판시도서목록(CIP)은
서지정보유통지원시스템 홈페이지(http://seoji.nl.go.kr)와
국가자료공동목록시스템(http://www.nl.go.kr/kolisnet)에서 이용하실 수 있습니다.
(CIP제어번호: CIP2016007043)